KB145261

머신러닝을 위한
효율적 데이터 레이블링

머신러닝을 위한
효율적 데이터 레이블링

인간 중심 AI를 위한 능동학습과 어노테이션

김택구 · 제갈호준 옮김
로버트 (먼로) 모나크 지음

에이콘

 에이콘출판의 기틀을 마련하신 故 정완재 선생님 (1935-2004)

| 옮긴이 소개 |

김택구(vanang7@gmail.com)

초등학교 시절 아버지 손에 이끌려 방문한 삼성동 코엑스의 어느 컴퓨터 박람회에 다녀온 이후, 컴퓨터와 관련된 일에 푹 빠져 살았고 이를 업으로 삼는 것을 꿈꿔왔다. 그리고, 여전히 지금도 그 영역 안에서 살아가고 있다.

대학교와 대학원에서 소프트웨어를 공부한 후 LG전자와 삼성전자에서는 임베디드 소프트웨어를 개발했다. 이후에는 에스코어로 이직, 타이젠 SDK와 기업용 클라우드 서비스를 개발했다. 알파고 충격 이후 머신러닝과 딥러닝 붐에 뛰어들어 KPMG와 와디즈에서 다양한 기업용 자연어 처리 및 머신러닝 서비스 개발에 참여했다. 최근에는 유트랜스퍼 서비스를 개발/운영하는 개발 담당 이사로서 여전히 개발과 관련된 활동을 왕성하게 이어가고 있다.

달리기와 수영을 사랑하고, 책 읽기를 즐겨하며, 비전과 미래에 대해서 논의하는 것도 반가워한다. 늘 경제적 자유를 꿈꾸면서도 진득하니 이름 모를 개발자로 남아 있고 싶은 소망이 있다.

제갈호준(jaygarl@gmail.com)

소프트웨어 아키텍트와 개발자 그리고 개발 매니저로서 다양한 모바일 소프트웨어 서비스와 인텔리전스 서비스를 개발했다.

어렵지만 필요한 문제를 항상 능동적으로 찾아 해결하려 하며, 사용자의 만족을 향상시키기 위해 새로운 기술을 적용하거나 새로운 서비스를 기획해 출시하고 성공시키기 위한 기술을 리딩하는 데 관심이 있다.

지난해 개최됐던 NVIDIA의 GTC 2022에서 연사로 초청됐던 앤드류 응^{Andrew Ng} 박사는 지속적으로 주장해온 바와 같이 알고리듬보다 데이터가 더 중요한 시대로 접어들었다고 천명했습니다(〈AI 타임스〉 기사). 이는 이 책의 중심 사상을 가로지르는 철학이며, 우리가 이 책을 번역하기로 마음먹은 이유이기도 합니다.

알파고의 등장과 함께 수면 아래에 잠들어 있던 머신러닝의 잠재력을 깨달은 수많은 기업이 앞다퉈 투자하기 시작했습니다. 이제는 머신러닝과 인공지능을 업으로 삼거나 이들을 활용해 비즈니스 기회를 창출하는 기업이 늘고 있습니다. 지금까지는 알고리듬의 발전이 그 중심에 있음을 부인하기 어렵습니다. DNN, CNN에서부터 최근의 Transformer와 GAN과 같은 혁신적인 알고리듬과 아키텍처의 발전이 없었다면 지금과 같은 머신러닝의 활황기는 감히 꿈꾸기 어려웠을 것입니다.

최근에는 Google Keras와 TensorFlow, Meta(구 Facebook)의 PyTorch 등 기업 중심의 머신러닝 프레임워크와 Hugging Face와 같은 머신러닝 커뮤니티를 중심으로 이제는 누구라도 머신러닝 모델의 개발이 가능해졌습니다. 뿐만 아니라 Kaggle이나 DACON과 같은 머신러닝 경진대회 플랫폼을 통해 자신의 데이터 분석이나 모델 개발 노하우를 담은 코드와 데이터를 세상에 알리고 공유하는 것이 당연한 세상이 됐고, ChatGPT나 Stable Diffusion처럼 바로 활용할 만한 플랫폼과 서비스가 속속 출현하고 있습니다. 앤드류 응 박사가 인터뷰에서 설명한 바와 같이 머신러닝 알고리듬은 이제 상당한 수준에 올랐다고 볼 수 있습니다.

그러나 최신 알고리듬을 기업과 조직이 당면한 문제에 바로 적용하는 일은 여전히 만만치 않습니다. 그 이유 중 하나가 바로 도메인 데이터 확보 때문입니다. 많은 기업과 조직이 자신들의 머신러닝 알고리듬과 프레임워크는 당당히 공개함에도 데이터만큼은 좀처럼 세상에 공개하지 않습니다. 세상에 큰 충격을 준 Google Brain의 BERT나 Open AI의 GPT에 대한 알고리듬은 오픈돼 손쉽게 접근 가능하지만, 데이터 자체를 비롯해 데이터 수집과 정제 과정, 확보 전략은 공개하고 있지 않습니다. 이는 그야말로 자신들의 진정한 숨은 비기이자 적들의 침입을 막을 해자(중세시대에 성을 적의 침입으로부터 보호하기 위해 성 주위에 만든 못)이기 때문일 것입니다.

"시장에 알고리듬은 많지만, 쓸 만한 데이터는 귀하다"고 할 수 있겠습니다.

그렇다고 아무 데이터나 마구잡이로 가져다 쓸 수는 없습니다. Kaggle, DACON을 비롯해 국내에서도 AIHUB를 통해 기업들의 일부 데이터나 공공 데이터를 공개하고 있습니다. 그러나 실무자로서 머신러닝 모델을 개발해본 분이라면 잘 알겠지만 공개된 데이터를 활용하는 것은 한계가 따르기 마련입니다. 이 책에서도 강조하듯이 머신러닝을 적용하려는 도메인과 동떨어진 데이터는 실전에서의 성능 향상에 큰 도움이 되지 않을 것이기 때문입니다. 또한 이러한 데이터를 아무리 최신 알고리듬에 적용한다 하더라도 성능 향상에는 한계가 있을 수밖에 없습니다. 결국 머신러닝을 활용하려는 기업 입장에서는 적절한 알고리듬의 도입과 더불어 양질의 도메인 데이터 확보가 더욱 중요해진 시점이 됐습니다.

시중에 머신러닝 알고리듬을 밀도 높고 깊이 있게 소개하는 책과 강의는 이미 충분합니다. Coursera나 Udacity의 머신러닝 강의 중 대부분은 알고리듬에 대한 소개와 설명 및 실습으로 이뤄져 있으나, 양질의 학습 데이터를 확보하거나 이를 확인하는 방법에 대한 강의는 극히 일부에 불과합니다. 현업에서 느끼는 것도 크게 다르지 않습니다. 많은 사람이 머신러닝 알고리듬에 대해서 논의하지만 실무자들은 양질의 도메인 데이터를 확보하는 데 어려움을 겪고 있으며, 이에 대한 중요성을 인식하고 있습니다. 주위의 머신러닝 개발자에게 물어보면 아마 전체 개발 시간 중 80%는 데이터를 확보하고 정제하는 데 쓰고 있다고 해도 과언이 아닐 것입니다.

사실상 대부분의 기업에서 비즈니스에 활용하고 있는 머신러닝 알고리듬은 지도학습 방식으로, 이들은 양질의 데이터뿐만 아니라 어노테이션이나 레이블을 필요로 하며 이는 곧 수많은 인력과 전략이 데이터와 어노테이션을 만들어내는 데 필요하다는 의미입니다. 알고리듬과 데이터 사이의 간극을 메우기 위해서는 결국 적절한 도메인 데이터를 확보하기 위한 전략이 필요할 것입니다. 이 책은 양질의 데이터와 어노테이션을 확보하기 위한 다양한 전략과 기법을 광범위하고 깊이 있게 다루고 있습니다. 다른 머신러닝 도서와 달리 알고리듬에 대한 구체적인 소개와 설명은 포함돼 있지 않습니다. 대신 데이터를 통해 머신러닝의 성능을 향상시키기 위한 다양한 기법을 소개합니다. 효율적인 어노테이션을 위한 다양한 샘플링 기법과 프로세스를 다루고 있으며, 사용자 인터페이스의 관점과 어노테이터에 관한 심리 및 조직 관점에서 적용할 만한 다양한 아이디어와 저자의 경험을 망라하고 있습니다. 이 책의 기법과 아이디어를 단숨에 적용하기란 만만치 않겠지만, 기초적이고 단순한 전략에서부터 시작해 기업과 조직의 머신러닝 문제를 데이터 중심으로 풀어가는 데 더없이 좋은 길잡이가 되리라 생각합니다.

— 김택구, 제갈호준

머신러닝 모델이 다양한 산업 분야에서 적용됨에 따라 인공지능 시스템은 이제 대중뿐만 아니라 이들이 사용하는 시스템과 매일 직접적으로 접촉하고 있다. 대부분은 사용자로서 마주치는 결과의 일부만을 인지하고 있으나 머신러닝은 음성 인식이나 음성 보조용 자연어 처리와 같이 사람들의 삶을 개선할 수도 있고, 귀찮을 정도로 계속해서 제품을 추천하기도 하며, 여성과 소수 인종에 시스템적 편향을 지닌 이력서 검토 시스템과 같이 사람들을 괴롭히거나 힘들게 할 수도 있다. 지금 시대에 당장 필요한 것은 인공지능의 독립적인 운영에 대한 고민보다는 사람을 중심에 둔 인공지능에 대한 탐구다. 즉, 사람과 효과적으로 협동하고 협력하는 인공지능 기술을 구축하고 이에 대한 능력을 증대시키는 것이 그것이다.

이 책은 일반 사용자를 대상으로 하지 않는다. 사람과 머신러닝을 제품에 잘 융화시키고 머신러닝 시스템을 잘 운용하는 것에 초점을 맞추고 있다. 최신의 머신러닝 알고리듬을 사용하는 것보다 정확한 어노테이션이 달린 정확한 데이터를 얻는 것이 몇 배는 가치 있다는 사실은 머신러닝 실무자 사이에서는 공공연한 비밀이다. 데이터의 생산, 선택, 어노테이션 확보는 사람의 노력이 꽤나 필요한 작업이다. 수작업 데이터 레이블링은 고비용임에도 품질을 신뢰하기가 어렵다. 그래서 이 책에서는 이 문제에 많은 부분을 할애하고 있다. 능동학습 접근법을 통해 시스템을 고품질로 학습시키면서도 레이블링해야 하는 데이터의 양을 줄이는 것이 이를 해결하기 위한 한 가지 방법이다. 또 다른 방법은 머신러닝과 인간-컴퓨터 상호작용 기법을 이용해 사람의 어노테이션의 속도와 정확성을 개선하는 것이다. 그뿐만이 아니다. 배포된 대부분의 대규모 시스템은 다양한 종류의 수작업 검토 및 업데이트도 수반한다. 다시 한 번 강조하면 머신러닝은 사람의 개입을 수용하도록 고안될 수도 있고, 맞서 싸워야만 하는 무언가가 될 수도 있다.

지은이 로버트 모나크는 이 여정을 이끌어줄 최고의 안내자다. 박사 학위 과정 이전부터 실용성에 초점을 맞추고 사람에게 관심을 기울였다. 여러 위기 시나리오에 도움을 주기 위한 노력을 바탕으로 '재난 대응 관련 메시지'에 관한 자연어 처리^{NLP, Natural Language Processing} 기술 적용을 개척했다. 중요한 데이터를 처리하기 위한 수동 접근 방식에서 시작했고, NLP를 활용해 일부 프로세스를 자동화할 수 있는 최상의 방법을 탐구했다. 이러한 방법 중 다수가 재난 대응 조직에서 현재도 사용되고 있으며, 이 책을 통해 그 내용을 독자에게 공유할 수 있다는 점이 무척 기쁘다.

머신러닝 데이터는 주로 인력 관리 업무로 인식되는 경우가 많지만, 이 책은 여기에도 매우 기술적인 측면이 있음을 보여준다. 데이터 샘플링과 어노테이션 품질 제어 알고리듬은 종종 학습 데이터를 사용하는 다운스트림 모델의 복잡성에 근접할 정도이며, 경우에 따라 어노테이션 프로세스 내에서 머신러닝과 전이학습 기술을 구현하기도 했다. 어노테이션 프로세스에 더 많은 자원에 대한 실질적인 요구가 존재하며, 이 책은 집필 중인 상황에서도 이러한 요구에 이미 영향을 미치고 있었다. 각 장은 개별적으로 발행돼 농업, 엔터테인먼트, 여행과 같은 분야의 대규모 조직에 속한 데이터 과학자들이 읽을 수 있었다. 이 책은 이제는 널리 사용 중인 머신러닝과 데이터에 중점을 둔 갈증 모두에 대해 조명한다. 아울러 현시점의 다양한 모범 사례와 알고리듬을 집대성하고 있다. 그러나 오랫동안 데이터 측면의 중요성을 무시해왔기 때문에 여전히 데이터 중심의 머신러닝에 대한 더 많은 과학적 발견이 이뤄질 것으로 기대한다. 초창기 가이드북의 탄생으로 더 많은 발전을 촉진할 수 있기를 바란다.

— 크리스토퍼 D. 매닝^{Christopher D. Manning}

크리스토퍼 D. 매닝은 스탠퍼드대학교의 컴퓨터과학과 언어학의 교수이자 스탠퍼드 인공지능 연구소의 책임자이고 스탠퍼드 인간 중심 인공지능 연구소의 공동 책임자다.

로버트 모나크(개명 전 로버트 먼로)^{Robert (Munro) Monarch. PhD}

사람과 기계의 지능을 결합하는 분야의 전문가로 현재 미국 샌프란시스코에서 살며 Apple에서 일하고 있다. 시에라리온, 아이티, Amazon(기업), 런던, 시드니를 거쳤다. 스타트업에서부터 UN에 이르기까지 다양한 조직에서 일한 경험이 있다. 이디본^{Idibon}의 CEO이자 설립자였으며, 피규어 에잇^{Figure Eight}의 CTO였다. AWS의 첫 자연어 처리와 기계 번역 서비스를 이끌었다.

나는 이 책의 모든 수익을 희소 언어 데이터셋과 건강 및 재해 대응을 위한 데이터셋 구축을 위한 캠페인에 기부할 것이다. 이 책을 쓰기 시작했을 때에도 재난 대응에 대한 데이터셋은 흔치 않았으며 머신러닝 과학자이자 재난 대응자로서 직업적 측면에서만 한정적으로 관심이 있을 뿐이었다. 그러나 COVID-19으로 인해 세계의 모습은 바뀌었고, 이제는 많은 사람이 재난 대응 활용 사례가 왜 중요한지 이해하게 됐다. 이 대유행병은 특히 연관된 의료 정보에 대해 접근하는 어려움과 그릇된 정보에 의한 캠페인과 맞서 싸우는 것과 관련해, 머신러닝 능력에 대한 큰 격차가 있음을 노출했다. 검색엔진은 최신 공중 보건 정보를 제대로 드러내지 못했고 소셜 미디어 플랫폼은 널리 퍼져버린 그릇된 정보를 식별하지 못하는 와중에 우리 모두는 변화하는 데이터에 충분히 빠르게 적응하지 못하는 애플리케이션의 부정적인 면을 경험했다.

이 책은 재난 대응에만 국한되지 않았다. 여기서 공유하는 관찰 결과와 방법론은 자율주행차, 음악 추천, 온라인 커머스, 음성 지원 장치, 번역 및 광범위한 여러 실용적 사례에 적용한 나의 데이터셋 구축 경험에서 비롯된 것이다. 책을 쓰면서 새롭게 응용할 여러 분야를 알게 돼 기뻤다. 초안을 읽은 데이터 과학자들을 통해 역사적으로 머신러닝과 관련이 없는 기업에서의 활용 사례에 대해서도 알게 됐다. 트랙터에 스마트 카메라를 설치하는 농업 회사, 만화 캐릭터에 얼굴 인식을 적용하는 엔터테인먼트 회사, 탄소 발자국을 예측하는 환경 관련 회사, 패션 추천을 개인화하는 의류 회사까지 다양한 기업의 활용 사례가 그것이다. 이 회사들의 데이터 과학 연구소에서 이 책에 대한 초청 강연을 했을 때 오히려 내가 더 많은 것을 배웠다고 확신한다!

이러한 모든 사례에는 두 가지 공통점이 존재한다. 하나는 바로 데이터 과학자는 머신러닝 모델을 위해 더 좋은 훈련 데이터와 평가 데이터를 만들어야 할 필요가 있었다는 것이다. 그리고 다른 하나는 이에 비해 그런 데이터를 만드는 방법에 대해서는 거의 공개된 것이 없다는 것이다. 다양한 머신러닝의 응용에 인간과 인공지능을 결합하는 시스템에 도움이 되는 전략과 기술을 공유하게 돼 무척 기쁘다.

| 감사의 글 |

우선 이 책을 쓰도록 격려한 아내 빅토리아 모나크Victoria Monarch에게 가장 큰 고마움을 전한다. 이 책을 쓰는 동안 탄생한 우리의 아이에게 더 좋은 세상을 선사하는 데 이 책이 도움이 되길 소망한다.

기술 서적을 써 본 경험이 있는 대부분의 사람이 마지막까지 그 과정을 즐기진 못했다고 고백했다. 내게 그런 일이 일어나진 않았다. 2019년 이래로 초안에 대해 피드백을 제공해줬던 모든 이들 덕분에 이 책의 최종 수정본이 나올 때까지 집필 과정을 진심으로 즐겼다. 초기의 피드백이 얼마나 가치가 있는지 매닝출판사의 프로세스와 출판사 자체에도 감사를 표한다. 또한 편집자 수잔 에트리지Susan Ethridge에게도 가장 큰 감사의 마음을 표한다. 나는 수잔과의 매주 통화를 고대했고, 전자 증거 개시e-discovery 분야에서 인간 참여형 프로세스와 유사하게 일해본 경험이 있는 편집자를 만나게 된 것은 특별한 행운이 었다. 모든 저자가 나처럼 도메인 경험을 가진 편집자를 만나는 행운을 누리진 못할 것이다! 또한 상세하게 각 장을 검토해준 프랜시스 부옹템포Frances Buontempo, 기술적인 검토를 해준 알 크링커Al Krinker, 프로젝트 편집자 데어드레 히암Deirdre Hiam, 원고 편집자 케어 심슨Keir Simpson, 교정자 케리 헤일스Keri Hales, 리뷰 편집자 이반 마르티노빅Ivan Martinovic에게도 고마움을 전한다. 그리고 이 책의 내용, 이미지, 코드에 대한 피드백을 준 매닝출판사의 모든 이에게도 감사의 인사를 전한다.

검토에 참여해준 알랭 쿠니오Alain Couniot, 알레산드로 푸지엘리Alessandro Puzielli, 아르날도 가브리엘 아얄라 메이어Arnaldo Gabriel Ayala Meyer, 클레멘스 바더Clemens Baader, 다나 로빈슨Dana Robinson, 대니 스콧Danny Scott, 데스 호슬리Des Horsley, 디에고 포지올리Diego Pogg-ioli, 에밀리 리코타Emily Ricotta, 에웰리나 소우카Ewelina Sowka, 이머큘레이트 모샤Imaculate Mosha, 미할 루트카Michal Rutka, 미쉘 트림프Michiel Trimpe, 라제쉬 쿠마르Rajesh Kumar R. S., 루슬란 쉐브첸코Ruslan Shevchenko, 사약 폴Sayak Paul, 세바스티안 팔마 마르도니스Sebastián

Palma Mardones, 토비아스 버거[Tobias Bürger], 토르헤 루시안[Torje Lucian], 판살카르[V. V. Phansalkar] 그리고 비디야 비나이[Vidhya Vinay]에게도 감사를 전한다. 여러분의 제안 덕분에 더 좋은 책으로 만들 수 있었다.

초기 원고에 직접적인 피드백을 준 모든 분들께도 감사를 전한다. 아베이 아가르와[Abhay Agarwa], 에이브러햄 스타로스타[Abraham Starosta], 애디티야 애런[Aditya Arun], 브래드 클링거버그[Brad Klingerberg], 데이비드 에반스[David Evans], 데바요티 다타[Debajyoti Datta], 디브야 쿨카르니[Divya Kulkarni], 드라젠 프렐렉[Drazen Prelec], 엘리야 리페스[Elijah Rippeth], 엠마 바세인[Emma Bassein], 프랭키 리[Frankie Li], 짐 오스트로스키[Jim Ostrowski], 카테리나 마르가티나[Katerina Margatina], 미궬 앙헬 파레[Miquel Àngel Farré], 롭 모리스[Rob Morris], 스콧 캄보[Scott Cambo], 티바다르 단카[Tivadar Danka], 야다 프루크사찻쿤[Yada Pruksachatkun]을 비롯해 매닝 온라인 포럼에 의견을 남겨준 모든 분에게 고마움을 전한다. 특히 애드리안 칼마[Adrian Calma]는 부지런했고, 최근 능동학습 분야의 박사 학위를 취득한 이가 초고를 꼼꼼히 읽어줘서 정말 감사했다!

내 경력 동안 함께 일했던 많은 사람에게 신세를 졌다. 오늘 애플[Apple]의 동료들 외에도 이디본[Idibon], 피규어 에잇[Figure Eight], AWS, 스탠퍼드대학교의 과거 동료들에게 특히 고마움을 표한다. 또 스탠퍼드대학교에서 내 박사 지도교수였던 크리스토퍼 매닝 박사께서 이 책의 서문을 작성해주셔서 기쁘다.

마지막으로, 이 책에 자신들의 일화를 공유해준 11명의 전문가에게 특별한 감사를 드린다. 아야나 하워드[Ayanna Howard], 다니엘라 브라가[Daniela Braga], 엘레나 그루왈[Elena Grewal], 아이네스 몬타니[Ines Montani], 제니퍼 프렌키[Jennifer Prendki], 지아 리[Jia Li], 키어란 스나이더[Kieran Snyder], 리사 브라던 하더[Lisa Braden-Harder], 매튜 혼니발[Matthew Honnibal], 피터 스코모로크^{Peter Skomoroch} 그리고 라다 바수^{Radha Basu} 모두 감사하다! 그들 모두 성공적인 머신러닝 회사를 설립했으며, 모든 이들이 경력의 어느 시점에서는 머신러닝의 데이터 측면의 직접적인 업무를 경험했다. 여러분이 이 책을 통해 목표를 가진 대다수의 독자(좋은 학습 데이터를 만드는 데 어려움을 겪고 있는 경력 초기의 독자)와 같다면, 이들을 여러분의 미래의 롤모델이라고 생각해보면 좋을 것 같다.

차례

5장   고급 능동학습   205

인공지능에서 가장 중요한 문제를 다루기 때문에 만약 머신러닝에 대해 소개를 해야 한다면 이 책이 꼭 포함됐으면 한다. 사람과 기계가 문제를 해결하기 위해 어떻게 협력해야 할까? 대부분 머신러닝 모델은 사람이 작성한 데이터로 학습하지만 머신러닝 도서들과 교육 과정 대다수가 알고리듬에만 초점을 맞추고 있다. 좋은 데이터와 단순한 알고리듬으로 최상의 결과를 얻을 수 있는 경우가 많지만 저품질의 데이터를 기반으로 구축된 최고의 알고리듬으로는 최상의 결과를 얻는 경우가 드물다. 만약 여러분이 머신러닝의 한 분야를 깊이 파고들어야 한다면, 데이터 측면이 더 중요하다고 주장할 수도 있다.

이 책의 대상 독자

우선은 데이터 과학자, 소프트웨어 개발자와 머신러닝을 이제 막 시작한 (또는 최근 데이터 분야에서 자신의 커리어를 시작한) 학생을 위한 책이다. 지도학습과 비지도학습 머신러닝, 머신러닝 모델의 학습과 검증, PyTorch, TensorFlow 같은 라이브러리에 어느 정도 익숙한 사람이면 더 좋겠지만 이 분야의 전문가일 필요는 없다.

더 경험이 쌓였을 때 이 책이 여러 가지 기법에 관한 유용한 참고서가 되길 희망한다. 또한 어노테이션, 능동학습과 어노테이션을 위한 인터페이스 설계와 같은 가장 보편적인 전략을 담은 첫 번째 책이기도 하다.

이 책의 구성

크게 4부로 나눠져 있다. 도입부, 능동학습에 관한 심층 분석, 어노테이션에 관한 심층 분석 그리고 최종 부분이다. 최종 부분에서는 인터페이스 설계 전략과 3개의 구현 예제도 포함해 이 책의 전반적인 내용을 종합했다.

1부에서는 어노테이션, 능동학습 그리고 사람과 기계가 지능을 가장 효과적으로 결합할 수 있도록 도움을 주는 인간-컴퓨터 상호작용과 같은 개념을 포함해 학습 데이터와 평가 데이터 생성을 위한 구성 요소를 소개한다. 2장의 마지막에는 뉴스 헤드라인을 레이블링하는 인간 참여 머신러닝 애플리케이션을 구축해 새로운 데이터의 어노테이션부터 모델을 재학습하는 주기를 완료한 후, 어떤 데이터가 다음에 어노테이션돼야 하는지 결정하는 데 도움을 주는 모델을 이용할 수 있게 될 것이다.

2부에서는 능동학습, 즉 사람이 검토해야 하는 가장 중요한 데이터를 샘플링하는 기법을 다룬다. 3장에서는 모델의 불확실성을 이해하기 위해 가장 널리 사용되는 기법을 다루며, 4장에서는 과소 샘플링됐거나 대표성이 부족한 데이터로 인해 신뢰도와 무관하게 모델의 잘못된 지점을 식별하는 다소 복잡한 문제를 다룬다. 5장에서는 다양한 전략을 종합적 능동학습 시스템으로 결합하는 방법을 소개하고, 6장에서는 능동학습 기법을 다양한 유형의 머신러닝 과제에 적용하는 법을 안내한다.

3부에서는 학습 및 평가 데이터에 대한 정확하고 대표성 있는 레이블을 얻는 중요한 주제임에도 때때로 과소평가받고 있는 어노테이션에 대해 다룬다. 7장에서는 데이터에 어노테이션을 달 수 있는 적합한 사람을 찾고 관리하는 방법을 다룬다. 8장에서는 어노테이션에 대한 품질 관리의 기본 사항을 다루고, 정확도와 일치도를 계산하는 가장 일반적인 방법을 소개한다. 9장에서는 주관적인 작업에 대한 어노테이션과 규칙 기반 시스템, 검색 기반 시스템, 전이학습, 준지도학습, 자가 지도학습을 비롯해 합성 데이터 생성을 포함한 광범위한 방법을 포함한 어노테이션 품질 관리에 관한 고급 기법을 다룬다. 10장에서는 다양한 종류의 머신러닝 작업에 대해 어노테이션을 관리하는 방법을 배운다.

4부의 11장에서는 효과적인 어노테이션을 위한 인터페이스를 심층 분석하고, 12장에서 인간 참여 머신러닝 애플리케이션의 3개의 예제를 소개한다.

이 책 전반에 걸쳐 이미지와 문서 수준의 레이블링, 연속 데이터, 객체 검출, 의미 분할, 시퀀스 레이블링, 언어 생성, 정보 검색과 같은 다양한 종류의 머신러닝 작업 예제와 함께한다. 내부 표지는 책 전체에서 각 작업의 위치를 찾을 수 있는 빠른 참조를 포함하고 있다.

코드에 대해

이 책에서 사용한 모든 코드는 오픈소스이며, 저자의 GitHub 계정에서 볼 수 있다. 처음 6개의 장에서 사용된 코드는 다음 링크(https://github.com/rmunro/pytorch_active_learning)에 있다.

에이콘출판사 홈페이지(http://acornpub.co.kr/book/HITL-ML)에서도 동일한 코드를 내려받을 수 있다.

또한 일부 장에서는 분석을 위해 스프레드시트를 사용하고 있으며, 마지막 장의 세 예제는 각각의 저장소에 저장돼 있다. 자세한 내용은 각 장을 살펴보기 바란다.

라이브북 토론 포럼

이 책을 구매하면 매닝출판사에서 운영하는 웹 포럼에 무료로 접속할 수 있는 권한이 주어지며, 이 포럼을 통해 책에 관한 논평을 남기거나 기술적 질의 응답을 하고, 저자 및 다른 사용자의 도움을 얻을 수 있다. 다음 링크(https://livebook.manning.com/book/human-in-the-loop-machine-learning/welcome/v-11)를 통해 포럼에 접속하기 바란다. 또한 매닝의 포럼에 관한 더 자세한 내용과 규칙은 해당 링크(https://livebook.manning.com/#!/discussion)에서 볼 수 있다.

매닝의 독자에 대한 약속은 개별 독자 간, 독자와 저자 간에 의미 있는 대화가 이뤄질 수 있는 장을 제공하는 것이다. 이 포럼에 대한 저자의 참여는 자발적인 (그리고 무보수로) 참여로 이뤄지며, 특정 분량의 참여를 약속하는 것은 아니다. 저자의 흥미를 잃지 않도록 몇 가지 도전적인 질문을 해보는 것이 좋다! 포럼과 이전 토론의 기록은 책이 인쇄돼 있는 한 출판사 웹 사이트를 통해 접근 가능할 것이다.

그밖의 온라인 자료

각 장에는 '더 읽을 거리' 절이 있다. 몇 개의 예외만을 제외하고 열거된 모든 자료는 무료이며 온라인을 통해 접근 가능하다. 몇 번 언급했듯이 이 책에서 참고한 논문을 인용하는 논문 중에 '인용 빈도수가 높은 논문'을 찾아보길 권한다. 영향력 있는 몇 가지 논문을 포함하지 않을 수 없었고, 이 책 이후에 다른 많은 관련 논문이 출판될 예정이다.

문의

한국어판에 관한 질문은 이 책의 옮긴이나 에이콘출판사 편집 팀(editor@acornpub.co.kr)으로 문의할 수 있다. 한국어판의 정오표는 에이콘출판사의 도서정보 페이지(http://acornpub.co.kr/book/HITL-ML)에서 찾아볼 수 있다.

Part 1

첫걸음

대부분의 데이터 과학자는 알고리듬보다 데이터에 더 많은 시간을 할애한다. 그러나 머신러닝에 관한 대부분의 책과 수업은 알고리듬에 초점을 맞추고 있다. 이 책은 머신러닝의 데이터 측면에 대한 자료의 간극을 메우려는 목적을 갖고 있다.

1부에서는 어노테이션, 능동학습 그리고 사람과 기계의 지능을 가장 효과적으로 결합할 수 있도록 도움을 주는 인간-컴퓨터 상호작용과 같은 개념을 포함해 학습 데이터와 평가 데이터 생성을 위한 구성 요소를 소개한다. 2장을 완료할 즈음에는 뉴스 헤드라인을 레이블링하는 인간 참여human-in-the-loop 머신러닝 애플리케이션을 구축해 새로운 데이터의 어노테이션부터 모델을 재학습하는 주기를 완료한 후, 어떤 데이터가 다음에 어노테이션 돼야 하는지 결정하는 데 도움을 주는 모델을 이용할 수 있게 될 것이다.

나머지 장에서는 데이터 샘플링, 어노테이션 및 사람과 기계 지능을 결합하는 정교한 기술로 첫 번째 애플리케이션을 확장하는 방법에 대해 알아볼 것이다. 또한 객체 검출Object Detection, 의미 분할Semantic Segmentation, 시퀀스 레이블링Sequence Labeling과 언어 생성Language Generation을 포함한 다양한 유형의 머신러닝 작업에 여러분이 배운 기법을 적용하는 방법을 다룰 것이다.

1

인간 참여 머신러닝 소개

1장에서는 다음의 주제를 다룬다.
- 학습, 검증 및 평가용 데이터를 생성하기 위해 미분류된 데이터 어노테이션하기
- 미분류 데이터에서 가장 중요한 데이터를 샘플링하기(능동학습)
- 인간-컴퓨터 간 상호작용의 원리를 어노테이션에 통합하기
- 현존하는 모델의 장점을 누리는 전이학습 구현하기

영화에서 보던 로봇과 달리 오늘날 대부분의 인공지능은 스스로 배울 수 없다. 오히려 반대로 사람의 적극적인 개입이 필요하다. 추측컨대 머신러닝의 90% 정도가 지도학습 supervised machine learning 방식에 의해 동작하고 있을 것이다. 이 숫자는 광범위한 머신러닝의 적용 사례를 고려하더라도 변함없을 것이다. 자율주행자동차를 예로 들면 사람들이 수천 시간 이상을 들여서 센서로 하여금 언제 보행자를 봐야 할지, 또 움직이는 다른 자동차나 차선을 비롯해 운행과 관련된 사물을 언제 감지할지 알려줬기 때문에 비로소 우리를 태우고 안전하게 거리에 나설 수 있게 된 것이다. 그리고 집 안의 스마트 기기 역시 사람이 "볼륨 올려"라는 말을 기계가 이해할 수 있는 명령어로 바꾸는 방법에 대해 수많은 시간을 들여서 알려줬기 때문에 그 말을 이해할 수 있게 된 것이다. 기계 번역 서비스도 마찬가지다. 그런 서비스 역시 수백만 또는 그 이상의 '사람이 이미 번역해놓은 문서'

를 바탕으로 학습하고 동작하고 있다.

과거와 비교해봐도 스마트 기기들은 하드코딩하는 프로그래머로부터는 배우는 것은 점점 적어지게 됐고, 반대로 코딩하지 않는 비개발자가 제공하는 예제와 피드백으로부터 더 많이 배우게 됐다. 학습 데이터는 수작업으로 인코딩한 예제로써 특정 작업에 대해 머신러닝 모델을 학습시켜 정확하게 만드는 데 이용되고 있다. 그래도 프로그래머들은 여전히 해야 할 일이 있다. 그것은 바로 기술을 잘 모르는 사람의 개입을 가능하게 해주는 소프트웨어를 만들어내는 것이다. 이는 사실 오늘날 가장 중요한 기술적 질문 중 하나로 "사람과 머신러닝 알고리듬이 문제를 함께 풀기 위한 가장 올바른 상호작용 방법은 무엇일까?"라는 문제와 직결돼 있다. 여러분은 아마도 이 책을 읽고 난 후에는 머신러닝 분야에서 마주하게 될 다양한 사례를 통해 이 질문에 대한 답을 할 수 있게 될 것이다.

어노테이션과 능동학습은 인간 참여 머신러닝의 초석이다. 이 둘을 통해 모든 데이터에 대한 피드백을 할 금전적, 시간적 여유가 없는 경우에도 어떻게 사람들로부터 학습 데이터를 이끌어낼지, 또 어떻게 사람들에게 제공할 올바른 데이터를 결정할지 이해할 수 있게 될 것이다. 전이학습은 콜드 스타트$^{cold\ start}$[1]를 피하고, 백지 상태에서 시작하기보다 기존에 학습된 모델을 새로운 작업에 맞춰 조정할 수 있게 해준다. 1장에서는 이에 대한 주요 개념을 소개하려고 한다.

1.1 인간 참여 머신러닝의 기본 원리

인간 참여 머신러닝은 인공지능을 이용하는 애플리케이션에 사람과 기계의 지능을 결합한 일련의 전략이며, 일반적인 목표는 다음에 열거한 것들을 하나 이상 달성하는 것이다.

- 머신러닝 모델의 정확도 향상시키기
- 머신러닝 모델의 목표 정확도에 좀 더 빠르게 다다르기
- 정확도를 극대화할 수 있도록 사람과 기계의 지능 결합하기
- 머신러닝으로 사람의 업무를 도와 효율성 향상시키기

---

1   최초 실행 시 충분한 데이터가 없어서 발생하는 문제 – 옮긴이

이 책은 가장 보편적인 능동학습과 어노테이션 전략을 다루고 있으며 데이터, 작업 및 어노테이터를 위한 최선의 인터페이스를 설계하는 법도 포함하고 있다. 책의 앞부분에서는 단순한 예제로 시작하지만 뒤로 갈수록 복잡한 예제를 다루고 있다. 여기에 나타나는 여러 기법을 동시에 적용하는 것은 대체로 바람직하지 않기 때문에 개별적인 세부 기법을 일종의 참고서가 되도록 집필했다.

그림 1.1은 데이터를 레이블링하기 위한 인간 참여 머신러닝 프로세스에 대해 보여주고 있다. 이 프로세스는 어떤 데이터 레이블링 프로세스에도 적용이 가능하다. 뉴스에 주제를 붙이거나 진행 중인 스포츠 경기에 따라 사진을 분류하기, 소셜 미디어의 코멘트에 대해 감성 분석을 하거나 영상 내 노출 정도에 따른 등급 매기기 등의 작업은 모두 이 프로세스를 통해 레이블링할 수 있다. 각 사례마다 레이블링 프로세스의 일부분에 머신러닝을 적용해 자동화하거나 어노테이터의 속도를 개선하는 것이 가능하다. 이러한 사례들 모두 그림 1.1의 프로세스 주기를 구현한 것이다. 즉, 레이블링하기 적절한 데이터를 샘플링하고, 그 데이터를 이용해 모델을 학습시키고, 그 모델을 이용해 더 많은 데이터를 어노테이션하기 위해 샘플링하는 것이다.

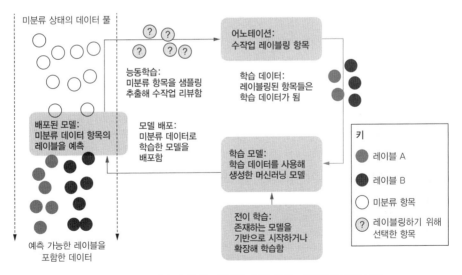

▲ **그림 1.1** 데이터의 레이블을 예측하는 인간 참여 프로세스의 멘탈 모델

몇몇 사례에서는 이러한 기법 중에서 일부만이 적절할 것이다. 여러분의 모델이 높은 불확실성을 보이는 경우, 수작업 처리로 회귀하도록 작동하는 시스템의 일부인 경우라면 불확실성 샘플링이나 어노테이션 품질, 인터페이스 설계와 관련된 주제를 다루는 장을 살펴볼 것을 추천한다. 심지어 인간 참여 프로세스를 완전히 구현하지 않은 경우에도 이 주제는 여전히 이 책의 주요 주제와 연관돼 있다.

이 책은 여러분이 머신러닝과 어느 정도 친숙한 상태라고 가정하고 있다. 그래서 소프트맥스softmax와 이의 한계점에 대한 깊이 있는 이해를 포함해 인간 참여 시스템에 관한 중요한 개념을 알고 있는 것이 무척 중요하다. 또한 모델의 신뢰도를 나타내는 지표로써 정확도를 계산하는 방법이나 기회 보정 정확도chance-adjusted accuracy를 계산하는 방법, 또 사람의 관점에서 머신러닝의 성능을 측정하는 법도 알고 있어야 한다(부록에 이런 필수 지식의 요약본을 수록했다).

1.2 어노테이션에 대한 소개

어노테이션은 원시 데이터를 머신러닝을 위한 학습 데이터로 활용할 수 있도록 레이블링하는 프로세스다. 대부분의 데이터 과학자는 머신러닝 모델을 만드는 것보다 데이터셋을 다듬고 레이블을 붙이는 작업에 훨씬 더 많은 시간을 할애하고 있을 것이다. 사람에 의한 수작업 어노테이션 작업 품질을 유지하는 것은 대부분의 머신러닝 모델의 품질을 다루는 것보다 훨씬 복잡한 통계적 방법론에 의존하고 있다. 그래서 고품질의 학습 데이터를 만들어내는 방법을 이해하기 위한 시간을 갖는 일은 매우 중요하다.

1.2.1 간단한 어노테이션과 복잡한 어노테이션 전략

일부의 경우에는 어노테이션 프로세스가 간단할 수도 있다. 이를테면 특정 제품에 대한 대중의 감성적 트렌드를 분석하고자 소셜 미디어 게시물을 긍정, 부정, 중립으로 분류하려고 한다면 아마도 몇 시간이면 만들 수 있는 HTML 페이지로도 충분할지도 모른다. 사람들은 이와 같은 간단한 HTML 페이지를 통해 주어진 감성의 선택지에 따라 소셜 미디어 게시물을 평가할 수 있고, 이는 곧 여러분의 학습 데이터로 활용이 가능한 레이블이 될 것이다.

반면 어노테이션 프로세스는 복잡해질 수도 있다. 동영상에 있는 사물에 네모난 경계선으로 레이블링하려고 하는 경우라면 간단한 HTML 페이지로는 충분하지 않을 것이다. 이러한 경우 어노테이터가 경계선을 그릴 수 있는 그래픽 인터페이스가 더 적합할 것이고, 훌륭한 사용성까지 갖추기 위해서는 아마도 몇 달 동안 관련 개발 작업을 해야 할 것이다.

1.2.2 데이터 과학 지식의 간극 메우기

여러분은 머신러닝 전략과 데이터 어노테이션 전략을 동시에 최적화할 수도 있다. 두 전략은 밀접하게 관련돼 있고, 이 두 전략을 혼합하는 경우 모델의 정확도를 더 빠르게 향상시킬 수 있다. 훌륭한 머신러닝 모델을 만드는 데 있어서 알고리듬과 어노테이션은 똑같이 중요한 요소다.

모든 컴퓨터공학과에서 머신러닝 과정을 제공하지만, 학습 데이터 생성에 대한 과정을 제공하는 곳은 거의 없다. 예닐곱 개 과목에서 수백 개의 머신러닝 강의 목록 중 학습 데이터 생성을 다루는 강의는 기껏해야 1~2개 정도 찾을 수 있을 뿐이다. 이런 상황은 변하고 있으나 그 속도는 매우 더딘 편이다. 마치 전통처럼 학계의 머신러닝 연구자들은 데이터셋을 일정하게 유지하면서 알고리듬의 차이점에 대해서만 연구 혹은 평가하는 경향이 있다.

학계와 달리 산업계에서는 더 많은 학습 데이터의 어노테이션을 통해 모델의 성능 향상을 꾀하는 것이 좀 더 보편적이다. 특히 데이터의 특성이 시간이 지남에 따라 변화하는 경우(매우 자주 발생하는 상황이다), 기존 모델을 새로운 데이터 도메인에 적응시키는 것보다 약간의 새로운 어노테이션을 사용하는 것이 훨씬 더 효과적이기도 하다. 그러나 여전히 많은 학계의 논문들은 효율적으로 적절한 새 학습 데이터를 어노테이션하는 방법보다 새로운 학습 데이터 없이 알고리듬을 새로운 도메인에 적응시키는 방법에만 초점을 맞추고 있다.

이런 학계의 불균형으로 인해, 나는 산업계에서조차도 동일한 실수를 저지르는 것을 종종 봐왔다. 어떤 회사는 최신 알고리듬을 구현할 줄만 알고, 학습 데이터를 생성하거나 어노테이션을 위한 좋은 인터페이스에 대해서 고민해본 경험이 없는 다수의 박사급 인력을 채용하곤 한다. 나는 최근 대형 자동차 회사가 이 같은 실수를 저지르는 것을 명확히 목격했다. 이 회사는 대규모로 머신러닝 전공자들을 채용했지만 데이터 어노테이션 전략을 확대하지 못해 자율주행자동차에 적용하는 데 실패하고 말았다. 결국 그 회사는 그 팀 전체를 해고했다. 이 사건 이후 훌륭한 머신러닝과 밀접한 요소인 알고리듬과 어노테이션을 똑같이 중요하게 적용하는 방향으로 그 회사의 전략을 재구성하도록 조언해줬다.

1.2.3 왜 수작업 어노테이션의 품질 확보가 어려울까?

이 질문에 대해서 연구한 사람들은 어노테이션을 머신러닝과 밀접하게 엮인 일종의 과학으로 보고 있다. 실례로 레이블을 다는 사람은 종종 오류를 저지른다는 것이며, 오류를 극복하는 것은 놀랍도록 복잡한 통계를 필요로 한다.

학습 데이터 속의 사람의 실수는 케이스에 따라 중요도가 달라질 수 있다. 머신러닝 모델을 소비 트렌드의 감성 분석에 사용하는 경우라면 1% 정도의 잘못된 학습 데이터로부터 오류가 전파되는 것이 그다지 문제가 되지 않을 수도 있다. 그러나 만약 자율주행자동차를 동작시키는 알고리듬이 잘못된 학습 데이터에 의해 전파된 오류 때문에 1%의 보행자를 잘못 판단하는 경우라면 엄청난 참사를 불러일으킬 것이다. 어떤 알고리듬은 학습 데이터의 약간의 노이즈에 대응할 수 있고, 무작위의 노이즈는 오히려 과적합^{overfitting}을 방지하고 알고리듬이 더 높은 정확도를 갖추는 데 도움이 되기도 한다. 그러나 사람이 저지른 오류는 무작위 노이즈와는 다르게 학습 데이터에 대해 회복 불가능한 편향^{bias}을 만들어낼 가능성이 높다. 부적절한 학습 데이터는 모든 알고리듬을 망가뜨리고 말 것이다.

객관적 작업$^{objective\ tasks}$에서 이진 레이블링$^{binary\ label}$을 하는 단순한 작업의 경우, 어노테이터 간 불일치가 발생했을 때, 어떤 레이블이 정확한지 결정하기 위한 통계는 상당히 간단하다. 그러나 주관적인 작업$^{subjective\ tasks}$이나 연속값 데이터로 하는 객관적 작업의 경우에는 정확한 레이블인지 결정하는 단순한 방법은 존재하지 않는다. 자율주행자동차가 인식해야 하는 모든 보행자 주위의 상자를 그려서 학습 데이터를 생성하는 중요한 작업에 대해 상상해보라. 만약 두 어노테이터가 약간 다르게 상자를 그린다면 어떨까? 어떤 것이 정확하게 그려진 상자일까? 그 정답은 "두 상자 모두" 또는 "두 상자의 평균값"이 아닐 수도 있다. 사실 이런 경우 최선의 방법은 두 상자를 합치는 것일 것이다.

어노테이션 품질을 보장하기 위한 최선의 방법 중 하나는 어노테이션을 만들어내는 적절한 인력을 보유하는 것이다. 7장에서는 최선의 어노테이터를 찾고, 양성하며, 관리하는 법에 대해 다룰 것이다. 다음 관련 기사를 통해 적절한 인력과 적절한 기술 간 조합의 중요성을 보여주는 사례를 살펴보기 바란다.

인간의 통찰력과 확장 가능한 머신러닝은 모두 동등한 AI 제품의 구성 요소다.

전문가 일화, 라다 라마슈와미 바슈

인공지능의 결과물은 인공지능에 필요한 학습 데이터 품질에 상당한 영향을 받는다. 이미지에서 영역을 자동 선택하기 위한 '마법 지팡이'와 같은 작은 UI 개선 사항조차도 잘 정의된 데이터 품질 관리 프로세스와 함께 수백만 개의 데이터 포인트에 적용된다면 엄청난 효율성 보여줄 수 있다. 이를 위해서는 고급 인력의 확보가 핵심 요소다. 교육과 전문화는 품질을 향상시키고, 전문 인력으로부터의 통찰력은 도메인 전문가와 함께 모델 설계에 영향을 줄 수 있다. 이렇게 기계와 사람의 지능 사이의 지속적이고 건설적인 동반자 관계에 의해서 최고의 모델이 탄생한다.

우리는 최근 로봇 관상동맥우회로 이식술(CABG, Coronary Artery Bypass Graft)에 관한 영상에서 다양한 해부학적 구조의 픽셀 단위 어노테이션을 해야 하는 프로젝트를 수행했다. 우리 어노테이션 팀은 해부학이나 생리학 전문가가 없었다. 그래서 숙련된 외과 전문의 출신인 솔루션 아키텍트가 이끄는 임상 지식에 대한 교육 세션을 만들어 3차원 공간 추론과 정밀한 어노테이션 기술을 강화했다. 덕분에 우리 고객들은 성공적인 학습 데이터와 평가 데이터를 확보할 수 있었다. 그 결과, 빈곤한 지역의 사람들이 의료 이미지 분석에 있어 가장 중요한 단계 중 하나인 전문가로 빠르게 성장하면서 그들이 AI를 가장 진보된 방식으로 활용하는 것에 대해 활발하게 토론하는 모습을 볼 수 있었다.

라다 라마슈와미 바슈(Radha Ramaswami Basu)는 iMerit의 설립자이자 CEO다. iMerit은 기술 기업으로 AI 인력의 절반 가량을 빈민가의 여성과 어린이로 구성해 전 세계 고객에게 선진화된 기술 인력을 제공하고 있다. HP에서 근무한 경험이 있으며 Supportsoft public에서 CEO로 근무했고, 산타클라라대학교에서 Frugal Innovation 연구소를 설립했다.

1.3 학습 데이터 생성을 위해 속도는 향상시키고 비용은 줄이는 능동학습 소개

지도학습 모델은 대체로 더 많은 레이블 데이터가 제공될수록 더 정확해지게 된다. 능동학습은 수작업 어노테이션 작업을 위해 어떤 데이터를 샘플링할지 결정하는 프로세스다. 세상 어느 사례에서도 우월한 머신러닝 모델을 만들 수 있는 유일한 알고리듬, 아키텍처, 매개변수는 존재하지 않는다. 마찬가지로 모든 사례와 데이터셋에 걸쳐 최적화된 유일한 능동학습 전략 역시 존재하지 않는다. 하지만 몇몇 특정 방식은 성공 가능성이 좀 더 높기 때문에 우선 시도해보는 것이 좋다.

능동학습에 관한 대다수 논문은 학습할 항목 숫자에 중점을 두고 있지만, 속도가 더 중요한 요소인 경우도 많다. 이를테면 나는 재해 대응 분야에서 최근 발생한 재해에 관한 정보를 추출하고 걸러내고자 머신러닝 모델을 배포해 사용했다. 재해 대응은 잠재적으로 조금만 지체돼도 치명적이기 때문에 모델에 필요한 레이블의 숫자보다 즉각 가용한 모델을 만드는 것이 훨씬 더 중요하다.

1.3.1 세 가지 일반적인 능동학습 샘플링 전략: 불확실성, 다양성, 임의성

다양한 능동학습 전략이 존재하지만 대부분의 상황에서 불확실성, 다양성, 임의성 이 세 가지의 기본 접근법이 잘 동작한다. 이 세 가지의 조합은 거의 언제나 좋은 시작점이 된다.

임의 샘플링은 가장 단순해 보이지만 가장 까다롭다. 데이터가 사전 필터링되거나, 데이터가 시간에 따라 변화하거나, 어떤 이유로 임의 샘플이 우리가 해결해야 하는 문제에 대한 대표성을 갖지 못할 것이라고 알고 있는 경우, 정말 임의성이 보장될 수 있을까?

불확실성과 다양성 샘플링은 논문에 따라 여러 이름으로 부르고 있다. 이들은 종종 "개발과 개척exploitation and exploration"과 같이 두운과 각운을 이용한 듣기 좋은 이름으로 부르기도 하지만 이것이 원 의미를 명료하게 표현하진 않는다.

불확실성 샘플링은 현재의 머신러닝 모델의 결정 경계$^{decision\ boundary}$ 부근에 위치한 미분류 항목[2]을 식별하는 전략의 집합을 말한다. 만약 이진 분류 작업을 수행하는 경우 이 항목들은 각 레이블에 속할 확률이 50%에 가까울 것이다. 이런 모델은 불확실해하거나 또는 혼동하고 있다고 말할 수 있다. 이런 항목들은 잘못 분류될 가능성이 매우 높기 때문에 이 항목들이 학습 데이터에 추가되고 모델이 재학습한 이후에는 결정 경계가 움직이면서 모델이 예측한 레이블과 다른 레이블로 결론 날 가능성이 높다.

다양성 샘플링은 머신러닝 모델이 현재 상태에서 대표성이 약하거나^{underrepresented} 잘 알려져 있지 않은 미분류 항목을 식별하기 위한 일련의 전략을 말한다. 이 항목들은 학습 데이터 속에서는 매우 희소하게 존재하는 특성을 지니거나 모델에서 현재 약한 대표성을 갖는 실제 집단을 의미하기도 한다. 어떤 경우든 간에 이런 모델이 적용되는 경우, 특히 데이터가 시간에 따라 변화하고 있을 때는 형편없거나 고르지 못한 성능을 보여주게 된다. 다양성 샘플링은 머신러닝 알고리듬에게 문제 공간$^{problem\ space}$의 완전한 그림을 그려내기 위해 새롭고 희소하거나 과소 대표된 항목을 어노테이션하는 것을 목표로 하고 있다.

불확실성 샘플링이라는 용어가 광범위하게 사용되진 않지만 다양성 샘플링은 각 분야마다 다양한 이름으로 불리고 있다. 이를테면 대표 샘플링$^{representative\ sampling}$, 계층화 샘플링$^{stratified\ sampling}$, 아웃라이어 탐지$^{outlier\ detection}$ 및 이상 탐지$^{anomaly\ detection}$ 등이 불확실성의 또 다른 이름이다. 천문학 데이터베이스에서 새로운 현상을 식별하거나 보안 분야에서 특이한 네트워크 활동을 탐지하는 등의 일부 사례의 경우 이 작업의 목표는 아웃라이어를 식별하는 것이지만, 능동학습 적용에 있어서는 샘플링 전략을 개선하기 위한 적용도 가능하다.

불확실성 샘플링과 다양성 샘플링은 개별적으로 적용하는 경우 단점도 존재한다(그림 1.2). 예를 들어 불확실성 샘플링은 결정 경계 부분에만 초점을 맞추게 되는 데 반해, 다양성 샘플링은 결정 경계에서 멀리 떨어져 있는 아웃라이어에 중점을 둔다. 그래서 이 전략들

---

2 원문에서는 unlabeled item 또는 data로 '레이블이나 어노테이션이 달리지 않은 데이터 항목이나 데이터 포인트'를 의미한다. 이 책 전반에 걸쳐서 이를 '미분류 항목'으로 번역했다. - 옮긴이

은 불확실성과 다양성을 극대화하는 미분류 항목을 찾기 위해 함께 사용되기도 한다.

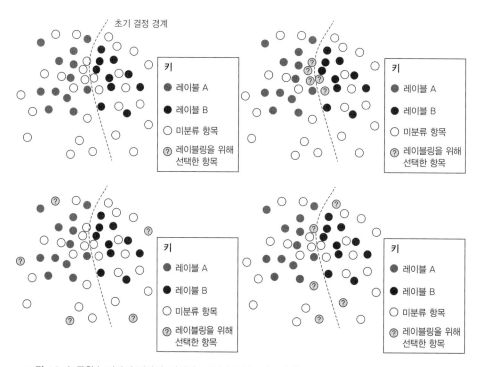

▲ **그림 1.2** 능동학습 전략의 장단점. 좌상단: 머신러닝 알고리듬의 항목 간의 결정 경계. 어떤 항목은 A로 다른 항목은 B로 분류돼 있다. 우상단: 불확실성 샘플링을 사용한 예상 결과. 이 능동학습 전략은 결정 경계 주변의 미분류 항목을 선택하는 데 효과적이다. 이런 항목은 잘못 예측될 가능성이 높아서 결정 경계를 움직이게 할 가능성이 가장 높다. 만약 모든 불확실성이 문제 공간의 한쪽에만 존재하는 경우에는 이런 항목이 모델 전반에 영향을 끼치진 않을 것이다. 좌하단: 다양성 샘플링을 사용한 예상 결과. 이 능동학습 전략은 문제 공간의 서로 다른 부분에서 미분류된 항목들을 선정하는 경우에 효과적이다. 만약 다양성이 결정 경계에서 떨어져 존재한다면 이러한 항목은 잘못 예측될 가능성이 높지는 않다. 그래서 모델이 예측한 결과를 따라 사람이 레이블을 해도 모델에 큰 영향은 없을 것이다. 우하단: 불확실성 샘플링과 다양성 샘플링을 조합한 예상 결과. 두 전략을 조합해 사용하는 경우, 결정 경계 주변의 다양한 영역에서 항목이 선택된다. 그러므로 결정 경계를 변화시킬 만한 항목을 찾을 가능성을 높일 수 있다.

능동학습 프로세스는 반복 작업임을 명심해야 한다. 능동학습의 매 이터레이션마다 항목을 선정할 기회를 포착하고 사람이 생성한 레이블을 새로 얻게 된다. 그런 후 모델은 새 항목으로 재학습되며 이 과정은 반복된다. 그림 1.3은 경계선이 바뀌면서 새 항목을 선정하고 레이블링하는 두 번의 이터레이션을 보여주고 있다.

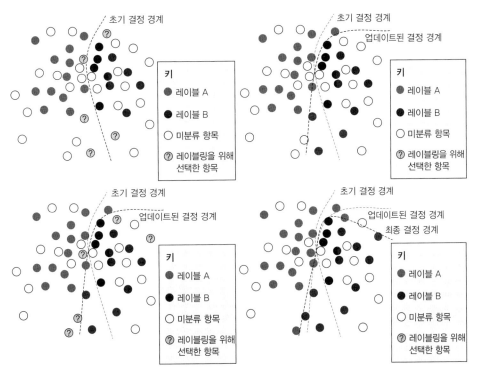

▲ **그림 1.3** 반복적 능동학습 프로세스 설명. 좌상단부터 우하단까지 2회의 능동학습을 반복했다. 매 이터레이션마다 결정 경계의 다양한 영역에서 항목을 선택하는데, 그럴 때마다 재학습된 이후 다시 경계선이 움직이고 더 정확한 머신러닝 모델로 만들어준다. 이상적인 능동학습 전략의 일부로써 사람은 최소한의 항목만을 레이블링하도록 요구된다. 이로 인해 더 빠르게 정확한 모델을 얻고 수작업 어노테이션 전체 비용을 감소시킨다.

반복 주기Iteration cycles는 그 자체로 다양성 샘플링의 한 형태가 되기도 한다. 불확실성 샘플링만을 사용하고 한 이터레이션에서 문제 공간의 한 부분만을 샘플링한다고 상상해보자. 그러면 아마도 그 문제 공간의 불확실성만을 풀게 될 것이다. 그리고 다음 이터레이션에는 어딘가 다른 부분에 집중할 수도 있다. 이터레이션이 충분하면 다양성 샘플링이 전혀 필요하지 않을 수도 있다. 불확실성 샘플링의 각 이터레이션에서는 문제 공간의 각기 다른 부분에 집중함으로써 해당 이터레이션을 통해 학습을 위한 다양한 샘플을 얻게 된다.

적절하게 구현되기만 한다면 능동학습은 자가 교정 기능도 갖고 있다. 매 이터레이션마다 데이터 특성을 새롭게 발견하게 되는데, 이는 사람이 수행하는 어노테이션 작업을 위해선 최선이다. 그렇지만 일부 데이터 공간이 본질적으로 모호한 경우라면 각 이터레이션을 통해 해당 문제 공간의 동일 부분 속 모호한 항목이 계속해서 드러날 것이다. 그래서 모델이 잘 풀지 못하는 부분에 대해 모든 레이블링 활동이 들어가는 것을 막기 위해서 불확실성과 다양성 샘플링 전략 모두를 고려하는 것이 일반적으로 현명한 선택이 될 것이다.

그림 1.2와 그림 1.3은 능동학습 프로세스를 직관적으로 보여주고 있다. 고차원의 데이터나 시퀀스 데이터를 다뤄 본 사람이라면 누구나 경계로부터의 거리나 다양성을 식별하는 것이 간단한 문제는 아니라는 것을 알고 있을 것이다. 적어도 이 프로세스는 그림 1.2와 그림 1.3에서 보이는 단순한 유클리드 거리$^{Euclidean distance}$보다는 훨씬 복잡하다. 그럼에도 우리는 가능한 한 적은 수의 사람에 의한 레이블로 최대한 빠르게 정확한 모델을 만들어내려는 아이디어 자체는 여전히 유효하다.

이터레이션의 횟수와 각 이터레이션에서 레이블돼야 할 항목 수는 작업의 종류에 따라 달라야 한다. "적응형 기계+사람 번역 모델"을 개발 중이라면 이상적으로 단 하나의 번역문도 몇 초만에 모델을 업데이트시킬 수 있는 충분한 학습 데이터가 된다. 사용자 경험 관점에서 살펴보는 것이 이해하기 수월할 것이다. 만약 번역가가 기계의 번역 결과물 중 일부 단어를 수정했음에도 기계가 이를 재빠르게 수용하지 못하는 경우, 사람이 기계 번역의 결과를 수백 번 다시 수정해야 할 수도 있다. 문제는 번역의 결과물이 상황이나 문맥에 따라 달라지는 경우가 다분하다는 것이다. 뉴스 기사처럼 사람의 이름을 문자 그대로 번역해야 할 수도 있고, 소설처럼 현지 이름으로 바꿔야 하는 수도 있다. 사람은 보통 수월하게 적응하기 위해 최근성^{recency}을 기대하는데, 만약 사람이 오류를 수정한 이후에도 소프트웨어가 계속해서 동일한 오류를 반복한다면 사용자 경험에 악영향을 끼치고 말 것이다.

기술적인 측면에서 모델을 재빨리 적응시키는 것은 당연히 훨씬 더 어려운 일이다. 대규모의 기계 번역 모델 경우, 현재도 이런 모델을 학습시키는 데에 일주일 이상 걸리기도 한다. 재빠른 적응이 가능한 소프트웨어 번역 시스템은 번역가의 경험을 바탕으로 지속적인 학습을 수용한다. 소셜 미디어의 댓글에서 감성을 판별하는 작업과 같이 저자가 경험했던 대부분의 사례에서는 새로운 데이터에 적응시키기 위해 거의 매달 이러한 일을 반복해야만 했다. 일부 애플리케이션의 경우는 실시간 적응형 머신러닝을 도입하고 있지만, 대다수는 이와 같은 방식으로 운영된다.

1.3.2 평가 데이터의 랜덤 선택은 무얼 말하는 것일까?

언제나 평가를 위한 데이터는 보관 데이터held-out data에서 랜덤 샘플링해야 한다고 하긴 쉽지만, 현실적으로 여러분의 데이터가 진정으로 랜덤 샘플링된 것인지 확신하기란 사실상 쉽지 않다. 어떤 키워드, 시간이나 기타 다른 인자를 사용해 데이터를 사전 필터링했다면 이미 샘플의 대표성을 잃어버리게 된다. 해당 샘플의 정확도가 모델이 배포 후의 데이터에 대한 정확성을 의미하는 것은 아니기 때문이다.

나는 사람들이 그 유명한 ImageNet 데이터셋을 이용해 머신러닝 모델을 광범위한 데이터에 적용하는 것을 목격했다. 고전적인 ImageNet 데이터셋은 1,000개의 레이블을 갖고 있고 각 레이블은 "농구", "택시", "수영"과 같은 해당 이미지의 카테고리를 일컫는다. ImageNet 대회ImageNet Challenge에서는 보관 데이터를 사용해 평가하며, 그 데이터셋 내에서는 거의 사람에 필적한 정도의 정확도 수준을 성취했다. 그러나 소셜 미디어에 게재된 이미지를 임의로 선택해 동일한 모델에 적용해보면 정확도는 즉시 10% 정도 떨어지게 된다.

대부분의 머신러닝 애플리케이션에서 데이터는 시간에 따라 계속 변화한다. 여러분이 언어 데이터로 작업하는 경우, 사람들이 말하는 주제는 시간에 따라 바뀌며 언어 자체도 변화하며 진화할 것이다. 컴퓨터 비전 데이터로 작업하는 경우에도 마주해야 하는 대상의 종류가 시간에 따라 변할 것이다. 마찬가지로 카메라 기술도 발전하고 변화함에 따라 이미지 자체도 달라질 것이다.

의미 있는 랜덤 평가 데이터셋을 정의하는 것이 불가능하다면, 대표성representative 평가 데이터셋을 정의하는 것도 시도해볼 필요가 있다. 만약 대표성 데이터셋을 정의해야 하는 상황이라면 진정한 랜덤 샘플이 가능하지 않거나 의미가 없다고 인정하는 것이 된다. 해당 데이터를 여러분이 어떻게 적용할 것인지 상황에 따라 대표성이 무엇을 의미하는지 다르게 정의할 수 있다. 여러분은 아마도 관심을 갖고 있는 모든 레이블의 데이터 포인트를 선정하길 원할 것이다. 이를테면 다양성을 보장하기 위해서 일정 시간 단위로 특정한 개수만큼 뽑거나 클러스터링 알고리듬^{clustering algorithm}의 출력값에서 특정한 개수만큼 뽑는 방법과 같이 말이다. 이에 대한 상세한 내용은 4장에서 다룰 것이다.

또한 서로 다른 기준으로 구성된 여러 평가 데이터셋을 보유하는 것이 좋을 수도 있다. 한 가지 보편적인 전략은 한 데이터셋은 학습 데이터와 동일한 데이터에서 추출하고, 적어도 다른 하나는 전혀 다른 소스로부터 추출한 외부 도메인^{out-of-domain} 평가 데이터셋을 보유하는 것이다. 외부 도메인의 데이터셋은 다른 종류의 미디어나 다른 기간으로부터 가져오기도 한다. 예를 들어 자연어 처리용 학습 데이터가 과거의 뉴스 기사에서 가져온 것이라면 외부 도메인 평가 데이터셋은 소셜 미디어의 최신 데이터에서 가져올 수도 있다. 실세계 적용을 위해서는 외부 도메인 평가 데이터셋을 활용하는 것이 바람직하다. 이 데이터셋은 여러분의 모델이 진정으로 얼마나 잘 일반화돼 있는지, 또 특정 데이터셋에 단순히 과적합돼 있지 않은지 알려주는 최상의 지표가 될 것이다. 그러나 이런 방법을 능동학습과 함께 적용하는 것을 다소 어려울 수 있다. 외부 도메인 데이터로 능동학습을 적용해 레이블링을 시작한 후에는 이는 더 이상 외부 도메인이 아니기 때문이다. 그래서 이 방법을 실제로 적용할 때에는 외부 도메인 데이터셋에 능동학습을 적용하지 않을 것을 추천한다. 그러고 나면 능동학습 전략이 특정 도메인에 단순하게 적응되거나 과적합되지 않고, 얼마나 문제를 잘 일반화해내는지 확인할 수 있을 것이다.

1.3.3 언제 능동학습을 사용해야 할까

데이터의 일부분만 어노테이션이 가능하거나 랜덤 샘플링으로 데이터의 다양성을 담을 수 경우에는 능동학습을 적용해보는 것이 좋다. 이는 데이터의 스케일이 중요한 요소가 되는 대다수의 실세계 시나리오에도 적용된다.

동영상 데이터의 양은 이에 대한 좋은 사례다. 예를 들어 동영상의 모든 프레임마다 모든 사물 주위에 경계 상자를 그리는 것은 매우 소모적인 일일 것이다. 이 동영상을 대략 20개 정도의 객체(차, 보행자, 표지판 등)를 인지해야 하는 도로 위의 자율주행차에서 나온 것이라고 가정해보자. 이 동영상이 초당 30프레임이라고 하면, 30프레임 * 60초 * 20개의 객체, 즉 1분가량의 데이터를 위해 무려 36,000개의 상자를 그려야 한다! 가장 빠르게 레이블링할 수 있는 사람조차도 1분 분량의 데이터를 레이블링하는 데 최소 12시간이 필요할지도 모른다.

구체적인 숫자를 살펴보면 이 문제가 얼마나 까다로운지 깨닫게 된다. 미국에서는 평균 하루 1시간가량 운전을 하며, 이는 곧 미국의 모든 사람이 1년간 운전하는 시간이 95,104,400,000시간임을 의미한다. 이제 곧 모든 자동차에 운전 보조를 위한 전면 카메라를 달게 될 것이다. 극단적으로 미국 내의 1년간 운전 영상을 위와 같이 어노테이션하려면 60,000,000,000시간(6백억 시간)이 소요될 것이다. 아마도 미국 운전자를 안전하게 만들어주기 위해 전 세계의 모든 사람이 아무것도 하지 않고 하루 종일 어노테이션만 한다고 하더라도 충분하지 않은 인구다.

그래서 자율주행자동차 회사의 데이터 과학자들은 어노테이션 프로세스에 대한 다양한 질문에 답을 찾아야만 한다. 아마 이런 유형의 질문일 것이다. "동영상의 모든 n번째 프레임은 문제가 없을까?" 또는 "동영상 전체를 어노테이션하지 않고 일부만 샘플링해도 괜찮을까?" "프로세스 속도를 향상시킬 수 있는 어노테이션 인터페이스를 설계하는 좋은 방법이 있을까?"

수많은 상황에서 어노테이션의 어려움을 실제로 겪게 될 것이다. 대개 데이터를 할당하기 위한 예산이나 시간보다 어노테이션해야 할 데이터가 훨씬 더 많기 마련이다. 이것이 왜 처음부터 머신러닝을 이용해서 작업을 수행해야 하는가에 대한 이유다. 데이터 전체를 수작업으로 어노테이션할 예산과 시간이 주어진다면 아마도 이를 자동화할 필요는 따로 없을 것이다.

모든 상황에서 능동학습이 필요한 것은 아니다. 그렇다고 하더라도 여전히 인간 참여 학습 전략은 관련돼 있을 수 있지만 말이다. 어떤 경우는 법원의 명령을 받은 감사인이 회사 내의 모든 통신 내용을 검토해 잠재적인 사기 여부를 판별하는 등 법에 의해 모든 데이터 포인트를 사람이 어노테이션해야 할 수도 있다. 비록 궁극적으로는 사람이 모든 데이터 포인트를 봐야만 하지만 능동학습을 이용하면 사기 사례를 빠르게 찾고 이를 활용하기 위한 최선의 사용자 인터페이스를 결정하는 데 도움이 될 것이다. 또한 수작업 어노테이션 내의 잠재적 오류를 찾는 데에도 활용될 수도 있다. 실제로 이 프로세스는 오늘날 상당수의 감사 절차에서 사용되고 있다.

일부의 사례에서는 확실히 능동학습이 불필요하기도 하다. 공장 장비를 일관된 조명에서 모니터링하는 경우, 주어진 기계가 켜져 있는지 그 기계의 스위치나 조명으로 판별하는 컴퓨터 비전 모델을 구현하는 것은 그다지 어렵지 않은 일일 것이다. 공장의 기계, 전등, 카메라 등은 시간에 따라 변화하지 않을 것이기 때문에 모델을 구현한 이후 계속해서 학습 데이터를 가지고 능동학습을 해야 할 필요가 없을 것이다. 그러나 이런 예는 산업계에서 본 전체 사례의 1% 미만으로, 매우 희박하다.

아마도 독자의 사례 중에서도 베이스라인 모델만으로도 충분한 정확도를 제공하거나 더 정확한 모델이 제공하는 가치보다 추가적인 학습 데이터를 갖추는 것이 더 큰 비용을 초래하는 경우가 있을 것이다. 이런 조건들은 능동학습 이터레이션을 멈추는 중단점 역할을 하기도 한다.

1.4 머신러닝과 인간-컴퓨터 상호작용

수십 년 동안 수많은 똑똑한 사람들조차도 기계 번역의 도움을 통해 더 빠르고 정확한 번역을 이루는 데 실패를 겪어왔다. 사람의 번역과 기계의 번역을 결합하는 것이 분명 가능한 것처럼 보이기는 한다. 그러나 번역가가 기계의 번역 결과물에서 몇 개의 오류를 찾다 보면 차라리 번역가가 그 문장 전체를 처음부터 재작성하는 것이 더 나은 경우도 있다. 번역 시 기계가 번역한 문장을 참고하면 속도 면에서 약간의 차이를 만들어내지만, 번역가가 추가적인 노력(오류를 찾고 전체적인 문장을 수정하는 등)을 기울이지 않는다면 그 문장들은 기계 번역에서 영속적 오류로 남게 되고, 계속해서 부정확한 번역문을 만들어낼 것이다.

이 문제에 대한 궁극적인 해결책은 기계 번역 알고리듬의 정확도에 있지 않고 사용자 인터페이스에 있다. 번역가에게 전체 문장을 재입력하는 것 대신 최신 번역 시스템은 전화기, 이메일, 문서 작성 도구상에서 번역 자동 완성 기능을 제공한다. 번역가는 기존처럼 번역 문장을 입력하고 Enter나 Tab 버튼을 눌러 예상되는 번역의 다음 단어를 입력한다. 이러한 방식은 기계 번역문이 정확할 때마다 번역가의 전반적인 작업 속도를 향상시킨다. 때문에 가장 큰 해결책은 머신러닝 알고리듬 자체가 아니라 올바른 사용자 경험을 제공하는 것이었다.

인간-컴퓨터 상호작용은 컴퓨터과학에서 정립된 하나의 분야로, 특히 최근 머신러닝 측면에서 더 중요한 분야로 대두돼왔다. 학습 데이터를 만들기 위해 사용자 인터페이스를 구축한다면 인지과학, 사회과학, 심리학, 사용자 경험 설계 및 그밖의 여러 분야를 아우르는 그림을 그려야 할 것이다.

1.4.1 사용자 인터페이스: 어떻게 학습 데이터를 생성할까?

때로는 단순한 웹 페이지로도 학습 데이터를 수집하는 데 충분할 수도 있다. 웹 페이지와의 상호작용의 기저가 되는 인간-컴퓨터 상호작용 원리는 똑같이 단순하다. 사람들은 매일 웹을 보고 있기 때문에 웹 페이지에 익숙하다. 웹 페이지는 많은 수의 현명한 사람들이 만들고 정제했기 때문에 이해하기 쉽다. "사람들은 단순 HTML 페이지가 어떻게 동작하는지 알고 있어서 그들을 새로이 교육시킬 필요조차 없다"는 일종의 관습에 기반해 만들면 된다. 반면, 이 관습에서 어긋나면 사람들을 혼란스러워져서 기대했던 행동대로 움직이지 않을 수도 있다.

가장 단순한 형태인 이진 응답[3]이 품질 제어를 위해서 최선의 방안일 것이다. 어노테이션 프로젝트를 단순화하거나 이진 형태의 작업으로 쪼갠다면 직관적인 인터페이스를 설계하고, 어노테이션 품질 제어 방법(8장 11절에서 구체적으로 다룬다)을 구현하는 데 훨씬 수월해질 것이다.

더 복잡한 인터페이스를 다루는 경우라면 이에 대한 규칙도 마찬가지로 더 복잡해진다. 자율주행자동차 회사의 일반적인 사례를 예로 들겠다. 사람들이 하나의 이미지 내 특정 사물들 주위로 다각형^{polygon}을 그리는 작업을 한다고 상상해보자. 어노테이터들은 어떤 양식을 기대하고 있을까? 그들이 프리핸드^{freehand}, 선, 페인트 붓, 색/영역 자동 선택^{smart}

---

3 예/아니오와 같은 형태의 응답 – 옮긴이

selection 또는 다른 선택 도구들을 기대하고 있을까? 사람들이 어도비 포토샵과 같은 프로그램에 익숙해져 있다면, 앞에서 말한 이미지 레이블링 작업과 동일한 기능을 기대할 것이다. 웹 페이지에 대한 사람들의 기대로 인해 제약받는 것과 같은 방식으로 이미지를 선택/편집하는 경우에 대한 사람들의 기대로 인해 제약받게 된다. 안타깝게도 그런 기대를 충족시키는 완전한 기능의 인터페이스를 제공하려면 엄청난 개발 시간이 걸릴지도 모른다.

학습 데이터를 만드는 것과 같이 반복적인 일을 수행하는 사람에게 마우스 조작은 비효율적이며 가급적 피해야 할 방식이다. 어노테이션 자체와 방향 전환이나 폼 제출과 같은 작업을 포함해 전체 어노테이션 과정이 키보드에서 이뤄진다면, 어노테이터의 리듬이 대단히 향상될 것이다. 만일 마우스를 사용해야만 하는 작업이라면 한층 느려지는 입력을 보완하기 위해 더욱 많은 어노테이션을 얻을 수 있어야 한다.

일부의 어노테이션 작업은 특별한 입력 장치를 필요로 하기도 한다. 음성을 문자로 필사하는 사람들은 음성 녹음의 재생 위치를 앞뒤로 움직일 수 있는 발 페달을 사용하기도 한다. 이러한 방식은 그들의 손을 키보드 위에서 유지할 수 있도록 도와준다. 재생 위치를 발로 움직이는 것이 마우스를 사용하는 것보다 훨씬 효율적이다.

필사 작업과 같은 예외 사항을 빼면 이런 작업에 있어 왕도는 여전히 키보드를 사용하는 것이다. 대부분의 어노테이션 작업은 필사의 역사만큼 오래되지 않았기 때문에 이런 작업만을 위한 특별한 입력 장치는 개발돼 있지 않다. 대부분의 작업에서 랩톱이나 PC 키보드를 사용하는 것이 태블릿이나 전화기의 터치 스크린을 사용하는 것보다 훨씬 효율적이다. 입력하는 내용에 눈을 고정한 채로 평평한 스크린에 타이핑을 하는 것이 쉽진 않다. 그래서 작업 내용이 이진 선택^{binary selection}만큼 단순치 않다면 전화기와 태블릿 장치는 대량의 데이터 어노테이션에서는 석합치 않다.

1.4.2 프라이밍: 무엇이 사람의 인지에 영향을 줄까?

정확한 학습 데이터를 얻기 위해서는 어노테이터의 집중력, 주의력 유지 시간, 맥락 효과^{contextual effects}와 같이 오류를 유발하거나 행동에 변화를 야기하는 것들을 고려해야만 한다. 언어학 연구의 좋은 예가 있는데 한번 살펴보면 좋을 것이다. 「봉제 인형과 언어 인지 Stuffed toys and speech perception」(https://doi.org/10.1515/ling.2010.027)라는 연구에서는 사람들에게 호주와 뉴질랜드 억양을 구분할 수 있는지 물어봤다. 연구원들은 키위새 모양의 인형과 캥거루 모양의 인형(각 국가의 대표 동물이다)을 연구 참가자들이 있는 어느 방의 선반에 뒀다. 연구원들은 참가자들에게 이 인형에 대해 언급도 하지 않고 단지 방 선반에 뒀을 뿐이다. 놀랍게도 참가자들은 키위새가 놓여 있을 때는 뉴질랜드 억양으로 받아들이고, 캥거루가 놓여 있을 때는 호주 억양으로 받아들였다. 앞선 연구가 시사하는 점은 스마트홈 기기와 같이 다양한 억양을 알아들을 수 있도록 억양 판별 머신러닝 모델을 만드는 경우, 학습 데이터를 수집할 때 이러한 상황들을 고려할 필요가 있다는 사실일 것이다.

상황이나 일련의 사건이 사람의 인지에 영향을 주는 현상을 프라이밍priming[4]이라고 부른다. 또한 학습 데이터의 생성에 있어서 가장 중요한 유형은 바로 '반복 프라이밍'이다. 일련의 작업이 사람의 인식에 영향을 주게 됐을 때 반복 프라이밍이 발생했다고 말한다. 어노테이터가 소셜 미디어 게시글에 대해 감성 분류를 한다고 예를 들어보겠다. 만약 이 어노테이터가 연속적으로 99개의 부정적인 게시글을 마주쳤다면 백 번째 게시글이 실제로는 긍정적인 것이라 할지라도 이를 부정적 게시글로 분류하는 오류를 범할 확률이 높아지게 된다. 게시글이 본래 애매(비꼬기 등)하거나 반복 작업을 하면서 어노테이터의 주의력이 사라지게 돼 발생하는 단순한 오류일 수도 있다. 11장에서는 제어해야 하는 프라이밍의 종류에 대해 다룬다.

1.4.3 머신러닝 예측값을 평가하면서 레이블을 생성하는 방법의 장단점

머신러닝과 어노테이션 품질 확보를 함께하는 한 가지 방법은 단순한 이진 입력폼을 사용해 사람들이 모델의 예측값을 평가해 확정하거나 거부할 수 있도록 하는 것이다. 이 기법은 복잡한 작업을 이진 어노테이션 작업으로 단순하게 만드는 좋은 방법이다. 이 기법을 동원하면 어노테이터들에게 객체 주변의 경계 상자가 올바른지 단순한 예/아니오의 질의를 통하게 되며 복잡한 편집이나 선택을 위한 UI를 사용하지 않아도 된다. 마찬가지

---

4 사람의 심리와 인지에 영향을 주는 기폭제 역할을 일컫는 심리학 용어다. - 옮긴이

로, 문장에서 자유로이 "장소"를 가리키는 문구를 효율적으로 어노테이션하기 위한 인터페이스를 제공하는 것보다는 텍스트의 한 부분의 어떤 한 단어가 "장소"를 가리키는 것인지를 묻는 것이 더 수월한 방식이다.

그러나 이런 기법을 사용할 때에는 모델 불확실성에 지엽적으로 초점을 맞추다가 문제 공간의 중요한 부분을 놓치게 되는 위험을 감수해야 한다. 비록 사람이 머신러닝 모델의 예측값을 평가하도록 인터페이스와 어노테이션 정확도 평가를 단순화할 수 있지만, 여전히 샘플링에 대한 다양성 전략이 필요할 것이다. 심지어 그 전략이 항목을 단순히 임의 선택하게 하는 것일 뿐이더라도 말이다.

1.4.4 어노테이션을 위한 인터페이스 설계의 기본 원리

지금까지 살펴본 내용을 바탕으로 어노테이션 작업을 위한 인터페이스 설계의 기본 원리에 대해 정리해보겠다. 각 원리에 대해서는 이 책 전반에 걸쳐 더 상세하게 다룰 것이다.

- 가능하면 문제를 이진 선택의 문제로 변환하라.
- 프라이밍을 피할 수 있도록 예상 가능한 응답을 다양화하라.
- 기존의 상호작용 규칙을 따르라.
- 키보드로 응답할 수 있도록 하라.

1.5 머신러닝의 보조를 받는 사람 vs 사람의 보조를 받는 머신러닝

인간 참여 머신러닝에는 두 가지 개별적인 목표가 있다. 하나는 사람의 입력으로 머신러닝 애플리케이션을 더욱 정확하게 만드는 것이고, 또 다른 하나는 머신러닝의 도움을 받아 사람의 작업 효율성을 향상시키는 것이다. 두 목표는 때때로 결합되기도 한다. 기계 번역이 그 좋은 예다. 스마트폰이 입력할 다음 단어를 예측해주는 것처럼 기계 번역이 단어나 구문을 추천해주는 것을 선택하거나 거절하는 방식으로 사람의 번역 속도가 더 빨라질 수 있다.

인간 참여 머신러닝의 또 다른 예로 검색엔진을 들 수 있다. 검색엔진이 비록 일반적인 검색에서 전자상거래나 길 찾기 같은 특별한 용도까지 전반적으로 사용되고 있음에도 인간은 검색엔진이 종종 AI의 한 종류임을 잊곤 한다. 예를 들어 여러분이 웹 페이지를 검색하고 나타난 첫 번째 링크 대신 네 번째 링크를 클릭하면, 아마도 네 번째 링크가 여러분의 검색 쿼리에 더 적합한 반응으로 여기도록 검색엔진을 학습시킬 수도 있다. 검색엔진은 사용자의 피드백으로만 학습된다고 여기는 공통의 오해가 있다. 사실 모든 주요 검색엔진 회사들은 수천 명의 어노테이터들을 고용해 검색엔진을 평가하거나 개선하고 있다. 검색 연관성을 평가하는 작업은 머신러닝 분야에서 수작업으로 어노테이션을 수행하는 가장 큰 사례일 것이다. 자율주행차와 같은 컴퓨터 비전 분야나 스마트 기기의 음성 분야에서도 사람이 하는 어노테이션이 각광받고 있지만, 검색 연관성은 여전히 전문적인 사람의 어노테이션을 적용하는 가장 큰 사례다.

그러나 언뜻 보기에 대부분의 인간 참여 머신러닝 작업은 머신러닝의 보조를 받은 사람과 사람의 보조를 받는 머신러닝의 요소를 모두 갖고 있기 때문에 이 둘 모두를 고려한 설계가 필요하다.

1.6 전이학습으로 모델 시작하기

처음에는 대부분의 경우 학습 데이터를 밑바닥부터 만들 필요는 없다. 이미 존재하는 데이터셋을 사용하는 것이 좋을 수도 있다. 영화 리뷰에 대한 감성 분석 모델을 만들려고 한다면, 바로 시작하고 적용할 수 있는 제품 리뷰에 대한 감성 분석 데이터셋을 찾을 수 있을 것이다. 이처럼 비슷한 사례의 데이터셋이 적용된 모델을 가져와 다른 종류의 데이터셋에 적응하는 과정을 전이학습이라고 한다.

최근 사전학습한 일반 모델을 새롭고 구체적인 사례에 적용시키는 것의 인기가 크게 증가하고 있다. 즉, 사람들이 전이학습으로 다양한 사례에 사용될 수 있는 모델들을 본격적으로 만들기 시작했다. 이러한 모델들을 가리켜 사전학습 모델[pretrained model]이라고 한다.

역사적으로 전이학습은 한 과정의 결과물을 다른 과정에 공급하는 것과 연관돼 있었다. 자연어 처리 분야를 예를 들면 다음과 같다.

일반적인 품사 태그 > 구문 분석기 > 감성 분석 태그

오늘날 전이학습의 일반적인 의미는,

> 신경망 모델의 일부를 새로운 작업에 적응하도록 재학습(사전학습 모델 기반)시키거
> 나, 특정 신경망 모델의 매개변수를 다른 신경망 모델의 입력층으로 사용하는 것

그림 1.4는 전이학습의 예제를 보여준다. 모델이 특정 레이블셋에 대해 학습하고 난 후, 아키텍처를 유지하고 모델의 일부를 고정시킨 채 다른 레이블셋을 재학습한다. 이 예제에서는 마지막 층만 재학습하고 있다.

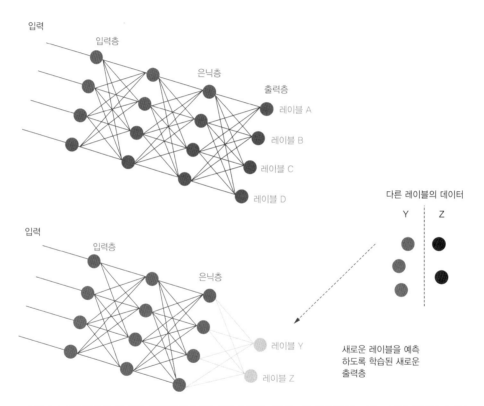

▲ **그림 1.4** 전이학습의 한 사례. 레이블 "A", "B", "C", "D"를 예측하도록 학습된 한 모델. 모델을 처음부터 학습시키기보다는 훨씬 적은 레이블 항목(사람이 레이블한)을 이용해 모델의 마지막 층을 재학습시킴으로써 모델이 레이블 "Y"와 "Z"를 예측할 수 있다.

1.6.1 컴퓨터 비전 분야의 전이학습

근래 들어 전이학습은 컴퓨터 비전 분야에서 가장 많은 발전을 이뤘다. 인기 있는 전략 중 하나는 ImageNet 데이터셋으로 시작하는 것이다. 이 데이터셋을 활용해 수백만 개의 이미지를 스포츠, 새, 사물과 같은 1,000개의 레이블로 분류하는 모델을 만든다.

머신러닝 모델은 스포츠, 동물, 사물을 분류하는 법을 배우기 위해서 이미지에서 1,000개 종류의 항목을 구분하는 데 필요한 텍스처와 외곽선의 유형에 대해 학습하게 된다. 이런 텍스처와 외곽선의 상당수는 1,000개의 레이블보다 보편적이기 때문에 다른 곳에서도 사용될 수 있다. 텍스처와 외곽선에 대한 모든 학습은 신경망 중간층에서 이뤄지며, 새로운 레이블셋에 대한 재학습은 마지막 층에 대해서만 이뤄진다. 이미 수백만 장의 이미지에 대한 텍스처와 외곽선에 대해 학습했기 때문에 새로운 레이블 각각에 대해서는 수백 또는 수천 장의 샘플만 필요하게 된다. ImageNet은 생물학의 세포나 위성 사진에서 지형지물과 같은 사물을 포함해 사람들이 적은 양의 데이터로 새로운 레이블에 대해 마지막 층을 재학습하려는 사례에서 큰 성공을 거둬왔다.

마지막 층 대신에 여러 층을 재학습하거나 전이학습하려는 모델에 대해 새로운 여러 층을 추가해 재학습하는 것 역시 가능하다. 전이학습은 다수의 아키텍처와 매개변수를 활용해 한 모델을 새로운 사례에 적용하는 것뿐만 아니라, 동일한 목표에 대해 제한된 수의 수작업 레이블에 기반해 새로운 데이터를 가지고 정확한 모델을 구축하는 경우에도 적용이 가능하다.

컴퓨터 비전 분야는 최근까지 이미지 레이블링에서 그다지 성공적이지 못했다. 이미지 내에서 사물을 검출하는 작업의 경우, 특정한 종류의 사물에서 다른 종류의 사물을 인식하도록 적용할 수 있는 전이학습 시스템을 만드는 것은 굉장히 어려운 일이다. 문제는 사물의 검출은 전체 사물로 인지되는 것이 아닌 사물의 외곽선과 질감의 총합으로 이뤄지게 된다는 것이다. 그러나 많은 사람이 이 문제에 대해 매진하고 있으므로 곧 돌파구가 마련될 것임에는 의심의 여지가 없다.

1.6.2 자연어 처리 분야에서의 전이학습

자연어 처리 분야에서 사전학습 모델에 대한 큰 도약은 컴퓨터 비전보다는 상대적으로 최근에 일어났다. 자연어 처리에서 이런 형태의 전이학습이 인기를 끌게 된 것은 2~3년 정도밖에 되지 않았다. 이 책에서도 가장 최신의 기술을 다루고 있지만 아마도 조만간 뒤처지게 될 수도 있을 것이다.

언어 데이터에는 ImageNet 기반의 모델에 적용했던 전이학습 방식이 잘 동작하지 않는다. 하나의 감성 분석 데이터셋을 다른 감성 분석 데이터셋으로 전이학습하면 겨우 2~3% 정도의 정확도 향상만을 가져올 뿐이다. 문서 수준의 레이블을 예측하는 모델은 컴퓨터 비전 모델이 질감과 외곽선을 인지하는 것과 같은 레벨로 사람의 언어의 폭을 인지하진 못한다. 그러나 단어들이 주로 일정한 문맥에서 함께 사용되는 흥미로운 특성을 배울 수는 있다. 예를 들어 doctor(의사 또는 박사)와 surgeon(외과의사)과 같은 단어는 비슷한 문맥에서 사용된다. 영어 단어가 들어 있는 10,000개의 문장을 찾았다고 가정해보겠다. 각 10,000개의 문장을 통해 doctor라는 단어가 어떻게 출현하는지 알게 될 것이다. 이 문장 중 일부는 의료와 관련된 것일 테고, doctor는 이런 문장에서 높은 점수를 얻을 것이다. 그러나 10,000개의 문장 중 대부분은 의료와 관계가 없기 때문에 doctor는 이런 문장에서는 낮은 점수를 얻게 될 것이다. 이 10,000개의 점수를 10,000개 길이의 벡터로 취급할 수도 있다. surgeon은 doctor와 같은 문맥에서 출현할 것이기 때문에 doctor와 비슷한 벡터를 갖게 될 확률이 높다.

문맥을 통해서 단어를 이해하려는 개념은 오래전에 자리 잡은 것이고 언어학의 기능적 이론의 바탕이 된다.

> 계속 함께 나타나는 주변 단어와 함께 그 단어의 진짜 의미를 이해할 것이다. (Firth, J. R. 1957:11)

엄밀히 말해 가장 중요한 정보에 도달하기 위해 우리는 단어보다 더 작은 단위로 가야 한다. 영어는 머신러닝에 적절하게 단어들이 최소 단위로 쪼개지는 경향이 있는 특이한 언어다. 영어에서는 un-do-ing과 같은 복합 단어complex words를 사용할 수 있다. 우리가 개별 부분(형태소)을 해석하려는 이유는 분명하지만 영어는 다른 언어보다 이런 경우가 드물다. 영어에서는 그 뜻이 '주어-술어-목적어'와 같은 어순으로 표현하려는 것보다는 현재/과거 시제와 단복수 구분 따위에 한정하는 접사에 의해서 더 표현되곤 한다. 따라서 머신러닝 모델이 영어와 같이 특이하면서도 특별한 언어에 편향을 갖지 않기 위해서는 하부 단어^{subword5} 단위로 다룰 필요가 있다.

퍼스 박사는 아마도 이 사실에 감사할 것이다. 그는 소아스대학교^{SOAS}에서 영국 최고의 언어학과를 설립했는데, 나는 거기서 2년간 소멸 위험의 언어를 보존하고 기록하는 일을 했다. 그곳에서의 시간을 통해 언어적 다양성은 단어 단위보다 더 세밀한 특징을 필요로 한다는 것을 명확하게 이해하게 됐다. 전 세계의 7,000여 개의 언어 중 가능한 많은 수의 언어에 머신러닝을 적용하려는 경우라면 인간 참여 머신러닝 방법론이 필수적이다.

최근 전이학습이 돌파구를 찾게 된 이후, 전이학습은 문맥 내의 단어(또는 단어 조각)를 이해하는 원리를 적용하고 있다. 이로써 우리가 문맥에서 단어를 예측하려는 경우 우리는 별다른 노력 없이 수백만 개나 되는 레이블을 얻을 수 있게 된다.

My ___ is cute. He ___ play-ing

수작업 레이블링 작업은 전혀 필요치 않다. 위 예제처럼 원문에서 일정 비율의 단어를 제거하고 나면 나머지 문장으로 예측용 머신러닝 작업을 위한 데이터로 바꿀 수 있다. 쉽게 추측할 수 있듯이 첫 번째 빈칸은 dog, puppy, kitten과 같은 단어가 알맞을 것이고, 두 번째는 아마도 is나 was가 될 가능성이 높다. surgeon과 doctor라는 단어 역시도 문맥으로부터 예측할 수 있다.

앞서 살펴봤던 감성 분석이라는 한 종류의 문제에서 다른 종류의 문제로의 전이학습이 실패한 경우와는 달리, 이런 종류의 사전학습 모델은 광범위하게 성공해왔다. 문맥에서 단어를 예측하는 모델을 약간만 튜닝함으로써 질의 응답, 감성 분석, 텍스트 함의^{textual entailment6}와 같은 작업에서 소량의 수작업 레이블링만으로도 최첨단 시스템을 만들 수 있게 됐다. 컴퓨터 비전 분야와는 달리 문서 요약이나 번역과 같은 복잡한 자연어 처리 작

---

5   완전한 단어 아래로 쪼개지는 단어로 자연어 처리에서 BERT와 같은 모델에 입력으로 넣어줄 단어들을 이 단위로 쪼개서 다룬다. – 옮긴이
6   동일하거나 거의 유사한 정보를 전달하는 패러프레이즈, 의미적 구절, 문장, 심지어 문단까지도 식별, 생성, 추출하는 기법 – 옮긴이

업에서도 전이학습이 빠르게 보편화되고 있다.

사전학습 모델이 복잡한 것은 아니다. 오늘날 가장 복잡한 것은 문맥 내 단어, 문장 내 어순, 또는 문장 순서를 예측하도록 학습시키는 것이다. 데이터에 내재된 속성을 학습한 세 유형의 예측 모델을 출발점 삼아 대부분의 자연어 처리 사례에 사용될 수 있는 모델을 구축할 수 있다. 어순이나 문장 순서는 문서에 내재된 속성이기 때문에 사전학습 모델은 사람의 레이블링이 불필요하다. 이 모델들은 여전히 지도학습과 흡사한 방식으로 구축되지만, 학습 데이터는 특별한 노력 없이 생성할 수 있다. 이 모델들은 원본 데이터에서 10개 정도의 단어마다 삭제된 1개의 단어를 예측하고 원본 문서에서 어떤 문장이 뒤따라오는지 예측하도록 학습하게 된다. 이러한 방식은 필요한 수작업 레이블링을 시작하기 전에 강력한 출발점을 제공해준다.

그러나 사전학습 모델도 레이블링되지 않은 문서량에 따라 제약을 받게 된다. 심지어 영어는 다른 언어와의 전체 문서량을 비교해보더라도 훨씬 많은 양의 문서가 레이블링되지 않은 채로 남아 있다. 문화적인 편향 역시 존재한다. My dog is cute라는 예처럼 사전학습 모델의 주요 원천 데이터는 인터넷상의 문서들에서 주로 발견될 것이다. 반면 모두가 강아지를 애완용으로 기르진 않는다. 내가 마체스어(Matsés: 브라질-페루 국경 지대에서 사용되는 토착 언어로 마체스인이 사용한다)를 연구하기 위해 아마존에 잠시 살았었는데, 그곳에서는 원숭이가 인기 있는 애완 동물이었다. 영어 구문 My monkey is cute는 아주 드물게 온라인상에 출현하고 마체스어로 같은 의미인 "Chuna bëdambo ikek"는 전혀 보이지 않는다. 사전학습 시스템의 단어 벡터word vector나 문맥 모델contextual model은 한 단어가 다양한 의미로 표현할 수 있도록 하기 때문에, 이 맥락에서 dog와 monkey를 모두 포착할 수 있다. 그러나 여전히 그들이 학습 데이터는 편향돼 있고, monkey가 포함된 문맥은 어떤 언어에서든 다량으로 출현할 가능성이 희박하다.

사전학습 모델로 특정 작업에서 더 정확한 결과를 얻기 위해서는 여전히 추가적인 수작업 레이블링이 필요하다. 그래서 전이학습도 인간 참여 머신러닝을 위한 공통 아키텍처에 영향을 주진 않는다. 그러나 전이학습은 레이블링 측면에서 상당한 이점을 가져올 수 있으며, 사람이 어노테이션 작업을 해야 하는 경우 이를 위해 추가 데이터 샘플링 방법과 사용자 인터페이스를 활용하려 하는 능동학습에서는 전략의 선택에 영향을 준다.

또한 전이학습은 5장에서 다룰 고급 능동학습 전략과 9장에서 다룰 고급 데이터 어노테이션과 증강 전략의 기반이 된다.

1.7 이 책에서 배울 수 있는 것들

이 책이 어떻게 짜여 있는지 알아내기 위해 그림 1.5의 지식 사분면 관점에서 주제를 나눠 생각해보겠다.

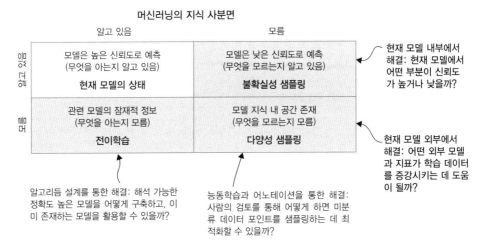

▲ **그림 1.5** 머신러닝의 지식 사분면: 이 책에서 다루는 주제와 머신러닝 모델이 아는 것과 모르는 것 구분하기

지식 사분면은 다음과 같이 구성된다.

- **무엇을 아는지 알고 있음**^{known knowns}: 여러분의 머신러닝 모델이 현재 높은 신뢰도와 정확도로 할 수 있는 것이 여기에 해당된다. 이 사분면은 여러분의 모델의 현재 상태에 대한 것이다.
- **무엇을 모르는지 알고 있음**^{known unknowns}: 여러분의 머신러닝 모델에서 현재 낮은 신뢰도를 보이는 부분을 가리킨다. 여기에 속한 항목들에 대해 불확실성 샘플링을 적용할 수 있다.

- **무엇을 아는지 모름**^{Unknown knowns}: 사전학습 모델이 학습한 지식에서 여러분의 작업에 적응 가능한 부분이 이에 해당한다. 전이학습을 통해 이 지식을 활용할 수 있다.
- **무엇을 모르는지 모름**^{Unknown unknowns}: 여러분의 머신러닝 모델의 틈이 여기에 해당한다. 다양성 샘플링을 이 부분의 항목에 적용할 수 있다.

각 행과 열에도 의미가 있다. 행은 모델이 담고 있는 지식의 현재 상태를 보여주고, 열은 필요한 솔루션의 유형을 담고 있다.

- 상단행은 모델의 지식 상태를 의미한다.
- 하단행은 모델 외부의 지식(알아야 하는)을 의미한다.
- 좌측열은 적절한 알고리듬의 유형을 의미한다.
- 우측열은 사람의 상호작용 솔루션 유형을 의미한다.

이 책은 넓은 범위의 기술을 다루고 있기 때문에 이 그림을 기억하면 무엇이 어디에 적합한지 이해하는 데 도움이 될 것이다.

이 책에서는 초반 몇 개의 장 끝에서 주요 개념의 이해를 돕는 치트시트^{cheat sheet}를 제공하고 있다. 이 참고 자료를 1장 이후에도 참고한다면 큰 도움이 될 것이다.

요약

- 넓은 의미의 인간 참여 머신러닝 아키텍처는 사람과 기계를 결합한 반복적인 프로세스다. 이 둘을 이해함으로써 책의 각 부분이 어떻게 통합되는지 알게 될 것이다.
- 학습 데이터 생성을 시작하기 위해 몇 가지 기본적인 기법을 적용할 수 있다. 각 기법을 이해하면 어노테이션을 정확하고 효율적으로 얻을 수 있다.
- 가장 일반적인 2개의 능동학습 전략은 불확실성 샘플링과 다양성 샘플링이다. 각 샘플링 방법의 기본 원리를 이해하면 특정한 문제에 대한 적절한 결합 전략을 만드는 데 도움이 된다.
- 인간-컴퓨터 상호작용은 인간 참여 머신러닝 시스템의 사용자 경험을 설계하는 데 하나의 틀을 제시한다.

- 전이학습은 한 작업에 대해 학습한 모델을 다른 유형의 작업으로 적응시키는 것으로, 적은 수의 어노테이션으로 더 정확한 모델 구축을 가능케 한다.

2

인간 참여 머신러닝
시작하기

2장에서는 다음의 주제를 다룬다.
- 혼란스러운 항목 파악을 위한 모델 신뢰도로 순위 예측하기
- 새로운 정보를 가진 미분류 항목 찾아내기
- 학습 데이터에 어노테이션하기 위한 간단한 인터페이스 만들기
- 학습 데이터를 추가할 때 모델 신뢰도 변화 평가하기

그 어떤 머신러닝 작업에서든, 간단하지만 동작하는 시스템으로 시작해 시간이 지나면서 점점 더 복잡한 컴포넌트를 만들어가야 한다. 최소 기능 제품^{MVP, Minimum Viable Product}을 먼저 출시하고, 이후에 반복적으로 향상된 제품을 출시하는 방법은 거의 모든 기술 개발에 쓰인다. 맨 처음 출시된 제품에서 얻은 피드백은 다음번 출시에 만들어야 할 가장 중요한 것이 무엇인지 알려주는 역할을 하게 된다.

2장은 여러분의 첫 번째 인간 참여 머신러닝 MVP를 만드는 것을 도와준다. 여러분은 이 책을 읽는 동안 이 시스템을 만들어가면서 좀 더 상세한 데이터 어노테이션 인터페이스를 만드는 데 필요한 다양한 컴포넌트에 대해 배우게 될 것이다.

때때로 간단한 시스템만으로 충분할 때도 있다. 미디어 회사에서 일한다고 상상해보라. 새로운 뉴스를 주제에 따라 나누려고 할 때 이미 스포츠, 정치, 연예와 같은 주제들이 있

을 것이다. 최근의 자연 재해 뉴스와 과거 뉴스 중에 재해와 연관 있는 뉴스를 새로운 태그로 어노테이션해달라는 요청을 상사로부터 받았다고 해보자. 상사는 최적의 시스템을 만들기 위한 수개월의 시간을 주진 않으므로, 여러분은 MVP를 먼저 최대한 빠르게 개발하는 것이 바람직할 것이다.

2.1 임시적인 방법(핵티브 학습)[1]을 넘어서: 여러분의 첫 번째 능동학습 알고리듬

여러분은 이미 알게 모르게 능동학습을 사용하고 있었을 것이다. 1장에서 우리는 능동학습이 사람의 리뷰를 통해 올바른 데이터를 선택하는 과정이라고 배웠다. 키워드로 데이터를 필터링하거나 다른 종류의 전처리 과정은 비록 명시된 것은 아니지만 이미 능동학습의 한 형태로 봐야 한다.

머신러닝에 대한 실험을 이제 막 시작했다면 학계의 일반적인 데이터셋인 ImageNet이나 광학 문자 인식OCR, Optical Character Recognition 데이터셋인 MNIST, 개체명 인식NER, Named Entity Recognition 데이터셋인 CoNLL을 사용했을 것이다. 이러한 데이터셋은 실제 학습 데이터를 생성하기 전에 여러 샘플링 테크닉을 거쳐 이미 정제가 매우 잘 돼 있다. 그래서 만약 독자 여러분이 이런 유명한 데이터셋에서부터 무작위 샘플을 뽑아서 사용한다 해도 그 샘플은 완전히 랜덤하다고 할 수는 없고, 각 데이터셋이 생성될 때 사전에 적용된 샘플링 전략을 따르는 셈이 된다. 다시 말해 10년 전에 손수 휴리스틱으로 정제한 샘플링 데이터를 알지 못한 채 사용할 수 있는 것이다. 이 책에서 샘플링에 대한 좀 더 상세한 방법을 알려주겠다.

ImageNet, MNIST OCR 혹은 CoNLL NER의 데이터셋이 어떻게 정제됐는지 알지 못한다고 해도 사용해보는 것은 좋다. 아는 바로는 공식적인 문서도 미비할 뿐만 아니라 이들 데이터셋을 사용하는 경우에도 어떻게 정제한 데이터인지를 언급하지 않고 있다. ImageNet은 저자가 스탠퍼드대학교에 있을 때 동료들이 만들었고, CoNLL NER 작업을 하는 15개의 연구 팀 중 하나를 진행하고 있었다. 그리고 매우 유명한 딥러닝 논문에 언

---

1 해킹을 하듯이 편법적인 방법을 통해 학습한 경우를 일컫기 위해 저자가 만들어낸 용어다. – 옮긴이

급된 내용을 통해 MNIST의 한계도 배웠다. 현존하는 데이터셋이 얼마나 어렵고 임의로 만들어졌는지 꿰어 맞추는 것이 바람직한 일은 아니지만, 이 책에서만큼은 이렇게 이야기해주고 싶다. "현재 존재하는 데이터셋이 실제 세상에서 마주할 데이터들을 대표한다고 믿지 마세요!"

그 이유는 여러분은 머신러닝 모델을 만들 때에 이미 정제된 데이터를 사용할 것이기 때문에 대부분의 머신러닝 문제들은 이미 능동학습의 이터레이션[2] 절차 안에 있다고 생각하는 것이 이해에 도움이 될 것이다. 데이터 샘플링에 대한 방식은 이미 정해져 있고, 데이터는 그에 따라 어노테이션된 현재의 상태로 전달된다. 그러나 이는 언제나 여러분에게 최적은 아닐 수 있다. 그래서 다음 단계를 진행하기 전에 여러분이 가장 먼저 걱정해야 할 내용은 처음에 어떻게 올바른 데이터를 샘플링하는가인 것이다.

만약 좋은 능동학습 전략을 명확히 실행하지 않고, 임시 방법을 사용해 데이터를 샘플링한다면, 그건 핵티브 학습hacktive learning[3]을 하는 것이다. 어떤 곳을 가기 위해 빠른 길을 찾는 것은 좋지만, 빠르게 가고자 할수록 제대로 된 길로 가는 것이 좋지 않을까 한다.

여러분의 첫 번째 인간 참여 머신러닝 시스템은 그림 2.1과 같을 것이다. 2장의 나머지 부분에서 이 아키텍처를 구현하게 될 것이다. 2.2절에서 소개하는 데이터셋을 사용하는 것을 가정하고 있지만, 여기에 설명하는 시스템을 만들기만 한다면 독자의 데이터를 직접 사용해도 된다. 그리고 나서 데이터와 어노테이션 지침에 따라 직접 텍스트 어노테이션 작업을 실행할 수 있을 것이다.

---

2   애자일에서 말하는 개발 반복 주기 – 옮긴이
3   이 책에 나오는 일화를 하나를 써준 제니퍼 프렌드키(Jennifer Prendki)에 감사함을 전한다. 같이 작업하는 동안 우리는 서로의 억양 때문에 능동학습을 핵티브 러닝으로 잘못 들어서 우연히도 '핵티브 학습'이란 좋은 단어를 만들어내게 됐다.

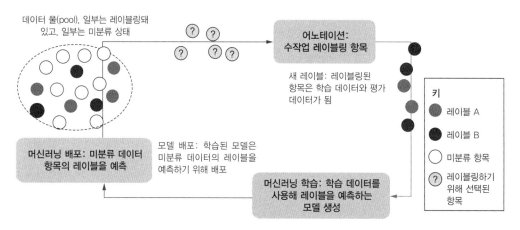

▲ **그림 2.1** 첫 번째 인간 참여 머신러닝 시스템의 아키텍처

2.2 첫 번째 시스템의 아키텍처

여러분의 첫 번째 인간 참여 머신러닝 시스템은 뉴스 제목에 따라 "재해 연관"과 "재해 연관 없음"으로 레이블링할 것이다. 이러한 실제 작업은 다음과 같은 많은 응용 분야가 있다.

- 재해 관련 뉴스를 실시간으로 알아내 대응하고자 하는 머신러닝 모델을 만드는 데 사용
- 데이터베이스의 검색성^{searchability}과 인덱스성^{indexability}을 높이기 위해 뉴스에 "재해 연관"이라는 태그를 부여하는 데 사용
- 미디어에서 어떻게 재해가 보고되는지 사회학적 접근을 하는 데 있어서 관련된 뉴스 제목을 분석할 수 있도록 제공

국제적인 감염병 유행 추적에 있어서 실병 발발에 대한 뉴스를 찾아내는 것은 중요한 업무 중 하나다. 조류 독감인 H5N1이 새로운 변종 독감이라 알려지기 일주일 전부터 보고가 됐었고, 돼지 독감인 H1N1은 한달 전부터 보고되고 있었다. 이러한 보고가 바이러스 학자와 역학자들에게 더 빨리 전달됐다면 새로운 변종 독감의 패턴을 알아내고 대응할 수 있었을 것이다. 비록 첫 번째 인간 참여 머신러닝 시스템의 활용 사례가 상대적으로

간단한 것이라 하더라도 실제로 사람을 구할 수도 있는 것이다.[4]

이 책을 통해 사용할 데이터는 내가 전문 재해 대응 팀으로 일할 때 발생했던 과거 여러 재해에 관한 실제 메시지다. 이러한 케이스에서 나는 인간 참여 머신러닝 시스템을 활용해 데이터를 처리했으므로 각 예제가 이 책에 부합한다. 이 데이터에는 2010년 아이티와 칠레에서 발생한 지진, 2010년 파키스탄에서 발생한 홍수, 2012년 미국에서 발생한 허리케인 샌디, 질병 발생에 초점을 맞춘 뉴스 헤드라인 모음 등이 포함된다.

스탠퍼드대학교의 NLP 학생이나 유다시티Udacity의 데이터 사이언스 학생 그리고 AI for All(https://ai-4-all.org)에 등록한 학생 등, 여러분은 이 데이터를 강의에 활용하는 어느 누구와도 동일한 데이터를 사용하게 되며, 2장에서 소개하는 뉴스 제목을 분류하는 작업을 진행하게 된다. 코드와 데이터는 다음 링크(https://github.com/rmunro/pytorch_active_learning)에서 받을 수 있다.

Python 3.6이나 이후 버전 그리고 PyTorch를 설치하기 위해서 readme 파일을 한번 읽어보기 바란다. Python과 PyTorch의 버전은 빠르게 변하므로 업데이트된 readme 파일을 읽어보는 것이 여기에 있는 정보를 활용하는 것보다 나을 것이다.

PyTorch에 대해 친숙하지 않다면 다음 링크(http://mng.bz/6gy5)에 있는 PyTorch 튜토리얼 예제로 시작해보는 것이 좋다. 2장에 있는 예제는 PyTorch 튜토리얼의 예제를 잘 적용해 만들어졌다. 튜토리얼에 익숙해졌다면 2장에 있는 내용이 모두 이해가 될 것이다. CSV 파일에 있는 데이터는 어떻게 처리하느냐에 따라 2개에서 5개의 필드로 이뤄져 있으며 표 2.1과 비슷한 모양을 하고 있다.

---

4 역학 추적에 대해 더 자세히 알고 싶다면 다음 링크(https://nlp.stanford.edu/pubs/Munro2012epidemics.pdf)를 참조하라. 이 노트를 쓴 2019년 초 이후에 COVID-19이 이 사례의 중요성을 명백하게 보여줬다.

▼ 표 2.1 예제 데이터 파일. ID, 실제 텍스트를 능동학습 샘플링 전략을 통해 선택했으며, 각 전략에 따른 스코어를 매겼다.

텍스트 ID	텍스트	레이블	샘플링 전략	점수
596124	돌로레스 호수 주민에 대한 홍수 경고	1	낮은 신뢰도	0.5872
58503	지진 구호를 위한 응급 작업자의 도착	1	랜덤	0.6234
23173	새로운 자전거 도로를 탐색하려다 길을 잃은 자전거들	0	랜덤	0.0937

2장에서 사용하는 데이터는 매우 많은 양의 뉴스 제목이다. 이 뉴스들은 수년 동안 수백 개의 재해를 포함하지만 대부분의 뉴스 제목은 재해와 무관한다.

다음은 저장소에 있는 4개의 데이터 위치다.

- /training_data: 여러분의 모델이 학습할 데이터
- /validation_data: 여러분의 모델이 검증할 데이터
- /evaluation_data: 정확도 측정을 위해 사용할 평가 데이터
- /unlabeled_data: 레이블링하고자 하는 대용량 데이터 풀

이 저장소의 CSV에 들어 있는 데이터를 볼 수 있을 것이며, 이 데이터는 다음 포맷을 갖고 있다.

- 0. 텍스트 ID(이 항목의 유니크 ID)
- 1. 텍스트(텍스트 자체)
- 2. 레이블(1 = "재해 연관"; 0 = "재해 연관 없음")
- 3. 샘플링 전략(이 항목을 샘플링할 때의 능동학습 전략)
- 4. 신뢰도(이 항목이 "재해 연관"일 머신러닝의 신뢰도)

(이 리스트는 1이 아니라 0부터 시작하므로, 코드에서의 각 항목과 열의 인덱스와 매칭된다.)

이 필드들은 첫 번째 모델을 만드는데 충분한 정보를 갖고 있다. 예제에서 미분류 데이터는 레이블과 샘플링 전략, 신뢰도는 당연히 갖고 있지 않다.

바로 진행하고 싶다면 다음 스크립트를 실행해보라.

```
> python active_learning_basics.py
```

새 평가 데이터를 생성하기 위해 "재해 연관" 혹은 "재해 연관 없음"과 같은 어노테이션 메시지를 즉시 보여줄 것이다. 그다음에 초기 학습 데이터에 대해서 똑같이 진행될 것이다. 2장의 뒷부분에서 코드를 살펴보면서 그 뒤에 숨어 있는 전략을 소개하겠다.

실제 재해 상황에서는 세밀하게 정제된 훨씬 많은 카테고리로 데이터를 분류해야 할 것이다. 음식과 물에 대한 개별적인 요청을 분류해야 할지도 모른다. 사람들은 물보단 음식 없이 더 오래 버틸 수 있으므로 마실 물에 대한 요청은 음식 요청보다 더 빨리 처리돼야 한다. 반대로 물은 여과 장치를 통해 지역 내에서 해결할 수 있지만 음식은 재난 영향권에 있는 지역에 더 오랫동안 운송 공급돼야 한다. 결과적으로 각각의 재난 구호 기구들은 음식이나 물에 각각 따로 집중하곤 한다. 같은 방식이 의료 처치 기구, 보안, 주거 시설 등의 종류에 따라 구분된다. 이 모든 것들이 잘 정제된 카테고리가 있어야 비로소 실용적이게 된다. 하지만 이런 모든 상황에서 "연관"과 "연관 없음"을 필터링하는 것이 가장 중요한 첫 번째 단계다. 데이터의 덩치가 너무 작다면 머신러닝의 도움은 연관되지 않은 정보에서 연관된 정보를 구분해내는 데에만 필요할 것이며, 나머지 카테고리는 사람이 직접 분류해내야 한다. 이와 같은 재해 대응 노력을 운영한 것이 내 경험이다.

대부분의 재해 상황에서 영어를 사용하지 않을 수도 있다. 전 세계 대화의 약 5%만이 영어로 이뤄지며, 95%는 비영어로 이뤄진다. 하지만 관용성 있는 아키텍처는 어떤 언어라도 적용할 수 있다. 가장 큰 차이점으로 영어는 화이트스페이스를 사용해 문장을 단어로 쪼갤 수 있다는 점이다. 대부분의 언어는 좀 더 복잡한 접미사^{prefix}, 접두사^{sufix}와 복합 단어로 구성돼 있어 각 개개의 단어를 훨씬 복잡하게 만든다. 중국어와 같은 몇몇 언어에서는 단어 사이에 화이트스페이스를 사용하지 않는다. 단어에서 형태소를 분리하는 것 자체가 매우 중요한 작업이다. 사실 이 부분이 내 박사 과정 졸업 논문인「재해 대응 커뮤니케이션에서 모든 언어에 대한 단어 내부 경계의 자동 발견 방법$^{Automatically\ discovering}$ $^{word-internal\ boundaries\ for\ any\ language\ in\ disaster\ response\ communications}$」이기도 하다. 이처럼 흥미롭고 중요한 연구 분야는 머신러닝을 전 세계에 평등하게 적용되도록 할 것이다. 더 많은 사람들이 이러한 연구를 하면 좋겠다!

데이터에 대한 가정을 명확히 세우는 것이 여러분의 사례에 맞게 아키텍처를 만들고 최적화하는 데 도움이 된다. 아래 우리 시스템에 대한 가정처럼, 어떤 머신러닝 시스템이든 가정을 포함하는 것은 좋은 습관이다.

- 데이터는 영어로만 돼 있음
- 다양한 종류의 영어(영국 영어, 미국 영어, 제2외국어로서의 영어)를 포함함
- 화이트스페이스로 구분되는 단어를 특징feature으로 사용할 수 있음
- 적용 사례에 따라 이진 분류Binary Classification 작업 정도로 충분함

인간 참여 머신러닝의 광범위한 프레임워크가 어떻게 비슷한 다른 사례에 적용되는지 찾아보는 것은 어렵지 않다. 예를 들어 2장의 프레임워크는 다른 텍스트 분류 작업과 마찬가지로 이미지 분류 작업에도 쉽게 적용이 가능하다.

이미 시작해봤다면 알겠지만, 모델 구축이 가능하기 전에 일부 추가적인 데이터에 대해서 어노테이션해달라고 요청받을 수 있다. 데이터를 직접 살펴보는 것은 모델의 모든 부분에 있어서 더 나은 직관을 가져다줄 것이므로, 일반적으로 이는 좋은 방식이다. 다음의 에피소드를 보고 왜 데이터를 살펴봐야 하는지 배워보자.

직사광선은 제일 좋은 소독약이다.

전문가 일화, 피터 스코모로크

정확히 어떤 모델을 만들지 알기 위해서는 실제 데이터를 깊이 있게 들여다봐야 한다. 상위 레벨의 도표와 통계 지표의 집계뿐만 아니라 데이터 사이언티스트는 임의로 선택된 많은 양의 각각의 데이터를 정기적으로 살펴봄으로써 이러한 데이터들을 인지해야 한다. 임원진이 회사 레벨의 도표를 매주 점검하고, 네트워크 엔지니어가 시스템 로그로부터 오는 종합 정보를 살펴보듯이 데이터 사이언티스트는 그들의 데이터에 대한 직관을 가져야 하고 어떻게 변화하고 있는지 감지해야 한다.

내가 링크드인의 기술 추천(Skill Recommendation) 기능을 개발할 때, 랜덤 버튼을 넣어 간단한 웹 인터페이스를 통해 추천 예제를 연관된 모델 입력과 함께 보여주도록 만들었다. 그렇게 함으로써 데이터를 빨리 볼 수가 있었고, 가장 성공적인 알고리즘 종류와 어노테이션 전략이 무엇인지에 대한 직관을 얻을 수 있었다. 이러한 방법은 확인되지 않은 잠재적 이슈를 확인하고, 필수적인 고품질의 입력 데이터를 얻어내기 위한 최고의 방법이라고 할 수 있다. 데이터에 햇살을 비춰달라. 햇살은 최고의 소독제다.

2.3 능동학습을 위한 모델 예측값과 데이터 해석

거의 모든 지도학습 모델은 다음 두 가지를 제공한다.

- 예측 레이블 (혹은 예측값의 집합)
- 각 예측 레이블과 관련된 숫자 (혹은 숫자의 집합)

숫자는 어떻게 계산되느냐에 따라 다르긴 하지만 일반적으로 예측값에 대한 신뢰도로 해석한다. 서로 상반되는 카테고리가 비슷한 신뢰도로 나왔다면 모델은 이 예측에 대해 헷갈려하고 있다는 것이고, 사람의 판단이 더 가치 있다는 이야기다. 그러므로 모델은 불확실한 예측에 대해 올바른 레이블이 무엇인지 예측하는 것을 배움으로써 개선될 수 있다.

재해 관련 메시지를 받았다고 가정하면 예측은 다음과 같을 것이다.

```
{
    "Object": {
        "Label": "Not Disaster-Related",
        "Scores": {
            "Disaster-Related": 0.475524352,
            "Not Disaster-Related": 0.524475648
        }
    }
}
```

이 예측값에서는 메시지가 "재해 연관 없음Not disater-Related"으로 예측됐다. 지도학습에서는 예측한 레이블이 맞았는지, 대규모의 보관 데이터셋(held-out dataset, 모델의 성능 평가를 위해 학습 과정에서 사용하지 않고 별도로 보관하는 데이터셋)에 대해 예측한 모델의 전반적인 정확도는 어떠한지 등 이 레이블이란 것에 대해 가장 신경 써야 한다.

하지만 일반적으로 능동학습에서는 예측값과 연관된 숫자들을 가장 중요하게 여긴다. 예제에서 "재해 연관 없음"은 0.524의 점수로 예측됐다. 이 점수는 52.4%의 신뢰도로 예측이 맞다는 뜻이다.

여전히 재해 연관 항목일 가능성이 상대적으로 높기 때문에 작업 관점에서 왜 사람이 결과를 리뷰해야 하는지 이해하게 될 것이다. 만약 재해 연관이라면 모델이 어떤 이유로 잘못 이해하고 있는 것이므로 이 예제를 학습 데이터에 추가해 추후 비슷한 예제의 경우에 예측 가능토록 하고자 할 것이다.

3장에서는 0.524라는 점수가 얼마나 믿을 만한 것인지 다룰 것이다. 특히 신경망 모델에서 이러한 점수는 신뢰도가 크게 떨어질 수도 있다. 2장에서는 숫자가 정확하진 않더라도 여러 예측 결과를 통해 신뢰도가 상대적으로 차이가 있다는 점을 믿을 수 있다.

2.3.1 신뢰도 순위

어떤 메시지가 다음과 같이 예측됐다고 하자.

```
{
    "Object": {
        "Label": "Not Disaster-Related",
        "Scores": {
            "Disaster-Related": 0.015524352,
            "Not Disaster-Related": 0.984475648
        }
    }
}
```

이 항목은 "재해 연관 없음Not Disaster-Related"으로 예측됐지만 98.4%의 신뢰도이므로 52.4%의 첫 번째 항목보다는 높다. 즉, 모델은 첫 번째 항목보다 이 항목에 대해 더 자신한다고 할 수 있다. 그러므로 첫 번째 항목은 잘못 레이블됐을 가능성이 더 높으며 이는 리뷰 결과에 의해 개선될 수 있다. 우리가 52.4%와 98.4%라는 숫자를 믿지 못할지라도 (뒤의 장에서 배우겠지만 아마도 믿지 말아야 할 것이다), 이 신뢰도에 순위를 매기는 것은 모델의 정확도와 관련이 있다고 상식적으로 생각할 수가 있다. 이는 대부분의 머신러닝 알고리듬과 정확도를 계산하는 거의 모든 방법에서 대체로 사용하는 방법이다. 예측 신뢰도를 기준으로 순위화하고 신뢰도가 낮은 항목을 샘플링할 수가 있다. 항목 x에 대해서 y로 레이블링된 집합에 대한 확률분포에서 y^*가 (c) 레이블의 최고 신뢰도일 때, 다음 수식을 갖는다.

$$\phi_c(x) = P_\theta(y^*|x)$$

이번 작업과 같은 이진 예측[5]에서는 단순히 신뢰도에 따라 정렬하고, 50% 신뢰도에 가까운 항목을 샘플링한다. 3개 이상의 배타적인 레이블을 예측하거나 시퀀스 데이터를 레이블링하거나, 전체 문장의 생성(번역이나 오디오를 텍스트로 변환하는 작업 포함)이나 이미지나 비디오 안의 물체를 파악한다던가 하는 좀 더 복잡한 경우를 시도하고자 한다면, 신뢰도를 좀 더 다양한 방법으로 계산해야 한다. 신뢰도를 계산하는 다양한 방법은 다른 장에서 알아볼 것이다. 우리의 첫 번째 인간 참여 시스템에서는 쉬운 이진 예측 작업을 사용할 것이며, 그렇다 하더라도 낮은 신뢰도 항목에 대한 처리는 다르지 않다.

2.3.2 아웃라이어 찾아내기

1장에서 논의했듯이 여러분은 수작업 레이블링한 다양한 데이터셋을 확보해 새 샘플들이 서로 같지 않다는 것을 확인하려고 할 것이다. 이 작업은 중요한 아웃라이어를 놓치진 않았는지 확인하는 과정이 된다. 큰 운석이 지구에 떨어지는 것 같은 재해는 굉장히 드물다. 만약 뉴스 제목이 "월넛 크릭에 떨어진 운석"이고 머신러닝 모델이 아직 운석이 무엇인지, 월넛 크릭이 도시라는 것을 학습하지 못한 경우, 머신러닝 모델은 이 뉴스 제목을 재해 연관으로 분류하지 않을 수 있다는 점은 쉽게 알 수 있을 것이다. 따라서 이제까지 알고 있는 사실과는 거리가 먼 것들을 아웃라이어라고 할 수 있을 터이다.

신뢰도 순위와 함께 수작업 리뷰를 위해 선택한 콘텐츠의 다양함을 최대화하기 위한 여러 방법이 있다. 지금은 각 미분류 항목 안의 단어들의 평균 학습 데이터 빈도와 같은 간단한 지표에 집중할 것이다. 2장에서 구현하고자 하는 전략은 다음과 같다.

---

5   어떤 카테고리에 포함되는지 안 되는지의 두 가지 경우만 판단하기 때문에 이진 예측이라고 한다. – 옮긴이

1. 미분류 데이터 내의 각 항목에 대해 이미 학습 데이터에 있는 항목과 단어 매치 카운트의 평균을 계산
2. 각 매치 평균에 의해 항목을 우선순위화
3. 매치 평균이 적은 항목을 샘플링
4. 이러한 항목을 레이블된 데이터에 추가
5. 한 번의 이터레이션에서 수작업 리뷰할 수 있는 충분한 샘플을 확보할 때까지 반복

네 번째 단계에서 첫 번째 항목을 샘플링했을 때 이 항목에 대해 나중에 레이블링이 될 것이라는 것을 알고 있으므로, 레이블링된 것으로 간주해야 한다.

이러한 아웃라이어 결정 방법은 작고 새로운 뉴스 제목을 좋아하는 경향이 있으므로 스무스 팩터$^{smoothing\ factor}$로 카운트에 1을 더하는 것을 코드에서 볼 수 있다. 일반적이지 않은 단어들이 있더라도 'the' 같은 일반적인 단어가 너무 많은 경우에는 선택하지 않는다. 그래서 전체 매치 평균을 사용하는 대신에 뉴스 제목에 있는 신규 정보의 전체 양을 모델링하기 위해 새로운 단어의 개수를 기록하기도 한다.

또한 학습 데이터에서 매치된 수를 모든 데이터에 걸쳐 해당 단어가 출현한 총 횟수로 나눈 후, 각 분수를 곱하면 요소가 아웃라이어일 확률이 베이지안 확률$^{Bayesian\ Probability}$로 주어진다. 단어 매치 대신에 문장 내 단어 순서를 고려하는 편집 거리$^{edit-distance}$ 기반의 정교한 지표를 사용할 수도 있다. 혹은 여러 문자열 매치 방법이나 다른 알고리듬을 사용해 아웃라이어를 결정할 수 있다.

다른 것과 마찬가지로, 2장에서는 간단한 예제를 먼저 구현하는 것으로 시작하고 다른 추가적인 실험은 추후에 할 예정이다. 주요 목표는 일종의 안전 정책인데, 우리가 이때까지 학습했던 것과 완전히 다른 것이 있을까 살펴보는 것이고, 없을 수도 있지만 만약 있다면, 정확히 어노테이션을 해야 하는 가장 높은 가치의 항목을 찾고자 함이다. 신뢰도에 따라 샘플링하는 것과 다양성에 따라 샘플링하는 것을 섞은 방법들은 5장에서 살펴볼 예정이다.

또한 머신러닝 전략과 어노테이션 전략을 결합하는 방법도 살펴보려고 한다. 머신러닝에 대해서는 경험이 있지만 어노테이션과 능동학습에는 경험이 없다면, 정확도만을 위해 모델을 최적화했었을 것이다. 전체 아키텍처를 구축하기 위해서는 어노테이션, 능동학습 그리고 머신러닝 전략이 서로 연관돼 있는 더 전체적인 접근법을 사용하는 것이 좋다. 그러면 레이블 예측의 정확성을 희생하면서 신뢰도에 대한 더 정확한 추정치를 제공할 수 있는 머신러닝 알고리듬을 구현하기로 결정할 수도 있다.

혹은 머신러닝 모델을 확장해 두 가지 종류의 추론을 해낼 수도 있다. 하나는 레이블을 예측하는 것이고 다른 하나는 각 예측값에 대해 더 정확히 신뢰도를 추정하는 것이다. 만약 시퀀스 텍스트의 생성(예: 기계 번역)이나 이미지 내의 영역 추출(예: 객체 검출)과 같은 더 복잡한 작업에 대한 모델을 만들려고 한다면, 최근에는 각 작업에 따른 별도의 추론 능력을 구분해 구축하고, 신뢰도를 해석해야 한다. 이 책의 9~11장에서 이러한 아키텍처를 살펴보겠다.

첫 번째 인간 참여 머신러닝 모델은 그림 2.2에 요약했다.

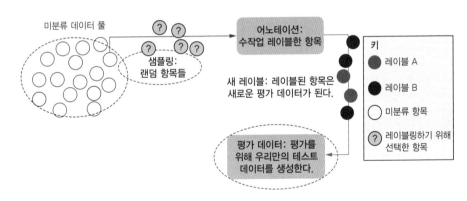

(다음 장으로 이어짐)

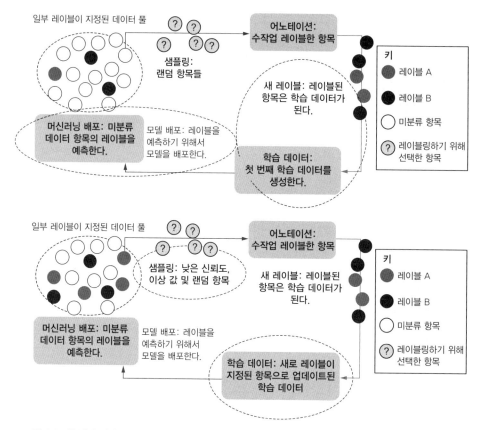

▲ **그림 2.2** 첫 번째 인간 참여 머신러닝 시스템의 반복 프로세스. 처음에는 (최상단) 미분류 항목을 랜덤 샘플링해서 어노테이션한 후에 평가 데이터를 확보한다. 그리고 학습 데이터로 사용할 첫 번째 항목 세트를 무작위로 선택해 레이블한다(중앙), 그러고 나서 능동학습을 이용해(최하단), 신뢰도가 낮거나 아웃라이어인 항목을 샘플링한다.

2.3.3 이터레이션[6]을 통해 기대하는 것들

이 예제 코드에서는 충분한 평가 데이터와 초기 학습 데이터를 가진 후에 매번 100개의 항목마다 능동학습의 이터레이션을 반복할 것이다. 모델을 재학습하는데는 많은 시간이 걸리므로 이터레이션당 항목 수 측면에서 약간 작을 수 있지만, 100개 정도면 선택된 데이터가 매 이터레이션마다 얼마나 변경되는지 파악하기에 적당하다.

---

6 전체 절차를 한 번 빠르게 완료하는 것을 여러 번 반복해서 만들고자 하는 대상이 점진적으로 향상되도록 하는 프로세스 기법에서 이 한 번의 주기를 이터레이션이라고 한다. – 옮긴이

능동학습 프로세스에서 매 이터레이션에서 알게 되는 내용은 다음과 같다.

- **첫 번째 이터레이션**: 대부분 "재해 연관 없음"으로 어노테이션했을 것이고 아마 지루한 단순 작업이라 여겨졌을 것이다. 능동학습이 시작되면 그 밸런스는 좋아질 것이지만 지금은 무작위 추출된 평가 데이터를 얻어야 한다. 이 문제는 단순하지 않다. 그 이유는 기자들이 특히 스포츠 팀과 관련해 종종 재해가 아닌 내용에 재해 연관 단어를 은유(전쟁 선포, 득점의 가뭄 등의 표현)로 쓰기 때문이다. 또한 코너 케이스edge case에 의해 어려움을 겪을 수도 있다. 예를 들어 비행기 추락을 재해라고 해야 할지 판단하기 쉽지 않은데, 이는 비행기의 크기나 원인에 따라 그 상태가 달라질 수도 있기 때문이다. 이러한 코너 케이스를 통해 작업의 정의를 세분화하고, 데이터의 크기를 키우기 위해 더 많은 사람들이 어노테이션 작업을 할 때 어노테이션에 필요한 올바른 지침을 만들 수 있다.

- **두 번째 이터레이션**: 이제 모델을 만들었다! F-점수F-Score는 아마도 끔찍할 것이다. 겨우 0.20 정도가 될지도 모른다. 하지만 아마 AUC^Area Under the Curve 값은 0.75 정도 나올 것이다(F-점수와 AUC에 대해서는 부록을 참조하라). 정확도가 낮음에도 불구하고 재해 연관 메시지를 어느 정도 찾아낼 수는 있게 됐다. 모델의 파라미터와 아키텍처를 다소 수정하면 F-점수를 향상시킬 수도 있지만, 어노테이션을 시작하고 나면 현재는 아키텍처보다 데이터를 더 확보하는 일이 중요하다는 점을 명확히 이해하게 될 것이다. 두 번째 이터레이션에서는 많은 항목이 "재해 연관"이라는 것을 즉시 알아챌 것이다. 사실 대부분의 항목이 그럴 수 있다. 초기에는 모델이 대부분의 것을 여전히 "재해 연관 없음"으로 분류할 것이기 때문에 50%의 신뢰도에 가까운 것들은 "재해 연관"의 끝부분에 속해 있다. 이 예제는 능동학습이 자가 발전적이라는 것을 보여준다. 이는 중요한 레이블을 샘플링하기 위한 특별한 전략을 명시적으로 구현하지 않아도 낮은 빈도의 레이블에 대해 많은 샘플을 확보할 수 있기 때문이다. 여러분은 아마 과적합overfitting 현상도 봤을 것이다. 예를 들어 첫 번째 이터레이션에서 랜덤 선택된 항목들이 홍수에 대한 뉴스 제목을 많이 갖고 있다면, 다른 유형의 재해는 충분히 갖지 못하고 홍수와 관련된 뉴스 제목만 너무 많이 갖게 될 수 있다.

- **세 번째, 네 번째 이터레이션:** 이제 "재해 연관" 뉴스 제목을 더 많이 레이블링하고, 제안된 어노테이션 데이터가 각 레이블에 대해 50대 50에 가까워짐에 따라 모델 정확도가 향상되기 시작한다. 모델이 홍수와 같은 어떤 용어에 너무 과적합돼 있다면, "시장에 대한 새로운 투자 자금의 홍수"와 같은 반례[counterexample]가 보이기도 할 것이다. 이런 반례들은 이러한 용어를 가진 뉴스 제목에 대한 예측을 좀 더 정확하게 만들어준다. 만약 데이터가 진짜로 홍수 재해에 관한 데이터들이었다면, 이제 더 이상 50%가 아닌 더 높은 신뢰도로 예측될 것이다. 어떤 경우든 문제는 스스로 해결될 것이고, 여러분이 보는 뉴스 제목의 다양성도 증가된다.

- **다섯 번째에서 열 번째 이터레이션:** 이제 모델은 납득할 만한 수준의 정확도에 도달해가기 시작하고 더 다양한 뉴스 제목을 확인할 수 있을 것이다. F-점수나 AUC는 100개씩 어노테이션할 때마다 몇 퍼센트씩 정확도가 향상된다. 아마 더 많은 평가 데이터를 어노테이션해 더 다양한 보관 데이터에 대한 정확도를 측정하고 싶을 것이다. 하지만 안타깝게도 이제는 불가능하다. 지금의 많은 레이블을 포기하지 않는 한 처음으로 돌아가 진정한 랜덤 샘플링을 하는 일은 거의 불가능하다.

간단하게 보이지만 2장에서 만들고 있는 시스템은 아마존 웹 서비스[AWS]의 SageMaker Ground Truth의 (2장이 쓰이기 1년이 채 안된) 2018년도 초기 발행 버전과 같은 전략을 취하고 있다. 사실 SageMaker의 첫 번째 버전에서는 신뢰도만을 갖고 샘플링을 했고 아웃라이어를 살피지 않았다. 우리가 만드는 시스템이 간단하더라도, 현재 유명한 클라우드 공급자에서 제공하고 있는 능동학습 툴의 알고리듬적 섬세함의 레벨을 뛰어넘는다. 저자는 AWS에 있을 때 SageMaker Ground Truth에 잠깐 일했으며, 해당 제품이나 나보다 더 많은 공헌을 한 옛 동료들을 비판하는 것이 아니다. 비록 능동학습이 처음부터 대규모 상용 제품의 일부가 되고 있긴 하지만 아직까진 초기 단계에 있다.

이 책의 2부에서 좀 더 상세한 샘플링 방법에 대해 다룰 것이다. 당장은 어노테이션과 모델의 학습 및 평가에 대한 베스트 프랙티스와 함께 능동학습의 이터레이션 프로세스를 확립하는 데 집중하는 것이 더 중요하다. 만약 이터레이션과 평가 전략을 제대로 확보하지 못한다면 여러분의 모델은 프로세스를 진행하는 동안 점점 나빠질 것이고 그걸 알아채지도 못할 것이다.

2.4 수작업 레이블링을 위한 사용자 인터페이스 만들기

데이터를 레이블링하기 위해서는 올바른 인터페이스로 시작해야 한다. 이번 절에서는 올바른 인터페이스란 무엇인가에 대해 예제 데이터를 가지고 다룰 것이다.

샘플링 전략에 있어서 수작업 레이블링을 위한 올바른 사용자 인터페이스는 매우 중요하다. 만약 인터페이스를 50% 더 효율적으로 만들 수 있다면, 능동학습의 샘플링 전략도 50% 향상될 수 있다. 레이블링하는 사람들을 존중하는 차원에서라도 그들이 효율적으로 일할 수 있도록 도와줘야 한다. 만약 여러분이 다음 단계에서 인터페이스를 향상시켜야 할지, 알고리듬을 향상시켜야 할지 모르는 상태라면 인터페이스를 먼저 향상해 사람들을 돕고 컴퓨터의 기분은 나중에 챙겨줘도 된다.

3부에서는 데이터 어노테이션에 집중할 것이므로, 2장에서는 문제를 간단히 하기 위해 다음과 같은 몇 개의 가정을 두고 논의하려고 한다.

- 어노테이터들은 레이블링하는 데 아주 많은 수의 오류를 범하지는 않을 것이다. 그러므로 어노테이션의 품질 관리 정책을 고안할 필요는 없다.
- 어노테이터들은 작업과 레이블을 완벽하게 이해하고 있으므로, 잘못된 레이블을 우연히 선택할 일은 없다.
- 한 번에 한 명만 작업하므로 진행 중에 어떤 레이블링이 작업 중인지 기록할 필요는 없다.

위의 가정들은 영향도가 크다. 배포된 대부분의 시스템에서는 어노테이터가 실수하지 않도록 품질 관리를 해야 한다. 레이블의 정의를 다듬기 위해서 여러 번의 어노테이션 이터레이션을 거쳐야 하며, 여러 사람들이 동시에 작업할 수 있도록 시스템을 구현해야 한다. 지금 하려는 것처럼 탐색을 위한 목적으로 데이터를 빨리 어노테이션을 하려고 한다면, 여기서는 간단한 어노테이션 인터페이스로 충분하다.

2.4.1 텍스트 레이블링을 위한 간단한 인터페이스

만들어야 할 인터페이스는 작업의 유형과 데이터의 분포에 따라 정해진다. 우리가 여기에서 구현하려는 것과 같은 이진 레이블 작업에서는 간단한 커맨드라인 인터페이스로 충분하다(그림 2.3). 2장에서 보여준 스크립트를 실행하면 즉시 볼 수 있다.

```
> python active_learning_basics.py
```

```
메시지가 재해 연관이면 1을 누르고, 아니라면 그냥 Enter를 눌러라.
2를 누르면 이전 메시지로 돌아가며, d를 누르면 상세한 정의를 보여주며,
s를 누르면 당신의 어노테이션을 보여준다.

Firefighting continues in Blue Mountains

> 1
```

▲ **그림 2.3** 2장의 예제를 위한 커맨드라인 인터페이스 어노테이션 툴

소개 부분에서 논의했듯이, 인간-컴퓨터 상호작용^{human–computer interaction} 관점에서 어노테이션을 위한 좋은 인터페이스를 고려해야 한다. 그러나 재빨리 만들어야 하는 상황이라면 다음 사항을 따르기 바란다.

1. 어노테이터가 화면의 한 부분에만 집중할 수 있도록 인터페이스를 만들어야 한다.
2. 모든 동작에 핫키를 제공해야 한다.
3. 돌아가기와 되돌리기 옵션이 포함돼야 한다.

이 세 가지를 먼저 제대로 만들고 나서 그래픽 디자인을 한다.

코드가 어떻게 동작하는지 정확하게 확인하기 위해서는 다음의 저장소를 확인하기 바란다. 다음 링크(https://github.com/rmunro/pytorch_active_learning)를 방문하거나 혹은 클론해 실제로 실험해보라. 이해를 돕기 위해 이 책에서는 일부분을 발췌해 공유하겠다.

다음 리스트에서 get_annotations() 함수의 첫 20줄이 어노테이션을 집어내는 데 쓰인다는 것을 알 수 있을 것이다.

```python
def get_annotations(data, default_sampling_strategy="random"):
    """커맨드라인에서 레이블을 하고 어노테이션을 추가하기 위한 프롬프트를 어노테이터에게 보여준다.

    키워드 매개변수:
        data -- 다음의 컬럼명을 갖는 미분류 항목의 리스트
                [ID, TEXT, LABEL, SAMPLING_STRATEGY, CONFIDENCE]
        default_sampling_strategy -- 샘플링 전략을 지정하지 않은 경우의 기본 샘플링 전략
    """

    ind = 0
    while ind <= len(data):
        if ind < 0:
            ind = 0 # 첫 번째 항목에서 뒤로가기를 선택한 경우를 위해
        if ind < len(data):
            textid = data[ind][0]
            text = data[ind][1]
            label = data[ind][2]
            strategy = data[ind][3]

            if textid in already_labeled:
                print("Skipping seen "+label)
                ind+=1
            else:
                print(annotation_instructions)
                label = str(input(text+"\n\n> "))   ◄── input() 함수가 사용자의 입력을
                ...                                      위한 프롬프트를 보여준다.
                ...
```

우리의 데이터는 재해와 관련이 없는 뉴스 제목이 많기 때문에 다소 밸런스가 맞지 않다. 이것은 인터페이스 디자인에 영향을 줄 수 있다. 어떤 사람이 "재해 연관 없음"을 계속 선택하는 것은 비효율적이고 매우 지루할 것이다. "재해 연관 없음"을 디폴트 옵션으로 하면 효율성을 높일 수 있을 것이다. 여기에 돌아가기 버튼을 누르면 어노테이터가 실수해 기본값을 선택하고 지나가더라도 수정할 수 있을 것이다. 한번 여러분이 직접 사용해보라. 어노테이션을 빨리 하다가 실수로 잘못한 경우에 돌아가기를 선택해보라. get_annotations() 함수의 그다음과 마지막 20라인의 코드를 살펴보라.

```python
def get_annotations(data, default_sampling_strategy="random"):
            ...
            ...
            if label == "2":
                ind-=1 # go back
            elif label == "d":
                print(detailed_instructions) # 상세 지침 내용 출력
            elif label == "s":
                break # 저장 및 종료
            else:
                if not label == "1":
                    label = "0" # 1이 아닌 것은 모두 0으로 다룸

                data[ind][2] = label # 레이블을 닮

                if data[ind][3] is None or data[ind][3] == "":
                    data[ind][3] = default_sampling_strategy # 주어지지 않은 경우에 기본값
                ind+=1

        else:
            #마지막 - 어노테이터에게 돌아갈 기회를 줌
            print(last_instruction)
            label = str(input("\n\n> "))
            if label == "2":
                ind-=1
            else:
                ind+=1
    return data
```

2.4.2 머신러닝 데이터 관리하기

배포된 시스템에서는 어노테이션된 내용을 데이터베이스에 저장해 백업, 가용성, 확장성을 확보하는 것이 가장 좋다. 하지만 이렇게 하면 로컬 머신에 파일로 있을 때처럼 쉽게 데이터베이스를 접근해 살펴보기가 쉽지 않게 된다. 데이터베이스에 학습된 항목을 넣는 것뿐만 아니라 간단한 시스템을 만든다면 추출 검사를 쉽게 하기 위해 데이터와 어노테이션을 로컬에 저장하게 도와줄 수 있다.

예제에서는 불필요한 중복을 피하기 위해 데이터를 레이블에 따라 각기 다른 파일에 저장한다. 어노테이션과 머신러닝에 대한 훌륭한 관리 프로세스가 이미 만들어져 있는 조직이 아닌 이상 단위 테스트 및 버전 관리와 같이 코드에 사용하는 수준의 품질 관리를 데이터에 하지는 않을 것이다. 그래서 데이터를 저장함에 있어 중복 저장은 현명한 것이다. 마찬가지로 파일을 추가하지만 절대 덮어쓰지 않는 코드를 볼 수 있을 것이다. 이 코드는 unlabeled_data.csv 파일을 건드리지 않고 유지한 채로 항목에 레이블링한 후에도 그 파일로부터 뉴스 제목을 제거하지 않고 다른 데이터셋과의 중복을 확인한다.

레이블을 저장함에 있어 중복성과 데이터를 지우지 않고 남기는 것은 여러분이 실험을 시작할 때 실제로 많은 골칫거리들을 해결해줄 것이다. 업무를 진행하던 중에 레이블된 데이터를 사고로 지운 적이 없는 머신러닝 전문가들을 만나보지 못했다. 그러니 부디 내 조언을 따르라!

비록 이 주제를 다루진 않지만 데이터에 대한 버전 관리는 매우 중요하다. 특히 레이블링 지침을 업데이트할 때는 더욱 그렇다. 몇몇 오래된 레이블은 틀렸을 수도 있으며, 능동학습 이터레이션을 추후 재정비하고자 하는 경우에 이들을 재현해야 할 필요가 있을 수 있기 때문이다.

2.5 첫 번째 인간 참여 머신러닝 시스템 배포하기

이제 모든 조각을 하나의 인간 참여 시스템에 모아 보도록 하자. 아직 하지 않았다면 다음 링크(https://github.com/rmunro/pytorch_active_learning)에서 코드와 데이터를 다운로드하고, 설치 설명을 위한 readme 파일을 읽어보라.

이 코드를 즉시 실행할 수도 있고 데이터를 어노테이션하는 프롬프트로부터 시작해 각 이터레이션마다 자동으로 학습이 되도록 할 수도 있다. 2.3.3절에서 배운 것처럼 각 이터레이션에서 데이터가 변화하는 것을 경험해보라.

내부에서 어떤 일이 벌어지는지 이해하기 위해서 이 코드의 주요 컴포넌트를 살펴보고 기저에 깔려 있는 전략에 대해서 알아보자. 우리는 텍스트 분류$^{\text{text classification}}$를 위해서 간단한 PyTorch 머신러닝 모델을 사용한다. 이터레이션을 빠르게 진행하기 위해서 재학습을 빠르게 진행하는 얕은 모델shallow model을 사용할 것이다. PyTorch에서는 전체 모델 정의가 수십 줄 정도가 된다.

리스트 2.3 하나의 은닉층을 가진 간단한 PyTorch 텍스트 분류 모델

```
class SimpleTextClassifier(nn.Module): # pytorch의 nn.Module을 상속
    """1개의 은닉층을 가진 텍스트 분류기


    """


    def __init__(self, num_labels, vocab_size):
        super(SimpleTextClassifier, self).__init__() # 부모의 init을 호출
```

128개의 뉴런/
노드를 가진
은닉층

```
        # 128개의 뉴런을 가진 하나의 은닉층을 가진 모델 정의
        self.linear1 = nn.Linear(vocab_size, 128)
        self.linear2 = nn.Linear(128, num_labels)  ◄─── 각 레이블을 예측하는 출력층


    def forward(self, feature_vec):
```

출력층을 위해
사용하는 선형
활성화 함수
(linear activation
function)

ReLU 활성화
기능을 통한
히든 레이어 최적화

```
        # 데이터가 어떻게 모델을 통과하는지 정의

        hidden1 = self.linear1(feature_vec).clamp(min=0) # ReLU ◄
        output = self.linear2(hidden1)
        return F.log_softmax(output, dim=1) ◄
```

학습에 따른 모델을 최적화하고 예측값에
대한 확률분포를 반환하기 위해, 선형 결과에
소프트맥스와 로그를 취한 값을 반환

입력층은 (수천 개의) 특징feature 집합에 있는 각 단어에 대해 원-핫 인코딩one-hot encoding 을 한 것을 포함하며, 출력층은 2개의 레이블을, 은닉층은 128개의 노드를 갖는다.

이미 레이블 간에 데이터 밸런스가 맞지 않는다는 것을 알고 있으므로, 학습을 위해서 각 레이블이 비슷한 숫자의 항목 개수가 선택되도록 선택할 것이나, 이는 코드 내 변수를 다음과 같이 선언함으로써 결정된다.

```
epochs = 10 # 학습 세션을 위한 에포크 개수
select_per_epoch = 200 # 레이블의 에포크당 샘플 개수
```

우리는 10 에포크로 모델을 학습시킬 것이며, 각 에포크에서 각 레이블당 200개의 항목을 임의로 선택할 것이다. 이러한 방법은 전체 에포크에 대해서 "재해 연관 없음" 텍스트가 더 많은 다양성을 갖기 때문에 우리의 모델을 완전히 공정하게 만들진 않겠지만 100여 개 정도의 "재해 연관" 예제를 갖고 있다면 어떤 시그널을 감지하기엔 충분하다.

(은닉 뉴런 수, 에포크 수, 에포크당 선택한 항목 수가 합리적으로 보이긴 하지만 임의로 설정한 시작점이다. 여러분은 다른 하이퍼파라미터hyperparameter[7] 값을 사용해 실험할 수도 있지만, 어노테이션 데이터 프로세스를 시작하는 경우에는 모델보다는 데이터에 집중해야 한다.)

모델의 train_model() 함수 코드는 다음과 같다.

리스트 2.4 텍스트 분류 모델의 학습

```python
def train_model(training_data, validation_data = "", evaluation_data = "",
    num_labels=2, vocab_size=0):
    """주어진 training_data에 기반해 모델을 학습

    validation_data로 튜닝
    evaluation_data로 정확도를 평가
    """

    model = SimpleTextClassifier(num_labels, vocab_size)
    # 이 예제 코드에서는 레이블을 하드 코딩해
    # 우리 데이터에 같은 의미의 boolean 값으로 매핑한다.
    # 이렇게 해 데이터를 조사할 때 섞이지 않도록 한다.
    label_to_ix = {"not_disaster_related": 0, "disaster_related": 1}

    loss_function = nn.NLLLoss()
    optimizer = optim.SGD(model.parameters(), lr=0.01)

    # 에포크 학습
    for epoch in range(epochs):
        print("Epoch: "+str(epoch))
        current = 0

        # 이 에포크에서 사용할 데이터의 서브셋을 만듦
```

---

7 배치 사이즈나 학습률과 같이 학습할 때 모델 외적으로 설정하는 변수 – 옮긴이

```
# 각 레이블에 대해 동일한 개수의 항목을 사용

shuffle(training_data) # 학습 데이터의 순서를 섞는다.
related = [row for row in training_data if '1' in row[2]]
not_related = [row for row in training_data if '0' in row[2]]

epoch_data = related[:select_per_epoch]
epoch_data += not_related[:select_per_epoch]
shuffle(epoch_data)

# 모델학습
for item in epoch_data:
    features = item[1].split()
    label = int(item[2])

    model.zero_grad()

    feature_vec = make_feature_vector(features, feature_index)
    target = torch.LongTensor([int(label)])

    log_probs = model(feature_vec)

    # 손실 함수를 계산하고 역전파를 하고, 기울기를 업데이트한다.
    loss = loss_function(log_probs, target)
    loss.backward()
    optimizer.step()
```

학습률$^{learning\ rate}$이나 활성화 함수의 종류와 같은 학습 하이퍼 파라미터를 일정하게 유지하는 것을 볼 수 있을 것이다. 실제 시스템에서는 단어 시퀀스를 더 잘 모델링하거나, 이미지 분류의 경우에는 픽셀 클러스터를 더 잘 모델링해주는 학습 하이퍼파라미터와 더불어 아키텍처로 실험해보는 것이 좋다.

만약 하이퍼파라미터를 튜닝하고자 한다면 머신러닝에 대해 하는 것에 이미 익숙하듯이 검증 데이터$^{validation\ data}$를 만들고 그 데이터를 이용해 모델을 튜닝해야 한다. 사실 각 이터레이션에서 사용한 학습 데이터에서 추출한 데이터, 능동학습을 하기 전에 추출한 미분류 데이터 그리고 각 이터레이션에 남아 있는 미분류 데이터를 포함해 여러 종류의 검증 데이터셋을 사용하는 것이 바람직하다. 능동학습을 위한 검증 데이터에 대해서는 3장에서 다루도록 하겠다. 지금은 추가 어노테이션을 다뤄야 한다. 2장의 예제에서 모델을 튜닝하고자 한다면 각 이터레이션의 학습 데이터셋에서 임의로 선택해야 한다.

train_model() 함수의 나머지 부분은 새로운 모델의 정확도를 측정하고 models/. 아래에 파일을 저장한다. 다음 절에서 평가 부분에 대해서 설명하겠다.

앞서 말했듯이 머신 모델 시스템을 만들기 전에 데이터에 먼저 친숙해져야 한다. 다행히도 이러한 방법은 능동학습에도 똑같다. 평가 데이터를 먼저 선택해야 하고, 그 다음에 수작업 레이블링을 해야 한다.

2.5.1 항상 평가 데이터를 먼저 선택하라

평가 데이터는 테스트셋이라고 부르거나 보관 데이터라고 하기도 한다. 여기서는 어노테이션하고자 하는 임의의 뉴스 제목 샘플이 되겠다. 학습 데이터에서 이 데이터는 항상 분리해 놓음으로써 능동학습의 각 이터레이션 후에 우리의 모델의 정확도를 추적할 수가 있다.

평가 데이터를 먼저 확보하는 것은 중요하다. 샘플링 테크닉을 적용하기 시작한 이후의 평가 데이터는 의도하지 않게 편향될 가능성이 높기 때문이다. 평가 데이터를 먼저 확보하지 않았을 때 잘못될 수 있는 것들에 대해 다음과 같이 나열해봤다.

- 미분류 항목에서 낮은 신뢰도로 샘플링할 때까지 평가 데이터를 샘플링하지 않았다면, 해당 평가 데이터는 남아 있는 높은 신뢰도의 항목으로 편향돼 있을 것이며, 모델은 실제보다 더 정확도가 높게 나올 것이다.
- 신뢰도로 샘플링한 이후 학습 데이터에서 평가 데이터를 추출한 경우, 평가 데이터들은 낮은 신뢰도를 가진 항목으로 편향돼 있을 것이며, 모델은 실제보다 더 정확도가 낮게 나올 것이다.
- 아웃라이어 검출 기법을 구현하고 이후에 평가 데이터를 추출하려고 하는 경우, 추출한 아이템들은 이미 추가적인 아웃라이어를 샘플링하는데 공헌해왔으므로 편향을 피하기란 사실상 불가능할 것이다.

마지막으로, 지속적으로 변화하는 정보에 대해 모델을 적용하고자 할 때에는 완전한 랜덤 데이터를 선택하는 것이 불가능할 수도 있다. 진행 중인 재해 대응 상황이 딱 그 예가 될 수 있는데, 시간에 따라 조건과 필요가 변화하고 새로운 정보가 계속 보고된다. 이를테면 내가 이 분야에 종사했을 때 한정된 수의 뉴스 제목을 레이블링하는 작업을 했다. 그래서 뉴스 제목을 랜덤 샘플링해 학습 데이터에 넣는 것이 의미가 있었다. 좀 더 복잡한 상황에서의 평가 데이터 샘플링 전략은 3장에서 다루도록 하겠다.

각 이터레이션마다 모델의 정확도를 평가하는 코드는 evaluate_model() 함수다.

리스트 2.5 보관 데이터에 기반한 모델 평가

```python
def evaluate_model(model, evaluation_data):
    """Evaluate the model on the held-out evaluation data

    Return the f-value for disaster-related and the AUC
    """

    related_confs = [] # 연관된 항목과 그 항목에 대한 신뢰도
    not_related_confs = [] # 연관되지 않은 항목과 그 항목에 대한 신뢰도

    true_pos = 0.0 # 진양성 (true positives) 등
    false_pos = 0.0
    false_neg = 0.0
```

```
with torch.no_grad():

    for item in evaluation_data:
        _, text, label, _, _, = item

        feature_vector = make_feature_vector(text.split(), feature_index)
        log_probs = model(feature_vector)

        # get confidence that item is disaster-related
        prob_related = math.exp(log_probs.data.tolist()[0][1])   ◀

        if(label == "1"):
            # true label is disaster related
            related_confs.append(prob_related)
            if prob_related > 0.5:
                true_pos += 1.0
            else:
                false_neg += 1.0
        else:
            # not disaster-related
            not_related_confs.append(prob_related)
            if prob_related > 0.5:
                false_pos += 1.0
                ...
                ...
```

> PyTorch tensor는
> 2D이므로 예측 신뢰도만
> 추출해낸다.

이 코드는 각 항목이 "재해 연관"이라는 예측 신뢰도를 얻어내고 각 예측이 틀렸는지 맞았는지 확인한다. 정확도 값 그대로를 쓰는 것은 여기선 좋은 방법이 아니다. 2개의 레이블에 대한 빈도가 다르기 때문에 "재해 연관 없음"을 예측할 때에는 거의 매번 95%의 정확도를 얻을 것이다. 이러한 결과는 유용하지 않으며, 우리의 목적은 재해에 연관된 뉴스를 찾는 것이기 때문에 재해 연관 예측에 대해 F-점수를 정확도로 사용할 것이다.

F-점수뿐만 아니라 신뢰도가 정확도와 연관성이 있는지 신경 써야 한다. 이를 위해 ROC^{Receiver Operating Characteristic, 수신자 조작 특성} 커브의 아래 면적을 계산한다. ROC 커브는 데이터셋을 신뢰도에 의해 정렬하며, 진양성^{True Positive}과 위양성^{False Positive} 사이의 비율을 계산한다.

부록에 있는 정밀도^{precision}과 재현율^{recall}, F-점수와 AUC의 정의와 논의를 읽어보라. evaluate_model() 함수 코드에서 이들을 모두 구현해놨다.

```
def evaluate_model(model, evaluation_data):
                    . . .
                    . . .
    # F-점수 얻기
    if true_pos == 0.0:
        fscore = 0.0
    else:
        precision = true_pos / (true_pos + false_pos)
        recall = true_pos / (true_pos + false_neg)           정밀도와 재현율의
        fscore = (2 * precision * recall) / (precision + recall) ◄──  조화 평균

    # AUC 얻기
    not_related_confs.sort()
    total_greater = 0 # 얼마나 많이 높은 신뢰도를 갖는지 카운트
    for conf in related_confs:
        for conf2 in not_related_confs:
            if conf < conf2: ◄──    레이블링된 관심 항목들(여기서는 "제해 연관"
                                    항목)이 미분류 항목보다 더 큰 신뢰도를
                break               얼마나 많이 예측했는지 알고자 한다.
            else:
                total_greater += 1


    denom = len(not_related_confs) * len(related_confs)
    auc = total_greater / denom

    return[fscore, auc]
```

모델 디렉터리에 있는 지금까지 만들어온 모델의 파일명을 살펴보면 파일명이 타임스탬프, F-점수와 AUC 같은 모델의 정확도 그리고 학습 항목의 개수를 포함하고 있음을 알게 될 것이다. 장황하지만 명백한 이름을 모델에 넣는 것은 좋은 데이터 관리 방법이라고 할 수 있으며, 이는 간단히 디렉터리만 봐도 매 이터레이션마다 정확도가 어떻게 변화하는지 알 수 있게 해줄 것이다.

2.5.2 모든 데이터 포인트가 기회를 가진다

능동학습의 매 이터레이션에서 새롭게 선택한 랜덤 샘플들을 추가함으로써 그 이터레이션의 베이스라인을 얻게 된다. 임의로 선택한 항목에 기반한 학습의 정확도를 다른 샘플링 전략을 사용한 것과 비교해본다면, 랜덤 샘플링 대비 우리의 샘플링 전략이 얼마나 효율적인지 알려줄 것이다.

이터레이션에서 여러분의 다른 능동학습 전략이 실패한다 하더라도, 랜덤 샘플링을 통해 점진적으로 향상될 것이므로, 랜덤 샘플링은 좋은 대비책이다.

여기에는 윤리적인 선택도 있다. 모든 전략이 완벽하진 않다고 인정하는 대신에 모든 데이터 항목은 임의로 선택될 기회가 여전히 있으며 사람에 의해 검토될 수 있다. 그 어떤 샘플링 전략도 특정 항목을 선택하지 않았다고 해도 말이다. 실제 재난 시나리오에서 여러분의 샘플링 전략이 그 특정 항목을 선택하지 않음으로 인해 누군가 중요한 뉴스를 보아야 하는 기회를 박탈하겠는가? 이 윤리적인 질문은 적용하려는 데이터와 사례에 따라 자문해봐야 한다.

2.5.3 데이터에 따라 알맞은 전략 선택하기

우리의 데이터에 재난 연관 뉴스들이 별로 없다는 것을 알고 있으므로 아웃라이어를 선택하는 전략으로는 많은 재난 연관 뉴스들을 선택하기 어려울 것이다. 그러므로 다음 예제 코드는 신뢰도에 기반해 선택하고 다음의 전략에 따라 매 이터레이션에서 데이터를 샘플링하는 것에 집중한다.

- 10%는 미분류 항목에서 랜덤 선택
- 80%는 최저 신뢰도 항목에서 선택
- 10%는 아웃라이어에서 선택

낮은 신뢰도를 가진 항목들은 재해 연관도가 완전히 50대 50의 비율이라고 가정할 때, 많은 수의 항목들이 어노테이션돼 있고 모델이 안정적이라면 어노테이터들은 4/10보다 약간 더 높은 비율로 재난 연관 메시지를 보게 될 것이다. 이러한 결과는 이후의 이터레이션에서 어노테이터들이 순서 효과의 영향을 받는다는 걱정을 할 필요 없게 한다.

다음의 3개의 리스트는 3개의 전략을 담은 코드다. 먼저 낮은 신뢰도 예측을 보라.

```
def get_low_conf_unlabeled(model, unlabeled_data, number=80, limit=10000):
    confidences = []
    if limit == -1:
    print("Get confidences for unlabeled data (this might take a while)")
    else:
    # 제한된 개수의 항목에만 모델을 적용
    shuffle(unlabeled_data)
    unlabeled_data = unlabeled_data[:limit]

    with torch.no_grad():
        for item in unlabeled_data:
            textid = item[0]
            if textid in already_labeled:
                continue

            text = item[1]

            feature_vector = make_feature_vector(text.split(), feature_index)
            log_probs = model(feature_vector)
            prob_related = math.exp(log_probs.data.tolist()[0][1])

            if prob_related < 0.5:
                confidence = 1 - prob_related
            else:
                confidence = prob_related

            item[3] = "low confidence"
            item[4] = confidence
            confidences.append(item)

    confidences.sort(key=lambda x: x[4])
    return confidences[:number:]
```

항목의 각 레이블에 대한 확률값을 얻음 → `prob_related = math.exp(log_probs.data.tolist()[0][1])`

`confidences.sort(key=lambda x: x[4])` ◀── 신뢰도에 따라 항목을 정렬

다음은 랜덤 항목을 얻는 법이다.

```
def get_random_items(unlabeled_data, number = 10):
    shuffle(unlabeled_data)

    random_items = []
    for item in unlabeled_data:
        textid = item[0]
        if textid in already_labeled:
            continue
        random_items.append(item)
        if len(random_items) >= number:
            break

    return random_items
```

마지막으로 아웃라이어를 얻는다.

```
def get_outliers(training_data, unlabeled_data, number=10):
    """학습 데이터 내 미분류 데이터에서 아웃라이어를 얻는다.
    아웃라이어를 리턴한다.

    아웃라이어는 학습 데이터에 존재하지 않는 미분류 데이터 항목 내의 단어의 백분율로 정의된다.
    """
    outliers = []

    total_feature_counts = defaultdict(lambda: 0)

    for item in training_data:
        text = item[1]
        features = text.split()

        for feature in features:
            total_feature_counts[feature] += 1     ◀── 학습 데이터의 모든 특징의
    while(len(outliers) < number):                      수를 카운트
        top_outlier = []
        top_match = float("inf")
```

```
    for item in unlabeled_data:
        textid = item[0]
        if textid in already_labeled:
            continue

        text = item[1]
        features = text.split()
        total_matches = 1 # 스무딩을 위해 1부터 시작
        for feature in features:
            if feature in total_feature_counts:
                total_matches += total_feature_counts[feature]  ◄

        ave_matches = total_matches / len(features)
        if ave_matches < top_match:
            top_match = ave_matches
            top_outlier = item

    # 이 아웃라이어를 리스트에 추가하고 무엇이 레이블됐는지 업데이트
    # 이 새로운 아웃라이어는 레이블링될 것이라고 가정한다.
    top_outlier[3] = "outlier"
    outliers.append(top_outlier)
    text = top_outlier[1]
    features = text.split()
    for feature in features:
        total_feature_counts[feature] += 1  ◄

    return outliers
```

학습 데이터의 미분류 데이터 항목에서 이 특징의 출현 횟수를 추가한다.

샘플링될 다음 아웃라이어에 다양성을 부여하기 위해 이 항목의 학습 데이터를 업데이트한다.

기본적으로 get_low_conf_unlabeled() 함수를 먼저 살펴보라. 전체 데이터셋이 아닌 오직 10,000개의 미분류 데이터에 대한 신뢰도를 예측하고 있다. 이렇게 하면 전체 셋을 예측하는 데 장비에 따라 몇십 분에서 몇 시간이 걸릴 수도 있는 이터레이션 사이의 기다리는 시간을 좀 더 활용할 수 있게 된다. 이 예제는 매번 미분류 항목의 다양한 부분 집합에서 낮은 신뢰도의 항목을 추출하고 있으므로 데이터의 다양성도 증대시킨다.

2.5.4 모델을 재학습시키고 반복하기

이제 새롭게 어노테이션된 항목을 얻게 됐고, 여러분은 이것을 학습 데이터에 추가한 후 모델의 정확도의 변화를 볼 수 있다. 만약 2장 초반에 다운로드받은 스크립트를 실행하면 이터레이션마다 어노테이션이 끝날 때마다 재학습이 자동으로 이뤄지는 것을 확인할 수 있을 것이다.

이 코드를 보면 2장에서 언급한 모든 코드를 조합한 로직을 확인할 수 있다. 추가적인 코드는 이터레이션당 몇 번의 어노테이션을 할지와 같은 하이퍼파라미터이고, 그 파일의 끝부분의 코드는 평가 데이터를 우선 얻은 다음 모델을 학습하고, 평가 데이터를 충분히 얻은 경우 능동학습으로 이터레이션을 시작하도록 해주는 코드다. 2장의 예제는 500줄보다 적은 양이어서 각 단계별로 무엇이 진행되고 있는지 이해하고, 코드를 어떻게 확장할지 생각해볼 시간을 가져볼 만하다.

머신러닝 경험이 있다면 특징의 개수를 바로 알 것이다. 단지 1,000개의 레이블링된 학습 데이터에 대해 아마 10,000개 이상의 특징을 가졌을 것이다. 더 이상 데이터에 레이블을 지정하지 않는다면 모델은 아마 여러분이 생각과는 다른 모양새가 될 것이다. 이 경우 특징 개수를 좀 더 줄인다면 훨씬 나은 정확도를 얻을 수 있을 것이다. 그러나 직관과는 달리 특히 능동학습 초기 이터레이션에서 희소한 재해 연관 뉴스에 대한 모든 특징을 포함시키고자 하는 경우 많은 수의 특징이 필요하다. 그렇지 않으면 초기 모델은 처음에 랜덤 샘플링한 뉴스 유형에 훨씬 더 편향돼 있을 것이다. 머신러닝 아키텍처와 능동학습 전략을 융합하는 데는 다양한 방법이 있다. 9장에서 11장에서 주요 방법에 대해 다루도록 하겠다.

어노테이션을 10회쯤 이터레이션했다면 학습 데이터를 한번 살펴보라. 당연하게도 대부분의 항목이 낮은 신뢰도에 따라 선택됐음을 알게 될 것이다. 아웃라이어에 의해서 선택된 것들을 보면 재해 연관 단어임이 분명한 몇 가지 예가 있을 수 있다는 것에 놀랄 수도 있다. 이러한 샘플은 다른 방법을 썼으면 놓칠 수 있는 데이터셋의 다양성을 다른 방식으로 높였다는 의미를 보여준다.

비록 능동학습은 자가 수정이 가능하기 하지만 일부 편향에 대해서는 자가 수정이 일어나지 않았다는 증거를 볼 수 있지 않았는가? 일반적으로 매우 길거나 아주 짧은 문장이 과대 샘플링되는 경우 이런 일이 발생할 수 있다. 컴퓨터 비전에서도 마찬가지로 매우 크거나 작은 이미지가 높거나 낮은 해상도의 이미지가 과대 샘플링된다. 아웃라이어 전략과 머신러닝 모델에 대한 여러분의 선택은 이러한 특징에 기반해 원하는 목적과 다르게 과대 샘플링될 수 있다. 이러한 경우에는 데이터를 따로 담도록 해보면 좋다. 낮은 신뢰도의 짧은 문장, 낮은 신뢰도의 중간 문장, 낮은 신뢰도의 긴 문장으로 말이다.

원한다면 이 코드 내의 샘플링 전략에 대해 다양성을 주면서 실험도 가능할 것이다. 오직 랜덤 샘플링된 데이터만 사용하거나 낮은 신뢰도 샘플링과 아웃라이어 샘플링이 같은 수만큼 추출하고 서로 다른 시스템에서의 결괏값을 비교해볼 수도 있다. 어떤 전략이 가장 영향이 크고 얼마나 영향을 줄까?

다음에 무엇을 개발해야 할지 생각해볼 수도 있다.

- 어노테이션을 위한 좀 더 효율적인 인터페이스
- 어노테이션에서 오류를 줄이기 위한 품질 관리
- 더 나은 능동학습 샘플링 전략
- 분류 알고리듬을 위한 좀 더 정교한 신경망 아키텍처

여러분의 경험은 내가 한 것과는 다를 것이고, 여기에서 제공된 데이터가 아닌 직접 자신의 데이터를 활용해보면 상황이 달라질 것이다. 하지만 다음에 만들어야 할 가장 중요한 컴포넌트로 위의 세 가지 옵션을 고려하는 것은 좋은 기회가 될 것이다. 머신러닝 분야에서 경력을 가졌다면, 데이터를 유지하고 좀 더 섬세한 신경망 아키텍처를 실험하는 쪽으로 생각할 것이다. 그래도 되지만 초기에는 그것보다 다른 것들이 더 중요하다. 일반적으로 이터레이션에 따라 먼저 데이터를 제대로 확보하는 것이 중요하고 그다음에 머신러닝 아키텍처를 튜닝하는 것이 뒤로 갈수록 점차 중요해진다.

이 책의 나머지 부분에서는 어노테이션을 위한 사용자 인터페이스를 더 좋게 디자인하는 방법, 어노테이션의 품질 관리를 향상시키는 방법, 다양한 능동학습을 적용시킬지와 이러한 컴포넌트를 잘 연결하는 방법 등에 대해 배울 것이다.

요약

- 간단한 인간 참여 머신러닝 시스템으로 미분류 데이터를 샘플링해 모델을 업데이트하는 것에서부터 전체 사이클을 다루는 것을 봤다. 이러한 방법은 필요에 따라 최소 기능 제품을 빠르게 만들 수 있도록 도와준다.

- 2개의 단순한 능동학습 전략은 쉽게 구현할 수 있다. 예측값에서 가장 신뢰도가 낮은 항목을 샘플링하는 것과 아웃라이어를 샘플링하는 것이다. 각 전략의 기본 목적을 이해한다면 샘플링의 불확실성과 다양성에 대해서 이 책의 뒷부분에서 깊이 있게 다룰 때 도움이 될 것이다.

- 간단한 커맨드라인 인터페이스로도 사람이 효율적으로 어노테이션할 수 있도록 해준다. 매우 간단한 텍스트 인터페이스라도 일반적인 인간-컴퓨터 상호작용에 입각해 만들었다면 효율적으로 동작할 것이다.

- 첫 작업으로 평가 데이터를 생성하는 것과 같은 좋은 데이터 관리 방안이 제대로 되는 것이 중요하다. 평가 데이터를 제대로 확보하지 못하면, 모델이 얼마나 정확한지 절대 알 수 없다.

- 정규 이터레이션에서 새롭게 어노테이션된 데이터에 대해서 머신러닝을 재학습하는 것은 시간이 지남에 따라 모델이 정확해지는 것을 보여준다. 제대로 설계했다면 능동학습 이터레이션은 자연스럽게 자가 발전하며, 하나의 이터레이션에서 과적합되더라도 다음 이터레이션의 샘플링 전략에 따라 교정된다.

Part 2

능동학습

앞의 2개의 장을 통해 인간 참여 아키텍처에 대해서 알게 됐을 것이다. 앞으로 4개의 장에서는 사람이 리뷰하기 위해 가장 중요한 데이터를 샘플링하는 기법의 모음인 능동학습에 대해 다룰 것이다.

3장은 모델의 불확실성을 이해하는 데 가장 많이 사용되는 기법으로 소개한 불확실성 샘플링^{uncertainty sampling}에 대해 다룰 것이다. 3장은 하나의 신경망 모델에서 불확실성을 해석하는 여러 가지 방법을 소개하는 것으로 시작해 여러 머신러닝 아키텍처의 불확실성을 살펴볼 것이다. 또한 모델의 앙상블을 이용할 때처럼 각 데이터 항목에 대해 여러 개의 예측값을 가질 때 불확실성을 어떻게 계산하는지도 다룬다.

4장은 과소 샘플링됐거나 대표성이 없는 데이터로 인해 신뢰도는 높지만 잘못된 모델의 복잡한 문제점을 해결할 것이다. 모델 내 실세계 편향된 부분을 알아내고 줄이기 위한 방법을 포함해 클러스터링, 대표 샘플링 등 모델 지식의 부족한 부분을 메우는 데 유용한 다양한 데이터 샘플링 접근법을 소개한다.

불확실성 샘플링과 다양성 샘플링^{diversity sampling}은 함께 쓰일 때 가장 효율적이다. 그래서 5장에서는 종합 능동학습 시스템에 다양한 전략을 결합하는 방법을 소개한다. 5장에서는 어떤 항목을 샘플링할지 예측하는 머신러닝 모델을 적용하기 위한 전이학습^{transfer learning} 기법의 이점에 대해 다룬다.

6장은 객체 검출^{object detection}, 의미 분할^{semantic segmentation}, 시퀀스 레이블링 및 언어 생성과 같은 다양한 유형의 머신러닝 작업에 어떻게 능동학습 테크닉이 적용하는지 알아본다. 각 기법의 장점과 단점을 포함한 정보는 능동학습을 다양한 머신러닝 문제에 적용하는 데 도움을 줄 것이다.

3

불확실성 샘플링

3장에서는 다음의 주제를 다룬다.

- 모델의 예측 점수 이해하기
- 여러 레이블에 대한 예측값을 하나의 불확실성 점수로 합치기
- 여러 모델의 예측값을 하나의 불확실성 점수로 합치기
- 여러 유형의 머신러닝 알고리듬의 불확실성 계산하기
- 각 이터레이션 사이클마다 얼마나 많은 항목을 수작업 리뷰할지 결정하기
- 불확실성 샘플링의 성공 여부 평가하기

사람들이 AI를 더 똑똑하게 만들기 위해 사용하는 가장 일반적인 전략은 머신러닝 모델이 작업에 대해 불확실한 경우 인간에게 알려주고 인간에게 올바른 피드백을 요청하는 것이다. 일반적으로 알고리듬을 혼동시키는 미분류 데이터가 학습 데이터로 레이블돼 추가될 때 가장 가치가 높다. 만약 알고리듬이 이미 높은 신뢰도로 항목을 레이블링할 수 있다면 아마도 알고리듬이 정확하다는 의미일 것이다.

3장은 모델이 언제 수행하는 작업에 대해 혼란스러워한다고 신호를 보내는 경우, 이를 해석하는 방법에 대해 주로 다룬다. 그러나 모델이 불확실한 경우와 그 불확실성을 계산하는 방법을 아는 것이 항상 쉽진 않다. 단순한 이진 레이블링 작업을 넘어서 불확실성을 측정하는 다양한 방법은 각각 매우 다른 결과들을 생성해낸다. 데이터와 목적에 맞는

적절한 방법을 선택하기 위해서 불확실성을 확인하는 모든 방법을 이해하고 고려해야한다.

자율주행차를 만들고 있다고 상상해보자. 자동차가 주행하면서 마주치는 새로운 유형의 물체(보행자, 자전거, 도로 표지판, 동물 등)를 이해하도록 해야 한다. 그러나 그러기 위해서는 자동차가 어떤 물체를 보고 있는지, 그 불확실성을 어떻게 해석하고 가장 잘 해결할 수 있는지 이해할 필요가 있다.

3.1 머신러닝 모델의 불확실성에 대한 해석

불확실성 샘플링^{Uncertainty sampling}은 현재 머신러닝 모델에서 결정 경계^{decision boundary} 근처에 있는 미분류 항목을 식별하기 위한 기법의 모음이다. 모델이 언제 신뢰도가 높은지 쉽게 식별할 수 있지만(즉, 매우 높은 신뢰도를 가진 결과가 하나만 존재하는 경우), 그렇지 않은 경우 불확실성을 계산할 수 있는 여러 방법이 있으며 사례와 특정 데이터에 어떤 방법이 가장 효과적인지에 따라 선택이 달라질 수 있다.

3장에서는 불확실성 샘플링에 대한 다음의 네 가지 접근 방식을 살펴본다.

- **최소 신뢰도 샘플링**: 가장 신뢰도가 높은 예측과 100% 신뢰도 사이의 차이. 이전의 자동차 예에서 이미지 안에 보행자가 있다고 모델이 가장 확신하는 경우, 최소 신뢰도는 해당 예측을 얼마나 확실(또는 불확실)하게 여겼는지 포착한다.
- **신뢰도 마진 샘플링**: 가장 신뢰도가 높은 두 예측 간의 차이. 이전의 자동차 예에서 모델이 가장 확신하는 것이 보행자였고, 그다음이 동물이었다고 한다면, 두 신뢰도의 차이가 신뢰도 마진이 된다.
- **신뢰도 비율**: 가장 신뢰도가 높은 두 예측 사이의 비율. 이전의 예에서 모델이 가장 확신하는 것이 보행자였고, 그다음이 동물이었다고 한다면, 신뢰도 비율은 두 신뢰도 사이의 비율(차이가 아님)이다.
- **엔트로피 기반 샘플링**: 정보 이론에 의해 정의된 모든 예측값 간의 차이. 이전 예에서 엔트로피 기반 샘플링은 모든 신뢰도가 서로 얼마나 다른지 보여준다.

또한 다양한 유형의 머신러닝 알고리듬에서 불확실성을 확인하는 방법을 알아보고, 모델에 앙상블을 적용할 때와 같이 각 데이터 항목에 대해 다수의 예측값을 가질 때 불확실성을 어떻게 계산하는지 다룬다.

각 방법의 장점과 단점을 이해하려면 각 전략이 정확히 무엇을 하고 있는지 더 깊이 들여다봐야 하므로 3장에서는 수식, 코드와 함께 자세한 예를 제공한다. 또한 신뢰도를 올바르게 해석하기 위해서는 먼저 신뢰도가 생성되는 방법을 알아야 하므로 3장에서는 모델의 확률분포를 해석하는 방법을 알아보는 것으로 시작한다. 특히 신경망 모델에서 신뢰도를 생성하기 위한 가장 인기 있는 알고리듬인 소프트맥스를 살펴보겠다.

3.1.1 왜 모델의 불확실성을 봐야 할까?

자율주행차의 예로 다시 돌아가보자. 차량이 이미 능숙하게 주행하고 있고 사물의 수가 많지 않은 고속도로에서 대부분의 시간을 보낸다고 가정해보자. 대다수의 고속도로에서는 자전거나 보행자를 많이 보지 못할 것이다. 차량 내 비디오 카메라에서 무작위로 동영상을 선택하더라도 대체로 고속도로상의 동영상일 것이다. 고속도로에서는 차량은 이미 신뢰도 있게 잘 주행할 것이다. 자동차가 이미 신뢰도를 갖고 있는 고속도로 주행에 대해 사람이 피드백을 주려고 한들, 자동차의 운전 실력이 그다지 향상되진 않을 것이다.

그러므로 여러분은 자율주행차가 운전하면서 언제 가장 혼란스러운지 알아야 한다. 따라서 자동차가 감지하는 물체를 불확실해할 때 동영상을 촬영해서 사람이 해당 물체에 대해 준거 데이터^{ground truth}를 제공해야 한다. 사람은 움직이는 물체가 보행자인지, 다른 자동차인지, 자전거인지, 아니면 자동차의 물체 감지 시스템이 놓쳤을 수도 있는 다른 중요한 물체인지 식별할 수 있다. 다양한 물체가 서로 다른 속도로 움직이지만, 어느 정도 예측 가능하므로 차량이 이러한 물체의 움직임을 예측하는 데 도움이 된다.

예를 들어 자동차는 아마 눈보라 속을 운전하는 경우 가장 혼란스러워할 것이다. 눈보라에 대한 동영상만 보여준다면, 이 데이터는 차량이 눈보라에 노출되지 않은 99%의 상황에서는 도움이 되지 않는다. 사실 그 데이터는 차량의 운전 능력을 더 나쁘게 만들 수 있다. 눈보라가 몰아치면 가시적인 범위가 제한되고 멀리 있는 물체가 보이지 않으며, 의도치 않게 데이터를 편향시켜서 차량의 기능이 눈보라 속에서만 적절히 동작하고 그렇지 않은 경우에는 오히려 위험하게 동작할 수 있게 된다. 차량은 눈보라 속에서는 잘 보지 못하기 때문에, 멀리 있는 모든 물체를 무시하도록 차를 가르칠 수도 있다. 따라서 눈이 내리지 않는 상황에서는 멀리 있는 물체를 예측하는 능력이 제한된다. 그러므로 차량이 불확실성을 겪는 다양한 유형의 조건이 필요하다.

또한 여러 물체가 있는 상황에서의 불확실성을 정의하는 방법도 명확하지 않다. 가장 잘 예측된 물체에 대한 불확실성인가? 가장 가능성이 높은 두 예측 사이의 불확실성인가? 아니면 차량이 검출한 특정 물체에 대해 전반적인 불확실성 점수를 도출할 때 자동차가 감지한 가능한 모든 물체까지 고려해야 하나? 상세하게 파고들려 하는 경우, 수작업 리뷰를 위해 어떤 물체를 자율주행 동영상에서 선택하는 것이 쉬운 일은 아니다.

마지막으로 모델이 불확실할 때 이를 일반적인 언어로 알려주지 않는다. 단일 개체의 경우라도 머신러닝 모델은 예측값의 신뢰도에 상응하는 어떤 숫자를 보여주긴 하지만 이것이 정확도에 대한 믿을 만한 척도는 아닐 수도 있다. 3장은 여러분의 모델이 불확실한 때를 파악하는 것에서 시작한다. 이를 기반으로 더 광범위한 불확실성 샘플링 전략을 수립할 수 있다.

모든 능동학습 기법의 기본 가정은 일부의 데이터 포인트가 모델에 더 중요하다는 것이다(특정 예는 다음 상자 안의 내용 참조). 3장에서는 소프트맥스를 살펴봄으로써 여러분의 모델의 출력을 해석해보는 것으로 시작하겠다.

> ### 모든 데이터가 동등한 것은 아니다
> 전문가 일화, 제니퍼 프렌드키
>
> 음식 건강에 별 관심 없다면 슈퍼마켓 진열대에서 아무 상품이나 고르면 된다. 여러분은 아무 음식이나 선택함으로써 필요한 영양소를 얻을 수도 있지만, 그 과정에서 정크푸드도 많이 먹게 될 것이다. 아직도 사람들은 이상하게도 머신러닝에서는 슈퍼마켓에 필요한 것을 파악해 거기에 집중하는 것보다 무작위로 시식을 하는 것이 낫다고 생각하고 있다.

내가 만든 첫 번째 능동학습 시스템은 필요에 의한 것이다. 누군가 대형 마트에서 검색했을 때 올바른 제품이 나왔는지 확인하기 위한 머신러닝 시스템을 구축하고 있었다. 거의 하룻밤 사이에 회사 개편으로 인해 수작업 레이블링을 위한 예산이 절반으로 줄었고, 레이블링해야 하는 재고는 10배 증가했다. 결국 우리 레이블링 팀은 이전에 우리가 했던 항목 대비 5%만을 처리할 예산만 갖고 있었다. 나는 가장 중요한 5%를 발견하기 위해 처음으로 능동학습 프레임워크를 만들었다. 그 결과는 더 큰 예산을 가지고 랜덤 샘플링을 하는 것보다 나았다. 그 이후로 대부분의 프로젝트에서 능동학습을 사용해왔다. 모든 데이터가 동일한 것은 아니기 때문이다!

제니퍼 프렌드키(Jennifer Prendki)는 머신러닝을 위한 데이터를 찾는 전문 회사인 Alectio의 CEO다. 이전에 Atlassian, Figure Eight, Walmart에서 데이터 사이언스 팀을 이끌었다.

3.1.2 소프트맥스와 확률분포

2장에서 살펴본 바와 같이 거의 모든 머신러닝 모델은 다음 두 가지 사항을 제공한다.

- 예측 레이블 (또는 예측 집합)
- 각 예측 레이블과 연관된 숫자 (또는 숫자 집합)

네 가지 종류의 물체만을 구분하는 자율주행차용 간단한 객체 검출 모델이 있다고 가정해보겠다. 그 모델은 다음과 같은 예측값을 출력한다.

리스트 3.1 JSON으로 인코딩된 예측값 예제

```
{
    "Object": {
        "Label": "Cyclist",
        "Scores": {
            "Cyclist": 0.9192784428596497,
            "Pedestrian": 0.01409964170306921,
            "Sign": 0.049725741147994995,
            "Animal": 0.016896208748221397
        }
    }
}
```

이 예측값에서 물체는 "자전거[1]"로 91.9% 정확도 예측된다. 각 점수를 더하면 100%가 되며, 이 점수들은 항목에 대한 확률분포가 된다.

---

1 원문의 의미는 '자전거를 타는 사람' 정도가 적당하지만 단순화해 '자전거'라고 번역했다. – 옮긴이

이 출력값은 지수를 사용해 로짓[logit]을 0에서 1 사이의 점수로 변환하는 소프트맥스에서 나올 가능성이 가장 높다. 소프트맥스는 다음과 같이 정의된다. 그림 3.1을 보라.

$$\sigma(z_i) = \frac{e^{z_i}}{\sum_j e^{z_j}}$$

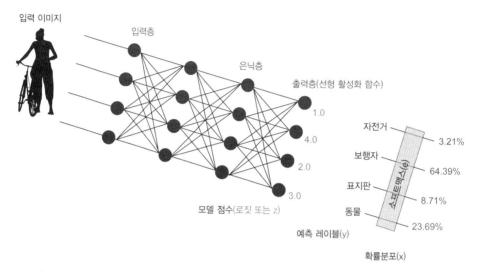

▲ **그림 3.1** 소프트맥스가 확률분포를 생성하는 방법. 출력층에서 선형 활성화 함수를 사용해 모델 점수(로짓)를 만든 다음 소프트맥스를 통해 확률분포로 변환된다.

소프트맥스는 지수로 나누기 때문에 로짓의 원래 크기를 잃게 된다. 예를 들어 그림 3.1의 로짓은 [1, 4, 2, 3]이다. 로짓이 [101, 104, 102, 103]인 경우, 소프트맥스는 동일한 확률분포를 생성하기 때문에 모델의 활성화 수준이 출력 시 손실된다. 4장에서 활성화를 고려하는 방법에 대해 알아보겠다. 3장에서는 확률분포만 사용할 때 일부 정보가 손실되는 방식을 이해하는 것이 중요하다.

이전에 소프트맥스 출력만을 사용했다면 관련 부록을 꼭 읽어보길 권한다. 부록에서 설명한 것처럼 소프트맥스의 기저값 (e)는 임의적이며, 이 기저값을 변경함으로써 다른 항목의 예측값에 대한 신뢰도의 순위를 변경할 수 있다. 이 사실은 널리 알려져 있지 않으며 이 책 이전에는 어디에서도 언급되지 않았다. 우선순위는 3장에서 볼 수 있듯이 불확실성 샘플링에 중요하므로, 독자가 직접 실험해볼 경우 3장 뒷부분에 설명된 기법을 사용하는 것 외에도 소프트맥스 기저값(또는 온도)을 변경해보는 것도 좋다.

모델에서 더 정확한 신뢰도를 얻는 일반적인 한 가지 방법은 확률분포가 최대한 실제 정확도와 일치하도록 검증 데이터 집합을 사용해 소프트맥스의 기저/온도를 조정하는 것이다. 예를 들어 0.7의 신뢰도가 70%의 시간에 대해 정답이 되도록 소프트맥스의 기저/온도를 조정할 수도 있다. 기저/온도를 조정하는 것에 대한 더 강력한 대안은 LOESS와 같은 로컬 회귀 분석 방법을 사용해 확률분포를 검증 데이터의 실제 정확도에 매핑하는 것이다. 모든 통계 패키지에는 실험할 수 있는 하나 이상의 로컬 회귀 분석 방법이 있다.

그러나 능동학습을 위해 가장 불확실한 항목을 골라 샘플링하기 위해 불확실성을 모델링하는 경우에는 확률분포가 정확도의 정확한 반영이 아니더라도 문제가 되지 않을 수 있다. 선택은 이루고자 하는 목표에 달려 있으며, 이용 가능한 모든 기술을 알고 있는 것이 도움이 된다.

3.1.3 능동학습의 성공 해석

2장에서와 같이 F-점수, AUC와 같은 정확도 지표를 사용해 능동학습의 성공치를 계산할 수 있다. AI 알고리듬에 친숙한 분이라면 이 기술이 익숙할 것이다.

하지만 때로는 인건비를 고려하는 것이 더 합리적이다. 예를 들어 특정 정확도 목표에 도달하는 데 필요한 수작업 레이블의 수와 관련해 두 가지의 능동학습 전략을 비교할 수 있다. 이 값은 동일한 수의 레이블과 정확도를 비교하는 것보다 훨씬 크거나 작을 수 있으므로 둘 다 계산하는 게 유용할 수 있다.

항목을 다시 학습 데이터에 넣지 않음으로써 전체 능동학습 사이클을 완성하지 않은 경우, 불확실성 샘플링에 의해 얼마나 많은 잘못된 예측이 나타났는지 평가하는 것이 더 타당하다. 즉, 가장 불확실한 N개 항목을 샘플링하는 경우 몇 퍼센트가 모델에 의해 잘못 예측됐는지 살펴보는 것이다.

데이터 어노테이션에 필요한 시간과 같이 품질 평가에 대한 인간 중심 접근법에 대한 자세한 내용은 부록의 모델 성능을 측정하는 방법에 관한 부분을 참조하라.

3.2 불확실성 샘플링 알고리듬

이제 모델 예측에 대한 신뢰도를 어떻게 판단하는지 이해했으므로 확률분포를 해석해 머신러닝 모델의 가장 불확실한 부분을 찾을 수 있는 방법을 생각해볼 수 있다.

불확실성 샘플링은 현재 머신러닝 모델에서 의사 결정 경계 근처에 있는 미분류 항목을 식별하는 전략이다. 2장에서 본 것처럼 이진 분류 작업이 있는 경우 이러한 항목은 두 레이블 중 하나에 속할 확률이 50%에 가까운 것으로 예측되므로 불확실하다고 한다. 이러한 항목은 잘못 분류될 가능성이 가장 높으므로 예측된 레이블과 다른 수작업 레이블이 생성될 가능성이 가장 높다. 그림 3.2는 불확실성 샘플링이 의사 결정 경계에 가까운 항목을 찾는 방법을 보여준다.

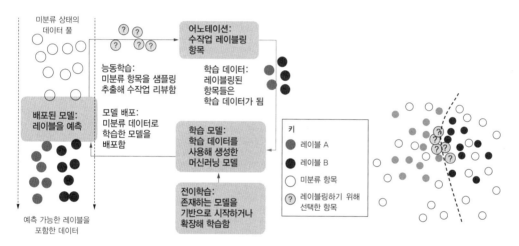

▲ **그림 3.2** 불확실성 샘플링은 의사 결정 경계에 더 가까운 (때로는 서로에 더 가까운) 미분류 항목을 더 많이 샘플링하는 능동학습 전략이며, 따라서 의사 결정 경계의 변화를 가져오는 수작업 레이블을 얻을 가능성이 더 높다.

불확실성을 계산하기 위한 알고리듬이 많은데, 그중 일부는 여기에서 다룰 것이다. 이들은 모두 다음의 동일한 원칙을 따른다.

- 불확실성 샘플링 알고리듬을 예측 결과 풀에 적용해 각 항목별 단일 불확실성 점수를 생성한다.
- 불확실성 점수로 예측 순위를 매긴다.

- 가장 불확실한 상위 N개 항목을 수작업 검토 대상으로 선택한다.
- 상위 N개 항목에 대한 수작업 레이블을 획득하고 해당 항목으로 모델을 재학습한 후 이 프로세스를 반복한다.

3장에서 다루는 세 가지 방법은 예측되는 데이터와 무관하게 변하지 않는다. 즉, 특정 항목은 예측되는 다른 항목에 주어진 점수와 무관하게 동일한 불확실성 점수를 얻는다. 이 불변성은 3장에서 언급하는 기법들의 단순성과 예측 가능성에 도움이 된다. 불확실성 점수의 우선순위 기법은 예측값 집합에 걸쳐 가장 불확실한 것을 찾기에 충분하다. 그러나 다른 기법에서는 개별 점수를 변경하기 위한 예측값의 분포를 사용할 수 있다. 5장과 6장에서 이 주제를 다룬다.

|**참고**| 이진 분류 작업의 경우 3장의 전략은 동일하지만 3개 이상의 레이블의 경우 전략이 매우 다양해진다.

3.2.1 최소 신뢰도 샘플링

불확실성 샘플링 중 가장 간단하고 일반적인 방법은 100% 신뢰도와 각 항목에 대해 가장 높은 신뢰도로 예측된 레이블 간의 차를 사용한다. 여러분은 2장에서 이러한 능동학습의 구현을 살펴봤다. 소프트맥스 결과를 예측값이 주어진 레이블의 확률로 적용해보겠다. 엄밀하게 소프트맥스로 확률을 얻을 수 있는 것은 아니지만, 이 수식은 소프트맥스 뿐만 아니라 모든 유형의 확률분포에 적용되는 일반적인 수식이다. 기본 수식은 단순히 레이블에 대한 가장 높은 신뢰도의 확률로, 2장에서 이미 구현한 것과 동일하다.

$$\phi_{LC}(x) = P_\theta(y^*|x)$$

신뢰도 하나만으로 순위를 매길 수도 있지만, 불확실성 점수를 0–1 범위로 변환하는 것이 유용할 수 있다. 여기서 1은 가장 불확실한 점수다. 그러기 위해서는 점수를 정규화 normalize해야 한다. 1에서 그 신뢰도 값을 뺀 결과에 레이블 수를 곱한 후, 레이블 수보다 하나 작은 수로 나눈다. 신뢰도의 최솟값은 모든 레이블의 예측 신뢰도가 동일한 경우에 레이블 개수로 나눈 신뢰도보다는 작을 수 없기 때문에 이렇게 작업을 수행한다. 따라서 범위가 0–1인 최소 신뢰도 샘플링Least Confidence Sampling은 다음 수식과 같다.

$$\phi_{LC}(x) = (1 - P_\theta(y^*|x)) \times \frac{n}{n-1}$$

다음 리스트는 PyTorch에서 최소 신뢰도 샘플링을 구현한 것이다.

리스트 3.2 PyTorch에서 구현한 최소 신뢰도 샘플링

```python
def least_confidence(self, prob_dist, sorted=False):
    """
    1이 가장 불확실한 0-1 범위의 최소 신뢰도 샘플링을 적용해
    배열의 불확실성 점수를 반환한다.

    확률분포가 다음과 같은 pytorch tensor라고 가정한다.
        tensor([0.0321, 0.6439, 0.0871, 0.2369])

    Keyword arguments:
        총계가 1.0인 0과 1 사이의 실수의 Pytorch tensor
        확률분포가 큰 분포에서 작은 분포로 사전 분포된 경우
    """
    if sorted:
        simple_least_conf = prob_dist.data[0]
    else:
        simple_least_conf = torch.max(prob_dist)

    num_labels = prob_dist.numel() # number of labels

    normalized_least_conf = (1 - simple_least_conf) *
    ➥ (num_labels / (num_labels - 1))

    return normalized_least_conf.item()
```

이제 우리의 자율주행차 예측에 최소 신뢰도를 적용해 불확실성 점수를 얻어내보자. 여기서 중요한 건 '보행자'에 대한 신뢰도뿐이다. 이 예에서 이 불확실성 점수는 $(1 - 0.6439)$ * $(4 / 3) = 0.4748$이 된다. 따라서 최소 신뢰도 샘플링은 예측 레이블에 대해 신뢰도가 가장 낮은 항목을 샘플링할 예측값의 순위를 제공해준다. 이 방법은 다른 예측의 합이 점

수 자체, 즉, 가장 신뢰할 수 있는 레이블 외의 레이블로 이동하는 신뢰값이 된다는 점에서만 두 번째, 세 번째 등의 값에 민감하다.

예측 레이블	자전거	보행자	표지판	동물
소프트맥스	0.0321	0.6439	0.0871	0.2369

이 방법은 다른 예측값들의 불확실성에 대해서 민감하지 않다. 가장 신뢰도 높은 것이 신뢰도가 동일하기만 하면, 두 번째부터 n번째 신뢰도를 가진 값들은 어떤 값이 되든 불확실성 점수를 바꾸지 않는다. 특정 사례에서 가장 신뢰도 높은 예측에만 관심이 있는 경우라면 이 방법이 좋은 출발점이 된다. 그렇지 않으면 다음 절에서 설명하는 방법 중 하나를 사용할 수 있다.

최소 신뢰도는 소프트맥스 알고리듬에 사용되는 기저값에 민감하다. 약간 직관에 어긋나지만 기저값이 10인 소프트맥스로 대략 0.9의 신뢰도를 주는 예제를 보겠다. 이 신뢰도는 0.1이라는 불확실성 점수로 계산되는데 이는 동일한 데이터에 의한 0.35보다 훨씬 작은 숫자다. 다른 기저값을 사용하는 경우 이 점수에 의해 전체 순위가 변경될 것이다. 소프트맥스에 대한 기저값이 높을수록 가장 신뢰도가 높은 레이블과 다른 레이블 간의 차이가 늘어나기 때문에, 더 높은 기저값에서는 레이블 신뢰도의 차이가 가장 신뢰도가 높은 레이블과 1.0 사이의 절대적인 차이보다 더 가중되게 된다.

3.2.2 신뢰도 마진 샘플링

불확실성 샘플링의 가장 직관적인 형태는 가장 신뢰할 수 있는 두 예측 간의 차이이다. 즉, 모델이 예측한 레이블에 대해 다음으로 신뢰도가 높은 레이블보다 얼마나 더 신뢰도가 높은가 하는 것이다. 이는 다음과 같이 정의된다.

$$\phi_{MC}(x) = P_\theta\left(y_1^* \big| x \right) - P_\theta\left(y_2^* \big| x \right)$$

누차 말하지만 점수는 0-1 범위로 변환할 수 있다. 1.0에서 다시 빼야 하지만 최대 가능 점수는 이미 1이므로 곱해줘야 할 다른 인자들은 필요 없다.

$$\phi_{MC}(x) = 1 - (P_{\theta}(y_1^* \mid x) - P_{\theta}(y_2^* \mid x))$$

다음은 PyTorch를 사용한 신뢰도 마진 샘플링Margin of Confidence Sampling의 구현이다.

리스트 3.3 PyTorch에서의 마진 신뢰도 샘플링

```
def margin_confidence(self, prob_dist, sorted=False):
    """
    0-1 범위의 신뢰도 마진 샘플링(1이 가장 불확실)을 적용해
    확률분포에 대한 불확실성 점수를 반환한다.

    확률분포가 다음과 같은 pytorch tensor라고 가정한다.
      tensor([0.0321, 0.6439, 0.0871, 0.2369])

    Keyword arguments:
      prob_dist -- 총합 1.0인 0과 1 사이의 실수 pytorch tensor
      sorted - 확률분포가 큰 분포에서 작은 분포로 사전 정렬된 경우
    """
    if not sorted:
      prob_dist, _ = torch.sort(prob_dist, descending=True)

    difference = (prob_dist.data[0] - prob_dist.data[1])
    margin_conf = 1 - difference

    return margin_conf.item()
```

신뢰도 마진 샘플링 방법을 예제 데이터에 적용해보겠다. "보행자"와 "동물"은 각각 첫 번째와 두 번째로 신뢰도가 높은 예측값이다. 이 예에서 이 불확실성 점수는 1.0 − (0.6439 − 0.2369) = 0.5930이다.

예측 레이블	자전거	보행자	표지판	동물
소프트맥스	0.0321	0.6439	0.0871	0.2369

이 방법은 가장 높은 신뢰도의 두 예측 외의 불확실성에는 민감하지 않다. 가장 높은 신뢰도와 그다음 높은 신뢰도가 동일한 경우, 세 번째에서 n번째 신뢰도는 어떤 값이 되더라도 불확실성 점수의 변화가 없다.

예측 레이블과 다음으로 신뢰도가 높은 예측 사이의 불확실성에만 관심을 두는 경우에
이 방법이 좋은 시작점이다. 이 유형의 불확실성 샘플링은 업계에서 사람들이 가장 많이
사용하는 유형이다.

신뢰도 마진은 최소 신뢰도 샘플링보단 덜하지만 소프트맥스 알고리듬에 사용하는 기저
값에 대해서는 여전히 민감한다. 이 데이터셋에서 기저값이 10인 소프트맥스는 신뢰도
마진 점수가 0.1899인데 반해, 기저값이 e가 되면 이 점수는 0.5930으로 변하며, 이는 2개
의 가장 가능성 높은 점수 모두가 바뀌게 됐음을 의미한다. 이러한 점수는 모든 원점수의
전체적인 상대적 차이에 따라 조금씩 다른 비율로 바뀌게 된다. 그러나 모델의 불확실성
이 최대일 때 샘플링한다는 점을 기억하기 바란다. 즉, 최고 신뢰도 점수들(여기서는 첫 번
째와 두 번째 신뢰도 점수)은 가능한 낮아지려는 경향성을 갖게 돼 결국 가장 유사해지게 된
다. 이런 이유에서 다른 소프트맥스 기저값을 사용한 신뢰도 마진 샘플링이라 하더라도
가장 불확실한 항목을 추출할 때 단지 몇 퍼센트 포인트의 차이밖에 나지 않을 수 있다.

3.2.3 비율 샘플링

신뢰도 비율은 신뢰도 마진에 대한 약간 다른 버전으로, 상위 두 점수 사이의 차이 대신
비율을 본다. 이 방법은 신뢰도와 소프트맥스의 관계에 대한 이해를 높이기 위한 최선의
불확실성 샘플링 방법이다. 이 기법을 이해하기 쉽게 표현하자면 신뢰도 순위에서 첫 번
째 레이블이 두 번째 레이블보다 몇 배 더 높은지를 나타내는 비율을 생각해보면 된다.

$$\phi_{RC}(x) \ = \ P_\theta\left(y_1^* \middle| x \right) / P_\theta\left(y_2^* \middle| x \right)$$

이제 숫자를 다시 넣어 보겠다.

$$0.6439 \ / \ 0.2369 = 2.71828$$

자연 로그, e = 2.71828을 얻었다! 마찬가지로 기저값 10을 사용하면 다음과 같다.

$$90.01\% \ / \ 9.001\% = 10$$

우리가 사용해왔던 기저값 10을 다시 얻어낼 수 있다! 이 예제는 e가 신뢰값을 생성을 위
한 임의의 기저값인 이유를 잘 보여준다(이 주제에 대한 자세한 내용은 부록을 참조하라). 이런

맥락에서 "보행자"가 "동물"보다 정말로 2.71828이 더 많은 예측일까? 아마 아닐 것이다. 그 확률이 정확히 10배라는 것도 의심스럽다. 신뢰도의 비율이 말해주는 유일한 것은 우리 모델이 "보행자"와 "동물"과의 원점수 차이가 1이며, 그 이상은 아니라는 것이다. 나누기에 의한 신뢰도 비율은 원점수로 정의가 가능하다. 이 경우 소프트맥스에 의한 신뢰도 비율은 소프트맥스(기저가 e가 아닌 경우)에 사용한 기저값이 된다.

$$\beta^{(z_1^* - z_2^*)}$$

신뢰도 비율은 소프트맥스에서 사용되는 어떤 기저값에서도 불변한다. 점수는 전적으로 모델에서 상위 두 원점수 사이의 거리로 결정되므로 기저값이나 온도로 스케일링해도 순위는 변경되지 않는다. 신뢰도 비율을 0-1 정규화된 범위로 지정하려면 다음 수식의 역수를 취하면 된다.

$$\phi_{RC}(x) \;=\; P_\theta(\,y_2^*\,\big|\,x) \,/\, P_\theta(\,y_1^*\,\big|\,x)$$

우리는 설명을 위해서, 위의 역수를 취하지 않은 버전을 사용해 소프트맥스의 기저값을 직접 출력한다. 다음 리스트는 PyTorch를 사용해 신뢰도 비율 샘플링^{Ratio Sampling}을 구현한 것이다.

리스트 3.4 PyTorch로 구현한 신뢰도 비율 샘플링

```
def ratio_confidence(self, prob_dist, sorted=False):
    """
    0-1 범위의 신뢰도 샘플링 비율(1이 가장 불확실함)을 사용해
    확률분포에 대한 불확실성 점수를 반환한다.

    확률분포가 다음과 같은 PyTorch tensor라고 가정한다.
      tensor([0.0321, 0.6439, 0.0871, 0.2369])

    키워드 매개변수:
        prob_dist -- 총합이 1.0이 되는 0과 1 사이의 실수로 이뤄진 pytorch tensor
        sorted -- 확률변수가 사전에 내림차순으로 정렬돼 있는지 여부
        """
    if not sorted:
        prob_dist, _ = torch.sort(prob_dist, descending=True)
```

```
ratio_conf = prob_dist.data[1] / prob_dist.data[0]

return ratio_conf.item()
```

이 예제를 통해 신뢰도 마진 샘플링이 상대적으로 불변하는 이유를 직관적으로 이해하기를 바란다. 즉, 순위를 매기고자 할 때 두 최곳값의 차이를 구하는 것과 두 최곳값을 나누는 것 사이에는 큰 차이가 없다.

다행히도 뺄셈을 이용한 신뢰도 마진이 신뢰도 비율과 다른 부분은, 가장 불확실한 것을 선호하는 방식으로 우리가 원하는 것을 이룬다는 데 있다. 신뢰도 마진과 신뢰도 비율은 가장 신뢰도가 높은 두 값 외의 신뢰도는 명시적으로 보지는 않지만, 가장 신뢰도 높은 두 값 외의 값들이 한두 번째의 값들에 영향을 줄 수 있다. 만약 세 번째 신뢰도의 값이 0.25라면, 첫 번째 값과 두 번째 값의 차이는 최대 0.5만큼 날 수 있다. 따라서 세 번째로 신뢰도가 높은 예측값이 첫 번째 예측값과 두 번째 예측값에 상대적으로 가까우면 신뢰도 마진에 의한 불확실성 점수가 증가한다. 이러한 변동은 작은 데다가 신뢰도 마진의 결과로 직접 발생하는 것은 아니다. 이는 소프트맥스 방정식의 분모가 세 번째로 신뢰도가 높은 값에 대해 더 큰 점수(지수적으로 불균형이 커짐)로 매긴 결과로 인해 발생하는 부산물이다. 그럼에도 이는 정확한 동작이다. 다른 조건이 동일한 상황이라면, 신뢰도 마진은 (다른 상황이었다면) 동점이 될 수도 있을 2개의 가장 신뢰도 높은 예측값을 찾아낸다.

세 번째 예측부터 n번째 예측까지의 변화가 소프트맥스로 인한 행운의 부산물인 신뢰도 마진과는 달리, 다음으로 인기 있는 불확실성 샘플링 전략은 모든 예측값을 명시적으로 모델링한다.

3.2.4 엔트로피(분류 엔트로피)

일련의 예측에서 불확실성을 바라보는 한 가지 방법은 결과가 놀랍냐 아니냐를 보는 것이다. 이 개념은 엔트로피 기법의 근간을 이룬다. 엔트로피는 확률과 비교해봤을 때 가능한 각 결과에 대해 얼마나 놀라운가를 측정하는 것이 된다.

연패 중이지만 오랜 시간 지지했던 스포츠 팀의 예시로 엔트로피와 놀라움^{surprise}을 연상해보는 것이 직관적이다. 나에게는 그 팀이 디트로이트 라이온스 미식축구 팀이다. 최근 몇 년 동안 라이온스가 경기 초반에 앞서 있을 때에도, 그들은 여전히 그 경기에서 이길 확률이 50%에 불과하다. 그래서 라이온스가 경기 초반에 이기고 있어도 최종 결과가 어떨지 모를 뿐만 아니라 사실 모든 경기에서 어느 쪽이든 같은 양의 놀라움이 있다. 엔트로피는 패배의 감정적인 충격을 측정하는 것이 아니라 단지 놀라움만을 측정하는 것이다. 엔트로피 수식은 그림 3.3과 같이 결과에 대한 놀라움을 계산하기 위해 수학적으로 타당한 방법을 제공한다.

▲ **그림 3.3** 낮은 엔트로피(좌)와 높은 엔트로피(우)의 예. 높은 엔트로피는 확률이 서로 가장 비슷할 때 발생하며 분포에 있는 예측 중 가장 놀라운 예측이 있을 때 발생한다. 엔트로피는 때때로 약간 직관과 다르게 여겨진다. 좌측 그래프에 변동성이 가장 크고 발생 가능성이 매우 낮은 세 가지 이벤트가 있기 때문이다. 그러나 이 세 가지 가능성은 매우 가능성 높은 이벤트에 의해 무시되는 것 이상이다. 3개의 희귀 이벤트가 발생하는 희귀한 시간에 더 큰 정보를 갖고 있더라도, 거의 동일한 확률을 가진 4개 이벤트(우)가 더 큰 전체 엔트로피를 가진다.

확률분포에 적용되는 엔트로피에는 각 확률을 자체 로그로 곱하고 음의 합을 취한다.

$$\phi_{ENT}(x) = -\sum_y P_\theta(y|x)\log_2 P_\theta(y|x)$$

예측값의 수(레이블)의 로그로 나눠 엔트로피를 0-1 범위로 변환한다.

$$\phi_{ENT}(x) = \frac{-\sum_y P_\theta(y|x)\log_2 P_\theta(y|x)}{\log_2(n)}$$

다음 리스트에서 Python 및 PyTorch 라이브러리를 사용해 엔트로피 점수 비율을 구현했다.

```
def entropy_based(self, prob_dist):
    """
    엔트로피를 적용해 확률분포의 불확실성 점수를 반환한다.

    확률분포는 pytorch tensor로 돼 있다고 가정한다. 예를 들어
      tensor([0.0321, 0.6439, 0.0871, 0.2369])

    키워드 매개변수:
      prob_dist -- 총합이 1.0이 되는 0과 1 사이의 실수로 이뤄진 pytorch tensor
      sorted -- 확률변수가 사전에 내림차순으로 정렬돼 있는지 여부
    """
    log_probs = prob_dist * torch.log2(prob_dist)  ◀─── 각 확률에 기저값이 2인 로그를 곱한다.
    raw_entropy = 0 - torch.sum(log_probs)

    normalized_entropy = raw_entropy / math.log2(prob_dist.numel())

    return normalized_entropy.item()
```

먼저 역사적인 이유로 사용되는 또 다른 임의의 기저값의 log(base=2)에 대해 겁먹지 말라. 엔트로피에 대한 기저값 선택에 따라 불확실성 샘플링 순위는 변경되지 않는다. 소프트맥스와 달리 불확실성 샘플링에 기저값이 다른 엔트로피를 계산해도 데이터 집합 전체의 점수 순위는 변경되지 않는다. 기저값에 따라 엔트로피 점수가 달라지지만, 엔트로피 점수는 모든 확률분포에 대해 단조롭게 변화하므로 불확실성 샘플링의 순위는 변경되지 않는다. 기저값 2는 데이터 스트림을 이진 비트로 압축하는 정보 이론에서 나온 엔트로피이며, 이처럼 역사적인 배경의 이유로 엔트로피에 사용되고 있다. 예제 데이터에 대한 엔트로피를 계산해보겠다.

예측 레이블	자전거	보행자	표지판	동물
P(y|x) aka 소프트맥스	0.0321	0.6439	0.0871	0.2369
log2(P(y|x))	−4.963	−0.635	−3.520	−2.078
P(y|x) log2(P(y|x))	−0.159	−0.409	−0.307	−0.492

숫자를 합산하고 음수를 취하면 다음 값이 반환된다.

$$0 - \text{SUM}(-0.159, -0.409, -0.307, -0.492) = 1.367$$

이를 레이블 수의 로그로 나누면

$$1.367 / \log2(4) = 0.684$$

가 반환된다. $P(y|x) \log(P(y|x))$ 단계는 소프트맥스로 주어진 확률분포와 관련해 단조롭지 않다는 점에 유의하라. "보행자"는 −0.409를 반환하지만 "동물"은 −0.492를 반환한다. 따라서 "동물"은 가장 신뢰도가 높거나 가장 신뢰도가 낮은 예측이 아님에도 불구하고 최종 엔트로피 점수에 가장 큰 기여를 한다.

엔트로피에 의한 불확실성 순위가 매겨진 데이터는 소프트맥스 알고리듬에서 사용되는 기저값에 민감하며, 최소 신뢰도 샘플링 방법과 거의 비슷할 정도로 민감하다. 이유는 직관적이다. 엔트로피가 확률분포 내의 모든 숫자를 명시적으로 사용하므로 이러한 숫자가 더 높은 기저값을 통해 더 멀리 퍼질수록 결과는 더 분산되게 될 것이다.

대략 0.9%의 신뢰도를 제공하는 소프트맥스(기저값=10)가 동일한 데이터에서 불확실성 점수가 0.35보다 훨씬 작은 0.1이 되는 경우를 이전의 예제로 생각해보자. 다른 기저값의 경우 이 점수는 전체 순위를 변경한다. 소프트맥스의 기저값이 클수록 가장 신뢰도가 높은 레이블과 다른 레이블 간의 차이가 커진다.

3.2.5 엔트로피 심층 분석

엔트로피에 대해 자세히 알아보려면, $0.3 * \log(0.3)$ 같이, 각 신뢰도에 자체 로그를 곱한 수식의 내부 부분에 다양한 신뢰도를 넣어봐야 한다. 이 엔트로피 측정의 경우 $P(y|x)$ $\log(P(y|x))$의 예측당 점수는 약 0.3679의 신뢰도에 대해 가장 큰 수(음수)를 반환한다. 소프트맥스에서와 달리 오일러의 수는 $e^{-1} = 0.3679$로 특별하다. 이 결과를 도출하기 위해 사용된 공식은 오일러의 규칙이라고 알려져 있으며, 그 자체로 9세기경에 원만한 숫자amicable numbers를 생성하기 위해 만들어진 타빗 이븐 쿠라 규칙Thâbit ibn Kurrah Rule의 파생이다. 각 예측에 대해 가장 큰 숫자(음수)는 엔트로피에 어떤 기저값을 사용하든 약 0.3679가 되므로 왜 기저값이 중요하지 않은지 알게 해주는 예가 된다.

머신러닝과 신호 처리에서 엔트로피를 접하게 되므로 이 수식은 알아두면 좋다. 다행히도 불확실성 샘플링에 엔트로피를 사용하기 위해 오일러의 규칙이나 타빗 이븐 쿠라 규칙을 도출할 필요는 없다. 0.3679(또는 그 근처에 있는 숫자)가 엔트로피에 가장 많이 기여한다는 직관은 매우 간단하다.

- 확률이 1.0이면 모델은 완전히 예측 가능하고 엔트로피가 없다.
- 확률이 0.0이면 해당 데이터 포인트는 엔트로피에 아무런 기여를 하지 않으므로, 일어나지 않을 일이다.
- 그러므로 예측 1회당 0.0에서 1.0 사이의 어떤 숫자가 엔트로피에 대해서는 최적의 값이다.

그러나 0.3679는 개별 확률에 대해서만 최적이다. 한 레이블에 대해 0.3679를 사용하게 되면 다른 모든 레이블에 대해서는 0.6431만 남게 된다. 따라서 개별 값이 아닌 전체 확률분포에 대한 가장 높은 엔트로피는 항상 각 확률이 동일하고 레이블 수로 나눈 값이 각각 똑같은 경우에 발생한다.

3.3 여러 종류의 모델이 혼동되는 경우의 식별

머신러닝을 위해 신경망 모델을 사용할 가능성이 높지만 신경망 모델에는 다양한 아키텍처가 있으며 그 외에도 유명한 머신러닝 알고리듬이 많다. 거의 모든 머신러닝 라이브러리 또는 서비스는 알고리듬에 대해 어떤 형태의 점수를 반환하며, 이러한 점수를 불확실성 샘플링에 사용할 수 있다. 어떤 경우에는 점수를 직접 사용할 수 있고, 다른 경우에는 소프트맥스처럼 확률분포로 변환해야 한다.

신경망의 예측 모델만 사용하거나 보편적인 머신러닝 라이브러리나 서비스에 대한 기본 설정을 사용하더라도 알고리듬의 전체 범위와 다양한 종류의 머신러닝 모델에서 불확실성이 어떻게 정의되는지 이해하는 것이 좋다. 어떤 것들은 우리가 신경망 모델에서 하는 해석과 많이 다르지만, 반드시 더 좋거나 더 나쁘진 않기 때문에, 다양한 공통 접근법의 강점과 약점을 이해하는 데 도움이 될 것이다. 다양한 유형의 머신러닝 알고리듬에 대한 불확실성을 결정하는 전략은 그림 3.4에 요약돼 있으며, 이 절에서 더 자세히 설명한다.

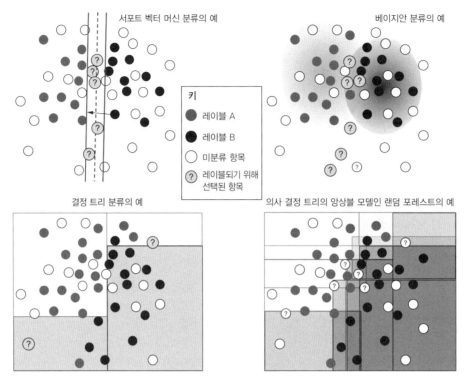

▲ **그림 3.4** 다양한 지도학습 머신러닝 알고리듬의 불확실성 샘플링

좌상단: SVM(Support Vector Machine)의 의사 결정 경계. 신경망 모델과 같은 분별학습기(A Discriminative Learner)는 데이터를 최적으로 나누는 방법을 모색한다. 신경망 분류기와는 달리 SVM은 경계 폭을 최대화하려고 한다. 이것이 SVM이 가능한 여러 중앙선 중 어떤 것이 가장 적합한지 결정하는 방법이며, 가장 넓은 경계를 가진다. 구분선으로부터의 거리(SVM의 경우 초평면(hyperplane))은 중간선이 아닌 구분선의 먼쪽부터다.

우상단: 가상의 베이지안 모델. 이 모델은 각 레이블 간의 경계를 모델링하는 대신 각 레이블의 분포를 모델화하려고 하는 생성형 지도학습 모델(Generative Supervised Learning Model)이다. 레이블당 신뢰도는 해당 레이블일 확률로 직접 사용하면 된다.

좌하단: 의사 결정 트리가 나누는 분할 영역은 한 번에 한 특징씩 데이터를 나누고 재귀적으로 나눠서 제공한다. 신뢰도는 최종 버킷(리프(leaf))에 있는 레이블의 백분율로 정의된다. 예를 들어 좌측 하단 리프에는 레이블 A가 하나이고 레이블 B가 3개 있으므로 해당 리프에서 예측한 값은 레이블 A에 대한 신뢰도 25%, 레이블 B에 대한 신뢰도 75%이다. 의사 결정 트리는 한 항목의 리프로 계속 분할할 수 있는지 정도에 민감하기 때문에 확률을 신뢰할 수 없는 경향이 있다.

우하단: 의사 결정 트리의 앙상블 모델[2]이며, 그중 가장 잘 알려진 변종은 랜덤 포레스트다. 여러 개의 의사 결정 트리가 학습되고, 여러 트리들은 일반적으로 데이터나 특징의 서로 다른 부분 집합에 기반해 학습이 이뤄진다. 레이블에 대한 신뢰도는 항목이 모든 모델에 걸쳐 예측된 횟수 또는 모든 예측에 걸친 평균 신뢰도가 된다.

---

2   여러 모델을 조합해 함께 사용하는 모델 – 옮긴이

3.3.1 로지스틱 회귀 및 MaxEnt 모델을 사용한 불확실성 샘플링

모델 신뢰도를 해석하기 위해 로지스틱 회귀 및 MaxEnt(최대 엔트로피) 모델을 신경망 모델과 동일하게 다룰 수 있다. 로지스틱 회귀 모델, MaxEnt 모델 및 단일층 신경망 모델은 서로 거의 차이가 없다(때로는 동일하다). 따라서 불확실성 샘플링을 신경망 모델과 동일한 방법으로 적용할 수 있다. 소프트맥스 출력을 얻거나 소프트맥스를 적용할 수 있는 점수를 얻을 수 있다. 여기에는 동일한 주의 사항이 적용된다. 로지스틱 회귀 모델이나 MaxEnt 모델은 레이블을 최적으로 구별하려고 하는 것이며 모델의 신뢰도를 정확히 계산하는 것이 주요한 목적은 아니다. 그래서 이러한 방법으로 확률분포를 생성하는 경우 소프트맥스에 대해 여러 기저값/온도로 실험해봐야 한다.

3.3.2 SVM을 사용한 불확실성 샘플링

서포트 벡터 머신SVM, Support Vector Machine은 분별학습Discriminative Learning 유형을 대표하는 기법 중 하나다. 신경망 모델과 마찬가지로 데이터를 최적으로 분할하는 방법을 찾는다. 신경망 분류기와 달리 SVM은 경계 폭을 최대화하고 가능한 여러 분할 중 올바른 분할을 결정하려고 한다. 최적의 경계는 가장 넓은 경계로 정의되며, 더 구체적으로 말하면 레이블과 분할 경계의 먼 쪽 사이의 가장 큰 거리를 최적으로 모델링한다. 그림 3.5에서 SVM의 예를 볼 수 있다. 서포트 벡터 자체는 경계를 정의하는 데이터 포인트다.

SVM은 더 복잡한 분포를 모델링하는 방식에도 차이가 있다. 신경망은 은닉층hidden layer을 사용해 단순 선형 분할보다 더 복잡한 레이블 간의 경계를 찾아낸다. 어떤 함수든 2개의 은닉층이면 충분히 정의할 수 있다. SVM은 거의 동일한 작업을 수행하지만 데이터를 더 높은 차원으로 매핑하기 위해 미리 정의된 함수를 사용한다. 그림 3.5에서 2D 예제 데이터는 해당 함수의 한쪽에서 항목을 올리고 다른 한쪽에서는 항목을 낮춰 3차원으로 투영된다. 데이터를 더 높은 차원으로 투영하면 데이터가 선형으로 분리될 수 있으므로 평면plane으로 두 레이블을 나눈다.

모델이 (신경망 모델 안에서) 가능한 모든 대안 중에서 함수 자체를 찾는 것보다는 (SVM에서와 같이) 함수의 유형을 미리 정의했을 때 모델을 학습하는 것이 훨씬 효율적이다. 그러나 올바른 함수 유형을 미리 정의할 가능성은 낮은 데다가 하드웨어 비용이 낮아지고 성능은 좋아지고 있기 때문에 SVM은 이전의 인기에 비해 오늘날에는 거의 사용하지 않는다.

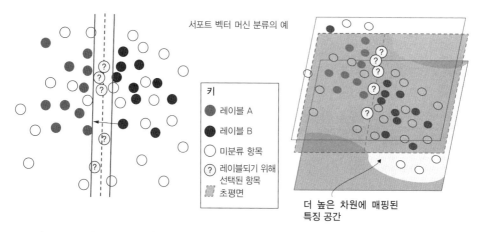

▲ **그림 3.5** SVM은 2D 데이터셋(상단)을 3D(하단)로 투영해 선형 평면이 2개의 레이블셋을 구분한다. 즉, 레이블 A는 평면 위에 있고 레이블 B는 평면 아래에 있다. 샘플링된 항목은 평면으로부터 최소 거리에 있는 것이다. 초기의 주요 능동학습 문헌을 통해 공부하길 원한다면 SVM을 어느 정도 이해할 필요가 있다.

3.3.3 베이지안 모델을 사용한 불확실성 샘플링

베이지안 모델은 생성 지도학습 모델generative supervised learning model이며, 이는 레이블 간의 경계를 모델링하는 대신 각 레이블과 그 샘플의 분포를 모델링하려고 한다는 것을 의미한다. 베이지안 모델의 장점은 다음과 같이 확률을 모델에서 곧바로 읽을 수 있다는 것이다.

$$P_\theta(x|y) = \frac{P_\theta(y|x)P_\theta(x)}{P_\theta(y)}$$

따로 임의 점수를 확률분포로 변환하기 위해 별도의 단계나 특정 활성화 함수가 필요하지 않다. 모델은 항목에 레이블이 있을 확률을 명시적으로 계산한다. 따라서 레이블별 신뢰도는 해당 레이블의 확률을 그대로 읽을 수 있다.

레이블 간의 차이를 모델링하려 하지 않기 때문에 베이지안 모델은 훨씬 더 세밀한 조정 없이는 더 복잡한 의사 결정 경계를 포착하지 못하는 경향이 있다. 나이브 베이즈Naive

Bayes 알고리듬은 특징 간의 선형 관계를 모델링할 수 없고, 복잡한 것들은 그냥 둔다는 점에서 나이브라는 이름을 얻었다만, 새로운 학습 데이터를 거의 즉각적으로 재학습할 수 있다는 점에서 인간 참여형 시스템에서는 매우 매력적인 알고리듬이다.

베이지안 모델은 또한 실제 값들이 정규분포를 이루고 있을 것이라는 데이터 분포에 관한 가정을 하고 있지만, 여러분의 실제 데이터는 이를 따르고 있지 않을 수도 있다. 이러한 가정은 주의하지 않으면 확률이 실제 값으로부터 벗어나게 할 수 있다. 그럼에도 분별 모델discriminative model의 확률보다 나은 경향이 있지만 이 같은 데이터에 대한 가정을 이해하지 않고 있다면 맹목적으로 신뢰할지도 모른다.

따라서 베이지안 모델이 항상 분별 모델과 같은 정확도를 갖진 않지만 일반적으로 더 안정적인 신뢰도 점수를 생성하기 때문에 능동학습에 직접 사용될 수 있다. 예를 들어 신뢰도 점수를 믿을 수 있다면, 해당 점수를 기준으로 샘플링할 수 있다. 즉, 불확실성이 0.9인 항목을 90% 샘플링하고, 불확실성이 0.1인 항목을 10% 샘플링하는 방식이다. 그러나 단순한 레이블링 작업을 넘어 사람들이 능동학습을 위한 베이지안 방법에 대해 이야기한다는 것은 일반적으로 분별 모델을 조합한 앙상블 모델에 의한 예측을 의미한다. 이는 3.4절에서 다루겠다.

3.3.4 의사 결정 트리와 랜덤 포레스트를 사용한 불확실성 샘플링

의사 결정 트리는 데이터를 한 번에 한 특징씩 나눠 최종 버킷(리프)에 한 종류의 레이블만 담길 때까지 반복적으로 데이터를 서브 버킷으로 분할하는 분별학습기Discriminative Learner 이다. 트리는 리프leaf가 궁극적으로 일부 다양한 레이블을 갖고 있도록 하고, 또 모델이 데이터에 과적합overfit되지 않도록 일찍 중지(가지치기)되는 경우가 많다. 그림 3.4는 그 예를 보여준다.

신뢰도는 해당 예측에 대한 리프 내 레이블의 백분율로 정의된다. 예를 들어 그림 3.4의 좌하단 리프에는 1개의 레이블 A와 3개의 레이블 B가 있으므로, 해당 리프에서의 예측은 레이블 A에 대해 25%, 레이블 B에 대해 75%의 신뢰도가 된다.

의사 결정 트리는 리프를 계속 나눠 한 항목만 남을 때까지 나눌 수 있기 때문에 얼마나 많이 나눠지도록 내버려 두느냐에 민감하다. 반대로 깊이가 충분하지 않으면 각 예측에 노이즈가 많이 포함돼 버킷이 커지며, 동일한 버킷에 있는 비교적 먼 학습 항목이 신뢰도에 잘못 기여하게 된다. 따라서 이 모델의 확률은 신뢰할 수 없는 편이다.

이러한 이유로 단일 의사 결정 트리의 신뢰도는 거의 믿을 수 없으며 불확실성 샘플링에는 권장되지 않는다. 나중에 다루게 될 다른 능동학습 전략에 유용할 순 있지만, 의사 결정 트리와 관련된 능동학습에는 여러 트리를 사용해 결과를 결합하는 것을 추천한다.

랜덤 포레스트는 의사 결정 트리를 조합한 가장 유명한 앙상블 모델이다. 머신러닝에서 앙상블은 머신러닝 모델을 조합해 예측하는 것을 의미하며 3.4절에서 더 자세히 다룰 것이다.

랜덤 포레스트의 경우 각각 조금씩 다른 예측값을 얻을 목적으로 서로 다른 의사 결정 트리를 여러 개 학습한다. 각각의 트리는 일반적으로 서로 다른 데이터와 특징을 섞어 추출한 부분 집합으로 학습해 얻을 수 있다. 레이블에 대한 신뢰도는 항목이 모든 모델에 걸쳐 예측된 횟수 또는 모든 예측값에 걸친 평균 신뢰도가 된다.

그림 3.4에서 우하단 다이어그램의 네 가지 의사 결정 트리 조합에서 볼 수 있듯이, 두 레이블 사이의 의사 결정 경계가 여러 예측에 걸쳐 평균을 내면서 점점 더 완만해지기 시작한다. 따라서 랜덤 포레스트는 두 레이블 사이의 경계를 따라 유용한 근사 신뢰도를 만든다. 의사 결정 트리는 학습이 빠르므로 능동학습을 위해 선택한 알고리듬이라면 랜덤 포레스트에서 많은 의사 결정 트리를 학습하지 않을 이유가 없다.

3.4 여러 예측에 대한 불확실성 측정

때로는 여러분의 데이터로 여러 개의 모델을 만들게 될 것이다. 이미 여러 유형의 모델 또는 하이퍼파라미터로 실험하고 있으며, 여기서 오는 여러 예측 결과를 하나의 불확실성 점수로 결합하려고 한다. 아니면 결과의 차이를 확인하기 위해 데이터에 대해 몇 가지 다른 모델을 사용해 실험할 수 있다. 데이터에 여러 모델을 사용하지 않는 경우에도 여러 모델의 예측값 변동을 보면 현재 모델이 얼마나 안정적인지 쉽게 알 수 있다.

3.4.1 앙상블 모델을 사용한 불확실성 샘플링

랜덤 포레스트가 지도학습 알고리듬 유형의 앙상블 모델인 것과 마찬가지로, 여러 종류의 알고리듬을 사용해 불확실성을 결정하고 이들 유형의 집합을 취합할 수 있다. 그림 3.6은 그 예를 보여준다. 각각의 분류기마다 사용되는 통계 유형이 다르기 때문에 직접 호환될 가능성이 낮은 신뢰도 점수가 있다.

여러 분류기를 결합하는 가장 간단한 방법은 각 분류기에 대한 불확실성 점수로 항목의 순위를 매기고 각 항목에 순위를 기준으로 새로운 점수를 부여한 다음 이러한 순위 점수를 하나의 불확실성 종합 순위에 결합하는 것이다.

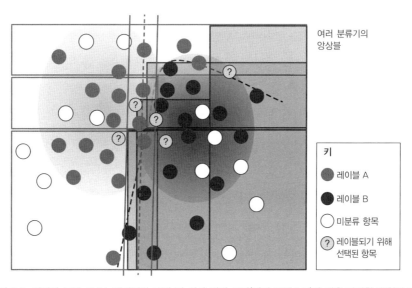

▲ **그림 3.6** 신경망 모델, SVM, 베이지안 모델 및 의사 결정 트리(랜덤 포레스트)와 같은 다양한 유형의 머신러닝 알고리듬의 예측을 결합한 앙상블 모델. 예측값을 다양한 방법(최대, 평균 등)으로 결합해 각 미분류 항목의 결합된 불확실성을 찾을 수 있다.

여러 모델이 어떤 항목의 레이블에 일치하는 정도로 불확실성을 계산할 수도 있다. 불일치의 정도가 가장 큰 항목이 샘플링 대상이다. 예측값의 확률분포를 고려할 수도 있다. 다음과 같은 여러 방법으로 갖가지 모델의 예측을 결합할 수 있다.

- 모든 모델 사이에서 가장 낮은 최대 신뢰도

- 여러 모델 사이에서 최소 신뢰도와 최대 신뢰도의 차이

- 여러 모델 사이에서 최소 신뢰도와 최대 신뢰도 사이의 비율

- 모든 모델의 신뢰도에 대한 엔트로피

- 모든 모델에 대한 평균 신뢰도

처음 네 가지 방법은 단일 예측에서 불확실성 샘플링에 사용한 알고리듬과 동일하지만 여기서는 여러 예측값에 걸쳐 적용한다. 그러므로 여러분이 이러한 방법을 구현하는 것이 어렵진 않을 것이다.

3.4.2 위원회 질의와 드롭아웃

능동학습에서 한 가지 유형의 머신러닝 알고리듬만 사용하는 앙상블 모델은 위원회 질의 Query by Committee라고도 한다. 신경망 모델로 앙상블 접근 방식을 적용하는 것도 가능하다. 한 모델을 여러 번 학습시키고, 이들 각 신경망 모델의 예측값 중 미분류 데이터에 대한 일치도를 살펴보는 방식이다. 모델의 하이퍼 파라미터를 조정하기 위해 여러 번 재학습하고 있다면, 이미 능동학습에 도움이 되는 여러 예측의 장점을 활용하고 있는 것이다.

구축된 모델의 유형의 다양성을 강제하기 위해 항목이나 특징의 여러 부분 집합으로 랜덤 포레스트 방식을 따라서 모델의 재학습을 시도해볼 수도 있다. 이 방식은 한 가지 특징(혹은 소수의 특징)이 최종 불확실성 점수를 지배하는 것을 방지한다.

최근에 인기 있는 신경망 모델 중 한 가지 방법은 드롭아웃을 사용하는 것이다. 모델을 학습할 때 모델이 특정 뉴런에 과적합되지 않도록, 학습하는 동안 뉴런이나 연결자의 무작위 비율을 제거하거나 무시하도록 드롭아웃하는 것은 이미 알고 있을 것이다.

이 드롭아웃 전략을 예측에 적용할 수 있다. 즉, 어떤 항목에 대한 예측값을 여러 번 얻고, 매번 다른 임의로 선택한 뉴런/연결 항목을 드롭아웃한다. 이 접근 방식은 한 항목에 대해 여러 신뢰도를 만들어내며, 이러한 신뢰도를 앙상블 평가 방법을 적용해 적절한 항목을 샘플링할 수 있다(그림 3.7 참조).

능동학습을 위해 신경망 아키텍처를 사용하는 예제를 책 전체에 걸쳐 볼 수 있을 것이다. 다양성 샘플링을 다루는 4장에서는 모델의 활성화 함수를 이용해 아웃라이어를 탐지하는 예제로 시작하며, 이 책의 뒷부분의 다양한 고급 기법도 이와 같이 진행된다.

인간 참여형 머신러닝 방식으로 일하는 것은 흥미진진한 일이다. 최신 아키텍처의 머신러닝 알고리듬으로 작업하고 이들이 인간-컴퓨터 상호작용과 어떤 관계인지 고민해보기 바란다.

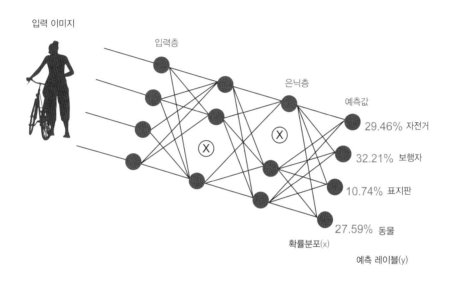

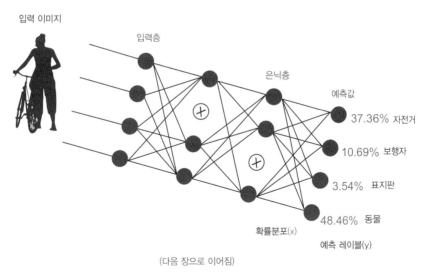

(다음 장으로 이어짐)

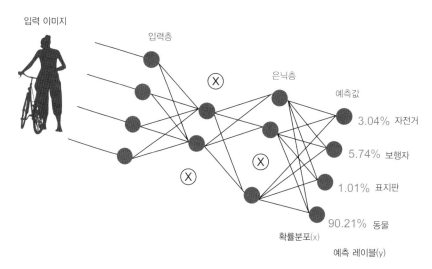

입력 이미지

입력층

은닉층

예측값

3.04% 자전거

5.74% 보행자

1.01% 표지판

90.21% 동물

확률분포(x)

예측 레이블(y)

▲ **그림 3.7** 모델에 드롭아웃을 적용해 단일 항목에 대한 여러 예측값을 얻을 수 있다. 각 예측값에서 임의의 뉴런 셋이 무시돼 각기 다른 신뢰도와 다른 예측 레이블이 생성된다. 그런 다음 불확실성을 모든 예측에 걸친 변이(variation)로 계산할 수 있다. 불일치가 클수록 불확실성이 커진다. 단일 모델에서 여러 예측을 얻는 이 접근 방식을 몬테 카를로 드롭아웃이라고 한다.

3.4.3 우발적 불확실성과 인식적 불확실성의 차이

철학 개념에서 나온 우발적 불확실성Aleatoric Uncertainty과 인식적 불확실성Epistemic Uncertainty 이라는 용어가 철학 문헌을 읽어본 적이 없는 머신러닝 과학자들 사이에서도 널리 퍼져 있다. 일반적으로 머신러닝 문헌에서는 용어는 곧 적용된 방법론을 일컫는다. 인식적 불확실성은 단일 모델 예측 내의 불확실성이고, 우발적 불확실성은 여러 예측[3]에 걸친 불확실성이다(특히 바로 전 내용인 몬테 카를로 드롭아웃). Aleatoric이란 원래 본질적인 무작위성을 의미하고, Epistemic은 지식의 부족을 의미하지만 이러한 정의는 학문적 연구 밖에서는 거의 발생하지 않는, 즉 어노테이션할 새로운 데이터가 없는 미신러닝 상황에서만 의미가 있다.

그러므로 머신러닝 논문을 읽을 때 이 용어들은 연구자들이 불확실성 계산에 사용된 방법을 말하는 것일 뿐, 더 깊은 철학적인 의미를 갖지 않는다고 이해하면 된다. 그림 3.8은

---

3 단일 모델이 아닌 여러 개의 모델에 의한 예측을 의미한다. - 옮긴이

그 차이를 보여준다.

그림 3.8은 여러 개의 예측을 통해 단일 의사 결정 경계로부터의 거리뿐만 아니라 복합적인 의사 결정 경계로부터의 분산 측면에서 불확실성을 예측하는 방법을 보여준다. 신경망 모델의 경우 의사 결정 경계로부터의 거리에 대한 분산은 예측된 레이블의 분산으로 계산할 수 있다. 이는 3.2절에서 다루는 불확실성 샘플링 지표의 분산이나 각 예측에 대한 전체 확률분포의 분산으로 계산할 수 있다.

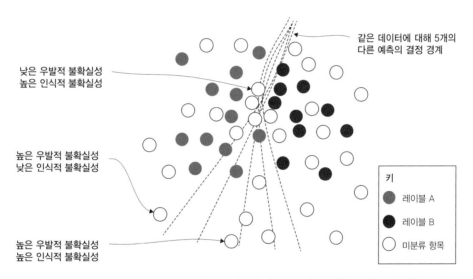

▲ **그림 3.8** 머신러닝 논문에서 가장 널리 사용되는 정의에 따른 우발적 불확실성과 인식적 불확실성의 차이이다. 첫 번째로 표시된 항목은 다섯 가지 예측 모두의 의사 결정 경계 근처에 있으므로 인식적 불확실성이 높지만 의사 결정 경계는 모여 있으므로 우발적 불확실성은 낮다. 두 번째로 표시된 항목은 대부분의 의사 결정 경계에 가깝지 않기 때문에 인식적 불확실성이 낮지만, 의사 결정 경계로부터의 거리는 많은 편차를 가지므로 우발적 불확실성이 높다. 마지막으로 표시된 항목은 평균 결정 경계에 가깝고, 모든 경계 사이의 거리에 큰 편차가 있기 때문에 두 유형 모두 불확실성이 높다.

이 분야는 연구가 활발한 분야이므로 이와 관련된 더 읽을 거리는 3.8절을 참조하라. 우발적 불확실성에 대한 논문은 앙상블이나 드롭아웃의 최적 유형에 초점을 맞추는 경향이 있으며, 인식적 불확실성에 대한 논문은 단일 모델 내에서 좀 더 정확한 확률분포를 얻는 데 초점을 맞추는 경향이 있다.

3.4.4 다중 레이블 및 연속 값 분류

각 항목에 대해 여러 개의 올바른 레이블을 다는 다중 레이블링 작업을 해야 하는 경우, 앙상블과 동일한 집계 방식을 사용해 불확실성을 계산할 수 있다. 각 레이블을 이진 분류기로 간주한다. 그런 다음 불확실성의 평균, 최대 불확실성이나 혹은 3장 앞부분에서 설명한 다양한 집계 기법 중 하나를 선택한다.

각 레이블을 이진 분류기로 다루는 경우 불확실성 샘플링 알고리듬 유형(최소 신뢰도, 신뢰도 마진 등) 간에 차이가 없지만 여러 레이블에 걸쳐 집계하는 방법과 더불어 이 절에서 설명할 앙상블 방법을 시도해볼 수 있다. 예를 들어 데이터에 대해 여러 모델을 학습한 다음 각 항목에 대한 각 레이블의 예측값을 집계할 수 있다. 이 접근 방식은 어떤 항목에 대한 각 레이블의 서로 다른 불확실성 값을 제공하며, 각 항목에 대한 여러 레이블 외에도 레이블당 불확실성을 집계하는 알맞은 방법을 실험해볼 수 있다.

레이블 대신 실수값을 예측하는 회귀 모델과 같은 연속값 작업의 경우 모델이 예측에 대한 신뢰도 점수를 제공하지 않을 수 있다. 이러한 경우 앙상블 방법을 적용하고 분산을 검토해 불확실성을 계산할 수 있다. 사실 몬테 카를로 드롭아웃이 처음 사용된 곳은 새로운 데이터를 레이블링하기 위함이 아니라, 회귀 모델의 불확실성을 추정하기 위해서였다. 이 같은 통제된 환경에서의 인식적 불확실성이란 것이 올바른 용어인지 질문할 수 있겠지만 말이다.

6장에서는 능동학습을 다양한 사례에 적용하는 것을 다루며, 객체 검출^{Object Detection}을 다루는 절에서는 회귀에서의 불확실성에 대해 자세히 설명한다. 10장에는 작업과 관련이 있을 수 있는 연속값 작업에 대한 인간의 정확성을 평가하는 절도 있다. 연속값 작업과 관련된 예측 모델에 대한 자세한 내용은 6장과 10장을 읽어보기 바란다.

3.5 수작업 검토를 위한 적절한 항목 수 선택

불확실성 샘플링은 반복적인 과정이다. 수작업 검토를 위해 일정 수의 항목을 선택하고, 모델을 재학습한 다음 이 절차를 반복한다. 1장에서 언급했듯이 그림 3.9와 같이 다양성을 고려한 샘플링 없이는 불확실성에 대한 샘플링의 잠재적 단점을 가질 수 있음을 상기해야 한다.

여기서 가장 불확실한 항목들은 모두 서로 가까이 있다. 실제 예제에서는 수천 개의 예제가 클러스터링 돼 있을 수 있으므로 모든 항목을 샘플링할 필요는 없다. 항목이 어디에서 샘플링되든 사람이 레이블링하고 모델을 재학습하기 전에는 모델에 미치는 영향을 완전히 확신할 수 없다.

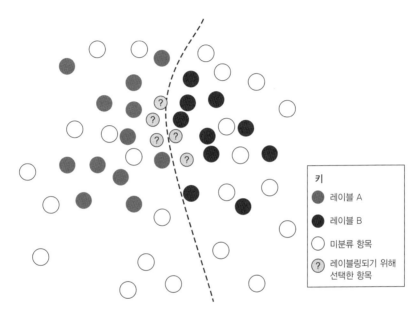

▲ **그림 3.9** 선택된 불확실성 항목은 모두 특징 공간의 동일한 영역에서 왔기 때문에 다양성이 부족하다.

그러나 모델을 재학습하는 데는 오랜 시간이 걸릴 수 있으며, 해당 기간 동안 어노테이터에게 기다려 달라고 요청하는 것은 시간 낭비일 수 있다. 다음과 같은 두 가지 경쟁 요소가 작용하고 있다.

- 표본 크기를 최소화하면 이터레이션마다 각 데이터 포인트로 얻을 수 있는 이점이 가장 크다.
- 표본 크기를 최대화하면 더 많은 항목에 더 빨리 레이블이 지정되고 모델의 재학습 횟수를 줄일 수 있다.

2장에서 살펴본 것처럼 모델의 초기 이터레이션에서는 다양성이 낮았지만 이후 반복에서는 모델이 재학습됨에 따라 이러한 상황이 자체 수정됐다. 최종 결정은 결국 비즈니스 프로세스로 귀결된다. 근래의 자동 번역 작업에서는 모델이 몇 초 안에 재학습돼 번역자가 작업하는 동안 실시간으로 반응하는 것처럼 보이기를 원했다. 반면, 어떤 기업은 1년에 한 번 새로운 데이터를 학습해 적용하는 것으로도 만족하는 것을 목도했다.

3.5.1 제한된 예산에서의 불확실성 샘플링

레이블링 예산이 정해져 있다면 가능한 한 많은 이터레이션을 돌아야 한다. 가능한 반복 횟수는 어노테이터에게 레이블당(일반적인 크라우드소스 작업에 해당) 또는 시간당(전문가 작업에 해당) 얼마나 보상하는지에 따라 달라진다.

레이블당 예산이 산정되는 경우, 레이블링 작업 사이의 시간의 길이에 관계없이 레이블당 고정 가격을 지불하는 것이므로 가능한 한 최대 이터레이션 횟수에 맞게 최적화하는 것이 최선이다. 사람들은 모델이 학습하는 동안 기다리는 것에 지루해하는 경향이 있다. 모델을 재학습시키는 데 며칠 이상이 걸리는 경우, 어떤 사람들은 최대 열 번 정도의 이터레이션을 계획하고 그에 맞게 수행하기도 했다. 열 번을 선택한 특별한 이유는 없고, 정확도의 변화를 모니터링하는 직관적인 이터레이션 횟수일 것이다.

시간당 예산이 산정되는 경우, 즉 하루에 설정된 시간만큼 레이블링하는 일련의 작업자 수를 설정한 경우에는 레이블을 지정할 수 있는 데이터를 항상 보유하도록 최적화하는 것이 가장 좋다. 어노테이터가 불확실성에 의해 미분류 항목의 순위를 순차적으로 작업하도록 하고, 새로운 모델이 준비될 때마다 오래된 불확실성 항목을 새로운 항목으로 대체하면서 일정한 간격으로 모델을 재학습한다. 불확실성 샘플링을 사용하는 경우, 문제 공간 내 특정한 부분에서의 과대 샘플링을 피하려면 모델을 정기적으로 교체해야 한다. 실질적으로 사람들이 당신을 위해 데이터에 레이블을 달기 위해 온종일 일하고 있다면, 당신은 그들에게 이 책에서 나온 여러 가지 능동학습 샘플링 전략을 구현하고 그 모든 전략에서 샘플링을 수행함으로써 그들이 가능한 한 가장 큰 가치를 기여하고 있다고 느끼도록 해야 할 의무가 있다. 또한 알고리듬 하나만 구현할 때 발생할 수 있는 편견을 주입할 가능성이 낮기 때문에 인간과 기계 모두 승리를 거둘 수 있다. 7장에서는 다양한 유형의 어노테이터를 위한 전략을 살펴보겠다.

3.5.2 제한된 시간에서의 불확실성 샘플링

시간이 제한돼 있고 업데이트된 모델을 신속하게 출시해야 하는 경우 2장에서와 같이 최대한 신속하게 모델을 재학습할 수 있는 전략을 고려해야 한다. 가장 빠른 방법은 간단한 모델을 사용하는 것이다. 층이 1개 또는 2개뿐인 모델(또는 나이브 베이즈 모델)은 놀라울 정도로 빠르게 재학습돼 빠르게 이터레이션을 반복할 수 있다. 또한 더 단순한 모델의 불확실성 샘플링이 더 복잡한 모델의 샘플링만큼 효과적일 수 있다는 몇 가지 증거가 있다. 우리는 가장 정확한 것이 아니라 가장 혼란스러운 것을 찾고 있다는 것을 기억하라. 단순한 모델도 더 복잡한 모델과 동일한 항목에 대해 가장 혼란스러워하며, 두 모델 모두 동일한 항목을 샘플링하게 된다.

더 나은 방법은 아주 큰 모델의 마지막 층만 재학습하는 것이다. 전체 모델을 재학습하는 것보다 새 데이터로 마지막 층만 재학습하면 모델을 빠르게 재학습할 수 있다. 이 프로세스에는 몇 주가 아니라 몇 초만 걸릴 수 있다. 재학습된 모델이 반드시 정확한 것은 아니지만 근접한 모델일 가능성이 있다. 단순한 모델을 선택하는 것과 마찬가지로, 더 불확실한 것을 찾는 것이 목표라면 정확성을 조금 손해보는 것은 큰 문제가 안 될 것이다. 더 빠른 이터레이션 주기는 전체 모델을 재학습하기 위해 오랜 시간을 기다려 더 적은 이터레이션을 수행한 경우보다 더 정확한 모델을 얻어내는 것을 가능케 할 수도 있다.

고급 기법 중 하나는 두 가지 장점을 모두 활용하는 것이다. 즉, 전체 모델에서 재학습에 가장 중요한 매개변수를 찾아 그것만 재학습하는 방법을 사용하는 것이다. 이 접근 방식을 사용하면 전체 모델을 재학습하는 것과 동일한 정확도를 얻으면서 시간을 절약할 수 있다.

구현하기 쉬운 또 다른 고급 기법은 두 가지 모델을 동시에 사용하는 것인데, 첫 번째 모델은 모든 새로운 학습 데이터로 즉시 업데이트하는 점진적 모델이며, 두 번째 모델은 처음부터 다시 정기적으로 학습하는 모델이다. 12장의 구현 예제 중 하나는 이 아키텍처를 적용한다.

3.5.3 시간이나 예산이 제한되지 않은 경우 언제 중지할까?

모델이 더 이상 정확해지지 않는다면 운이 좋은 것이다! 그렇다면 이제 중지해야 한다. 불확실성 샘플링을 위해 많은 전략을 시도했지만 특정 정확도에 도달한 후에도 더 이상 이득을 얻지 못하는 것은 중지하기 좋은 신호로써, 정확도 목표를 달성하지 못한 경우 중지하고 다른 능동학습이나 알고리듬 전략을 생각해볼 수 있다.

궁극적으로는 데이터를 더 레이블링할수록 얻는 것이 적어짐을 알게 될 것이다. 어떤 전략에서든 데이터를 추가할수록 학습 속도가 저하된다.[4] 레이블당 지불해야 할 요금이 상승하지 않는다 하더라도 레이블당 얻고 있는 정확도와 그에 따른 비용에 대한 편익 분석을 실행할 수 있어야 한다.

3.6 능동학습의 성공 여부 평가

언제나 임의 선택으로 보관 테스트셋held-out test set에 대한 불확실성 샘플링을 평가한다. 각 이터레이션 후에 학습 데이터에서 테스트 데이터를 랜덤하게 선택하면 실제 정확도가 얼마인지 알 수 없게 된다. 실제보다 더 낮은 정확도를 보일 가능성이 높다. 분류하기 어려운 항목을 선택하는 것으로 인해, 본질적으로 모호한 항목을 과도하게 샘플링할 수 있다. 본질적으로 모호한 항목에 대해 테스트를 많이 하는 경우에 오류가 발생할 가능성이 높다(2장에서 이 주제를 다뤘으므로 반복해 설명하진 않겠다). 그러므로 불확실성 샘플링을 사용하는 것 외에도 랜덤 샘플링을 잊어버리는 함정에 빠지지 말라. 모델이 개선되고 있는지 여부를 알 수 없게 된다!

3.6.1 새로운 테스트 데이터가 필요할까?

이미 테스트 데이터를 한쪽에 확보했고, 미분류 데이터가 학습 데이터와 거의 동일한 분포에서 가져온 데이터인 경우에는 별도의 추가 테스트 데이터가 필요하지 않다. 동일한 데이터에 대해 계속 테스트해도 된다.

---

4 모델 성능이 줄어드는 것이 아니라 성능의 개선이 느려지는 것을 의미한다. – 옮긴이

테스트 데이터가 원래 학습 데이터와 다른 분포를 갖고 있거나 확실하지 않은 경우 미분류 항목에서 추가 레이블을 임의로 선택해 테스트셋에 추가 수집하거나, 두 번째 테스트셋을 별도로 생성해야 한다.

> **|팁|** 불확실성 샘플링의 첫 이터레이션 전에 새 테스트셋을 만든다.

불확실성 샘플링을 통해 풀pool에서 미분류된 일부 항목을 제거하면 해당 풀 내에서 더 이상 임의 선택은 무의미하게 된다. 이 풀은 이제 신뢰할 수 있는 예측 항목으로 편향됐고, 그러므로 이 풀에서 임의 선택해 테스트셋으로 사용할 경우 정확도가 너무 높게 나올 수 있다.

모든 이터레이션을 진행하면서도 테스트셋을 별도로 유지하고, 그 항목들이 샘플링 전략의 일부가 되지 않도록 한다. 만약 여러 번의 이터레이션 동안 이렇게 하지 않고, 불확실성 샘플링으로 선택한 항목이 랜덤 샘플링 결과에 포함됐다면, 첫 번째 이터레이션으로 돌아가야 한다. 불확실성 샘플링 전략 중간에 학습에 사용되고, 선택에 기여했기 때문에, 이러한 테스트 항목을 앞으로 진행될 학습 데이터에서 간단하게 제거하는 것은 어렵다.

랜덤 샘플링을 기준선으로 두고 불확실성 샘플링 기법이 얼마나 잘 수행되는지 확인하는 것도 좋은 아이디어다. 랜덤 샘플링보다 정확하지 않다면 전략을 다시 고려해야 한다! 통계적으로 유의미하게 비교가 될 수 있는 랜덤으로 선택한 항목을 선정한다. 대개 수백 개 정도의 항목이면 충분하다. 전체 모델에 대한 평가 데이터와 달리 각 단계마다 레이블될 항목이 주어진 상태에서 샘플링 전략을 비교하기 때문에, 다음 이터레이션에서는 이러한 항목을 학습 데이터에 추가할 수 있다.

마지막으로 불확실성 샘플링에서 선택한 항목과 함께 랜덤 샘플된 항목도 포함하는 것도 좋다. 4장에서 언급한 다양성 샘플링 방법을 구현하지 않을 경우, 랜덤 샘플링은 가장 기본적인 다양성 샘플링의 형태가 될 수 있으며 모든 데이터 포인트마다 사람이 검토할 수 있는 기회를 보장한다.

3.6.2 새로운 검증 데이터가 필요할까?

또한 각 이터레이션마다 최대 4개의 검증셋을 고려해야 하며, 다음에서 데이터를 추출해야 한다.

- 테스트셋과 동일한 분포
- 각 이터레이션에서 남은 미분류 항목
- 각 이터레이션에서 새로 샘플링된 항목과 동일한 분포
- 각 이터레이션의 총 학습셋과 동일한 분포

데이터를 추가할 때마다 모델의 파라미터를 튜닝하는 경우, 검증셋$^{validation\ set}$을 사용해 정확도를 평가한다. 그렇지 않고 테스트셋에서 모델을 튜닝하는 경우 모델이 실제로 일반화됐는지 아니면 단순히 해당 특정 평가 데이터에 적합한 파라미터셋을 발견했는지 알수 없다.

검증셋을 사용하면 테스트셋을 확인하지 않고 모델의 정확도를 조정^{tune}할 수 있다. 일반적으로 처음부터 검증셋을 확보한다. 테스트셋과 마찬가지로 미분류 항목이 초기 학습데이터와 동일한 분포에서 왔다고 여겨지는 경우 업데이트 또는 교체할 필요가 없다. 그렇지 않으면 테스트 데이터와 마찬가지로 불확실성 샘플링의 첫 번째 이터레이션 전에 검증 데이터를 업데이트해야 한다.

두 번째 검증셋을 사용해 각 이터레이션 내에서 능동학습 전략이 얼마나 잘 수행되는지 테스트해보는 것이 좋다. 능동학습 이터레이션을 시작하면 나머지 미분류 항목은 더 이상 랜덤 샘플이 아니므로 기존 테스트셋이나 검증셋과 동일한 분포가 아닐 것이다. 이 데이터셋은 각 이터레이션의 기준선으로 활용된다. 불확실성 샘플링이 여전히 나머지 항목에서 무작위로 추출하는 것보다 더 나은 결과를 제공할까? 이 데이터셋은 한 번의 이터레이션에만 유용하므로 각 이터레이션이 끝날 때 이러한 항목을 학습 데이터에 추가하는 것이 좋다. 이러한 레이블은 수작업 레이블과 마찬가지로 폐기되지 않는다.

각 이터레이션에서 생성된 수작업 레이블의 정확도를 평가하려면 새로 샘플링한 데이터와 동일한 분포에서 추출된 세 번째 검증 데이터셋으로 이 작업을 수행해야 한다. 새로

샘플링한 데이터는 본질적으로 수작업 레이블링하기 쉽거나 어려울 수 있어서, 동일한 분포에 기반해 사람의 정확도를 평가해야 한다.

마지막으로, 각 이터레이션 시 학습 데이터에서 랜덤으로 추출한 네 번째 검증셋을 고려해야 한다. 이 검증 데이터를 사용해 모델이 학습 데이터에 과적합되지 않았는지 확인할 수 있으며 많은 머신러닝 라이브러리가 이러한 작업을 기본적으로 수행한다. 검증 데이터와 학습 데이터가 동일한 분포에서 추출되지 않은 경우에는 과적합 정도를 추정하기 어렵기 때문에, 과적합을 확인하기 위해 별도의 검증셋을 사용하는 것이 좋다.

단점은 최대 4개의 검증 데이터셋에 대한 수작업 레이블 작업 비용이다. 경험에 의하면 업계에서는 잘못된 검증 데이터셋을 사용하는 사람이 더 많고, 일반적으로 모든 사례에서 하나의 검증셋을 사용한다. 가장 일반적인 이유는 사람들이 더 빨리 그 모델을 더 정확하게 만들기 위해 가능한 한 많이 레이블된 항목을 학습 데이터에 넣기 원하기 때문이다. 물론 이것이 능동학습의 목표이기도 하지만 올바른 검증 데이터가 없으면 더 큰 정확성을 얻기 위해 어떤 전략적 방향을 취해야 할지 알 수 없게 된다.

3.7 불확실성 샘플링 치트시트

이 책의 예제 데이터는 2개의 레이블만 있다. 불확실성 샘플링 알고리듬은 2개의 레이블이 있는 동일한 샘플을 반환한다. 그림 3.10은 레이블이 3개 있을 때 서로 다른 알고리듬에 대한 대상 영역의 예를 보여준다. 이 그림은 신뢰도 마진과 신뢰도 비율 알고리듬이 두 레이블쌍 사이의 혼동되는 항목을 샘플링한다는 것으로 보여주는데, 이는 두 알고리듬이 가장 가능성 높은 레이블 2개만을 목표로 한다는 사실을 반영한다. 반대로 엔트로피는 모든 레이블의 혼동을 최대화하며, 이 때문에 가장 높은 집중도가 세 레이블 사이에 있게 된다.

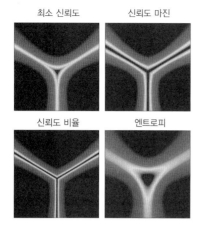

◀ **그림 3.10** 세 가지 레이블 문제에서 네 가지 주요 불확실성 샘플링 알고리듬이 샘플링하는 영역의 히트맵(heat map)이다. 이 예에서 각 점은 다른 레이블을 가진 항목이며 각 픽셀의 온도색은 불확실성이다. 가장 뜨거운(가장 불확실한) 픽셀은 가장 밝은 픽셀이다(컬러로 볼 경우 빨간색 픽셀).

좌상단은 최소 신뢰도 샘플링, 우상단은 신뢰도 마진 샘플링, 좌하단은 신뢰도 비율 샘플링, 우하단은 엔트로피 기반 샘플링이다. 주목할 부분은 신뢰도 마진과 비율은 두 레이블 사이에서만 혼동되고, 엔트로피는 모든 레이블 간의 혼동을 최대화한다는 것이다.

더 많은 레이블이 있을수록 각 샘플링 기법 사이에 더 극명한 차이가 있음을 주목하기 바란다. 그림 3.11은 각 구성을 비교해 이 기법 간의 차이를 강조하고 있다.

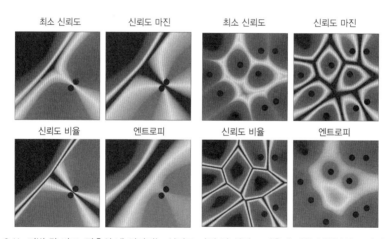

▲ **그림 3.11** 기법 간 비교. 좌측의 네 이미지는 신뢰도 마진 및 신뢰도 비율에 대한 불확실성 공간의 많은 부분이 두 레이블 사이에 있음을 보여 주며, 이 공간은 세 번째 레이블과는 모호하지 않기 때문에 엔트로피에 의해서는 완전히 무시된다. 우측의 네 이미지는 특히 더 복잡한 작업에서 여러 불확실성 샘플링 알고리듬에 의해 샘플링되는 항목이 다르다는 것을 보여준다.[5]

5   애드리안 칼마(Adrian Calma)에게, 차이점을 강조하기 위한 좋은 방법으로 좌측 이미지를 제안해줘서 감사하다.

| **팁** | 그림 3.10과 그림 3.11의 인터랙티브 버전은 다음 링크(http://robertmunro.com/uncertainty_sampling_example.html)에서 볼 수 있다. 인터랙티브 예제의 소스 코드는 JavaScript로 불확실성 샘플링 알고리듬이 구현돼 있다. 하지만 3장과 관련된 코드 저장소에 Python과 Numpy로 된 예제도 준비돼 있다.

그림 3.12에는 3장에서 구현한 네 가지 불확실성 샘플링 알고리듬이 요약돼 있다.

불확실성 샘플링 치트시트

지도학습 머신러닝 모델이 예측을 할 때 대체로 해당 예측값에 대한 신뢰도 값을 준다. 모델이 불확실할 경우(낮은 신뢰도), 사람의 피드백이 도움될 것이다. 모델이 불확실할 때 사람이 피드백을 주는 것은 불확실성 샘플링이라고 알려진 능동학습의 한 유형이다.

이 치트시트에는 예제, 수식 및 Python 코드를 사용해 불확실성을 계산하는 네 가지 일반적인 방법이 있다.

예측값은 확률분포(x)다. 즉, 모든 예측이 0과 1 사이에 있고 예측을 모두 합하면 1이라는 의미다. y^*_1은 가장 신뢰도가 높고 y^*_2는 두 번째로 신뢰도가 높으며, 이런 식으로 n번째 예측 레이블까지 있다.

이 예는 PyTorch tensor로 표현할 수 있다.

```
prob = torch.tensor ([0.0321, 0.6439, 0.0871, 0.2369]).
```

최소 신뢰도: 가장 신뢰도가 높은 예측과 100% 신뢰도의 차

$$\frac{n\,(1 - P_\theta(y^*_1 \mid x))}{n - 1}$$

```
most_conf = torch.max(prob)
num_labels = prob.numel ()
numerator = (num_labels * (1 - most_conf))
denominator = (num_labels - 1)

least_conf = numerator/denominator
```

신뢰도 마진: 가장 신뢰도가 높은 두 예측 간의 차

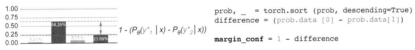

$$1 - (P_\theta(y^*_1 \mid x) - P_\theta(y^*_2 \mid x))$$

```
prob, _  = torch.sort (prob, descending=True)
difference = (prob.data [0] - prob.data[1])

margin_conf = 1 - difference
```

신뢰도 비율: 가장 신뢰도가 높은 두 예측 사이의 비율

$$\frac{P_\theta(y^*_2 \mid x)}{P_\theta(y^*_1 \mid x)}$$

```
prob, _  = torch.sort (prob, descending=True)

ratio_conf = (prob.data [1] / prob.data [0])
```

엔트로피: 정보 이론에서 정의하는 모든 예측 간의 차

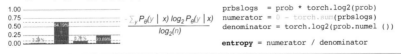

$$\frac{-\sum_y P_\theta(y \mid x)\, log_2\, P_\theta(y \mid x)}{log_2(n)}$$

```
prbslogs  = prob * torch.log2(prob)
numerator = 0 - torch.sum(prbslogs)
denominator = torch.log2(prob.numel ())

entropy = numerator / denominator
```

로버트 (먼로) 모나크. 「Human-in-the-Loop Machine Learning」, 매닝출판사(http://bitly/huml_book). 각 방법에 대한 더 자세한 내용과 시퀀스 모델 및 시맨틱 분할과 같은 보다 정교한 문제, 다양성 샘플링과 같은 다른 샘플링 전략은 이 책을 참조하라. robertmunro.com l @WWRob

▲ **그림 3.12** 불확실성 샘플링 치트시트

3.8 더 읽을 거리

불확실성 샘플링은 오래전부터 존재해왔고, 관련된 좋은 문헌이 많이 작성됐다. 불확실성 샘플링에 대한 최신 연구는 자주 인용되는 최신 논문을 찾아보라.

대부분의 논문이 [0,1] 범위로 점수를 정규화하지 않는다. 실제 상황에 맞게 모델을 배포하려면 출력을 정규화하는 것을 매우 권장한다. 출력의 정규화가 정확도를 변경하지 않으면서도 부분 검사^{spot check}를 더 쉽게 해주며, 다운스트림 처리의 문제를 방지할 수 있다. 특히 이후 장에서 학습할 고급 기법에 대해서는 더욱 그렇다.

3.8.1 최소 신뢰도 샘플링에 대한 더 읽을 거리

최소한의 신뢰도에 대한 좋은 초기 논문은 에런 쿨로타^{Aron Culotta}와 앤드류 맥컬럼^{Andrew McCallum}의 「구조화된 예측 작업을 위한 레이블링 수고 덜어내기^{Reducing labeling effort for structured prediction tasks}」(http://mng.bz/opYj)이다.

3.8.2 신뢰도 마진 샘플링에 대한 더 읽을 거리

신뢰도에 대한 좋은 초기 논문은 토비아스 셰퍼^{Tobias Scheffer}, 크리스티안 데코맹^{Christian Decomain} 및 스테판 그로벨^{Stefan Wrobel}의 「정보 추출을 위한 능동적 히든 마코브 모델^{Active Hidden Markov Models for Information Extraction}」(http://mng.bz/nMO8)이다.

3.8.3 신뢰도 비율 샘플링에 대한 더 읽을 거리

능동학습에 대한 주제로 수업을 가르쳤지만 내가 아는 한 신뢰도 비율에 대한 논문은 없다. 이 책에서 제시된 비율과 소프트맥스 기저값/온도 사이의 관계는 새로운 것이다. 신뢰도 비율은 신뢰도 마진과 유사하므로, 가장 신뢰도가 높은 두 예측 사이의 관계를 살펴본다는 점에서 신뢰도 마진 문헌이 대부분 관련이 있을 것이다.

3.8.4 엔트로피 기반 샘플링을 위한 더 읽을 거리

엔트로피 기반 샘플링에 대한 좋은 초기 논문은 이도 다간Ido Dagan과 션 P. 엥겔슨Sean P. Engelson의 「확률적 분류기의 학습을 위한 위원회 기반 샘플링Committee-Based Sampling For Training Probabilistic Classifiers」(http://mng.bz/vzWq)이다.

3.8.5 다른 머신러닝 모델에 대한 더 읽을 거리

불확실성 샘플링을 위한 기초 논문은 데이비드 D. 루이스David D. Lewis와 윌리엄 A. 게일 William A. Gale의 「텍스트 분류기 학습을 위한 시퀀셜 알고리듬A Sequential Algorithm for Training Text Classifiers」(http://mng.bz/4ZQg)이다. 이 문서에서는 베이지안 분류기를 사용한다. 그 후 10년 동안 많이 인용된 텍스트를 살펴보면 SVM과 선형 모델이 일반적임을 알 수 있다. 3장에서 언급했지만 나는 의사 결정 트리를 사용해 불확실성 샘플링을 구현해보는 것은 권장하지 않는다.

3.8.6 앙상블 기반의 불확실성 샘플링을 위한 더 읽을 거리

다간Dagan과 엥겔슨Engelson의 논문(3.8.4절)은 여러 분류기 사례(위원회 질의)를 다루고 있으므로 앙상블 모델에 관한 좋은 출발점이 된다. 더 나은 불확실성 측정을 위한 드롭아웃과 베이지안 접근법을 포함해, 신경망 모델에 초점을 맞춘 최근의 연구에 대해서는 재커리 C. 립튼Zachary C. Lipton과 아디타 시단트Aditya Siddhant의 「자연어 처리를 위한 딥 베이지안 능동학습: 대규모 경험적 연구의 결과Deep Bayesian Active Learning for Natural Language Processing: Results of a Large-Scale Empirical Study」(http://mng.bz/Qmae)가 좋은 시작점이 될 것이다.

몬테 카를로 드롭아웃과 베이지안 (딥) 능동학습이라는 무작위 드롭아웃을 학술 문헌에서 보게 될 것이다. 이름과 상관없이 여전히 예측 중에 무시할 만한 뉴런과 연결부를 무작위로 선택한다는 전략이다. 몬테 카를로라는 용어는 이 용어를 발명한 물리학자에 의해 만들어진 일종의 농담이었다. 베이지안이라는 용어는 변이를 힐끗 보면 실제 베이지안 분류기가 아니라 가우스 분포처럼 보인다는 사실에서 유래했다. 용어를 이해하는 긍정적인 측면에서 모델을 통한 예측 중에 모델에 추가 매개변수를 하나 전달하기만 하면 베이지안 딥 능동학습을 위한 몬테 카를로 드롭아웃을 구현했다고 친구들에게 말함으로써 깊은 인상을 줄 수 있다.

요약

- 불확실성 샘플링에는 최소 신뢰도, 신뢰도 마진, 신뢰도 비율 및 엔트로피의 네 가지 일반적인 알고리듬이 사용된다. 이러한 알고리듬은 모델에서 "무얼 모르는지 알고 있는 것"의 유형을 이해하는 데 도움이 된다.

- 각 유형의 불확실성 샘플링 알고리듬에서 서로 다른 샘플을 얻을 수 있다. 어떻게 동작하는지 이해한다면 모델의 불확실성을 측정하는 가장 좋은 방법을 결정하는 데 도움이 된다.

- 신경망 모델, 베이지안 모델, SVM 및 의사 결정 트리를 포함한 여러 유형의 머신러닝 알고리듬은 서로 다른 점수를 출력한다. 각 점수를 이해하면 불확실성을 해석하는 데 도움이 된다.

- 앙상블 기법과 드롭아웃을 사용해 동일한 항목에 대해 여러 예측값을 만들 수 있다. 여러 모델의 예측값 간 분산을 확인해 불확실성을 계산할 수 있다.

- 각 능동학습 사이클 내에서 더 많은 어노테이션을 얻는 것과 더 많은 사이클 내에서 더 적은 어노테이션을 얻는 것 사이에는 각각의 장단점이 있다. 각각의 장단점을 이해하면 불확실성 샘플링을 사용할 때 각 사이클의 올바른 개수와 크기를 선택할 수 있다.

- 시스템의 여러 부분을 평가하기 위해 다양한 유형의 검증 데이터를 생성하는 것이 좋다. 여러 유형의 검증 데이터를 이해하면 각 구성 요소를 조정할 올바른 검증 데이터를 선택할 수 있다.

- 올바른 테스트 프레임워크를 사용하면 시스템의 정확성을 계산해 성능 개선의 정도를 정확하게 측정하고 의도치 않게 데이터가 편향되지 않도록 보장할 수 있다.

4

다양성 샘플링

4장에서는 다음의 주제를 다룬다.

- 아웃라이어 검출을 통해 여러분의 현재 모델이 '알지 못하는' 데이터 샘플링하기
- 어노테이션을 시작하기에 앞서 클러스터링을 통해 다양한 데이터 샘플링하기
- 모델이 배포된 상황과 가장 흡사한 데이터를 목표로 대표 샘플링하기
- 계층화 샘플링과 능동학습을 통해 실세계 다양성 향상시키기
- 여러 유형의 머신러닝 아키텍처로 다양성 샘플링하기
- 다양성 샘플링의 성공 여부 평가하기

3장에서는 모델이 어디에서 불확실한지 식별하는 방법을 살펴봤다. 이른바 모델이 "무엇을 모르는지 알고 있는 상태"에 대해 다뤘다. 4장에서는 모델이 놓치고 있는 것을 식별하는 법에 대해 살펴볼 예정이다. 이는 "모델이 무엇을 모르는지 모르는 상태" 또는 "무지에 대한 무지"로 표현할 수 있다. 때로는 모델이 알아야 할 목표가 지속적으로 변화하고 있기 때문에, 이 문제는 생각보다 상당히 어려운 문제다. 변화하는 환경에 대응해 매일 새로운 단어, 사물, 행동을 배우는 사람처럼, 대부분의 머신러닝 알고리듬도 변화하는 환경에 놓여 있다.

예를 들어 인간의 언어를 분류하거나 처리하기 위해 머신러닝을 사용하는 경우, 일반적으로 정체돼 있거나 역사의 한 시점의 언어만 이해하기보다는 새로운 단어와 의미에 적

응하는 애플리케이션을 기대할 것이다. 뒤에 이어지는 장에서 다양한 유형의 머신러닝 문제에 대한 다양성 샘플링의 가치를 보여주기 위해 음성 인식과 컴퓨터 비전의 사례를 소개할 것이다.

가능한 한 많은 사용자에 대해 잘 동작하는 음성 비서 시스템을 구축하는 업무를 상상해 보자. 여러분의 회사의 리더는 머신러닝 알고리듬이 사람 한명의 지식보다 훨씬 더 많은 지식을 갖고 있을 것이라고 기대할 것이다. 일반적인 영어 원어민은 200,000개 정도의 단어 중에서 약 20% 정도에 해당하는 40,000개 정도의 단어를 알고 있다. 그러나 여러분의 모델은 거의 100%의 범위를 커버해야 한다. 여러분은 상당수의 레이블되지 않은 음성 데이터(레코딩)을 갖고 있으며, 일부는 사람들이 거의 사용하지 않는 단어일 수도 있다. 만약 임의대로 음성 데이터를 샘플링한다면, 그런 희귀한 단어들을 놓치게 될 것이다. 그래서 가능한 한 다양한 단어을 많이 포함한 학습 데이터를 얻을 수 있도록 구체적으로 시도해봐야 한다. 또한 음성 비서에게 말할 때는 어떤 단어들을 가장 공통적으로 사용하는지 이해하고, 그 단어들을 더 많이 샘플링하는 것이 바람직할 것이다.

그리고 인구통계학적 다양성에 대해서도 고민해봐야 한다. 음성 데이터에서 특정한 성별과 일부 지역의 사람들이 절대 다수를 차지하는 경우, 이를 학습한 모델은 그 성별과 몇몇의 억양에 대해서만 더 정확히 동작할 가능성이 높다. 그렇기 때문에 전체 인구에 대해서 모델이 동등하게 정확하도록 가급적 다양한 인구 분포에 따라 고르게 샘플링하는 것이 바람직하다.

마지막으로 수많은 비영어권 사람들도 음성 비서를 갖기를 원하지만 비영어권 데이터는 매우 조금만 보유하고 있을 수도 있다. 이런 경우 다양성 측면에서 한계를 인식하고 솔직해질 필요가 있다.

이런 문제는 불확실성 샘플링처럼 단순히 모델이 헷갈려 하는 때를 안다고 해서 해결될 문제가 아니다. 그러므로 다양성 샘플링을 위한 해결법은 불확실성 샘플링을 위한 알고리듬보다는 더 다양한 알고리듬이 사용된다.

4.1 무엇을 모르는지 알아내기: 모델의 지식 속 틈을 찾아내기

4장에서는 다양성 샘플링에 관한 네 가지 접근법을 살펴볼 것이다.

- **모델 기반의 아웃라이어 샘플링**: 현재 상태에서 모델이 어떤 항목을 모르는지 결정하는 방법. 앞서 언급한 음성 비서 예시에서 모델 기반의 아웃라이어 샘플링을 사용하면 음성 비서가 이전에 마주치지 못했던 (즉, 학습하지 않았던) 단어를 식별하는데 도움이 된다.
- **클러스터 기반의 샘플링**: 레이블링할 다양한 항목을 찾기 위해 모델과는 독립적이면서 통계적인 방법을 사용하는 것. 앞선 예시에서 클러스터 기반 샘플링은 자연스러운 데이터의 트렌드를 식별하는 데 도움이 되며, 이로 인해서 희귀하지만 의미 있는 트렌드를 놓치지 않을 수 있다.
- **대표 샘플링**: 학습 데이터와 비교해 목표 도메인과 가장 흡사해 보이는 미분류 항목 샘플 찾기. 앞선 예제에서 사람들이 음성 비서에게 대체로 음악을 요청한다고 상상해보자. 이런 경우에는 음악 요청을 하는 예제들이 대표 샘플링의 목표가 된다.
- **실세계 다양성을 위한 샘플링**: 실세계에 존재하는 편향을 줄이기 위해 학습 데이터에 다양한 범위의 실세계 속성 확보하기. 우리 예제에서는 이 접근법을 통해 가급적 다양한 억양, 나이대, 성별을 포괄하는 레코딩을 포함하게 된다.

이 책의 도입부에서 본 것과 같이 불확실성 샘플링이라는 표현은 능동학습에서는 널리 사용되는 데 반해, 다양성 샘플링은 분야마다 다르게 불리며 어떤 경우에는 일부의 문제만을 다루는 것을 가리키기도 한다. 다양성 샘플링은 종종 계층화 샘플링, 대표 샘플링, 아웃라이어 검출이나 이상 탐지와 같은 이름으로 부르기도 한다. 오랫동안 다양성 샘플링을 위한 알고리듬은 다른 분야에서 가져오는 경우가 빈번했다. 예를 들면 이상 탐지는 천문학 데이터베이스에서 새로운 현상을 식별하거나 네트워크의 보안을 위해 특이한 네트워크상의 행위를 감지하는 분야에서 먼저 적용됐다.

능동학습 외의 사례와 혼동하지 않고 일관성을 유지하기 위해 이 책에서는 다양성 샘플링이라는 표현을 사용할 것이다. 이 표현은 의도적으로 데이터에 나타나 있는 인구통계학적인 관점에서의 다양성을 상기시키기도 한다. 네 번째 다양성 샘플링 방법만이 인구통계학적인 다양성을 명시적 목표로 하고 있다고 볼 수 있지만, 다른 3개의 접근법도 실세계 다양성과 상관관계가 있다. 미분류된 데이터가 인구통계학적 측면의 지배층[1]으로 인해 편향될 가능성이 있다. 부유한 국가들이 사용하는 언어나 사진, 부유한 개인이 만들어 내는 영상물과 힘의 불균형으로부터 나오는 기타 편향들을 생각해보기 바란다. 여러분이 원시 데이터에서 임의로 샘플링한 데이터만으로 모델을 만드는 경우, 앞서 말한 편향을 증폭시킬 수도 있다. 반면 능동학습을 통해 샘플링의 항목 다양성을 높이는 모든 접근법은 해당 데이터를 통해 구축된 모델로 인해 인구통계학적 다양성을 증가시킬 수 있다.

심지어 인구통계학적 측면의 편향에 대한 염려가 없는 상황이더라도 데이터상의 편향을 극복하는 것이 여전히 바람직하다. 농업 분야의 이미지를 처리하려는데 원시 데이터에서 한 종류의 작물이 과대하게 대표되고 있다면 다양한 종류의 작물이 나타나도록 데이터의 불균형을 수정할 샘플링 전략이 좋다. 또 사람과 관련된 더 깊은 편견이 존재할 수도 있다. 특정한 종류의 작물에 대한 샘플을 더 많이 갖고 있는 경우를 떠올려보자. 그 작물은 부유한 국가에서 더 보편적이고, 부유한 국가의 트랙터에 카메라가 달릴 가능성이 높기 때문에 더 많은 샘플 사진을 갖게 된 것이 아닐까? 이에 대해 더 깊이 파고든다면 데이터 편향과 실세계 편향은 밀접하게 연관되는 경향이 있다. 그림 4.1은 1장에서 살펴봤던 다양성 샘플링의 예시를 반복적으로 보여준다.

불확실성 샘플링은 현재의 결정 경계 주변에 무엇이 있는지 또는 여러 개의 예측값에 걸쳐 가장 많이 변경되는 것이 무엇인지, 즉 상대적으로 작고 잘 정의된 특징 공간feature space만을 확인하려는 것이었다. 반면 다양성 샘플링은 특징 공간의 구석구석에 있는 훨씬 넓은 영역의 문제를 탐색하고 결정 경계를 특징 공간의 새로운 부분으로 확장하려는 것이다. 두말할 필요 없이, 사용해야 할 알고리듬은 더 다양하며, 심지어 불확실성 샘플링에서 사용된 알고리듬보다 더 복잡한 경우도 존재한다.

---

1   인구통계상 다수를 차지하는 층을 의미한다. - 옮긴이

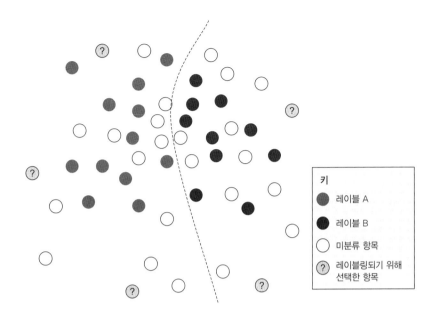

키
- ⬤ 레이블 A
- ⚫ 레이블 B
- ◯ 미분류 항목
- ⦸ 레이블링되기 위해 선택한 항목

▲ **그림 4.1** 다양성 샘플링은 레이블돼야 하는 어떤 항목이 학습 항목 및 다른 항목과는 최대한 다르도록 선택한다. 현재 학습한 데이터나 이미 선택한 데이터와는 다른 항목을 샘플링해야 한다.

학술용 데이터셋만을 다루고 있는 경우라면 모든 데이터 포인트에 대한 걱정이 불필요할지도 모른다. 그러나 다양성 문제는 실세계 데이터셋에서는 매우 흔하게 볼 수 있다. 실세계와 학술용 데이터셋 간의 차이에 대한 상세한 정보를 다루고 있는 관련 지문을 읽어보길 권한다.

학술용 데이터 레이블링과 실세계 데이터 레이블링의 차이
전문가 일화, 지아 리

실세계에서 머신러닝 모델을 배포하는 것은 학계 연구 목적으로 하는 것보다 훨씬 어려운 일이며 데이터가 그 차이의 중심에 있다. 실세계의 데이터는 매우 지저분할 뿐만 아니라 제도상 장애물로 인해 접근성도 매우 떨어진다. 말끔하고 변화가 없는 데이터셋으로 연구를 수행하는 것은 어렵지 않다. 그러나 이 모델들을 실세계로 가져가면 실제로 어떻게 동작할지 예측하기란 여간 어려운 일이 아닐 것이다.

내가 ImageNet 구축을 도와줬을 때 우리는 실세계에서 마주칠 모든 이미지 분류에 대해서 걱정할
필요가 없었다. WordNet 계층 구조에서 특정 개념의 하위 집합 이미지로 데이터를 제한할 수 있었
기 때문이다. 실세계에서는 그런 호사를 누릴 수가 없다. 예를 들어서 희귀한 질병과 연관된 대량의
의료 이미지를 수집하는 것은 불가능하다. 이런 종류의 이미지를 분류하는 것은 그 분야의 전문가
를 필요로 하고 이는 더 많은 어려움을 불러일으킨다. 실세계의 시스템은 연구에 대한 영감을 불어
넣고, 데이터와 분석 작업을 제공하며 문제 해결을 위한 알고리듬 개발을 위해 AI 기술자와 도메인
전문가 양쪽의 밀접한 협업을 필요로 한다.

지아 리(Jia Li)는 Dawnlight의 CEO이자 공동 창업자다. Dawnlight는 머신러닝을 이용하는 헬스케
어 기업이다. Google, Snap, Yahoo에서 연구 부서를 이끌었으며, 스탠퍼드대학교에서 박사학위를
받았다.

4.1.1 다양성 샘플링을 위한 예제 데이터

4장에서는 2장의 재해 대응 메시지에 기반해 예제를 만들려고 한다. 2장을 상기해보면
뉴스 헤드라인을 재해 연관인지 아닌지로 분류하고자 했다. 그래서 2장에서는 기본적인
아웃라이어 탐지 알고리듬을 개발했고, 4장에서는 이를 좀 더 복잡한 다양성 샘플링 알
고리듬과 함께 확장할 것이다. 코드는 2장에서 사용한 다음 링크(https://github.com/
rmunro/pytorch_active_learning)와 동일한 라이브러리 안에 있다. 4장에서는 그 코드 중에
서 diversity_sampling.py와 active_learning.py라는 2개의 파일을 사용할 것이다.

4장에서는 다양한 유형의 다양성 샘플링 전략에 대해 다룰 것이다. 이 예제 데이터의 경
우 머신러닝 모델이 보고되고 있는 재해를 추적하고, 목격자의 직접 보고와 간접 (또는 재
간접) 정보를 구별하는 데 유용할 것이라 가정해볼 수 있다. 재해 상황을 실시간 추적하기
위한 시스템을 구축하고자 하는 경우 과거 학습 데이터의 다양성을 최대한 확보하고자
할 것이다. 예를 들어 과거 학습 데이터에서 홍수에 대한 보고가 한두 건 정도만 있고, 사
람이 이러한 항목을 레이블링하기 위해 무작위로 선택한다면 이렇게 빈도가 낮은 항목은
놓치기 쉬울 수밖에 없다.

이전에는 관찰하지 못했던 감염 패턴을 가진 질병의 발생과 같이 새로운 유형의 재해를
상상해볼 수도 있다. 사람들이 새로운 방식으로 새로운 재해에 대해 이야기하는 경우, 여

러분은 이런 항목들을 놓치지 않고 최대한 빠르게 수작업 레이블을 얻어내야 한다.

그리고 새로운 데이터 원천을 포함하는 것도 고려해야 한다. 새로운 데이터 원천의 일부가 영국식 영어가 아닌 미국식 영어이거나, 약간은 다른 속어slang로 쓰였을 수도 있고, 영어가 아닐 수도 있다. 이런 경우 모델은 새로운 정보에 대해서 정확하게 동작하지 못할 것이다. 모델이 텍스트 자체의 새로운 유형의 정보에 적응하기 때문에, 가능한 한 빨리 이러한 새로운 데이터 원천과 이질적인 스타일 차이에 적응할 수 있는지 확인하는 것이 좋을 것이다.

매 단계마다 편향을 줄이는 것은 매우 중요하다. 홍수 예제를 더 찾기 위해 모델 예측을 이용하려 하고 호주의 홍수 데이터만을 갖고 있다고 가정해보자. 사람의 검토를 통해 더 많은 호주의 홍수 예제를 얻게 될 것이고 다른 국가의 홍수 데이터는 갖고 있지 않기 때문에 모델의 초기 편향을 줄이지 못할 것이다. 그런 이유로 대부분의 다양성 샘플링 알고리듬은 우리가 사용하는 모델과는 독립적으로 동작해야 한다.

4.1.2 다양성 샘플링을 위해 신경망 모델 해석하기

4장의 샘플링 전략 중 어떤 것은 모델을 해석하는 새로운 방법이 필요할 것이다. 소프트맥스 출력 대신 마지막 층의 선형 활성화 함수의 원시 출력 결과에 접근할 수 있다면 혼동스러운 항목으로부터 진정한 아웃라이어를 좀 더 정확하게 구별해낼 수 있다. 활성화 함수는 리키 렐루Leaky ReLU와 같이 음수 영역을 포함할 수 있는 함수가 이상적이다. 그렇지 않으면 많은 수의 0점대 점수가 출력되고 어떤 것이 가장 큰 아웃라이어인지 결정할 수 있는 방법을 잃어버리고 만다.

4.1.3절을 통해 PyTorch 모델의 각 층에 어떻게 접근하고 해석하는지 알게 될 것이다. 그러나 마지막 층 내 활성화 함수의 아키텍처에 대한 말을 하기가 어려울 수도 있다. 소프트맥스는 입력들의 절댓값을 무시할 수 있기 때문에 레이블을 정밀하게 예측하는 데에는 가장 정확한 활성화 함수일 수 있다. 이러한 경우에도 알고리듬 팀이 분석을 위해 다른 층을 노출하도록 설득할 수 있다.

4장에서는 모델을 해석하기 위해 단순하지만 효과적인 방법을 제한적으로 제시하려고 한다. 그림 4.2의 두 가지 시나리오에 따라 마지막 층이나 마지막 직전층을 해석할 수 있다.

마지막 직전층을 사용하는 두 번째 방법은 마지막 직전층이 마지막 층과 매우 유사하고, 해당 층 내 더 적은 수의 뉴런을 가진 심층 네트워크에서 가장 잘 동작한다. 더 많은 뉴런은 통계적으로 극복하기 더 어려울 수 있는 확률적 변화를 악화시킬 수 있기 때문이다.

사용하는 아키텍처 종류에 관계없이 예측 모델의 출력 지점이나 근접한 부근에는 활성화 수준을 나타내는 숫자의 집합(즉, 벡터나 텐서)을 알 수 있다. 간단히 말하자면 이 벡터나 텐서를 z로 부르며, 이는 일반적으로는 마지막 층의 로짓을 의미한다. 또한 마지막 층 여부에 관계없이 n을 그 벡터의 크기(즉, 뉴런의 수)로 표시할 것이며, 이는 레이블의 수나 중간층에도 사용할 수도 있다.

활성화가 낮다는 것은 어떤 항목이 아웃라이어일 가능성이 높음을 의미한다. 수학적인 관점에서 아웃라이어는 비정상 벡터로 이례적으로 높거나 낮다. 그러나 아웃라이어를 찾기 위해 모델의 예측을 해석하려는 경우에는 활성화가 낮은 항목, 즉 모델이 거의 정보를 갖고 있지 않은 항목만이 대상이 된다.

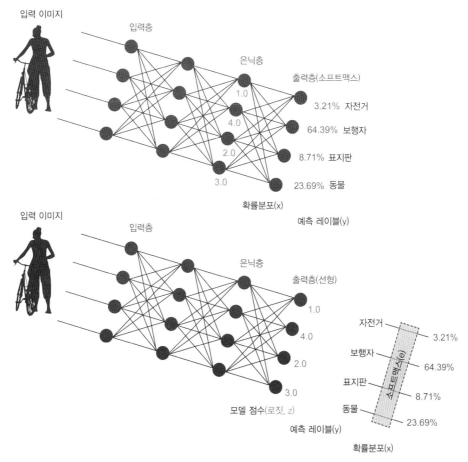

▲ **그림 4.2** 2개의 신경망 아키텍처와 아웃라이어 검출을 해석할 수 있는 방법을 설명한다. 상단의 예시에서는 소프트맥스가 정규화(normalization)하기 이전에 절댓값을 유지하는 모델의 점수(즉, z 또는 로짓)를 사용하는 것을 보여주고 있다. 하단의 예시에서는 소프트맥스 함수로 인해 마지막 층에서 절댓값을 잃어버리기 때문에 마지막 직전층의 활성화 함수를 이용해 아웃라이어 여부를 확인할 수 있는 것을 설명한다.

4.1.3 PyTorch의 은닉층에서 정보 추출하기

모델 내 은닉층의 z 값(로짓)을 뽑아내기 위해서는 이 정보에 접근할 수 있도록 코드를 수정해야 한다. 다행히 이 코드는 PyTorch로 간단하게 작성돼 있다. 우선 2장에서 학습 단계의 순전파feed-forward와 추론 단계의 신뢰도 및 레이블 예측에 사용된 코드가 다음에 있다.

```
def forward(self, feature_vec):
    # Define how data is passed through the model

    hidden1 = self.linear1(feature_vec).clamp(min=0) # ReLU
    output = self.linear2(hidden1)
    return F.log_softmax(output, dim=1)
```

중간층과 출력값은 각 층(PyTorch에서는 1차원 배열로 된 tensor)의 활성화 값을 포함하고 있는 hidden1과 output 변수로 반환된다. 그래서 간단하게 모든 층에 하나의 매개변수를 추가하도록 코드를 수정하면 된다.

리스트 4.1 소프트맥스 값과 함께 모델의 마지막 은닉층을 반환하기

```
def forward(self, feature_vec, return_all_layers=False):
    # Define how data is passed through the model and what is returned

    hidden1 = self.linear1(feature_vec).clamp(min=0) # ReLU
    output = self.linear2(hidden1)
    log_softmax = F.log_softmax(output, dim=1)

    if return_all_layers:
        return [hidden1, output, log_softmax]
    else:
        return log_softmax
```

반환 함수와 동일하지만 변수로 추출됨

return_all_layers == True 일 때 모든 층을 반환하도록 새로 추가된 라인

이제 됐다! 이렇게 수정된 코드를 active_learning.py에서 찾을 수 있을 것이다. 이제는 모델에서 아웃라이어를 찾기 위해 모델의 일부분을 활용할 수 있게 됐다.[2] 나는 forward() 함수와 마찬가지로 옵션을 추론 함수에서 명시적으로 코딩하는 것을 선호한다. 5장에서는 여러 방법으로 모델에 쿼리를 하려고 하는데, 이런 방법을 사용하면 가장 단순하게 코드를 작성할 수 있다.

---

2 PyTorch에서 은닉층을 얻어내기 위한 다른 방법은 hook() 메소드다. http://mng.bz/XdzM의 문서를 보라.

추론 시 모델의 모든 층에 접근할 수 있도록 코드를 추가함으로써 이 코드를 이용해 아웃 라이어를 선정할 수 있다. 2장을 기억해보면 다음 코드로 모델에서 로그 확률값을 얻을 수 있었다.

```
log_probs = model(feature_vec)
```

이제는 아래의 코드로 모델의 어떤 층을 호출해서 사용할지 선택할 수 있다.

```
hidden, logits, log_probs = model(feature_vector, return_all_layers=True)
```

위 코드를 통해 특정한 항목들에 대한 모델의 은닉층, 로짓값과 로그 확률값을 얻게 된다.

3장과 부록에서 소개한 바와 같이 로짓값(마지막 층의 점수)은 소프트맥스를 지나면서 확률 분포로 변경돼 절대치를 잃어버리게 된다. 그림 4.3은 부록에 실린 소프트맥스에 관한 부록의 일부 예시를 재현한 그림이다.

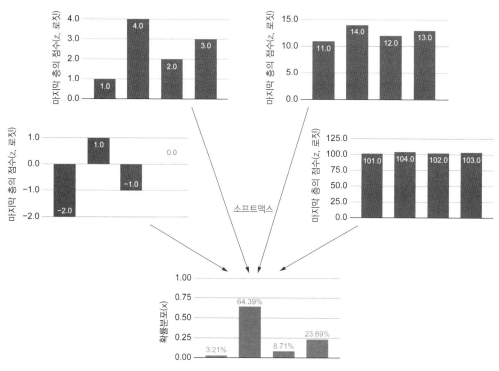

softmax([1, 4, 2, 3]) = softmax([11, 14, 12, 13]) = softmax([2, 1, -1, 0]) = softmax([101, 104, 102, 103]) =
[0.032, 0.6439, 0.0871, 0.2369]

▲ **그림 4.3** 자연로그 e를 기저값으로 가진 소프트맥스를 통해 서로 다른 입력으로부터 도출된 4개의 동일한 확률분포

소프트맥스를 통한 확률분포는 그림 4.3의 좌측 예제와 같이 정보의 부족에서 도출된 불확실성과 상충되지만 매우 신뢰할 수 있는 정보로 인한 불확실성 간의 차이를 알려주지 않는다. 그래서 두 종류의 서로 다른 불확실성을 구분하기 위해서는 마지막 층의 점수인 로짓값을 사용하는 것이 더 나은 방법이다.

불확실성을 떠나, 불확실성과 무관하지만 무언가 잘못된 아웃라이어도 찾을 수도 있다. 가장 가치 있는 미분류 항목은 잘못된 예측 결과이면서 결정 경계에서 멀리 떨어져 있는 항목들이다. 즉, 현재의 모델이 예측하는 결과 중 신뢰값이 높지만 잘못 예측된 항목들이다. 모든 뉴런에 걸쳐서 낮은 활성화는 때로는 그 항목에서 발견된 특징을 가진 학습 데이터가 아직 불충분하다는 좋은 신호다.

4.2 모델 기반의 아웃라이어 샘플링

이제 모델을 해석할 수 있기 때문에 아웃라이어를 찾기 위해 모델에서 정보를 질의^{query}할 수 있다. 신경망 모델의 '모델 기반 아웃라이어'는 주어진 층에서 가장 낮은 활성화를 보이는 항목으로 정의할 수 있다. 마지막 층의 경우에는 이 활성화는 바로 로짓이다.

아웃라이어를 판단하기 위해 적절한 지표^{metric}를 고르는 데 가장 큰 장애물은 뉴런으로부터 값의 분포를 보는 것이다. 일반적으로 고등학교에서 평균값으로부터 표준편차의 3배수보다 큰 데이터 포인트는 아웃라이어라고 배웠다. 그러나 이는 정규분포를 따르는 경우에만 맞는 말이다. 안타깝게도 선형 활성화 함수는 정규분포를 생성하지 않는다. 수행하는 작업이 정확하게 모델링됐다면, 뉴런값의 분포는 이정점분포$^{bimodal\ distribution}$[3]를 따라야 한다. 꾸준히 모델을 분석해본 경험이 있다면 어떤 뉴런들은 노이즈를 모델링하거나 값을 단순하게 통과시키기도 하며, 심지어 동일한 데이터로 모델을 두 번 학습시키는 경우에도 달라진다는 것을 알고 있을지도 모른다. 게다가 단순한 아키텍처를 갖고 있지 않은 한, 신경망의 각기 다른 부분들은 서로 다른 활성화 함수를 갖고 있을 수도 있다. 그래서 이들을 직접적으로 비교하기는 어렵다.

불확실성 샘플링에 대한 신뢰도의 절댓값을 믿을 수 없는 것처럼 아웃라이어를 판단하기 위한 뉴런의 절댓값 역시도 믿을 수 없다. 반대로 가장 불확실한 예측값을 찾기 위해 신뢰값의 순위는 믿을 수 있는 것과 마찬가지로, 가장 덜 활성화된 것을 찾기 위해 뉴런의 활성화 값의 순위는 신뢰할 만하다. 순위는 모든 뉴런의 실제 활성화 분포를 판단해야 하는 수고로움을 피할 수 있는 강건한 방법이다.

아래는 항목들이 얼만큼 아웃라이어에 가까운지 판단하기 위한 순위를 나열한 예제다. 여기서는 10개의 항목에 대해 예측을 하고, 뉴런으로부터 얻은 예측 결과를 큰 숫자에서 작은 숫자 순서대로 나열한 것이라고 가정해보자.

[2.43, 2.23, 1.74, 1.12, 0.89, 0.44, 0.23, -0.34, _-0.36_, -0.42]

---

3   봉우리가 2개인 분포 – 옮긴이

밑줄 친 −0.36의 활성화 값을 가진 항목은 10개의 항목 중에서 아홉 번째에 위치하고 있다. 그래서 이에 대해서 9/10 = 0.9로 아웃라이어 점수를 줄 수 있다. 양 끝단을 전체 스케일을 기준으로 하면, 활성화 값이 −0.42의 항목은 1.0점이 되고, 2.43의 항목은 0점이 된다. 그러고 나면 어떤 데이터로 순위를 만들어내는 데 사용해야 하는지에 대한 의문이 남는다.

4.2.1 활성화 값을 순위화하기 위해 검증 데이터 사용하기

모델이 학습 데이터로 학습한 후, 어떤 뉴런은 다른 뉴런보다 학습한 데이터에 과적합되기 때문에, 순위를 만드는 목적으로 학습 데이터를 활용하는 것이 적절치 않다. 그래서 학습 데이터와 동일한 분포를 보이는 다른 데이터를 이용해야 한다. 즉, 학습 데이터와 동일한 분포로 추출한 검증 데이터를 이용해야 한다. 사실 이는 구현 관점에서는 큰 차이가 없다. 단순하게 검증 데이터에 대해서 순위를 계산하고, 미분류 데이터에 대해 아웃라이어 점수를 얻기 위해서 그 순위를 이용하게 된다.

가장 큰 차이점은 이 순위 배열 내의 두 값 사이에서 미분류 데이터에 대한 아웃라이어 값을 도출할 것이라는 점이다. 이 두 값 사이의 값을 계산하기 위해서 단순한 선형 보간법을 사용할 수도 있다. 우리의 검증 데이터가 다음과 같이 4.2절 예제와 동일하게 10개의 항목으로만 이뤄졌다고 가정해보자.

```
[2.43, 2.23, 1.74, 1.12, 0.89, 0.44, 0.23, -0.34,(-0.35), -0.36, -0.42]
```

이제 −0.34와 −0.36의 항목 사이에 −0.35의 값인 어떤 미분류 항목을 상상해보자. 이 값은 여덟 번째와 아홉 번째 항목의 사이에 위치하기 때문에 아웃라이어 점수로 8.5/10 = 85%를 준다. 비슷한 방식으로 만약 미분류 항목이 −0.355의 값을 가진다면, 여덟 번째와 아홉 번째 사이에서 3/4 정도의 거리에 위치해서 87.5라는 아웃라이어 점수를 갖게 된다. 우리는 앞서 말한 것처럼 첫 번째 항목보다 큰 값은 1로 취급하고, 마지막 항목보다 작은 값은 0으로 취급해, 가장 큰 아웃라이어 값이 100%인 [0-1] 범위를 갖도록 한다.

각 항목에 대한 뉴런들의 점수를 종합하는 또 다른 방법이 있다. 이는 통계적으로 가장 안전한 방법으로, 각 항목에 대한 모든 뉴런들의 활성화 값의 평균을 취하는 것이다. 특히 은닉층 중 하나에서 활성화하는 경우라면 본질적으로 임의값을 뱉어내고, 따라서 아웃라이어가 되는 최댓값을 거짓 생성하는 뉴런이 일부 존재하는 경우도 있을 수 있다. 로짓의 모든 값은 믿을 만하기 때문에 로짓에서 최소 신뢰도를 보이는 것, 즉 모든 뉴런에 걸쳐 가장 낮은 최대 점수를 사용해 실험할 수 있다. 모델 기반의 아웃라이어 샘플링의 결과를 보려면 다음 코드를 실행하면 된다.

```
> python active_learning.py --model_outliers=95
```

2장에서처럼 이 코드는 이 샘플링 전략을 고른 후 어노테이션하기 위해 95개의 미분류 항목을 선택하고 남은 미분류 항목 중 5개를 무작위로 선택한다. 2장에서처럼 일종의 안전장치로 작은 수의 랜덤 항목을 항상 포함시키는 것이 좋다. 만약 랜덤 항목을 평가하지 않으려면 random_remaining=0 옵션을 추가하면 된다.

```
> python active_learning.py --model_outliers=95 --random_remaining=0
```

또한 95보다 많거나 작게 어노테이션할 숫자를 조절할 수도 있다. 만약 2장을 건너뛰었다면 우선은 충분한 초기 학습과 테스트 옵션이 지정되기 전까지 순수 임의의 샘플을 어노테이션해야 한다. 이렇게 어노테이션을 위해서 걸린 시간은 정확도를 평가하고 데이터를 이해하는 데 매우 중요하기 때문에 만약 이전에 이를 수행하지 않았다면 이번에는 꼭 어노테이션 작업을 진행해야 한다.

모델의 아웃라이어 점수 순위를 계산하는 코드는 크게 4개의 덩어리로 구분된다. 모델의 아웃라이어 함수는 현재의 모델과 학습 데이터와 동일한 분포를 지니도록 추출된 미분류 데이터와 검증 데이터를 입력으로 받는다. 우선 diverysity_sampling.py에서 보는 것처럼 검증 데이터로부터 순위를 생성한다.

리스트 4.2 검증 데이터를 이용한 활성화 값의 순위 계산하기

```
def get_validation_rankings(self, model, validation_data, feature_method):
    """ 검증 데이터를 활용해 활성화 순위를 얻는다.
```

키워드 매개변수:

    model -- 이 작업을 위한 현재 머신러닝 모델

    validation_data -- 학습 데이터와 동일한 분포로 추출한 보관 데이터

    feature_method - 원본 텍스트에서 특징을 생성하기 위한 방법

아웃라이어는 로짓의 순위에서 가장 낮은 평균을 가진
unlabeled_data로 정의되며, 여기서 로짓의 순위는
검증 데이터 추론에 의해서 정의된다.

"""

```python
validation_rankings = [] # 2D 배열, 각 뉴런별로 검증 데이터에서의 출력이
➡ 정렬된 리스트로 구성됨

# 검증 데이터로부터 뉴런별 점수를 가져온다.
if self.verbose:
    print("Getting neuron activation scores from validation data")

with torch.no_grad():
    v=0
    for item in validation_data:
        tcxtid - item[0]
        text = item[1]

        feature_vector = feature_method(text)
        hidden, logits, log_probs = model(feature_vector,
        ➡ return_all_layers=True)

        neuron_outputs = logits.data.tolist()[0] # logits

        # 아직 배열을 초기화하지 않았다면 배열을 초기화한다.
        if len(validation_rankings) == 0:
            for output in neuron_outputs:
                validation_rankings.append([0.0] * len(validation_data))
        n=0
        for output in neuron_outputs:
            validation_rankings[n][v] = output
            n += 1

        v += 1
```

모델의 모든 층의 결과를 여기서 얻는다. ▶ (return_all_layers=True)

각 검증 항목과 뉴런에 대한 로짓 점수를 여기서 저장한다. ◀ (validation_rankings[n][v] = output)

```
# 검증 점수를 순위 순으로 나열한다.
v=0
for validation in validation_rankings:
    validation.sort()  ◄──── 검증 데이터로부터 얻은 점수에 따라 각 뉴런을 순위화한다.
    validation_rankings[v] = validation
    v += 1


return validation_rankings
```

두 번째 단계에서 각 뉴런에 따라 미분류 데이터 항목의 순위를 매긴다.

리스트 4.3 PyTorch로 작성한 모델 기반의 아웃라이어를 탐지하는 코드

```
def get_model_outliers(self, model, unlabeled_data, validation_data,
➥ feature_method, number=5, limit=10000):
"""미분류 데이터에서 모델 기반 아웃라이어를 얻는다.

키워드 매개변수:
    model -- 이 작업을 위한 현재 머신러닝 모델
    unlabeled_data -- 아직 레이블되지 않은 데이터
    validation_data -- 학습 데이터와 동일한 분포로 추출한 보관 데이터
    feature_method -- 원본 텍스트에서 특징을 생성하기 위한 방법
    number -- number of items to sample
    limit -- 더 빠른 샘플링을 위해 지정한 수에서 샘플링(-1 = 제한 없음)

아웃라이어는 로짓의 순위에서 가장 낮은 평균을 가진
unlabeled_data로 정의되며, 여기서 로짓의 순위는
검증 데이터 추론에 의해서 정의된다.

"""

# 검증 데이터로부터 뉴런별 점수를 가져온다.
validation_rankings = self.get_validation_rankings(model,
➥ validation_data, feature_method)  ◄──┐ 검증 데이터에 대한 활성화 값을
                                        └ 얻기 위한 함수를 호출한다.
# 미분류 항목에 대해 반복
if self.verbose:
    print("Getting rankings for unlabeled data")

outliers = []
```

```
        if limit == -1 and len(unlabeled_data) > 10000 and self.verbose:
            # 아주 많은 데이터에서 추출하고 있으므로 이 작업은 시간이 오래 걸릴 것이다.
            print("Get rankings for a large amount of unlabeled data: this
            ➥ might take a while")
        else:
            # 모델을 제한된 수의 아이템에만 적용하라.
            shuffle(unlabeled_data)
            unlabeled_data = unlabeled_data[:limit]

        with torch.no_grad():
            for item in unlabeled_data:
                text = item[1]

                feature_vector = feature_method(text)
                hidden, logits, log_probs = model(feature_vector,
                ➥ return_all_layers=True)

                neuron_outputs = logits.data.tolist()[0] #logits

                n=0
                ranks = []
                for output in neuron_outputs:
                    rank = self.get_rank(output, validation_rankings[n])
                    ranks.append(rank)
                    n += 1

                item[3] = "logit_rank_outlier"

                item[4] = 1 - (sum(ranks) / len(neuron_outputs)) # average
                ➥ rank

                outliers.append(item)

        outliers.sort(reverse=True, key=lambda x: x[4])
        return outliers[:number:]
```

모델의 모든 층의 결과를 여기서 얻는다. →

미분류 항목들의 순위 순서를 얻는다. →

순위 함수는 하나의 뉴런당 하나의 미분류 항목에 대한 활성화 값과 검증 데이터에 기반해 계산된 뉴런의 순위를 매개변수로 취한다. 다음은 검증 데이터의 순위에 따라 각 미분류 항목을 정렬하는 코드다.

리스트 4.4 검증 데이터의 활성화 값으로 항목의 순위를 반환

```
def get_rank(self, value, rankings):
    """ 정렬된 배열에서 값의 순위를 백분율로 구한다.

    키워드 매개변수:
        value -- 순위를 매겨서 반환하려는 값
        rankings -- 값의 순위를 결정하기 위한 정렬된 배열

    순위가 매겨진 값과 일치하지 않는 경우,
    값에 대한 인덱스 사이의 선형 거리를 반환한다.
    """

    index = 0 # default: ranking = 0

    for ranked_number in rankings:
        if value < ranked_number:
            break #NB: this O(N) loop could be optimized to O(log(N))
        index += 1

    if(index >= len(rankings)):
        index = len(rankings) # maximum: ranking = 1

    elif(index > 0):
        # get linear interpolation between the two closest indexes
        diff = rankings[index] - rankings[index - 1]
        perc = value - rankings[index - 1]
        linear = perc / diff
        index = float(index - 1) + linear

    absolute_ranking = index / len(rankings)
    return(absolute_ranking)
```

이 리스트는 순위에 따라 정렬하는 예제를 간단하게 구현한 것이다. 선형 보간을 수행하는 부분에 대해서는 너무 염려하지 않아도 된다. 그 부분의 코드는 구현할 때는 다소 이해하기 어려울 수 있으나 보기보다 복잡하진 않다.

4.2.2 모델 기반의 아웃라이어를 계산하려면 어느 층을 사용해야 할까?

모델의 어떤 층에서 샘플링을 위해 더 나은 아웃라이어를 만드는지 알아내기 위해 여러 층에 대해 아웃라이어 검출을 시도해볼 수 있다. 일반적으로 앞쪽의 층에 위치한 뉴런일수록 원시 데이터에 가까이 있을 것이다. 만약 특징 벡터$^{feature\ vector}$와 동일한 입력층을 모델에서 선택한다면, 입력층의 아웃라이어는 사실상 2장에서 구현한 아웃라이어 검출 함수와 거의 동일하다. 은닉층은 원시 데이터(앞쪽 층)와 예측 결과(뒤쪽 층)의 중간쯤 사이에 존재한다.

동일한 샘플로 여러 층을 조사해볼 수도 있다. 이 방법은 사전학습된 모델로 전이학습을 적용하는 경우에 사용된다. 여기서 모델은 모든 층을 결합해 하나의 단일 벡터로 "평탄화^{flattened}"된다. 이 평탄화된 모델을 아웃라이어 검출에도 사용할 수 있지만, 층당 뉴런의 수로 정규화^{normalize}하는 것이 좋다. 우리 모델의 경우, 은닉층 내 128개의 뉴런은 마지막 층의 2개의 뉴런을 포함해 아웃라이어 검출 알고리듬의 주요 기여자가 될 것이다. 각 층에 대해 개별적으로 아웃라이어 순위를 계산한 후 두 결과를 합산하는 방식을 취할 수도 있다.

또 다른 대안으로 로짓에서 모델 아웃라이어의 절반을 취하고 은닉층에서 절반을 가져와서 샘플링을 하는 방법도 있다. 1,000개 정도 학습 데이터만 갖고 있는 상황이라면 은닉층의 128개의 뉴런은 유용한 정보를 제공하지는 못할 수도 있음을 알고 있어야 한다. 은닉층의 뉴런수보다 더 많은 학습 데이터를 갖추기 전까지는 은닉층은 노이즈로 가득하거나 무작위로 보일 수 있다고 예상하는 편이 좋다. 뉴런 개수의 두 자릿수(즉, 100배) 또는 그 이상의 학습 데이터 항목이 이상적이다(10,000개 이상의 레이블 데이터 항목을 의미한다).

입력층 근처의 층을 사용하려고 한다면, 특징값이 활성화를 나타내지 않는 경우에 주의해야 한다. 텍스트 예제에서 입력값은 그 자체로 어떤 단어가 얼마나 자주 쓰이는지를 직접 표현하기 때문에 일종의 활성화의 형태를 나타낸다. 그러나 컴퓨터 비전에서는 높은 입력값은 단지 더 밝은 RGB 색을 나타낼 뿐이다. 이런 경우에는 모델의 출력에 가까운 층이나 로짓값이 더 신뢰할 만하다.

4.2.3 모델 기반 아웃라이어의 한계

모델을 사용해 아웃라이어를 샘플링하는 경우에 알아둬야 할 주요 단점은 다음과 같이 정리할 수 있다.

- 이 방법은 비슷한 아웃라이어를 만들어내기 때문에 능동학습의 이터레이션을 돌다보면 다양성이 부족해질 수 있다.
- 모델에 내재된 통계적 편향으로부터 벗어나기 어렵다. 그래서 지속적으로 특정 종류의 아웃라이어를 놓칠 수도 있다.
- 이 방법을 시작하려면 최소한 적절한 모델을 보유하고 있어야 한다. 이 방법은 더 많은 학습 데이터가 있을수록 좋은 결과를 얻게 되기 때문에 콜드 스타트 상황에선 적합하진 않다.
- 우리는 미분류 데이터를 사용함으로써 아웃라이어를 검출하려고 하고 있다. 그런데 우연히도 우리가 원하는 것과는 정반대로 샘플링하기 쉽다. 이를테면 모델을 적응시키고자 하는 새로운 레이블의 데이터와 전혀 다른 것과 같이 말이다. 이런 이유로 순위를 매기는 데 검증 데이터를 사용하는 것이고, 다른 종류의 모델 기반 아웃라이어 검출 방법에 대해서도 이 방식을 따라야 한다.

5장에서는 아웃라이어 검출과 전이학습을 결합한 알고리듬을 이용해 첫 번째 이슈에 대한 일부 해결책에 대해서 살펴볼 것이다. 두 번째, 세 번째 및 네 번째 이슈는 다루기가 좀 더 어렵다. 그러므로 모델 기반의 아웃라이어 샘플링 기법을 적용할 때는 동시에 여러 다양성 샘플링 기법을 함께 사용하는 것을 고려해봐야 한다. 다음에서 다룰 클러스터링과 같이 콜드 스타트 상황에도 적용할 수 있는 방법도 여기에 포함된다.

4.3 클러스터 기반의 샘플링

클러스터링은 처음부터 데이터를 다양하게 선택할 수 있는 데 도움이 된다. 이 전략은 상당히 직관적이다. 처음부터 임의로 학습 데이터를 샘플링하는 것 대신 많은 클러스터로 데이터를 나누고 각 클러스터에서 고르게 샘플링하는 것이다.

이 기법의 동작 방식도 역시 직관적이다. 지금쯤이면 여러분은 뉴스 제목에 수만 개의 호주 지역 스포츠 팀에 대한 기사가 있음을 알아차렸을 것이다. 만약 수작업 리뷰를 위해 데이터를 임의대로 샘플링한다면 스포츠 경기의 결과에 대한 엇비슷한 뉴스 제목을 수작업 분류하는 데 엄청나게 많은 시간을 보내게 될 것이다. 그러나 데이터를 사전에 클러스터링해놓으면 이런 종류의 뉴스 제목은 하나의 클러스터에 함께 모여 있을 가능성이 높기 때문에, 스포츠 관련 클러스터에서 단지 몇 개의 예제만을 분류하면 된다. 이 접근법은 상당히 많은 시간을 아껴줄 것이고, 이 시간을 다른 클러스터의 데이터를 분류하는 데 사용할 수 있을 것이다. 다른 클러스터는 희소하지만 중요한 유형의 뉴스 제목을 대표할지도 모른다. 임의 샘플링을 적용하는 경우 희소하면서 중요한 데이터를 놓치게 될 가능성이 크다. 그러므로 클러스터링 기법은 시간을 절약해주고 다양성을 증대시켜준다.

클러스터링은 다양성 샘플링을 위해 지금까지 실제 머신러닝에서 가장 많이 사용된 방법이기도 하다. 이 책의 흐름을 잘 이어가기 위해 이 책에서 두 번째로 다뤘지만, 실제로는 다양성 샘플링을 위한 첫 번째 방법으로 이 방법을 적용할 가능성이 크다.

여러분은 비지도학습에 대해서 들어봤을 것이다. 우리가 적용하려고 하는 k-평균$^{k\text{-}mean}$ 같은 클러스터링 알고리듬에 대해서도 이미 익숙할 것으로 생각한다. 비지도 클러스터링과 능동학습을 위한 클러스터링 방식은 동일하지만, 여기서는 클러스터링의 결과를 해석하거나 후속 처리에 사용하는 것 대신에 수작업 레이블을 위한 데이터 항목을 추출하는 용도로 사용할 것이다.

4.3.1 클러스터의 구성원, 중심체, 아웃라이어

클러스터의 중심에 가장 가까운 항목을 중심체^{centroid}라고 한다. 실제로 일부 클러스터 알고리듬은 전체적으로 클러스터 속성에서 기리를 측정하기보다는 중심체 항목으로부터 거리를 명시적으로 측정한다.

2장에서는 전체 데이터셋에서 아웃라이어를 계산할 수 있었고, 지금은 클러스터링을 사용해서도 아웃라이어를 계산할 수 있다. 아웃라이어는 중심체의 통계적 대위점^{statistical}

^{counterpoint}으로 어떤 클러스터에서든 중심체로부터 가장 멀리 떨어진 것이 바로 아웃라이어다.

그림 4.4는 5개의 클러스터가 있는 예제를 보여주고 있다. 그중 2개의 클러스터에서 중심체와 아웃라이어를 함께 표시했다. 그림 4.4에서 항목의 대다수는 가운데에 가장 크게 위치한 클러스터 안에 있다. 그래서 클러스터링 대신 임의로 샘플링을 하게 되면 대부분의 시간을 유사한 항목에 레이블링하는 데 시간을 소비하게 된다. 클러스터링을 우선 진행하고 각 클러스터에서 샘플링을 하면 확실히 더 나은 다양성을 확보할 수 있다.

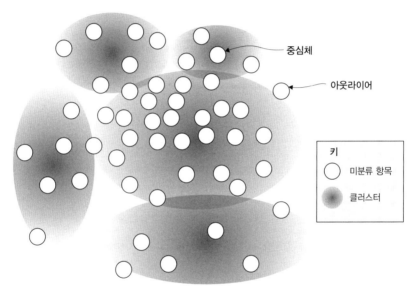

▲ **그림 4.4** 데이터에 클러스터 알고리듬을 적용한 예시로 데이터를 5개의 클러스터로 쪼개고 있다. 각 클러스터에서 가장 중심에 위치한 항목은 중심체라고 하며 중심에서 가장 멀리 있는 항목은 아웃라이어다.

우리는 세 가지 방식으로 클러스터에서 샘플링을 수행할 것이다.

- **무작위**: 각 클러스터에서 무작위로 샘플링한다. 이 전략은 임의 샘플링과 흡사하지만 완전 임의 샘플링보다 특징 공간 전반에 걸쳐 비교적 고르게 선택할 수 있다.
- **중심체**: 데이터에서 두드러진 트렌드의 핵심을 나타내는 클러스터의 중심체를 샘플링한다.

- **아웃라이어**: 클러스터에서 누락될 수도 있는 잠재적인 관심 데이터를 찾기 위해 클러스터 알고리듬의 결과에서 아웃라이어를 샘플링한다. 클러스터링과 함께 나타나는 아웃라이어는 때로는 근접 기반proximity-based 아웃라이어로 부르기도 한다.

단일 클러스터 내에서 순위 내의 중심체는 비슷할 가능성이 높다. 즉, 중심에 가장 가까운 항목은 중심에 두 번째로 가까운 항목과 비슷한 경향을 보인다는 의미다. 그렇기 때문에 클러스터에서 랜덤 샘플링을 하거나 중심체만을 선택한다.

마찬가지로 우리는 클러스터마다 소수의 아웃라이어만 샘플링할 것이다. 아웃라이어는 알고리듬이 놓치고 있는 의미 있는 트렌드로 볼 가능성도 있지만 원래부터 희소한 것일 가능성이 훨씬 크다. 문서의 경우 반복적이지만 드물게 사용되는 단어나 컴퓨터 비전에서의 노이즈나 훼손된 이미지일 수 있다. 일반적으로는 클러스터 수가 많은 경우 각 클러스터에서 아웃라이어 하나만 샘플링하면 된다.

예제를 단순하게 유지하기 위해서 각 클러스터에서 중심체, 가장 큰 아웃라이어, 3개의 임의의 항목을 샘플링하기로 가정하자. 클러스터 기반의 샘플링을 활용하려면 다음 명령어를 실행시키면 된다.

```
> python active_learning.py --cluster_based=95 --verbose
```

이 명령어는 어노테이션을 위해 클러스터 기반 샘플링으로 95개의 미분류 항목을 선택하고, 랜덤 샘플링으로 나머지 5개의 미분류 항목을 선택한다. 코드를 실행할 때는 각 클러스터에서 임의의 항목 3개를 출력하는 verbose 플래그를 켜고 코드를 실행시키기를 추천한다. 이를 통해 클러스터 내의 항목들이 의미적으로 연관돼 있는지 살펴봄으로써 각 클러스터가 의미 있는 차이를 얼마나 잘 포착하고 있는지 감을 잡을 수 있다. 결국 이 접근법을 통해 수작업 어노테이션을 위해 얼마나 많이 의미 있는 데이터의 추세가 표면화되고 있는지 감을 잡을 수 있게 된다.

4.3.2 우주 속의 클러스터링 알고리듬

내가 알고 있는 한, 한 클러스터링 알고리듬이 다른 클러스터링 알고리듬보다 항상 더 좋은지 깊이 연구한 사람은 없다. 여러 쌍방향 연구pairwise studies에서 특정한 클러스터링 알고리듬의 변형 버전에 대해 조사했으나 전반적인 포괄적 연구는 존재하지 않았다. 따라서 만약 이 주제에 대한 관심이 있다면 이는 훌륭한 연구 주제가 될 것이다.

어떤 클러스터링 알고리듬은 데이터를 한 번만 훑어보는 데 반해($O(N)$), 다른 알고리듬은 $O(N^3)$이나 그 이상의 복잡도를 갖기도 한다. 비록 더 계산 집약적인 알고리듬이 데이터 내에서는 더 수학적으로 잘 연계된 클러스터링에 도달할 수 있겠지만, 클러스터 간에 걸친 정보의 분포는 레이블하려는 항목의 샘플링이라는 측면에 있어서 반드시 더 좋거나 나쁘다고 할 순 없다.

우리가 구현하려는 시스템에서는 최선의 클러스터를 찾기 위해 오랜 시간이 걸리지 않도록 효율적인 클러스터링 알고리듬을 선택할 것이다. 일반적인 유클리드 거리Euclidean distance(그림 4.5)보다는 변형된 k-평균 알고리듬을 사용해 코사인 유사도cosine similarity로 거리 측정을 할 것이다. 우리는 고차원 데이터를 갖고 있지만 데이터가 고차원이라면 유클리드 거리는 잘 동작하지 않음에 유의해야 한다. 이 문제를 이해하는 좋은 방법은 고차원 데이터의 수많은 모서리corner에 대해 떠올려 보는 것이다. 거의 모든 클러스터링 알고리듬은 고차원 데이터에서 신뢰할 수 없는 결과를 만들어내는 경향이 있다. 그림 4.4의 2차원 데이터 예제에서는 데이터 분포의 중심에서 아웃라이어들이 숨을 수 있는 모서리가 4개뿐이다. 만약 3차원 데이터라면 아웃라이어는 8개의 모서리를 차지할 수 있다(정육면체의 8개의 모서리를 떠올려보자). 300개의 특징을 가진 데이터를 다룬다면, 이 데이터는 10^{90}에 해당하는 모서리를 갖게 되며 10^{90}은 관찰 가능한 우주의 모든 원자의 숫자보다 많다. 여러분은 거의 모든 자연어 처리 작업에서 300개 이상의 특징을 다루게 될 것이기 때문에 아웃라이어는 엄청나게 많은 모서리를 차지할 수 있다. 10차원 이상의 데이터의 경우 99% 이상의 공간이 모서리에 있어서, 데이터가 균등 분포돼 있거나 가우시안 분포Gaussian distribution[4]를 이루더라도 거리보다 모서리의 결과물artifact을 측정하게 되므로

---

4   정규분포와 동일한 의미이다. – 옮긴이

신뢰성이 떨어질 수 있다.

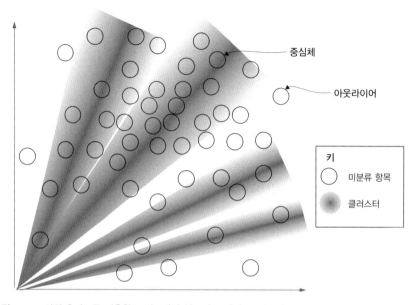

▲ **그림 4.5** 코사인 유사도를 이용한 클러스터링 알고리듬 예제. 클러스터들의 중심은 0의 벡터로 정의되며, 해당 클러스터의 구성원은 클러스터를 표현하는 벡터와 항목을 표현하는 벡터 사이의 각도다. 이 예제가 그림 4.4의 타원체 클러스터보다는 덜 현실적으로 보일지라도 2차원으로 표현함에 제약으로 인한 것임을 이해해 주길 바란다. 모델에 실제로 쓰일 법한 고차원의 희소 데이터(sparse data)에 대해서는 이런 종류의 클러스터링 표현이 때로는 타원체 표현보다 더 나을 수 있다.

코사인 유사도는 밤하늘에서 별을 관찰하는 것으로 비유해볼 수 있다. 여러분을 기준으로 두 별을 향해 직선을 긋고 두 선 사이의 각도를 측정하면 이 값이 코사인 유사도값이 된다. 밤하늘 예시에서 여러분은 단지 3개의 물리적 차원만을 고려해야 하지만, 데이터의 경우는 한 특징^{feature}이 하나의 차원이 된다. 코사인 유사도는 벡터의 차원에 영향을 받지 않으며 우리가 다루는 텍스트 인코딩과 같은 희소 데이터에 대해서 유클리드 거리보다 더 나은 성능을 보여준다.

코사인 유사도는 두 벡터 사이의 거리를 측정하는 것은 아니고, 같은 방향을 가리키고 있는지를 측정한다. 하늘에 있는 두 별 사이의 각도는 작을 수도 있지만, 한 별은 다른 것에 비해 훨씬 멀리 떨어져 있을 수도 있다. 각도만을 측정한다는 것은 두 별을 같은 거리로 취급한다는 의미이다. 그렇기 때문에 코사인 유사도를 구체형 k-평균$^{spherical k-mean}$이라 부르기도 하며, 모든 데이터 포인트를 다차원 구체$^{multidimensional sphere}$ 표면상에 분포시켜 동일한 거리로 취급하는 것과 같다. 이러한 예시는 한 가지 문제를 불러일으킨다. 어떤 데이터 포인트가 우연히도 같은 방향에 있으면 유사한 것으로 취급하는 오류를 범할 수도 있다. 그러나 고차원 데이터에서 이런 문제가 발생할 확률은 낮기 때문에 이런 상황에서는 고차원이 오히려 도움이 되며 계산도 단순하게 만들어준다. 한 클러스터의 벡터는 그 클러스터 내의 항목의 모든 특징 벡터들의 합으로 계산할 수 있는데, 코사인 유사도는 거리 함수의 절댓값처럼 민감하지 않고 벡터의 방향성에만 의존하기 때문에 항목 수에 따른 정규화를 할 필요가 없다.

4.3.3 코사인 유사도로 k-평균 클러스터링하기

동일한 크기의 두 특징 벡터 v_1과 v_2가 주어졌을 때, 이 두 벡터의 각도의 코사인값을 다음과 같이 계산할 수 있다.

$$\phi_{CS}(v_1, v_2) = (v_1 \cdot v_2) / (\|v_1\|_2 \cdot \|v_2\|_2)$$

코사인 유사도는 PyTorch에 내장된 함수이기 때문에, 여기서는 구현에 대해서 상세히 살펴보지 않겠다. 이중선 표기는 벡터의 노름^{norm5}을 의미한다. 밤하늘의 별들 사이의 각도에 대한 콘셉트와 그림 4.5(4.3.2절) 예제를 통해 무슨 일이 일어났는지 충분히 이해할 것으로 생각한다(코사인 유사도에 대해 관심이 있거나 PyTorch의 다른 거리 함수를 알고 싶다면 다음 웹 사이트(http://mng.bz/XdzM)를 방문해 문서를 살펴보길 바란다).

여러 유명 머신러닝 라이브러리들도 클러스터링 알고리듬을 상당수 구현해 제공하고 있다. 이런 알고리듬도 여기서 구현하려는 예제와 같이 잘 동작할 것이다. 10,000개 이상의 항목을 가진 데이터셋에 대해 클러스터링 알고리듬을 사용해서는 안 된다는 믿음이 있는데, 이는 사실이 아니다. 데이터를 한번 훑는 것만으로도 상당히 잘 동작하는 클러스터링 알고리듬이 존재해왔기 때문에, 몇 초의 처리 시간을 단축하려 노력하는 것이 아니

---

5   벡터의 크기 – 옮긴이

라면 데이터셋 크기에 따른 제약을 고민할 필요는 없다. 계산 집약적인 클러스터링 알고리듬이라 하더라도 전체 데이터셋의 부분 집합 내에서 클러스터를 만들어낼 수 있으며, 결과 클러스터를 사용하는 것은 전체 데이터셋을 사용하는 것만큼이나 괜찮은 효과를 보일 것이다.

k-평균을 위한 일반적인 전략은 다음과 같다.

1. 필요한 어노테이션의 수로부터 거꾸로 필요한 클러스터의 수를 선정한다.
2. 데이터 항목을 초기 클러스터 중 하나에 무작위로 추가한다.
3. 데이터 항목을 각각 하나씩 살펴보면서 다른 클러스터에 더 가까운 경우 그쪽으로 이동시킨다.
4. 더 이상 이동할 항목이 없거나 데이터 전체에 대해 사전 정의한 에포크 수에 도달할 때까지 3단계를 반복한다.

코사인 유사도와 코사인 거리는 같은 것이다.

논문에서 코사인 유사도가 종종 코사인 거리로 언급되기도 한다. 이 두 용어는 동일한 것이다. 일반적으로 클러스터링 알고리듬은 유사도(similarity) 대신 거리(distance)라는 용어를 사용하는 경향이 있다. 엄밀하게 정의하자면, 거리 = 1 - 유사도. 그러나 코사인 유사도는 삼각부등식(슈바르츠 부등식(Schwarz inequality)) 속성의 엄밀한 정의를 따르고 있지는 않으므로 코사인 유사도는 거리 지표의 공식적인 정의를 충족하지 않고, 유사도라는 이름을 사용하고 있다.

4장에서는 모든 샘플링 항목에 대해 [0, 1] 범위를 얻을 때 중심체와 아웃라이어를 보수(complement)로 취급할 때 용어가 충분히 혼란스럽기 때문에, 이로 인한 추가적인 혼란이 없도록 해야 한다.

1단계에서 언급된 것처럼 각 클러스터에서 얼마나 많은 항목을 샘플링할지 정한 후에 가장 적합한 클러스터 수를 거꾸로 선택해야 한다. 클러스터당 5개의 항목(1개의 중심체, 1개의 아웃라이어, 3개의 임의 선택) 샘플링하고, 이번 능동학습 이터레이션에서 100개의 항목을 어노테이션하려 한다면, 클러스터 수를 20개로 선택해야 한다(즉, 20 × 5 = 100과 같이 말이다).

완결성을 위해 코사인 유사도로 k-평균 클러스터링을 구현한 전체 코드를 이 책의 예제 코드에 구현했으며, 다음 웹 사이트(http://mng.bz/MXQm)를 방문하면 볼 수 있다. k-평균 전략은 거리 측정과 무관하게 모두 똑같다. k-평균 함수는 오직 2개의 매개변수를 받는다. 첫 번째 매개변수는 레이블링됐거나 레이블링될 데이터이고(어떤 경우든 레이블은 무시된다), 두 번째 매개변수는 클러스터 개수다. 다음 리스트의 diversity_sampling.py 파일의 주요 함수에서 k-평균 전략이 구현된 것을 볼 수 있다.

리스트 4.5 PyTorch의 클러스터 기반 샘플링

```python
def get_cluster_samples(self, data, num_clusters=5, max_epochs=5,
➡ limit=5000):
    """코사인 유사도를 활용해 클러스터 구성하기

    키워드 인자:
        data -- 클러스터를 구성할 데이터
        num_clusters -- 생성할 클러스터 수
        max_epochs -- 클러스터를 생성하기 위한 최대 에포크 수
        limit -- 더 빠른 클러스터링을 위해 지정한 수에서 샘플링(-1 = 제한 없음)

    K-평균 클러스터링 알고리즘을 사용해 클러스터 생성.
    유클리디안 거리가 아닌 코사인 유사성을 이용해 클러스터를 생성하며,
    데이터에 대한 수렴이 이뤄지거나 최대 에포크가 될 때까지 생성한다.

    """

    if limit > 0:
        shuffle(data)
        data = data[:limit]

    cosine_clusters = CosineClusters(num_clusters)

    cosine_clusters.add_random_training_items(data)    ◀── 임의 할당으로 클러스터를 초기화한다.

    for i in range(0, max_epochs):
        print("Epoch "+str(i))
        added = cosine_clusters.add_items_to_best_cluster(data)    ◀── 각 클러스터에서 가장 큰 아웃라이어를 샘플링한다.
        if added == 0:
            break
                                                        클러스터에 가장 잘
                                                        맞는 항목을 각각 옮기고,
                                                        이를 반복한다.
    centroids = cosine_clusters.get_centroids()    ◀──
```

각 클러스터
에서 최적합
(중심체)
항목을
샘플링한다.

```
outliers = cosine_clusters.get_outliers()
randoms = cosine_clusters.get_randoms(3, verbose)

return centroids + outliers + randoms
```

각 클러스터에서 임의의 3개의 항목을 샘플
링하고, 각 클러스터 내의 샘플링 결과를 출
력할 수 있도록 verbose 매개변수를 넘긴다.

거리나 유사도 측정을 위해 코사인을 다른 방법으로 대체할 수도 있으며, 그런 방법들도
동일하게 잘 동작할 것이다. 이 과정을 빠르게 수행할 수 있을 만한 전략 하나는 전체 데
이터의 부분 집합으로 클러스터를 생성하고 난 후 나머지 데이터를 생성된 클러스터에
할당하는 것이다. 이 접근법은 클러스터를 빠르게 생성하고 전체 데이터셋을 샘플링한다
는 두 관점에서 최선을 결과를 줄 수도 있다. 다양한 클러스터 숫자와 다양한 클러스터당
임의의 샘플 수로 실험을 해보는 것도 좋은 전략일 것이다.

고등학교 수학 수업에서 코사인 90도는 0이고 코사인 0도는 1임을 기억하는가? 코사인
유사도는 양의 특징 값에 대해 계산할 때 [0, 1] 범위로 값을 반환하기 때문에, [0, 1] 범
위라는 목표를 손쉽게 이뤄준다. 선택된 중심체에 대해 다양성 점수로 코사인 유사도를
취할 수 있다. 아웃라이어의 경우 능동학습 순위 전략을 일관되게 유지하고, 가장 높은
점수를 샘플링하기 위해서 1에서 값을 뺄 것이다. 3장에서 언급한 것처럼, 뒤에 이어질
하위 작업들을 위해 일관성을 유지하는 것은 중요하다.

4.3.4 임베딩 또는 PCA로 특성 차원 줄이기

클러스터링은 이미지보다는 텍스트에서 더 효과적이다. 컴퓨터 비전 분야의 경력을 갖고
있다면 이 사실을 이미 잘 알 것이다. 4장의 예제에서 클러스터를 살펴보면 각 클러스터
의 항목들 사이에서 의미적인 관계를 볼 수 있었을 것이다. 이를테면 각 클러스터는 비슷
한 주제의 뉴스 제목을 포함하고 있다. 그러나 이미지에 코사인 유사도를 적용하는 경우
에는 이렇게 잘 동작하리라는 것은 분명하지 않다. 텍스트 안의 문자의 순서보다 이미지
안의 개별 픽셀은 더 추상적이기 때문이다. 만약 코사인 유사도를 이미지에 적용한다면
풍경 사진으로 구성된 클러스터를 얻을 수도 있겠지만, 그 클러스터는 파란색 벽 앞의 녹
색 자동차의 이미지를 포함하는 오류를 포함할 수도 있다.

데이터의 차원을 줄이는 가장 보편적인 방법은 주성분 분석^{PCA, Principal Component Analysis}
이다. PCA는 연관성이 높은 특징들을 결합함으로써 데이터셋의 차원을 줄인다. 머신러
닝 경험이 어느 정도 있는 사람이라면 PCA를 데이터 차원을 줄이기 위한 첫 번째 옵션으
로 고려할 것이다. PCA는 특징 사이의 상관관계가 있는 차원(특징) 수가 높을 때, 품질이
다소 낮았던 초기의 비신경망 계열의 머신러닝에서 보편적으로 사용됐다. 이제 학계에서
는 신경망 기반의 임베딩이 더 보편적이지만, 산업계에서는 PCA도 여전히 보편적으로
사용된다.

PCA를 구현하는 것은 이 책의 범주에서 벗어난다. 이와 무관하게 머신러닝에서 PCA는
알아두면 꽤 좋은 기법이므로, 차원 감소에 관한 여러 도구를 비롯해 PCA에 대해 더 자
세히 알아두기를 추천한다. PCA는 PyTorch의 내장된 함수가 아니지만(그 이유는 조금 뒤
에 알게 된다), PCA의 핵심 동작은 특이값 분해^{SVD, Singular Value Decomposition}이며, 이는 다음
웹 사이트(https://pytorch.org/docs/stable/torch.html#torch.svd)에서 자세히 다루고 있다.

PCA의 대체제로써 모델에 대한 임베딩을 사용할 수도 있다. 즉, 직접 학습시킨 모델이나
다른 데이터로 학습한 모델의 은닉층을 활용하는 것이다. 이 은닉층들을 모델 구현에 직
접 활용할 수도 있다. 또는 아래의 클러스터링 과정에서 차원 축소를 위해 모델의 정제
^{distillation} 기법을 활용할 수도 있다.

1. 원하는 클러스터의 수를 선택한다.
2. 기존 (고차원) 특징 공간에 따라 항목을 클러스터링한다.
3. 각 클러스터를 레이블로 취급하고 각 클러스터로 항목을 분류하는 모델을 구축
   한다.
4. 새로운 중간 은닉층을 새로운 특징 셋으로 사용해 각 항목을 최적의 클러스터에
   다시 할당하는 프로세스를 계속한다.

여기에서 모델 설계는 중요한 부분이다. 문자 데이터의 경우 4.2절에서 설명한 128개 뉴
런으로 구성된 단일 은닉층의 아키텍처로 충분하다. 이미지 데이터의 경우는 더 많은 층
과 합성곱 신경망^{CNN, Convolutional Neural Network} 또는 이와 유사한 네트워크를 사용해 구체
적인 픽셀 위치에서 벗어나 일반화를 해야 한다. 어느 경우든 간에 보유한 데이터의 양과

선택한 클러스터(레이블)의 수에 대한 모델을 구축하는 데 있어 직관을 사용해야 한다.

활성화 함수로 Leaky ReLU를 사용하는 은닉층으로 클러스터링해 벡터 안에 음수가 존재하는 경우, 코사인 유사도는 [0, 1] 범위 대신 [−1, 1] 범위로 값이 반환된다. 이런 경우에는 일관성을 위해 1을 더하고 반으로 나눠서 코사인 유사도가 [0, 1] 범위의 값이 되도록 해야 한다.

좀 더 밀집된 특징 벡터의 경우에는 모델이든 PCA에서든 코사인 대신 다른 거리 측정 함수를 고려해봐야 한다. 코사인 유사도는 단어에 대한 표현과 같이 크고 희소한 벡터의 경우에 가장 적합하다. 코사인 유사도처럼 [0.1, 0.1]의 활성화 값과 [10.1, 10.1]의 활성화 값을 똑같이 취급하는 것은 바람직하지 않을 것 같다. PyTorch는 이러한 경우에 더 특화된 쌍방향 거리$^{pairwise\ distance}$를 위한 내장 함수를 제공한다. 이 함수는 pytorch_clusters.py 파일 내 코사인 함수의 위치에 주석 처리돼 있다. 더 의미 있는 클러스터를 얻을 수 있는지 확인하기 위해 다양한 거리 함수로 실험해보는 것도 가능할 것이다. 이 코드는 클러스터 내의 항목 수에 따라 클러스터 내 벡터들의 정규화가 필요할 수도 있다. 그렇지 않으면 코드 변경 없이 다른 거리 함수로 교체하는 것이 나을 것이다.

컴퓨터 비전 분야에서 고급 클러스터링 기법 측면에서 마지막으로 언급할 점은, 다양성 샘플링을 위해 클러스터링을 하려는 경우에는 클러스터들이 유의미하지 않더라도 크게 염려할 필요는 없다는 점이다. 샘플링 관점에서 보면 클러스터들의 유의미한 일관성은 없더라도 여러 클러스터에 걸쳐서 충분히 다양한 이미지를 얻을 수 있기 때문이다. 이는 임베딩이나 PCA를 사용하지 않고, 픽셀 값으로부터 직접 클러스터를 생성할 수도 있다는 의미이며, 차원 축소 기법과 동일하게 성공적일 수 있음을 시사한다. 코사인 유사도는 RGB = (50, 100, 100)과 RGB = (100, 200, 200)에 대해 동일한 벡터값을 만들 것이므로, 동일한 하나의 이미지가 가볍든^{lighter} 포화^{saturated}됐든 간[6]에 동일 벡터로 취급할 것이고, 이로 인해 큰 문제는 없을 것이다. 능동학습을 위한 샘플링을 진행할 때 이미지의 픽셀 수준 클러스터가 차원 축소 방법보다 늘 나쁜 결과를 초래하는지에 대해서는 심도 있는 연구는 아직 없는 것 같아서, 새로운 주제를 찾는 독자라면 좋은 연구 주제가 될 것이다.

---

6   동일한 이미지의 RGB 값이 커지거나 작아지는 것을 의미한다. – 옮긴이

4.3.5 그밖의 클러스터링 알고리듬

여러 가지 변형된 k-평균 알고리듬과 더불어 다른 클러스터링 알고리듬과 비지도 머신 러닝 알고리듬도 실험해볼 만하다. 자주 사용되는 클러스터링 알고리듬 모두를 논의하는 것은 이 책의 범위 밖이며, 클러스터링에 관한 훌륭한 서적이 많다. 여기선 크게 3개의 알고리듬을 살펴보고자 한다.

- k-최근접 이웃이나 스펙트럴 클러스터링 같은 근접 기반의 클러스터링
- 가우시안 혼합 모델
- 토픽 모델링

KNN 알고리듬은 이미 익숙할 것이다. KNN은 클러스터 안에 소수의 항목 사이의 근접성을 기반으로 클러스터를 생성한다(k는 전체 클러스터의 개수가 아닌 클러스터당 항목의 개수다). k-평균 알고리듬의 강점과 약점은 모든 클러스터에 유의미한 중심체(평균 자체)를 가진다는 것이다.[7] L자 모양과 같은 클러스터는 이 같은 유의미한 중심체가 없을 것이다. KNN은 이런 종류의 클러스터를 포착할 수 있도록 해준다. 벡터 기반의 클러스터링 알고리듬인 스펙트럴spectral 클러스터링도 마찬가지다. 스펙트럴 클러스터링을 통해 새로운 벡터 내의 특징 공간을 표현함으로써 더 복잡한 모양의 클러스터를 발견할 수 있을 것이다.

그러나 근접 기반의 클러스터링이 k-평균 클러스터링보다 능동학습에 있어서 항상 더 효과적이라는 확실한 증거는 없다. L자 모양에서 2개의 서로 다른 극단에 대해 데이터 포인트를 따로 포착할 수도 있다. 비록 그 둘 사이의 항목이 서로 잘 이어져 있는 것처럼 보이더라도 실제로는 데이터 포인트가 충분히 다르기 때문이다. 게다가 앞서 살펴본 것처럼 k-평균 알고리듬은 은닉층이나 PCA를 적용한 벡터로 만든 클러스터의 경우에는 다양한 종류의 모양을 발견할 것이다. k-평균 알고리듬을 통해 학습한 벡터 공간에서는 단순한 타원 모양의 클러스터를 발견할 것이지만 이 벡터들이 고차원 특징으로부터 추상화된 것인 경우,[8] 이를 다시 원래의 특징 공간으로 매핑시킨다면 클러스터는 훨씬 복잡한

---

7 가운데를 중심으로 타원형 모양의 클러스터를 생성한다. – 옮긴이
8 은닉층/PCA 등을 적용해 차원 축소한 것을 의미한다. – 옮긴이

모양이 될 것이다. 실제로 k-평균을 은닉층 벡터에 적용하는 것은 서로 다른 모양의 클러스터를 찾기 위해 스펙트럴 클러스터링을 이용하는 것과 유사하다. 그래서 능동학습에 있어서 스펙트럴^{spectral} 클러스터링을 이용하는 명백한 장점이 있는 것은 아니다. 적어도 어느 한 방법이 대부분의 능동학습 사례에 명백하게 좋은지, 이 주제에 대해 깊이 있게 연구한 사람은 없는 상황이다.

가우시안 혼합 모델$^{GMM, Gaussian\ Mixture\ Models}$을 사용하면 하나의 항목이 동시에 여러 클러스터의 구성원이 될 수 있다. 이 알고리듬은 클러스터의 경계가 자연스럽게 겹치는 클러스터링 경계를 강제화하는 k-평균 알고리듬에 비해 수학적으로 더 잘 연계된 클러스터가 구성되도록 한다. GMM이나 이와 연관된 알고리듬은 "소프트 클러스터링과 하드 클러스터링" 또는 "퍼지^{fuzzy} 클러스터링"이라고 부르기도 한다. 근접 기반의 클러스터링과 마찬가지로 GMM을 능동학습에 적용할 때 k-평균 알고리듬보다 더 좋은 샘플링을 해주는가에 대한 강력한 증거는 없다. 내 경력 초기에 혼합 모델과 능동학습을 동시에 적용하곤 했지만 이 둘을 결합했던 적은 없다. 다른 능동학습 기법이 부족해서 이를 극복하기 위해 GMM이나 유사한 알고리듬이 필요하다고 느낀 적은 없었다. 실전 경험으로부터 이 둘의 결합을 시도해야 할 필요성을 느낀 적이 없다고 단언할 수 있을 것이다. 그러나 역시 GMM을 능동학습에서 깊이 있게 시험해본 적은 없기 때문에 이 주제도 잠재적으로 흥미로운 연구 분야라고 생각한다.

토픽 모델링은 대부분 텍스트 전용으로 사용되곤 한다. 토픽 모델은 한 주제 안에 관련된 단어 집합과 문서들에 걸쳐 주제들의 분포를 명시적으로 검색한다. 가장 인기 있는 알고리듬은 잠재 디리클레 할당$^{LDA, Latent\ Dirichlet\ Allocation}$이고, 여러 논문에서 LDA를 토픽 모델링으로 일컫는 것을 볼 수 있을 것이다. GMM과는 달리 토픽 모델링은 실무에서 많이 사용되고, 특히 소셜 미디어의 모니터링 도구에서 공통적으로 사용되고 있다. 하나의 토픽에 대해 연관된 단어들은 종종 의미적으로도 연관돼 있어서 전문가들은 여러 토픽을 생성하고 상세 분석을 위해 흥미로운 토픽 하나를 선정한다. 이런 접근 방식은 가벼운 지도학습의 형태로 중요한 인간 참여 전략 중 하나다. 이 주제는 9장에서 다시 다룰 것이다. 다양성 샘플링에서는 다른 클러스터링 메커니즘과 마찬가지로 클러스터를 토픽 및 각 항목의 샘플링 항목으로 생성할 수 있다.

데이터를 모델링하는 데 k-평균보다 좋지 않을 수 있어도 어떤 클러스터링 알고리듬이든 그 결과물은 다를 수 있고, 이는 다양성을 증가시킬 것이다. 그래서 능동학습을 위한 샘플링을 하기 위해 여러 클러스터링 알고리듬을 사용한다면 어느 한 가지 클러스터링 방법을 사용할 때의 수학적 추정으로부터 발생하는 편향이 생성될 가능성을 낮출 것이다. 어떤 다른 이유로 인해 데이터에 대해 클러스터링 알고리듬을 이미 사용하고 있다면 이런 방법을 샘플링 전략으로 시도해보길 바란다.

4.4 대표 샘플링

대표 샘플링은 학습 데이터와 모델이 실제 배포될 도메인 사이의 차이를 명시적^{explicitly}으로 계산하는 것을 의미한다. 모델 기반의 아웃라이어 검출과 클러스터 기반의 샘플링 방법론에서는 모델과 모델의 정확도를 평가하는 데이터 간의 차이를 명시적으로 모델링하지 않았다. 따라서 자연스런 다음 단계는 이런 질문에 답을 잘 할 수 있는 항목을 찾도록 노력하는 것이다. 어떤 미분류 데이터가 모델이 배포될 실제 도메인과 가장 유사할까? 이 단계는 모델에게 유용한 만큼이나 여러분에게도 유용하다. 모델을 적용하려는 도메인과 가장 유사한 데이터를 학습하면 데이터셋 전체와 대면하고 있는 문제에 대한 좋은 직관을 얻을 수 있을 것이다. 그림 4.6의 예제를 참고하라.

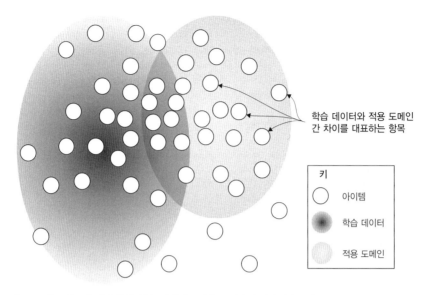

학습 데이터와 적용 도메인
간 차이를 대표하는 항목

키
◯ 아이템
● 학습 데이터
◯ 적용 도메인

▲ **그림 4.6** 대표 샘플링 예제. 현재 학습 데이터는 적용 도메인의 데이터와는 다른 분포를 보이고 있다. 대표 샘플링은 현재의 학습 데이터에서 상대적으로 적용 도메인과 가장 닮은 항목의 샘플링을 최대화한다.

4.4.1 대표 샘플링은 단독으로는 거의 사용되지 않는다

대표 샘플링이 능동학습에 있어 최선의 방법이라고 가정하더라도 이해할 만한 일이다. 모델을 배포할 도메인과 가장 닮은 데이터를 샘플링할 수 있다면 다양성 문제의 대부분을 풀 수 있는 것 아닐까? 이는 무척 자연스러운 직관이기도 하고, 대표 샘플링이 능동학습 전략 중 가장 강력한 것이 분명하다. 그러나 이에 반해 오류와 과적합이 발생하기 가장 쉬운 방법 중 하나이기도 하다. 그래서 이를 본격적으로 구현하기에 앞서서 이 전략의 제약에 대해 살펴보려고 한다.

한 가지 언급하자면 대부분의 실세계 시나리오에서 미분류 데이터는 모델을 배포하려는 도메인으로부터 오는 것이 아니다. 미래의 뉴스 제목을 식별하거나 미래의 자율주행차의 주행을 보조하려는 모델을 배포한다고 했을 때, 목표 도메인에서 샘플 데이터를 얻는 것은 불가능하다. 미래가 아닌 그보다 앞선 시점 어딘가로부터 샘플을 얻게 될 것이다. 반면에 여러분은 대부분 미래에 모델을 배포할 것이다. 그래서 학습 데이터를 미분류 데이터와 너무 가깝게 조정하면 모델이 미래 데이터에 사용될 때 과거에 갇히게 된다.

뉴스 제목을 처리하기 위한 중앙 집중식 모델과 같은 일부 배포 시나리오에서는 거의 실시간으로 새로운 데이터에 적응할 수 있어서 큰 문제가 없다. 그러나 자율주행자동차와 같은 사례에서는 실시간에 가깝게 모델을 적응하고 이를 모든 자동차에 배포하는 것이 불가능하다. 두 경우 모두 학습 미분류된 현재 데이터와 가장 유사한 학습 데이터보다 더 큰 다양성을 가진 학습 데이터가 여전히 필요하다.

대표 샘플링은 이 책에서 다루는 모든 능동학습 중에서 가장 노이즈가 발생하기 쉽다. 깨끗한 학습 데이터를 갖고 있다면 미분류 데이터 내의 노이즈는 해당 학습 데이터와 가장 큰 차이를 보이곤 한다. NLP 분야에서는 목표로 하지 않는 도메인의 언어의 단어나 학습 데이터에 존재하지 않는 지역명 리스트 등과 같이 오염된 텍스트 데이터가 노이즈의 예가 될 것이다. 컴퓨터 비전 분야에서는 렌즈가 땅을 향해 찍는 것과 같이 우연히 찍힌 사진이나 다른 종류의 카메라, 해상도, 압축 기법이 적용돼 변형된 사진 등의 오염된 이미지가 노이즈에 해당한다. 이런 유형의 노이즈는 작업의 관심사가 아니기 때문에 레이블링 목적의 관심 또는 다양성 범위의 샘플링에 포함되지 않을 것이다.

끝으로 대표 샘플링을 능동학습 프로세스의 후반부 이터레이션에만 적용하려 한다면 득보다 실이 많을 수도 있다. 특히 도메인에 대한 적응 문제가 없는 경우에 더욱 그러하다. 능동학습의 초기 몇 번의 이터레이션에서 불확실성 샘플링을 적용하고 난 후 대표 샘플링을 후반부 이터레이션에 적용한다고 가정해보겠다. 초기의 이터레이션에서는 결정 경계 주변에서 오버샘플$oversample^9$된 항목을 얻을 것이다. 그런데 대표 샘플링은 후반부 이터레이션에서 이 결정 경계에서 벗어난 항목들을 오버 샘플링한다. 이 기법이 이러한 방식으로 적용된다면 랜덤 샘플 방식보다 못한 결과를 만들어낼 것이다.

이런 이유로 대표 샘플링은 단독으로 사용되는 경우가 거의 없으며, 불확실성 샘플링을 대표 샘플링과 결합하는 알고리듬이나 프로세스에서 가장 자주 사용된다. 예를 들어 결정 경계 근처의 항목에 대해서만 대표 샘플링을 사용할 수 있다. 일부 대표 샘플링에 관한 논문에서는 대표 샘플링의 의미가 다양성과 불확실성의 결합을 의미하고 있다. 5장에서 모든 샘플링 기술을 최대한 조합해 활용할 수 있는 접근 방식으로 돌아가겠다. 여기서

---

9 마이너한 클래스의 데이터를 증식해 학습할 수 있는 충분한 데이터를 확보하는 방법을 의미한다. – 옮긴이

는 대표 샘플링만을 우선 소개해 다른 기법과 어떻게 결합할지 배우기 전에 기본적인 원리를 이해할 수 있도록 할 것이다.

이러한 주의 사항을 인지하고 적용하면 대표 샘플링은 도메인 적응에 유용할 수 있다. 학술 연구에서는 추가적인 레이블 없이 도메인 적응에 초점을 맞추고 있는데, 이런 경우는 보통 '대표'라기 보다는 '불일치'라고 부른다. 산업계에서 아직까지 사람의 개입 없는 도메인 적응을 경험해보지 못했기 때문에, 대표 샘플링은 유용하고 중요한 도구가 될 것이다.

4.4.2 단순 대표 샘플링

4.4.1절의 클러스터링 예제와 같이 대표 샘플링을 위해 다양한 알고리듬을 사용할 수 있다. 2장에서 그중 하나를 언급했는데, 아웃라이어 탐지 방법을 약간 수정해 어떤 것이 학습 데이터에서는 아웃라이어이지만, 미분류 데이터에서는 아웃라이어가 아닌지 여부를 확인하는 것이었다. 이제 한 단계 더 나아가 학습 데이터부터 미분류 데이터까지 코사인 유사도를 사용해 정교함을 조금 높이려고 한다.

1. 학습 데이터에 대한 클러스터 하나를 생성한다.
2. 미분류 데이터를 포함하는 두 번째 클러스터를 생성한다.
3. 미분류 데이터의 아웃라이어 점수와 비교해 학습 데이터의 아웃라이어 점수가 상대적으로 큰 항목을 샘플링한다.

대표 샘플링을 수행하려면 다음 명령어를 실행해보라.

```
> python active_learning.py --representative=95
```

이 명령어는 대표 샘플링 기법을 사용해 레이블할 95개의 항목을 샘플링하고 더불어 남아 있는 미분류 항목으로부터 5개를 무작위로 선택한다. 대표 샘플링 함수는 학습 데이터와 미분류 데이터를 파라미터로 받아서, 학습 데이터에 비해 상대적으로 미분류 데이터를 가장 잘 대표하는 미분류 데이터 항목을 찾는다. 현재의 클러스터링 구현 코드에 몇 줄의 코드만을 추가해 이를 구현했다.

```
def get_representative_samples(self, training_data, unlabeled_data,
    number=20, limit=10000):
    """학습 데이터와 비교해 가장 대표성이 높은 미분류 항목을 얻는다.
    키워드 인자:
        training_data -- 레이블된 데이터로 현재 모델이 학습한 데이터
        unlabeled_data -- 아직 레이블되지 않은 데이터
        number -- 샘플링할 항목의 수
        limit -- 더 빠른 샘플링을 위해 샘플링 항목 수(-1 = 제한 없음)
    학습 데이터와 미분류 데이터 각 데이터셋에 대해 하나의 클러스터를 생성


    """

    if limit > 0:
        shuffle(training_data)
        training_data = training_data[:limit]
        shuffle(unlabeled_data)
        unlabeled_data = unlabeled_data[:limit]

    training_cluster = Cluster()  ◀─── 학습 데이터에 대한 클러스터를 생성한다.

    for item in training_data:
        training_cluster.add_to_cluster(item)

    unlabeled_cluster = Cluster()  ◀─── 미분류 데이터에 대한 클러스터를 생성한다.
    for item in unlabeled_data:
        unlabeled_cluster.add_to_cluster(item)
```

각 미분류 항목들에 대해서, 레이블된 데이터(학습 데이터)에 비해 상대적으로 미분류 데이터에 얼마나 가까이 있는지 계산한다.

```
    for item in unlabeled_data:  ◀───
        training_score = training_cluster.cosine_similary(item)
        unlabeled_score = unlabeled_cluster.cosine_similary(item)

        representativeness = unlabeled_score - training_score
        item[3] = "representative"
        item[4] = representativeness

    unlabeled_data.sort(reverse=True, key=lambda x: x[4])
    return unlabeled_data[:number:]
```

위의 클러스터링 코드로 이미지에 동일한 샘플링 전략을 적용하려고 한다면 개별 픽셀로부터 이미지를 추상화하는 저차원의 벡터를 사용해야 한다. 특징이 저차원으로 표현된 것을 사용하더라도 코드를 수정할 필요는 없다. 단지 새로운 데이터 벡터를 알고리듬에 직접 연결할 뿐이기 때문이다.

4.4.3 적응형 대표 샘플링

코드를 약간만 변화시키면 각 능동학습 이터레이션 내에서 대표 샘플링의 전략을 적응형 adaptive으로 만들 수도 있다. 가장 대표성을 지닌 항목을 샘플링했을 때 후에 이 항목의 레이블이 어떤 것이 될지 모르지만 레이블이 돼야 한다는 것은 알게 됐다. 그래서 이 개별 항목을 가상의 학습 데이터에 추가한 후, 다음 항목을 선정하기 위해 대표 샘플링을 다시 수행해볼 수 있을 것이다. 이런 접근 방식은 대표 샘플링이 비슷한 항목만을 추출하는 것을 방지하는 데 도움이 될 것이다. 적응형 대표 샘플링을 수행해보려면 다음 명령어를 실행해보라.

```
> python active_learning.py --adaptive_representative=95
```

이 명령어는 적응형 대표 샘플링 기법을 사용해 레이블할 95개의 항목을 샘플링하고 더불어 남아 있는 미분류 항목으로부터 5개를 무작위로 선택한다. 새로운 코드는 동일한 파라미터를 받아서 각 새로운 항목에 대해 대표 샘플링을 한 번씩 호출하는 방식으로 동작하며 이전 코드를 활용하기 때문에 더 짧다.

리스트 4.7 PyTorch로 구현한 적응형 대표 샘플링

```
def get_adaptive_representative_samples(self, training_data, unlabeled_data,
⮕ number=20, limit=5000):
    """학습 데이터와 비교해 적응형으로 가장 대표성이 높은 미분류 항목을 얻는다.

    키워드 인자:
        training_data -- 레이블된 데이터로 현재 모델이 학습한 데이터
        unlabeled_data -- 아직 레이블되지 않은 데이터
        number -- 샘플링할 항목의 수
        limit -- 더 빠른 샘플링을 위해 샘플링 항목 수(-1 = 제한 없음)
```

각 개별 선택 후에 훈련 데이터를 업데이트해
샘플의 다양성을 증가시키는 get_representative_samples()의
적응형 변형 버전이다.
"""

```
samples = []
for i in range(0, number):
    print("Epoch "+str(i))
    representative_item = get_representative_samples(training_data,
    ➥ unlabeled_data, 1, limit)[0]
    samples.append(representative_item)
    unlabeled_data.remove(representative_item)

return samples
```

클러스터링과 대표 샘플링 코드 블럭을 활용해 조금 더 확장하면 더 복잡한 능동학습 전략의 구현을 시작할 수 있다. 5장에서는 이와 관련된 진일보한 기법에 대해 다룰 것이다. 이런 코드가 대체로 짧더라도 잘 이해해 두는 것이 중요하다.

이 함수는 샘플링하는 모든 미분류 데이터 항목에 대해 계속해서 대표성 점수를 재계산해야 하기 때문에 실행하는 데 다소 시간이 걸린다. 이 코드를 작은 서버나 개인용 컴퓨터에서 실행시키려 한다면 항목의 개수^{number}나 항목의 제한^{limit}을 낮추는 것을 고려해야 한다. 그래야 너무 오랫동안 기다리지 않고 대표 샘플링 전략의 결과를 볼 수 있을 것이다.

4.5 실세계 다양성을 위한 샘플링

편향^{bias}을 식별하고 줄이기 위한 전략은 복잡하고 그 주제로 책 하나를 채울 만큼 큰 주제이기도 하다. 대신 이 책에서는 데이터 어노테이션 문제에 집중하려고 한다. 즉, 학습 데이터가 최대한 공정하게 실세계의 다양성을 나타내도록 보장하는 문제에 집중하고자 한다. 이 책의 서론을 통해서 이해했듯이, 어떤 경우에는 수작업보다 머신러닝으로부터 더 많은 것을 기대한다. 예를 들어 영어에서 40,000개 정도의 어휘를 유창하게 구사하는 사람보다 200,000개 정도의 단어를 이해하는 모델을 기대하는 것처럼 말이다. 따라서 이 절에서는 실세계의 편향을 측정하고 줄이는 것은 문제 해결과는 거리가 먼 어려운 복잡

한 분야임을 인지하고, 모델이 능동학습의 관점에서 공정함을 보장하기 위한 모범 사례를 다룰 것이다.

실세계 다양성에 대한 인구통계는 데이터에 관한 의미 있는 분할 방법이 될 수도 있다. 다음은 우리가 주로 다루는 재해 응답 예제와 관련해 관심을 가질 만한 일종의 인구통계 유형 리스트다.

- **언어**: 특정한 언어로 작성된 재해 연관 내용은 더 정확하게 식별이 가능할까? 데이터의 대부분이 영어로 돼 있기 때문에 이 부분에서는 명백한 편향이 있다.

- **지역**: 재해와 연관된 내용이 특정 나라에서 오거나 특정 나라에 관한 것이라면 더 정확하게 식별이 가능할까? 여기도 마찬가지로 어떤 나라는 재해를 보고하는 미디어가 더 많고, 국가 수준에서 인구의 편향이 있기 때문에 높은 확률로 편향이 있을 수 있다.

- **성별**: 재해와 연관된 내용이 특정한 성별로부터 오거나 특정한 성별에 관한 것이라면 더 정확하게 식별이 가능할까? 다른 성별보다 그러한 내용을 작성하는 남성이 많을 수도 있고, 작성하는 스타일에 반영될 수도 있다.

- **사회경제학**: 재해와 연관된 내용이 서로 다른 소득 수준으로부터 오거나 그것에 관한 것이라면 더 정확하게 식별이 가능할까? 종종 부국에 대한 보고가 더 주요하게 다뤄지곤 하며, 이런 상황은 곧 데이터와 모델의 편향으로 연결되곤 한다.

- **인종과 민족성**: 재해와 연관된 내용이 어느 인종이나 민족으로부터 또는 인종이나 민족에 관한 것이라면 더 정확하게 식별이 가능할까? 미디어 기사는 종종 동일한 유형의 사건을 다르게 묘사하곤 한다. 예를 들어 단독 총기 사건을 다루는데, 특정 민족에 대한 (즉, 재해와 연관해) 테러 전쟁의 일부로 다루기도 하지만 어떤 경우는 다른 민족에 대한 (즉, 재해와 무관한) 개별적인 범죄로 묘사하기도 한다.

- **날짜와 시간**: 재해와 연관된 내용이 특정 시각, 일, 월에 발생한 것임을 더 정확하게 식별이 가능할까? 주말에 게재되는 기사 수는 더 적으며, 이들은 보통 인간사 human-interest에 더 초점을 맞추는 경향이 있다.

편향은 서로 조합될 때 달라질 수 있는데, 이는 교차 편향intersectional bias이라고 한다. 예를 들어 특정 성별에 대한 편향은 인종과 민족에 따라 좋거나 나쁘거나 심지어는 반전될 수도 있다.

모델이 어디에 배포될지에 따라서 현지 법률을 준수해야 경우가 있을 수도 있다. 예를 들어 미국 캘리포니아에서는 노동법이 앞서 설명한 리스트에 더해 나이, 이민 상태immigration status, 성적 취향과 종교를 포함해 다양한 인구통계학적 측면의 차별을 금지하고 있다. 경우에 따라서 샘플링 전략을 변경하기 위해 데이터를 인코딩해 문제를 풀려고 하는 것은 올바른 선택이 아닐 수도 있다. 대신 데이터를 수집하면서 해법을 마련해야 할 수도 있다.

4.5.1 학습 데이터 다양성의 공통적인 문제

그림 4.7에 데이터 내의 공정성fairness에 관한 공통적인 3개의 문제점을 요약했다. 그림 4.7의 3개 인구통계학적인 각 관점은 학습 데이터를 생성하려고 할 때 발생할 수 있는 공통적인 문제점을 보여주고 있다.

- 학습 데이터로부터 과대 표본돼 있고, 학습 데이터와는 다른 분포를 보이는 인구통계(X)
- 전체 데이터 분포와 흡사한 분포를 보이지만 학습 데이터에서는 아직 균형 있게 대표돼 있지 않은 인구통계(O)
- 학습 데이터에서는 과소 표본돼 있어서 개발된 모델이 임의 샘플링을 사용한 것보다 나쁠 수 있는 인구통계(Z)

머신러닝 알고리듬 자체는 데이터에 편향이 존재하지 않는 경우, 쉽사리 편향이 발생하진 않더라도 편향 자체가 발생할 수는 있다. 대체로 알고리듬이 편향을 보일 때는 학습 데이터로부터 나온 편향이나 학습 데이터가 특징feature으로 표현하는 방식에서 오는 편향이 나타나거나 증폭시키곤 한다. 편향이 순전히 모델 자체로부터 오는 것일지라도 그 편향을 검출하고 측정하기 위해 평가 데이터를 생성하는 것은 여러분이 해야 할 일이다. 데이터 원천이 형편없는 결과를 초래하더라도 데이터 어노테이션을 시작할 때 그러한 사실을 식별할 책임도 있다. 따라서 여러분이 데이터를 레이블링할 책임을 지고 있다면 여러분이야말로 여러분의 조직에서 누구보다도 모델의 공정성에 큰 영향력을 미칠 수 있다.

AI 윤리학 분야의 수많은 연구자들은 머신러닝 모델을 위한 데이터의 취급 방법과 출력결과의 해석 방법까지 포함해, 대부분의 컴퓨터 과학자보다 폭넓게 알고리듬에 대한 정의를 내리고 있다. 이 정의는 본질적으로는 좋거나 나쁜 것은 아니라 단지 다른 것뿐이다. AI 윤리학 논문의 알고리듬에 대해 읽을 때, 머신러닝을 사용하는 애플리케이션의 정확히 어떤 부분을 언급하는지 유의해야 한다.

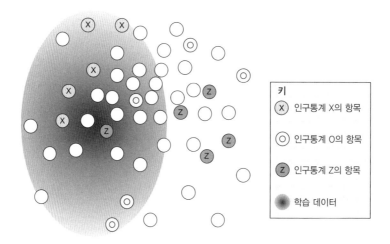

▲ **그림 4.7** 다양성 샘플링을 다룰 때 발생하는 문제의 예제. 여기서는 3개의 실제 인구통계학적인 문제를 X, O, Z로 매핑했다.

인구통계 X는 무척 좋아 보인다. 위의 모든 예제가 현재의 학습 데이터에 포함돼 있다. 다만 X는 전체적으로 학습 데이터와 동일한 분포를 보이고 있진 않다. 이 문제는 신경망 모델에서는 일반적으로 문제가 되지 않지만 나이브 베이즈와 같이 단순한 모델에서는 문제가 될 수 있다. X는 다국어 데이터셋 내에서 표준 영어 데이터처럼 긍정 편향을 가진 지배층의 인구통계학적 전형이라고 볼 수 있다.

인구통계 O는 부분적으로는 현재의 학습 데이터이고 또 다른 부분은 그밖에 있다. O는 전체 특성 범위에 걸쳐서 비교적 고르게 분포하고 있다. 그래서 전체 특징 공간에 대해 대표성을 가진 학습 데이터를 모으기만 한다면 O에 대해서는 염려할 필요가 별로 없다. O는 각 항목이 특정 기간에 대해서 수집된 시간 기반의 인구통계처럼, 긍정이든 부정이든 최소의 편향을 가진 인구통계학적 전형을 보인다.

대조적으로 인구통계 Z는 현재 학습 데이터 바깥에서 클러스터를 이루고 있다. 심지어는 현재 학습 데이터 안에 포함된 Z의 데이터 포인트 한 점은 Z의 클러스터에서는 아웃라이어처럼 보이기도 한다. 모델은 아마도 Z에 대한 정보를 알지 못할 것이어서 실제로 Z를 부정확하게 모델링할 수도 있다. Z는 인구통계학적으로 과소 대표된 전형이다. 예를 들어 어떤 과소 대표된 인종은 더 지배적인 인종과 공통된 특징을 갖고 있지 않는 한 데이터셋에서 보이지 않을 것이다.

4.5.2 인구통계학적 다양성 확보를 위한 계층화 샘플링

각 인구에 대한 미분류 항목의 레퍼런스 데이터셋이 없다면, 이전에 적용했던 능동학습 전략을 적용할 필요가 있다. 그러나 이제는 데이터 전체에 걸쳐서 계층화된 방식으로 적용해야 한다.

1. 각 인구통계에서 가장 높은 신뢰도의 예측을 보인 항목 수를 동일하게 선정해 모든 인구통계를 대상으로 최소 신뢰도 샘플링을 적용한다.
2. 각 인구통계에서 가장 높은 또는 두 번째의 신뢰도 예측을 보인 항목 수를 동일하게 선정해, 모든 인구통계를 대상으로 신뢰도 마진 샘플링을 적용한다(신뢰도의 경계선은 정확히 두 최상의 신뢰도를 가리키고 있음을 기억하라).
3. 각 인구통계에 모델 기반의 아웃라이어 검출 기법을 적용한다.
4. 각 인구통계 내 클러스터 기반의 샘플링을 적용한다.

기본적으로 미분류 데이터 전체에서 가능한 최선의 데이터셋을 원하는 것과 마찬가지로 전체 인구통계에 걸친 계층화 샘플링을 조심스럽게 적용하고자 한다.

4장에서는 이 작업을 위한 별도의 코드가 없다. 관심 있는 인구통계에 따라 데이터를 나누고, 각 인구분포에 대한 데이터에 대해서만 샘플링 전략을 적용할 수 있어야 한다.

4.5.3 표현된 것과 대표된 것 중 어느 것이 중요한가?

인구통계를 대표하는 데이터를 갖는 것과 인구통계가 데이터에 잘 표현되는 것 사이에는 미묘하지만 중요한 차이가 있다. 사용 중인 모델의 유형에 따라 이에 대한 구분이 특히 중요하므로 여기서 이 둘을 구분해보자.

- **대표 인구통계 데이터**: 전체 인구통계와 동일한 분포로 추출한 경우라면 '대표 인구통계'라고 부른다. 통계적 의미에서 레이블한 데이터가 원래 인구통계에서 임의로 추출한 데이터로부터 독립적이면서 동일한 분포의 데이터[IDD, Independent and IDentically Distributed]라면 대표성을 보인다고 표현한다.

- **잘 표현된 인구통계**: 모델이 공정성을 보이는 인구통계를 표현한 충분한 데이터가 있는 경우, 인구통계가 '잘 표현됐다'고 한다. 이 경우 데이터가 앞에서와 같이

IDD일 필요는 없다.

미분류 데이터가 관심 갖고 있는 인구통계를 공정하게 나타내며, 해당 인구통계 목적으로 정확하게 인코딩된 경우, 각 인구에서 무작위로 추출한 추가적인 평가 데이터를 생성할 수 있다. 각 인구통계가 동등한 빈도가 아니라면 이 접근법으로 전체 데이터셋에 대한 랜덤 샘플링 방식보다 더 빠르게 평가 데이터를 생성할 수 있다. 그러나 이 데이터셋은 단지 해당 인구에 대한 정확도를 평가하는 데에만 사용할 수 있다(4.5.4절).

미분류 데이터가 각 인구를 대표하지 않을 수도 있음을 기억해야 한다. 4장의 데이터는 호주나 호주와 지역/정치적으로 가까운 국가의 뉴스에 초점을 맞춘 호주의 미디어로부터 온 것이다. 예를 들어 우간다에 관한 기사는 우간다의 실제 사건을 대표하는 것이 아니며, 호주의 입장에서 더 중요하게 여겨지는 사건에 대해 편향돼 있을 것이다. 이 경우 우간다에 대한 대표성을 가진 데이터를 얻는 것은 불가능하다. 그 대신 우간다에 대한 기사를 가능한 한 다양하게 얻기 위해 클러스터링을 적용해야 한다. 그럼으로써 최소한 우간다에 대한 기사는 '잘 표현'될 수 있게 된다.

신경망 모델을 사용하고 있다면 잘 표현된 데이터가 대표 데이터가 아니더라도 문제없을 것이다. 충분한 데이터가 제공됐다면, 신경망 모델은 인구 내에서 불균형 데이터로 학습됐더라도 주어진 인구 내의 모든 항목에 대해 정확성을 보일 수 있다. 예를 들어 우간다 뉴스 기사는 스포츠 관련 기사에서는 너무나도 균형이 잡혀 있을 수도 있다. 그런 주제에 대해 모델이 정확성을 갖기 위해 우간다에 대한 다른 종류의 뉴스의 충분한 예제가 제공됐다면, 스포츠 관련 뉴스가 과대 표현됐더라도 큰 문제는 되지 않을 것이다. 모델이 우간다에 대한 모든 종류의 뉴스에 대해서 동등하게 정확히 동작할 수 있기 때문이다.

그러나 나이브 베이즈와 같이 단순한 생성 모델을 사용하는 경우라면 모델이 명시적으로 대표 데이터라고 가정하고 분류 작업을 모델링하려고 할 것이다. 이런 경우 여러분의 데이터가 대표성을 확보하거나, 특정한 데이터 유형의 사전 확률과 같은 모델 파라미터를 조정함으로써 대표성을 인코딩하는 데 더 많은 노력을 기울여야 한다.

이 접근법으로 실세계 다양성에 대한 샘플링과 계층화 샘플링을 구분한다. 사회과학에서 계층화 샘플링은 데이터가 가능한 대표성을 띄도록 확인하기 위한 기법이며, 인구통계적 불균형에 대응하기 위한 설문 조사와 같은 활동의 결과에 가중치를 주기 위한 기법이기도 하다. 신경망 모델 유형에 따라 데이터가 학습 데이터에 있고, 편향이 지속되지 않는 것으로 충분 할 수도 있다. 반대로 어떤 모델은 편향을 증폭시키곤 한다. 그래서 상황이 조금 더 복잡한 경우에는 머신러닝 아키텍처를 고려하면서 전반적으로 해결해 가야 한다. 모델의 실세계 다양성에 대해 관심을 갖고 있다면 또 계층화 샘플링 전략이 문제에 대한 유일하고 필수 불가결한 해결책이 아님을 인지한다면, 계층화 샘플링에 대한 문헌을 참고하는 것이 괜찮은 출발점이다.

4.5.4 인구통계당 정확도

데이터에 실세계 인구통계가 반영돼 있다면 이 인구통계에 따라 거시 정확도$^{macro\ accuracy}$의 변화를 계산할 수도 있다. 특정 인구통계에 속한 각 항목에 대해 주어진 레이블을 정확하게 예측된 항목은 몇 개나 될까? "오류"는 위양성$^{false\ positive}$과 위음성$^{false\ negative}$ 모두를 의미하고 있음을 주목해야 한다. 따라서 정확도에서 특정 레이블을 제외하거나 신뢰할 만한 예측값에 대해 임계치를 설정하는 것이 아니라면, 인구당 정확도와 동일한 정밀도^{Precision}와 재현율^{Recall}을 갖게 될 것이다(미시 정밀도/재현율도 동일하다). d가 각 인구에 속한 구성원의 숫자로 됐을 때, 정밀도와 재현율은 다음과 같다.

$$P_{인구통계} = \frac{\sum_d P_d}{d}$$

$$R_{인구통계} = \frac{\sum_d R_d}{d}$$

나는 이 기법이 산업계에서 사용되는 것을 자주 보지는 못했지만, 그렇다고 채택되지 말아야 할 이유는 없다. 대부분의 인구통계학적 불균형에 관한 연구는 임시방편인 경향이 있다. 예를 들어 안면 인식을 위해 여러 미디어 회사가 다양한 민족을 대표하는 소수의 이미지를 선택하고 이 민족들에 걸쳐 서로 다른 수준의 정확도를 추구하는 예가 많다. 그런 사용 예에서 미디어 회사들은 정밀도만을 (대표성이 없을 수 있는) 소규모 샘플로 테스트를 한다. 그 접근법은 미디어 기사에서는 문제가 없겠지만, 모델의 공정성을 향상시키는 데에는 효과가 없을 것이다.

여러분이 모델을 만들고 공정성을 최대한 확보해야 할 책임이 있다면 정확도를 측정하는 방법에 대해서 넓은 시야를 가지고 탐색해야 한다. 여러분의 사례에 맞춰 인구통계 기반의 정확도를 좀 더 정제하는 것이 좋을 것이다. 여기에 두 가지 선택 사항이 있다.

- **최소 정확도**^{Minimum Accuracy} : 인구통계에서 가장 낮은 정밀도, 재현율과 F-점수를 취하는 방법이다. 모델을 인구통계 전반에 걸친 공정성 측면에서 가장 약간 연결고리 정도로만 다루고자 하는 경우 최소 정확도를 적용한다. 하나의 인구통계로부터 최소 F-점수를 취할 수도 있다. 좀 더 엄격한 지표로는 다양한 레이블에서 가능한 최소 정밀도와 최소 재현율을 취해 F-점수를 산출한다.

- **조화 정확도**^{Harmonic Accuracy} : 인구통계당 정확도의 조화 평균^{harmonic mean}으로 최솟값을 적용하는 것만큼은 아니지만 인구당 평균 정확도보다는 다소 엄격한 방법(값이 0인 경우 제외). 정밀도와 재현율의 조화 평균을 적용하면 F-점수가 되기 때문에 산술적 평균 대신에 조화 평균을 적용해볼 수도 있다. 조화 평균은 높은 정확도의 아웃라이어에 리워드를 주기보다는 낮은 정확도의 아웃라이어에 대해 불이익을 부여하지만 최솟값을 취하는 것만큼은 아니다.

4.5.5 실세계 다양성을 위한 샘플링의 제약들

실세계 다양성을 위한 샘플링의 가장 큰 단점은 모델이 완벽하리라는 보장을 할 방법이 없다는 것이다. 그러나 모델이 랜덤 샘플링 방식을 사용하는 경우보다는 편향을 더 정확하게 측정할 수 있고 훨씬 공정할 것임을 보장할 수는 있다. 때로는 단지 미분류 데이터가 충분하지 않기 때문에 편향을 보완하지 못할 수도 있다. 나는 아이티의 크리올어^{Haitian Kreyol[10]}와 우르두어^{Urdu}와 같은 언어로 재해 대응에 관련해 일한 적이 있는데, 영어로 작성된 뉴스 제목을 다뤘던 것과 같은 광범위한 잠재적 재해를 다룰 수 있는 자료가 충분치 않았다. 레이블링만으로는 이 문제를 해결할 수 있는 방법이 없다. 데이터 수집은 이 책의 범위 밖이지만, 9장에서 합성 데이터를 생성하는 방법을 다룰 때 이와 관련된 기법을 다시 설명할 것이다.

---

10 아이티의 모국어로서, 프랑스어를 바탕으로 여러 언어가 혼합 발전한 언어 - 옮긴이

4.6 다양한 유형의 모델로 다양성 샘플링하기

다양성 샘플링을 모든 유형의 모델 아키텍처에 적용할 수 있다. 불확실성 샘플링에 대해 3장에서 배운 것과 마찬가지로 때로는 다른 모델에 대한 다양성 샘플링이 신경 모델과 동일하기도 하고, 때로는 다양성 샘플링이 특정 유형의 모델에 고유한 경우도 있다.

4.6.1 다양한 유형의 모델로 모델 기반의 아웃라이어 찾기

선형 회귀를 사용하는 모델의 경우, 모델의 아웃라이어는 신경망 모델과 동일한 방법을 계산할 수 있다. 모든 레이블에서 어떤 항목이 가장 낮은 활성화 값을 갖고 있는지 계산하면 된다. 정규화 이전의 예측 점수에 접근할 수만 있다면 이를 사용한다. 4장의 앞쪽 절에서 다뤘던 로짓 점수로 수행했던 것과 동일한 방식이다.

베이지안 모델의 경우 모델 기반의 아웃라이어는 각 레이블에서 전체적으로 가장 낮은 확률값을 갖는다. 여기서 신경망 모델과 같이 가장 적당한 사례에 따라 전체적으로 가장 낮은 값을 가장 낮은 평균이나 가장 낮은 최댓값을 사용해 계산한다.

SVM의 경우에는 초평면(결정 경계) 주변에 있지만 서포트 벡터^{support vectors} 자체(즉, 결정 경계를 만드는 학습 항목)에서 최대 거리인 예측값을 찾을 수 있다. 이러한 항목들은 신경망 모델에서 불확실성이 높은 모델의 아웃라이어와 동일하다.

4.6.2 다양한 유형의 모델로 클러스터링하기

4장에서 배운 것과 같이 지도학습 알고리듬을 위한 샘플링을 목적으로 k-평균과 같은 비지도 방식의 클러스터링 방법을 사용할 수 있다. 다양한 종류의 지도학습 알고리듬을 위해서 k-평균을 사용하는 접근법을 바꿀 필요는 없으므로, 우선 이와 같은 알고리듬으로 시작한 뒤, 모델과 데이터에 기반해 개선에 대해 고민할 수도 있을 것이다.

클러스터 기반의 샘플링에 대해 더 깊이 알고자 한다면 2000년대 초반 다양성 샘플링에 관한 수많은 연구가 수행됐음을 참고하길 바란다. SVM은 그 당시에 인기의 정점에 있었으므로, 그 당시 연구를 최대한 활용하려면 SVM에 관해 다시 공부하면 좋을 것이다.

4.6.3 다른 종류의 모델로 대표 샘플링하기

4장 앞부분에서 언급한 바와 같이 대표 샘플링을 위해서 코사인 유사도 대신 나이브 베이즈나 유클리드 거리를 사용할 수도 있다. 어떤 거리 함수는 특정한 데이터에 대해서 더 잘 동작할 수도 있다. 우리가 코사인 유사도를 사용한 것은 단지 클러스터링에 대한 4.3절에 대해 연속성을 유지하려고 했기 때문이다. 클러스터링 알고리듬의 거리 함수는 코사인 유사도에서 클러스터 구성원의 확률로 변경한 경우, 몇 줄 정도의 코드 수정만으로도 베이지안 클러스터링$^{Bayesian\ clustering}$을 시도할 수 있다.

의사 결정 트리$^{Decision\ tree}$는 고유한 유형의 다양성 샘플링 방식을 제공한다. 학습 데이터마다 다른 잎^{leaf}의 예측 개수가 달라지는 부분을 확인할 수 있다. 의사 결정 트리가 10개의 잎을 갖고 있고, 유효성 검사 데이터를 예측할 때 10개의 잎이 모두 동일한 수의 항목을 갖고 있다고 가정하자. 이제 이 모델을 미분류 데이터에 대해서 적용했을 때, 90%의 데이터가 하나의 잎에서 예측돼 나왔다고 상상해보자. 그 잎은 명백하게 학습 데이터보다 목표하는 도메인의 데이터를 잘 설명해준다고 볼 수 있을 것이다. 그래서 모델이 배포될 곳에서 그 데이터가 훨씬 중요하므로, 90%가 포함된 잎에서 더 많은 항목을 샘플링해야 한다.

4.6.4 다른 종류의 모델로 실세계 다양성 샘플링하기

신경 모델의 다양성을 개선하기 위한 전략은 다른 유형의 머신러닝 모델에도 적용할 수 있다. 각 인구통계에 대해 동일한 수의 레이블과 각 인구통계에 대해 동일한 정확도에 대해 최적화하고 있는지 확인하고자 한다.

4.7 다양성 샘플링에 대한 치트시트

그림 4.8은 4장에서 구현한 네 가지 방식의 다양성 샘플링 접근법을 요약한 참고지다. 이 접근법에 대해 잘 알고 있다면 다음 내용을 참고용으로 유용하게 사용하라.

다양성 샘플링 치트시트

지도학습 모델은 데이터에 의해서 제약을 받게 된다. 예를 들어 챗봇이 한 종류의 영어로만 학습됐다면 다양성이 보장되지 않을 것이다. 다양한 작업에서 데이터 측면의 다양성과 실세계의 다양성을 표현하는 데이터를 찾아야 한다. 이러한 형태의 능동학습을 다양성 샘플링이라고 한다.

이 치트시트는 학습 데이터의 다양성을 향상시킬 수 있는 네 가지 방안을 담고 있다.

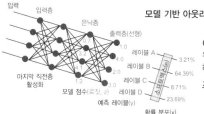

모델 기반 아웃라이어: 로짓과 은닉층에서 낮은 활성화 값에 대해 샘플링한다.

이유: 정보 부족으로 인해 모델이 혼란스러워하는 항목을 찾기 위함이다. 이는 상호완적인 샘플링 방법이자 충돌하는 정보를 통해 샘플링을 하는 불확실성 샘플링과는 다른 방식이다.

조언: 평균 활성화와 최대 활성화로 실험을 수행해보자.

클러스터 기반 샘플링: 비지도학습을 사용해 데이터를 사전 세그먼트화한다.

이유: 대부분의 항목을 포함하는 트렌드뿐만 아니라 데이터의 특징 공간에 있는 모든 의미 있는 트렌드에서 데이터를 샘플링하고 트렌드에 속하지 않는 아웃라이어를 찾기 위해서다.

조언: 다른 종류의 거리 측정 지표(distance metrics)와 클러스터링 알고리듬을 사용해보라.

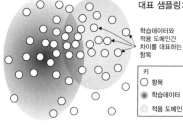

대표 샘플링: 목표 도메인을 가장 잘 대표하는 항목을 찾기 위함이다.

이유: 현재 학습 데이터가 도메인과 다를 경우, 목표로 하는 도메인을 가잘 잘 대표하는 항목을 샘플링하고 그 도메인에 최대한 빠르게 적응하기 위함이다.

조언: 한 번의 능동학습 단계에서 적응할 수 있도록 확장할 수 있다.

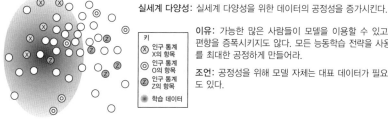

실세계 다양성: 실세계 다양성을 위한 데이터의 공정성을 증가시킨다.

이유: 가능한 많은 사람들이 모델을 이용할 수 있고, 실세계의 편향을 증폭시키지도 않는다. 모든 능동학습 전략을 사용해 데이터를 최대한 공정하게 만들어라.

조언: 공정성을 위해 모델 자체는 대표 데이터가 필요치 않을 수도 있다.

로버트 먼로 모나크, 『Human-in-the-Loop Machine Learning』, 매닝출판사(http://bit.ly/huml_book). 각 방법에 대한 자세한 내용 및 PyTorch로 제공되는 오픈소스 구현과 같은 불확실성 샘플링과 같은 다른 활성 학습 전략에 대한 자세한 내용은 책을 참조하라. robertmunro.com | @WWRob

▲ **그림 4.8** 4장에서 다룬 4개의 다양성 샘플링 전략을 요약한 대한 치트시트로 모델 기반 아웃라이어 샘플링, 클러스터 기반의 샘플링, 대표 샘플링, 실세계 다양성에 대한 샘플링이 있다. 이 4개의 전략은 데이터의 다양성과 대표성을 보장한다. 첫 번째는 현재 상태에서 모델에 잘 알려져 있지 않은 항목을 샘플링한다. 두 번째는 통계적으로 데이터의 전체 분포를 아우르는 대표성을 보이는 항목을 샘플링한다. 세 번째는 모델을 배포하려는 곳을 가장 잘 표현하는 항목을 샘플링한다. 네 번째는 실세계 인구통계의 대표성을 가장 잘 표현하는 항목을 샘플링한다.

4.8 더 읽을 거리

다양성 샘플링과 관련된 수많은 주요 논문은 사실 머신러닝 분야 이외에서 찾아봐야 한다. 올바른 데이터의 수집에 초점을 맞추고 있다면 2000년대 초기에 시작된 언어 설명서나 보관 문헌이 좋은 출발점이다. 데이터 내 계층화 표본$^{stratified\ sampling}$ 추출에 초점을 맞추고 있다면, 교육과 경제 등 다양한 분야에서 관련성이 있는 사회과학 문헌이 한 세기에 걸쳐 축적돼 있다. 이번 절에서는 머신러닝 문헌에 대한 더 읽을 거리로만 제한하지만 최고의 논문은 다른 분야의 발전을 바탕으로 작성됨을 기억하자.

4.8.1 모델 기반 아웃라이어에 대한 더 읽을 거리

모델 기반의 아웃라이어 알고리듬은 개인적으로 개발한 것으로 비공식적인 프레젠테이션과 수업을 제외하고는 이 책 외엔 출판된 적이 없다. 아웃라이어를 판별하기 위한 신경망 기반의 기법에 대한 문헌이 늘고 있긴 하지만 낮은 활성화 값이 아닌 통계적인 아웃라이어에 초점을 맞추고 있는 경향이 있다.

신경망 모델의 지식 상태를(또는 그것의 부족) 판별하기 위해 신경망 모델을 조사하는 업무를 '탐색하기^{probing}'라고 부르곤 한다. 능동학습에서 아웃라이어를 발견하기 위한 '탐색하기'에 관한 논문이 아직까지는 없지만, 더 많은 모델의 '탐색하기'의 좋은 기법을 이 목적에 적용할 수 있음은 의심의 여지가 없다.

4.8.2 클러스터 기반 샘플링에 대한 더 읽을 거리

클러스터 기반의 샘플링에 대해 최선의 출발점은 히유 T. 응위엔$^{Hieu,\ T.\ Ngyuen}$과 아놀드 스뮬더$^{Arnold\ Smeulder}$가 작성한 「사전 클러스터링을 이용한 능동학습$^{Active\ Learning\ Using}$ ^{Preclustering}」(http://mng.bz/ao6Y)이다. 클러스터 기반의 샘플링 분야의 가장 최신 연구는 이들 연구를 인용하고 있고 그런 논문 중에 인용이 많이 된 논문을 보면 된다.

응위엔과 스뮬더는 능동학습의 지표로서 클러스터링을 불확실성 샘플링과 결합해 사용했음에 유의해야 한다. 4장에서 언급한 것처럼 이 결합은 능동학습에서 클러스터링을 사용하기 위한 가장 일반적인 방식이다. 이 주제는 어떻게 결합하는지 배우기 전에 따로 이 둘을 이해할 수 있도록 개별적으로 다룰 것이다. 이 주제로 본격 들어가기에 앞서 클러스터링 샘플링과 불확실성 샘플링을 결합하는 5장을 읽기를 권한다.

능동학습을 위한 클러스터링에 대한 초기 논문들은 러시아 과학자들에게서 나왔다. 내가 알고 있는 첫 번째 영어 버전의 논문은 노보시비르크 자고루이코^{Novosibirk Zagoruiko}가 작성한 「분류와 인식^{Classification and Recognition}」(http://mng.bz/goXn)이다. 러시아어를 읽을 수만 있다면, 심지어 이 문제에 대해 고민한 50년 전의 과학자들이 작성한 여러 논문도 찾을 수 있을 것이다.

4.8.3 대표 샘플링에 대한 더 읽을 거리

대표 샘플링의 원리들은 앤드류 캐치터스 맥캘럼^{Andrew Kachites McCallum}과 카말 나이감^{Kamal Nigam}이 쓴 「문자 분류를 위해 기댓값 최대화와 풀 기반의 능동학습을 채용하기^{Employing EM and Pool-Based Active Learning for Text Classification}」(http://mng.bz/e54Z)에서 처음 탐구됐다. 대표 샘플링에 대한 가장 최신의 연구는 이들 연구를 최근에 인용하고 있고 그 자체로 인용이 많이 된 논문을 보면 된다.

4.8.4 실세계 다양성 샘플링에 대한 더 읽을 거리

실세계 다양성에 대한 좋은 머신러닝 논문 두 편이 있다. 각각 컴퓨터 비전과 자연어 처리 분야의 논문이다. 두 논문 모두 인기 있는 모델들이 부유한 배경을 지닌 사람들에 대해 더 정확함을 보였고, 부유한 사람들이 본 사물과 부국이나 인구 대국에서 사용하는 언어에 대해 학습 데이터들이 편향돼 있음을 확인했다.

- 「사물 인식이 모두를 위해 동작하는가?^{Does Object Recognition Work for Everyone?}」 테란스 데브리스^{Terrance DeVries}, 이샨 미아스^{Ishan Miasr}, 창한 왕^{Changhan Wang}, 로렌스 반데 마튼^{Laurens van der Maaten} 저(http://mng.bz/pVG0)
- 「사회적으로 공정한 언어 식별을 위한 방언의 다양성 통합^{Incorporating Dialectal Variability for Socially Equitable Language dentification}」 데이블 위르겐^{David Jurgens}, 율리아 츠벳코프^{Yulia Tsvetkov}, 댄 유라프스키^{Dan Jurafsky} 저(http://mng.bz/OEyO)

편향이라는 단어가 얼마나 모순되게 사용됐는가를 포함해, 언어 기술 문헌의 편향에 대해 비판적인 논문에 대해서는 수 린 블로짓[Su Lin Blodgett], 솔론 바로카스[Solon Barocas], 할 다움 III[Hal Daumé III], 한나 왈라치[Hanna Wallach]가 작성한 「언어(기술)가 곧 힘이다: 자연어 처리의 편향에 관한 비판적 조사[Language (Technology) Is Power: A Critical Survey of 'Bias' in NLP]」(http://mng.bz/Yq0Q)를 추천한다.

요약

- 4장에서는 다양성 샘플링에 관한 4개의 일반적인 접근법을 다뤘다. 모델 기반의 아웃라이어 샘플링, 클러스터 기반의 샘플링, 대표 샘플링과 실세계 다양성을 위한 샘플링이다. 이 기법들은 모델의 "무엇을 모르는지 모르는" 상태를 이해할 수 있도록 도움을 준다.

- 모델 기반의 아웃라이어 샘플링을 사용하면 현재 상태에서 모델이 잘 알지 못하는 항목을 샘플링할 수 있으며, 현재 모델의 지식 측면에서 빈틈이 있는 곳을 메꾸는 데 도움이 된다.

- 클러스터 기반의 샘플링은 데이터의 전체 분포에서 통계적으로 대표성 있는 항목을 샘플링할 수 있게 해준다. 이를 통해 무작위 샘플링에서는 놓칠 수 있었던 희소한 항목들을 포함해 데이터에서 의미 있는 모든 트렌드를 포착해 모델의 지식을 확장할 수 있도록 도와준다.

- 대표 샘플링은 모델을 배포하려는 도메인을 가장 잘 대표하는 항목들을 샘플링하는 데 사용될 수 있다. 이를 통해 실제 머신러닝의 공통적인 문제인 학습 데이터와 도메인이 다른 것에 모델이 적응할 수 있도록 한다.

- 실세계 다양성을 지원하기 위해 더 다양한 사용자에 대해 더 정확하게 동작하는 모델, 즉 더 공정한 모델이 되도록 불확실성 샘플링과 다양성 샘플링 등 모든 기법을 이용해야 한다.

- 미시 및 거시 F-점수와 같은 정확도 지표는 모델의 잠재적인 편향을 측정할 수 있는 하나의 방법으로 실세계의 전체 인구통계에 걸쳐서 적용될 수 있다.

- 다양성 샘플링을 위해서 신경망 모델의 계를 해석하는 것은 능동학습을 위해 가능한 많은 정보에 접근할 수 있게 해준다. 이는 모델의 아웃라이어를 계산하는 데 추가 옵션을 제공해주기도 하고, 고급 전이학습 기법을 위한 빌딩 블록으로 이용할 수도 있다.

- 다양성 샘플링을 구현할 때 얼마나 많은 항목을 사람이 직접 리뷰해야 할지 결정하는 전략은 불확실성 샘플링과는 다르다. 어떤 경우에는 능동학습의 각 이터레이션 내에서 변형 적용이 가능하기 때문이다. 적응형 샘플링 기법은 모델이 재학습되기를 기다릴 필요가 없기 때문에 인간 참여 머신러닝의 피드백 루프를 좀 더 효율적으로 만들어준다.

- 신경망 모델, 베이지안 모델, SVM, 결정 트리 등 어떤 지도학습 알고리듬으로도 다양성 샘플링의 구현이 가능하다. 지금 사용하고 있는 어떤 종류의 머신러닝 알고리듬으로도 능동학습을 구현할 수 있다. 따라서 이 책의 예제에서 초점을 맞추고 있는 신경망으로 여러분의 모델을 바꿀 필요가 없다. 각 알고리듬의 고유한 특성의 장점을 취해서 능동학습을 위한 추가 알고리듬의 일부를 시도해볼 수도 있을 것이다.

5

고급 능동학습

5장에서는 다음의 주제를 다룬다.
- 불확실성 샘플링과 다양성 샘플링 기술의 결합
- 가장 불확실한 항목과 대표 항목을 샘플링하기 위한 능동 전이학습 사용
- 능동학습 사이클 내에서 적응형 전이학습의 구현

3장과 4장에서는 모델이 불확실한 부분(모델이 무엇을 모르는지 알고 있는 것)과 모델에서 누락된 부분(모델이 무엇을 모르는지 모르는 것)을 식별하는 방법에 대해 배웠다. 5장에서는 이러한 기술을 포괄적인 능동학습 전략으로 결합하는 방법에 대해 알아본다. 또한 전이학습을 사용해 샘플링할 항목을 예측하기 위해 모델을 튜닝하는 방법에 대해서도 살펴본다.

5.1 불확실성 샘플링과 다양성 샘플링 기술의 결합

이 절에서는 지금까지 배운 모든 능동학습 기술을 결합해 특정한 사례에 효과적으로 사용할 수 있는 방법을 알아본다. 또한 불확실성 샘플링과 다양성 샘플링의 원리를 결합한 예상 오류 감소Expected Error Reduction라는 새로운 능동학습 전략도 배운다. 1장에서부터 이야기해왔듯이 능동학습의 이상적인 전략은 그림 5.1과 같이 결정 경계 근처에 있지만

서로 멀리 떨어져 있는 항목을 선별하려고 노력하는 것임을 기억하길 바란다.

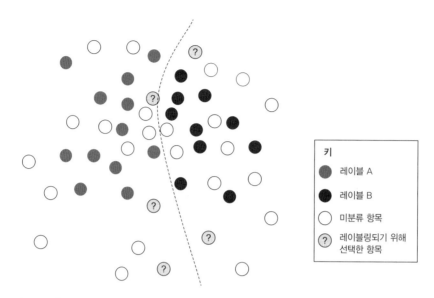

▲ **그림 5.1** 불확실성 샘플링과 다양성 샘플링을 조합한 하나의 가능한 결과. 이러한 전략이 결합되면 결정 경계(decision boundary)에 가까운 위치의 다양한 영역에서 항목이 선택된다. 따라서 학습 데이터에 추가되면 결정 경계를 변경할 수 있는 항목을 찾는 가능성을 극대화하려 하고 있다.

이전에는 결정 경계 근처에 있으면서(불확실성 샘플링) 서로 멀리 떨어져 있는 항목(클러스터 기반 샘플링 및 적응형 대표 샘플링)을 식별하는 방법을 배웠다. 5장에서는 그림 5.1과 같이 결정 경계에 가깝게 있으면서도 다양한 항목을 샘플링하는 방법을 소개할 것이다.

5.1.1 클러스터 기반 샘플링을 적용한 최소 신뢰도 샘플링

현업에서 불확실성 샘플링과 다양성 샘플링을 결합하는 가장 일반적인 방법은 하나의 방법으로 많은 샘플을 추출하고 다른 방법으로 해당 샘플을 추가 필터링하는 것이다. 이 기술은 보편적임에도 불구하고 특별한 이름이 없다. 아마도 많은 기업이 필요에 의해 독자적으로 발명했기 때문일 것이다.

가장 불확실한 50%의 항목을 최소 신뢰도 샘플링으로 추출한 다음 해당 항목 중 10%의 샘플에 클러스터 기반 샘플링을 적용하면 불확실성과 다양성의 최적에 가까운 조합인 그림 5.1의 샘플과 거의 비슷한 5%의 샘플을 얻을 수 있다. 그림 5.2는 이 결과를 그림으로 나타낸다. 먼저 가장 불확실한 50% 항목을 샘플링한 다음 클러스터를 적용해 해당 선택 항목 내의 다양성을 보장하고 각 클러스터의 중심을 샘플링한다.

이미 배운 코드와 함께 최소 신뢰도 샘플링과 클러스터링을 결합하는 것은 다음 목록에서와 같이 우리가 사용해온 동일한 코드 저장소(https://github.com/rmunro/pytorch_active_learning) 내의 advanced_active_learning.py를 단순히 확장한 것임을 알 수 있다.

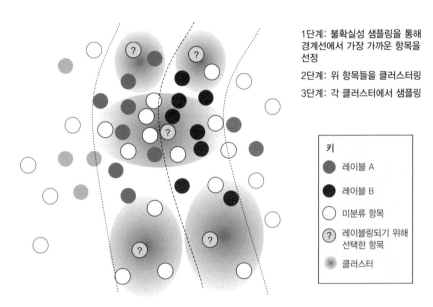

1단계: 불확실성 샘플링을 통해 경계선에서 가장 가까운 항목을 선정

2단계: 위 항목들을 클러스터링

3단계: 각 클러스터에서 샘플링

키

● 레이블 A

● 레이블 B

○ 미분류 항목

⊘ 레이블링되기 위해 선택한 항목

⊙ 클러스터

▲ **그림 5.2** 최소 신뢰도와 클러스터링 기반 샘플링을 결합한 예제다. 첫째, 불확실성 샘플링이 결정 경계 근처의 항목을 찾은 다음 클러스터링을 통해 해당 선택 항목 내의 다양성을 보장한다. 이 그림에서는 각 클러스터의 중심이 샘플로 추출된다. 그 대신에 추가적으로 아웃라이어 중 하나를 임의로 선택할 수도 있다.

리스트 5.1 최소 신뢰도 샘플링과 클러스터링의 결합

```
def get_clustered_uncertainty_samples(self, model, unlabeled_data, method,
➡ feature_method, perc_uncertain = 0.1, num_clusters=20, max_epochs=10,
➡ limit=10000):

    if limit > 0:
      shuffle(unlabeled_data)
      unlabeled_data = unlabeled_data[:limit]
```

```
uncertain_count = math.ceil(len(unlabeled_data) * perc_uncertain)

uncertain_samples = self.uncertainty_sampling.get_samples(model,
➥ unlabeled_data,
➥ method, feature_method, uncertain_count, limit=limit) ◀──── 가장 불확실한 항목의
                                                                 대규모 샘플을 확보
samples = self.diversity_sampling.get_cluster_samples(uncertain_samples,
➥ num_clusters=num_clusters) ◀──── 그 불확실한 항목을 클러스터링해
                                      샘플의 다양성을 확보함
for item in samples:
  item[3] = method.__name__+"_"+item[3] # record the sampling method

return samples
```

두 가지 접근 방식을 결합하기 위해서는 가장 불확실한 항목을 얻고 이들을 클러스터링
하기 위한 단 두 줄의 코드만이 필요하다. 재해 대응 텍스트 분류 작업에 관심이 있는 경
우 다음의 새로운 명령을 사용해보자.

```
python active_learning.py --clustered_uncertainty=10 --verbose
```

재해와 관련이 있을 수도 있고 아닐 수도 있는 텍스트의 경계를 가르는 데이터의 경향을
즉시 확인할 수 있고, 그 항목이 다양하게 선택됐음을 알 수 있다. 불확실성 샘플을 사용
해 결정 경계 근처의 항목을 찾은 다음 클러스터 기반 샘플링을 적용해 해당 항목 내의
다양성을 보장하기 위한 여러 선택지가 있다. 다양한 유형의 불확실성 샘플링을 사용하
거나, 불확실성 중단선에 대한 임곗값을 변경하고, 클러스터링의 다양한 파라미터를 사
용해 실험할 수 있다. 이러한 클러스터링과 불확실성 샘플링 조합은 다양한 환경에서 능
동학습을 하는 경우에 가장 높은 가치를 지닌 항목을 얻어내는 가장 빠른 방법이며, 대부
분 사례에서 시도하는 첫 번째 전략이기도 하다.

전략을 결합하는 간단한 방법에 대한 학술 논문은 거의 없다. 학계는 여러 개의 간단한
알고리듬을 결합하는 것보다 단일 알고리듬의 논문을 선호한다. 그 이유는 전략을 결합
하는 것은 매우 쉽기 때문에 단지 몇 줄의 코드로 구현될 수 있는 것을 학술 논문으로 쓸
필요는 없다. 그렇지만 실제 능동학습 시스템을 구축하는 현업 개발자로서, 더 실험적인
알고리듬을 시도하기 전에 항상 쉬운 솔루션을 구현해야 한다.

단순한 방법을 먼저 시도해야 하는 또 다른 이유는 애플리케이션에서 이것들을 오랫동안 계속 지원해야 할 수 있기 때문이다. 새로운 기술을 발명하지 않고도 있는 것에서 99% 얻을 수 있다면 코드를 유지 보수하는 것이 더 쉬워질 것이다. 초기 결정이 얼마나 중요한지에 대한 좋은 예는 다음 일화를 참조하라.

초기의 데이터 결정은 지속적인 영향을 끼친다.

전문가 일화, 키어런 스나이더

머신러닝 프로젝트에서 초기에 내리는 결정은 향후 수년간 구축될 제품에 영향을 미칠 수 있다. 특히 특징 인코딩(feature-encoding) 전략, 레이블링의 온톨로지, 소스 데이터 등과 같은 것들은 데이터 의사 결정에 장기적인 영향을 미칠 수 있다.

대학원 졸업 후 첫 직장에서 나는 Microsoft의 소프트웨어가 전 세계 수십 개 언어로 작동할 수 있는 인프라를 구축하는 일을 담당했다. 이 작업에는 언어에서 문자의 알파벳 순서를 결정하는 것과 같은 기본적인 결정이 포함됐지만 당시에는 많은 언어에 순서라는 게 존재하지 않았다. 2004년 쓰나미가 인도양 주변 국가들을 황폐화시켰을 때, 스리랑카에서 신할라어를 사용하는 사람들에게 이것이 직접적인 문제였다. 신할라어는 아직 표준화된 인코딩을 갖고 있지 않기 때문에 실종자 찾기를 지원하기 어려웠다. 다행히 신할라어 지원 일정은 수개월이었던 것을 수일로 단축해 실종자 서비스를 돕고 원어민과 협력해 최대한 신속하게 솔루션을 구축할 수 있게 됐다.

그 당시 우리가 결정한 인코딩은 신할라어를 위한 공식 인코딩으로 유니코드에 채택됐고 이제 그 언어를 영원히 인코딩하는 데 사용된다. 항상 이러한 중요한 일정 아래 작업하는 것은 아니지만, 제품 의사 결정이 장기적으로 미칠 영향을 처음부터 바로 고려해야 한다.

키어런 스나이더(Kieran Snyder)는 널리 사용되는 증강 글쓰기 플랫 양식인 Textio의 CEO이자 공동 설립자다. 이전에는 Microsoft와 Amazon에서 제품 리더십 역할을 맡았으며 펜실베이니아대학교에서 언어학 박사학위를 받았다.

복잡한 솔루션이 반드시 최선이라고 가정하지 말라. 최소 신뢰도와 클러스터링을 단순히 조합하면 데이터에 필요한 모든 것을 얻을 수 있다. 항상 그렇듯이 랜덤 샘플링과 비교해 정확도 측면에서 어떤 방법이 가장 큰 변화를 만드는지 확인하기 위해 다양한 방법을 테스트하길 바란다.

5.1.2 모델 기반 아웃라이어를 이용한 불확실성 샘플링

불확실성 샘플링을 모델 기반 아웃라이어와 결합하면 모델의 현재 혼동을 최대화하게 된다. 여러분은 결정 경계 근처의 항목을 찾고 있으며 해당 특징이 현재 모델에 상대적으로 알려지지 않았는지 확인하려고 하는 것이다. 그림 5.3은 이 접근법이 생성할 수 있는 샘플의 종류를 보여준다.

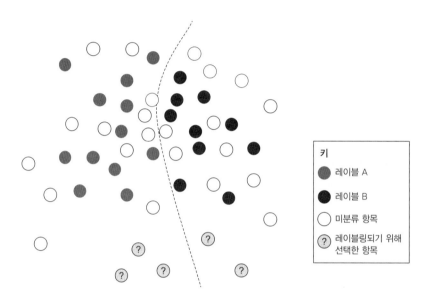

▲ **그림 5.3** 불확실성 샘플링을 모델 기반 아웃라이어와 결합하는 이 예제에서는 결정 경계 근처에 있지만 현재 학습 데이터 항목과 다르므로 모델과 다른 항목을 선택한다.

리스트 5.2 불확실성 샘플링과 모델 기반 아웃라이어의 결합

```
def get_uncertain_model_outlier_samples(self, model, outlier_model,
➥ unlabeled_data, training_data, validation_data, method, feature_method,
➥ perc_uncertain = 0.1, number=10, limit=10000):

    if limit > 0:
      shuffle(unlabeled_data)
      unlabeled_data = unlabeled_data[:limit]
    uncertain_count = math.ceil(len(unlabeled_data) * perc_uncertain)

    uncertain_samples = self.uncertainty_sampling.get_samples(model,
```

```
⇒ unlabeled_data, method, feature_method, uncertain_count, limit=limit) ◄──┐
                                              가장 불확실한 항목을 얻어냄 │

    samples = self.diversity_sampling.get_model_outliers(outlier_model,
⇒ uncertain_samples, validation_data,feature_method,
⇒ number=number, limit=limit) ◄──── 이러한 항목에 모델 기반 아웃라이어 샘플을 적용

    for item in samples:
      item[3] = method.__name__+"_"+item[3]

    return samples
```

리스트 5.1의 예와 같이 두 줄의 코드로 결합이 가능하다. 불확실성 샘플링과 모델 기반 아웃라이어를 결합하는 것이 모델의 지식과 전반적인 정확도를 높일 가능성이 가장 높은 항목을 선정하는 목적에 최적이긴 하지만 유사한 항목을 샘플링할 수도 있다. 다음 명령을 사용해 이 방법을 사용할 수 있다.

```
python active_learning.py --uncertain_model_outliers=100 –verbose
```

5.1.3 모델 기반 아웃라이어와 클러스터링을 사용한 불확실성 샘플링

5.1.2절의 방법이 서로 가까운 항목을 과다 추출할 수 있으므로 먼저 이 전략을 구현한 다음 클러스터링을 적용해 다양성을 보장하는 것이 좋다. 이전 코드의 끝에 클러스터링을 추가하는 데는 한 줄만 더 필요하므로 쉽게 구현할 수 있다. 또는 빠르게 능동학습 이 터레이션을 진행한다면 불확실성 샘플링과 모델 기반 아웃라이어를 결합할 때 이와 같은 접근 방식으로 다양성을 더 많이 보장할 수 있으며, 각 이터레이션에서 적은 수의 항목을 샘플링할 수 있다.

5.1.4 대표 샘플링과 클러스터 기반 샘플링

4장에서 배운 대표 샘플링representative sampling 기술의 한 가지 단점은 학습 데이터와 대상 도메인을 단일 클러스터로 취급한다는 것이다. 실제로 데이터는 단일 클러스터로는 잘 포착할 수 없는 멀티모달multimodal 데이터인 경우가 많다.

이러한 복잡성을 포착하기 위해 살짝 더 복잡한 아키텍처에서 대표 샘플링과 클러스터 기반 샘플링을 결합할 수 있다. 학습 데이터와 미분류 데이터를 독립적으로 클러스터링 하고 미분류 데이터의 가장 대표되는 클러스터를 식별해 거기서 과대 샘플링할 수 있다. 이 접근 방식은 대표 샘플링의 단독 사용보다 더 다양한 항목의 집합을 제공한다(그림 5.4).

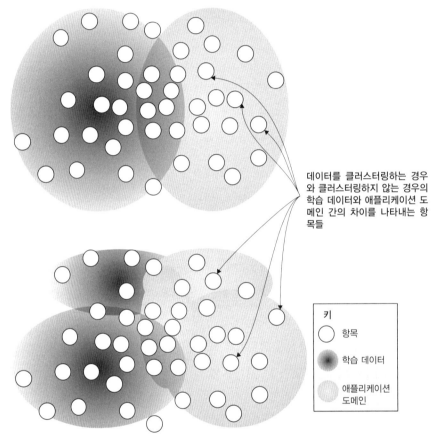

데이터를 클러스터링하는 경우 와 클러스터링하지 않는 경우의 학습 데이터와 애플리케이션 도 메인 간의 차이를 나타내는 항 목들

키
○ 항목
● 학습 데이터
● 애플리케이션 도메인

▲ **그림 5.4** 대표 샘플링과 클러스터 기반 샘플링을 결합한 예제(하단)이다. 이 빙법은 현새 학습 데이터와 관련 해 적용 도메인과 가장 유사하면서도 다양한 항목을 샘플링한다. 이에 비해 4장의 더 간단한 대표 샘플링 방법은 각 분포를 단일 분포로 취급한다.

그림 5.4에서 볼 수 있듯이 현재 학습 데이터와 대상 도메인은 특징 공간feature space 내에 서 균일한 분포가 아닐 수 있다. 먼저 데이터를 클러스터링하면 특징 공간을 좀 더 정확하 게 모델링하고 미분류 항목에 대한 더 다양한 집합을 추출할 수 있다. 제일 처음으로 적

용 도메인에서 학습 데이터와 미분류 데이터에 대한 클러스터를 만든다.

리스트 5.3 대표 샘플링과 클러스터링의 결합

```python
def get_representative_cluster_samples(self, training_data, unlabeled_data,
    number=10, num_clusters=20, max_epochs=10, limit=10000):
    """여러 클러스터에 걸쳐 학습 데이터와 비교해 가장 대표적인 미분류 항목을 가져온다.

    매개변수 키워드:
        training_data -- 레이블링 데이터, 미분류 데이터상에서 학습된 현재 모델
        unlabeled_data -- 레이블 번호가 없는 데이터
        number -- 샘플링할 항목의 수
        limit - 더 빠른 샘플링을 위해 정하는 항목 개수 제한(-1 = 제한 없음)
        num_contains -- 생성할 클러스터의 수다.
        max_nots - 클러스터를 생성할 최대 에포크 수다.

    """

    if limit > 0:
        shuffle(training_data)
        training_data = training_data[:limit]
        shuffle(unlabeled_data)
        unlabeled_data = unlabeled_data[:limit]

    # Create clusters for training data

    training_clusters = CosineClusters(num_clusters)
    training_clusters.add_random_training_items(training_data)

    for i in range(0, max_epochs):      ◀──── 기존 학습 데이터 내에 클러스터 생성
        print("Epoch "+str(i))
        added = training_clusters.add_items_to_best_cluster(training_data)
            if added == 0:
                break

    # Create clusters for unlabeled data

    unlabeled_clusters = CosineClusters(num_clusters)
    unlabeled_clusters.add_random_training_items(training_data)
```

```
for i in range(0, max_epochs):  ◄─── 미분류 데이터 내에 클러스터 생성
  print("Epoch "+str(i))
  added = unlabeled_clusters.add_items_to_best_cluster(unlabeled_data)
    if added == 0:
      Break
```

그런 다음, 미분류 데이터의 각 클러스터에 대해 반복해 각 클러스터에서 학습 데이터 클러스터를 기준으로 해당 클러스터의 중심체에 가까운 항목들을 찾는다.

리스트 5.4 대표 샘플링과 클러스터링을 결합(계속)

```
most_representative_items = []

# 각 미분류 데이터 클러스터에 대해
for cluster in unlabeled_clusters.clusters:
    most_representative = None
    representativeness = float("-inf")

# find the item in that cluster most like the unlabeled data
item_keys = list(cluster.members.keys())

for key in  item_keys:
    item = cluster.members[key]

    _, unlabeled_score =
    ➥ unlabeled_clusters.get_best_cluster(item)
    _, training_score = training_clusters.get_best_cluster(item) ◄

    cluster_representativeness = unlabeled_score - training_score

    if cluster_representativeness > representativeness:
        representativeness = cluster_representativeness
        most_representative = item

    most_representative[3] = "representative_clusters"
    most_representative[4] = representativeness
    most_representative_items.append(most_representative)

most_representative_items.sort(reverse=True, key=lambda x: x[4])
  return most_representative_items[:number:]
```

미분류 데이터 클러스터 내에서 최적합 클러스터를 찾음

둘 사이의 차이를 대표성 점수로 기록

학습 데이터 클러스터 내에서 최적합 클러스터를 찾음

설계 측면에서 이 코드는 4장에서 구현한 대표 샘플링 방법과 거의 동일하지만 클러스터링 알고리듬에서 학습 데이터와 미분류 데이터의 경우 각각 하나씩이 아니라 각 분포에 대해 다중 클러스터를 생성하도록 요청한다. 다음 명령을 사용해 이 기법을 수행할 수 있다.

```
python active_learning.py --representative_clusters=100 --verbose
```

5.1.5 최상위 엔트로피 클러스터로부터의 샘플링

특정 클러스터에서 엔트로피가 높은 경우 해당 클러스터 내 항목의 올바른 레이블에 대해 많은 혼동이 발생한다. 즉, 이러한 클러스터는 모든 항목에서 평균 불확실성이 가장 높다. 따라서 이러한 항목은 레이블을 변경할 가능성이 높다.

그림 5.5의 예는 의도적으로 문제 공간의 한 부분에 초점을 맞추기 때문에 어떤 면에서 다양성을 위한 클러스터링과는 반대다. 하지만 때로는 초점을 맞춘 그 부분이 여러분이 원하는 것일 수도 있다.

이 접근 방식은 정확히 레이블된 데이터가 있고, 머신러닝을 통해 그 작업을 해결할 수 있다는 확신이 있을 때 가장 효과적이다. 근본적으로 모호성이 높은 데이터의 경우 이 방법은 그 모호한 영역에 초점을 맞추는 경향이 있다. 이 문제를 해결하려면 기존 학습 데이터가 높은 엔트로피 클러스터에 얼마나 많이 포함되는지 확인해야 한다. 이미 학습 데이터에 이와 같은 클러스터가 잘 드러나 있는 경우, 해당 부분이 근본적으로 모호한 특징 공간이라는 증거가 되며 추가 레이블로는 도움이 되지 않는다. 다음 리스트는 평균 엔트로피가 가장 높은 클러스터를 선택하는 코드를 보여준다.

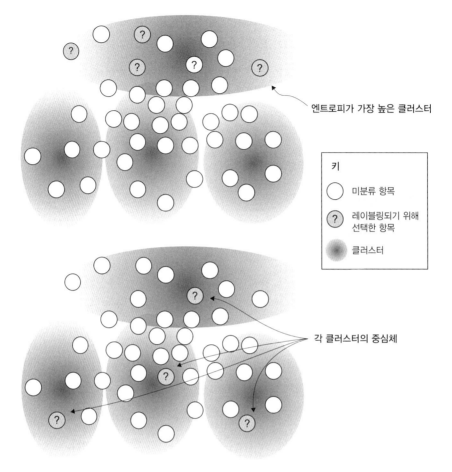

키

◯ 미분류 항목

? 레이블링되기 위해
  선택한 항목

⬤ 클러스터

엔트로피가 가장 높은 클러스터

각 클러스터의 중심체

▲ **그림 5.5** 클러스터 기반 샘플링을 클러스터 내 엔트로피(하단) 샘플 항목과 결합하는 예제다. 이 클러스터는 의사 결정 경계에 가장 근접하게 에워싸듯 위치한 클러스터라고 생각할 수 있다. 이 예제에서는 무작위 항목이 클러스터에서 샘플링되지만 각 중심체, 아웃라이어 등을 샘플링하고, 가장 높은 엔트로피의 클러스터에서 항목들을 과대 샘플링하는 실험도 가능하다. 이에 비해 단순 클러스터링(상단)에서는 모든 클러스터의 항목에서 샘플링을 한다.

리스트 5.5 엔트로피가 가장 높은 클러스터로부터 샘플을 추출한다.

```
def get_high_uncertainty_cluster(self, model, unlabeled_data, method,
    feature_method, number=10, num_clusters=20, max_epochs=10, limit=10000):
    """평균 불확실성이 가장 높은 항목을 클러스터에서 가져온다.

    키워드 매개변수:
        model -- 불확실성을 결정하기 위해 예측값을 얻는 머신러닝 모델이다.
```

```
    unlabeled_data -- 미분류 데이터다.
    method -- 불확실성 샘플링 방법(예: least_confidence())
    feature_method -- 데이터 번호에서 특징을 추출하는 방법
    number -- 샘플할 항목의 수
    num_clusters -- 생성할 클러스터의 수
    max_epochs - 클러스터를 생성할 최대 에포크 수
    limit - 더 빠른 샘플링(-1 = 제한 없음)을 위해 제한할 샘플 수
"""

if limit > 0:
  shuffle(unlabeled_data)
  unlabeled_data = unlabeled_data[:limit]


unlabeled_clusters = CosineClusters(num_clusters)
unlabeled_clusters.add_random_training_items(unlabeled_data)

for i in range(0, max_epochs):◀──── 클러스터 생성
  print("Epoch "+str(i))
  added = unlabeled_clusters.add_items_to_best_cluster(unlabeled_data)
  if added == 0:
    break

# 점수 얻기

most_uncertain_cluster = None
highest_average_uncertainty = 0.0

# 미분류 데이터의 각 클러스터에 대해
for cluster in unlabeled_clusters.clusters:
  total_uncertainty = 0.0
  count = 0

  item_keys = list(cluster.members.keys())

  for key in item_keys:
  item = cluster.members[key]
  text = item[1] # the text for the message

  feature_vector = feature_method(text)
  hidden, logits, log_probs = model(feature_vector,
```

```
    ⤷ return_all_layers=True)

    prob_dist = torch.exp(log_probs) # the probability distribution of
    ⤷ our prediction

    score = method(prob_dist.data[0]) # get the specific type of
    ⤷ uncertainty sampling

    total_uncertainty += score
    count += 1

    average_uncertainty = total_uncertainty / count  ◄─────  각 클러스터의 항목에 대한 평균
                                                              불확실성 계산(엔트로피 사용)
    if average_uncertainty > highest_average_uncertainty:
        highest_average_uncertainty = average_uncertainty
        most_uncertain_cluster = cluster

    samples = most_uncertain_cluster.get_random_members(number)

    return samples
```

이 코드 예제에서는 클러스터에 있는 모든 항목의 평균 엔트로피를 취한다. 샘플링 전략에 따라 다양한 통계에 대한 집계를 시도해볼 수 있다. 예를 들어 상위 100개 항목만 샘플로 추출하는 경우 클러스터의 모든 항목이 아니라 각 클러스터의 가장 불확실한 100개 항목에 걸친 평균 엔트로피를 계산할 수 있다. 다음 명령을 사용해 이 기법을 수행할 수 있다.

```
python active_learning.py --high_uncertainty_cluster=100 --verbose
```

5.1.6 능동학습 전략의 다른 조합들

이 책에서 다룰 수 있는 능동학습 기법의 가능한 조합이 무척 다양하며, 지금 단계에서는 그것들을 어떻게 결합할지 좋은 아이디어를 얻게 될 것이다. 이제 몇 가지 시작점을 제시해보겠다.

- **불확실성 샘플링과 대표 샘플링의 결합**: 목표 도메인을 가장 잘 대표하면서 불확실한 항목을 샘플링할 수 있다. 이 접근법은 특히 능동학습의 후반부 이터레이션에서

도움이 될 것이다. 초기 이터레이션에서 불확실성 샘플링을 사용한 경우 목표 도메인에는 결정 경계에서 불균형적으로 멀리 떨어져 있는 항목이 있을 것이며 대표 항목으로 잘못 선택될 수 있다.

- **모델 기반 아웃라이어와 대표 샘플링의 결합**: 목표 도메인에서는 비교적 일반적이지만 현재 모델에는 알려지지 않은 항목을 대상으로 도메인 적응을 위한 궁극적인 방법이다.

- **계층적 클러스터를 위해 클러스터 자체와 결합**: 대규모 클러스터가 있거나 한 클러스터 내에서 다양성을 샘플링하려는 경우 한 클러스터에서 항목을 가져와 새 클러스터 집합을 만드는 데 사용할 수 있다.

- **가장 높은 엔트로피 클러스터의 샘플링을 신뢰도 마진 샘플링**(또는 다른 불확실성 지표를 적용)**과 결합**: 엔트로피가 가장 높은 클러스터를 찾은 다음 결정 경계에 가장 가까운 클러스터 내의 모든 항목을 샘플로 추출할 수 있다.

- **앙상블 방법이나 드롭아웃을 각 전략과 결합**: 여러 모델을 구축하고 특정 상황에 무엇이 더 적절한지 결정할 수 있다. 예를 들어 불확실성을 결정하는 데 베이지안 모델이 더 좋지만, 모델 기반의 아웃라이어를 찾는 데에는 신경망 모델이 더 좋다. 이와 같이 한 모델로 샘플을 추출하고 난 후 다른 모델로 정제할 수 있다. 은닉층을 기반으로 클러스터링을 하는 경우, 불확실성 샘플링을 통해 드롭아웃 방법을 적용시키고 클러스터를 생성하는 동안 일부 뉴런을 임의로 무시할 수 있다. 이 접근 방식을 사용하면 클러스터가 네트워크의 내부 표현에 과적합되는 것을 방지할 것이다.

5.1.7 능동학습 점수의 결합

한 샘플링 전략에서 다른 샘플링 전략으로 출력값을 연결하는 방법은 다양한 샘플링 전략의 점수를 취한 후 가장 높은 평균 점수를 찾는 것이다. 이 방법은 클러스터링을 제외하고 다른 모든 방법에 있어 수학적으로 타당하다. 예를 들어 신뢰 한계, 모델 기반 아웃라이어, 대표학습representative learning으로 각 항목 점수의 평균을 계산한 다음 모든 항목의 순위를 해당 단일 집계 점수로 정렬하는 방법도 활용 가능하다.

모든 점수가 [0 – 1] 범위에 있어야 하지만 일부 점수는 더 작은 범위에서 클러스터링돼 평균에 크게 기여하지 못할 수 있다. 독자의 데이터가 이에 해당하는 경우라면 모든 점수를 백분위수로 변환해 모든 샘플링 점수를 계층화된 순위로 효과적으로 전환할 수 있다. 선택한 수학 라이브러리의 내장 함수를 사용해 숫자의 목록을 백분위수로 전환할 수 있다. 다양한 Python 라이브러리에서 rank(), percentile() 또는 percentileofscore()라는 함수를 찾아보길 바란다. 샘플링에 사용하는 다른 방법과 비교해서 점수를 백분위수로 변환하는 것은 비교적 빠르기 때문에, 최적의 함수를 찾기보다는 이미 사용 중인 라이브러리에서 함수를 선택하는 것이 좋다.

또한 교집합의 조합combination via intersection인 필터링 대신 여러 방법의 합집합을 통해 샘플을 추출할 수도 있다. 이 접근법은 모든 방법에 사용할 수 있으며 여러 불확실성 샘플링 점수를 결합할 때 가장 유용하다. 최소 신뢰도, 신뢰도 마진, 신뢰도 비율 또는 엔트로피로 가장 불확실한 10%의 항목을 샘플링해 일반적인 "불확실한" 샘플 집합을 생성한 다음 해당 샘플을 직접 사용하거나 추가적인 방법과 결합해 샘플을 세분화할 수 있다. 지금까지 배운 기본 구성 요소를 결합하는 방법은 여러 가지가 있으니 한번 실험해보길 바란다.

5.1.8 예상 오류 감소 샘플링

예상 오류 감소Expected Error Reduction는 불확실성 샘플링과 다양성 샘플링을 하나의 지표metric로 결합하는 데 초점을 둔 유용한 능동학습 전략 중 하나다. 이 알고리듬은 논의의 완성도를 위해 여기에 포함했으나, 실무에서 구현된 것을 본 적은 없다. 예상 오류 감소 샘플링에 대한 핵심 지표는 미분류 항목에 레이블을 지정하는 경우, 모델의 오차가 얼마나 감소하느냐다. 각 미분류 항목에 지정 가능한 레이블을 지정하고, 해당 레이블로 모델을 다시 학습한 다음, 모델 성확도가 어떻게 변경되는지 확인할 수 있다.[1] 모델 정확도의 변화를 계산하는 다음과 같은 두 가지 일반적인 방법이 있다.

---

1 「오류 감소를 위한 샘플링 추정을 통한 최적의 능동 학습을 향해(Toward Optimal Active Learning through Sampling Estimation of Error Reduction)」, 니콜라스 로이(Nicholas Roy), 앤드류 맥칼럼(Andrew McCallum) 저(https://dl.acm.org/doi/10.5555/645530.655646)

- **전체 정확도**: 어떤 항목이 레이블을 갖게 됐다면, 올바르게 예측된 항목 수는 어떻게 변하는가?
- **전체 엔트로피**: 어떤 항목이 레이블을 갖게 됐다면 집계 엔트로피가 어떻게 변하는가? 이 방법은 3.2.4절과 3.2.5절의 '불확실성 샘플링' 장에서 배운 엔트로피의 정의를 적용한다. 예측된 레이블에만 민감한 첫 번째 방법과 달리 예측값의 신뢰도에 민감하다.

점수는 전체 레이블상에서 각 레이블의 빈도에 따라 가중치가 부여된다. 전체적으로 모델을 개선할 가능성이 가장 높은 항목을 샘플로 추출한다. 그러나 이 알고리듬에는 몇 가지 실용성 측면의 문제가 있다.

- 미분류 항목 개수에 모든 레이블을 곱한 만큼 매번 모델을 재학습하는 것은 대부분의 알고리듬에서 엄청난 비용이다.
- 모델을 재학습할 때 너무 많은 변동이 있을 수 있어서 하나의 추가 레이블로 인해 변경된 내용을 노이즈와 구분할 수 없다.
- 이 알고리듬은 낮은 가능성의 레이블도 엔트로피가 높기 때문에 결정 경계에서 한참 떨어진 항목을 과대 샘플링하기도 한다.

따라서 이 방법을 신경망 모델에 사용하는 것은 현실적인 한계가 있다. 이 알고리듬의 최초 발명자는 점진적 나이브 베이즈incremental Naïve Bayes를 사용했는데, 이것은 새로운 항목의 특징 개수를 업데이트해 새로운 학습 항목에 적응할 수 있고, 게다가 결정적deterministic이다. 이러한 사실을 감안할 때 특정 알고리듬에 대해서는 예상 오류 감소가 동작한다고 볼 수 있다. 결정 경계에서 항목을 초과 샘플링하는 문제는 레이블 빈도(사전 확률)가 아닌 각 레이블의 예측 확률을 사용해 해결할 수 있지만, 3장에서 배운 것처럼 모델에서 정확한 신뢰도 예측(신경망 모델에서는 부정확한)이 필요할 수 있다.

예상 오류 감소를 구현하려는 경우 정확도 측정과 엔트로피 이외의 불확실성 샘플링 알고리듬을 사용해 실험할 수 있다. 이 방법은 정보 이론에서 나온 엔트로피를 사용하기 때문에 이 알고리듬의 변형 버전을 다룬 논문에서 이를 정보 이득information gain이라고 부르는 것을 볼 수 있다. 이득gain은 적은 정보lower information를 의미할 수 있기 때문에 문서들을 자세히 읽어봐야 한다. 수학적으로 정확한 용어이긴 하지만 예측값의 정보가 적은 경우 모델이 더 많이 안다고 말하는 것은 직관에 어긋나는 것처럼 보일 수 있다.

이 절의 시작 부분에서 언급한 바와 같이, 내가 아는 한 어느 누구도 예상 오류 감소가 샘플링 전략의 단순한 합집합/교집합 조합보다 더 나은지에 관한 논문을 내지 않았다. 시스템에 도움이 되는지 보기 위해서는 직접 예상 오류 감소 및 관련 알고리듬을 구현해야 한다. 이 경우 모델의 마지막 층만 새 항목으로 재학습하도록 구현해 처리 속도를 높일 수 있다.

예상 오류 감소와 유사한 목표로 항목을 샘플링하려면 5장 앞부분에 있는 그림 5.4의 예제처럼 데이터를 클러스터링한 다음 예측에서 엔트로피가 가장 높은 클러스터를 살펴보면 된다. 그러나 예상 오류 감소는 단독으로 사용되는 불확실성 샘플링 알고리듬처럼 특징 공간의 한 부분에서만 항목을 찾을 수 있다는 점에서 문제가 있다. 그림 5.4의 예제를 가장 높은 엔트로피 클러스터뿐만 아니라 N개의 가장 높은 엔트로피 클러스터의 샘플 항목으로 확장하면 몇 줄의 코드에서만 예상되는 오류 감소의 한계를 해결할 수 있다.

그러나 불확실성 샘플링과 다양성 샘플링을 하나의 알고리듬으로 결합하는 알고리듬을 수작업으로 만드는 대신 머신러닝이 해당 조합을 결정하도록 할 수 있다. 원래 예상 오류 감소 논문의 제목은 「오류 감소를 위한 샘플링 추정을 통한 최적의 능동 학습을 향해 Toward Optimal Active Learning through Sampling Estimation of Error Reduction」이었고, 20년이 지났기 때문에 이는 저자들이 당시에 머릿속에만 가졌던 방향일 가능성이 높다. 5장의 나머지 부분은 능동학습에서 샘플링 프로세스 자체를 위한 머신러닝 모델을 중심으로 전개된다.

5.2 불확실성 샘플링을 위한 능동 전이학습

최신 능동학습 방법은 여러분이 지금까지 이 책에서 배운 모든 것을 사용한다. 3장에서 배운 모호한 부분의 해석을 위한 샘플링 전략, 4장에서 배운 신경망 모델 내 다양한 층에 질의하는 방법 그리고 5장의 첫 부분에서 다룬 다양한 기법을 결합하는 방법이 그것이다.

이러한 모든 기법을 사용해 어디서 가장 큰 불확실성이 발생하는지 예측하는 작업을 통해 새 모델을 구축할 수 있다. 먼저 그림 5.6에 표시된 1장의 전이학습에 대한 설명을 다시 살펴보겠다.

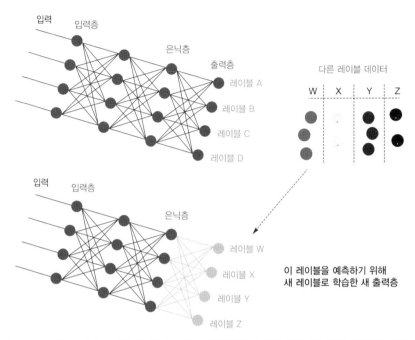

▲ **그림 5.6** 레이블을 "A", "B", "C", "D"로 예측하는 모델이 있으며, "W", "X", "Y", "Z"를 예측하기 위한 별도의 데이터셋이 있다. 처음부터 새롭게 학습하지 않고 모델의 마지막 층만 재학습한다면 더 적은 수의 "W", "X", "Y", "Z" 항목을 사용해 예측할 수 있다.

그림 5.6의 예에서 한 레이블셋에 대해 모델을 학습한 다음 아키텍처를 동일하게 유지하면서 다른 레이블 집합에 대해 마지막 층만 재학습함으로써 모델을 재학습하는 법을 볼 수 있다. 인간 참여 머신러닝을 위해 전이학습과 문맥 모델$^{contextual\ model}$을 사용하는 방법은 훨씬 더 많다. 5장의 예는 그림 5.6에 표시된 전이학습을 변형한 버전이다.

5.2.1 모델 자체의 오류를 예측하는 모델 만들기

전이학습의 새 레이블은 작업 자체에 대한 정보를 포함한 원하는 모든 범주가 될 수 있다. 이 사실이 능동적인 전이학습의 핵심이다. 전이학습을 사용해 모델 자체의 오류를 예측함으로써 어느 부분에서 혼동을 일으키는지 알아볼 수 있다. 그림 5.7에 이 프로세스가 요약돼 있다.

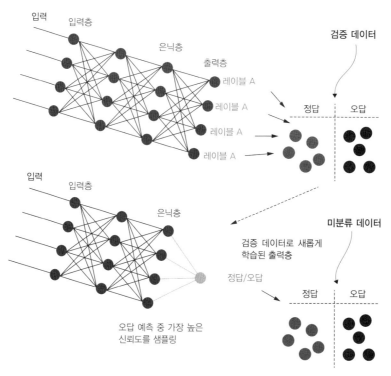

▲ **그림 5.7** 모델로 검증 항목에 대해 예측하고, 올바르게 분류됐는지 여부에 따라 "정답" 또는 "오답" 버킷에 담는다. 그런 다음 항목이 "정답"인지 "오답"인지 예측하도록 모델의 마지막 층을 재학습해, 효과적으로 두 버킷을 새 레이블로 변환한다.

그림 5.7과 같이 이 프로세스에는 몇 가지 단계가 있다.

검증 데이터셋에 모델을 적용하고 정답 또는 오답으로 분류된 검증 항목을 캡처한다. 이 데이터는 새로운 학습 데이터다. 이제 당신의 검증 항목에는 "정답" 또는 "오답"이라는 추가 레이블이 있다.

1. 모델에 새 출력층을 만들고 새 학습 데이터로 해당 층을 학습해 "정답"과 "오답" 레이블을 예측한다.
2. 미분류 데이터 항목을 새 모델에서 실행하고 "오답"으로 예측한 항목이면서 가장 높은 신뢰도를 가진 것을 샘플링한다.
3. 이제 모델에서 가장 부정확할 것으로 예측한 항목을 샘플링하므로 수작업 레이블 시 이점을 얻을 수 있다.

5.2.2 능동 전이학습의 구현

가장 간단한 형태의 능동 전이학습^{active transfer learning}은 이미 학습한 코드 구성 요소를 사용해 작성할 수 있다. 그림 5.7의 아키텍처를 구현하기 위해 새 층을 추가해 자체 모델로 만들고 마지막 은닉층을 해당 층의 특징 벡터로 사용할 수 있다.

다음은 PyTorch에서 구현된 5.2.1절의 세 단계를 보여준다. 먼저 검증 데이터 집합에 모델을 적용하고 정확하게 또는 부정확하게 분류된 검증 항목을 각각 모은다. 이 데이터는 이제 새로운 학습 데이터가 된다. 검증 항목의 추가 레이블은 "정답" 또는 "오답"이며 get_deep_active_transfer_learning_uncertainty_samples() 메서드에 있다.

리스트 5.6 능동 전이학습

```
correct_predictions = [] # 정답으로 예측된 검증 항목
incorrect_predictions = [] # 오답으로 예측된 검증 항목
item_hidden_layers = {} # 각 항목의 은닉층, id 값

for item ivalidation_data:

    id = item[0]
    text = item[1]
    label = item[2]

    feature_vector = feature_method(text)
    hidden, logits, log_probs = model(feature_vector, return_all_layers=True)

    item_hidden_layers[id] = hidden ◀─── 나중에 새 모델에 사용할 수 있도록
                                         이 항목에 대한 은닉층을 저장
    prob_dist = torch.exp(log_probs)
    # 해당 항목이 재해 연관인지 신뢰값을 얻음
    prob_related = math.exp(log_probs.data.tolist()[0][1])

    if item[3] == "seen":                │ 이 항목은 정확하게 예측됐으므로
        correct_predictions.append(item) ◀┘ 새 모델에서 "정답"으로 레이블함

    elif(label=="1" and prob_related > 0.5) or (label=="0" and prob_related
    ⇒ <= 0.5):
        correct_predictions.append(item)
```

```
        else:
            incorrect_predictions.append(item)  ◀─── 그 항목은 부정확하게 예측됐으므로
                                                      새 모델에서 "오답"으로 레이블함
```

둘째, 새 학습 데이터로 학습한 모델에 대한 새 출력층을 생성해 새로운 "정답"과 "오답"
레이블을 예측한다.

리스트 5.7 새 출력층 생성

```
correct_model = SimpleUncertaintyPredictor(128)
loss_function = nn.NLLLoss()
optimizer = optim.SGD(correct_model.parameters(), lr=0.01)


for epoch in range(epochs):  ◀─── 학습을 위한 코드는 이 책의 다른 예와 비슷하다.
    if self.verbose:
        print("Epoch: "+str(epoch))
    current = 0


    # 각 레이블의 항목 개수와 같은 수로
    # 이번 에포크에서 사용하는 데이터의 부분 집합을 만듦


    shuffle(correct_predictions) # 검증 데이터 셔플의 순서를 무작위로 지정한다.
    shuffle(incorrect_predictions) # 검증 데이터 셔플의 순서를 무작위로 지정한다.


    correct_ids = {}
    for item in correct_predictions:
        correct_ids[item[0]] = True
    epoch_data = correct_predictions[:select_per_epoch]
    epoch_data += incorrect_predictions[:select_per_epoch]
    shuffle(epoch_data)


    # 모델의 마지막 층을 학습
    for item in epoch_data:
        id = item[0]
        label = 0
        if id in correct_ids:
            label = 1


        correct_model.zero_grad()


        feature_vec = item_hidden_layers[id]  ◀─── 여기서는 원래 모델의 은닉층을 특징 벡터로 사용한다.
```

```
        target = torch.LongTensor([label])

        log_probs = correct_model(feature_vec)

        # 손실 함수를 계산하고, 역전파를 진행해 기울기(gradient)를 업데이트한다.
        loss = loss_function(log_probs, target)
        loss.backward(retain_graph=True)
        optimizer.step()
```

마지막으로 미분류 데이터 항목을 새 모델에서 실행하고, 가장 높은 신뢰도로 부정확하게 예측된 항목을 샘플링한다.

리스트 5.8 "오답" 레이블 예측

```
deep_active_transfer_preds = []

with torch.no_grad():    ◀────── 평가 코드는 이 책의 다른 코드와 비슷하다.
    v=0

for item in unlabeled_data:
    text = item[1]

    # 메인 모델에서 예측을 얻음
    feature_vector = feature_method(text)    ◀────── 먼저 원래 모델에서 은닉층을 가져와야 한다.
    hidden, logits, log_probs = model(feature_vector,
    ⮕ return_all_layers=True)

    # 메인 모델의 은닉층을 입력으로 사용해 모델에서 "정답"/"오답"을 예측함
    logits, log_probs = correct_model(hidden, return_all_layers=True) ◀─┐
                                                                        │ 그런 다음 이 은닉층을
    # 항목이 "정답"일 신뢰값을 구함                                         │ 새 모델의 특징 벡터로
    prob_correct = 1 - math.exp(log_probs.data.tolist()[0][1])          │ 사용한다.

    if(label == "0"):
        prob_correct = 1 - prob_correct

    item[3] = "predicted_error"
    item[4] = 1 - prob_correct
    deep_active_transfer_preds.append(item)
```

```
deep_active_transfer_preds.sort(reverse=True, key=lambda x: x[4])
```

```
return deep_active_transfer_preds[:number:]
```

재해 대응 텍스트 분류 작업에 관심이 있는 경우 다음과 같은 새로운 능동 전이학습 방법을 사용해보자.

```
python active_learning.py --transfer_learned_uncertainty=10 --verbose
```

이 코드에서 볼 수 있듯이, 메시지가 재해 대응과 관련이 있는지 예측하기 위해 원래 모델을 변경하진 않았다. 해당 모델의 마지막 층을 교체하는 대신 기존 모델 위에 새로운 출력층을 효과적으로 추가했다. 또는 마지막 층을 바꿔 동일한 결과를 얻어낼 수도 있다.

이 아키텍처는 기존 모델을 건드리지 않으므로 적용 시 이점이 있다. 이전 모델이 남아 있으므로 이 아키텍처는 실전 배치하거나 다른 샘플링 전략에 원래 모델을 사용하려는 경우 원치 않는 오류를 방지한다. 또한 이전의 전체 모델의 복사본을 남겨둘 경우 요구되는 추가 메모리를 방지하기도 한다. 새 층을 구축하거나 모델을 복사/수정하는 것은 동일하므로 여러분의 코드 베이스에 적합한 방법을 선택하면 된다. 이 모든 코드는 5장의 앞부분에서 설명한 방법을 포함하고 있는 advanced_active_learning.py 파일에 작성돼 있다.

5.2.3 더 많은 층의 능동 전이학습

능동 전이학습을 새로운 단일층으로 제한하거나 마지막 은닉층에만 한정해 구축할 필요는 없다. 그림 5.8에서 보듯이 여러 개의 새로운 층을 구성할 수 있으며 은닉층과 직접 연결할 수 있다.

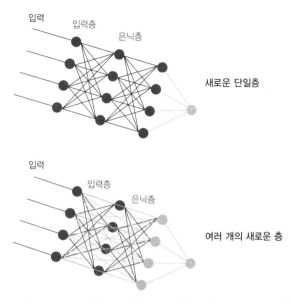

입력　입력층　은닉층

새로운 단일층

입력　입력층　은닉층

여러 개의 새로운 층

▲ **그림 5.8** 능동 전이학습을 사용해 예측을 생성하는 더 복잡한 능동 전이학습 아키텍처. 상단 예제에서는 새 출력층 내에 단일 뉴런이 있다. 하단 예제는 기존의 여러 은닉층과 연결되는 새로운 숨겨진 층이 포함돼 이전 보다 더 복잡한 아키텍처로 구성된다.

그림 5.8에서 더 복잡한 아키텍처로 확장하는 것은 단 몇 줄의 추가 코드만 필요하다. 첫째, "정답" 또는 "오답"을 예측하는 새 모델은 은닉층이 필요하다. 그런 다음 새 모델은 여러 은닉층에서 특징을 가져온다. 다른 층의 벡터를 서로 이어 붙일 수 있으며, 이렇게 평탄화된 벡터가 새 모델의 특징 벡터가 된다.

자연어 처리 또는 컴퓨터 비전을 위한 맥락 모델$^{contextual\ model}$에 익숙한 경우, 이 프로세스가 익숙할 것이다. 네트워크의 여러 부분에서 뉴런의 활성화 부분을 추출하고 하나의 긴 특징 벡터로 평탄화하는 것이다. 한 모델의 뉴런을 사용해 다른 모델의 특징을 표현하기 때문에 결과 벡터를 표현^{representation} 벡터라고 한다. 학습 데이터를 생성할 때 일부 반자동화 방법에도 중요하게 사용되는 표현 벡터에 대해서는 9장에서 다시 살펴보겠다.

더 복잡한 모델을 만들 수 있다고 해서 꼭 복잡한 모델을 만들어야 할 필요는 없다. 검증 데이터가 많지 않으면 더 복잡한 모델은 과적합^{overfit}될 가능성이 높다. 하나의 새로운 출력 뉴런만 학습하는 경우, 학습 오류를 피하는 것이 훨씬 쉽다. 이진 예측 작업을 위해 일반적으로 필요한 양의 데이터가 얼마냐에 기반해 모델이 얼마나 복잡해야 하는지 직감을 활용하길 한다.

5.2.4 능동 전이학습의 장단점

능동 전이학습은 광범위한 문제에 적합하게 만드는 몇 가지 좋은 특성을 갖고 있다.

- 우리는 은닉층을 재사용하고 있으므로 모델의 현재 정보 상태를 기반으로 직접 모델을 구축하고 있다.
- 특히 마지막 층만 재학습하는 경우(검증 데이터가 크지 않을 때 용이) 모델이 동작하기 위해서는 레이블된 항목이 아주 많이 필요하진 않다.
- 특히 마지막 층만 재학습하는 경우에는 학습 속도가 빠르다.
- 많은 아키텍처에서 잘 작동한다. 문서 또는 이미지 수준에서 레이블을 예측하고 이미지 내의 객체를 예측하거나 텍스트 시퀀스를 생성하는 것도 가능하다. 이러한 모든 사례에 대해 새로운 마지막 층(들)을 추가해 "정답" 또는 "오답"을 예측할 수 있다(능동학습 사용 사례에 대한 자세한 내용은 6장을 참조하라).
- 여러분은 서로 다른 뉴런에 걸친 활성화의 따른 범위 차이를 정규화^{normalize}할 필요가 없다. 모델이 그 일을 알아서 해낼 것이기 때문이다.

특히 다섯 번째 포인트가 무척 좋다. 모델 기반 아웃라이어의 경우 일부 뉴런의 평균 활성화 값이 무작위로 높거나 낮을 수 있으므로 검증 데이터를 사용해 활성화 값을 양자화^{quantize2}해야 한다. 정보를 뉴런의 다른 층에 전달할 수 있게 되고, 새로운 층이 현재의 각 뉴런의 활성화에 정확히 어떤 가중치를 줄지 이해한다는 것은 좋은 일이다. 능동 전이학습에는 다음의 몇 가지 단점도 있다.

- 다른 불확실성 샘플링 기법과 마찬가지로 특징 공간$^{feature space}$의 한 부분에 너무 많이 집중할 수 있으므로 다양성이 부족하다.
- 검증 데이터에 과적될 수 있다. 검증 데이터 크기가 크지 않으면 불확실성 예측 모델은 검증 데이터를 벗어나 미분류 데이터로 일반화되지 않을 수 있다.

---

2   연속적인 값을 불연속적인 디지털값처럼 일정 간격의 값으로 변환하는 것 – 옮긴이

5.3.2절에서 보듯이 첫 번째 문제는 추가적인 수작업 레이블링 데이터 없이도 부분적으로 해결할 수 있다. 이 사실이 다른 불확실성 샘플링 알고리듬과 비교할 때 가장 큰 장점 중 하나다.

높은 신뢰도로 오류인 항목은 그 자체로 분명히 드러나므로 과적합 문제도 비교적 쉽게 진단할 수 있다. 주 모델에 이진 예측이 있고 오차 예측 모델이 항목이 잘못 분류됐다고 95% 신뢰할 수 있는 경우에는 처음부터 주 모델에서 해당 항목을 올바르게 분류했어야 한다.

만약 여러분의 모델이 과적합됐고 학습의 조기 중단으로 도움이 되지 않는다는 것을 알아냈다면, 3장의 3.4절의 앙상블 방법을 사용해 여러 개의 예측값을 얻음으로써 과적합을 회피하기 위한 시도를 해볼 수 있다. 이러한 방법에는 다중 모델학습, 추론 시 드롭아웃의 사용(몬테 카를로 샘플링), 검증 항목 및 특징의 다양한 부분 집합에서 추출하기 등이 포함된다.

5.3 대표 샘플링에 능동 전이학습 적용하기

동일한 능동 전이학습 원리를 대표 샘플링에 적용할 수 있다. 즉, 현재 학습 데이터와 비교해 어떤 항목이 우리 모델이 적용된 도메인과 가장 유사한지 여부를 예측하기 위해 모델을 학습시킬 수도 있다.

이 접근법은 4장에서 배운 대표 샘플링 방법과 같이 도메인 적응에 도움이 될 것이다. 사실 대표 샘플링은 크게 다르지 않다. 4장과 다음 절의 예제에서 모두 새 모델을 구축해 어떤 항목이 모델이 적응하려는 데이터를 가장 잘 대표하는지 여부를 예측하고 있다.

5.3.1 알지 못하는 것이 무엇인지 예측하도록 모델 만들기

원칙적으로 항목이 학습 데이터에 있는지 혹은 미분류 데이터에 있는지 예측하는 데 기존 모델이 필요하지 않다. 학습 데이터와 미분류 데이터를 모두 사용하는 이진 예측 문제로 새 모델을 만들 수 있다. 실무적으로는 구축하려는 머신러닝 작업에 중요한 특징을 포함하는 것이 유용할 것이다.

그림 5.9에는 대표 능동 전이학습을 위한 프로세스와 아키텍처가 나와 있다. 이 그림에서는 미분류 항목이 현재 학습 데이터와 더 비슷한지, 아니면 모델의 애플리케이션 도메인과 더 유사한지를 예측하는 모델을 재학습하는 방법을 보여주고 있다.

그림 5.9에서 보듯이 불확실성 샘플링을 위한 능동 전이학습과 거의 차이가 없다. 첫째, 원래 모델 예측은 무시된다. 검증 및 미분류 데이터에는 직접 레이블을 지정할 수 있다. 검증 데이터는 학습 데이터와 동일한 원분포에서 추출되므로 "학습" 레이블이 지정된다. 대상 도메인의 미분류 데이터에는 "애플리케이션" 레이블이 지정된다. 그런 다음 모델이 이러한 레이블을 학습한다.

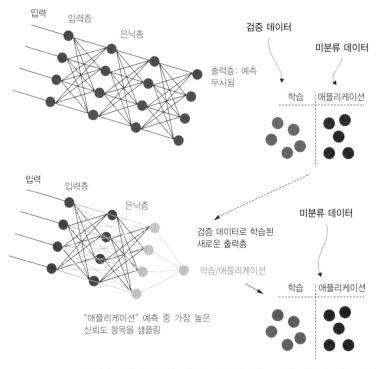

▲ **그림 5.9** 현재 학습 데이터와 가장 상이한 항목을 샘플링할 수 있는 모델을 만들 수 있다. 우선, 학습 데이터와 동일한 분포에서 검증 데이터를 가져와 "학습" 레이블을 지정한다. 그런 다음 대상 도메인에서 미분류 데이터를 가져와 "애플리케이션" 레이블을 지정한다. 우리는 모델의 모든 층에 액세스가 가능하면서도 "학습" 및 "애플리케이션" 레이블을 예측하도록 새로운 출력층을 학습한다. 우리는 미분류 데이터(학습한 미분류 항목은 무시)에 새 모델을 적용하고 "애플리케이션"으로 가장 신뢰도 높게 예측되는 항목을 샘플링한다.

둘째, 새 모델은 더 많은 층에 접근할 수 있어야 한다. 새 도메인에 적응하는 경우 학습 데이터에 아직 존재하지 않는 많은 특징이 있을 수 있다. 이 경우 기존 모델이 갖고 있는 유일한 정보는 이러한 기능이 입력층에 특징으로만 존재하고 기존 모델의 다른 층에는 기여하지 않았다는 사실이다. 다음 절에서 더 복잡한 유형의 아키텍처가 이 정보를 캡처할 것이다.

5.3.2 적응형 대표 샘플링을 위한 능동 전이학습

대표 샘플링(4장)이 적응형^{adaptive}이 될 수 있는 것처럼, 대표 샘플링에 대한 능동 전이학습도 적응형이 될 수 있다. 즉, 그림 5.10과 같이 하나의 능동학습 사이클 내에서 여러 번의 이터레이션을 수행할 수 있다.

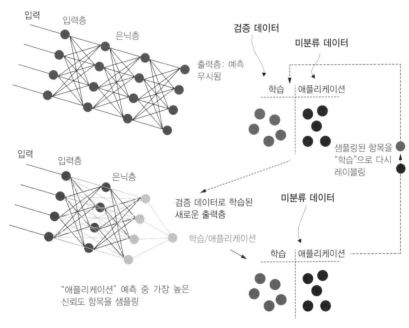

▲ **그림 5.10** 샘플 항목은 나중에 사람이 레이블링하게 되므로 레이블이 무엇인지 알 필요 없이 학습 데이터의 일부가 된다고 가정할 수 있다. 우선, 학습 데이터와 동일한 분포에서 검증 데이터를 가져와 "학습" 레이블을 지정한다. 대상 도메인에서 미분류 데이터를 가져와 "애플리케이션" 레이블을 지정한다. 우리는 모델의 모든 층에 액세스가 가능하면서, "학습" 및 "애플리케이션" 레이블을 예측하도록 새로운 출력층을 학습한다. 미분류 데이터(학습한 미분류 항목은 무시)에 새 모델을 적용하고 "애플리케이션"으로 가장 자신 있게 예측되는 항목을 샘플링한다. 이러한 항목들은 나중에 레이블을 붙이고 학습 데이터의 일부가 될 것이라고 가정할 수 있다. 따라서 샘플링된 항목을 가져와 레이블을 "애플리케이션"에서 "학습"으로 변경하고 새 데이터셋의 마지막 층을 재학습할 수 있다.

그림 5.10의 프로세스는 비적응형$^{non-adaptive}$ 버전처럼 시작된다. 우리는 어떤 항목이 기존 학습 데이터나 대상 도메인에 있는지 분류하기 위해 새로운 출력층을 만들어 "애플리케이션"으로 가장 확실하게 예측되는 항목을 샘플링한다. 프로세스를 적응형 전략으로 확장하기 위해 샘플링된 항목이 나중에 레이블을 얻고 학습 데이터의 일부가 된다고 가정할 수 있다. 따라서 샘플링된 항목을 가져와서 레이블을 "애플리케이션"에서 "학습"으로 변경하고 새 데이터셋의 마지막 층을 재학습할 수 있다. 이 프로세스는 "애플리케이션" 도메인 항목에 대한 더 나은 예측 신뢰도 향상이 없거나 이 능동학습 반복에서 샘플링할 항목의 최대 수에 도달할 때까지 반복할 수 있다.

5.3.3 대표 샘플링을 위한 능동 전이학습의 장단점

대표 샘플링에 대한 능동 전이학습의 장단점은 4장의 단순한 대표 샘플링 방법과 동일하다. 여러분이 더 강력한 모델을 사용하고 있기 때문에, 이러한 방법에 비해 장점이 더 많아질 수 있지만 과적합의 위험과 같은 몇몇 단점은 더 큰 잠재적 오류가 된다.

이러한 장점과 단점을 다시 요약하자면 대표 샘플링은 새로운 도메인에 모든 데이터가 있을 때 효과적이지만, 아직 샘플링하지 않은 미래의 데이터에 적응시키려 하는 경우라면 모델은 과거에 갇혀 있을 수 있다. 이 방법은 또한 이 책에 있는 모든 능동학습 전략 중에서 가장 노이즈가 잘 나타난다. 목표 도메인이 아닌 언어로 된 텍스트, 손상된 이미지 파일, 다양한 카메라를 사용해 발생하는 산출물의 차이 등과 같이 새로운 데이터가 손상된 데이터로부터 오는 경우, 어떤 요소든 현재 학습 데이터보다 좋지 않은 쪽으로 다르게 보일 수 있다. 마지막으로 대표 샘플링을 위한 능동 전이학습은 불확실성 샘플링을 사용한 후 이터레이션에 적용하면 애플리케이션 도메인이 학습 데이터보다 의사 결정 경계에서 벗어난 항목이 더 많아지기 때문에 득보다 실이 더 클 수 있다. 이러한 이유로 5.1절에서 배운 것처럼 다른 샘플링 전략과 결합해 대표 샘플링을 위한 능동 전이학습을 적용하는 것이 좋다.

5.4 적응형 샘플링을 위한 능동 전이학습

이 책에서 능동학습을 위한 최종 알고리듬은 가장 강력하며, 능동학습의 한 번의 이터레이션 내에서도 적응형으로 동작하는 불확실성 샘플링이다. 3장에서 배운 모든 불확실성 샘플링 기술은 비적응형이었다. 이러한 모든 기법은 한 번의 능동학습 사이클 내에서는 문제 공간의 작은 부분에서만 항목을 추출할 위험이 있다.

ATLAS^{Active Transfer Learning for Adaptive Sampling, 적응형 샘플링을 위한 능동 전이학습}는 이에 대한 예외로, 다양성을 보장하기 위해 클러스터링을 사용하지 않고도 한 번의 이터레이션 내에서 적응형 샘플링을 수행할 수 있다. ATLAS는 이 책의 출판 당시 가장 검증이 덜 된 알고리듬이라는 주의 사항과 함께 소개했는데, 나는 2019년 말에 능동 전이학습은 적응을 가능케 하는 어떤 특성을 지니고 있다는 것을 깨닫고 ATLAS를 개발하게 됐다. ATLAS는 내가 실험해본 데이터에서는 성공적이었지만, 아직 업계에 널리 배포되거나 학계의 검토를 통해 검증되진 않았다. 새로운 방법을 사용할 때와 이 알고리듬이 데이터에 적합한지 확인하기 위해 실험을 준비해야 한다.

5.4.1 불확실성 예측을 통해 불확실성 샘플링을 적응형으로 만들기

3장에서 다룬 바와 같이 대부분의 불확실성 샘플링 알고리듬은 동일한 문제를 갖고 있다. 즉, 특징 공간의 한 부분에서만 샘플을 추출할 수 있다. 다시 말해 한 번의 능동학습 이터레이션에서 모든 샘플이 유사하다는 것을 의미한다. 주의하지 않으면 특징 공간의 작은 부분에서만 항목을 샘플링하게 된다.

5.1.1절에서 배운 바와 같이 클러스터링과 불확실성 샘플링을 결합해 이 문제를 해결할 수 있다. 이 접근 방식은 여전히 능동학습 전략을 시작할 때 권장하는 방법이며, 이러한 기준선이 있다면 ATLAS를 사용해볼 수 있다. 불확실성 샘플링을 위해 능동 전이학습의 두 가지 흥미로운 속성을 이용할 수 있다.

- 실제 레이블이 아니라 모델이 올바른지 예측하고 있다.
- 일반적으로 학습 데이터 항목의 레이블을 올바르게 예측할 수 있다.

이 두 가지를 종합하면 레이블을 아직 모르더라도 샘플링된 항목이 나중에 정확하다고 가정할 수 있음을 의미한다(그림 5.11).

그림 5.11의 절차는 비적응형 버전처럼 시작된다. 새로운 출력층을 생성해 항목이 "정답" 또는 "오답"으로 분류해 "오답"으로 가장 확실하게 예측되는 항목을 샘플링한다. 이 아키텍처를 적응형 전략으로 확장하기 위해, 샘플링한 항목은 나중에 레이블이 지정돼 학습 데이터의 일부가 되며 어떤 레이블이든 레이블을 받은 후에 올바르게 예측된다고 가정할 수 있다.

따라서 샘플링한 항목을 가져와 레이블을 "오답"에서 "정답"으로 변경하고 새 데이터셋의 마지막 층을 다시 학습할 수 있다. 이 절차는 "오답" 도메인 항목에 대한 신뢰 예측이 더 이상 없거나 이 능동학습 이터레이션에서 샘플링하려는 항목의 최대 수에 도달할 때까지 반복될 수 있다. ATLAS를 불확실성 샘플링을 위한 능동학습을 위한 래퍼^{wrapper}로 구현하는 데는 단 10줄의 코드만 필요하다.

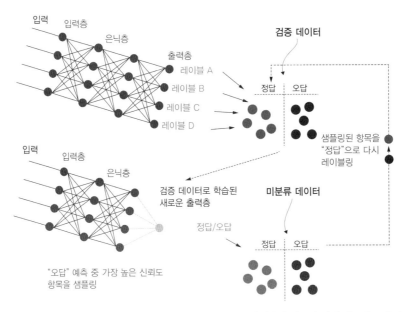

▲ **그림 5.11** 샘플링된 항목은 나중에 수작업 레이블링한 후 학습 데이터의 일부가 되기 때문에 모델이 나중에 해당 항목을 정확하게 예측한다고 가정할 수 있다. 모델들은 일반적으로 실제 학습한 항목에 대해 가장 정확하기 때문이다. 우선 검증 항목은 모델에 의해 예측되고 올바르게 분류됐는지 여부에 따라 "정답" 또는 "오답"으로 버킷에 담는다. 각 항목들이 "정답"인지 "오답"인지 예측하기 위해 모델의 마지막 층은 재학습돼 두 버킷을 새 레이블로 효과적으로 전환한다. 미분류 데이터에 새 모델을 적용해 각 항목이 "정답" 또는 "오답"이 될 것인지 예측한다. 이제 "오답" 가능성이 높은 것을 샘플링할 수 있다. 그런 다음 이 항목들이 레이블링돼 학습 데이터의 일부가 될 것이라고 가정한다. 학습 데이터는 동일한 데이터에 대해 예측된 모델에 의해 올바르게 레이블이 지정된다. 따라서 샘플링된 항목을 가져와 레이블을 "오답"에서 "정답"으로 변경해 새 데이터셋의 마지막 층을 다시 학습할 수 있다.

```python
def get_atlas_samples(self, model, unlabeled_data, validation_data,
    feature_method, number=100, limit=10000, number_per_iteration=10,
    epochs=10, select_per_epoch=100):
    """모델 안의 불확실성을 예측하기 위해 전이학습 적용

    키워드 매개변수:
        model -- 불확실성을 결정하기 위한 예측값을 얻어내는 머신러닝 모델
        unlabeled_data -- 레이블을 갖고 있지 않은 데이터
        validation_data -- 학습 데이터에 있지 않으면서 레이블을 갖고 있는 데이터. 전이학습을 위해 사용
        feature_method -- 데이터로부터 특징을 추출해내는 방법
        number -- 샘플링할 항목 개수
        number_per_iteration -- 이터레이션당 항목 개수
        limit -- 빠른 샘플링을 위해 제한할 샘플 수 (-1 = 제한 없음)
    """

    if(len(unlabeled_data) < number):
        raise Exception('More samples requested than the number of unlabeled
            items')

    atlas_samples = [] # all items sampled by atlas

    while(len(atlas_samples) < number):
        samples =
            self.get_deep_active_transfer_learning_uncertainty_samples(model,
            unlabeled_data, validation_data, feature_method,
            number_per_iteration, limit, epochs, select_per_epoch)

        for item in samples:
            atlas_samples.append(item)
            unlabeled_data.remove(item)

            item = copy.deepcopy(item)
            item[3] = "seen" # mark this item as already seen

            validation_data.append(item) # 다음 이터레이션에 들어가도록 추가

    return atlas_samples
```

코드에서 중요한 부분은 샘플링된 항목의 복사본을 각 사이클 후 검증 데이터에 추가하는 부분이다. 재해 대응 텍스트 분류 작업에 관심이 있는 경우 ATLAS를 구현한 새로운 방법으로 시도해보라.

```
python active_learning.py --atlas=100 --verbos
```

총 100개의 항목을 원하지만 디폴트 값으로 10개의 항목을 선택하고 있으므로(number_per_iteration=10) 샘플링 과정 중에 모델을 10번 재학습하게 될 것이다. 더 다양한 선택을 위해 반복당 더 적은 수로 해보면 재학습하는 데 더 많은 시간이 걸릴 것이다.

ATLAS는 처음에 학습한 불확실성 샘플링 아키텍처를 위한 능동 전이학습에 한 단계만을 더 추가하지만 이를 이해하는 데는 시간이 조금 걸릴 수 있다. 머신러닝에서는 사람이 검토하지 않은 미분류 항목에 레이블을 자신 있게 지정할 수 있는 경우가 많지 않다. 이 경우 비결은 우리가 우리의 항목에 실제 레이블을 붙이려 하는 것은 아니며, 그 레이블은 나중에 붙여질 것이라는 것을 알고 있다는 점이다.

5.4.2 ATLAS의 장단점

ATLAS의 가장 큰 장점은 불확실성 샘플링과 다양성 샘플링 모두를 한 번에 다룬다는 것이다. 이 방법은 불확실성 샘플링의 다른 방법보다 또 다른 흥미로운 이점이 있다. 즉, 특징 공간에서 근본적으로 애매한 부분에 갇혀 있지 않다는 것이다. 본질적으로 애매한 데이터가 있는 경우 해당 데이터는 모델에 대해 계속 높은 불확실성을 가진다. 능동학습의 한 이터레이션에서 데이터에 어노테이션을 달더라도 다음 이터레이션에서는 해당 데이터가 가장 불확실성이 클 수 있다. 여기서는 나중에 이 데이터가 제대로 될 것이라는 모델의 (잘못된) 가정이 도움이 된다. ATLAS가 특징 공간의 다른 부분에 초점을 맞추려면 몇 가지 애매한 항목만 보면 된다. 모델이 실수하는 것이 도움이 되는 경우는 많지 않지만, 이번 사례는 그중 하나다.

가장 큰 단점은 그 반대다. 때때로 특징 공간의 한 부분에서 레이블을 충분히 얻지 못할 수 있다. 실제 레이블을 얻을 때까지 특징 공간의 각 부분에서 필요한 항목 수를 확실히 알 수 없다. 이 문제는 클러스터링과 불확실성 샘플링을 결합할 때 각 클러스터에서 샘플링할 항목 수를 결정하는 것과 같다. 다행히 레이블이 충분하지 않은 경우 향후 능동학습을 반복하면 특징 공간의 이 부분으로 돌아갈 수 있다. 따라서 나중에 더 많은 능동학습 이터레이션을 진행할 것이라는 것을 안다면 낮게 평가하는 것이 안전하다.

다른 단점은 대체로 이 방법이 검증되지 않았고 가장 복잡한 아키텍처를 갖고 있다는 사실에서 비롯된다. "정답" 및 "오답"을 예측하기 위해 가장 정확한 모델을 구축하려면 상당한 정도의 하이퍼 파라미터 튜닝이 필요할 수 있다. 이러한 조정을 자동화하지 못하고 수동으로 수행해야 하는 경우 이 프로세스는 자동 맞춤 적응형 프로세스가 아니게 된다. 모델은 단순한 이진 분류 작업이며 모든 층을 재학습하려는 것은 아니기 때문에 모델을 크게 조정할 필요가 없다.

5.5 능동학습용 고급 치트시트

그림 5.12와 5.13은 빠른 참조를 위해 5.1절의 고급 능동학습 전략과 5.2, 5.5 및 5.4의 능동 전이학습 기술을 요약한 치트시트다.

고급 능동학습 치트시트

지도학습 머신러닝 모델에는 레이블이 지정된 데이터로 수정할 수 있는 두 가지 유형의 오류가 있다. 바로 모델이 "알고 있는 오류"와 모델이 "아직 알지 못하는 오류"이다. 불확실성 샘플링은 알고 있는 오류를 찾기 위한 능동학습 전략이고 다양성 샘플링은 아직 알지 못하는 오류를 찾기 위한 전략이다.

이 치트시트에는 불확실성 샘플링과 다양성 샘플링을 결합하는 일반적인 열 가지 방법이 있다. 배경에 대해서는 각 치트시트(http://bit.ly/uncertainty_sampling, http://bit.ly/diversity_sampling)를 참조하라.

1. **클러스터링 기반 샘플링을 사용한 최소 신뢰 샘플링**: 모델을 혼동시키는 항목을 샘플링한 다음 다양한 샘플을 확보할 수 있도록 해당 항목을 클러스터링한다.

2. **모델 기반 아웃라이어를 사용한 불확실성 샘플링**: 모델을 혼동시키는 항목을 샘플링한 다음 모델에서 활성화가 낮은 항목을 찾는다.

3. **모델 기반 아웃라이어 및 클러스터링을 사용한 불확실성 샘플링**: 방법 1과 2를 결합한다.

4. **대표 클러스터 기반 샘플링**: 데이터를 클러스터링해 대상 도메인과 가장 유사한 멀티모달 분포 및 샘플 항목을 캡처한다.

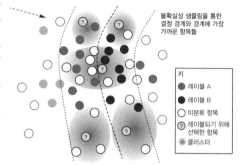

5. **가장 높은 엔트로피의 클러스터에서 샘플링**: 미분류 데이터를 클러스터링하고 모델에서 평균적 혼동이 가장 높은 클러스터를 찾는다.

6. **불확실성 샘플링과 대표 샘플링**: 두 가지 샘플링 방법 모두에서 현재 모델에 혼란을 주는 항목이면서 대상 도메인과 가장 유사한 항목을 샘플링한다.

7. **모델 기반 아웃라이어 및 대표 샘플링**: 모델에서는 활성화가 낮지만 대상 도메인에서는 상대적으로 일반적인 항목들을 샘플링한다.

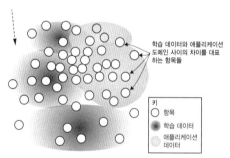

8. **계층적 클러스터링을 위한 재귀 클러스터링**: 다양성을 최대화하기 위해 재귀적으로 클러스터링한다.

9. **신뢰도 샘플링의 간격과 가장 높은 엔트로피의 클러스터에서 표본 추출**: 가장 혼동되는 클러스터를 찾은 다음 해당 클러스터 내에서 최대 레이블 쌍 혼동(maximum pairwise label confusion)을 샘플링한다.

10. **앙상블 방식과 드롭아웃을 개별 전략과 결합**: 베이지안 딥 러닝으로도 알려진 몬테 카를로 드롭아웃을 통해 여러 모델 또는 하나의 모델에서 나온 여러 예측 결과를 집계한다.

팁: 각 개별 능동학습 방법을 조립할 수 있는 레고 블럭처럼 생각하길 바란다.

불확실성 샘플링과 다양성 샘플링은 함께 가장 잘 작동한다.

불확실성 샘플링과 다양성 샘플링의 결합에 대한 학술 논문은 두 가지를 결합하는 단일 메트릭에 초점을 맞추고 있지만, 실제로 하나의 방법을 적용해 큰 샘플을 얻은 다음 다른 방법으로 샘플을 다듬는 방식으로 간단하게 연결시킬 수 있다.

로버트 (먼로) 모나크. 『Human-in-the-Loop Machine Learning』. 매닝출판사(http://bit.ly/huml_book), PyTorch의 오픈소스 구현과 함께 액티브 학습 빌딩 블록과 이들을 결합하는 고급 방법에 대한 자세한 내용은 이 책을 참조하라. robertmunro.com @WWRob

▲ **그림 5.12** 고급 능동학습 치트시트

<h1 style="text-align:center">능동 전이학습 치트시트</h1>

지도학습 머신러닝 모델은 능동학습과 전이학습을 결합해 수작업 검토하기 위한 최적의 미분류 항목을 샘플링할 수 있다. 전이학습은 모델이 항목의 레이블을 올바르게 예측할 수 있는지 여부와 애플리케이션 도메인의 데이터와 가장 유사한 항목을 알려준다.

이 치트시트(http://bit.ly/uncertainty_sampling, http://bit.ly/diversity_sampling)는 불확실성 샘플링과 다양성 샘플링의 원칙에 기초한다.

불확실성 샘플링을 위한 능동 전이학습

검증 항목은 모델에 의해 예측되고 올바르게 예측됐는지 여부에 따라 "정답" 또는 "오답"으로 다시 레이블링된다. 그런 다음 모델의 마지막 층을 재학습해 항목이 올바른지 또는 잘못됐는지 예측한다. 이제 새 모델로 미분류 항목을 예측해 초기 모델이 올바른 예측을 제공할지 또는 잘못된 예측을 제공할지 여부를 예측할 수 있으며, 잘못된 예측일 가능성이 가장 높은 항목을 샘플로 추출한다.

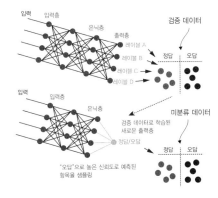

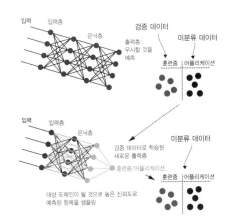

대표 샘플링을 위한 능동 전이학습

(ATLAS) 우리의 항목이 현재 어떤 레이블일지 모르더라도 나중에 수작업 레이블을 갖게 될 거라고 가정함으로써 우리의 모델을 적응형으로 만들 수 있다. 우리 모델은 이러한 항목에 대해 학습을 한 후에 정확하게 예측할 수 있을 것이라 가정한다. 그래서 우리는 모델을 우리의 샘플로 지속적으로 재학습시킬 수 있다. 따라서 ATLAS는 단일 적응형 시스템에서 불확실성 샘플링과 다양성 샘플링 모두를 다룬다.

적응형 샘플링을 위한 능동 전이학습

모델을 새로운 도메인에 적응하도록 하기 위해 미분류 항목이 현재 학습 데이터에서 나온 검증 데이터와 비슷한지 아니면 애플리케이션 도메인의 데이터와 비슷한지 여부를 예측하기 위해 모델을 재학습한다.

팁: 새 모델이 모든 층을 볼 수 있도록 허용해 현재 모델 상태의 편향을 최소화한다.

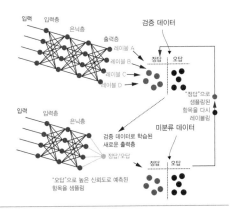

로버트 (먼로) 모나크. 『Human-in-the-Loop Machine Learning』, 매닝출판사(http://bit.ly/huml_book). PyTorch의 오픈소스 구현과 함께 액티브 학습 빌딩 블록과 이들을 결합하는 고급 방법에 대한 자세한 내용은 이 책을 참조하라. robertmunro.com @ WWRob

▲ **그림 5.13** 능동 전이학습 치트시트

5.6 능동 전이학습을 위한 더 읽을 거리

5장에서 학습한 바와 같이 많은 항목을 샘플링하기 위해 방법 하나를 사용하고 추출된 샘플을 다듬기 위해 두 번째 방법을 사용하는 고급 능동학습 기법에 대한 기존 연구는 거의 없다. 불확실성 샘플링과 다양성 샘플링의 결합에 대한 학술 논문은 두 가지 방법을 결합하는 단일 메트릭에 초점을 맞추고 있지만 실무적으로는 하나의 방법을 적용해 큰 샘플을 얻은 다음 다른 방법으로 샘플을 다듬는 방식으로 간단하게 연결할 수 있다. 학술 논문은 결합된 메트릭을 각 방법과 개별적으로 비교하는 경향이 있으므로, 결합된 메트릭이 방법을 순서대로 실행한 것보다 더 나은지에 대한 아이디어는 제공하지 않는다(5.1절).

5장의 능동 전이학습 방법은 현재 학계나 산업계의 논문으로 보고된 방법보다 더 진보됐다. 이 책을 출간하기 전에 관련 방법에 대해 강연하긴 했었지만, 다른 곳에서는 읽을 수가 없으며 이 책에 모든 내용을 담았다. 나는 5장을 쓰고 PyTorch 라이브러리를 만드는 동안 2019년 말까지 능동 전이학습을 적응형 학습으로 확장할 수 있는 가능성을 발견하지 못했지만, 이 책이 출간된 후 ATLAS를 인용한 최신 연구를 위해 논문을 찾아보길 바란다.

ATLAS가 능동학습을 머신러닝 문제로 바꾼다는 사실이 마음에 든다면 아주 많은 흥미로운 연구 논문들을 찾을 수 있다. 능동학습이 존재해온 기간 동안, 사람들은 어떻게 머신러닝을 사람이 레이블링할 항목의 샘플링 과정에 적용할지에 대해 고민해왔다. 내가 추천하는 좋은 최근 논문은 크세니아 코니쉬카^{Ksenia Konyushka}, 스니트만 라파엘^{Sznitman Raphael} 그리고 파스칼 푸아^{Pascal Fua}의 「데이터로부터 능동학습을 학습하기^{Learning Active Learning from Data}」(http://mng.bz/Gxj8)이다. 이 논문에서 가장 많이 인용된 논문과 머신러닝을 사용한 능동학습에 대한 접근법을 인용한 최근 연구를 찾아보라. 더 깊이 알아보려면 NeurIPS 논문의 첫 번째 저자인 크세니아 코니쉬카의 박사 논문을 보면 해당 분야의 포괄적인 문헌을 조사해놨다.

불확실성과 대표 샘플링을 결합하는 방법을 연구하는 오래된 논문의 경우 유홍 궈^{Yuhong Guo}와 러스 그라이너^{Russ Greiner}의 「상호 정보를 이용한 낙관적 능동학습^{Optimistic Active Learning Using Mutual Information}」(http://mng.bz/zx9g)을 추천한다.

요약

- 불확실성 샘플링과 다양성 샘플링을 결합하는 여러 방법이 있다. 이러한 기법은 모델의 정확성에 가장 도움이 되는 어노테이션을 위해 항목을 샘플링하는 능동학습 전략을 최적화하는 데 도움이 된다.

- 불확실성 샘플링과 클러스터링을 결합하는 것이 가장 일반적인 능동학습 기법이며, 지금까지 이 책에서 배운 모든 것 중에서 상대적으로 구현하기 쉬우므로 고급 능동학습 전략을 탐색하는 데 좋은 출발점이 된다.

- 기존 모델을 불확실성 예측 모델의 시작점으로 삼아 불확실성 샘플링의 능동 전이학습을 사용하면 미분류 항목의 레이블이 올바르게 지정되는지 예측하는 모델을 구축할 수 있다. 이 접근 방식을 사용하면 불확실성 샘플링 프로세스 내에서 머신러닝을 사용할 수 있다.

- 대표 샘플링을 위한 능동 전이학습을 통해 미분류 항목이 기존 학습 데이터보다 목표 도메인과 더 유사한지 여부를 예측할 수 있는 모델을 구축할 수 있다. 이 방법을 사용하면 대표 샘플링 프로세스 내에서 머신러닝을 사용할 수 있다.

- ATLAS를 사용하면 불확실성 샘플링을 위한 능동 전이학습을 확장해 불확실성 샘플링 및 다양성 샘플링의 관점을 하나의 단일 머신러닝 모델로 결합하며, 특징 공간의 한 영역에서 항목을 과도하게 샘플링하지 않도록 할 수 있다.

6

여러 머신러닝 작업에 능동학습 적용하기

6장에서는 다음의 주제를 다룬다.
- 객체 검출을 위한 불확실성과 다양성 계산
- 의미 분할을 위한 불확실성과 다양성 계산
- 시퀀스 레이블링을 위한 불확실성과 다양성 계산
- 자연어 생성을 위한 불확실성과 다양성 계산
- 말하기, 동영상, 정보 검색을 위한 불확실성과 다양성 계산
- 수작업 검토에 적합한 샘플 수 선택하기

3, 4, 5장의 예제와 알고리듬은 문서나 이미지 수준의 레이블링에 초점을 맞췄다. 6장에서는 동일한 불확실성과 다양성 샘플링 원리를 객체 검출object detection이나 시각 의미 분할semantic segmentation 인식과 같이 더 복잡한 컴퓨터 비전 작업에 적용하는 법과 시퀀스 레이블링sequence labeling이나 자연어 생성natural language generation과 같이 더 복잡한 자연어 처리 작업에 적용하는 법에 대해서 배울 것이다. 일반적인 원리는 동일해 대부분 사례에 변경 없이 적용할 수 있다. 가장 큰 차이점은 능동학습에 의해서 선택된 항목을 샘플링하는 방법인데, 여러분이 접하고 있는 실제 문제에 따라 다를 것이다.

대부분의 실제 머신러닝 시스템은 문서나 이미지 수준의 예측보다 훨씬 더 복잡한 작업을 수행한다. 간단하게 보이는 문제조차도 그 문제에 실제로 깊숙이 파고들면 고급 능동

학습 기법을 필요로 하기도 한다. 농업 분야에 도움을 주기 위한 컴퓨터 비전 시스템을 구축한다고 가정해보겠다. 카메라가 달린 스마트 트랙터가 비료와 제초제를 효율적이고 정확하게 살포할 수 있도록 잡초 사이에서 묘목을 구분해야 한다고 가정해보자. 제초 작업이란 것이 인간 역사에서 가장 일반적이고 반복적이지만, 이 작업을 자동화하기 위해서는 이미지를 레이블링하는 수준을 넘어서 이미지 안의 객체를 검출해내야 할 것이다.

또한 여러분의 모델은 여러 가지 혼란을 겪게 될 것이다. 어떤 경우에는 모델은 객체가 식물이라는 것을 인지했음에도 이것이 묘목인지 잡초인지 판단하지 못하기도 한다. 또 어떤 경우에는 온갖 종류의 작은 객체가 들판 위에 제각기 나타나서 새로운 객체 중 어느 것이 식물인지 확신하지 못하기도 한다. 이런 경우 새로운 객체를 식별하기 위해 묘목과 잡초 구분을 위한 불확실성 샘플링에 다양성 샘플링을 결합해야 한다.

마지막에는 트랙터의 카메라는 매 이미지마다 100개 정도 되는 식물을 포착하게 된다. 그래서 이미지의 혼동을 객체의 혼동과 구분해낼 방법을 결정해야만 한다. 그 이미지 내의 1개의 객체에 대해 매우 혼동스러워하는 경우나 100개의 객체에 대해 아주 조금씩만 혼동스러워하는 경우, 둘 중 어느 경우를 우선적으로 수작업으로 리뷰해야 할까? 또 객체 종류에 대한 레이블의 정확성과 객체 외곽선에 대한 정확도 둘 중 무엇을 우선시해야 할까? 이런 종류의 오류는 여러분이 다뤄야 하는 문제 중에서 가장 중요한 것이어서, 실제 문제를 어떻게 올바른 샘플링과 평가 전략으로 매핑할지 결정해야 한다. 그러므로 여러분이 역사적으로 가장 보편적이고 반복적인 일 중 하나를 자동화하는 문제를 풀기 위해서도 고급 능동학습 기법을 필요로 하게 된다.

6.1 객체 검출에 능동학습 적용하기

지금까지 이미지 전체(이미지 레이블링)나 문서 전체(문서 레이블링)에 대한 예측과 같이 비교적 단순한 머신러닝 문제를 살펴봤다. 그러나 일반적으로는 훨씬 더 정교한 예측을 필요로 한다.

예를 들어 한 이미지 내에서 특정한 객체만을 식별하려고 하면 배경보다는 각 객체에 대한 불확실성과 다양성에 대해서 관심을 가져야 한다. 6장의 시작 부분에서 언급한 예제가 이와 비슷하다. 잡초를 둘러싼 들판을 식별하는 것보다 잡초 자체를 식별하는 것에 관심을 갖는 것과 같이 말이다. 배경에 관심을 갖는 경우는 오직 여러 다른 배경에서 잡초를 구별하기 위한 경우뿐일 것이다.

이런 예제에 대해서는 관심 영역에 초점을 맞추는 능동학습 전략을 적용해야 한다. 때로는 이러한 전략은 그냥 가져다 쓰면 된다. 여러분의 모델은 관심 영역에만 집중할 것이기 때문에, 이미지와 문서를 레이블링하면서 적용했던 접근법에서 별다른 변화가 필요치 않는 경우도 있을 것이다. 어떤 경우에는 여러분이 관심 영역의 데이터를 잘라내거나 마스킹해야 하고, 그 과정에서 편향이 유입되지 않도록 유의해야만 한다. 다음 몇 개의 절에서 머신러닝 문제 몇 가지를 살펴보고, 어떻게 이전에 배웠던 능동학습 전략을 개량할지 알아보겠다.

그림 6.1은 객체 검출 작업에서 불확실성과 다양성을 식별하기 위한 문제에 대해서 설명하고 있다. 이 작업이 3장의 동일한 예제 이미지를 사용한다고 가정해보겠다. 그러나 이미지의 레이블을 예측하려는 3장과 달리 이번에는 이미지 내의 구체적인 객체에 대해서 식별하고 객체 이미지 주변의 경계 상자$^{bounding box}$를 위치시켜야 한다. 그림 6.1에서 보듯이, 우리가 관심을 가지는 객체인 자전거는 이를 감싸고 있는 경계 상자 내 일부 픽셀로 이뤄져 있을 뿐이다.

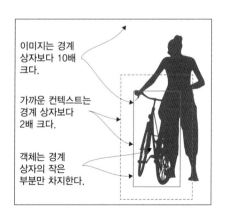

이미지는 경계 상자보다 10배 크다.

가까운 컨텍스트는 경계 상자보다 2배 크다.

객체는 경계 상자의 작은 부분만 차지한다.

◀ **그림 6.1** 객체 검출 작업에서 불확실성과 다양성을 식별하는 문제에 대한 묘사. 우리가 관심을 가지는 객체인 자전거는 이를 감싸고 있는 경계 상자 내 작은 비율의 픽셀만을 차지하고 있다. 자전거에 가까운 컨텍스트조차도 2배 정도의 픽셀을 포함하며, 전체 이미지는 경계 상자의 10배 정도의 픽셀을 포함한다. 그러므로 전체 이미지에 걸쳐서 다양성 또는 불확실성을 계산하려고 한다면, 수많은 무관한 정보에 초점을 맞추는 위험을 감수해야 할 수도 있다.

한 객체의 가장자리는 종종 가장 많은 정보가 있는 곳이기는 하지만 20% 컨텍스트 증가만으로 우리가 보고 있는 전체 픽셀 양은 거의 2배가 된다. 이미지 전체는 저 경계 상자의 10배 정도의 픽셀수를 차지한다. 그러므로 전체 이미지에 걸쳐서 다양성 또는 불확실성을 계산하려고 한다면, 무관한 수많은 정보에 초점을 맞추는 위험을 감수해야 한다. 4장과 5장에서 배운 불확실성과 다양성 샘플링을 적용하더라도, 여기서는 우리가 관심을 가지는 영역에 한정해서 불확실성과 다양성에 초점을 맞춰야 한다.

이 절의 나머지는 어떻게 불확실성과 다양성을 계산할 것인지에 대해 다룰 것이다. 불확실성을 모델에서 얻는 것은 가장 높은 불확실성이 배경이 아닌 객체 안에 있을 가능성이 높기 때문에 그다지 어렵지 않다. 다양성을 얻기 위해서는 불확실한 영역 내에서의 다양성에 대해 우선 집중해야 한다.

6.1.1 객체 검출에 대한 정확도: 레이블 신뢰도와 위치 지정

이제 객체 검출과 객체 레이블링이라는 2개의 작업을 수행해야 한다. 두 작업에 대해서 서로 다른 종류의 불확실성과 다양성을 적용해야 한다.

- 각 객체에 레이블링하기(자전거, 사람, 보행자 등)
- 이미지 내 객체의 경계선 식별하기

각 작업에 대한 신뢰도는 다음과 같다.

- 객체 레이블 신뢰도(레이블의 정확성)
- 객체 위치 지정 신뢰도(경계 상자의 정확성)

객체 검출 알고리듬에서 신뢰도 점수를 얻었다면 이 신뢰도 점수는 단지 객체 레이블에 대한 신뢰도일 가능성이 높다. 요즘 대다수의 객체 검출 알고리듬은 합성곱 신경망^{CNN,} Convolutional Neural Network을 사용하고 있고, 올바른 경계 상자에 다다르기 위해 회귀 regression에 의존한다. 이런 유형의 알고리듬 모두가 레이블 신뢰도를 반환하며, 경계 상자 자체에 도달한 회귀 분석에서 점수를 반환하는 알고리듬은 소수다.

5장에서 이미지나 문서 수준의 정확도를 위해 살펴봤던 F-점수나 AUC^{Area Under the Curve} 와 같은 지표를 활용해 레이블 정확도를 결정할 수 있다. IoU^{Intersection over Union}은 위치 지정의 정확도를 결정하는 가장 일반적인 지표다. 컴퓨터 비전 분야의 경험이 있다면, 아마도 이미 IoU를 알고 있을 수도 있다. 그림 6.2는 IoU의 예제를 보여주고 있다. 이 예제에서 예측한 영역과 실제 경계 상자가 교차하는 영역을 두 상자가 포함하는 전체 영역을 나눔으로써 정확도를 계산하게 된다.

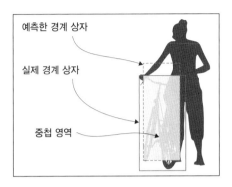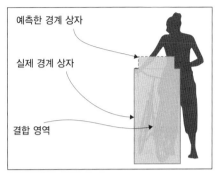

▲ **그림 6.2** 경계 상자의 정확도를 측정하는 IoU에 대한 예제. 정확도는 예측 경계 상자와 실제 경계 상자의 중첩 영역을 두 상자의 결합 영역을 나눠서 계산한다.

IoU는 객체 검출을 위한 능동학습에서도 사용되기 때문에, 객체 검출을 위한 불확실성 샘플링과 다양성 샘플링으로 들어가기 전에, 이를 배워두거나 기억을 되살리는 것이 중요하다. 이전에 살펴봤던 정확도 기준에서 IoU는 동일한 데이터에 대해서 낮은 값을 갖는 경향이 있다는 점에서 더욱 엄격하다. IoU를 면적(또는 픽셀)의 크기가 올바르게 또는 잘못 예측된 것으로 다음과 같이 생각해보라.

$$정밀도(\text{precision}) = \frac{진양성}{진양성 + 위양성}$$

$$재현율(\text{recall}) = \frac{진양성}{진양성 + 위음성}$$

$$F\text{-}점수 = \frac{2 \cdot 정밀도 \cdot 재현율}{정밀도 + 재현율}$$

$$\text{IoU} = \frac{진양성}{진양성 + 위양성 + 위음성}$$

F-점수처럼 IoU는 위양성[false positives]과 위음성[false negatives]의 두 가지 오류를 결합한다. 정확도 100%처럼 흔치 않은 경우를 제외하고 IoU는 언제나 F-점수보다 낮은 값을 가진다. F-점수는 자연어 처리 분야에서 더 인기가 있는 편이고, IoU는 컴퓨터 비전 분야에

서 거의 독점적으로 사용되고 있다. AUC는 자연어 처리와 컴퓨터 비전 분야에서 사용돼야 할 만큼 자주 사용되지는 않지만, 대부분의 머신러닝 분야의 문헌에서 AUC를 볼 수 있다.

컴퓨터 비전의 문헌들에서는 mAP^mean Average Precision도 사용된다. mAP는 AUC와 다른 종류의 곡선^curve이지만 비슷한 아이디어를 갖고 있다. mAP의 경우 정밀도로 항목들을 순위화하고, 재현율로 도표를 그려서, 정밀도-재현율 곡선을 만든다. 평균 정밀도^average precision는 그 곡선 아래의 면적이 된다. mAP를 적용하려면 검출된 객체가 "정답"이라고 할 수 있는 기준이 필요하다. 예를 들어 IoU가 0.5이거나 0.75와 같이 말이다. mAP의 정확한 임계점 기준을 계산하는 것은 데이터와 활용 사례에 따라 다양한 경향이 있고 때로는 별도로 정의되기도 한다. 자율 주행과 같이 고도로 정교한 작업에 대해 예측이 정확하다고 부르기 위해서는 0.50 IoU보다 훨씬 높은 기준으로 해야 함이 명백하다. mAP의 계산법을 아는 것은 이 책에서는 중요한 내용은 아니다. 작업에 따라 특화될 공통적인 정확도 지표를 이해하는 것만으로도 충분할 것이다.

능동학습의 경우 일반적으로 위치 지정 신뢰도와 레이블 신뢰도 모두 샘플링을 하는 전략을 취하면서 각 유형에 얼만큼 집중할지 결정해야 한다. 레이블과 IoU 정확도가 어디에 가장 주의를 기울여야 하는지 결정하는 데 도움을 주더라도, 구축하려고 하는 애플리케이션에 따라 둬야 할 초점은 달라질 수 있다.

도로 위의 보행자, 자동차, 자전거와 기타 사물을 탐지하기 위해서 앞선 예제 모델을 배치한다고 가정해보자. 이 애플리케이션은 사물과의 충돌을 예측하기 위해 고안됐기 때문에, 위치 지정이 가장 중요하며 사물에 대한 테두리를 인지하지 못한 것만큼이나 레이블을 잘못 판단하는 것이 중요하지는 않다. 만약 애플리케이션이 교통량을 측정하려는 목적이라면, 물체의 정확한 테두리는 중요하지 않으며, 레이블의 정확성이 더 중요하다. 얼마나 많은 자동차, 보행자, 기타 사물들이 보이는지 정확하게 알아야 하기 때문이다.

그래서 동일한 모델을 동일한 장소에 배치하더라도 활용하려는 목적에 따라 능동학습과 데이터 어노테이션 전략의 중점을 위치 지정이나 신뢰도 사이에서 선택해야 한다. 적용하려는 사례에 가장 중요한 것이 무엇인지 결정하고, 그에 따라 능동학습 전략의 초점을 잡아야 할 것이다.

6.1.2 객체 검출에서 레이블 신뢰도와 위치 지정을 위한 불확실성 샘플링하기

3장의 이미지 수준 레이블에 적용했던 것처럼 불확실성 샘플링을 위해 레이블의 신뢰도를 이용할 수 있다. 객체 검출 모델은 확률분포를 제공할 것이고, 레이블 예측값에 대해 불확실성을 결정하기 위해서 최소 신뢰도least confidence, 신뢰도 마진margin of confidence, 신뢰도 비율ratio of confidence, 엔트로피, 앙상블 모델 등을 적용할 수 있다.

위치 지정 신뢰도에 대해서는 여러 개의 결정론적 예측값들을 하나로 결합해 신뢰도로 해석할 수 있는 앙상블 모델이 최선의 모델이다. 그림 6.3에서 이에 대한 예제를 보여주고 있다. 2개의 접근법 중 하나를 선택해 적용할 수도 있다. 하나는 진짜 앙상블 모델이고, 다른 하나는 하나의 모델에 드롭아웃을 사용한 것으로 모두 다 3장에서 배운 것이다.

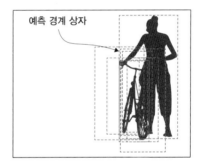

▲ **그림 6.3** 객체에 대한 예측 히트맵 예제. 이 예제는 낮은 변이(좌측)와 높은 변이(우측)를 보여주고 있다. 높은 변이는 모델의 높은 불확실성의 증거다. 그러므로 우측 예제는 사람이 직접 평가해야 할 좋은 후보군이다. 여러 개의 모델에서 예측값을 얻고 파라미터를 바꾸는 앙상블 모델을 도입하거나, 특징이나 데이터 항목에서 부분 집합을 사용하거나 또는 다양한 방법으로 모델에 무작위 변이를 도입해 여러 개의 예측값을 생성할 수 있다. 단일 모델로는 몬테 카를로라고 알려져 있는 각 예측값에 대해서 뉴런들을 임의 선택해 드롭아웃함으로써 하나의 항목에 대해 여러 개의 예측값을 생성할 수 있다. 물론 앙상블 모델을 만들고, 각 모델에 대해 여러 개의 예측값에 대해 드롭아웃을 사용해 두 가지 방법을 결합할 수도 있다.

진정한 앙상블 모델을 위해서는 여러 개의 모델에서 예측값을 얻고 그 예측값은 다양한 모델에 대한 다양한 하이퍼파라미터를 사용해 달라지도록 해야 한다. 구체적으로 특징의 일부분을 사용하거나 데이터 항목의 일부분으로 사용해 각 모델을 학습하고 또 학습 항목의 순서를 뒤섞는 것과 같은 방식으로 학습마다 무작위의 변이를 주입하는 방법을 적용할 수 있다.

단일 모델을 위해서는 각 예측값에 대해 몬테 카를로 드롭아웃이라고 부르는 뉴런의 무작위 선택에 기반한 드롭아웃을 사용해 여러 개의 예측값을 생성할 수 있다. 이러한 접근법은 여러 개의 모델을 구축하는 것보다 빠르고 쉬우며, 간편함에 비해서 놀랍도로 효과적이다. 물론 앙상블 모델을 만들고 각 모델에 대해 여러 개의 예측값에 대해 드롭아웃을 사용해 두 가지 방법을 결합할 수도 있다.

불확실성은 모든 예측값에 걸쳐 평균적인 IoU를 가지고 계산한다. 이 계산 방법은 자연스럽게 [0, 1] 범위로 나오기 때문에, 정규화할 필요가 없다. 예측값이 아닌 모델의 수로 나누면 된다. 어떤 모델은 예측값을 만드는 데 실패할 수도 있는데, 이러한 실패한 예측에 대해서는 IoU = 0으로 취급해야 한다.

이제 각 경계 상자에 대한 불확실성 점수를 알았기 때문에 수작업 리뷰를 해야 하는 가장 큰 불확실성을 가진 경계 상자를 샘플링할 수 있다. 위치 지정을 위해 앙상블을 사용하든 드롭아웃을 사용하든 간에, 이 방법을 다른 불확실성 샘플링 방법과 대체하거나 추가해 레이블의 신뢰도를 산출할 수 있다.

6.1.3 객체 검출에서 레이블 신뢰도와 위치 지정을 위한 다양성 샘플링하기

다양성 샘플링을 수행하기 위해서는 6장의 앞부분에서 소개했던 문제에 대해서 풀어야만 한다. 이는 바로 어떻게 배경보다 객체들의 다양성에 대해서 초점을 맞출 수 있을까 하는 문제다. 가장 간단한 해결책은 예측한 경계 상자로 이미지를 자르고, 다양성 샘플링을 적용하는 방법일 것이다. 그러나 이번 절에서 더 정교한 여러 변형 방법을 살펴보려고 한다. 4장에서는 네 종류의 다양성 샘플링을 소개했다.

- 모델 기반 아웃라이어 샘플링
- 클러스터 기반 샘플링
- 대표 샘플링
- 실세계 다양성을 위한 샘플링

모델 기반의 아웃라이어 샘플링과 실세계 다양성을 위한 샘플링 방법을 위해서는 이미지 수준의 레이블을 다루며 배웠던 것 이상으로 더 필요한 부분은 없다.

- 이미지 레이블링 문제에 적용했던 방법과 동일하게 객체 검출 문제에 모델 기반의 아웃라이어 검출을 적용할 수 있다.
- 이미지 레이블링 문제에 적용했던 방법과 동일하게 객체 검출 문제에 실세계 다양성을 위한 샘플링 기법을 적용할 수 있다.

모델 기반의 아웃라이어 검출 기법에서는 은닉층은 레이블과 위치 지정 문제 모두에 초점을 맞추기 때문에 뉴런으로부터 객체와 레이블에 관한 정보를 우선적으로 포착할 수 있다. 예측한 객체의 이미지를 자르고 난 뒤 모델 기반의 아웃라이어를 시도해볼 수도 있다. 그러나 이런 경우는 배경에 할당된 적은 수의 뉴런들은 다양성에 관심을 가질 수도 있어서 무언가를 잃어버리게 될지도 모른다.

다양성 샘플링 적용을 위한 원리는 4장과 동일하게 적용된다. 실제 인구통계에 걸친 데이터의 공정성을 보장하기 위해서 모든 능동학습 방법들을 결합해야 할 필요가 있다. 이 경우 배경 역시 문제가 될 수도 있다. 주의를 기울이지 않으면 객체 자체보다는 객체의 컨텍스트를 잘못 모델링할 수도 있기 때문이다(다음에 나오는 관련 기사를 참고하라). 객체 검출의 경우 데이터가 카메라 유형, 확대/축소, 일시, 날씨와 같은 다양한 요소에 대해 각 유형의 객체가 균형이 잡히도록 시도하는 것이 좋다. 심지어 의료 이미지와 같이 고도로 제어된 환경의 경우에서도 소수의 환자와 단 한 종류의 영상기기로부터 추출한 데이터에 기반해, 달갑지 않은 실세계 편향이 주입된 채로 학습함으로써 시스템이 제약되는 것을 목격하기도 했다.

모델이 진짜로 배경을 무시할까?

이 책은 모델이 배경이 아닌 객체에 초점을 맞추는 것을 가정하고 있다. 그러나 때로는 모델은 배경 정보를 잘못 이용하기도 한다. 일례로 자전거 길 위의 자전거만을 사진으로 찍는다면, 모델은 아마도 (자전거가 아닌) 자전거 길을 예측하거나, 다른 컨텍스트 속에서는 자전거를 인식하지 못할 수도 있다. 또는 자전거 길이 존재하는 경우에만 자전거 길에 의존적일지도 모른다. 모델이 자전거 길이 아닌 다른 배경에 대한 컨텍스트 속의 자전거에 관한 지식을 충분히 일반화하지 못한 것이기 때문에, 이는 여전히 이상적인 상황은 아니다.

모델의 해석 가능성(interpretability)에 대한 영향력 있는 최근 논문은 또 다른 예제를 제시했다. 그 논문의 저자들은 허스키와 늑대를 정확히 구분하기 위한 어떤 모델을 생성했다. 다만 이 모델의 학습에 눈 배경 속의 늑대 사진만을 사용했고, 허스키 사진의 눈 배경을 사용하지 않았었다. 저자들은 이 모델이 실제 동물을 예측하는 것이 아니라 배경에 눈이 있는지 없는지를 예측하고 있음을 보였다! 이 문제는 이미지 수준의 레이블링에서 더 큰 문제다. 왜냐하면 객체 검출에서는 모델로 하여금 배경에 더 초점을 두기 어렵게 만들면서 명시적으로 객체 자체의 외곽선을 학습하도록 만들기 때문이다. 그러나 이 문제는 컨텍스트가 제어돼야 할 필요가 있는 어떤 머신러닝 문제에서도 어느 정도는 발생할 수 있다.

이에 대한 해결 방법은 여러분이 관심을 가져야 하는 모든 레이블과 객체에 걸쳐 가능한 다양한 컨텍스트를 확보해 실세계 다양성을 위한 더 좋은 샘플링을 하는 것이다. 이 문제에 대해서 고민하고 있다면, 예측값에 대해 중요한 특징이 어떤 픽셀들에 담겨 있는지 알아낼 수 있는 방법을 적용해보는 방법을 참고해보라(LIME과 같이 허스키/늑대 논문에서 다룬 방법론을 적용하거나 2019년 10월에 PyTorch에 포함된 Captum 해석 가능성 라이브러리를 적용해볼 수 있다). 그런 후 검증 데이터에서 경계 상자 바깥으로 몇 퍼센트의 픽셀이 나가 있는지 측정할 수 있다. 가장 높은 점수를 가진 이미지는 문제를 일으킬 가능성이 가장 높다고 할 수 있다. 모델이 경계 상자 바깥쪽의 어떤 것에 초점을 맞추고 있는지, 이 이미지들을 살펴보고 패턴을 찾아야 한다.

「내가 왜 당신을 믿어야 하지?: 분류기의 예측에 관한 설명(Why Should I Trust You?: Explaining the Predictions of Any Classifier」, 마르코 툴리오 리베이로(Marco Tulio Ribeiro), 사미르 싱 (Sameer Singh), 카를로스 궤스트린(Carlos Guestrin) 저(https://www.kdd.org/kdd2016/papers/files/rfp0573-ribeiroA.pdf)

클러스터 기반의 샘플링과 대표 샘플링 적용을 위해서는 초점이 배경이 아닌 객체 자체에 맞춰져야 한다. 만약 그림 6.1(그림 6.4와 동일한 그림)의 예제와 같이 배경이 이미지의 90% 이상을 차지하고 있다면, 클러스터나 대표성을 결정짓는 것에 대해 배경이 90%의 영향을 미칠 것이다. 또한 그림 6.1은 전체 높이의 절반 이상을 차지하는 상대적으로 큰 객체를 포함하고 있다. 그러나 다수의 경우 그림 6.4의 우측 그림과 같이, 1%보다 적은 양의 픽셀을 이루고 있는 객체와 같은 형태에 가까울 것이다.

그림 6.4의 자전거 자체와 가깝게 있는 컨텍스트는 자전거로 객체를 식별하는 데 충분하다. 상자 밖의 일부 정보는 자전거가 더 자주 나타나는 규모와 맥락을 결정하는 데 크진 않지만 도움을 줄 수도 있다.

그러므로 각각 예측한 객체 주위의 영역은 잘라내는 것이 낫다. 모델이 100% 정확하진 않기 때문에 객체를 확실하게 포착해야 할 필요가 있다.

▲ **그림 6.4** 99%가 자전거가 아닌 이미지 내의 객체(자전거) 예제. 점선으로 포착된 자전거와 주변의 컨텍스트는 이 객체가 자전거임을 식별하는 데 충분하다. 대표 샘플링과 클러스터와 같은 전략으로 목표로 하는 이들 영역에 대해 잘라내기하거나 마스킹할 필요가 있다.

여러 개의 예측값을 생성하기 위해 앙상블이나 드롭아웃 같은 불확실성 샘플링 기법을 사용한다. 그러고 난 후 다음 중 한 가지를 선택하면 된다.

- **임계치로 잘라내기**: 예를 들어 객체를 예측한 경계 상자의 90%를 포착하는 가장 작은 이미지 잘라내기를 할 수도 있다.
- **동일한 객체에 대해 예측한 모든 상자를 이용하되 각 상자의 가중치를 다르게 하기**: 모든 예측 상자에 대해 대표 샘플링을 적용하고 난 후, 다른 모든 상자에 대한 각 상자의 평균 IoU에 의해 결정된 가중 평균값으로 산출한 모든 대표 샘플링들에 대해 평균값을 취한다.

이미지 잘라내기 대신에 컨텍스트 상자 바깥 픽셀은 무시하는 방법도 있는데, 이를 마스킹^{masking}이라고 부른다. 마스킹은 입력 뉴런(픽셀)의 일부를 무시하려는 것이기 때문에, 첫 번째 층에서 드롭아웃하면서 입력 픽셀들로 모델을 학습시키는 것으로 생각할 수 있다.

컨텍스트는 얼마나 중요할까?

컨텍스트가 중요한 컴퓨터 비전 분야에서 몇 가지 예외가 있다. 나는 이러한 예외 중 한 가지 사례를 여러 차례 경험한 바 있다. 이는 바로 재입고를 돕기 위해 비어 있는 슈퍼마켓의 선반을 식별하는 것이다. 비어 있는 공간(객체)에 대한 식별은 근처의 항목이나 빈 선반 아래에 부착된 가격표와 같은 컨텍스트를 필요로 한다. 그렇지 않으면 선반이 원래 비어 있어야 하는지 혹은 물건이 있어야 하는지는 모델에게 분명하지는 않을 것이다.

기본적으로 컨텍스트의 불필요한 부분을 레이블링하는 사례가 아닌 한, 클러스터링과 대표 샘플링을 위해 최대한 조여서 상자를 유지하도록 한다. 전체 이미지에 대해 다양성 샘플링 기법의 일부분을 적용함으로써 컨텍스트 내에서 더 넓은 다양성을 포착할 수 있다.

적용 사례에 따라 이미지의 크기를 조절하는 경우도 있다. 컴퓨터 비전 분야에 종사 중인 사람이라면 아마도 이미지 크기를 자동으로 조절하는 툴을 이미 갖고 있을 것이다. 예를 들어 자전거 사진의 아래쪽에 위치한 것은 아마도 중요하지 않으므로 각 예측을 잘라내기 함으로써 전체 이미지를 되도록 정규화한 후, 샘플링한 이미지 전체를 스케일 조절을 통해 전체 차원이 동일하도록 한 차원 더 정규화할 수 있다. 일반적인 규칙으로 클러스터링과 대표 샘플링으로 데이터를 인코딩하는 방법에 기반해 잘라내기나 마스킹 중에 결정을 내리면 된다.

- 픽셀을 특징으로 사용하거나 특징을 생성하기 위해 별도의 툴을 사용하려 한다면 이미지를 자르고, 크기 조절을 해야 할지 고려해보길 바란다.
- 객체 검출용 모델의 은닉층을 사용하려 한다면, 이미지를 마스킹하되 크기 조절하거나 위치 조정은 불필요하다. 이런 종류의 모델은 추출한 특징을 바탕으로 서로 다른 위치와 스케일의 객체에서도 유사성을 포착할 수 있다.

이제 클러스터링이나 대표 샘플링에 사용할 수 있는 자르거나 마스킹한 이미지를 갖추게 됐다. 이 이미지 안의 각 객체는 클러스터링과 대표 샘플링을 적용할 수 있다. 4장에서 학습한 클러스터 기반의 샘플링 방법과 대표 샘플링 기법을 적용한다.

이미지당 서로 다른 수의 객체로 이미지를 샘플링하고 있는지 확인해야 한다. 적거나 반대로 많은 수의 객체로 이뤄진 이미지만으로 샘플링을 하고 있다면, 이 과정에 부주의하게 편향을 주입하고 있는 것이다. 그런 경우에는 계층화 샘플링 기법을 사용해야 한다. 이를테면 1개의 예측 대상 객체를 포함한 100장의 이미지를 샘플링하고, 다음으로 2개의 예측 대상 객체를 포함한 100장의 이미지를 샘플링하는 식이다.

6.1.4 객체 검출을 위한 능동 전이학습

능동 전이학습을 이미지 수준의 레이블링하는 데 적용했던 방법과 동일하게 객체 검출에서 적용할 수 있다. 적응형 샘플링을 통한 능동 전이학습ATLAS, Active Transfer Learning for Adaptive Sampling을 적용할 수도 있다. 이 기법은 처음 레이블이 무엇인지 모른다 하더라도, 샘플링하는 첫 번째 객체가 나중에 수작업으로 레이블이 교정될 수 있다고 가정하기 때문에 1회의 능동학습 주기 내에서도 적응형으로 동작한다.

객체 검출을 위해 어떤 신경망 아키텍처를 사용하건 간에 검증 데이터로 학습한 "정답/오답"의 이진 모델에 대한 특징 벡터로 은닉층을 이용할 수 있다. 이를 흥미롭게 확장하면, "정답/오답"과 같은 이진 분류 작업 대신 검증 데이터에 대한 IoU를 계산하고 IoU를 예측하는 모델을 만들 수도 있다. 이 말은 이진 분류 대신에 연속적인 값에 대해서도 예측이 가능하다는 의미이다. 이 과정은 마지막 층을 분류 작업 대신 회귀 작업으로 만들고, 그 회귀 작업 모델이 각 검증 항목에 대한 IoU 결과를 갖도록 하는 것만큼 간단할 것이다. 5장의 ATLAS 예제에서 한두 줄만의 코드 수정으로 이런 확장이 가능하다.

6.1.5 지속적인 편향을 위해 낮은 객체 검출 임계치 설정하기

어떤 방법을 사용하든 간에 객체 검출용 신뢰도의 임계치를 낮게 설정하면 된다. 데이터에 이미 존재하는 것과 비슷한 객체만을 찾아내는 것은 그러한 객체에 대해 편향을 지속시키므로 바람직한 것은 아니다.

임계치를 낮게 설정함으로써 너무 많은 후보군을 갖게 될지도 모른다. 50%의 신뢰도에서는 100개의 예측된 이미지를 얻게 될 수도 있고, 10%의 신뢰도라면 10,000개를 얻게될지도 모른다. 그리고, 이 10,000개의 예측 이미지 중 대부분은 배경으로 찾고자 하는객체가 아닌 위양성일 것이다. 아마도 이런 경우에 여러분은 임계치를 올리고자 시도하겠지만, 그렇게 해서는 안 된다.

예측값에 대한 거의 완벽한 재현율을 얻을 정도로 적당한 임곗값을 설정할 확신을 갖고있지 않다면, 모델은 여전히 지속적인 편향의 위험이 놓여 있을 것이다. 대신 신뢰도에따라 계층화하고, 각 계층에서 다음과 같이 샘플링한다.

- 10~20% 신뢰도 구간에서 100개의 예측 이미지를 샘플링한다.
- 20~30% 신뢰도 구간에서 100개의 예측 이미지를 샘플링한다.
- 30~40% 신뢰도 구간에서 100개의 예측 이미지를 샘플링한다. 그리고 계속 이어간다.

그림 6.5는 신뢰도에 따라 계층화하는 일반 전략 예제를 보여주고 있다.

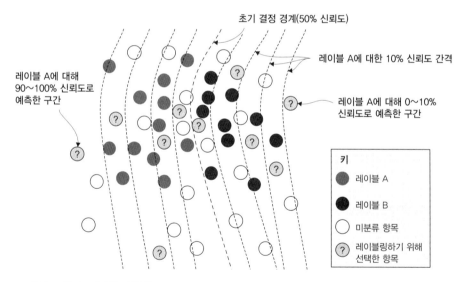

▲ **그림 6.5** 신뢰도에 의한 계층화. 0~10%, 10~20%, …, 90~100%까지 각 신뢰도 구간에서 동일한 수의 항목을 샘플링한다. 이 예제에서는 레이블 A에 대해 10% 신뢰도 간격으로 1개의 항목을 샘플링하고 있다. 신뢰도에 의한 계층화는 레이블 간에 큰 차이의 불균형이 있을 때 가장 큰 도움이 된다.

그림 6.5에서 보듯이 각 신뢰도 구간에서 동일한 수의 항목을 샘플링한다. 대부분의 이미지에는 우리의 관심 객체가 포함돼 있지 않을 것이므로 이 전략은 객체 검출과 같은 작업에 유용하다. 신뢰도에 의한 계층화하는 샘플링 전략을 사용하면 대부분의 시간을 높은 신뢰도의 객체를 샘플링하는 데 사용하면서도 여전히 낮은 신뢰도의 객체를 선택할 수 있다. 비록 관심 밖의 객체를 식별하는 데 시간을 버리는 것처럼 느껴질지라도, 머신러닝 알고리듬에게는 쓸모없는 시간이 아님을 알아야 한다. 관심 객체가 아니지만 현재 객체를 작지 않은 신뢰도로 예측하고 있는 것에 대해 학습하는 것은 새로운 객체를 학습하는 것만큼이나 모델의 정확도 향상에 중요할 수 있다.

데이터 내의 편향을 피하기 위해 계층화의 방식도 중요하다. 각 신뢰도 구간 내에서 랜덤 샘플링 대신 다음과 같이 여러 기법을 결합해볼 수도 있다.

- 10~20% 신뢰도 구간에서 10,000개의 객체를 선택하면서 클러스터링을 적용한다. 그리고 100개의 가장 다양한 객체를 얻기 위해 클러스터의 중심체를 샘플링한다.
- 10~20% 신뢰도 구간에서 10,000개의 객체를 선택하고 목표 도메인과 가장 흡사한 객체 100개를 얻기 위해 대표 샘플링을 적용한다.
- 10~20% 신뢰도 구간에서 10,000개의 객체를 선택하고 현재 학습 데이터와 가장 이질적인 객체 100개를 얻기 위해 모델 기반의 아웃라이어 샘플링을 적용한다.

단지 객체 검출뿐만 아니라 모든 유형의 작업에도 신뢰도에 따른 계층화를 위해 이런 방법을 적용할 수 있다.

6.1.6 예측값과 유사한 대표 추출 샘플링을 위한 학습 데이터 샘플 생성하기

미분류 이미지를 잘라내기하거나 마스킹하기 때문에 대표 샘플링을 구현하려고 한다면 학습 데이터에 대해서도 동일한 작업을 적용해야 한다. 학습 데이터의 완벽한 경계 상자만으로 사용하지만 미분류 데이터에 대해서는 불완전한 예측을 하는 경우라면 "대표성"을 지닌 샘플들은 실제 객체 대신에 다른 상자 크기와 자르기 전략으로 귀결될 수도 있다. 이런 경우 우선순위에 따라 네 가지 선택 사항이 있다.

- 학습 데이터를 교차 검증한다. 학습 데이터를 10개의 동등한 데이터셋으로 분할한다. 9개의 그룹으로 학습을 시키고 나머지 보관 데이터셋으로 경계 상자를 예측하기를 반복한다. 모든 예측값을 조합하고, 이 조합을 대표 샘플링을 위해 학습 데이터분으로 사용한다.

- 학습 데이터와 동일한 분포를 가진 검증 데이터를 사용한다. 검증 데이터셋에 대한 경계 상자 예측값을 얻고, 이것을 대표 샘플링을 위한 학습 데이터분으로 사용한다.

- 학습 데이터로 예측한 뒤 예측값에서 동일한 평균 변이를 갖도록 무작위로 상자를 확대하거나 축소한다.

- 학습 데이터의 실제 상자를 사용하고 예측값이 동일한 평균 변이를 갖도록 무작위로 상자를 확대하거나 축소한다.

1번과 2번은 통계적으로 적절하다고 볼 수 있다. 만약 숨겨둔 검증 데이터셋을 갖고 있다면 이 과정은 전체 모델을 재학습시키는 것보다는 약간 수월하다. 그러나 검증 데이터가 학습 데이터에 최대한 가깝기는 하지만 완전하게 동일하진 않을 것이다.

3번과 4번의 경우는 평균이 같도록 경계 상자 크기를 늘릴 수 있지만, 예측값에서 나타나는 오류의 종류를 일치시키는 것이 불가능할 것이다. 예측한 경계 상자의 오류는 무작위 분포가 되지 않을 것이다. 이는 이미지에 따라 다른데, 인위적으로 노이즈를 생성하려 할 때 똑같이 하기 힘든 방식으로 나타난다.

6.1.7 객체 검출에서 다양성을 위한 이미지 수준의 샘플링하기

다른 방법과 마찬가지로 일부 이미지는 검토를 위해 항상 랜덤 샘플링해야 한다. 이 샘플은 평가 데이터로 사용될 수 있고, 능동학습 전략이 얼마나 성공적인지 기준점이 되기도 한다.

적은 수의 샘플인 경우에는 이미지 수준의 샘플링을 적용할 수 있다. 이 샘플링은 이 절에서 소개한 다른 방법들보다 쉽게 편향을 방지하는 방식으로 다양성에 도움을 준다. 전체 이미지 수준에서 클러스터링을 적용하고, 전체 클러스터에서 현재 학습 데이터 항목이 적거나 존재하지 않는 클러스터를 찾는다면, 이는 여러분이 무언가 놓치고 있는 것이므로, 이런 클러스터의 항목 일부에 대해 수작업 검토가 필요하다는 좋은 증거가 될 것이다.

새로운 카메라를 사용하거나 새로운 위치에서 수집한 사진처럼 모델에 새로운 유형의 데이터를 주입한다면, 이미지 수준의 대표 샘플링을 통해 더 빠르게 적응시킬 수 있다. 또한 이 전략은 새로운 데이터를 통합하려고 할 때, 객체 수준의 능동학습만을 구현하려고 할 때보다 더 적은 편향으로 적응하도록 해준다.

다양한 유형의 데이터에 대해 객체 수준의 방법을 시도한다면, 적용 중인 임곗값 아래의 일부 객체를 여전히 놓칠 수 있어서, 이미 본 객체에 대한 편향을 피하기 어려워질 것이다. 신뢰도 임곗값은 도메인 밖의 데이터에 대해서는 가장 낮은 신뢰성이 보이는 경향이 있다.

6.1.8 다각형을 사용해 더 타이트한 마스킹 고려하기

그림 6.6과 같이 경계 상자 대신 다각형을 사용하는 경우에도 모든 기법을 적용할 수 있다. 게다가 한 가지 추가적인 옵션이 주어진다. 경계 상자 바깥을 마스킹하는 것 대신 다각형의 가장 자리에 가깝게 마스킹할 수 있다. 자전거 예제에서 보듯이 이 접근법으로 자전거 자체를 더욱 가깝게 포착하고 빈 공간을 최소화한다.

동일한 이유로 불규칙한 모습의 객체에 대해 오류 검출은 더 정확할 수 있다. 다양한 사진에서 그림 6.6과 흡사하게 자전거의 핸들바가 튀어나올 수도 있다고 상상해보자. 그 핸들바를 포착하기 위해서는 경계 상자 영역의 절반 정도되는 크기를 확장해야 될 수도 있다. 그럼으로써 객체와 관계없는 많은 픽셀로 인해 오류를 발생시킬 여지가 생기게 된다. 이미지 인식에서 경계 상자와 다각형 다음으로 한 차원 높은 복잡도를 가진 분야가 의미 분할이다.

◀ **그림 6.6** 경계 상자 대신 다각형을 사용하는 객체 검출 예제. 경계 상자와 다각형을 사용하는 방법 모두 동일한 능동학습 기법을 적용할 수 있으며, 다각형을 사용하면 더 정교한 마스킹이 가능하다.

6.2 의미 분할에 능동학습 적용하기

의미 분할^{semantic segmentation}은 전체 이미지가 모든 객체를 감싼 정교한 다각형 경계를 가진 레이블을 받았을 때 발생한다.

◀ **그림 6.7** 모든 픽셀이 레이블된 의미 분할 예제. 이런 종류의 컬러 사진은 "색칠 공부"처럼 여러 의미 분할 도구가 어떤 모습인지 말해준다. 흑백으로 이 이미지를 보고 있다면, 회색 음영으로 이 이미지가 컬러로 어떻게 보일지 알 수 있을 것이다. 예를 들어 4개의 나무가 별도로 레이블되는 것처럼 각 객체가 레이블을 부여받는 경우 이런 작업을 '인스턴스 분할'이라고 부른다.

다른 객체 일부분 뒤에 가려져 있는 객체(폐색)[1]를 탐지하려는 경우, 6.1절에서 배운 경계 상자 유형의 객체 검출을 사용하는 것이 더 일반적이다. 또한 각 객체를 개별적으로 식별하는 것보다는 모든 객체를 의미 분할을 이용해 단일 유형으로 색칠하는 것이 더 일반적이다. 예를 들어 그림 6.7에서 모든 나무는 동일한 색상으로 채색돼 한 나무를 다른 나무와 구분하고 있진 않다. 그러나 이런 공통성이 돌에 대해서는 적용되지 않는 것으로 보인다. 경계 상자가 폐색된 부분을 무시하고, 의미 분할은 폐색된 부분을 포착하려고 시도하

---

1 무언가에 의해서 가려진 것은 폐색(occlusion)이라고 하며, 여기서는 다른 객체에 의해 몸체의 일부분이 안 보이는 객체를 지칭한다. – 옮긴이

며, 의미 분할이 각 객체를 구별하는 경우가 발생하기도 한다(이를 인스턴스 분할이라고 한다). 모델이 이 방법들을 조합하는 경우에는 파놉틱 분할panoptic segmentation이라고 부르며, 객체와 배경의 픽셀을 구분한다. 6장의 모든 방법은 경계 상자와 의미 분할이 변형된 어떤 방법에도 적용이 가능할 정도로 충분히 포괄적인 방법이어야 한다.

이러한 방법은 자율 주행에 공통적으로 탑재되는 라이더lidar, 레이더 또는 음파탐지기로부터 얻은 2D와 3D 이미지 같은 여러 유형의 센서 데이터에도 적용 가능하다. 또한 적외선, 자외선 대역에서 인간의 시야 범위 밖의 데이터를 모으고, 그 결과를 사람이 레이블을 달 수 있도록 가시적 색상으로 전환하는 것도 농업에서 흔히 볼 수 있는 일이다. "적외선 숲"이나 "자외선 꽃" 사진을 검색해보면 그 이유를 알게 될 것이다. 사람의 시야 바깥에도 엄청나게 많은 정보가 존재한다. 추가적 차원이나 센서 정보가 개입되더라도 이 절에서 소개하는 원리들은 여전히 적용 가능하다.

6.2.1 의미 분할의 정확도

의미 분할의 정확도는 픽셀 수준에서 계산된다. 평가 데이터셋에 대해 얼마나 많은 픽셀이 정확하게 분류됐을까? 지금까지 배운 정밀도, 재현율, F-점수, AUC, IoU, 마이크로 및 매크로 점수와 같은 모든 정확도 지표를 사용할 수 있다. 머신러닝 정확도 선택의 적절성 여부는 각 사례에 따라 다르다.

불확실성을 결정하려는 경우 매크로 F-점수나 매크로 IoU는 대다수의 경우 유용하다. 앞서 다뤘던 경계 상자 예제와 마찬가지로 하늘이나 배경과 같이 의미 분할에서 관심 없는 공간이 꽤나 있는 경우가 많다. 불연속 영역이 많은 경우라면 문제가 생길 수도 있다. 예를 들어 그림 6.7은 아마도 나뭇잎 사이로 하늘이 100개 넘게 쪼개져 있을 것이다. 전체적인 크기와 숫자에 따라서 쪼개진 하늘 영역은 픽셀 단위나 영역 단위 기반의 마이크로 점수를 지배해버릴 것이고, 나뭇잎으로 인한 혼란은 불확실성 샘플링 전략을 지배할 수도 있다. 따라서 객체가 차지하는 이미지의 크기에 대해서는 상관하지 않고, 모든 레이블을 동등하게 다룬다고 가정하면 매크로 점수(레이블당 각 영역의 평균 IoU 또는 레이블당 각 픽셀의 평균 F-점수)를 사용하면 된다.

또한 일부 레이블을 무시하기로 결정할 수도 있다. 사람과 자전거에게만 관심을 갖고 있기 때문에, 이들 레이블만 가지고 매크로 정확도 값을 산출할 수도 있다. 배경, 땅, 하늘로부터 사람과 자전거를 구분하면서 발생하는 오류가 여전히 입력값에 섞이겠지만, 무관한 레이블 사이의 오류는 입력값에 들어오지 않을 것이다. 독자가 적용하려는 구체적인 사례가 어떤 것인지 정확하게 아는 것이 중요하다. 숲의 범위를 식별하는 작업이라면, 나뭇잎과 하늘 사이의 영역이 가장 중요할 것이다!

배치된 머신러닝의 정확도를 불확실성을 계산하는 가이드로 활용하라. 정확도 계산을 위해 레이블에 가중치를 부여하는지 여부에 따라서 다음의 두 가지 방법 중 하나를 사용해 이를 계산해야 한다.

- 레이블에 가중치를 부여하지 않는 경우(각 레이블에 대한 가중치를 동일하게 부여하거나 부여하지 않는 경우) 모델 정확도에 사용하는 것과 동일한 측정 기준을 사용해 샘플링 위치를 결정한다. 모델 정확도 측면에서 두 레이블에 대해서만 혼동을 우려하는 경우, 이런 레이블 중 하나 또는 둘 모두와 관련된 혼동이 있는 예측만 샘플링하면 된다.
- 가중치가 부여된 정확도 지표를 사용한다면 모델 정확도와 동일한 지표를 사용하면 안 된다. 대신 3장에서 배운 계층화 샘플링 기법을 사용해야 한다. 그림 6.8이 이에 대한 예제를 보여주고 있다.

그림 6.8에서 보듯이 레이블에 따른 계층화 샘플링은 능동학습 전략을 가장 중요시하는 픽셀에 집중할 수 있도록 해준다. 다양한 머신러닝 문제에 계층화 샘플링을 적용할 수 있지만 의미 분할은 이 샘플링이 도움이 되는 가장 명확한 사례 중 하나다.

계층화 샘플링은 모델 정확도를 평가하는 전략과는 다를 수 있음에 유의해야 한다. 레이블 B보다 레이블 A에 9배 정도의 관심을 갖고 있다고 가정해보자. 이런 경우 레이블 A의 F-점수 × 90% + 레이블 B의 F-점수 × 10%로 가중된 매크로 F-점수로 모델 정확도를 산출하게 된다. 이 방법은 모델 정확도 측면에서는 문제없지만, 안타깝게도 불확실성 점수 산출에는 비슷한 방식으로 가중치를 적용할 수 없다. 가중치가 레이블 A에 대해서만 불확실성 순위를 높게 올려서 예외적으로 이들이 순위에서 상위권을 차지하도록 하기 때문이다. 대신 얼마나 많이 샘플링할 것인지 비율을 정하는 데 이 가중치를 활용한다. 이 기법은 레이블에 걸쳐서 가중 샘플링 전략을 구상하는 것보다 구현하기가 간단하며 훨씬 효과적이다. 관심 밖의 레이블이 있는 경우에도 모델 기반의 아웃라이어와 대표 샘플링 기법을 사용해 소수의 샘플을 추출하는 것을 고려해봐야 한다. 이들은 우리가 관심을 두는 레이블에 대해서는 위음성이 될 수 있기 때문이다.

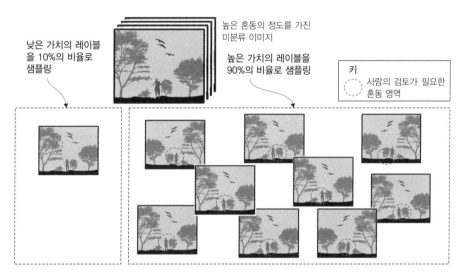

▲ **그림 6.8** 의미 분할에 적용한 레이블에 의한 계층화 샘플링 예제. 이 예제에서는 나무와 하늘과 관련한 오류보다 사람과 자전거에 관련된 오류에 더 관심을 갖고 있다고 가정했다. 능동학습 샘플은 90:10의 비율로 구성된다. 90%는 가장 관심을 갖는 레이블에서 가장 혼란스러워하는 샘플의 비율이고, 10%는 반대로 관심 밖의 레이블이 될 것이다. 하늘과 나무 주변의 픽셀 수가 사람과 자전거 주변의 픽셀 수를 훨씬 크게 넘어서고 있지만, 계층화 샘플링은 가장 중요한 부분(즉 우리가 관심을 갖는)의 오류에 더 집중할 수 있도록 해준다. 그러므로 샘플링 전략은 정확도 평가 전략에 따라 달라져야 한다. 여기서는 높은 가치의 오류는 90%, 낮은 가치의 오류는 10%라는 상대적 비율을 적용했다. 불확실성 샘플링 지표는 가중치 같은 것을 쉽게 적용이 가능하지 않아, 통계 기술이 가중치 전략을 조율할 정도로 충분히 자신 있는 것이 아니라면 계층화 기법을 사용해야 한다.

6.2.2 의미 분할을 위한 불확실성 샘플링

대부분의 의미 분할 알고리듬은 모든 픽셀에 가능한 모든 레이블에 걸쳐 확률분포를 생성하는 소프트맥스 함수를 사용하는 변형된 CNN에 기반해 만들어졌다. 그래서 3장에서 학습한 방법을 적용해 픽셀 단위로 불확실성을 계산할 수 있다. 모델이 모든 픽셀에 대해 예측값을 만들 가능성이 낮지만(다소 비효율적) 대신 영역에 대해 예측하고, 강제로 픽셀 크기 정도로 작은 영역만을 선택한다. 예측한 신뢰도가 어디서 오는지 정확히 알아야 한다.

경계 상자와 마찬가지로 모델에서 얻은 신뢰도는 객체의 외곽에 대한 신뢰도가 아니라 레이블 신뢰도를 반영한다. 그러면 픽셀 신뢰도에서 위치 지정 신뢰도를 유도할 수 있다. 즉, 어떤 픽셀이 다른 레이블의 픽셀 옆에 있는지 알수 있어서 위치 지정 신뢰도는 모든 경계 픽셀을 종합한 신뢰도가 된다. 몇몇 픽셀의 오류는 아마도 별 문제는 안 될 것이다. 그러한 경우에는 신뢰도를 계산할 위치를 결정하기 위해 허용 오차^{margin of error}를 적용한다. 예를 들어 3개 픽셀 이하의 모든 오류를 허용하는 방식으로 머신러닝 모델의 정확도를 평가하려고 하는 경우, 외곽에서 3개 픽셀 떨어진 픽셀의 평균 불확실성을 측정하는 방식으로 불확실성에 대해서도 동일하게 적용한다.

어떤 이유로 인해 주어진 레이블에 대한 확률분포를 제공하지 않는 모델을 사용하고 있을 수도 있다. 이런 경우에는 앙상블 기법과 드롭아웃을 사용해 여러 개의 예측값을 생성하고, 이러한 예측값 전체에 걸친 레이블에 대한 일치도^{agreement}로 불확실성을 계산할 수 있다.

관심 있는 픽셀에 대해서만 샘플링하고 각 픽셀에 대한 불확실성 점수를 갖게 됐으므로 이제는 어떤 불확실성 샘플링 알고리듬이라도 적용할 수 있다. 전체 이미지에 대한 불확실성을 계산하는 가장 간단한 방법은 관심 있는 각 픽셀에 대한 평균 불확실성 값을 취하는 것이다. 주로 경계 부분에 관심이 있다면 다른 레이블의 몇 개의 픽셀 내에서만 샘플링할 수도 있다.

작업 종류에 따라 어느 한 영역에 대한 최대 불확실성으로 이미지 전체에 대한 불확실성 점수를 부여하는 것과 같이 평균 외에 다른 지표를 시도해볼 수도 있다. 이미지 내의 영역에만 초점을 맞추는 기능은 부분적으로 어노테이션 설정에 따라 달라진다. 누군가 전체 이미지를 레이블링해야 할까? 아니면 관심을 가지는 레이블에만 어노테이션해야 할까? 이러한 고려 사항은 9장의 어노테이션 관점에서 다뤄진다.

6.2.3 의미 분할을 위한 다양성 샘플링

객체 검출에서 했던 것과 같은 방식으로 모델로부터 직접 모델 기반의 아웃라이어 샘플링을 할 수는 없다. 그 접근법은 객체 검출과 함께 동작하는데, 이는 모델이 우리의 관심 영역에 초점을 맞추도록 하고 있지만, 의미 분할 알고리듬은 모든 픽셀을 분류하도록 강제하고 있기 때문이다. 그래서 6.1절에서 소개한 것처럼 관심 있는 예측 레이블만 포함하도록 이미지 마스킹이나 잘라내기를 해야 한다. 그런 후에야 비로소 모델 기반의 아웃라이어 기법을 적용할 수 있다.

클러스터링과 대표 샘플링도 마찬가지다. 관심 영역 이미지를 잘라내거나 마스킹하고 나서 클러스터링과 대표 샘플링을 적용한다. 실세계 다양성을 위한 전략도 경계 상자를 위한 방법과 동일하다. 능동학습에서 알고 있는 모든 기법을 동원해 관심을 갖는 인구통계 전반과 내부의 다양성을 샘플링한다. 이 기법에 대한 더 상세한 내용은 객체 검출에 관한 6.1절을 살펴보길 바란다.

6.2.4 의미 분할을 위한 능동 전이학습

능동 전이학습을 이미지 수준의 레이블에 적용했던 방법과 동일하게 의미 분할에도 적용할 수 있지만, 적응형 방법인 ATLAS를 사용해야 한다. 이 알고리듬의 적응형 버전을 사용하지 않는다면 땅 위의 객체가 주요 관심 영역이라고 했을 때 나뭇잎과 하늘 사이의 구역과 같이 관심 밖의 영역에서만 혼란스러운 부분의 샘플을 추출할 수 있다. ATLAS라도 이 문제를 완벽하게 풀지는 못함을 알고 있어야 한다. 시작 시점에는 관심 밖의 영역의 혼란스러운 부분의 샘플 유형을 추출할 수도 있다. 그러나 ATLAS는 그런 유형의 혼동이 해결될 것으로 가정하면서 재빠르게 적응할 것이고, 관심 영역도 다룰 것이다. 데이터에 얼마나 많은 레이블의 쌍이 존재하는지, 실제로 관심을 갖고 있는 그런 쌍의 비율에 대해서 생각해본다면 ATLAS가 얼마나 성공적일지 어느 정도 곧바로 알 수 있을 것이다.

의미 분할을 위해 ATLAS를 최대한 활용하기 위해서는 전이학습을 위한 검증 데이터를 어떻게 준비할지에 관해 전략적으로 접근해야 한다. 예를 들어 나뭇잎과 하늘 사이의 오류에 대해 관심이 없다면, "정답/오답" 레이블을 생성하기 위해서 원본 모델에 검증 데이터를 흘려보냈을 때 발생한 오류를 무시할 수도 있다. 따라서 모델은 이제 관심을 가진 레이블 유형에 대한 오류만을 예측한다.

6.2.5 의미 분할에서 이미지 수준의 다양성 샘플링

객체 검출에서처럼 관심 있는 레이블에 대해 위음성을 찾을 수 있도록 전체 이미지(특히, 새로운 지역이나 카메라 유형 등의 데이터를 새로이 주입한 경우)에서 소수의 항목을 샘플링하고 재빠르게 적응할 수 있다. 여러 기법을 결합한다면 잘라내기나 마스킹하기 위해 제한을 느슨하게 하고 실험을 할 수도 있다. 새로운 도메인이나 이미지 유형을 가장 잘 대표하는 이미지를 찾기 위해 전체 이미지에 대해 대표 샘플링을 적용한다. 그런 후 가장 대표성이 높은 이미지를 샘플링하고, 이들에 대해 마스킹과 잘라내기를 적용하고 다양성 샘플링을 위해 클러스터링을 진행한다. 이 기법을 통해 관심 도메인을 대표하는 전체 이미지에서 다양성이 높은 관심 항목들을 선택할 수 있다.

6.3 시퀀스 레이블링에 능동학습 적용하기

시퀀스 레이블링은 시퀀스 데이터 범위span 내의 레이블링에 머신러닝을 적용한 것으로 자연어 처리 분야에서 가장 일반적인 작업 중 하나다. 다음과 같은 문장이 주어졌다고 가정해보겠다.

"The E-Coli outbreak was first seen in a San Francisco supermarket"

보고서 텍스트에서 발병을 추적하기 위한 모델을 구현 중이라면, 표 6.1과 같이 질병의 이름, 데이터 속의 지역, 중요한 키워드 등 문장에서 정보를 추출해야 한다.

▼ **표 6.1** 키워드와 두 종류의 개체명(질병과 지역) 검출을 시퀀스 레이블 예제. 레이블 B(Beginning)는 범위의 시작 부분에 적용되고, 레이블 I(Inside)는 범위 내의 다른 단어들에 적용된다. 이를 통해 예제 속 "San Francisco"와 "Supermarket"과 같이 서로 옆에 있는 범위를 명확하게 구분할 수 있다. 이 과정을 IOB 태깅(또는 BIO 태깅)이라고 부르는데, O(Outside)는 레이블 대상 밖의 개체로, 이 표에서는 가독성을 위해 생략했다.

	The	E-Coli	outbreak	was	first	seen	in	a	San	Francisco	supermarket
키워드			B	I					B	I	B
질병			B								
지역									B	I	

문헌에서는 표 6.1과 같이 범위에 대한 IOB 태깅을 가장 일반적으로 볼 수 있다. 다른 종류의 레이블에 대해 다른 방식으로 범위를 정의할 수도 있음에 유의하길 바란다. 개체명 "E-Coli"는 한 단어이지만 키워드를 추출하는 경우에는 "E-Coli outbreak"라는 문구가 나오게 된다. 그리고 "San Francisco"는 지역명이자 키워드이고, 보통명사인 "supermarket"은 키워드이지만 개체명은 아니다. 엄밀히 말해서 이 과정은 IOB2 태깅으로, IOB의 경우는 단일 범위 내 여러 토큰이 있는 경우에만 B 태그를 사용한다. IOB2 태깅은 대다수의 문헌에서 볼 수 있는 가장 보편적인 접근법으로 때로는 편의상 줄여서 IOB라고 부르기도 한다.

다른 인코딩 방법은 범위의 시작보다는 종료 부분을 표기한다. 이런 유형의 인코딩은 모든 단어와 하부 단어^{subword} 범위를 태깅하고, 모든 문장의 끝을 태깅하는 등과 같은 전체 문장 분할 작업에서 일반적으로 사용된다. 문장에 대해서는 끝부분이 태깅되는데, 이는 문장의 시작보다는 끝부분(보통은 마침표로 끝나기 때문)이 식별하기 쉽기 때문이다. 6장의 기법은 모든 유형의 시퀀스 인코딩에 적용되므로, 6장에서는 IOB2 예제를 계속 다루면서, 이것이 다른 인코딩 시스템에도 용이하게 적용된다고 가정하겠다.

일부 레이블은 자연스럽게 동일한 작업의 일부로 간주할 수도 있다. 나는 "지역"과 "질병" 식별을 동일한 작업으로 간주하면서도 키워드 식별은 다른 작업으로 취급하는 개체명 인식$^{NER, Named Entity Recognition}$ 분야에서 많은 일을 해왔다. 심지어 하나의 작업 내에서도 어떻게 레이블을 정의하는지에 따라 다양한 변이가 있을 수 있다. 어떤 유명 NER 데이터셋은 "사람", "지역", "조직", "기타"와 같은 4개 유형의 개체^{entity}만을 갖고 있다. 반대로 어느 자동차 회사가 온갖 종류의 엔진, 문짝, 머리 받침대와 같이 수천 종의 개체 유형을 인식하는 개체명 인식 시스템을 구축하는 데 도움을 준 적도 있다.

자연어 처리에서 시퀀스 레이블링 작업은 매우 다양하게 수행할 수 있지만, 모두 시퀀스에서 문자 범위를 식별하는 것으로 요약할 수 있다. 이런 유형의 시퀀스 레이블링 작업은 문헌에서는 정보 추출$^{information extraction}$이라 부르고, 더 복잡한 복수 필드^{multifield} 정보 추출 작업의 구성 요소가 되는 경우가 많다. 만약 한 가지 질병과 여러 지역을 포함하는 문장이 있는 경우, 질병이 감지된 위치로 확인할 수 있다. 6장에서는 개별 범위를 식별하는 예제를 계속 다룰 것이고, 이를 더 복잡한 정보 추출 작업으로 확장할 수 있으리라 가정할 것이다.

6.3.1 시퀀스 레이블링에 대한 정확도

시퀀스 레이블링에 대한 정확도 지표는 작업의 유형에 따라 다르다. 개체명 인식의 경우 일반적으로 전체 범위에 대해 F-점수를 적용한다. 그래서 위치에 대해 "San Francisco"로 예측하는 것은 100% 정확도로 계산되는 반면, "Francisco"나 "San Francisco supermarket"으로 예측하는 것은 0% 정확도에 가깝도록 계산된다.

어떤 경우에는 이런 엄격한 형태의 정확도가 단어당 정확도^{per-word accuracy}와 같이 완화되거나 관대한 지표로 산출될 수도 있다(모든 토큰이 단어와 정확히 일치하지 않기 때문에 토큰당 정확도^{per-token accuracy}로 부른다). 다른 경우에는 정확도가 개체 대 비개체^{nonentity2}에 대해 개체 유형("질병"이나 "위치" 등)을 별도로 집계하기도 한다.

시퀀스 레이블링에서 "O" 레이블에 대해서는 관심을 두지 않아도 될 것이다. F-점수가 다른 레이블과 "O" 사이의 혼동을 포착할 것이므로 그것으로 충분할 수 있다. 객체 검출과 의미 분할과 마찬가지로 다른 것보다는 각 데이터 항목의 특정 부분에 더 신경을 써야 한다. 능동학습을 위해 이런 데이터 부분에 초점을 맞춤으로써 더 좋은 샘플을 얻게 될 것이다.

컴퓨터 비전 예제와 마찬가지로, 자연어 처리 모델의 정확도를 측정하는 방법과 일치하는 능동학습 샘플링을 위한 지표를 사용해야 한다. 다양한 자연어 처리 작업에서는 객체 검출 작업의 경우보다 문맥이 더 중요하다. 전체 문장의 문맥으로부터 "San Fracisco"는 단체가 아니라 지명이라는 것을 알고 있다. 그러므로 문맥은 매우 중요한 예측 매개변수가 될 수 있어서, 예측한 문장 주위로부터 더 넓은 문맥을 이해하는 것이 안전하고 바람직하다.

---

2   개체명 인식에서 인식 대상이 아닌 개체 – 옮긴이

6.3.2 시퀀스 레이블링을 위한 불확실성 샘플링

거의 모든 시퀀스 레이블링 알고리듬은 각 레이블에 대해서 대개 소프트맥스를 사용한 확률분포를 제공해서 토큰당 per-token 불확실성을 직접 계산할 수 있다. 소프트맥스 신뢰도를 대신하거나 추가로 앙상블 모델이나 드롭아웃을 사용해 여러 개의 예측값을 생성하고, 이 예측값들의 일치도나 엔트로피 수준으로 불확실성을 계산할 수 있다. 이 접근법은 컴퓨터 비전 예제의 객체 검출과 비슷한 방식이다.

또한 컴퓨터 비전 예제와 마찬가지로 신뢰도는 각 토큰에 대한 레이블의 신뢰도이고, 전체 범위나 범위의 경계에 대한 것이 아니다. 그러나 IOB2 태깅을 사용한다면, "B" 태그로 레이블과 시작 경계를 함께 예측할 것이다.

전체 범위에 대해서 불확실성을 계산하는 최선의 방법을 결정할 수 있다. 모든 신뢰도의 곱은 수학적으로 가장 정확한 결합 확률 joint probability이 된다. 그러나 이를 위해서는 토큰 수로 정규화를 해야만 하는데, 이는 다소 복잡한 방법이긴 하다. 그래서 범위 내의 모든 토큰에 대한 평균 신뢰도나 최소 신뢰도가 곱하기를 하는 것보다는 다소 수월한 방법일 것이다.

불확실성은 범위 바깥 바로 옆의 토큰에게도 중요할 수 있다. 만약 "Francisco"를 지역명이 아닌 것으로 잘못 예측한 경우, 이것이 원래는 지역명이어야 한다는 사실을 고려해야 한다. 표 6.2 예제를 보자.

▼ **표 6.2** 위치 식별과 각 레이블과 연관된 신뢰도에 대한 예제. 이 표는 "San Francisco"에서 "San"만이 지역명인 것으로 잘못 예측한 예를 보여주고 있지만, "Francisco"는 상당히 높은 신뢰도는 보여주고 있다. 그래서 신뢰도를 계산할 때 예측한 범위 바깥의 정보를 고려해야만 한다.

	The	E-Coli	outbreak	was	first	seen	in	a	San	Francisco	supermarket
지역명									B		
신뢰도	0.01	0.32	0.02	0	0.01	0.03	0	0	0.81	0.46	0.12

표 6.2는 "San Francisco"에서 "San"만 지역명으로 예측한 오류를 보여주고 있다. 그러나 "Francisco"가 위음성이라 하더라도 상당히 높은 신뢰도(0.46)를 보여주고 있다. 이런 이유로 인해 예측 범위보다 좀 더 넓은 범위에서 불확실성을 계산해야 하고, 경계도 정확한지 확인해야 한다.

표 6.2에서 "Francisco"는 1 − 0.46 = 0.54로 취급하고, 이는 범위 경계에서 신뢰도를 낮출 것이다. 반대로 예측의 시작점인 "a"는 신뢰도가 0이다. 그러므로 1 − 0 = 1이 되고, 이는 신뢰도는 높일 것이다. 또한 "B" 태그는 초기 경계의 신뢰도에 도움이 된다.

6.3.3 시퀀스 레이블링을 위한 다양성 샘플링

머신러닝 모델에 경우, 광범위한 문맥의 범위를 포착하는 아키텍처나 특징 표현^{feature} representation 또는 둘 모두를 사용하게 된다. 일부 모델의 경우는 이런 표현을 직접적으로 인코딩한다. 트랜스포머 기반의 알고리듬을 사용한다면, 문맥(어텐션)은 모델 자체의 일부분으로서 발견되고, 최대 크기로만 제공할 것이다. 능동학습에서 사용할 문맥을 결정하는 것을 돕기 위해, 예측 모델이 사용하는 문맥을 일관되게 샘플링하기 위한 크기^{windows}를 지정해야 한다. 4장에서는 네 가지 유형의 샘플링을 다뤘다.

- 모델 기반의 아웃라이어 샘플링
- 클러스터 기반의 샘플링
- 대표 샘플링
- 실세계 다양성을 위한 샘플링

우선은 객체 검출과 마찬가지로 다루기 쉬운 첫 번째와 마지막 접근법으로 시작할 것이다.

- 문서 레이블링 문제에 적용했던 것과 동일한 방식으로 시퀀스 레이블링 문제에도 모델 기반의 아웃라이어 검출을 적용할 수 있다.
- 문서 레이블링 문제에 적용했던 것과 동일한 방식으로 시퀀스 레이블링 문제에도 실세계 다양성을 위한 샘플링을 할 수 있다.

모델 기반의 아웃라이어 기법을 위해서 은닉층은 관심을 가지는 범위에 초점을 맞춰야 한다. 즉, 뉴런들이 범위 밖^{nonspan}과 범위를 구분(즉, "O" 태그로부터 "B"와 "I" 구분)하고, 범위 내의 다른 레이블과 구분하기 위한 정보를 우선 포착할 것이다. 그래서 모든 예측 범위에 가까운 문맥을 자르지 않고 모델 기반의 아웃라이어 기법을 직접 적용할 수 있다.

그림 6.9은 원-핫 인코딩, 비문맥^{noncontextual}적 임베딩(word2vec 등), 문맥적 임베딩(BERT 등)과 같은 다양한 특징 표현을 보여주고 있다. NLP 분야의 경험이 있다면 아마도 이런

특징 표현을 사용한 경험이 있을 것이다. 세 가지 다른 기법 모두에 대해서 예측 범위를 추출하고, 그 범위를 표현하는 단일 특징 벡터를 만들려고 한다. 주요한 차이점은 원-핫 인코딩 벡터에서 최댓값(비록 최댓값 역시도 동작하겠지만)을 취하는 대신 합산을 한다는 것이고, 문맥적 임베딩을 사용하는 경우에는 문맥이 이미 벡터에 반영돼 있기 때문에 예측 범위 이상으로 샘플링할 필요가 없다는 것이다. 문맥적 임베딩을 사용하는 경우는 구문을 추출하기 전에 문맥적 임베딩을 계산한다. 다른 방법은 벡터를 계산하기 전에 구문을 추출하든 후에 하든 상관이 없다. 다양성 샘플링 적용을 위해서는 4장의 원리 역시 적용된다. 실제 인구통계를 고려해 데이터를 고르게 하기 위해 모든 능동학습 기법을 결합해야 한다.

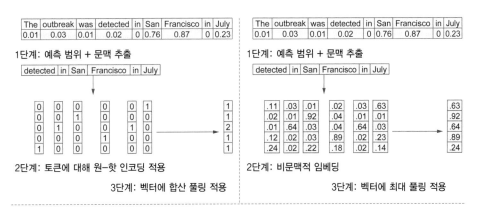

▲ **그림 6.9** 능동학습에서 예측 범위를 인코딩하는 세 가지 방법: 각 토큰을 고유의 특징으로서 인코딩하는 원-핫 인코딩(좌상단). word2vec과 같은 비문맥적 임베딩(우상단). BERT와 같은 문맥적 임베딩(하단). 최대 풀링(maxpool) 대신 또는 이에 더해 평균 풀링(avepool)으로 실험을 해볼 수도 있다.

지금까지 객체 검출에 대한 다양성 샘플링과 많은 면에서 유사한 시퀀스 레이블링에 대한 다양성 샘플링을 볼 수 있었다. 객체의 맥락과 범위의 문맥에 대해 신경을 쓰더라도 모델 기반의 아웃라이어를 적용할 때는 이들에 대해서 염려할 필요가 없다. 모델은 이미 뉴런의 대부분을 가장 관심을 갖고 있는 이미지나 구문에 초점을 맞출 것이기 때문이다.

클러스터 기반의 샘플링과 대표 샘플링을 적용하기 위해서는 문맥 양쪽에 너무 멀지 않은 범위 자체에 모델의 초점을 맞춰야 한다. 토큰의 문맥적 벡터 표현법을 사용하고 있는 경우, 추가적인 문맥이 필요하지는 않을 것이다. 그 문맥은 이미 벡터에 반영돼 있을 것이다.

이전과 이후의 텍스트는 의미 있는 거리로 단어나 문장 경계에서 잘려야 한다. 구문 경계에 대한 정보가 있다면 이 수준도 고려돼야 한다. 모델이 100% 정확하지 않기 때문에 전체 범위를 포착하도록 해야 한다.

- 주어진 임곗값으로 잘라낸다. 범위가 "지명"인 경우에는 최소한 어느 정도 낮은 신뢰도(예를 들어 10%)로 "지명"이 예측된 부분 전후의 단어로 선택 영역을 확장한다.
- 광범위한 임곗값으로 전체 문장을 잘라낸다. 그리고 각 단어나 하부 단어 순서를 각 단어가 범위에 포함될 확률로 가중치를 매긴다.

모든 알고리듬이 의미 있는 방식으로 특징에 가중치를 매길 수 있는 것은 아니다. 가중치를 부여할 수 없다면, 객체 검출과 동일한 전략을 사용해야 한다. 앙상블이나 드롭아웃을 이용해 다양한 범위를 생성하도록 한다. 그런 다음 각 예측값에 대해 다른 예측 범위와 평균 겹치는 정도로 가중치를 매긴 예측값에 대표 샘플링을 적용한다. 5장의 방식과 마찬가지로 각 범위의 단어와 하부 단어를 직접 사용해 클러스터링과 대표 샘플링을 할 수 있다.

텍스트를 잘라내려고 하고 클러스터 기반의 샘플링, 모델 기반의 아웃라이어 샘플링 또는 대표 샘플링 적용을 위해 모델의 은닉층을 사용하려 한다면, 텍스트를 잘라내기 전의 은닉층 값을 얻어야 한다. 범위 내 각 단어에 대한 정확한 문맥적 표현^{contextual representation}을 얻기 위해서는 전체 문장의 문맥이 필요할 것이다. 문장 내 모든 단어나 하부 단어에 대한 뉴런의 활성화 벡터를 갖고 있으면 범위를 선택해 잘라내기를 할 수 있다.

마지막 단계는 각 단어나 하부 단어에 대한 벡터들을 결합하는 방법이다. 만약 모든 범위가 동일한 길이라면 벡터들을 연결할 수 있다. 그렇지 않다면 신경망 벡터를 풀링^{pooling}이라는 프로세스를 거쳐 이들을 조합해야 할 것이다. 벡터는 희소한 경향이 있어서 최대풀링^{maxpooling3}이 아마도 최선일 것이다. 그러나 차이점을 확인하기 위해서 평균이나 다른 풀링 방법을 사용해볼 수도 있다.

단어나 하부 단어를 사용하던 벡터 표현법을 사용하건 4장에서 배운 것과 마찬가지로 클러스터 기반 샘플링과 대표 샘플링을 적용할 수 있다. 중심체, 아웃라이어, 임의의 클러스터 구성원을 샘플링할 수 있고, 목표 도메인에서 가장 대표성을 가진 항목을 샘플링할 수도 있다.

6.3.4 시퀀스 레이블링을 위한 능동 전이학습

문서 수준의 레이블에 적용했던 방식과 동일하게 시퀀스 레이블링에도 능동 전이학습을 적용할 수 있다. 한 번의 능동학습 주기에서 적응형으로 동작하는 ATLAS도 적용할 수 있다. 처음에 어떤 레이블인지 알지 못하더라도 샘플링한 첫 번째 시퀀스는 나중에 사람에 의해서 수정될 수 있다고 가정할 수 있기 때문이다.

시퀀스 레이블링을 위해서 사용하는 신경망 아키텍처의 유형과 관계없이 검증 데이터로 학습한 이진 "정답"/"오답" 모델에 대한 특징으로 은닉층을 활용할 수 있다. 검증 데이터에서 "정답"과 "오답"으로 계산되는 항목을 결정해야 한다. 일부 시퀀스에 대해 다른 것보다 더 관심을 갖고 있다면, 가장 관심을 갖고 있는 오류의 유형에 초점을 맞춰, 그 시퀀스의 오류만 새로운 모델에서 "오답"으로 한 것으로 계산해야 한다. 또한 토큰당 오류 방식으로 오류를 계산할 것인지 전체 시퀀스에 대해 오류를 계산할 것인지 결정해야 한다. 출발점으로는 머신러닝 모델에 대해 계산하려 사용한 방식과 동일하게 오류를 계산하는 것도 타당할 것이다. 다만 다른 방법으로 실험해보는 것도 좋을 것이다.

---

3   각 단어나 하부 단어에 대한 각 벡터 인덱스에서 최댓값을 취하는 것

6.3.5 신뢰도와 토큰에 의한 계층화 샘플링

어떤 방법을 사용하든 간에 범위 예측에 대한 임곗값을 낮게 설정해야 한다. 데이터 속에 이미 존재하는 것과 비슷한 범위만을 찾는 것은 편향을 지속시킬 것이므로 바람직하진 않다. 6.1.5절의 객체 검출을 위해 사용한 신뢰도 방법에 의한 계층화 샘플링을 동일하게 적용할 수 있다. 아마도 0~10% 신뢰도, 10~20% 신뢰도 등 동일한 범위로 샘플링할 수 있다.

또한 토큰 자체에 따라 계층화 샘플링을 할 수도 있다. "San Francisco"(또는 다른 시퀀스)의 범위 샘플을 상한으로 해 최대 5개 내지 10개의 사례로 샘플링할 수 있으므로 전체적으로 훨씬 다양한 토큰을 샘플링하게 된다.

6.3.6 예측과 유사한 대표 샘플링을 위해 학습 데이터 샘플 생성하기

대표 샘플링을 위해서 미분류 텍스트를 잘라내기 하려고 한다면 학습 데이터에도 동일하게 해줘야 한다. 학습 데이터의 완벽한 범위 레이블만을 사용하고 난 후 미분류 데이터의 불완전한 예측값을 사용하려 한다면 "대표성을 지닌" 샘플은 실제 범위의 다양성 대신에 잘라내기 전략으로 인한 다양성 결과만을 보여줄 수도 있다.

6.1.6절에서는 편향을 줄이기 위해 학습 데이터와 미분류 데이터에 대한 잘라내기 전략 중 일부를 다뤘다. 이 전략들은 범위에 대해서도 동일하게 적용된다. 그래서 범위 문제에도 대표 샘플링을 적용하려고 한다면 해당 기법을 살펴보길 바란다.

객체 검출과 마찬가지로 잘리지 않은 텍스트에 샘플링 기법 적용을 고려해야 한다. 하지만 여기서는 조금 더 나아가야 한다. 객체 검출에서 배경 화면은 실세계에서는 무작위의 불필요한 정보일 가능성이 높은 반면에, 일반적으로 어떤 범위에 대한 문맥은 그 언어의 문맥상 연관된 조각(정보를 인코딩해서 최적화된)으로 이뤄져 있기 때문이다.

대표 샘플링을 위한 일부 단순한 기법만으로도 효과적이며, 모델을 구축할 필요는 없을 수도 있다. 심지어 학습 데이터에는 아직 존재하지 않는 예측 범위에 대해서만 초점을 맞추도록 할 수도 있다.

6.3.7 완전 시퀀스 레이블링

자연어 처리에서 일부 작업의 경우에는 텍스트 내의 모든 항목에 대해 레이블을 지정해야 한다. 그 예는 표 6.3에서 볼 수 있는 품사 태깅^{POS tagging, Part-Of-Speech tagging}이다.

▼ 표 6.3 완전 시퀀스 파싱 예제로 명사, 동사, 부사, 고유명사 등과 같이 POS 태그(레이블) 예를 보여주고 있다.

	The	E-Coli	outbreak	was	first	seen	in	a	San	Francisco	supermarket
품사	관사	고유명사	명사	조동사	부사	동사	전치사	관사	고유명사	고유명사	명사
신뢰도	0.01	0.32	0.02	0	0.01	0.03	0	0	0.81	0.46	0.12

이 작업은 텍스트 내에서 시퀀스 태깅과 같은 것으로 취급할 수 있지만, 텍스트를 잘라내기 하거나 "O" 레이블을 무시하는 것에 대해 덜 걱정해도 된다는 측면에서 단순화된 작업으로 볼 수 있다. 레이블에 따른 계층화 작업은 표 6.3과 같이 가장 불확실한 명사 100개, 가장 불확실한 동사 100개, 가장 불확실한 부사 100개 등과 같은 사례에 대해 도움이 되는 경향이 있다. 모델의 정확도를 평가하기 위한 매크로 F-점수와 함께 이 샘플링 방법을 사용할 수 있다.

6.3.8 시퀀스 레이블링에서 문서 수준의 다양성을 위한 샘플링

다른 방법과 마찬가지로 검토를 위해서는 텍스트를 랜덤 샘플링해야 한다. 이 방법은 평가 데이터를 제공하고, 능동학습이 얼마나 성공적인지 기준선을 제공한다. 전체 문서 수준에 클러스터링을 적용하고 학습 데이터가 아주 적거나 존재하지 않는 클러스터 전체를 찾는다면 무언가 놓치고 있는 것이므로 이 클러스터 내의 일부 항목은 사람의 검토가 필요하다는 좋은 증거를 확보한 셈이다.

문서 수준에서도 실세계 다양성을 고려할 수 있다. 문서의 장르, 문서 작성자의 유창성, 언어 등이 그것이다. 실세계 다양성을 위한 계층화 샘플링은 시퀀스 수준보다는 문서 수준에서 더 효과적일 수 있다.

6.4 자연어 생성에 능동학습 적용하기

어떤 자연어 처리 작업에서는 머신러닝 알고리듬으로 자연어와 같은 시퀀스를 생성한다. 가장 일반적인 사례는 텍스트 생성으로 이번 절에서 주로 다루려는 사례다. 대부분의 수화나 구어 생성은 먼저 텍스트 생성한 후 수화나 구어로 별도의 작업을 통해 생성한다. 이런 머신러닝 모델은 유전자나 음악과 같이 텍스트보다는 덜 일반적인 유형의 시퀀스에도 적용될 수 있는 보편적인 시퀀스 생성 아키텍처로 돼 있다.

그럼에도 전체 텍스트 생성 시스템이 실제 애플리케이션에 사용 가능해진 정확도의 수준에 도달한 것은 전이학습 분야에서 최근의 발전 덕분이라고 할 수 있다.

가장 명백한 예외는 학계와 산업계에서 인기를 끌었던 기계 번역이다. 기계 번역은 한 언어로 쓰인 문장을 받아서 다른 언어의 문장으로 생성하는 명확한 문제다. 역사적으로 기계 번역은 여러 언어로 번역된 책, 기사, 웹 페이지에서 추출된 수많은 학습 데이터가 존재한다.

질문에 대한 응답으로 전체 문장을 제공하는 질의 응답은 텍스트 생성의 한 예로 점차 인기가 증가하고 있다. 또 다른 예는 챗봇과 같이 상호작용의 응답으로 문장을 생성하는 대화 시스템이 있다. 요약^{summarization} 또한 큰 텍스트에서 적은 수의 문장을 생성하는 예제다. 그러나 이런 사례 모두에 완전 텍스트 생성^{full text generation}을 적용할 필요는 없다. 많은 질의 응답 시스템, 챗봇, 요약 알고리듬이 입력 문장에서 중요 시퀀스를 추출한 후 실제 의사소통처럼 보이는 결과를 생성하기 위해 정형화된 출력을 한다.

6.4.1 자연어 생성 시스템에 대한 정확도 계산하기

자연어 생성을 복잡하게 만드는 한 가지 요소는 하나의 명확한 답이 정해져 있지 않다는 점이다. 이런 상황은 종종 평가 데이터에서 여러 개의 정답을 갖도록 하고, 그중 가장 잘 맞는 답을 점수로 사용해서 해결하고는 한다. 번역 작업에서 평가 데이터는 종종 여러 개의 정답 번역 결과를 포함하고, 그중 가장 잘 맞는 번역 결과로 정확도를 계산한다.

지난 몇 년간 완전한 문장에서 문장 생성을 하는 신경망 기계 번역에서 큰 진전이 있었다. 머신러닝은 두 언어로 쓰인 동일한 문장 예제를 입력받아 한 문장에서 다른 문장으로 직접 번역할 수 있는 모델을 학습한다. 이 기능은 믿을 수 없을 만큼 강력하다. 이전에는 기계 번역 시스템이 서로 다른 언어 구문을 분석하고 두 문장을 정렬하기 위해 복잡한 여러 단계를 거쳐야 했었다. 각 단계에서는 각기 다른 머신러닝 시스템을 사용하고, 메타 머신러닝 시스템으로 각 단계를 결합하곤 했다. 병렬된 텍스트만 필요하면서 전체 파이프라인을 다룰 수 있는 새로운 신경망 머신러닝 시스템은 이전의 대충 꿰어 놓은 시스템 대비 1% 정도의 코드만 사용하면서도 훨씬 정확하다. 유일한 단점은 신경망 머신러닝 시스템은 이전의 비신경망 모델에 비해 해석이 다소 어렵기 때문에 모델의 혼동을 식별하는 데 좀 더 어려움이 있다.

6.4.2 자연어 생성에 대한 불확실성 샘플링하기

불확실성 샘플링을 위해서는 시퀀스 레이블링과 컴퓨터 비전 작업에서 한 것과 마찬가지로 여러 개의 예측값에 걸친 변이를 살펴봐야 한다. 그러나 이 영역은 연구가 훨씬 덜 이뤄졌다. 텍스트 생성을 위한 모델을 구축 중이라면 아마도 여러 개의 후보군을 생성하는 알고리듬을 사용 중일 것이다. 이 후보군의 변이를 조사함으로써 불확실성을 측정하는 것이 가능할 수도 있다. 그러나 신경망 기계 번역 모델은 일반적으로 빔 탐색[beam search] 이라고 부르는 기법을 사용해 후보군의 숫자를 적게 생성(약 5개)하는데, 이는 후보군의 변이를 정확하게 측정하는 데 충분한 수는 아니다. 최근의 연구에서는 탐색 수를 늘리더라도 전체적인 모델의 정확도는 감소할 수 있는 상당히 바람직하지 않은 결과를 보였다.[4]

앙상블 모델이나 단일 모델에서 드롭아웃으로 불확실성을 모델링해볼 수도 있다. 앙상블 모델들의 일치 수준을 측정하는 것은 기계 번역에서 불확실성을 결정하기 위한 오랫동안 이어져 온 기법이다. 그러나 이 모델들을 며칠에서 몇 주까지 걸릴 정도로 학습 비용이 비싸서 단순히 불확실성 샘플링을 위해 여러 모델을 학습시키는 것은 엄두 내기 어려울 정도로 비쌀 수 있다.

---

4 「신경망 기계 학습에서 불확실성 분석(Analyzing Uncertainty in Neural Machine Translation)」 마일 오트(Myle Ott), 마이클 아울리(Michael Auli), 데이비드 그랜지어(David Grangier), 마크 아우렐리오 란짜토(Marc Aurelio Ranzato) 저(https://arxiv.org/abs/1803.00047)

문장 생성 중에 드롭아웃을 활용하는 것은 단일 모델에서 여러 문장을 얻어서 불확실성 점수를 생성하는 데 도움이 될 수 있다. 나는 이 책을 쓸 당시 한 논문에 소개된 이 접근법을 처음으로 실험해봤다. 초기에는 마지막 장의 예제로 언어 모델에서 편향을 탐지하는 데 초점을 맞추는 연구 내용을 포함하려고 했다. 그러나 이 내용이 이미 그 논문에 수록돼 있고 이 책의 재해 대응 예제가 내가 책을 쓰는 동안 시작된 COVID-19 대유행과 더욱 관련이 있다는 것을 고려해, 12장의 예제를 잠재적인 식품에 의한 유행병 발생을 추적하는 예제로 대체했다.

6.4.3 언어 생성을 위한 다양성 샘플링하기

언어 생성을 위한 다양성 샘플링은 불확실성 샘플링보다 단순하다. 입력이 텍스트로 주어진다면 4장에서 문서 수준의 레이블링에서 했던 것과 동일한 방법으로 다양성 샘플링을 구현할 수 있다. 입력의 다양한 셋을 갖추는 것, 새로운 도메인에 적응을 위한 대표 샘플링, 모델이 혼란스러워하는 것을 샘플링하기 위한 모델 기반의 아웃라이어를 확보하기 위해 클러스터링을 사용할 수도 있다. 또한 실세계 인구분포를 고려해 샘플을 계층화시킬 수도 있다.

다양성 샘플링은 일반적으로 기계 번역 분야에서 주요한 관심사였다. 대다수의 기계 번역 시스템은 범용 목적을 갖고 있다. 그래서 학습 데이터는 가급적 다양한 문맥 속의 단어를 언어 쌍에 가능한 많이 포함할 필요가 있으며, 특히 문맥에 따라 다양하게 번역되는 단어의 경우에는 더욱 그러해야 한다.

도메인 특화 기계 번역 시스템에서는 한 도메인에 중요한 새로운 단어와 구문이 번역문에 포함될 수 있도록 예를 들어 대표 샘플링을 사용하곤 한다. 기계 번역 시스템을 새로운 기술 도메인에 적응시켜야 하는 경우, 해당 도메인의 전문 용어를 과도하게 샘플링하는 것은 좋은 전략이다. 이들 용어는 정확성을 갖추는 것이 중요한데, 범용 기계 번역 시스템에서는 이들 용어를 알지 못할 가능성이 높기 때문이다.

텍스트 생성 분야에서 다양성 샘플링을 적용한 가장 흥미로운 응용 분야 중 하나는 다른 작업을 위한 새로운 데이터를 생성하는 것이다. 고전적인 방법 중 하나는 역번역[back]

translation이다. 부정적 감정negative sentiment으로 레이블된 영어 텍스트의 부분이 있다면, 그 문장을 여러 다른 언어로 번역한 다음 다시 영어로 번역하기 위해 머신러닝을 사용하는 것이다. 그 문장 자체는 아마도 바뀌겠지만, 부정적 감정이라는 레이블은 아마도 여전히 정답일 것이다. 9장에서는 학습 데이터 측면의 생성적 접근법인 데이터 증강data augmentation을 다루며, 인간 참여 머신러닝 분야의 흥미로운 최근의 진보도 함께 다루고 있다.

6.4.4 언어 생성을 위한 능동 전이학습

6장의 다른 사례와 비슷한 방식으로 언어 생성에 대해서도 능동 전이학습을 적용할 수 있다. 한 번의 능동학습 주기에서 적응형으로 동작하는 ATLAS도 적용할 수 있다. 처음에 어떤 레이블인지 알지 못하더라도 샘플링한 첫 번째 시퀀스는 나중에 사람에 의해서 수정될 수 있다고 가정할 수 있기 때문이다.

그러나 검증 데이터에서 "정답"이나 "오답"을 어떻게 산출할지 신중하게 정의할 필요가 있다. 보통 이런 작업은 한 문장이 "정답" 또는 "오답"으로 고려되는 수준의 정확도 임곗값을 설정하는 것과 연관돼 있다. 만약 토큰 단위 기반에 정확도를 계산할 수 있다면, 수치적인 정확도값을 생성하기 위해 모든 토큰에 걸친 정확도를 종합할 수 있는 선택 사항이 생기는 셈이다. 6.1.1절에서 다룬 객체 검출의 IoU 예제와 마찬가지로 "정답"/"오답"의 이진값 대신 연속값을 예측할 수 있게 된다.

6.5 다른 유형의 머신러닝 작업에 능동학습 적용하기

3, 4, 5장에서 다룬 능동학습 원리는 대부분의 다른 머신러닝 작업에도 적용될 수 있다. 이 절에서는 높은 수준에서 추가적인 몇 가지를 다뤄보려고 한다. 이 절은 컴퓨터 비전과 자연어 처리 예제에서 배웠던 상세한 구현 수준까지 가지는 않을 것이지만, 어떻게 다양한 유형의 데이터에 동일한 원리를 적용할지에 대한 아이디어를 얻을 수 있을 것이다.

어떤 사례에서는 새로운 미분류 데이터를 모으는 것이 불가능해서 정확도를 측정할 다른 방법을 찾아야 할 필요가 있을 것이다. 그중 한 가지 방법인 "합성 대조군"이라 부르는 기법에 대한 기사를 읽어보길 바란다.

대조군: 평가 데이터 없이 모델 평가하기

전문가 일화. 엘레나 그레왈

A/B 테스트를 수행할 수 없는 상황에 애플리케이션을 배치하려는 경우, 어떻게 모델의 성공 여부를 측정할 수 있을까? 합성 대조군 기법은 이러한 사례에서 활용할 수 있는 기법 중 하나다. 모델을 배포하려는 곳의 특징에 가장 가까운 현재의 데이터를 찾고 그 데이터를 대조군으로 활용하는 것이다.

나는 교육 정책 분석을 공부하면서 합성 대조군에 대해 처음으로 접했다. 어떤 학교가 학생들의 교육 환경을 개선하기 위해 새로운 기법을 적용하려 할 때, 절반의 학생들의 삶만을 개선시키고 나머지 절반이 통계적 제어 그룹으로 전락하는 것을 기대할 수는 없다. 그 대신 교육 연구자는 학교 내 학생의 인구통계와 성적 등의 측면에서 가장 흡사한 합성 대조군을 만들어낼 수 있다. Airbnb에서 데이터 과학 팀을 이끌었을 때 이 전략을 선택해 적용했다. Airbnb는 새로운 도시와 시장에서 제품이나 정책을 출시하고 있었고, 실험을 진행할 수 없었을 때, 가장 흡사한 도시와 시장의 합성 대조군을 만들었다. 그런 후 계약(engagement), 이익(revenue), 사용자 평점(user ratings), 검색 연관성(search relevance) 등과 같은 지표에 대해 합성 대조군과 비교해 모델의 영향력을 측정할 수 있었다. 합성 대조군은 평가 데이터가 없는 상황에서조차 모델의 영향력을 측정하는 데에 데이터 기반의 접근법을 취할 수 있도록 해줬다.

엘레나 그레왈(Elena Grewal)은 Data 2 the People의 설립자이자 CEO다. 이 회사는 정치 후보를 지원하기 위해 데이터 과학을 이용하는 컨설팅 회사다. 이전에는 데이터 과학 팀을 이끌었고, 스탠퍼드대학교에서 박사학위를 받았다.

6.5.1 정보 검색을 위한 능동학습

정보 검색$^{\text{Information retrieval}}$은 검색엔진과 추천 시스템의 구동하는 알고리듬 집합을 말한다. 어떤 질의에 대해서 여러 개의 결과를 반환하는 검색 시스템의 정확도를 계산하기 위해서 여러 개의 지표가 사용될 수 있다. 그중 가장 일반적인 지표는 할인 누계 이익$^{\text{DCG,}}$ $_{\text{Discounted Cumulative Gain}}$으로 rel_i는 순위 p에서 결과의 등급별 상관도다.

$$\text{DCG}_p = \sum_{i=1}^{p} \frac{2^{rel_i} - 1}{\log_2(i+1)}$$

로그 함수는 하위 항목의 가중치를 낮추는 데 사용된다. 아마도 첫 번째 검색 결과가 가장 정확하게 산출될 것이고, 두 번째 검색 결과에 대해서는 약간 낮게 될 것이다. 세 번째는 그보다 조금 더 낮을 것이고 이와 같은 방식으로 계속 조금씩 낮아질 것이다. 로그의 사용은 처음 도입됐을 때 상당히 임의적인 가중치였지만, 근래의 이론은 수학적인 타당성이 있다고 시사하고 있다.

실세계 검색 시스템은 오늘날 인간 참여 머신러닝 측면에서는 가장 복잡한 사례라고 볼 수 있다. 온라인 매장의 단순한 검색에 대해서 생각해보자. 이 매장은 검색 결과를 가져오기 위해서 머신러닝의 한 형태를 이용하고 있다. 검색 문장의 키워드와 개체를 식별하기 위해서 두 번째 형태의 머신러닝을 이용한다. 검색 결과의 각 제품에서 관련된 요약문을 추출하는 세 번째 형태의 머신러닝을 사용한다. 이 제품들은 네 번째 종류의 머신러닝에서 검색 연관성과 관련해 도움을 주기 위해 제품 종류(전자 제품, 책 등)에 따라 분류된다. 이 매장은 이상적인 전시 이미지가 무엇인지 결정(단순 제품 이미지인지 맥락을 함께 보여줄 것인지)하기 위해서 다섯 번째 형태의 머신러닝도 사용할 수도 있다. 또한 수많은 현대적인 검색엔진은 동일한 제품의 열 가지 버전보다는 다른 유형의 제품을 반환해 다양성을 극대화하려고 한다. 그래서 사용자 경험을 위해 검색 결과를 개인화 적용한 이전의 모델일지라도, 여섯 가지 이상의 서로 다른 머신러닝 시스템이 검색 결과에 기여하고 있을 것이다. 이들 머신러닝 시스템은 각자 별도의 학습 데이터를 필요로 한다. 이 데이터 중 일부는 사람들이 클릭하는 것에서 얻을 수 있지만, 대다수는 피드백을 제공하는 어노테이터로부터 얻게 된다.

아마도 온라인 쇼핑을 할 때는 최첨단의 머신러닝을 사용하고 있다는 점을 깨닫지 못할 수도 있다. 그러나 무대 뒤에서는 수많은 일들이 일어나고 있다. 사실 이런 사례는 왜 Amazon의 Mechanical Turk와 같은 크라우드소싱 플랫폼이 발명됐는지를 말해준다. 바로 온라인 매장에서 제품에 대한 카탈로그 정보를 정제하기 위함이다.

또한 정보 검색은 다른 머신러닝 애플리케이션보다 더 실제적인 정확도 지표를 사용하기도 한다. DCG가 검색 연관성에 대한 오프라인 평가 부분에서 대중적이긴 하지만 시스템을 사용하는 사람들을 위한 결과는 비즈니스 지향적인 지표에 최적화돼 있기도 하다. 예를 들어 사람들이 실제 구매한 숫자, 검색에서 구매 사이의 클릭 수나 시간, 다음 6개월 간의 고객 가치 등이 있다. 이런 지표는 모델의 적용에 관한 것이기 때문에, F-점수, IoU 와 같은 오프라인의 반대 개념으로서 온라인 지표[online metrics]라고 부르기도 한다. 이 지표들은 F-점수나 IoU와는 다르고 훨씬 더 사람 중심적이어서, 정보 탐색 커뮤니티에서 더 많은 활용 사례를 배울 수 있다.

6.5.2 동영상을 위한 능동학습

정지 이미지를 위한 대다수의 솔루션은 동영상에서의 객체 검출과 의미 분할에도 적용할 수 있다. 동영상에서 가장 관심을 갖는 영역에 초점을 맞추고 샘플로서 활용하는 것이다. 만약 모델이 관심을 가지는 객체나 레이블에만 초점을 맞추고 있다면, 관심을 가지는 객체에 대해 불필요한 동영상 내 잘라내기나 마스킹을 하지 않더라도 불확실성 샘플링과 모델 기반의 아웃라이어 기법을 구현할 수 있다. 다양성 샘플링을 적용 중이라면, 그런 객체에 대해 우선적으로 잘라내거나 마스킹을 확실하게 해야 할 것이다.

동영상과 정지 이미지 간 가장 큰 차이점은 거의 똑같은 이미지로 돼 있는 하나의 동영상에서 얼마나 많은 프레임의 데이터를 추출할 것인가다. 명백한 해결책이 최선이다. 모델이 동일한 객체로 생각하는 것에서 여러 프레임을 갖고 있다면, 가장 높은 불확실성을 보이는 프레임을 샘플링한다. 이 새로운 객체에 기반한 반복적인 재학습 프로세스를 통해서 나중에는 높은 신뢰도로 다른 프레임의 일부 또는 전체를 얻을 가능성이 높아진다.

다양성 샘플링은 객체가 여러 프레임에 걸쳐서 동일하게 보일 것이기 때문에 다른 프레임에서 동일한 객체를 선택하는 횟수를 감소시킨다. 객체의 형태가 바뀌게 되면 달라진 형태로 샘플링할 수 있으므로 이런 상황이 잘 해결된다. 그 예로는 수화를 들 수 있다. 객체를 추적하는 것이 아니라 정보의 흐름을 해석하려는 것이므로, 능동학습 전략은 객체 검출보다는 텍스트와 음성 쪽에 흡사해 보일 수 있다.

동영상 내의 객체 검출에 다양성 샘플링을 적용하지 않는다면 가장 불확실한 샘플은 연속적인 프레임 내의 동일한 객체일 수도 있음을 주목해야 한다. 내가 봐온 대부분의 회사는 매 n번째 프레임을 샘플링하거나 처음, 마지막, 중간에서 어느 정도 수만큼 동영상당 동일한 수만큼만 샘플링하거나 이 두 가지 방식 모두를 사용한다. 계층화 샘플링에 대한 이런 접근법은 어떤 문제가 있는 것은 아니지만 클러스터링과 적응형 대표 샘플링을 통한 다양성 샘플링은 일반적으로 훨씬 더 풍부한 양의 샘플로 이어진다. 또한 실세계 다양성 측면의 개선을 위해선 희귀한 레이블을 포함하는 프레임을 더 많이 얻기 위해 일부 동영상을 과대 샘플링할 필요가 있을 수도 있다. 모든 동영상의 모든 프레임을 샘플링하는 경우 엄청나게 많은 개별 이미지를 얻게 될 것이므로 우선 전체 이미지에 대한 대규모 클러스터링을 시도하고, 동영상의 전체 숫자를 일종의 가이드로 사용할 수 있다.

- 전체 동영상 숫자보다 적은 클러스터 수를 얻는다면 비슷한 동영상을 하나의 클러스터로 결합해 목표한 다양성에 맞춘다.
- 전체 동영상 숫자보다 많은 클러스터 수를 얻는다면 일부 동영상을 여러 개의 클러스터로 쪼개서 그 동영상이 이상적으로 더 다양한 내용을 포함하도록 한다.

이 접근법은 가능한 빨리 동영상을 레이블링하기 위해 이 책에서 다루는 능동학습 방법을 폭넓게 결합할 수 있는 여지를 준다.

6.5.3 음성을 위한 능동학습

텍스트나 수화와 비슷하게 음성도 레이블링, 시퀀스 또는 언어 생성 작업이 될 수 있다. 텍스트와 이미지에서와 마찬가지로 사례에 따라 다른 접근법을 적용해야 한다.

전체 음성 파트의 수준(스마트 기기 등에 음성 명령을 레이블링 하는 경우 의도[intent]라고 부른다)에 대한 음성 레이블링을 하려는 경우, 모델은 이미 객체 검출이나 시퀀스 레이블링과 마찬가지로 관심 있는 현상[phenomena]에 초점을 맞추고 있을 것이다. 그러므로 잘라내기[cropping]하지 않은 음성 데이터에 대한 불확실성 샘플링과 모델 기반의 아웃라이어 샘플링이 동작할 것이다.

음성을 텍스트로 변환하거나 전체 음성 레코딩에 걸친 오류를 관찰하는 작업을 수행하려는 경우, 이 과정은 가급적 많은 음성 파트를 샘플링하기 위해 다양성에 초점을 맞춰야 한다는 측면에서 언어 생성과 유사할 것이다. 세상의 거의 모든 언어에서 문자 체계가 음성 언어보다는 훨씬 더 표준화가 돼 있다. 그래서 텍스트에 대해 작업하는 것과 비교하면, 가능한 모든 억양과 언어 차이를 포착해야 하므로 다양성이 더욱 중요해질 것이다.

음성은 데이터 수집 기술의 중요성 측면에서는 텍스트와 이미지의 중간에 놓여 있다. 마이크 품질, 주변 노이즈, 녹음 기기, 파일 포맷, 압축 기술로 인해 실제 정보 대신 모델이 잘못 학습할 수 있는 산출물이 생성될 수도 있다.

여기서 다루는 다른 유형의 데이터보다도 음성은 인식된 구조와 실제 물리적 구조 사이의 가장 큰 간극이 존재한다. 예를 들어 단어 사이의 간격을 인지하지만 실제 음성은 거의 항상 다른 단어들을 함께 사용하기 때문에 그 인식이 오해일 수도 있다. 또한 거의 모든 소리가 인접한 맥락속에서 변화하기도 한다. 영어에서 복수형은 이전 음소에 따라 s나 z이지만($cats$와 $dogz$), 이 복수형 접미사^{suffix}에 대해 여러분은 한 가지 소리에 대해서만 고려했을 수도 있다. 음성 데이터로 샘플링할 때는 그 음성의 텍스트 표기에만 의존하지 않도록 주의해야 한다.

6.6 수작업 리뷰를 위한 적절한 항목 수 고르기

고급 능동학습 기법에는 이미 배워온 원리가 적용된다. 대표 샘플링과 같은 능동학습 전략의 일부를 한 번의 능동학습 주기에서 적응형으로 만들 수도 있다. 그러나 대다수의 기법의 조합은 여전히 새롭게 레이블링된 데이터로 모델을 재학습하는 경우 가장 큰 이점을 가져다준다.

특정 수의 클러스터나 실제 통계적 분포에 따른 계층화를 적용해 최소한의 항목을 샘플링해야 할 수도 있을 것이다. 매 주기당 최대 항목 수는 데이터의 유형에 따라 달라질 것이다. 시간당 1,000개의 짧은 텍스트 메시지의 위치를 레이블링할 수 있겠지만, 동일한 시간 동안 한 장의 이미지의 의미 분할만을 완료할 수 있을지도 모른다. 그래서 의사 결정의 중요한 요인은 데이터 유형과 사용하려는 어노테이션 전략이 될 것이고, 이는 7~12장에서 다루려고 하는 주제다.

6.6.1 완전히 또는 부분적으로 레이블링된 데이터에 대해 능동 레이블링하기

머신러닝 모델이 부분적으로 레이블된 데이터로 학습할 수 있다면 개발하려는 시스템을 훨씬 더 효율적으로 만들 수 있을 것이다. 이 책 전반에 걸쳐서 사용한 예제에 이어서 이번에는 도시의 거리에서 객체 검출을 구현하려 한다고 가정해보자. 모델이 차와 보행자를 식별하기에 충분할 정도로 정확하지만 자전거와 동물을 식별하기에는 충분하게 정확하지는 않을 수도 있다.

수천 장의 자전거와 동물 이미지를 갖고 있을 수도 있지만, 각 이미지는 평균적으로 12대의 자동차와 보행자를 포함하고 있다고 해보자. 이상적으로는 이 이미지들에 대해서 자전거와 동물만을 레이블하고 싶어 할 뿐, 모든 자동차와 보행자도 이 이미지에 대해 레이블링하기 위해서 10배의 리소스를 들이고 싶지는 않을 것이다. 그러나 많은 머신러닝 아키텍처에서는 부분적인 데이터의 레이블링이 불가능하다. 이들은 모든 객체에 대해서 레이블이 돼야만 하는데, 그렇게 하지 않으면 이들 객체들은 배경으로 잘못 계산될 수 있기 때문이다.

혼동과 다양성을 극대화하는 100개의 자전거와 동물을 샘플링할 수 있지만, 상대적으로 적은 추가적 이득을 위해 이들 샘플 주변의 1,000개의 차나 보행자를 레이블링하는 데 리소스의 대부분을 쓰게 된다. 지름길은 없다. 만약 수많은 자동차와 보행자가 없는 이미지를 샘플링한다면 이는 전체 데이터셋을 대표하지 않는 특정한 환경으로 데이터에 대해 편향을 만들고 있는 것이다. 만약 모든 이미지나 문서에 대해 완전한 레이블링이 필요한 시스템으로 인해 진전을 만들지 못하고 있다면 매번 최상의 가치를 지닌 항목을 샘플링할 수 있도록 상당한 주의를 기울여야 한다.

갈수록 서로 다른 모델을 결합하거나 이종heterogeneous의 학습 데이터를 갖는 것은 수월해질 것이다. 보행자와 자동차를 위한 별도의 모델을 학습시키는 것이 가능해지면, 이후에는 이들을 전이학습을 통해 결합하는 새로운 모델을 만들 수도 있게 된다.

6.6.2 어노테이션과 머신러닝을 결합하기

이미지 전체에 어노테이션을 하거나 전혀 하지 않더라도 약간 덜 정확한 머신러닝 아키텍처로 결국 훨씬 더 정확한 모델을 생성하도록 도울 것이므로, 레이블과 모델 전략을 설계할 때 이런 선택 사항들을 고려해봐야 한다.

큰 이미지나 문서에서 소수의 객체나 범위에만 어노테이션해야 문제에 대한 최선의 해결책은 머신러닝을 레이블링 프로세스에 포함하는 것이다. 의미 분할을 위해 전체 이미지에 대해 레이블링을 하는 것은 한 시간이 걸릴 수도 있지만, 모든 레이블에 대해 받아들이지 말지 정하는 것은 30초 정도밖에 소요되지 않는다. 예측과 사람의 레이블링 작업을 결합할 때의 위험은 사람이 정확하지 않은 예측값을 신뢰하는 경향이 있어서 존재하는 편향을 지속시키는 것이다. 이런 상황은 인간-컴퓨터 간의 복잡한 상호작용 문제다. 9장, 10장, 11장에서는 모델 예측과 사람의 레이블을 가장 효과적인 방법으로 결합하는 문제에 대해 다룰 것이다.

6.7 더 읽을 거리

시퀀스 레이블링과 시퀀스 생성 문제에서 신뢰도를 계산하는 방법에 대한 더 상세한 정보는 얀 니휴스^{Jan Niehues}와 응옥꽌 팜^{Ngoc-Quan Pham}이 저술한 「시퀀스-투-시퀀스 모델로 신뢰도 모델링하기^{Modeling Confidence in Sequence-to-Sequence Models}(http://mng.bz/9Mqo)를 참고하길 바란다. 저자들은 음성 인식을 다루고, 예측한 토큰뿐만 아니라 원본 텍스트 토큰에 대한 신뢰도(불확실성)를 계산하면서 흥미로운 방식으로 기계 번역 문제를 확장했다.

기계 번역에 대한 능동학습 기법의 개요를 보기 위해서는 시안카이 전^{Xiankai Zen}, 사르탁 가르그^{Sarthak Garg}, 라옌 채터지^{Rajen Chatterjee}, 우드야쿠마르 날라사미^{Udhyakumar Nallasamy}, 마티아스 파울릭^{Matthias Paulik}이 쓴 「뉴럴 MT를 위한 능동학습의 경험적 평가^{Empirical Evaluation of Active Learning Techniques for Neural MT}(http://mng.bz/j4Np)를 보길 바란다. 이 논문의 많은 기법은 다른 시퀀스 생성 문제에 적용이 가능하다.

요약

- 대부분의 경우 전체 이미지와 문서에 대해 레이블링하기보다는 이미지나 문서 내의 정보를 식별하거나 추출한다. 동일한 능동학습 전략이 이런 사례에도 적용될 수 있다. 적절한 전략을 아는 것은 어떤 능동학습을 적용할 수 있는지와 사례에 적절한 전략을 수립하는 방법과 같은 유형을 문제를 이해하는 데 도움이 된다.

- 일부 능동학습 전략을 최대한 활용하기 위해서는 이미지와 문서를 잘라내기하거나 마스킹할 필요가 있다. 적절한 잘라내기나 마스킹 전략은 사람의 리뷰를 위해 더 좋은 샘플을 생성해주고, 주어진 항목에 대해 잘라내기나 마스킹해야 하는 경우를 알게 되면 사례에 적절한 방법을 선택하는 데 도움이 된다.

- 능동학습은 컴퓨터 비전과 자연어 처리를 뛰어넘어 정보 추출, 음성 인식과 동영상 등 다양한 작업에 적용될 수 있다. 능동학습의 적용 영역의 광범위성을 이해한다면 어떤 머신러닝 문제에도 적용하는 데 도움이 될 것이다.

- 고급 능동학습의 각 이터레이션마다 사람의 리뷰를 위한 적절한 항목의 수는 데이터 유형에 따라 매우 다르다. 데이터에 대한 적절한 전략을 이해하는 것은 주어진 문제에 대해 가장 효율적인 인간 참여 머신러닝 시스템을 배치하는 데 매우 중요하다.

Part 3

어노테이션

인간 참여 머신러닝에서는 어노테이션을 위해 사람의 수작업을 필요로 한다. 때로는 머신러닝 애플리케이션에서 머신러닝에 사용될 정확하고 대표성 있는 레이블을 가진 데이터셋을 만드는 것이 제일 과소평가되곤 한다.

7장에서는 데이터에 어노테이션을 할 적합한 인재와 이들을 관리하는 법을 다룬다. 8장에서는 어노테이션에 대한 품질 관리의 기본 사항을 다루며, 전체 데이터셋과 어노테이터, 레이블, 작업별 전체 정확도와 일치도^{agreement}를 계산하는 가장 일반적인 방법을 소개한다. 머신러닝의 정확도와는 달리 어노테이터에 대한 무작위 확률 정확도와 일치도는 일반적으로 조정이 필요한데, 이는 평가 지표가 사람의 성과를 평가할 때 더 복잡하다는 것을 의미한다.

9장에서는 어노테이션 품질 관리를 위한 고급 전략을 다루며, 주관적 어노테이션을 이끌어내는 기술로 시작해 머신러닝 모델로 확장해갈 것이다. 9장에서는 룰 기반$^{rule-based}$ 시스템, 검색 기반$^{search-based}$, 전이학습$^{transfer learning}$, 준지도학습$^{semi-supervised learning}$, 자가 지도학습$^{self-supervised learning}$을 비롯해 합성 데이터 생성$^{synthetic data creation}$을 활용한 반자동 어노테이션 기법에 대한 광범위한 내용도 다룰 것이다. 이러한 기법은 오늘날 인간-컴퓨터 상호작용의 머신러닝 분야에서 가장 흥미롭다.

10장은 연속값 어노테이션 예제로 집단 지성이 데이터 어노테이션에 얼마나 자주 적용되는지 검토하면서 시작할 것이다. 10장에서는 어떻게 어노테이션 품질 관리 기법이 객체 검출, 의미 분할, 시퀀스 레이블링 및 자연어 생성과 같은 다양한 유형의 머신러닝 작업 적용될 수 있는지도 다룬다. 이 정보로 여러분은 다양한 머신러닝 문제에 대한 어노테이션 품질 관리 전략을 개발할 수 있을 것이고, 복잡한 어노테이션 작업을 작고 단순한 작업들로 쪼개는 법을 고민할 수 있게 될 것이다.

7

데이터 어노테이터와
일하기

7장에서는 다음의 주제를 다룬다.
- 내부 정규직, 계약직, 업무 수당직 어노테이션 작업 인력에 대해 이해하기
- 3개의 핵심 원리를 적용해 여러 유형의 인력을 동기부여하기
- 비금전적 보상으로 인력 평가하기
- 어노테이션의 양적 요구 사항 평가하기
- 어노테이터에 필요한 교육과 전문성 이해하기

이 책의 1, 2부에서는 수작업 리뷰에 적절한 데이터를 선정하는 법을 배웠다. 3부에서는 사람의 피드백을 제공할 적절할 사람을 찾고 관리하는 법과 사람의 상호작용을 최적화하는 법을 주로 다룬다. 머신러닝 모델은 때로는 정확성을 갖추는 데 필요한 학습 데이터를 얻기 위해서는 사람의 피드백이 수천 개 심지어는 수백만 개 정도 필요로 하기도 한다.

필요한 인력의 유형은 작업, 크기, 긴급성에 따라 달라진다. 소셜 미디어 게시물이 긍정적인 감정인지 부정적인 감정인지 파악하는 것과 같은 단순한 작업을 하고 있고 가능한 한 빠르게 수백만 개의 어노테이션이 필요하다면 전문적인 기술을 가진 인력이 필요하진 않다. 그러나 이상적으로 이 인력을 동시에 수천 명으로 규모를 키우고, 개별 인력을 짧은 시간 동안만 고용할 수도 있다.

그러나 전문 금융 용어로 채워진 문서에서 사기의 증거를 식별하는 것과 같은 복잡한 작업이라면, 아마도 금융 도메인의 경험이 있는 사람이나 이를 이해할 수 있는 교육을 받을 수 있는 인력을 원할 것이다. 만약 작업자의 모국어와 다른 언어로 작성된 문서라면 데이터 어노테이션을 위해 적절한 사람을 찾고 평가하는 것은 훨씬 더 복잡한 일이 될 것이다.

때로는 서로 다른 유형의 인력을 조합하는 데이터 어노테이션 전략이 필요하다. 여러분이 거대 금융 기업에서 일하고 있고, 기업들의 가치에 영향을 줄 수 있는 금융 뉴스 기사를 모니터링하는 시스템을 구축하고 있다고 상상해보자. 이 시스템은 주식 시장에 열거된 기업들의 주식을 사고 파는 것에 결정을 내는 데 광범위하게 사용될 애플리케이션의 일부가 될 것이다. 여러분은 두 종류의 레이블로 데이터를 어노테이션해야 한다. 즉, 어떤 기업에 관한 기사인가를 구분하고, 기사의 정보가 주식 가격의 변동을 의미하는가다.

첫 번째 유형의 레이블인 기업 식별에 대해서는 어렵지 않게 비전문 어노테이터를 고용할 수 있다. 기업의 이름을 식별하는 데 금융 뉴스를 이해할 필요는 없다. 그러나 어떤 요소가 주식 가격에 변화를 유발할 수 있는지 이해하는 것은 복잡하다. 어떤 경우에는 "주식이 폭락할 것으로 예상된다"와 같이 기사 내용이 명백한 경우에는 일반적 언어 능력으로도 충분할 수도 있다. 그러나 또 다른 경우에는 문맥이 분명하지 않을 수도 있다. 예를 들어 "에크미^{Acme}사는 조정된 3분기 실적 전망을 충족했다"라는 문장은 이 회사의 조정 분기 실적 전망을 충족할 가능성에 대해 긍정적일까, 부정적일까? 여러분은 '조정'이라는 맥락에 대해서 이해해야 한다. 더 복잡한 금융 용어는 금융 도메인에 대한 교육 없이 개인이 이해하는 것이 불가능하다.

결국 세 가지 유형의 인력이 필요할 것이다.

- **크라우드 소싱 인력**: 가장 빠르게 스케일을 확장하거나 축소할 수 있으며, 신문 기사가 출간됐을 때 어떤 기업에 대해서 언급하고 있는지 식별할 수 있는 유형이다.
- **계약직 인력**: 주식 가격의 변화를 이해할 수 있도록 금융 용어를 배울 수 있는 유형이다.
- **기업 내부 전문가**: 가장 어려운 코너 케이스^{edge case}를 레이블하고, 상충되는 레이블을 판단하며, 다른 작업자에게 지침을 내릴 수 있는 유형이다.

적임자가 누구든 적절하게 보수가 지급되고, 직무가 안정되며, 수행하고 있는 업무에 대한 투명성이 있다면 최선을 다할 것이다. 즉 인력을 관리하는 가장 윤리적인 방법이 조직에게는 최선이기도 하다. 7장에서는 어노테이션 작업을 위한 적절한 인력을 선정하고 관리하는 방법을 다룬다.

7.1 어노테이션에 대한 소개

어노테이션은 모델을 위한 학습 데이터를 생성하는 과정이다. 자율적으로 운용되길 기대하는 대다수의 머신러닝 애플리케이션은 한 사람이 어노테이션할 수 있는 것보다 더 많은 데이터 레이블을 필요로하기 때문에, 데이터를 어노테이션할 수 있는 적절한 인력과 이들을 관리할 수 있는 최선의 방법을 선택할 필요가 있을 것이다. 그림 7.1의 "인간 참여 프로세스" 다이어그램은 미분류된 데이터를 입력받아 레이블된 학습 데이터를 출력하는 어노테이션 프로세스를 보여주고 있다.

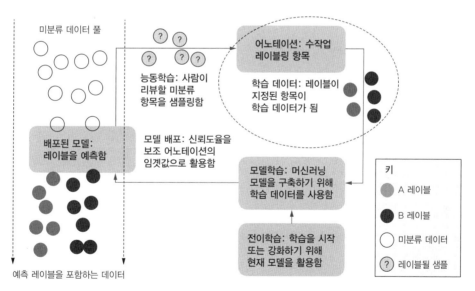

▲ **그림 7.1** 데이터 어노테이션은 미분류 데이터를 생성하고, 레이블링하고, 모델에서 생성된 레이블을 리뷰하는 과정이다.

7장과 8장에서는 어노테이션 프로젝트를 정확하게 운영하기 위해 필요한 하부 프로세스와 알고리듬을 설명하면서 그림 7.1의 어노테이션의 요소를 깊이 있게 들여다볼 것이다. 한 가지 조언을 하자면 알고리듬 전략과 함께 데이터 전략을 시작해야 한다는 것이다. 알고리듬 아키텍처를 생성하고 하이퍼파라미터를 조정하는 것만큼이나 어노테이션 전략과 가이드라인을 개선하는 데 오래 걸린다. 그리고 알고리듬과 아키텍처의 선택은 기대하는 어노테이션의 유형과 양에 대한 정보에 기반해 이뤄져야 한다.

7.1.1 좋은 데이터 어노테이션의 세 가지 원리

데이터를 레이블링하는 사람들에게 존중을 더 보여줄수록 데이터의 질이 더 좋아진다. 내부 정규직 도메인 전문가^{SME, Subject Matter Expertise}이든 단지 몇 분만 기여하는 외주 인력이든 관계없이 이 기본 원리가 가능한 최선의 어노테이션을 얻을 수 있도록 보장할 것이다.

- **임금**: 공정히 지불할 것
- **안정**: 정기적으로 지불할 것
- **주인 의식**: 투명성을 제공할 것

시간에 따라 필요한 업무량이 일정하지 않음을 보여주는 그림 7.2에서 세 가지 주요 인력 유형을 요약했다. 크라우드소싱 인력은 가장 손쉽게 규모를 확충하거나 줄일 수 있지만, 작업의 질은 일반적으로 가장 낮다. 사내 인력은 규모의 조정이 가장 어렵지만, 가장 높은 품질의 데이터를 제공하는 도메인 전문가인 경우도 있을 것이다. 외주 인력은 그 사이에 위치하며 크라우드소싱 인력의 유연성을 일정 부분 갖고 있으면서 높은 수준의 전문성을 갖도록 교육받을 수도 있다. 이런 차이점은 인력의 선택에 영향을 줄 수밖에 없다. 다음 절에서는 임금, 안정, 주인 의식의 원리를 확장하면서 각 인력에 대해 더 상세히 알아볼 것이다.

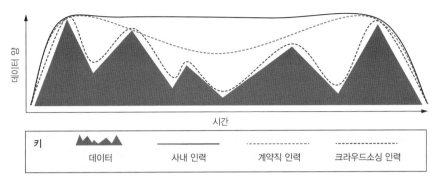

▲ **그림 7.2** 데이터를 어노테이션하기 위해 사용할 수 있는 세 가지 유형의 인력은 사내 인력, 계약직, 크라우드 소싱 인력으로 나뉘며 유연성과 전문성이 주요 상충점이다.

지도학습 모델 개발에서 가장 중요한 것은 인력 관리다.

수작업 어노테이션 데이터로 개발하고 있다면 인력 관리 업무가 가장 중요하다. 실제 대부분의 머신러닝 애플리케이션은 학습의 목적으로 어노테이션이 된 데이터로 지도학습 방식을 적용한다. 이를 위해 데이터를 어노테이션하는 사람들에 대한 책임을 회피할 수 있는 방법은 없다. 이들의 작업 결과물이 개발하고 있는 모델에 사용된다면, 이들을 관리해야 하는 책임 또한 갖게 된다.

많은 데이터 과학자가 자신들의 업무를 순수한 연구로만 바라보고 있다. 기업의 많은 고위 데이터 과학자가 다른 연구자를 관리할 필요가 없는데, 이는 정확히 말해서 사람 관리가 연구의 "실제" 업무를 방해하는 것으로 간주되기 때문이다. 안타깝게도 조직에 데이터 어노테이션 팀이 별도로 있거나 어노테이션을 외주화한 경우라도 데이터 어노테이션 인력에 대한 책임을 외주화할 수 있는 방법은 없다.

7장은 기술적인 조언보다는 관리적인 조언에 더 가깝게 보이기는 하지만, 모든 데이터 과학자에게도 분산된 팀 인력을 관리하는 법을 이해하는 것은 중요하기 때문에 이러한 관점은 의도적이다. 7장에서 서술한 이유로 인해 모델에 기여하는 모든 사람에게 공정한 작업 조건을 보장하기 위해 좋은 관리 방법도 필수적이다.

여러분의 업무 범위에는 데이터 어노테이션 인력과 대화하는 것도 포함돼 있다. 여러분이 프로젝트를 시작할 때 지침만을 주고 피드백을 주지 않는 좋은 매니저를 만나본 적이 있는지 궁금하다. 힘의 불균형이 있을 때 피드백을 끌어내는 것이 복잡한 것일 수 있기 때문에, 공감을 염두에 두고 소통할 수 있는 채널을 만들어 둘 필요가 있다.

7.1.2 데이터 어노테이션과 모델 예측 검토

이 책에서 어노테이션이라는 용어는 광범위하게 사용된다. 어떤 경우에는 원시 데이터를 어노테이션하는 것을 의미하기도 하고, 혹은 사람의 도움이나 머신러닝 모델과 상호작용하는 것을 의미하기도 한다.

11장에서는 사용자 인터페이스와 품질 관리를 다룰 것이다. 여기서는 어노테이션에 필요한 작업량을 계산하는 경우 이를 위해 데이터를 표현하는 다양한 방법과 다양한 필요 작업량을 고려해야 함을 이해하게 될 것이다.

7.1.3 머신러닝의 보조를 받은 사람의 어노테이션

많은 작업들이 사람의 처리 절차를 보조하는 것을 목표로 하기도 한다. 응용 범위에 따라 사실 수많은 모델을 자동화나 사람을 보조하기 위한 목적으로 사용할 수 있다. 예를 들어 충돌 탐지 알고리듬은 완전 자율주행을 동작시키기도 하지만 운전자에게 경보를 주기 위해 학습시키는 것일 수 있다. 또는 의료 종사자의 의사 결정을 돕거나 진단을 위해 의료 이미지 알고리듬을 학습시킬 수도 있다.

7장에서는 두 유형의 애플리케이션을 모두 적용한다. 7.5.1절에서 어노테이터로써 최종 사용자 개념을 다룰 것이다. 해당 절에서 설명하는 것과 같이 애플리케이션이 사람의 작업을 보조하기 때문에 노력 없이 수많은 어노테이션을 얻을 수 있다고 하더라도 최종 사용자 이외의 다른 어노테이터를 고용해야 한다.

머신러닝의 보조를 받은 사람의 경우 한 가지 추가적인 포인트는 고용 보장과 투명성 원칙과 연관돼 있다. 즉, 여러분의 목적은 최종 사용자의 작업을 보조하는 것이지 그들을 대신할 모델을 만드는 것이 아님을 분명히 해야 한다. 주어진 작업에서 업무를 자동화할 수 있도록 최종 사용자의 피드백을 받을 것임을 알고 있다면 그 기대가 현실적이 되도록 해당 사실을 투명하게 파악해야 하며 그에 따라 이들에게 보상해야 한다.

7.2 사내 전문가

대부분의 머신러닝 프로젝트에서 가장 큰 인력은 사내 인력으로 이들은 알고리듬을 구현하는 사람과 같은 조직에서 일하는 인력을 의미한다. 이런 사실에도 불구하고 사내 인력에 대한 품질 관리와 인력 관리는 외주와 크라우드 소싱 인력이 비교해서 가장 연구가 덜됐다. 대부분의 어노테이션에 대한 논문은 외주와 작업당 보수를 받는 크라우드 소싱 인력에 초점을 맞추고 있다.

사내 인력의 장점은 도메인 전문성과 민감한 데이터의 보호에 있다. 여러분이 금융 리포트나 의료 이미지 진단과 같은 복잡한 문제를 다루고 있다면 사내 팀의 인력이야말로 여러분의 데이터를 어노테이션하는 데 필요한 기술을 가진 극소수의 사람일지도 모른다. 데이터가 민감한 정보를 포함하고 있다면 사내 인력 활용은 데이터에 대한 가장 강력한 보호와 안전을 제공할 수단이기도 하다.

어떤 경우에는 규제와 같은 이유로 인해 데이터를 사내에 보관하도록 제약받을 수도 있다. 10장에서 다룰 데이터 생성 툴이 이러한 사례에 도움이 될 것이다. 비록 합성 데이터가 100% 정확하지 않더라도 실제 데이터만큼 민감하지는 않으므로 합성 데이터를 활용하는 것도 좋은 기회가 될 것이다. 그래서 실제 데이터가 외주 인력에 공유하기엔 매우 민감한 경우, 정확도 측면에서 바람직한 수준으로 합성 데이터를 걸러내거나 수정해 외주 인력을 고용할 기회를 만들 수 있을 것이다.

비록 사내 인력이 다른 유형의 인력보다 더 주제별로 전문적인 경우가 많지만, 이들이 여러분이 구축하는 애플리케이션을 사용할 모든 유형의 사람을 대표한다고 생각하는 것은 실수일 수도 있다. 다음의 어떤 사람이 최고의 도메인 전문가가 될 수 있는지에 대한 상세한 내용을 다루는 관련 기사를 참조하라.

부모들은 완벽한 도메인 전문가다.

전문가 일화, 아야나 하워드

사람에 대한 모델은 데이터에서 나타나지 않은 사람에 대해서는 정확하지 않다. 많은 인구통계학적 편향으로 인해 사람들의 장애 여부, 나이, 인종, 성별 등과 같은 특성은 과소 표현될 수 있다. 교차 편향 역시 종종 존재한다. 만약 어떤 사람들이 여러 인구통계적 특징에 걸쳐 과소 표현됐다면, 이 인구통계적 특징의 교집합 부분은 부분의 합보다도 큰 경우도 있다. 심지어 데이터를 갖고 있는 경우에도 이런 상황에서는 올바르게 어노테이션할 수 있을 만한 경험을 가진 어노테이션 인력을 찾기 어려울 수도 있다.

특별한 목적을 가진 아이용 로봇을 만들려고 했을 때, 아이의 감정을 판단하기에 불충분한 데이터를 갖고 있음을 깨달았다. 특히 인종 측면에서 과소 표현된 아이들의 감정을 판단하는 것과 자폐 범주의 아이들의 감정을 판단하는 것과 같은 경우에서 그랬다. 몰입적 체험이 부족한 사람은 이런 아이들의 감정을 인지하는 것에 매우 서툰 경향이 있는데, 이는 아이가 행복한 때와 화났을 때를 구분하기 위한 학습 데이터를 제공하기에는 제한적일 수밖에 없다. 심지어는 일부 훈련된 소아과 의사조차도 장애 여부, 나이, 인종 등의 교집합을 다룰 때 정확하게 데이터 어노테이션에 어려움을 겪곤 했다. 다행히도 우리는 아이의 부모야말로 그들의 아이의 감정을 판단하는 데 최선임을 발견해 모델이 아이의 기분을 예측한 결과를 재빨리 수용 또는 거절할 수 있도록 부모들을 위한 인터페이스를 개발했다. 이 인터페이스로 그와 같은 피드백을 제공하는 데 부모들이 필요한 시간과 기술적인 전문성을 최소화하면서도 가능한 한 많은 학습 데이터를 얻을 수 있었다. 이 아이들의 부모들이야말로 그들의 아이들의 필요에 맞게 우리의 시스템을 개선하는 데 가장 완벽한 도메인 전문가로 판명됐다.

아야나 하워드(Ayanna Howard)는 오하이오주립대학교의 공과대학 학과장으로 재직 중이다. 전에는 조지아공과대학교 대화형 컴퓨팅(Interactive Computing) 의장이었고, 어린이용 특수 목적 치료법과 교육용 제품을 만드는 Zyrobotics의 공동 설립자였다. 이전에는 NASA에서 일했으며, 서던캘리포니아대학교에서 박사학위를 받았다.

7.2.1 내부 인력의 급여

여러분이 회사 내 어노테이션 인력의 급여를 결정하는 위치에 있지 않다면, 이 원칙에 대해 걱정할 필요가 없다. 어노테이션 인력은 이미 동의한 급여를 받고 있기 때문이다. 하지만 만약 여러분이 어노테이션 인력의 급여를 결정하게 된다면, 다른 직원들과 마찬가지로 존중과 공정함을 기준으로 삼아야 한다.

7.2.2 사내 인력의 고용 안정성

사내 인력은 이미 고용된 상태이므로 그들의 고용 안정성은 여러분이 제공하는 업무 기간 동안 그들이 해당 직무를 수행할 수 있는 능력에 달려 있다. 즉, 여러분이 그들의 고용을 유지할 수 있도록 보장하는 기간은 그렇다는 의미이다. 사내 인력이 임시직 또는 계약직이어서 그들의 고용과 조직 위상이 떨어지는 경우 외주 인력을 위한 몇 가지 원칙을 사용해야 한다. 예를 들어 계약직 인력의 경우 가급적 일관된 업무량으로 그들의 고용이 얼마나 지속될지 명확한 기대치를 가지고 구조화하도록 노력해야 한다. 직업의 이동성에 대해서 투명해야 한다. 한 사람이 역할이 영구 지속되거나 다른 역할로 이동할 수 있는지에 대해서 말이다.

7.2.3 사내 인력의 주인 의식

투명성은 사내 인력에 관한 가장 중요한 원칙이다. 만약 이 인력들이 이미 어노테이션을 생성하는 것과 관계없이 급여를 받고 있다면, 그 업무를 본질적으로 흥미롭게 만들어야 할 필요가 있다.

반복적인 작업을 흥미로운 일로 만드는 최선의 방법은 그 업무의 중요성을 일깨우는 것이다. 만약 사내 어노테이션 인력들이 어떻게 자신의 작업이 회사를 개선시키는지 명백하게 알게 된다면, 이런 정보들은 그들에게 훌륭한 동기부여가 될 것이다. 사실 어노테이션은 조직에 기여할 수 있는 가장 명백한 방법 중 하나다. 만약 여러분이 어노테이션 수에 대한 일별 목표가 있거나 학습한 모델의 정확도가 어떻게 개선되는지 공유할 수 있다면 어노테이션 작업을 회사의 목표와 연계하는 데 어렵지 않을 것이다. 한 어노테이터가 새로운 알고리듬을 실험하는 과학자보다 정확도 향상에 기여할 가능성이 훨씬 크기 때문에 이러한 사실을 어노테이터와 공유하는 것이 바람직하다.

날마다 정량적으로 어노테이션이 어떻게 회사에 도움이 되는지 보는 동기를 갖는 것 이상으로 사내 어노테이션 인력은 자신들의 일이 어떻게 회사 전반의 목표에 기여하고 있는지에 대해 명백하게 인지하고 있어야 한다. 새로운 애플리케이션을 작동시키는 데이터를 어노테이션하는 데 400시간을 보낸 어떤 어노테이션 인력은 같은 시간을 코딩하는 데 사용한 개발자만큼이나 주인 의식을 가져야 한다.

사내 어노테이션 팀을 단기 목표나 장기 목표에 대한 영향력을 불투명하게 남겨둔 채, 이런 원칙을 잘못 적용한 회사들을 늘 봐왔다. 이는 그 일을 하는 사람들에 대한 불손이며 의욕 저하, 높은 이직률, 어노테이션 품질 하락을 초래할 것이므로 그 누구에게도 도움이 되지 않는다.

추가로 여러분은 사내 인력에 대해서 이 업무의 일관성을 보장할 책임이 있다. 여러분의 데이터는 스스로 제어할 수 없으며, 때로는 갑작스레 한 번에 들어올 수도 있다. 만약 새로운 기사들을 분류하고 있다면 특정 시간대에 뉴스 기사가 출판됐을 때 해당 일이나 주에 더 많은 데이터를 갖게 될 것이다. 이런 상황은 크라우드 소싱 어노테이션 인력 형태에 적합하긴 하지만 일부 데이터의 레이블은 지연이 가능하도록 결정을 해야 할 수도 있다. 그림 7.3은 가장 중요한 데이터가 오면 우선 어노테이션하고, 다른 데이터는 나중에 어노테이션하는 예제를 보여주고 있다.

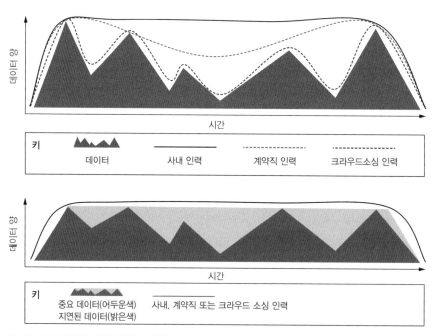

▲ **그림 7.3** 사내 인력을 위한 작업량 평탄화하기. 데이터 인입의 제어가 불가하므로 데이터가 갑자기 들어오는 경우, 가장 중요한 데이터를 우선 어노테이션하고 다른 것은 나중에 어노테이션함으로써 작업량을 평탄화할 수 있다. 하단 그래프는 어노테이션 업무량이 평탄화된 후를 보여주고 있다.

데이터의 레이블링 필요성이 일관될수록, 어노테이션 프로세스를 관리하는 것이 쉬워질 것이다. 업무량을 평탄화하려고 할 때, 어떤 데이터를 우선할지 임의로 선정할 수 있지만 실험을 통해서 정할 수도 있다. 예를 들어 우선 모든 데이터를 클러스터링하고 다양성을 보장하기 위해 모든 중심체를 먼저 어노테이션하도록 한다. 이에 대한 대안이나 추가 사항으로 가장 최신으로 보이는 항목을 먼저 어노테이션하기 위해 대표 샘플링을 적용할 수도 있다. 이런 모든 접근법은 데이터가 입수되자마자 최대한 활용하면서도 필요한 어노테이션 양을 평탄화하는 좋은 방법이다.

7.2.4 팁: 사내 어노테이션 세션을 항상 진행하기

인력의 유형에 대한 조합과는 무관하게 어노테이션 인력의 그룹을 최대한 다양하게 해 어노테이션 세션을 실행할 것을 추천한다. 이 접근법은 다음과 같은 여러 이점이 있다.

- 사내 인력이 만든 고품질 어노테이션은 데이터 품질 관리의 일부를 구성하는 인력의 교육을 위한 좋은 예제가 될 수 있다(8장을 참고하라).
- 사내 어노테이션 세션은 현재의 어노테이션 지침만으로는 다루기 까다로워서 레이블링하기 어려운 예외 사례를 조기에 발견하도록 해준다. 이런 예외 사례를 알게 되는 것은 데이터를 어노테이션하는 사람들에게 제공되는 작업과 지시 사항을 정제하고 개선하는 데 도움이 될 것이다.
- 이 프로세스는 팀을 만들어가는 훌륭한 활동이기도 하다. 한 방에 회사의 모든 부서의 사람들을 모은다면(장시간 일하는 경우 음식과 음료도 함께), 이 프로세스는 매우 흥미롭고, 회사의 모든 이들이 머신러닝 애플리케이션에 기여할 수 있도록 해준다. 모든 사람이 한 시간 이상 데이터에 어노테이션 작업을 하면서 예외 사례를 논의하도록 한다. 내가 근무했던 여러 회사에서 "어노테이션 세션"은 많은 사람들이 선호하는 시간이기도 했다.

이 활동은 더 큰 어노테이션 팀에 대한 지침을 만들고 업데이트를 하는 사내 전문가 팀을 구성하는 좋은 방법이다. 특히 시간에 따라 변화하는 데이터를 갖고 있다면 어노테이션 지침을 정기적으로 업데이트하고 최신의 어노테이션 예시를 제공해야 한다.

외주 어노테이션 인력을 전문가로 활용할 수도 있고, 때로는 커다란 크라우드 소싱 인력이 이 프로세스와 함께 도움이 될 수도 있다. 어노테이션에 중점을 두는 수많은 조직이 지침과 학습 자료를 만드는 최선의 방법에 관한 내부 전문가를 보유하고 있다. 그들의 전문성을 믿고 외주 조직의 인력을 사내 어노테이션 세션에 초청할 것을 고려해야 한다.

데이터가 시간이 따라 변화하는 경우, 전문 어노테이션 인력을 무시한 모델(파일럿의 경우에만 추천)부터 어떻게 전문가가 품질 관리에 도울 수 있는지 최적화하는 더 복잡한 워크플로우까지 전문 어노테이션 인력을 통합하는 예제 중 일부를 그림 7.4를 통해 보여주고 있다.

그림 7.4의 파일럿에서 첫 번째 방법을 구현한다면 잠재적으로 부정확한 레이블과 함께 혼란스러운 항목을 포함시키지 않고 배제해야 한다. 만약 5%의 항목이 레이블돼 있지 않다면 5%의 추가적인 오류를 가정하고, 학습 및 평가 데이터에서 그 5%의 항목을 제외시켜야 한다.

만약 학습 데이터와 평가데이터에 잘못된 레이블로 인한 노이즈가 있는 데이터를 포함하는 경우 정확도를 측정하기 어려워질 것이다. 레이블링하기 어려운 항목에서 노이즈가 있는 학습 데이터를 포함해도 괜찮을 것이라고 생각하지 말길 바란다. 많은 알고리듬은 노이즈가 있는 학습 데이터에도 여전히 정확할 수 있지만, 이 알고리듬들은 예측 가능한 노이즈(무작위, 균일, 가우스 등)를 가정하고 있기 때문에 그런 것이다. 항목에 레이블을 지정하기 어렵다면 이 항목들은 아마도 랜덤하게 분포되지 않았을 것이다.

그림 7.4의 두 번째 예제는 업계에서 가장 흔한 것으로 어려운 예제가 전문가 리뷰를 위해 재할당되는 경우다. 시간이 변해도 어느 정도 일정하게 유지되는 데이터라면 이 방법도 잘 동작할 것이다.

데이터가 재빠르게 변한다면 그림 7.4의 세 번째 방법을 추천한다. 세 번째 방법에서 전문 어노테이터는 주 어노테이션 팀에 앞서 새로운 데이터를 살펴보게 된다. 이때 레이블을 위한 지침이 실제 데이터에 뒤처지지 않기 위해 가급적 다양한 예외 사례를 수면 위로 끌어올리기 위해 능동학습 전략을 사용한다. 데이터가 정기적으로 입수되고 있는 상황이라면 두 번째 예제와 마찬가지로 이 방법을 통해서 사내 인력들에게 임시로 데이터에 대응해달라고 요청하기보다 좀 더 예측 가능한 일정을 만들 수 있다.

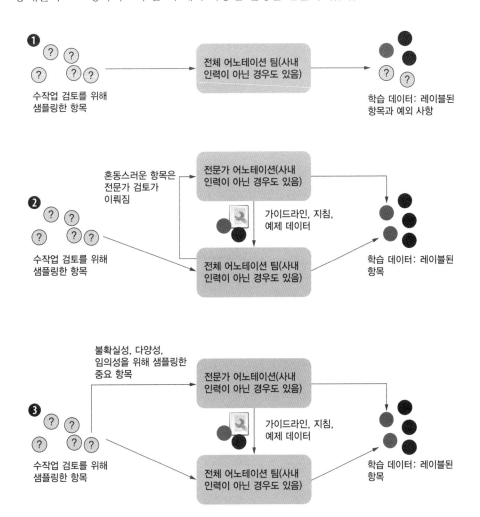

▲ **그림 7.4** 사내 어노테이션을 위한 세 가지 워크플로우. 상단의 워크플로우는 사내 어노테이션 인력을 이용하지 않고 어노테이션하기 어려운 항목을 무시하기 때문에 파일럿에 한정해 추천한다. 두 번째 예제는 업계에서 가장 흔한 사례로 어려운 예제가 전문가 리뷰를 위해서 재할당된다. 이 방법은 시간에 따라 데이터가 일정한 경우에 적합하다. 데이터가 빠르게 변화한다면 세 번째 방법을 추천한다. 이 방법에서는 전문 어노테이션 인력이 본격적인 어노테이션 프로세스에 들어가기에 앞서 다양성 샘플링과 불확실성 샘플링을 통해 잠재적인 새 예외 사례들을 찾게 된다. 그리고 이런 예제와 업데이트한 지침이 주 어노테이션 팀에게 전달된다. 이 방법은 어노테이션 지침이 실제 데이터에 뒤처지지 않도록하는 유일한 방법이다. 또한 전문 어노테이션 인력은 품질 관리 이유로 무작위로 선정된 항목을 어노테이션한다. 이에 대한 내용은 8장에서 다룰 것이다.

두 번째와 세 번째 방법을 결합해 새로운 사례를 가급적 많이 발굴하면서도 어려운 예제들을 전문가 리뷰를 위해 재할당하도록 할 수도 있다. 모든 주요 예외 사례를 발굴하기 전에 데이터가 특별히 어노테이션하기 어렵거나 어노테이션의 초기 이터레이션인 경우에만 이런 방법을 적용해야 한다.

7.3 외주 인력

데이터 어노테이션 인력과 관련해 가장 빠르게 증가하고 있는 형태는 외주다. 지난 5년 간 다른 유형의 어노테이션 인력보다 외주 인력 회사(비즈니스 프로세스 외주라고 부르기도 함)에게 투입되는 작업량이 더 큰 속도로 증가하는 것을 봤다.

외주 자체는 새로울 것이 없다. 기술 분야에서는 다양한 유형의 업무에 투입될 수 있는 수많은 직원을 보유한 외주 회사가 존재해왔다. 가장 잘 알려진 예는 콜센터다. 은행이나 공공기관에 전화하는 경우 콜센터로 연결되는데, 이는 전화한 회사와 계약된 외주 회사에서 고용한 누군가에게 전화하는 셈이 된다.

외주 회사들은 점점 더 머신러닝에 중점을 두고 있다. 어떤 회사는 단순히 인력만을 제공하고, 다른 회사는 좀 더 넓은 범위의 인력 제공의 일부로써 머신러닝 기술 일부를 제공하기도 한다. 대부분 외주 기업의 인력은 물가가 상대적으로 낮아서 급여도 낮은 지역에 위치해 있다. 외주화는 사내에 인력을 고용하는 것보다 저렴하기 때문에 때때로 비용은 외주화의 주요 요인으로 자주 언급된다.

확장성은 외주 인력을 사용하는 또 다른 이유가 된다. 대개 내부 인력을 확장/축소하는 것보다는 외주 인력의 확장/축소가 용이하기 때문이다. 머신러닝에 있어서 이런 유연성은 대량의 학습 데이터를 확보하기 전까지 애플리케이션의 성패를 가늠하기 어려운 경우에 특히 유용하다. 외주 회사와 기대치를 명확하게 설정한 경우에는 이런 접근 방식은 모든 이에게 도움이 된다. 업무가 오래도록 유지되길 바라는 사내 인력의 규모를 확대하지 않아도 되고, 외주 회사는 직원들이 정기적 수행하고 보상 패키지에 포함돼야 하는 업무를 전환할 수 있도록 계획을 세울 수 있다.

마지막으로 모든 외주 인력의 숙련도가 낮다고 생각해선 안 된다. 자율주행차 분야에서 어노테이션을 수행해온 인력이라면 고도로 숙련된 사람일 것이다. 만약 한 회사가 자율주행차 분야에 처음인 경우, 이런 외주 인력은 소중한 전문성의 원천이 되기도 한다. 그들은 다년간의 경험으로 어떤 것을 레이블해야 하고 무엇이 중요한지 직관을 갖고 있기 때문이다.

사내 인력만으로 어노테이션 작업량을 평탄화할 수 없다면, 좀 더 주기를 빠르게 할 수 있는 외주 인력(물론 크라우드소싱 인력만큼 빠르지는 않지만)을 사용해 어노테이션 양을 충분히 평탄화하는 타협점을 찾을 수도 있다. 그림 7.5는 이 예제를 보여준다.

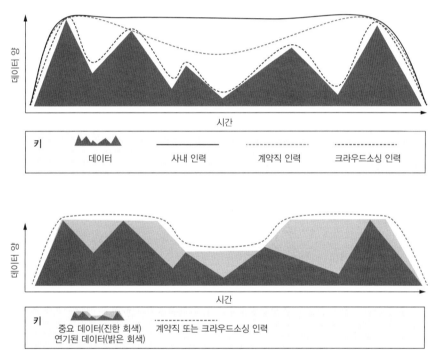

▲ **그림 7.5** 외주 인력으로 업무를 평탄화하기. 데이터양을 완전하게 평탄화할 수 없다면, 외주 인력을 확대 또는 축소하며 규모를 적절히 조절해 평탄화할 수도 있다.

7.3.1 외주 인력을 위한 급여

외주 인력은 고용주로부터 정당한 급여를 제공받아야 하지만 여러분도 외주 인력이 정당하게 보상받는지 점검할 책임이 있다. 그들이 다른 회사를 통해 제공된 외부 인력이라 하더라도 여러분을 위해서 일하는 어떤 사람에게든 주의를 기울일 의무가 있다. 이 주의 의무는 소위 '갑을' 관계에서 비롯되며, 이 관계 안에서 여러분은 가장 강력한 위치에 있는 것이다. 외주 인력에 대한 저임금을 통해 낮은 비용으로 비즈니스 경쟁에서 승리하기 위해 외주 회사를 이용하는 것은 바람직하진 않다. 특히 익숙하지 않은 외주 회사를 사용하려 하는 경우에는 다음의 질문을 해보길 바란다.

- 각 직원의 시간당/일당 보수는 얼마인가? 그리고 이 보수는 해당 지역의 최저 임금 및 최저 생계비에 대한 공시된 수치와 어떻게 비교되는가?
- 직원들이 주어진 작업을 위해 교육받는 동안에도 보수를 받는가, 아니면 어노테이션 작업 중인 경우에만 보수를 받는가?
- 직원들이 프로젝트 사이인 경우나 프로젝트의 일이 적은 경우에도 보수가 주어지는가, 아니면 프로젝트에서 직접적으로 일하는 경우에만 보수가 주어지는가?

이러한 질문을 더 상세하게 던질 수도 있다. 이를테면 보상과 관련해 건강보험, 퇴직금, 유급 휴직 등과 같은 복지 혜택에 관해 자세히 물을 수도 있다.

직원이 일하는 지역의 생활비와 견줘 급여가 적절한지, 프로젝트 사이에서 보수가 줄거나 없진 않은지 고려하면서 계산해보길 바란다. 여러분도 이 계산식의 일부임을 인지하길 바란다. 만약 여러분의 프로젝트 업무를 일관되게 제공할 수 있다면 데이터가 인입되기를 기다리거나 프로젝트 사이에서 업무 변경이 됨으로써 생길 수 있는 개별 직원의 휴지 기간은 더 적어질 것이다.

외주 조직이 구체적인 답변을 줄 수 없다면 이는 아마도 좋은 선택이 아닐 수도 있음을 의미한다. 기껏해야 그 회사는 아마도 또 다른 외주 회사나 크라우드소싱 인력 위에서 관리 역할만 수행하는 것일 수 있으며, 고품질의 어노테이션을 얻을 가능성이 낮기 때문에 어노테이션 인력에서 그렇게 많은 단계를 제거하는 것을 원하지 않을 것이다. 최악의 경우 그 회사가 임금 착취를 한다는 사실을 숨기는 것일 수도 있다.

보상 측면에서 문화와 국가 간 차이를 인지하고 있어야 한다. 유럽 대다수의 국가 내 직원들은 좋은 국영 건강보험을 갖고 있고, 고용 기반의 건강보험의 중요성에 대해서는 신경을 쓰지 않을 수도 있으며, 미국 내 인력은 육아 휴직을 기대하지 않을 수도 있다. 그 반대의 경우 역시도 사실이다. 만약 여러분이 미국에 있다면 좋은 국영 건강보험 옵션을 가진 인력이 고용 기반의 건강보험도 갖고 있어야 한다고 고집할 필요가 없다.

내가 하는 조언은 다소 지나치더라도 더 많은 질문을 하고, 만약 질문이 문화적으로 민감한 선을 넘은 것이라면 그 이후에 사과하라는 것이다. 질문하는 것이 두려워서 부적절한 보상에 대해 기여하는 것보다는 공평하게 보상하는 누군가를 다소 불쾌하게 하고 그 경험으로부터 성장하는 것이 더 낫다.

7.3.2 외주 인력의 고용 안정

외주 인력에 대한 고용 안정은 그들의 고용주에게 달려 있다. 보상에 관해서 물어보는 것과 더불어 고용 안정과 승진에 대한 기회에 대해서도 물어봐야 한다.

대다수의 외주 회사는 승진에 대한 회사 자체의 명확한 규정을 갖고 있다. 어노테이터는 직속 관리자$^{line\ manager}$가 되고, 그다음에 지역 관리자가 되는 식이다. 또한 이들은 특히 어려운 어노테이션 작업이나 민감한 데이터를 다루는 데 신뢰를 받는 등 높은 임금을 받게 되는 전문성을 보유하고 있을 수도 있다.

만약 어떤 회사 내에서 승진의 기회가 없다면, 경력을 발전시키기 위해 교육과 학습에 필요한 비용을 감당해야 할 수도 있기 때문에 업무 수행에 따른 더 많은 보상을 해야 하지 않는지 고려해야 한다. 누군가 전문 어노테이션 인력으로서 행복해하고 관리나 특수 역할로 수행하는 것을 원치 않는다면 별 문제는 되지 않을 것이다. 그 사람이 좋은 환경에서 근무하고, 공정하게 임금을 받으며 수행하는 일의 주인 의식을 느끼고 있다면 품위가 있는 일로 생각할 것이다.

7.3.3 외주 인력의 주인 의식

외주 인력은 정규 어노테이션 인력처럼 일하는 집단이다. 그러므로 이 인력들이 당신의 회사에 기여하고 있다는 것을 알 수 있도록 투명성을 확보하는 것은 중요하다. 사내 인력과 마찬가지로 외주 인력도 데이터를 어노테이션하고 있는 이유에 대해 명확히 알게 된다면 훨씬 더 동기부여가 될 것이다. 예를 들어 도시의 공원 내 풍경을 어노테이션한다면, 보행자에 중점을 둔 경우인지 혹은 식물에 중점을 둔 것인지 알려줘야 한다. 목표를 이해하고 있는 것은 데이터의 정확도를 크게 향상시킬 것이고, 어떻게 중요한 작업에 기여하고 있는지 감지하게 해준다.

가능하다면 외주 직원이 여러분의 회사에 직접적으로 기여하고 있다고 느끼게 하라. 어떤 회사들은 외주 직원을 조직의 일부로 인정하는 것을 적극적으로 회피하곤 한다. 이런 접근법은 브랜드 관점에서 이해할 만한 것일 수도 있다(다른 회사의 직원이 여러분의 회사를 잘못 알릴 수도 있는 우려). 그러나 비즈니스 프로세스가 외주화된 사실을 숨기기 위함이라면 온당치 못할 수 있다.

조직의 정책과는 관계없이, 계약직으로 상근하는 사람이 사내 정규직과 동일하게 주어진 날 수만큼 기여하고 있으면, 그렇게 느낄 자격이 있다. 가급적 공공연히 그것을 말할 수는 없는 상황이더라도 외주 직원들이 여러분의 조직에 어떻게 기여하고 있는지 알려주길 바란다. 종종 외주 직원들에게 그들에 창출하는 가치에 대해 투명하게 말할 수 있지만, 개인적으로만 그것을 이야기할 수 있다는 점을 분명히 해야 하는 중간 지점이 존재하곤 한다. 사내에서도 자신들이 하는 일에 대해 공개적으로 말할 수 없는 사람들이 있을 것이다.

외주 인력은 사내 인력보다 회사의 목표에 대해서 덜 직관적인 경향이 있다. 여러분의 회사가 거대한 다국적 기업이거나 이제 창업한 스타트업이건 간에 외주 인력이 이 사실을 알고 있으리란 보장이 없다. 그러므로 너무 많은 가정을 하지 않길 바란다. 외주 직원이 그들이 완성하고 있는 일의 맥락을 더 잘 알고 있을 때 모두가 득을 보는 상황이 된다. 그들은 빠른 속도로 더 높은 임금에 걸맞은 고품질의 업무를 수행할 것이고, 그 과정에 대해서도 더 좋게 느낄 것이다. 어노테이터들과 함께 일하는 동안에는 그들과의 소통 창구를 유지하려고 노력하길 바란다.

7.3.4 외주 직원과 소통하는 팁

머신러닝 프로젝트를 수행하고 있다면 어노테이션을 매일 관리하는 직속 관리자와 직접 소통해야 한다. 이 소통 방법에는 이메일, 토론forum, 이상적으로는 온라인 채팅 등이 있을 수 있다. 어노테이터들과 직접 소통하면 훨씬 더 낫지만, 규모와 개인정보보호 문제에 따라 이러한 상호작용이 허용되지 않을 수도 있다.

중간 지점으로 직속 관리자와 열린 창구로 정기적인 어노테이터 전체와의 회의를 할 수도 있다. 정기적인 회의를 하고 있다면 외주 회사에게도 이 시간이 어노테이터들이 임금을 받아야 하는 시간임을 명확히 해야 한다. 생각하지 못했던 예외 사례나 지침에 명시적으로 돼 있지 가정과 같이 질문 거리는 늘 어노테이션 작업 중에 떠오르기 마련이다. 또한 데이터를 생성해주고 있는 어노테이터가 직접 소통해주는 것은 존중받을 만한 일이다.

머신러닝 모델을 만들고 있는 사람들로부터 떨어져 있는 4~5명의 외주 직원을 흔히 봐 왔다. 아마도 데이터 과학자는 내부적으로 데이터를 관리하는 누군가를 고용할 수도 있다. 이 데이터 관리자는 외주 회사의 고객 관리자와 일할 것이고, 그 고객 관리자는 회사의 어노테이션 부분 대표와 일할 것이며, 그 어노테이션 대표도 직속 관리자와 일할 것이고, 마침내 그 직속 관리자는 개별적인 어노테이터와 일할 것이다. 지침서나 피드백을 주기 위한 소통의 단계가 이렇게 다섯 단계가 될 수도 있다.

어노테이터에게 집중하는 것 외에도 모든 중간 단계의 사람들에게 효과적으로 금액을 지불해야 함을 기억하라. 일부 산업군에서는 비용의 50% 정도가 관리 비용으로 지출되곤 한다. 비효율적인 관리 구조가 잡혀 있다 하더라도 소통 방식이 그 구조를 따라야 할 필요는 없다. 어노테이터나 중간 관리자와 직접적인 관계를 수립해야 한다.

7.4 크라우드소싱 작업자

작업당 임금을 받는 크라우드소싱 작업자는 데이터 어노테이션을 위해 가장 많이 언급되는 인력이지만, 가장 작은 그룹이기도 하다. 크라우드소싱 어노테이션업 측면에서 가장 큰 2개의 시장을 가진 회사에서 일한 경험이 있었는데, 그때에도 크라우드소싱 인력을 사용하기보다는 시간당 임금을 지불하는 외주 인력을 이용했다.

대개 크라우드소싱을 위한 어노테이션 작업을 온라인 마켓에 게시할 수 있다. 그러면 사람들은 건당 게시된 금액에 따라 일을 완료할 수 있다. 만약 보너스나 시간에 비례한 임금이 제시되면, 그 총액은 건당 금액에 추가되는 식이다. 작업자들은 대체로 익명의 사람이고, 이런 익명성은 보통 플랫폼의 기술과 규정에 따라 보장된다.

크라우드소싱이 데이터 수집을 포함하는 일반적인 용어이기 때문에 어노테이션은 미세 작업microtasking[1]으로 부르기도 한다. 이 작업은 데이터 항목 건당per-data-item으로 부과되기 때문에 이 과정은 '작업당 급료' 또는 일반적으로 긱 이코노미gig economy의 일부로 인식되고 있다. 어떤 경우든 엄청난 작업 유연성을 가지면서도 동시에 착취에 엄청나게 취약함을 의미하기도 한다.

크라우드소싱을 이용하는 가장 큰 장점은 무척 빠르게 규모를 키우거나 줄이는 것에 있다. 단지 몇 분의 작업이 필요하더라도 수천 명의 사람을 필요로 하는 일이라면 건당 임금을 받는 크라우드소싱을 이용하는 것이 이상적이다.

대부분의 회사에서 크고 지속적인 머신러닝 프로젝트가 크라우드소싱 인력에 의존하는 경우는 흔치 않으며, 이들은 대개 새로운 작업에 대한 일정 수준의 정확성을 검증하기 위한 빠른 실험에 사용되곤 한다. 또한 일부 외주 회사의 경우 더 짧은 회수가 가능한 24/7 형태의 인력을 제공하긴 하지만 크라우드소싱 인력은 어노테이션에 대한 빠른 회수가 필요한 경우에도 사용되곤 한다.

대체로 학술 연구는 한 가지 분야에서 정확도를 지속적으로 향상시키는 것보다는 다양한 사례에 대한 빠른 실험에 관한 것이기 때문에, 학계 다양한 부분에서 선택한 어노테이션 인력 형태는 크라우드소싱이었다. 이런 명성은 때때로 어노테이션에 관해 크라우드소싱이 산업계에서도 널리 퍼진 방법이라고 잘못 인식되곤 하는 이유이기도 하다. 실제 머신러닝에 영향을 미치는 관점에서 학계와 크라우드소싱의 관계에 대한 자세한 관점을 7.4.3절의 '데이터 레이블링 전략에 대학원생 수준의 경제 개념을 적용하지 마라'를 참고하길 바란다.

---

1   일반적인 작업보다 짧고 작은 단위의 작업을 일컫는 말 – 옮긴이

작업자 측면에서는 한 개인이 왜 외주 회사의 직원이 되기보다는 크라우드소싱 인력이 되려고 하는지에 대한 타당한 이유가 있다. 가장 큰 이유는 아마도 주변에 그들을 고용할 외주 회사가 없기 때문일 것이다. 누구든 인터넷 연결이 되는 거의 모든 곳에서 크라우드소싱 작업자가 될 수 있다.

일종의 차별을 경험한 사람은 크라우드소싱에서는 그런 차별은 겪지 않을 수 있다. 익명성은 작업자로 하여금 인종, 성별, 범죄 기록, 국적, 장애 여부를 비롯한 사람들의 고용을 제한하는 기타 요인들로 인한 차별을 받을 가능성을 낮춰준다. 그들의 일은 오직 내재된 가치에 대해서만 평가받을 수 있기 때문이다.

일부 사람들은 '작업당 급료'를 선호하기 때문에 크라우드소싱 작업을 선호하기도 한다. 아마도 이 사람들은 가족을 돌봐야 하거나 추가적인 크라우드소싱 일에 제한적인 정규직으로 일하는 등의 이유로 한 번에 몇 분과 같이 적은 시간만을 기여할 수도 있기 때문이다. 이 영역은 사실 공정함을 보장하기 가장 어려운 부분이기도 하다. 만약 한 작업자가 대부분의 작업자가 15분 걸려서 완료하는 일을 60분 걸려서 완료했다고 하면, 이 사람에게 15분에 해당하는 급료만 지급하는 것은 정당하지 않을 것이고, 60분에 대해 지불해야 하는 것이 맞을 수 있다. 만약 이에 대한 급여가 예산 밖이라면, 그 작업자가 온라인 평판 시스템에서 부정적 반영이 되지 않는 방식으로 미래의 업무를 받아들이는 것을 배제해야 한다.

크라우드소싱 작업자들은 가장 손쉽게 착취당할 수 있는 인력 형태다. 어떤 작업이 앞으로 얼마나 지속될지 예측하기 어렵기 때문에, '작업당 급료' 방식은 비록 그 작업이 좋은 의도로 시작됐다고 하더라도 손쉽게 과소 보상될 수 있다. 또한 일을 완료하는 데 걸리는 시간을 잘못 표시하거나 착취성 급여를 제공하는 것과 같이 좋은 의도 없이 업무를 설정하는 것도 어렵지 않다.

저임금(이를테면 시간당 1달러) 노동이 시간은 많지만 수입원이 없는 누군가에게는 없는 것보다는 낫다는 논쟁을 일삼는 사람들을 봐왔다. 그러나 이 논쟁은 사실과 거리가 멀다. 누군가에게 생활에 필요한 것보다 적은 급료를 주는 것은 윤리적으로 옳지 못한 것이다. 뿐만 아니라 불평등에도 기여하게 되는 것이다. 만약 착취성 임금에 기반해서만 성공이 가능한 비즈니스 모델을 갖고 있다면 이는 전체 산업을 쇠퇴시키는 것일 뿐만 아니라 산업의 다른 경쟁자들도 같은 방식으로만 살아남게 될 수 있다. 그러므로 이 방식은 아무에게도 도움이 되지 않는 착취성 임금 모델을 지속시키는 경우에만 살아남을 수 있도록 산업 전체를 떠미는 것에 불과할 것이다.

7.4.1 크라우드소싱 인력의 급여

언제나 크라우드소싱 인력에게 정당하게 급여를 지급해야 한다. 모든 주요 크라우드소싱 플랫폼마다 수행한 작업 시간을 알려주고 있지만, 이 정보는 시간을 추적하기 위해 브라우저 정보에 의존하고 있고 작업자가 이 작업을 시작하기 전에 조사하면서 보낸 시간에 대해서는 포함되지 않을 수 있기 때문에 정확하다고 말하기 어렵다.

나는 작업자들이 살고 있는 지역과 그 지역의 공정한 급료에 대해 공인된 데이터에 기반해 그들이 완성한 일에 대해 시간 단위로 급료를 줄 것을 권했다. 모든 크라우드소싱 플랫폼이 심지어 비용 지불 과정에서 직접적으로 시간당 급료를 지불하는 것이 가능하지 않더라도 보너스를 포함한 시간당 급료를 효과적으로 지급할 수 있도록 돼 있다. 정확한 작업 시간을 계산할 수 없다면 저임금을 지급하는 위험을 감수하는 것보다는 작업자에게 직접 물어봐야 한다. 이를 위한 소프트웨어 도구도 존재한다.[2]

어떤 사람이 정해진 예산 내에서 크라우드소싱 작업을 완료하지 못할 것으로 생각한다면 크라우드소싱 플랫폼에서 이런 작업자를 향후 작업에서 제외하도록 할 수 있다. 여러분은 여전히 그들이 지금까지 완료한 작업에 대해서는 지급해야만 하지만 말이다. 심지어 크라우드소싱 작업자가 대충 작업했다고 99% 확신하더라도 1%가 부당하게 누락되지 않도록 지급해야만 한다.

모든 대다수의 크라우드소싱 플랫폼에서 특정 작업자들로만 업무를 주도록 제한할 수 있다. 이런 제한은 여러분이 부여할 수 있는 자격이나 작업자 ID 목록으로 구현될 수 있지만 결과는 똑같다. 포함되는 사람들만 작업에 참여할 수 있다. 업무를 잘 완료할 수 있는

---

2 마크 화이트닝(Mark Whiting), 그랜트 휴(Grant Hugh) 및 마이클 번스타인(Michael Bernstein)의 논문 「공정한 업무: 코드 한 줄로 크라우드 업무의 최저 임금 산출(Fair Work: Crowd Work Minimum Wage with One Line of Code)」(http://mng.bz/WdQw)에서 예제를 찾을 수 있다.

사람을 찾은 후, 여러분의 가장 중요한 일을 그들에게만 한정할 수 있다.

또한 대부분의 크라우드소싱 플랫폼은 과거 누군가가 얼마나 잘해왔는지 검증받은 작업량에 따라 자동으로 알려주는 "신뢰할 수 있는 작업자" 카테고리를 제공하기도 한다. 그러나 이런 시스템은 악의적으로 조정하는 봇[bot]으로 매우 손쉽게 속일 수 있기 때문에 가급적 "신뢰할 수 있는 작업자" 풀을 직접 관리하는 것이 낫다.

크라우드소싱에서는 직접 소통을 할 수 없기 때문에 좋은 작업 지시서를 만드는 것이 다른 유형보다 더 까다롭다. 또한 작업자가 여러분의 모국어와 다른 언어를 사용해 여러분의 지시를 브라우저에 있는 기계 번역을 이용하고 있을 수도 있다. 만약 사람들이 작업지시서를 읽는 것에 대해서 급료를 지급받지 않는다면, 그들은 아마 지시서를 대충 훑어볼 가능성이 높고 계속해서 스크롤해서 읽어 내려가야 하는 것을 귀찮아 할 것이기 때문에, 기계 번역으로 지시서가 번역되는 경우에도 잘 이해될 수 있도록 정확하고 간결하게 지시서를 작업하는 것이 중요하다. 물론 그것은 쉽지 않지만, 중요하게 여겨야 할 일이다. 여러분이 시간당 급료 대신 작업당 급료로 제공한다면, 소통을 가능한 효율적으로 만들어야 한다. 여러분의 작업을 좀 더 단순한 하부 작업으로 나눌 것을 권장한다. 단순히 품질에서의 이점뿐만 아니라 작업당 급료를 받는 작업자들이 가능한 한 더 효율적으로 일할 수 있도록 말이다. 그럼으로써 시간당 급료보다 더 많은 결과물을 얻을 수 있게 된다.

7.4.2 크라우드소싱 작업자의 고용 안정성

크라우드소싱 작업자를 위한 고용 안정성은 주로 시장에 의해 형성된다. 작업을 완료한 사람들은 당신의 작업이 완료되면 다른 작업을 할 수도 있다는 것을 알고 있다.

여러분이 필요로 하는 작업량을 알려주는 것은 단기 안정성 측면에서 작업자에게 도움이 될 것이다. 만약 작업자가 몇 시간, 며칠 또는 몇 달 동안 작업을 수행할 수 있다는 것을 알게 된다면 작업을 시작할 가능성이 높을 것이다. 그러나 여러분이 작업을 작은 단위로 나누면 작업자에게는 고용 안정성이 불분명할 수도 있다. 주어진 작업에 어노테이션이 필요한 항목이 단지 100개에 불과하지만 전체 이런 항목 수백만 개에 대해 동일한 작업을 반복해야 한다면 이런 사실을 작업 설명서에 포함해야 한다. 작업자들이 더 익숙해질 수 있는 일이라면 작업자에게는 더 매력적으로 보일 것이다.

일반적으로 작업자가 '작업당 급료'를 받는 작업에 대한 혜택을 받지 못하고, 작업할 프로젝트를 찾고 작업 지시서를 읽는 동안 급료를 받지 못하는 데 많은 시간을 소비(종종 절반 이상)하고 있다는 점을 고려해야 한다. 사람들에게 그에 따라 돈을 지불하고 일회성 업무에 대해서도 추가 비용을 지불해야 한다.

7.4.3 크라우드소싱 작업자의 주인 의식

외주 인력과 마찬가지로 크라우드소싱 인력도 일반적으로 가급적 많은 투명성을 확보했을 때 주인 의식을 더 강하게 느끼고 더 좋은 산출물을 만들어낸다. 투명성은 양방향으로 작용한다. 항상 크라우드소싱 작업자들로부터 작업에 대한 피드백을 이끌어내야 하는데, 이는 간단한 주석 정도면 충분할 것이다.

비록 정보 보안의 이유로 인해 회사의 이름을 밝힐 수 없더라도 어노테이션 프로젝트의 동기가 무엇인지 그로 인해 얻을 수 있는 것이 무엇인지 공유해야 한다. 모든 사람은 자신이 가치를 창출하고 있다는 것을 알 때 더 나은 기분을 느끼기 마련이다.

데이터 레이블링 전략에 대학원생 수준의 경제 개념을 적용하지 마라.

너무 많은 데이터 과학자들이 학계에서 얻은 자신의 데이터 어노테이션 경험을 산업계로 가져오곤 한다. 대다수의 컴퓨터 과학 프로그램에서 데이터 어노테이션은 하나의 과학 분야로 평가받고 있진 않거나 알고리듬 개발처럼 높은 평가를 받고 있진 못하고 있다. 동시에 학생들은 자신의 시간이 얼마나 소중한지 배우지를 못하곤 한다. 학생들이 몇백 달러를 주고 외주화할 수도 있는 문제에 몇 주씩 쓰는 것이 괜찮다고 말이다.

복합적인 요인은 수작업 어노테이션에 대해서 일반적으로 대학원생들에게 예산이 거의 안 주어지거나 전혀 주어지지 않는다는 것이다. 이들은 컴퓨터 클러스터에 접근하거나 클라우드 제공자로부터 무료 크레딧을 제공받기도 하지만 새로운 데이터를 어노테이션하는 작업자에게 돈을 지불할 수 있는 예산에는 접근하기가 어렵기 마련이다.

그 결과 데이터 예산을 최대한 활용하려는 대학원생들에게는 '작업당 급료(pay-per-task)'의 크라우드소싱 플랫폼이 인기를 끌고 있다. 또한 예산 제약이라는 이유로 인해, 데이터 품질을 보장하는 전문가에게 지불하는 것 대신 훨씬 더 많은 시간을 품질 관리에 할애하기를 마다하지 않는다. 그들의 작업량은 대체로 적기 때문에 작업의 품질은 인위적으로 높은 것처럼 보인다.

어노테이션 자체는 학생들이 진출하고자 하는 분야가 아니기 때문에 어노테이션은 종종 목적을 위한 수단으로써 취급되곤 한다. 데이터 과학자들이 경력의 시작점에서는 이와 같은 사고방식으로 어노테이션을 접근하는 경우가 상당히 많다. 이들은 데이터를 자신의 문제와 무관한 것으로 무시하고 더 나은 작업자에게 공정한 급여를 지급하는 대신, 적당한 저임금 근로자를 제어하는 데 자체 자원을 투입해 데이터에 더 정확한 어노테이션을 달기를 원한다.

대학원생 수준의 경제 개념이 데이터 어노테이션 전략에 잘못된 영향을 끼치지 않도록 주의해야 한다. 7장에서 제안했던 내부 데이터 레이블링 세션과 외주 어노테이션 인력과 직접적인 소통 관계를 수립하는 것과 같은 제안은 기업의 문화에 도움을 줄 것이고, 모두에게 이익을 주는 방식으로 데이터 레이블링에 접근하도록 보장할 것이다.

7.4.4 팁: 고용 안정과 경력 발전을 위한 경로 조성

처음에는 시간제 인력만을 필요로 할지라도 결국에는 일부 어노테이션 인력을 정규직으로 고용하기를 원할 가능성이 높다. 정규직이 될 수 있는 길이 있다면, 업무 설명에 이 사실을 포함시켜야 최고의 인력을 끌어모을 수 있다.

그러나 정규직화 가능성을 개인의 장점에 기반해 구조화하되 상황을 지나치게 경쟁적으로 만들어서는 안 된다. 만약 어떤 경쟁적인 환경에서 누군가 자신이 기회를 놓쳤다는 것을 알면, 공정하기에는 힘의 불균형이 너무 커서, 미래의 업무에 대한 약속에 너무 많은 것을 타협하는 결과를 초래할 수도 있게 된다. 단순히 말해서 "10명의 최고의 사람들은 3개월 계약을 받을 것이다"와 같이 말하면 안 된다. "정확도 Y에서 X양에 도달하는 누구든 3개월 계약을 맺을 것이다"와 같이 말해야 한다. 무심결에 착취적인 환경을 만들지 않기 위해 확약을 할 수 없는 경우라면, 아무것도 약속하지 않는 것이 낫다.

플랫폼에서 피드백과 리뷰를 제공한다면, 그것을 사용해보자. 일을 잘한 사람은 누구나 인정을 받을 자격이 있고, 이는 그들의 미래의 일과 경력 발전에 도움이 될 것이다.

7.5 다른 유형의 인력

지금까지 살펴본 사내 인력, 외주 인력, 크라우드소싱 인력이라는 세 가지 유형의 인력 형태는 아마도 여러분이 작업하는 대부분의 머신러닝 프로젝트를 포함할 것이지만, 다른 유형의 인력 형태가 이들 유형 사이에 속할 수도 있다. 외주 회사는 크라우드소싱과 유사한 구조로 하청업체를 고용하거나 원격지에서 하청업체로 일하는 사내 어노테이션 인력을 고용하고 있을 수도 있다. 이러한 구성에 대해 급여, 고용 안정성, 주인 의식의 원칙을 적절하게 조합해 적용해 이 인력들이 가장 존중받도록 하고, 최선의 결과물을 보장할 수 있다.

작은 규모의 회사를 운영할 때 외주업체를 이용하는 것보다 직접 계약했을 때 많은 성공을 이룰 수 있음을 깨달았다. 계약직 어노테이션 인력을 위한 일부 온라인 시장에는 어노테이터의 과거 작업에 대한 투명성을 제공하고 있으나, 그들과 직접 일할 때 공정한 보수를 지급하고 공개적으로 소통하는 것이 더 쉽다. 이런 접근법은 언제나 확장성을 갖는 것은 아니지만, 소규모 일회성 어노테이션 프로젝트에서는 성공적일 수 있다.

또한 최종 사용자, 자원 봉사자, 게임을 즐기고 있는 사람이나 컴퓨터가 생성한 어노테이션 등 다른 유용한 인력 형태도 이용할 수 있다. 이에 대해서는 다음 절에서 간략히 다루겠다.

7.5.1 최종 사용자

최종 사용자로부터 무료로 데이터 레이블을 얻을 수 있다면 강력한 비즈니스 모델을 갖게 될 것이다! 사용자로부터 레이블을 얻을 수 있는 능력은 어떤 제품을 구축해야 하는지 결정하는 데 중요한 요소가 될 수도 있다. 데이터 레이블링에 비용이 들지 않는 첫 번째 동작하는 애플리케이션을 만들어낼 수 있다면 어노테이션 프로젝트 수행은 나중에 걱정해도 된다. 그러한 점에서 어노테이션 노력에 집중할 수 있도록 능동학습을 통해 샘플링할 수 있는 좋은 사용자 데이터를 확보하게 되는 것이다.

많은 애플리케이션에서 여러분의 머신러닝 모델을 작동시킬 수 있는 피드백을 사용자가 제공하게 된다. 그러나 학습 데이터를 최종 사용자에게 의존하는 것 같아 보이는 여러 애플리케이션도 여전히 무수히 많은 어노테이터를 고용하고 있다. 가장 명백하고 널리 퍼진 예는 바로 검색엔진이다. 웹 사이트, 제품, 지도상의 지역 등 여러분이 검색하는 어떤 것이든 검색 결과에서 사용자가 선택하면 나중에 검색엔진이 유사한 쿼리를 일치시키도록 똑똑해지는 데 도움이 된다.

검색 시스템이 사용자 피드백에만 의존한다고 가정하기 쉽지만 실제론 그렇지 않다. 검색 관련성은 어노테이터를 사용하는 가장 큰 활용 사례이기도 하다. 급여를 받는 어노테이터는 대체로 각 개별 구성 요소에 대해 작업하는 경우가 많다. 제품 페이지는 제품의 유형(전자제품, 식품 등)에 대해 인덱싱되고, 키워드를 추출하고, 자동으로 최선의 표시 이미지를 선택하게 되는데, 각 작업은 개별적인 어노테이션 작업이 된다. 최종 사용자로부터 데이터를 얻을 수 있는 대부분의 시스템은 동일한 데이터에 오프라인 어노테이션을 다는 데 많은 시간을 사용하게 된다.

사용자가 제공하는 학습 데이터의 가장 큰 단점은 근본적으로 사용자가 샘플링 전략을 주도한다는 점이다. 잘못된 데이터 샘플을 어노테이션함으로써 모델이 편향되는 것이 얼마나 쉬운지 3장과 4장에서 배운 바 있다. 특정 일자에 사용자에게 가장 관심 있는 데이터만 샘플링하는 경우, 다양성이 결여된 데이터의 위험에 빠지게 될 수 있다. 사용자에게 가장 인기 있는 상호작용은 랜덤 분포와는 다를 가능성이 있거나 학습하려는 모델에게 가장 중요할 가능성이 있기 때문에 랜덤 샘플보다도 못한 데이터로 귀결될 수도 있다. 모델은 가장 일반적인 사용 사례에서만 정확할 수 있으며, 실세계 다양성을 암시할 수도 있는 그밖의 모든 사용 사례에서는 부정확할 수도 있게 된다.

거대한 원시 데이터 풀을 갖고 있는 경우, 최종 사용자로 인한 편향을 방지하는 최선의 방법은 대표 샘플링 사용해 사용자가 제공한 어노테이션에서 누락된 것이 무엇인지 발견한 다음 대표 샘플링을 통해 샘플링된 항목에 대한 추가적인 어노테이션을 얻는 것이다. 모델에 가장 적합한 것 대신 사용자에게 중요한 것을 과대 샘플링한 데이터의 경우, 이 접근법으로 학습 데이터 내의 편향을 경감시킬 수 있을 것이다.

사용자에 의해 생성되는 어노테이션을 간접적으로 얻는 것도 현명한 방법 중 하나다. 캡챠[3]가 바로 매일 만나는 예시다. 캡챠는 웹 사이트나 애플리케이션이 사용자가 로봇이

---

3 컴퓨터와 인간을 구분하기 위해 완전히 자동화된 공개 튜링 테스트. Captcha, 즉 Completely Automated Public Turing test to tell Computers and Humans Apart의 약어다. – 옮긴이

아님을 구분하기 위해 수행하는 테스트다. 스캔한 문서를 전사transcribe하거나 사진 속 사물을 식별하도록 요청하는 캡챠를 완료하는 경우, 어떤 회사를 위한 학습 데이터를 생성했을 가능성이 있다. 머신러닝이 작업을 완료할 수 있을 정도로 이미 충분했다면 애초에 학습 데이터가 필요하지 않을 것이기 때문에 이 활용 사례는 현명하다고 할 수 있다. 이러한 종류의 작업을 수행하는 인력은 한정돼 있기 때문에, 이런 유형의 인력을 제공하는 조직이 아니라면 아마도 추구할 아무런 가치도 없을 것이다.

사용자에게 어노테이션을 의존할 수 없는 경우에도 불확실성 샘플링을 위해 어노테이션을 활용해야 한다. 데이터 보안에 민감하지 않다면 모델이 배포되는 동안 모델이 예측값 측면에서 불확실한 예를 정기적으로 들여다봐야 한다. 이 정보는 모델이 부족한 부분에 대한 직관을 향상시키며 샘플로 추출된 항목은 어노테이션을 달 때 모델에 도움이 될 것이다.

7.5.2 자원봉사자

내재된 이점이 있는 작업의 경우에는 사람들이 자원봉사 형식의 크라우드소싱 인력으로 기여할 수 있도록 할 수도 있다. 2010년에는 재난 대응을 위해 크라우드소싱을 가장 많이 이용했다. 아이티에 지진이 발생해서 100,000명 이상이 즉시 사망했고, 1,000,000명 이상이 집을 잃었다. 우리는 재난 대응과 보고 시스템의 첫 단계를 책임졌으며 아이티 주민이라면 누구나 문자 메시지를 보내 도움을 요청하거나 현지 사정을 보고할 수 있는 무료 전화번호인 4636을 설정했다. 아이티 사람들은 대부분 크레욜어로 말하며, 아이티에 들어오는 국제 재난 대응 공동체 사람들은 대부분 영어만을 사용했다. 그래서 49개국에서 2,000여 명의 아이티 동포 대원들을 모집하고 관리했다. 아이티에서 문자 메시지가 4636번으로 보내지면, 자원봉사자는 이를 번역하고 요청 사항(음식, 의약품 등)을 분류했고, 지도상 위치를 표시했다. 지진 발생 후 한 달이 지나면서 45,000건 이상의 구조화된 보고가 영어권 재난구조대원들에게 전달됐으며, 평균 소요 시간은 5분도 채 되지 않았다.

그와 동시에 우리는 Microsoft와 Google의 기계 번역 팀과 번역 내용을 공유해 재해 대응 관련 데이터에 대한 정확한 아이티 크레욜어의 기계 번역 서비스가 출시될 수 있도록 했다. 재해 대응과 관련해 인간 참여 머신러닝 모델이 배치된 것은 이번이 처음이었다. 이 접근법은 그 이후로 더 일반화됐지만, 자원봉사자가 유급 인력 대신 참여하는 경우에는 거의 성공적이지 못했다.

이밖에도 유전자 접기 프로젝트gene-folding project인 폴드잇Fold It4 등 과학계에서 지금까지 봐온 자원봉사의 동인이면서 세간의 이목을 집중시킨 프로젝트도 있지만, 이 프로젝트는 예외적 사례인 경향이 있다. 일반적으로 크라우드소싱 자원봉사 프로젝트는 시작하기가 어렵다. 아이티는 멀리서 그들이 할 수 있는 모든 것을 기여하고자 하는 거대하고 잘 교육받은 사람들이 있는 특별한 상황이었다.

자원봉사자를 찾고 있다면 끈끈한 사회적 유대 관계에 기반해 자원봉사자를 찾고 관리하기를 추천한다. 많은 사람들이 소셜 미디어에서 일반인의 충원을 통해 자원봉사 크라우드소싱을 시작하려고 하는데 그들 중 99%는 필요로 하는 인원을 확보하지 못한다. 심지어는 자원봉사자가 재빠르게 오고 가기 때문에 그들이 떠날 때쯤에는 적절한 정확도로 올라가지 못하고 학습을 위해 많은 자원을 소모했을 수도 있다. 많은 사람들이 오고 가는 것을 보는 것 또한 상당한 양의 일을 제공하는 자원봉사자의 사기를 꺾는 일이다.

여러분이 사람들에게 직접 다가가 적은 수의 자원봉사자를 기반으로 공동체를 형성할 때, 성공할 가능성이 더 높다. 오픈소스 프로젝트나 위키피디아 프로젝트와 같은 유형에서 이와 같은 패턴을 볼 수 있을 것이다. 작업의 대다수는 소수의 사람들에 의해서 이뤄진다.

7.5.3 게이머

'업무의 게임화gamifying work5'는 유급 근로자와 자원봉사자 사이 어딘가에 있다. 게임에서 학습 데이터를 얻고자 하는 대부분의 시도는 처참하게 실패했다. 이 전략을 사용할 수는

---

4 「시민 과학자와 협력해 드노보 극저온 전자 현미경 구조 구축하기(Building de novo cryo-electron microscopy structures collaboratively with citizen scientists)」(http://mng.bz/8NqB), 피라스 카팁(Firas Khatib), 앰브로이즈 데스포스(Ambroise Desfosses), 폴딧 플레이어(Foldit Players), 브라이언 쾨프닉(Brian Koepnick), 제프 플래튼(Jeff Flatten), 조란 포포비치(Zoran Popovic), 데이비드 베이커(David Baker), 세스 쿠퍼(Seth Cooper), 이리나 구트쉐(Irina Gutsche), 스콧 호로비츠(Scott Horowitz) 저
5 업무의 게임화는 게임적인 요소가 없는 일을 게임화해 근로자의 재미와 동기를 고취시켜 성과를 향상시키려는 방안을 일컫는다. – 옮긴이

있지만, 어노테이션을 만드는 방법으론 권하진 않는다.

'업무의 게임화'에 있어서 얻었던 가장 큰 성공은 전염병 추적 분야에서 일할 때였다. 유럽에서 대장균이 창궐했을 때, 감염자 수에 대한 독일 뉴스에 어노테이션을 달 사람이 필요했었다. 크라우드소싱 플랫폼에서는 충분한 독일어 구사자를 찾을 수 없었고, 이 사건은 머신러닝에 대한 어노테이션을 전문으로 하는 외주 기업보다 선행해 발생했다. 우리는 궁극적으로 온라인 게임인 〈팜빌Farmville〉에서 독일어 사용자를 찾았고, 뉴스 기사에 어노테이션을 달기 위해 게임 내에서 가상 화폐로 지불했다. 그래서 독일의 실내에 있는 사람들이 독일 밖에서 일어나는 실세계 농업상의 발병을 추적하는 것을 돕기 위해 가상의 농업에서 돈을 받게 됐다.

이 사건은 단지 일회성 사례이고, 얼만큼 착취적이었는지 알기는 어렵다. 업무당 적은 금액만을 보상했지만 게임을 하는 사람들은 게임 내에서 10배가 더 걸렸을 작업에 대한 보상을 받았다.

게임 자체의 인공지능이나 인공지능에 중점을 둘 프로그램을 제외하고 흥미로운 학습 데이터를 생성하는 게임을 아직까지는 본 적이 없다.

유급 근로를 게임화하는 것은 추천하지는 않음을 명심하라. 게임 같은 환경에서 유급 근로를 강요하는 경우, 그 일이 데이터의 어노테이션을 다는 데 가장 효율적이지 않다면 쉽게 싫증을 내게 될 것이다. 여러분의 일에 대입해보고 고민해보길 바란다. 여러분의 업무가 게임 속에서 만나는 인위적인 장애물 따위를 갖고 있다면 과연 더 재미있을까?

리더보드를 제공하는 것과 같은 전략이 소수의 리더에게만 동기를 부여하는 반면, 리더보드의 상위권에 근접하지 않는 대다수의 사기를 떨어뜨리게 되는 순부정net-negative[6] 효과를 보이는 증거도 많다. 만약 당신이 게임의 원리에서 한 가지를 유급 근로에 적용하고 싶다면, 투명성의 원칙을 적용해야 한다. 사람들이 그들의 개인적인 발전을 알도록 하되, 그들의 동료들과 비교하는 방식이 아니라 당신의 조직에 기여하고 있는 것의 관점에서 적용해야 한다.

---

6 어떤 전략이 가져올 전체적인 효과 측면에서 부정적인 결과가 더 큼을 의미하며, 여기서는 게임적 요소를 통해 얻을 긍정적인 효과보다 순위 외 사람들의 사기가 떨어져 전체적으로 부정적인 결과를 만듦을 의미한다. – 옮긴이

7.5.4 모델의 예측값을 어노테이션으로 활용

다른 머신러닝 애플리케이션에서 어노테이션을 얻을 수 있다면, 수많은 어노테이션을 저렴하게 얻는 셈이 되지만 이 전략은 어노테이션을 얻기 위한 유일한 전략이 되진 않을 것이다. 머신러닝 알고리듬이 이미 정확한 데이터를 생성할 수 있다면 새 모델에 어노테이션이 왜 필요할까? 기존 모델의 높은 신뢰도의 예측값을 어노테이션으로 사용하는 것이 준지도학습semi-supervised learning 머신러닝으로 부르는 전략이다.

9장에서는 모델 예측값을 어노테이션으로 활용하는 방법에 대해서 자세히 다룰 것이다. 모든 자동 레이블링 전략은 모델의 편향을 지속시킬 수도 있으므로, 이런 편향을 사람이 어노테이션 작업한 레이블과 함께 사용해야 한다. 추가적인 수작업 레이블 없이 도메인 적응domain adaptation 방안을 보여주는 학계의 대부분의 논문은 좁은 도메인에 국한해 다루고 있을 뿐이다.

그림 7.6은 기존 모델에서 지속되는 편향과 제약을 최대한 피하고자 하는 경우에 어떻게 다른 모델이 생성한 어노테이션으로 시작하는지 예시를 보여주고 있다. 먼저 기존 모델로 어노테이션을 자동 생성한 다음, 신뢰도가 높은 어노테이션만 선택할 수 있다. 3장에서 배운 바와 같이, 모델을 새로운 도메인 데이터에 적용하는 경우 신뢰도만을 믿어서는 안 된다. 기존 모델이 신경망이고 로짓 또는 은닉층에 접근할 수 있는 경우 모델에서 전체 활성화가 낮은 예측값도 제외해야 한다(모델 기반 아웃라이어 기법). 이는 모델이 학습한 데이터와 출력값이 유사하지 않음을 의미하기 때문이다. 그런 다음 대표 샘플링을 사용해 자동으로 레이블링하지 못한 항목을 식별하고, 해당 항목에 대해 수작업 검토를 위한 샘플링을 수행한다.

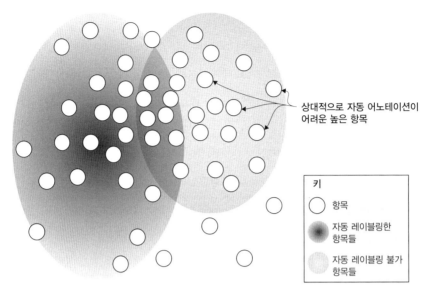

상대적으로 자동 어노테이션이
어려운 높은 항목

키

○ 항목

● 자동 레이블링한
항목들

자동 레이블링 불가
항목들

▲ **그림 7.6** 컴퓨터로 생성한 어노테이션을 사용하고, 대표 샘플링으로 이를 증강한다. 작업에 대한 별도의 모델을 갖고 있다면 그 모델로 레이블을 자동 생성할 수 있다. 신뢰도가 높은 예측값과 네트워크에서 활성화 값이 높은 예측값에 집중하는 것이 최선이다(모델 기반 아웃라이어 기법). 그런 다음 대표 샘플링을 사용해 자동으로 레이블을 달지 못한 항목을 식별하고, 해당 항목에 대해 수작업 검토 수행을 위한 샘플링을 수행한다.

필요한 샘플의 항목 수를 줄이는 약간 더 정교한 방식의 적응형 대표 샘플링을 적용할 수 있다. 5장에서 배운 바와 같이 약간의 정교함을 더하면 클러스터와 대표 샘플링을 결합해 적용할 수도 있다. 풀고자 하는 문제가 데이터셋의 특징 공간에서 본질적으로 이질적인 경우라면 클러스터와 대표 샘플링을 결합하는 것은 이상적일 것이다.

컴퓨터로 생성된 어노테이션을 사용하는 것은 데이터와 현존하는 사용 가능 모델의 품질에 따라 모델에 대한 좋은 시작점이 될 수도 있고 가장 큰 구멍이 되기도 한다. 이 방법이 적합한지 결정하기 위해서는 수작업 어노테이션의 구성 요소의 전체 비용을 고려해야 한다. 이미 많은 시간을 들여 올바른 지침을 다듬고 인력을 통합/교육하는 경우, 근로자의 어노테이션 양을 줄이더라도 크게 비용을 절약하지 못하고 있을 수도 있다. 즉, 장점이 생각보다 적을 수 있다.

기계 번역과 같은 일부의 경우 현존하는 모델을 사용하는 것이 가장 좋은 출발점이 되기도 한다. 대량의 데이터에 대해 사람의 번역 결과를 얻는 것은 큰 비용을 초래하므로 처음부터 기계가 번역한 데이터셋으로 시작하는 모델을 부트스트랩^{bootstrap}하는 것이 언제나 비용 측면에서 훨씬 효율적일 것이다.

컴퓨터로 생성된 어노테이션을 시작점으로 사용하는 또 다른 사례는 레거시 시스템을 최신 머신러닝 모델에 적응시키는 경우다. 수작업으로 코딩된 수많은 규칙이나 적절한 특징을 추출하기 위해 수작업으로 튜닝한 레거시 시스템이 있고, 이 시스템을 수작업 규칙이나 특징이 필요치 않은 새로운 머신러닝 시스템에 적응시키고자 하길 원한다고 가정해보자. 레거시 시스템을 많은 양의 원시 데이터에 적용하고, 결과 예측값을 어노테이션으로 사용할 수 있다. 이 모델이 당장 원하는 정확도를 달성할 가능성은 낮지만, 좋은 시작점이 될 수 있고, 추가적인 능동학습과 어노테이션이 그 기반 위에 구축될 수 있다. 9장에서는 흥미롭고 빠르게 성장하는 연구 영역인 어노테이션과 모델의 예측값을 결합하는 다양한 방법에 대해 다룰 것이다.

7.6 어노테이션 양 추정하기

사용하는 인력과 관계없이 데이터에 어노테이션을 달기 위해 필요한 전체 시간을 추정해야 하는 경우가 종종 있다. 어노테이션 진행 양에 따라 어노테이션 전략을 4단계로 나누는 것이 유용하다.

- **의미 있는 신호**: 우연보다 나은 정확도. 모델의 정확도는 우연보다 통계적으로 좋지만, 파라미터나 시작 조건을 조금만 변경하면 정확도와 항목이 올바르게 분류되는 다른 모델이 생성된다. 이 시점에서 더 많은 어노테이션이 정확성을 높여야하며, 이 전략을 추진해야 할 가치가 있음을 보이는 의미 있는 신호를 볼 수 있을 것이다.
- **안정적 정확도**: 일관되지만 낮은 정확도. 모델의 정확도는 여전히 낮지만, 매개변수나 시작 조건을 조금만 변경하면 정확도 측면과 항목이 정확하게 분류되는 것과 비슷한 모델이 생성되기 때문에 안정적이다. 이 단계에서 모델의 신뢰도와 활성화 값을 신뢰하기 시작해 능동학습을 최대한 활용할 수 있게 된다.

- **배포 가능 모델**: 적용 사례에 적합한 높은 정확도. 이제 여러분의 적용 사례에 충분히 정확한 모델을 소유하게 됐으며 애플리케이션에 배포하기 시작할 수 있다. 배포된 모델에서 불확실한 항목이나 새롭고 이전에 볼 수 없던 항목을 식별하기 시작해 모델이 변화하는 데이터에 맞게 모델을 적응시킬 수 있다.
- **업계 최고**state-of-the-art**의 모델**: 업계 최고의 정확도. 여러분의 모델은 업계에서 가장 정확한 모델이다. 배포한 모델에서 불확실하거나 새롭고 이전에 볼 수 없던 항목을 지속적으로 식별해 변화하는 환경에서 정확도를 유지하게 된다.

내가 본 모든 산업 분야에서 오랜 기간 승자가 된 모델은 새로운 알고리듬 때문이 아니라 더 좋은 학습 데이터 덕분이었다. 이런 이유로 인해 더 좋은 데이터를 "데이터 해자"[7]라고 부른다. 데이터는 경쟁업체가 동일한 수준의 정확도에 도달하지 못하게 하는 장벽이다.

7.6.1 필요 어노테이션 양에 대한 자릿수 공식

프로젝트에 필요한 데이터 양을 고려하는 최선의 시작법은 자릿수orders of magnitude에 따라 정하는 것이다. 이는 모델 정확도에서 특정 이정표를 달성하기 위해서는 어노테이션의 수가 기하급수적으로 필요하기 때문이다.

재해나 비재해 관련 메시지를 예측하는 2장의 예와 같이 비교적 간단한 이진 예측 작업이 있다고 가정해보겠다. N=2(그림 7.7)라고 가정하면 다음과 같이 각 단계별 필요한 자릿수를 산출할 수 있다.

- $100(10^N)$개의 어노테이션: 의미 있는 신호
- $1,000(10^{N+1})$개의 어노테이션: 안정적 정확도
- $10,000(10^{N+2})$개의 어노테이션: 배포 가능 모델
- $100,000(10^{N+3})$개의 어노테이션: 업계 최고의 모델

---

7 해자(moat)는 적의 침입을 막기 위해 성 주위에 둘러 판 호수나 못을 일컫는 말로, 데이터 해자는 업계 최고의 경쟁력을 갖추게 해주는 데이터를 해자에 빗댄 표현이다. – 옮긴이

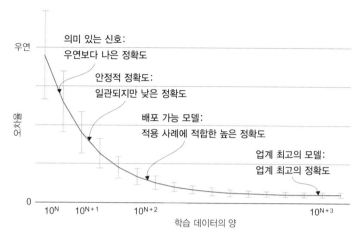

▲ **그림 7.7** 학습 데이터에 관한 자릿수 원리. '의미 있는 신호'에서 '안정적 정확도'나 '업계 최고의 모델'로 전환하기 위한 데이터 양을 자릿수로 추정했다. 이 원리를 벤치마크로 사용해 데이터 어노테이션 작업을 시작할 때 실제 정확도 향상을 확인하기 전에 필요한 데이터 양을 예측할 수 있다.

능동학습과 전이학습으로 어노테이션이 필요한 항목 수는 줄일 수 있을 것이지만, 위의 자릿수 공식은 N이 좀 낮아지더라도 여전히 거의 지수적이다(예를 들어 N=1.2). 마찬가지로 완전한 텍스트 생성(예를 들어 N=3)과 같이 대규모의 레이블이나 복잡한 작업의 경우 더 많은 어노테이션이 필요할 수 있으며, 이 경우 자릿수 함수는 여전히 대략적으로 지수이지만 더 높은 N을 갖는다고 가정해야 한다.

실제 어노테이션이 입력되기 시작하면 정확도의 실제 증가를 표시하고 필요한 데이터 양을 더 잘 추정할 수 있다. 정확도 증가(또는 그림 7.7과 같이 오차 감소)는 모델의 학습 곡선이라고 하지만 이 이름은 두 가지 의미를 가진다. 사람들은 단일 모델의 학습 곡선이 수렴함을 정확도의 상승으로 말하기도 한다. 사용하는 머신러닝 프레임워크가 학습 곡선을 보여주는 경우, 더 많은 데이터로 정확도가 향상되는지 아니면 일정한 양의 데이터에 모델이 수렴하면서 정확도가 향상되는지 확인하길 바란다. 두 경우는 같지 않다.

자체 데이터가 인입되는 경우라 하더라도 그림 7.7에서와 같이 결괏값이 감소하는 것을 염두에 두는 것이 좋다. 처음 100개 내지 1,000개의 어노테이션으로 정확도가 빠르게 상승할 때는 흥미로울 수 있지만, 이후 정확도가 훨씬 느리게 향상될 때는 그렇지 않을 수 있다. 이런 현상은 일반적이다. 알고리듬 아키텍처와 파라미터에 가장 익숙하다는 이유로 인해 이를 너무 빨리 다루려고 하지 말아야 한다.[8] 데이터가 많을수록 정확도는 향상되는 반면 그 속도가 기하급수적으로 느려지는 것을 보게 된다면, 이 모델이 예상한 바와 같이 동작하는 것이다.

7.6.2 1~4주 정도의 어노테이션 교육과 작업 정제 예상하기

바로 사용할 수 있는 머신러닝 모델이 준비됐고, 널리 사용되는 오픈소스 데이터셋에 대해 동작한다는 것을 증명했다면 이제는 애플케이션을 위해 실제 어노테이션된 데이터를 흘려보낼 준비가 된 것이다.

어노테이션 전략을 동시에 수립하지 않은 경우 몇 주 정도 기다려야 한다는 사실에 깜짝 놀라게 될 수 있다. 기다리는 것은 답답하지만 7장의 도입부에서 추천한 것과 같이 데이터와 알고리즘 전략을 동시에 시작해야 한다. 데이터가 처음 시범적으로 사용한 오픈소스 데이터셋과 너무 다르다는 것을 알게 되면(일부 레이블이 매우 희귀하거나 데이터의 다양성이 훨씬 풍부할 수 있음), 어떤 경우든 머신러닝 아키텍처 수립을 위해 처음부터 다시 시작하게 될 것이다. 어노테이션을 서두르지 말아야 한다. 그러나 빠른 결과를 위해 서둘러야 할 경우 품질 관리 부족으로 인해 오류가 너무 많이 발생할 수 있으므로 나중에 어노테이션을 삭제할 수 있도록 준비해야 한다.

많은 양의 데이터에 어노테이션을 하기 위해 자신 있게 데이터를 흘려보내기 전에 작업 지침을 올바르게 수정하고, 시스템상의 오류를 조사하며, 또 지침서를 적절하게 다듬기 위해서는 데이터 레이블링 리더와 함께 여러 차례 이터레이션을 수행해야 할 수도 있다.

어노테이션 프로세스가 원활히 동작하기 위해서는 며칠이 아닌 몇 주를 예상해야 한다(그러나 몇 달이 걸리진 않을 것이다). 사진에 비교적 작은 수의 레이블을 어노테이션하는 것과 같은 비교적 단순한 작업은 일주일 정도 소요될 것이다. 각 레이블에 중요한 사항을 명확히 정의해야 하지만 다듬는 데 오랜 시간이 걸리진 않는다. 만약 특이한 데이터와 레이블 요건이 특별히 복잡한 경우의 작업이라면 작업을 다듬고 어노테이터에 대한 교육을 하는 데 한 달 가까이 소요될 수 있으며, 특이 케이스가 발견됨에 따라 작업을 지속적으

---

8   초반에는 알고리듬과 파라미터를 이용한 성능 향상보다는 데이터를 통한 성능 향상에 집중하는 것이 좋다는 의미다. – 옮긴이

로 가다듬어야 한다.

어노테이션 인력에 대해 교육이 완료될 때까지 기다리는 동안 데이터가 즉시 필요하다면, 데이터 어노테이션을 직접 시작해야 한다. 그럼으로써 데이터에 대해 더 많이 알 수 있게 되며, 모델과 어노테이션 지침서를 만드는 데 도움이 될 것이다.

7.6.3 비용 추정을 위해 파일럿 어노테이션과 정확도 목표 사용하기

작업 지침이 완전히 갖춰지고 어노테이션 인력이 작업에 대한 교육을 받을 정도로 어노테이션 프로세스를 개선한 경우 비용을 추정할 수 있다. 7.6.1절의 '자릿수 공식'을 사용해 필요한 전체 어노테이션 수를 추정해 정확도에 관한 요구 사항을 고려해야 한다. 업계 최고 모델이 필요한가? 그렇다면 업계 최고 모델에 해당하는 자릿수에 어노테이션당 비용을 곱해 총 비용을 추정할 수 있다. 이 결과는 제품 전략을 결정하는 데 도움이 될 수 있다. 처음 계획과 달리 업계 최고 수준의 정확도를 얻을 만한 예산이 없는 경우에도 적용 분야에 대한 충분히 높은 정확도를 얻을 수 있으며 이를 위해 제품 개발 전략을 달리 가져가야 할 것이다. 자신과 이해관계자들에게 달성 가능한 정확도에 대해서 정확하게 알려주는 것이 중요하다. 모델이 오픈소스 데이터셋에서 업계 최고를 달성했지만 예산 제약으로 인해 실 데이터에 대해서 그 정도 정확도에 다다르지 못한 경우, 프로젝트의 모든 관계자에게 기대치를 그와 같이 설정해야 한다.

아직 다루지 않은 변수 중 하나는 항목당 할당할 어노테이션 인력 수다. 여러 사람에게 동일한 작업을 부여해 서로 합의점을 찾고, 한 명의 어노테이터가 만들 수 있는 것보다 더 정확한 학습 데이터를 생성할 수 있다. 이 품질 관리 기법은 8장에서 다룰 것이다. 지금은 항목당 여러 개의 어노테이션을 달 수 있으며, 그 결과가 예산의 일부여야 한다는 것만 이해해도 충분할 것이다.

물론 레이블링을 위한 예산은 처음부터 고정돼 있을 수 있다. 그러한 경우 각 어노테이션을 최대한 활용할 수 있도록 능동학습 전략을 신중하게 구현해야 한다.

7.6.4 여러 인력 유형의 결합

여러 인력 유형을 결합하려는 일반적인 이유는 품질 관리다. 워크플로우와 레이블 인력 선정은 데이터에 대한 정확한 레이블을 얻는 일반적인 방법이다(8장 참고). 다른 일반적인 이유로는 데이터 민감성과 복잡성이 있는데 이는 어떤 데이터는 아웃소싱하기에 지나치게 민감하거나 복잡한 반면 또 다른 데이터는 그렇지 못해 여러 유형의 인력이 필요함을 의미한다.

큰 기업에서 일했을 당시 특정 업체가 데이터 레이블의 유일한 원천이 되는 것을 피하면서 파이프라인에 대한 위험을 경감시키기 위해 일반적으로 여러 데이터 레이블 기업과 동시에 계약을 했다. 여러 유형 인력을 갖고 있을 경우, 각 인력에 대한 예산을 편성하고 전체 프로젝트 비용을 확보하기 위해 각 계산을 결합해야 한다.

요약

- 어노테이션 인력의 유형은 일반적으로 세 가지 유형으로 사내 인력, 아웃소싱 인력과 크라우드소싱이 있다. 이 유형의 차이를 이해하는 것은 여러분의 작업에 최선이 유형이나 이들의 조합을 선정하는 데 도움이 될 것이다.
- 어노테이션 인력에게 동기를 부여하는 세 가지 핵심 원리는 임금, 안정성, 투명성이다. 이 원리들은 다른 유형의 인력에게 적용하는 법을 이해하는 것은 가장 행복한 인력을 보유함으로써 최선의 결과를 얻게 해줄 것이다.
- 애플리케이션의 최종 사용자, 자원봉사자, 컴퓨터가 생성한 데이터와 어노테이션을 포함해 비금전적인 보상 체계를 고려할 수도 있다. 예산에 대한 제약이 있거나 특별한 자격이 필요한 경우에는 이러한 대체 인력을 고려해볼 수도 있다.
- 대학원생 수준의 경제 개념을 데이터 레이블링 전략에 적용하지 마라.
- 자릿수 원리로 필요한 전체 어노테이션의 양을 추정할 수 있다. 이 원리를 통해 프로젝트를 진행하면서 계속 정제할 수 있는 의미 있는 초기 추정치를 바탕으로 어노테이션 전략을 수립할 수 있다.

8

데이터 어노테이션에 대한
품질 관리

> **8장에서는 다음의 주제를 다룬다.**
> - 준거 데이터와 비교한 어노테이터의 정확도 계산하기
> - 데이터셋의 전반적인 일치도와 신뢰도 계산하기
> - 각 학습 데이터 레이블에 대한 신뢰도 점수 생성하기
> - 분야별 전문가를 어노테이션 워크플로우에 통합하기
> - 어노테이션을 개선하기 위해 작업을 더 간단한 하위 작업으로 나누기

머신러닝 모델을 사용할 준비가 돼 있고 데이터에 어노테이션을 달기 위해 사람들이 줄을 서고 있으므로 이제 배포할 준비가 거의 다 됐다. 하지만 모델은 학습하는 데이터만큼만 정확할 뿐이기 때문에 고품질 어노테이션을 얻을 수 없다면 정확한 모델을 만들 수 없다. 같은 작업을 여러 명에게 주고 다수결로 투표해야 할 것이다.

안타깝게도 어노테이션 작업은 아마 훨씬 더 어려울 것이다. 인간 참여 머신러닝 주기에서 다른 어떤 부분보다 어노테이션이 과소평가되는 것을 자주 봤다. 이미지에 보행자, 동물, 자전거 타는 사람 또는 표지판이 포함 여부를 확인하는 것 같은 간단한 레이블 지정 작업도 모든 어노테이터가 서로 다른 작업의 조합으로 일할 때 어노테이터 간 다수결로 선정한 항목의 올바른 임곗값을 얼마로 어떻게 결정할 수 있을까? 전반적인 합의가 되지

않아 가이드라인이나 업무 정의 방식을 변경해야 할 때를 어떻게 알 수 있을까? 간단한 레이블링 작업에서도 일치도를 계산하는 통계는 대부분의 신경망 모델의 기초 통계보다 더 어려우므로 이를 이해하는 데는 시간과 연습이 필요하다.

8장과 다음 두 장에서는 예상 어노테이션 정확도와 실제 어노테이션 정확도의 개념을 사용한다. 예를 들어 어떤 사람이 각 어노테이션에 대해 무작위로 추측하는 경우, 우리는 그들이 어느 정도의 퍼센트로 맞힐 것이라 예상하므로 무작위 확률의 기준을 고려해 실제 정확도를 조정한다. 예상 동작과 실제 동작의 개념은 다양한 유형의 작업과 어노테이션 시나리오에 적용된다.

8.1 준거 정답과 어노테이션의 비교

어노테이션 품질을 측정하는 가장 간단한 방법은 가장 강력한 방법 중 하나다. 각 어노테이터의 응답을 준거 정답$^{ground\ truth\ answers}$이라고 하는 정답셋과 비교하는 것이다. 어노테이터는 1,000개의 항목에 어노테이션을 달 수 있으며, 그중 100개는 답을 알고 있다. 어노테이터가 알려진 정답 중 80개를 맞추면 1,000개 항목에 대해 80% 정확하다고 추정할 수 있다.

그러나 다양한 이유에서 준거 데이터를 잘못 생성할 수 있으며, 유감스럽게도 거의 모든 오류가 데이터셋의 정확성이 높아지는 것처럼 보이게 한다. 평가 데이터와 학습 데이터를 동시에 만들면서 품질 관리가 제대로 되지 않으면 학습 데이터와 평가 데이터 모두에서 동일한 오류가 발생한다. 결과로 나온 모델은 일부 컨텍스트에서 잘못된 레이블을 예측할 수 있지만 준거 평가 데이터에는 동일한 유형의 오류가 나타나게 되므로 애플리케이션을 배포해 실패할 때까지 오류가 발생했음을 인식하지 못할 수 있다.

오류의 가장 일반적인 원인은 잘못된 항목을 준거 데이터로 샘플링하기 때문이다. 다음의 세 가지 일반적인 샘플링 전략은 준거 데이터로 사용할 항목을 식별한다.

- **데이터의 랜덤 샘플**: 무작위 데이터에 대한 개별 어노테이터의 정확도를 평가해야 한다. 무작위 선택이 불가능하거나 랜덤 샘플이 해당 애플리케이션이 서비스하는

모집단을 대표하지 않는 경우 가능한 한 대표 표본에 가까운 표본을 가져오도록
해야 한다.

- 어노테이션된 데이터 배치batch와 동일한 특징 및 레이블 분포를 가진 데이터 샘플: 능동
  학습을 적용 중인 경우에는 이 샘플은 능동학습의 현재 이터레이션으로부터 임의
  로 샘플링한 항목이어야 한다. 그럼으로써 데이터의 각 샘플로 사람의 정확도를
  계산을 가능해지며, 더 나아가 데이터셋 전체의 정확도 계산도 가능하게 된다.
- 어노테이션 프로세스 중에 발견되는 어노테이션 가이드라인에 가장 유용한 데이터 샘플:
  이러한 가이드라인은 어노테이터가 최대한 정확하게 작업할 수 있도록 가이드하
  는 데 유용한 주요 예외 사례를 예제화하는 경우가 많다.

인간 참여 머신러닝 아키텍처에 대한 다이어그램에서 어노테이션 구성 요소를 확대하면
그림 8.1에 표시된 고수준의 다이어그램보다 워크플로우가 조금 더 복잡하다는 것을 알
수 있다.

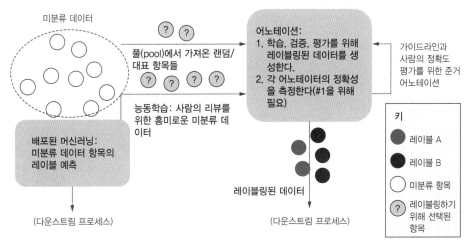

▲ **그림 8.1** 어노테이션을 위한 정보의 흐름. 현재 능동학습 전략에 따라 샘플링된 데이터를 추출하는 것 외에
도 일부 어노테이터가 이미 본 데이터 및 데이터의 무작위 또는 대표셋을 샘플링한다. 랜덤/대표 데이터를 샘플링
해 데이터셋 전반에서 어노테이터의 신뢰성과 전문가로의 승진 후보 여부를 쉽게 확인하기 위해 어노테이터의 정
확도를 계산할 수 있다. 현재 능동학습 배치 내에서 샘플링을 수행하면 이 특정 데이터셋에 대한 정확도를 계산할
수 있다. 어노테이션 프로세스 중에서 샘플링하면 어노테이션 가이드라인과 전문가의 판정에 가장 유용한 항목을
찾을 수 있다.

준거 항목들이 최대한 정확하다는 확신을 가지려면 8장과 다음 이어지는 두 장에 소개된 여러 방법을 사용해야 한다. 여러분은 준거 항목에 오류가 거의 없다는 것을 확신해야 한다. 그렇지 않으면 잘못된 가이드라인을 생성할 수 있으며 신뢰할 수 있는 정확도의 지표를 갖지 못해 학습 데이터가 잘못될 수 있다. 지름길로 가면 안 된다. 준거 항목에 가장 높은 일치도를 가진 항목만 있는 경우, 어노테이션을 달기 쉬운 항목을 과대 샘플링했을 가능성이 높기 때문에 정확도가 더 좋아 보인다.

각 어노테이터를 평가하는 데 사용할 수 있는 준거 데이터셋이 있는 경우 어노테이션 프로젝트를 고품질 고효율로 보정할 수 있다. 품질 관리를 위해 어노테이터 간 일치도를 사용하면 작지만 신뢰할 수 있는 효과적인 준거 데이터 집합이 된다. 9장에서 볼 수 있듯이 오류 패턴을 알 때 정확도가 가장 낮은 어노테이터에서 신뢰할 수 있는 신호를 얻을 수 있다.

8장과 9장에서는 그림 8.2에 표시된 예제 데이터를 사용할 것이다. 데이터셋에는 그림 8.2의 11개 행보다 훨씬 많은 항목이 포함돼 있지만, 이러한 11개 행은 구현할 수 있는 품질 관리 유형을 학습하는 데 충분하다.

어노테이터/ 어노테이션	알렉스	블레이크	카메론	댄서	예반
작업 1	보행자	보행자	보행자		
작업 2		표지판	표지판	표지판	
작업 3	보행자	보행자	자전거	자전거	보행자
작업 4		자전거	자전거	자전거	
작업 5	보행자	보행자	보행자	보행자	
작업 6	자전거	자전거			자전거
작업 7	보행자	보행자		보행자	
작업 8	동물	동물		동물	
작업 9	표지판		동물	동물	동물
작업 10		표지판	표지판		표지판
작업 11		동물			
...					

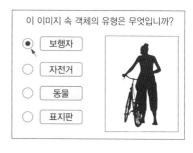

▲ **그림 8.2** 8장의 나머지 부분과 9장, 10장에서 우리는 이 예제 데이터를 사용할 것이다. 알렉스, 블레이크, 카메론, 댄서, 예반 등 5명의 어노테이터가 해당 이미지의 개체에 따라 이미지에 어노테이션을 달았다. 우리는 그 이미지가 7장에서 사용됐던 것과 같은 유형의 "동물", "자전거", "보행자", "표지판"이라는 4개의 레이블이라고 가정할 것이다. 이 예에서 알렉스는 7개의 이미지(작업 1, 3, 5, 6, 7, 8, 9)를 봤고, 처음 3개는 "보행자"로 어노테이션을 달았고, 나머지는 "자전거", "보행자", "동물", 또는 "표지판"으로 어노테이션을 달았다. 우측 이미지는 어노테이션 인터페이스의 모양을 보여준다.

우리는 8장 전체에 걸쳐 그림 8.2의 데이터와는 변경된 다른 정답을 사용할 것이지만, 어노테이션은 그림과 동일하게 유지할 것이다. 이 절에서는 이러한 각 예에 대한 준거 레이블이 있다고 가정한다.

어노테이터를 뭐라고 불러야 할까?

채점자(Rater), 코더(Coder), 중재자(Adjudicator), 에이전트, 평가자, 편집자, 판사, 레이블러, 오라클, 워커 및 터커(turker)(Amazon의 Mechanical Turk 플랫폼에서 사용되나 때로는 다른 소프트웨어에서 사용되기도 함)를 포함한 많은 용어가 학습 및 평가 데이터를 만드는 사람에게 사용된다. 현업에서 어노테이터는 분석가와 같은 직함이거나 언어학자처럼 사용하는 기술 또는 고용 상태(긱 근로자나 임시직)에 따라 달라질 수 있다. 다른 데서는 어노테이터를 도메인 전문가(subject-matter expert)로 지칭하며, 때로는 전문가 또는 약자 SME("스미"라고 읽음)로 줄여 부른다.

더 읽을 거리를 찾는 경우 다른 이름을 검색어로 사용하라. 예를 들어 어노테이터 간 일치도(inter-annotator agreement), 채점자 간 일치도(inter-rater agreement) 및 코더 간 일치도(intercoder agreement)에 대한 검색은 비슷한 문건들을 찾아낼 것이다.

이 책은 다른 직무와 혼동될 가능성이 가장 적기 때문에 어노테이터라는 용어를 사용한다. 데이터에 어노테이션을 다는 사람과 함께 작업하는 경우 조직에서 그 사람의 올바른 직함을 사용하라. 또한 이 책에서는 (모델학습과 혼동을 피하기 위해) 학습 어노테이터라고 부르지 않을 것이며, 학습 자료 대신 가이드라인이나 지침과 같은 용어를 사용한다. 다시 얘기하지만 주어진 작업에 대한 지침을 어노테이터에게 가르치는 프로세스에 대해서는 조직에서 선호하는 표현을 사용해야 한다.

8.1.1 준거 데이터에 대한 어노테이터 일치도

레이블링 작업에서 준거 데이터와 일치하는 위한 기본 수학은 간단하다. 즉, 어노테이터가 올바르게 채점한 것과 정답 간의 백분율이다. 그림 8.3은 예시 데이터에 대한 각 어노테이터의 가상 정확도를 제공한다.

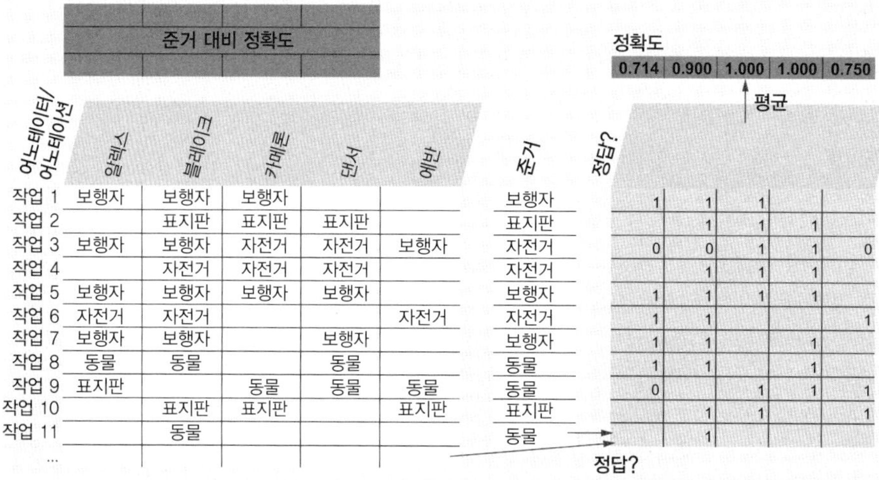

준거 대비 정확도				

정확도				
0.714	0.900	1.000	1.000	0.750

평균

어노테이터/ 어노테이션	샘	팀	카메론	댄스	예반	준거	정답?				
작업 1	보행자	보행자	보행자			보행자	1	1	1		
작업 2		표지판	표지판	표지판		표지판		1	1	1	
작업 3	보행자	보행자	자전거	자전거	보행자	자전거	0	0	1	1	0
작업 4		자전거	자전거	자전거		자전거		1	1	1	
작업 5	보행자	보행자	보행자	보행자		보행자	1	1	1	1	
작업 6	자전거	자전거			자전거	자전거	1	1			1
작업 7	보행자	보행자		보행자		보행자	1	1		1	
작업 8	동물	동물		동물		동물	1	1		1	
작업 9	표지판		동물	동물	동물	동물	0		1	1	1
작업 10		표지판	표지판		표지판	표지판		1	1		1
작업 11		동물				동물		1			
...											

정답?

▲ **그림 8.3** 준거 데이터와 비교한 어노테이터 정확도의 예. 준거 데이터 열에 각 작업(이미지 레이블)에 대해 정답이 있다고 가정한다. 우리는 각 어노테이터의 정확도를 그들이 맞힌 비율로 계산한다.

일반적으로 무작위 확률 추측의 기준선에 따라 그림 8.3과 같은 결과를 조정하려고 할 것이다. 우리는 무작위 레이블링을 위한 세 가지 기준선을 계산할 수 있다. 이미지의 75%가 "보행자", 10%가 "표지판", 10%가 "자전거", 5%가 "동물"이라고 가정해보겠다. 세 가지 기준선은 다음과 같다.

- **무작위**: 어노테이터가 4개의 레이블 중 하나를 추측한다. 레이블이 4개이므로 예제 데이터의 기준선은 25%이다.
- **가장 빈도가 높은 레이블**(모드 레이블): 어노테이션은 "보행자"가 가장 빈번한 레이블 임을 알고 있으므로 항상 해당 레이블을 추측한다. 이 기준선은 75%이다.
- **데이터 빈도**: 어노테이터는 각 레이블의 빈도에 따라 추측한다. 그들은 "보행자"가 75%이고 "표지판"이 10%라고 추측한다. 이 기준선은 각 확률의 제곱의 합으로 계산할 수 있다.

그림 8.4는 계산된 내용을 보여준다.

조정된 정확도는 어노테이터의 점수를 정규화해 임의 추측의 기준선이 0이 되도록 한다. 어떤 사람이 전체적으로 90%의 정확도를 갖고 있다고 가정해보겠다. 우연에 의해 조정된 실제 정확도는 그림 8.5에 나와 있다.

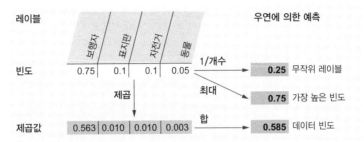

▲ **그림 8.4** 무작위 확률을 통해 예상할 수 있는 여러 개의 정확도에 대한 세 가지 계산은 어떤 기준선을 사용하느냐에 따라 다양한 예상 정확도를 보여준다.

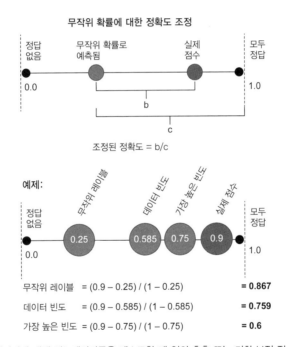

▲ **그림 8.5** 준거 데이터에 대해 어노테이터들을 테스트할 때 임의 추측 또는 기회 보정 정확도(chance-adjusted accuracy)에서 예상되는 기준선을 설정하는 다양한 방법. 상단: 결과를 어떻게 정규화(normalize)하는가에 대해 보여준다. 누군가 레이블을 임의로 선택하는 경우 올바른 레이블을 선택하는 경우가 있으므로 랜덤 정확도와 1 사이의 거리를 기준으로 정확도를 측정한다. 하단: 조정된 정확도가 예제 데이터와 어떻게 다른지 보여준다. 항상 "보행자"를 추측할 때는 60% 정확도로 정규화된 점수가 나오지만, 이것은 실 데이터에서는 90% 정확도 점수를 보여주거나 레이블 수에 대해 정규화된 경우 86.7%로 다르게 나온다. 이 예제는 예상 정확도에 대한 올바른 기준선이 중요한 이유를 강조한다. 세 가지 기준선은 상황에 따라 더 나은 선택이 될 수 있으므로 세 가지를 모두 알아야 한다.

그림 8.5에서 볼 수 있듯이, 어노테이션 수를 정규화하는 다양한 방법이 있다. 통계 커뮤니티에서 가장 일반적으로 사용되는 것은 데이터 빈도(예상되는 동작을 고려하는 데이터 중심 data centric의 방식)이다. 이는 항상 무작위 선택과 가장 높은 빈도 사이에 있기 때문에 안전한 중간 옵션이라는 특성을 갖고 있다.

기대 기준선이 0이 되므로 0보다 작은 결과는 무작위 선택보다 더 나쁘게 추측한다는 것을 의미한다. 일반적으로 이 결과는 어노테이터가 가이드라인을 잘못 이해했거나 항상 가장 빈번하지 않은 응답을 추측하는 것처럼 단순한 방법으로 시스템을 속였다는 것을 의미한다. 이러한 경우 기준선을 0으로 정규화하는 것으로 잘못된 작업에 대한 경고를 쉽게 설정할 수 있다. 어떤 작업이든 무작위 선택보다 낮은 음수 점수는 여러분의 어노테이션 프로세스에 문제가 있다는 것을 알려주니까!

어노테이션의 품질 관리에 대한 연구에 대해 친숙한 경우 기회 수정chance-corrected 혹은 기회 보정chace-adjusted이라고 부르는 예상 동작에 따라 정규화된 지표를 알고 있을 것이다. 이 책 전반에 걸쳐 예상 동작은 어노테이터에게 다른 어노테이터가 무엇을 선택할 것으로 예상하는지 물어볼 때처럼 무작위적인 상황은 아니다(9장). 더 일반적인 예상이라는 용어가 이러한 경우에 사용되지만 객관적인 레이블링 작업에서 예상expected과 기회 chance는 같은 뜻이다.

8.1.2 예상 정확도를 위해 어떤 기준선을 사용해야 하는가?

랜덤, 데이터 빈도 및 가장 높은 빈도 등 예상 정확도를 위한 세 가지 기준선을 위해 세 가지 지표를 모두 계산하는 것이 데이터에 대한 직관에 도움이 될 것이다. 여러분의 정확도를 정규화하기 위한 올바른 지표는 여러분의 작업에 따라 그리고 레이블을 지정하는 사용자의 경험에 따라 달라진다.

어떤 사람이 처음 작업을 할 때 어떤 레이블이 더 빈번한지 감이 없기 때문에 무작위 레이블링에 더 가까울 가능성이 높다. 하지만 시간이 흐른 후 그들은 한 레이블이 다른 레이블보다 훨씬 더 빈번하다는 것을 깨닫고 불확실할 때는 그 레이블로 추측하면서 안심할지도 모른다. 이러한 이유로 11장은 전적으로 어노테이션을 위한 사용자 인터페이스에 할애한다.

실무적 조언은 어노테이터가 작업에 익숙해질 때까지 기다렸다가 제일 엄격한 기준선인 '가장 높은 빈도' 레이블 방법을 적용하는 것이 좋다는 데 있다. 작업의 처음 몇 분, 몇 시간 또는 며칠을 어노테이터에게 익숙해질 수 있는 준비 기간으로 줄 수 있다. 어노테이터가 데이터에 대한 강한 직관을 갖고 있는 경우, 그들은 레이블의 상대적 빈도를 고려하게 된다. 그러나 8.2.3절에서 볼 수 있듯이 데이터 빈도는 전체 데이터셋 수준에서 일치도를 계산하는 데 더 적합하다. 따라서 모든 기준을 이해하고 적절한 시점에 적용하는 것이 중요하다.

데이터 어노테이션에 대한 품질 관리를 제대로 하려면 많은 리소스가 필요할 수 있으므로 예산에 반영해야 한다. 품질 관리를 통해 한 프로젝트에 다른 프로젝트의 어노테이터들을 참여시키는 방법에 대한 예는 다음 전문가 일화를 참조하라.

어노테이션 프로젝트의 총 비용을 고려하라.

전문가 일화, 매튜 혼니발

조직의 다른 동료들과 일할 때와 마찬가지로 데이터에 어노테이션을 다는 사람과도 직접 대화하는 것이 도움이 된다. 어쩔 수 없이 일부 가이드라인은 실제와 다를 수 있으며, 이를 개선하기 위해 어노테이터와 긴밀히 협력해야 한다. 또한 상품화에 들어간 후에도 가이드라인을 계속 수정하고 어노테이션을 추가할 수 있다. 가이드라인을 다듬고 잘못 표기된 항목을 폐기하는 데 시간을 들이지 않는다면, 당장은 돈이 얼마 들지 않겠지만 결국에는 비싼 외주 솔루션을 사용하는 것으로 끝나기 쉽다.

2009년 시드니대학교와 호주의 주요 뉴스 출판사 간 공동 프로젝트에 참여했는데, 이 프로젝트에서는 개체명 인식(named entity recognition), 개체명 연결(named entity linking) 및 이벤트 연결(event linking)이 요구됐다. 당시 학계에서는 크라우드소싱 직원을 점점 더 많이 사용하고 있었지만, 우리는 대신 직접 계약한 어노테이터들로 구성된 소규모 팀을 만들었다. 이는 장기적으로 훨씬 더 저렴했다. 특히 더 복잡한 "개체 연결" 및 "이벤트 연결" 작업의 경우에 크라우드소싱 작업자들은 어려움을 겪는 반면 우리의 어노테이터들은 우리와 직접 소통함으로써 도움을 받을 수 있기 때문에 더욱 그렇다.

매튜 혼니발(Matthew Honnibal)은 spaCy NLP 라이브러리의 창시자이자 Explosion의 공동 설립자다. 2005년부터 NLP 연구를 하고 있다.

8.2 어노테이터 간 일치도

데이터 과학자가 머신러닝 모델이 사람보다 정확하다고 말할 때, 이는 대체로 모델이 "평균적인 사람"보다 정확함을 의미한다. 예를 들어 음성 인식 기술은 현재 일반적인 억양에서 기술적이지 않은 내용에 대해서는 평균적인 영어 사용자보다 더 정확하다. 인간이 그 정도의 정확도로 평가 데이터를 분류할 수 없다면 우리는 어떻게 이러한 음성 인식 기술의 품질을 평가할 수 있을까?

"집단 지성^{wisdom of the crowd}"은 한 사람보다 더 정확한 데이터를 만들어낸다. 한 세기 이상 동안 사람들은 어떻게 여러 사람의 판단을 하나의 더 정확한 결과로 종합할 수 있는지에 대해 연구해왔다. 초기 사례에서 여러 사람이 소의 무게를 추측할 때 모든 추측의 평균은 정답과 거의 근접하다는 것을 증명해 유명해졌다. 그 결과가 모든 사람이 평균보다 정확하지 않았다는 뜻은 아니다. 즉, 어떤 개인은 평균보다 더 정확하게 소의 몸무게를 추측하겠지만, 대개의 추측보다는 평균적인 추측이 실제 몸무게에 더 가깝다는 의미다.

그래서 데이터 과학자들이 자신의 모델이 인간보다 더 정확하다고 자랑할 때, 그들은 종종 그들의 모델이 어노테이터들 사이의 일치도보다 더 정확하다는 것을 의미하는데, 이것을 어노테이터 간 일치도라고 부른다. 모델 정확도와 어노테이터 일치도는 직접 비교해서는 안 되는 두 가지 다른 수치이므로 이러한 일반적인 실수를 하지 않도록 하라.

그러나 어노테이션에 기여한 모든 개인보다 더 정확한 학습 데이터를 생성할 수 있으며, 8장은 기본 사항을 소개한 후 8.3절의 이 항목으로 돌아간다.

8.2.1 어노테이터 간 일치도에 대한 소개

어노테이터 간 일치도는 일반적으로 −1에서 1까지의 척도로 계산된다. 여기서 1은 완전한 일치, −1은 완전한 불일치, 0은 무작위^{random chance} 레이블링이다. 우리는 이전의 개별 어노테이터 정확도 점수와 비슷하게, 우리가 예상보다 얼마나 더 의견이 일치하는지 물어봄으로써 일치도를 계산한다. 그림 8.6은 예를 보여준다.

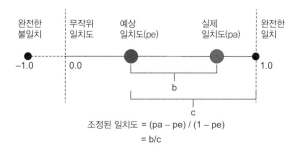

▲ **그림 8.6** 일치도 지표 계산 방법이다. 일치도는 일반적으로 1부터 1까지의 척도로, 여기서 1은 완전 일치, −1은 완전 불일치, 0은 랜덤 분포다. 일치도 결과는 실제 일치도, 조정 일치도 또는 무작위 확률에 대해 조정된 일치도 등으로 다양하게 알려져 있다.

그림 8.6은 무작위 일치도를 고려한 일치도를 계산하는 방법을 보여준다. 이러한 조정은 준거 정답에 따라 정확도를 조정하는 것과 유사하지만 이 경우에는 어노테이터 간에 비교를 한다.

이 책에서는 전체 데이터셋 수준에서 종합 일치도^{overall agreement}, 어노테이터 간의 개별 일치도^{individual agreement}, 레이블 간의 일치도, 작업별 일치도를 포함한 다양한 유형의 어노테이터 간 일치도를 다룬다. 개념은 꽤 간단하며, 그림 8.7의 간단한 단순 일치도^{naïve agreement} 알고리듬부터 시작하겠다. 이 알고리듬은 너무 간단해서 사용하면 안 되지만, 8장과 다음 9장과 10장의 수식을 이해하는 데 유용한 출발점이 된다.

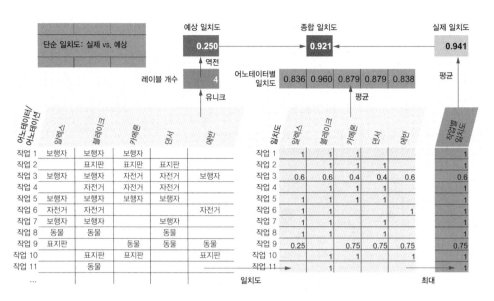

▲ **그림 8.7** 어노테이터별 일치도, 작업별 일치도, 전체 어노테이션 집합에 대한 종합 일치도를 찾는 단순 방법. 4개의 레이블 중 하나를 무작위로 선택하는 방식으로 예상 일치도를 계산한다. 큰 중앙 표에 각 작업에 대한 일치도를 계산한다. 일치도 표에서 개인별 및 작업별 일치도를 도출한다. 작업 레벨 일치도에 대해서 예상 일치도와 평균 수준 일치도를 결합해 종합 일치도를 도출한다. 이 방법은 너무 간단하기 때문에 실제 데이터에 사용하면 안 되지만 이 다이어그램은 개념을 이해하는 데 유용하다.

그림 8.7은 세 가지 유형의 일치도의 배경이 되는 기본 아이디어를 보여준다. 이 모든 계산이 타당하긴 하지만 조금 부족하다. 다음은 일치도 계산을 복잡성을 보여주는 것으로 그림 8.7의 단점 몇 가지를 설명하고 있다.

종합 기대 일치도는 레이블 수를 기반으로 하지만 일부 레이블은 다른 레이블보다 빈도가 높다. 만약 다섯 번째 레이블을 선택하지 않은 경우라면 결과적으로 전체적인 예상 일치도를 줄이는 것이 되며, 이는 이상하게 보일 것이다.

개인의 일치도는 같은 작업을 하는 다른 사람들이 레이블링을 잘못한다면 부당하게 손해 보는 것처럼 보인다. 예를 들어 에반의 레이블은 항상 다수결에 포함되지만 일치도 점수가 두 번째로 낮다.

작업 일치도 점수는 개별 어노테이터의 정확성을 고려하지 않기 때문에 지나치게 낙관적인 것으로 보인다.

실제 일치도는 작업 일치도의 평균이지만, 개인별 일치도의 평균으로 계산하기로 한다면 훨씬 낮을 것이다. 보다 실제 일치도를 더 정확하게 측정하기 위해 개별 일치도를 통합하는 올바른 방법은 무엇일까?

작업 11에는 하나의 응답만 있으므로, 응답이 100% 일치한다고 계산하는 것은 잘못된 것으로 보인다. 하나의 응답에는 일치할 것이 없다.

각 레이블에 대한 일치도를 기록하고 있지 않다. 예를 들어 "보행자"가 "표지판"보다 혼동을 일으킬 가능성이 더 높을까?

전체 어노테이션 수를 고려하지 않고 있다. 특히 어노테이션 수가 상대적으로 적으면 데이터 크기라는 부분을 고려해야 할 수 있다(항목 수가 많은 일반적인 학습 데이터셋은 관련 없음).

다음 링크(http://mng.bz/E2qj)에서 스프레드시트로 구현된 것을 사용할 수 있다. 이 스프레드시트에는 8장의 다른 수식도 포함돼 있다.

8.2.2~8.2.7절은 이러한 문제를 해결하는 최선의 방법에 대해 설명한다. 비록 이 책에서 본 어느 수식보다 더 복잡할지라도, 그것은 다음의 한 가지 간단한 질문에 대한 해답을 찾는 것임을 기억하라.

> 데이터셋, 개별 작업, 개별 레이블 또는 개별 어노테이터의 정확성을 평가하기 위해 어노테이터 간의 일치도를 공정하게 계산할 수 있는 방법은 무엇인가?

8.2.2 어노테이터 간 일치도 계산의 이점

다음과 같은 다양한 방법으로 인간 참여 머신러닝 전략의 일부로 어노테이터 간 일치도를 사용할 수 있다.

- **데이터셋의 신뢰성**: 어노테이터가 작성된 레이블에 의존할 수 있을 만큼 빈도 높게 서로 일치하고 있는가? 그렇지 않다면 가이드라인이나 작업 전체를 다시 설계해야 할 수도 있다.

- **신뢰도가 가장 낮은 어노테이터**: 어떤 어노테이터가 지나치게 자주 불일치하는가? 그들이 업무를 잘못 이해했거나 지속적으로 참여하기에는 부족할 수 있다. 어느 쪽이든 과거의 어노테이션을 무시하고 새로운 판단을 내릴 수 있다. 또는 사실 신뢰도가 낮은 어노테이터는 특히 주관적인 작업에 대해서 유효하지만 과소하게 표현된 어노테이션을 한 것일 수도 있다(이 목록의 뒷부분에 있는 '자연 변동 측정' 참조).

- **가장 신뢰도가 높은 어노테이터**: 해당 작업에 일치도가 높은 어노테이터가 가장 정확할 가능성이 높으므로, 이러한 사람을 식별해 잠재적인 보상 및 승진을 고려하는 것이 도움이 된다.

- **어노테이터 간의 협업**: 거의 완벽하게 일치하는 어노테이터가 있는가? 서로 가까이 앉아 있기 때문에 악의 없이 노트를 공유하는 것일 수 있으며, 이 경우 독립성을 가정한 일치도 계산에서 해당 응답을 제거해야 한다. 또는 이 결과는 한 사람의 일을 복제하는 봇을 만들어 한 사람이 두 배 수당을 받는 증거일 수 있다. 원인이야 어떻든 간에 하나의 답이 두 번 반복되는 경우를 찾아내는 것은 도움이 된다.

- **시간에 따른 어노테이터의 일관성**: 같은 일을 같은 사람에게 다른 시간에 주면 같은 결과가 나올까? 단일 어노테이터 일치도^{intra-annotator agreement}로 알려진 이 지표는 어노테이터가 주의를 기울이지 않거나, 작업에 순서가 중요하다던가, 작업이 본질적으로 주관적일 수밖에 없는 경우에 근거로 쓰일 수 있다. 또한 어노테이터는 개념 진화^{concept evolution}라고 해, 데이터를 보면 볼수록 실제로 생각이 바뀔 수 있다.

- **가이드라인에 대한 예제 만들기**: 많은 어노테이터의 일치도가 높은 항목이 정답이라고 가정하고 이러한 항목을 새 어노테이터 가이드라인의 예로 사용할 수 있다. 이 전략에서는 두 가지 위험 요소(일부 오류는 여전히 간과되고 전달되며, 쉬운 작업만 더 높은 일치도로 처리됨)를 갖게 되므로 실제 데이터를 만들 때 이 전략만 유일하게 사용해서는 안 된다.

- **머신러닝 문제의 본질적인 어려움 측정**: 일반적으로 사람에게 어려운 일은 모델에게도 어려울 것이다. 이 정보는 특히 새로운 도메인에 적응하는 데 유용하다. 이전 데이터에서는 90%의 일치도가 나왔지만 새 출처의 데이터는 70% 일치도인 경우, 모델이 새 출처의 데이터에서는 정확도가 떨어진다는 예상을 나타내는 결과가 된다.

- **데이터셋의 정확성 측정**: 각 어노테이터 개인의 신뢰성과 각 항목에 어노테이션 한 사용자 수를 알면 지정된 레이블이 잘못 어노테이션될 가능성을 계산할 수 있다. 이 결과를 통해 데이터의 전반적인 정확도를 계산할 수 있다. 어노테이터 개개인의 정확도를 고려하면 단순 어노테이터 간 일치도에 비해 데이터에 대해 학습된 모델의 정확도의 상한을 더 높일 수 있다. 모델은 학습 데이터의 노이즈에 다소 민감할 수 있으므로 모델 정확도의 상한이 엄격하게 제한된다고 할 순 없다. 데이터셋의 정확도보다 모델의 정확도를 높게 계산하는 것은 불가하기 때문에 얼마나 정교하게 모델의 정확도를 측정하느냐에 따라 상한이 엄격한 제한이 있는 것이다.

- **자연 변동 측정**: 어떤 데이터셋에 대해서는 여러 어노테이션 해석이 유효하다는 것을 나타낼 수 있기 때문에 일치도가 낮은 것이 나쁜 것은 아니다. 주관적인 작업의 경우 의도치 않게 사회적, 문화적 또는 언어적 배경이 편향된 데이터로 이어지지 않도록 다양한 어노테이터를 선택해야 한다.

- **어려운 작업을 전문가에게 전달**: 이 예는 7장에서 다뤘으며 8.5절에서도 소개했다. 저수준 어노테이터 간의 낮은 일치도는 자동으로 전문가에게 전달해 리뷰를 받아야만 한다는 것을 의미할 수 있다.

8.2절의 나머지 부분에는 데이터에서 일치도를 계산하는 현존하는 최상의 방법이 포함돼 있다.

일치도를 정확성의 유일한 척도로 사용하지 마라.

데이터에 대한 올바른 레이블을 찾기 위해 어노테이션 간 일치도에만 단독으로 의존해서는 안 되며, 항상 어노테이션 간 일치도를 실제 준거 데이터와 함께 사용해야 한다. 많은 데이터 과학자들이 이러한 관행을 거부하는데, 그 이유는 학습 데이터의 손실을 의미하기 때문이다. 예를 들어 레이블링된 데이터의 5%를 품질 관리를 위해 따로 두면 모델이 학습할 데이터가 5% 줄어든다. 비록 아무도 학습 데이터가 적은 것을 좋아하지 않겠지만 실제 상황에서는 반대의 결과를 가져올 수 있다. 예를 들어 레이블에 대해 어노테이터 간 일치도에만 의존할 경우, 일치도 내용을 더 보정하기 위해 준거 데이터를 사용해야 때문에 사람이 5% 이상만큼 수동으로 판단을 해야 할 수 있다.

일치도를 단독으로 보게 되면 어노테이션이 틀리게 일치된 사례를 보지 못할 수 있다. 준거 데이터가 없으면 이러한 오류를 보정할 수 없다.

반면 일치도를 통해 실제 준거 데이터에 단독으로 했던 정확도 분석을 확장할 수 있으므로 준거 데이터와 일치도를 결합할 때 가장 큰 이점을 얻을 수 있다. 예를 들어 준거 데이터를 사용해 각 어노테이터의 정확도를 계산한 다음 작업에 대한 여러 어노테이션을 집계한다면 해당 정확도를 신뢰도로 사용할 수 있다. 8장과 9장에서 다루고 있는 문제에서 일치도 데이터와 준거 데이터를 결합하는 많은 예를 보여주지만 개념을 설명하기 위해 별도로 소개한다.

8.2.3 크리펜도르프 알파와 데이터셋 레벨 일치도

크리펜도르프 알파Krippendorff's alpha는 데이터셋의 전반적인 일치도는 무엇인가라는 단순한 질문에 답하는 것을 목표로 하는 방법이다. 모든 항목이 모든 어노테이터에 의해 어노테이션되지는 않을 것이라는 사실을 설명하기 위해, 크리펜도르프 알파는 사회과학에서 자주 사용되던 설문이나 통계 조사 데이터의 일치도 수준을 측정하는 작업에 적용하면서 기존 일치도 알고리듬에 대해 상당한 발전을 가져왔다.

크리펜도르프 알파는 [−1,1] 범위로 다음과 같이 읽고 간단히 해석할 수 있다.

- >0.8: 이 범위는 신뢰할 수 있다. 데이터에 크리펜도르프 알파를 적용해 0.8 이상의 결과를 얻은 경우 높은 일치도를 가지고 모델을 학습시킬 수 있는 데이터셋을 가진 것이다.
- 0.67~0.8: 이 범위는 신뢰성이 낮다. 어떤 레이블은 매우 일관성이 있고 어떤 레이블은 그렇지 않을 가능성이 높다.

- 0~0.67: 0.67 미만이면 데이터셋의 신뢰성이 낮은 것으로 간주된다. 작업 설계나 어노테이터에 문제가 있을 수 있다.
- 0: 랜덤 분포다.
- −1: 완벽한 의견 불일치다.

크리펜도르프 알파는 범주형, 순서형, 계층형 및 연속형 데이터에 사용할 수 있는 좋은 특성도 갖고 있다. 실제로 대부분의 경우 알고리듬의 작동 방식을 몰라도 크리펜도르프 알파를 사용해 그 결괏값을 0.8 및 0.67 정도의 임곗값에 따라 해석할 수 있다. 하지만 실제 동작 원리를 이해하고 적절하지 않은 상황을 알기 위해서는 수학에 대한 개념을 이해하는 것이 좋다. 한 번에 모두 이해할 수 없더라도 걱정하지 마라. 나 역시 이 책의 모든 방정식을 재유도하는 데 어떤 능동학습 알고리듬이나 머신러닝 알고리듬보다 크리펜도르프 알파를 유도하는 데 제일 오랜 시간이 걸렸다.

크리펜도르프 알파는 8장의 앞부분에 있는 그림 8.7에서 보이는 간단한 예와 동일한 측정 기준인 예상 일치도 대비 실제 일치도는 얼마인가를 계산하는 것을 목표로 한다. 우리는 상호 배타적인 레이블에서 작동하는 크리펜도르프 알파를 일부 구현한 다음 좀 더 일반적인 버전으로 나아가겠다.

크리펜도르프 알파에 대한 예상 일치도는 데이터 빈도, 즉 레이블링 작업에서 각 레이블 빈도의 제곱의 합이다. 크리펜도르프 알파에 대한 실제 일치도는 각 어노테이션이 동일한 작업에 대해 다른 어노테이션과 일치하는 평균 양에서 나온다. 크리펜도르프 알파는 제한된 개수의 어노테이션으로 인한 정밀도 손실을 보정하기 위해 평균과 엡실론을 약간 조정한다.

크리펜도르프 알파는 그림 8.6의 예상 일치도와 실제 일치도의 보정 일치도다. 그림 8.8의 단순화된 표현을 사용해 예제 데이터에서 크리펜도르프 알파를 확인할 수 있다.

그림 8.8의 일치도는 그림 8.7의 "단순 일치도^{naive agreement}"보다 훨씬 낮기(0.921 대비 0.803) 때문에 일치도 계산 방법에 신중할 필요가 있으며 가정의 작은 변화가 품질 관리 지표에 큰 차이를 초래할 수 있음을 보여준다.

그림 8.8은 크리펜도르프 알파를 일부 구현한 것이다. 전체 방정식에서는 일부 유형의 불일치 유형에 대해 가중치를 많이 부여할 수 있다는 사실을 고려하고 있다. 크리펜도르프 알파의 완전한 구현은 그림 8.9에 나와 있다.

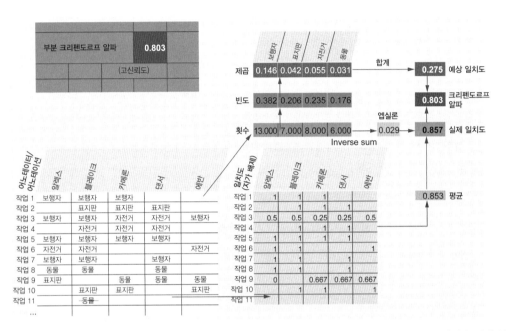

▲ **그림 8.8** 예제 데이터에 대한 어노테이터의 전반적인 신뢰성 점수를 제공하는 단순화한 크리펜도르프 알파다. 기대 일치도는 각 레이블 빈도의 제곱의 합이다. 실제 일치도는 각 어노테이션이 해당 작업에 대한 다른 어노테이션과 일치한 평균 량이며, 계산의 정밀도를 고려해 약간의 조정(엡실론)이 이뤄진다.

그림 8.9는 몇 가지 복잡한 과정을 보여주지만 그림 8.8과의 주요 차이점은 크리펜도르프 알파가 레이블 가중치를 통합하는 방법에 있다. 레이블 가중치 구성 요소를 사용하면 크리펜도르프 알파를 연속형, 순서형 또는 한 항목에 다중 레이블을 적용할 수 있는 여타 작업과 같은 다양한 유형의 문제에 적용할 수 있다.

자세한 내용은 8.2.1절에 소개된 스프레드시트의 구현을 참조하라. 부분 구현과 비교해 전체 크리펜도르프 알파 구현에 가중치를 통합하기 위해 예상 일치도와 실제 일치도가 일부 행렬 연산을 필요로 한다는 것을 알 수 있다. 또한 엡실론 조정에는 단순히 총 개수의 역수가 아니라 가중치를 고려한다. 그러나 전체 구현에 대해서도 기본 아이디어는 동일하며 단순하다. 우리는 실제 일치도와 예상 일치도에 따라 조정된 일치도를 계산하고 있다. 이 개념을 염두에 두고 크리펜도르프 알파의 전체 구현의 모든 추가 단계가 다양한 유형의 어노테이션에 필요한 유연성에서 비롯된다는 사실을 인식한다면 이 개념을 적용하는 방법에 대해 바르게 이해한 것이다.

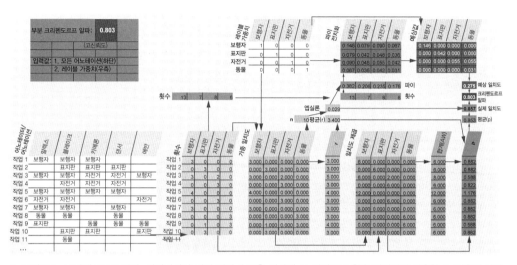

▲ **그림 8.9** 크리펜도르프 알파. 데이터셋의 전체 일치 수준을 계산해 그 신뢰도로 학습 데이터에 사용할 수 있을지 판단한다. 입력은 어노테이션(좌측 하단)과 레이블 가중치(중앙 상단)의 흰색 영역이다. 우리는 상호 배타적인 레이블을 갖고 있기 때문에 이 예제에서는 각 레이블의 자체의 가중치로 측정된다. 계층형, 순서형 또는 다른 유형의 데이터가 있는 경우 서로 레이블 가중치로 서로 다른 값을 입력한다. 계산의 맨 위 행에는 우연에 의한 예상 일치도가 포함돼 있고 계산의 맨 아래 행에는 데이터의 실제 일치도가 계산된다. 이 두 행은 조정된 전체 일치도 알파가 계산되는 데이터셋의 예상 일치도(pe)와 실제 일치도(pa)를 계산하는 데 사용된다.

크리펜도르프 알파 신뢰 구간은 언제 계산해야 하는가?

이 책은 크리펜도르프 알파를 확장해 신뢰 구간을 계산하는 것을 생략했다. 신뢰 구간은 크리펜도르프 알파가 고안된 소규모 설문 조사 같은 상황을 예측하기 때문이다. 신뢰 구간의 가장 큰 요소는 총 판단 횟수가 되므로 대부분 학습 데이터에 신뢰 구간이 필요하지 않다. 학습 데이터에는 수천 수백만의 예제가 포함될 가능성이 높기 때문에 신뢰 구간은 매우 작다.

작은 데이터셋이나 데이터셋의 작은 서브셋에 대해 크리펜도르프 알파를 사용할 경우에만 신뢰 구간을 고려해야 한다. 최신의 가벼운 지도학습(lightly supervised), 퓨샷(few-shot) 또는 데이터 증강(data augmentation) 기술로 인해 소규모 데이터를 사용하는 경우, 소규모 데이터셋에 대한 중요성을 보증하는 데 도움이 되는 더 나은 통계 지식이 필요하다. 데이터가 적으면 필요한 지원 인프라를 더 쉽게 구축할 수 있다고 생각할 수도 있지만, 사실은 그 반대다.

이러한 특별한 상황에도 신뢰 구간 하나에만 의존하는 것을 권장하지 않는다. 학습용 샘플 수가 적은 경우 전문가를 위한 검토 작업이라든가 알려진 준거 데이터 예제의 통합 등 다른 유형의 품질 관리 방안을 포함해야 한다. 그렇지 않으면 신뢰 구간이 너무 넓어서 데이터를 기반으로 한 모델을 신뢰하기 어려울 것이다.

크리펜도르프 알파의 대안

학술 문헌에서 크리펜도르프 알파에 대한 대안인 코헨(Cohen)의 카파(kappa) 상관계수나 플레이스(Fleiss)의 카파 상관계수를 만나게 될 수도 있다. 크리펜도르프 알파는 일반적으로 이러한 초기 지표를 개선한 것으로 보인다. 차이점은 모든 오류를 동등하게 제재하는지 여부, 예상 사전값을 계산하는 정확한 방법, 결측 값의 처리를 비롯해 전체 일치도를 어떻게 집계하는지(크리펜도르프 알파는 어노테이션당 집계하며 코헨의 카파는 작업/어노테이터당 집계함)와 같은 세부 사항이다. 8.6절에 몇몇 예제와 함께 더 읽을 거리가 있다.

또한 크리펜도르프 알파를 일치도가 아닌 불일치도로 표현하는 문헌을 크리펜도르프 자신의 논문을 포함해 접할 수도 있다. 두 기술은 수학적으로 동일하며 동일한 알파 값을 생성한다. 다른 지표에서 일치도는 불일치도보다 더 널리 사용되며, 논쟁할 필요 없이 더 직관적이기 때문에 이 책에서는 일치도로 사용한다. 불일치도는 일치도의 보수(complement)라고 가정한다. 즉, $D = (1 - P)$이다. 문헌과 논문을 볼 때 불일치를 사용해 계산된 크리펜도르프 알파 버전을 볼 수도 있다는 점을 알아두자.

8.2.4 레이블 외의 크리펜도르프 알파 계산

다음은 크리펜도르프 알파가 상호 배타적인 레이블링보다 복잡한 작업에 어떻게 사용될 수 있는지에 대한 몇 가지 예다. 그림 8.10은 순서형 및 회전형 범주의 데이터를 다루기 위해 크리펜도르프 알파 방정식에서 레이블 가중치를 변경하는 방법을 보여준다.

상호 배타적 레이블링					순서형 범주					회전형 범주			
레이블 가중치	보행자	표지판	자전거	동물	레이블 가중치	매우 높음	양호함	중립	나쁨	레이블 가중치	북쪽	동쪽	남쪽	서쪽
보행자	1	0	0	0	매우 높음	1	0.5	0.25	0	북쪽	1	0.5	0	0.5
표지판	0	1	0	0	양호함	0.5	1	0.5	0.25	동쪽	0.5	1	0.5	0
자전거	0	0	1	0	중립	0.25	0.5	1	0.5	남쪽	0	0.5	1	0.5
동물	0	0	0	1	나쁨	0	0.25	0.5	1	서쪽	0.5	0	0.5	1

▲ **그림 8.10** 세 가지 유형의 분류 작업의 예와 크리펜도르프 알파에서 나온 레이블 가중치가 어떻게 해당 작업에 사용되는지 보여준다. 첫 번째 예는 그림 8.9의 레이블 가중치를 반복해 8장 전체에 걸쳐 예시로 사용된 상호 배타적 레이블링이다. 두 번째 예는 "나쁨"에서 "매우 높음"까지의 순서형 척도를 보여주는데, 여기서 "양호함" 및 "매우 높음"과 같은 인접 어노테이션에 부분 크레딧을 부여하고자 한다. 세 번째 예는 회전 범주 – 이 경우 나침반을 가리킨다. 이 경우, 우리는 "북쪽"이나 "서쪽"처럼 90도씩 어긋난 것에는 부분 점수를 주지만, "북쪽"이나 "남쪽"처럼 180도 틀린 것에는 0점을 준다.

8장의 나머지 부분은 상호 배타적 레이블링을 고수한다. 9장에서는 다른 유형의 머신러닝 문제를 다룰 것이다.

크리펜도르프 알파는 원래 학교에서 여러 채첨자(어노테이터)에게 시험지를 무작위로 배포하는 것과 같은 상황을 위해 고안됐기 때문에 학습 데이터에 사용될 때 몇 가지 단점이 있다. 일부 어노테이터가 그들이 본 내용에 따라 다른 예상 일치도를 가질 것이라는 사실은 알아낼 수 없다. 학습 데이터를 만들 때 추가 어노테이터의 판단을 위해 어려운 예를 제공하는 것과 같이 어노테이션을 무작위가 아닌 의도적으로 배포해야 하는 많은 실제적 이유가 있다. 8.2.5절에서 8.2.7절까지 어노테이터, 레이블 및 작업 수준에서 일치도를 계산 방법은 크리펜도르프 알파와는 다르다.

8.2.5 개별 어노테이터 일치도

개별 어노테이터 레벨에서의 일치도는 여러 가지 면에서 유용할 수 있다. 우선 각 어노테이터에 대해 얼마나 신뢰할 수 있는지 알려줄 수 있다. 거시적 레벨에서 일치도를 계산해 각 응답에 대한 어노테이터의 신뢰도를 계산하거나 특정 레이블 또는 데이터 세그먼트에 대해 일치도가 높은지 혹은 낮은지 확인할 수 있다. 이 결과를 통해 어노테이터의 정확도가 다소 떨어지거나 유효하지만 다양성이 높은 어노테이션 집합에 주목할 수도 있다.

어노테이터 간의 일치도 측정하는 가장 간단한 기준은 각 어노테이터가 주어진 작업에 대해 대다수의 의견에 얼마나 자주 동의하는지 계산하는 것이다. 그림 8.11에 예가 나와 있다.

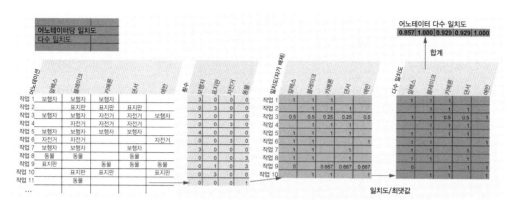

▲ **그림 8.11** 각 작업에 대해 가장 공통적인 어노테이션을 가진 어노테이터당 일치도(다수 일치도). 이 예제에서는 블레이크와 에반, 두 어노테이터가 항상 다수의 의견에 일치하고 있음을 보여준다. 이 방법은 어노테이터 간의 일치도를 계산하는 가장 간단한 방법이며, 작업당 어노테이터 수가 많은 경우 효과적일 수 있지만 예산상의 제약으로 인해 학습 데이터를 만드는 데는 거의 사용하지 않는다. 이 방법은 데이터에 대한 인사이트를 제공할 수 있지만 데이터 품질을 결정하는 유일한 수단이 돼서는 안 된다.

그림 8.11과 같이 다수 일치도는 각 작업에 대해 가장 공통적으로 어노테이션이 달린 레이블에 동의하는 횟수를 나타낸다. 이 결과는 한 사람이 다수의 의견에 동의하는 횟수를 세는 것으로 계산할 수 있지만, 어노테이션별로 일치도를 정규화하면 조금 더 정확하다. 그림 8.11과 8장의 다른 예제 데이터에서 대부분의 사람들은 작업 3이 "보행자"라고 생각하지만 카메론과 댄서는 "자전거"라는 데 동의한다. 반대로 알렉스는 9번 작업이 "표지판"이라고 생각하는 유일한 사람이다. 그림 8.11의 다수 일치도표에서 카메론과 댄서는 작업 3에 대해 0.5점을, 알렉스는 과제 9에 대해 0점을 얻는다.

다수 일치도를 사용하면 어노테이터가 더 쉬운 예제를 봤는지 아니면 더 어려운 예제를 봤는지 빠르게 확인할 수 있다. 그림 8.7의 단순 일치도 예제에서 에반은 두 번째로 낮은 일치도(0.838)를 갖고 있지만, 그림 8.11에서는 공동 1위의 일치도 점수(1.0)를 갖고 있다. 다시 말해 에반은 다른 사람들에 비해 평균적으로 낮은 일치도를 봤지만, 항상 대다수의 의견과 일치했다. 이 결과는 에반이 다른 사람들에 비해 전반적으로 일치도가 낮은 작업을 봤다는 것을 알려준다. 따라서 좋은 일치도 지표가 되려면 에반이 더 어려운 작업을 봤다는 사실을 고려해야 한다.

예상 일치도는 그림 8.11에서 빠진 가장 큰 부분이다. 그림 8.12는 예상 일치도를 계산하는 한 가지 방법을 보여주는데, 이는 만약 그들이 항상 "보행자"를 선택했다면 에반이 가장 낮은 예상 일치도를 갖게 된다는 것을 보여준다.

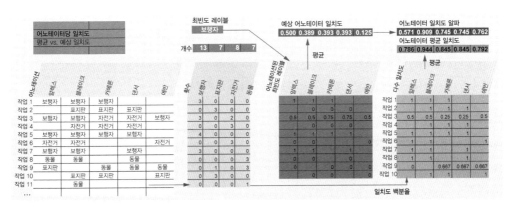

▲ **그림 8.12** 어노테이터당 일치도는 실제 일치도(우측 하단)으로 계산되며, 예상 일치도는 어노테이터당 기준(중간 상단)으로 계산된다. 에반은 0.125의 예상 일치도만 갖고 있다. 다시 말해서 만약 에반이 가장 일반적인 레이블인 "보행자"를 매번 추측할 때마다 그들은 자신의 작업에 대한 다른 어노테이션의 약 12.5% 정도만 일치할 것이다. 대조적으로 알렉스는 매번 "보행자"를 추측할 수 있었고 51%의 일치도를 얻을 수 있었다. 이 방법은 에반이 더 어려웠던 것으로 추정되는 낮은 일치도의 작업을 다뤘다는 사실을 고려한다.

그림 8.12에서 가장 먼저 주목해야 할 점은 기준선을 계산하기 위해 가장 빈번한 레이블(최빈도 레이블)을 사용하고 있다는 것이다. 크리펜도르프 알파가 데이터에서 동일한 수의 레이블을 사용한다는 점을 상기하라. 마치 레이블을 무작위로 할당한 것처럼. 이 예에서는 13개의 "보행자" 레이블, 7개의 "표지판" 레이블 등을 임의로 할당할 수 있다. 이 예제는 기대 분포의 (통계학적) 정의를 따르지만 어노테이션을 달 때 어노테이터가 각 레이블에 대해 이러한 확률을 염두에 둘 가능성은 거의 없다. 더 가능성이 높은 시나리오는 어노테이터가 가장 빈번한 레이블(최빈도 레이블)에 대한 직관을 갖는 것이다. 이는 데이터 레이블링에서는 일반적이다. 때때로 한 레이블이 다른 레이블보다 더 자주 나타나며 안전한 기본 옵션처럼 느껴진다. 사람들이 확신을 갖지 못한 경우에는 자신이 기본 옵션에

레이블을 달아야 한다는 부담을 느끼기 때문에 생기는 불량 레이블 문제를 완화할 수 있는 여러 가지 방법이 있는데, 이 내용은 9장에서 다루겠다. 여기서는 가장 공통적인 레이블을 예상 기준선으로 취급한다.

그림 8.12와 표준 크리펜도르프 알파 계산의 두 번째 차이점은 그림 8.12가 작업당 일치도를 계산하는 반면, 크리펜도르프 알파는 어노테이션당 일치도를 계산한다는 것이다. 만약 작업당 동일한 수의 어노테이션이 있다면 값은 동일할 것이다. 예제 데이터에서는 작업 3이 5개의 어노테이션을 갖고 있기 때문에 크리펜도르프 알파 안에서 다른 작업보다 더 큰 가중치를 갖고 있다. 그러나 크리펜도르프 알파는 개별 일치도를 계산할 때에도 작업 3에 다른 모든 작업과 동일한 가중치를 부여한다.

여러분은 여러 가지 이유로 데이터 어노테이션 작업에 서로 다른 가중치를 부여하는 것을 원치 않을 것이다. 불일치를 해결하기 위해 의도적으로 더 많은 어노테이터에게 동일한 작업을 부여하거나 레이블 또는 외부 정보를 기반으로 더 적은 수의 사용자에게 더 쉬운 작업을 부여할 수 있다. 두 경우 모두 크리펜도르프 알파는 더 어려운 작업에 치우쳐 인위적으로 낮은 점수를 준다. 여러 작업에 걸쳐 어노테이터를 무작위로 배포하고 일부 작업에 더 많은 어노테이션이 임의로 추가되는 경우에는 표준 크리펜도르프 알파 접근 방식이 좋다.

> **가장 낮은 일치도의 어노테이터를 반복적으로 제거해 크리펜도르프 알파를 P-해킹하지 마라.**[1]
>
> 때로는 정확도가 가장 낮은 어노테이터가 작성한 어노테이션을 무시하는 것이 바람직하다. 최악의 성과자를 제거하고 해당 작업을 다른 어노테이터에게 제공해 학습 데이터의 전반적인 일치도와 정확도를 향상시킬 수 있다.
>
> 그러나 데이터셋이 높은 일치도를 나타내는 매직 k-알파=0.8 이라는 숫자에 도달할 때까지 최악의 성능을 반복적으로 제거하는 경우에는 실수가 발생할 수 있다. 레지나 누조(Regina Nuzzo)는 2014년 〈네이처〉에서 중요성 임계치 자체를 사람들을 제외하기 위한 임곗값으로 사용하는 경우를 P-해킹(p-hacking)이라고 불렀다(http://mng.bz/8NZP).

---

1   원하는 P값을 기술적으로 얻어내도록 해석하는 귀무가설을 여러 방법으로 바꾸거나 데이터를 선별하는 것을 말한다. - 옮긴이

크리펜도르프 알파에 의존하는 대신 다음 기준 중 하나로 사람들을 제외해야 한다.

- **누가 좋은 성과자인지 나쁜 성과자인지 결정하기 위해 크리펜도르프 알파와 다른 기준 사용하기**: 어노테이터의 일치도를 준거 정답과 함께 사용하는 것이 이상적이다. 그러면 이 기준을 사용해 최악의 성과자를 제외시킬 수 있다. 정답에 대한 정확도 임곗값 수준을 설정하거나 어노테이터의 일부 비율(예: 최악의 5%)을 제외할지 결정할 수 있다. 크리펜도르프 알파를 사용하지 않고, 임곗값이나 백분율에 대해 결정해야 한다.
- **통계적으로 성과가 나쁜 아웃라이어에 속하는 저성과자 제외하기**: 수학에 자신 있다면 이 기술을 사용하라. 예를 들어 모든 일치도 점수가 정규분포에 속한다고 계산할 수 있으면 세 가지 표준 편차가 평균 일치도보다 작은 어노테이터를 제외할 수 있다. 분포 유형과 적절한 특이치 지표를 식별하는 능력에 자신이 없는 경우, 위에 설명한 첫 번째 옵션을 사용하고, 필요한 경우 답을 알고 있는 추가 질문을 생성한다.
- **저성과 어노테이터의 예상 백분율을 미리 결정하고 해당 어노테이터만 제외하기**: 일반적으로 5%의 성과가 좋지 않다는 것을 알아낸 경우 하위 5%를 제거하되, 아직 목표 일치도에 도달하지 못했다면 지속적으로 제외하지 말아야 한다. 여전히 크리펜도르프 알파를 사용해 최소 5%를 계산하기 때문에 이 방법에는 약간의 편향이 포함될 수 있다. 편향이 미미하다 하더라도 위의 두 옵션을 사용할 수 있는 경우에는 이 방법을 사용하면 안 된다.

크리펜도르프 알파를 P-해킹하면 어떻게 될까? 여러분은 잘못된 지시나 불가능한 작업을 받을 수도 있으며 그 결과로부터 결코 배우지 못할 것이다. 최악의 경우 우연히 옆에 앉아 서로 레이블링 노트를 공유한 어노테이터들을 제외한 모든 어노테이터를 제거하게 될 수 있다.

어노테이터를 충분히 신뢰할 수 없는 경우라는 것이 확실해졌다면 일치도 계산에서 해당 어노테이터의 판단을 제외해야 한다. 그림 8.13은 우리의 예제 데이터에서 첫 번째 사람을 제외한 것을 가정한 결과를 보여준다.

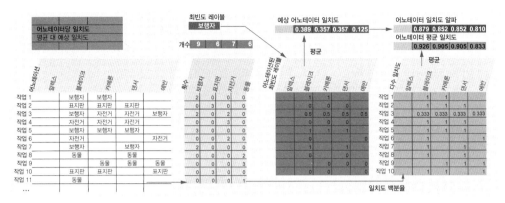

▲ **그림 8.13** 첫 번째 어노테이션 제외 후 어노테이터에 대해 재계산한 일치도. 그림 8.12에 비해 4명 중 3명의 점수가 올랐지만 블레이크의 일치도는 약간 떨어졌고 에반은 두 번째로 높은 일치도에서 가장 낮은 일치도로 내려갔다는 점에 유의하라.

그림 8.13과 비교할 때 일반적으로 가장 정확도가 낮은 사람을 제외하면 전반적인 일치도가 올라갈 것으로 예상하지만 일부 개별 일치도 점수는 (블레이크의 경우처럼) 여전히 하락할 수 있으며 에반의 경우와 마찬가지로 순위가 상당히 바뀔 수 있다. 그림 8.11에서 다수 일치도를 계산할 때는 에반은 가장 높은 일치도를 보였지만, 그림 8.13에서 알렉스가 제외된 후 기회 보정 일치도를 계산하면 에반은 가장 낮은 일치도가 된다. 이 수치는 정확도를 계산하기 위한 유일한 방법으로 일치도를 사용할 때 선택에 따라 개인마다 다른 결과를 제시할 수 있다는 점에서 주의할 부분을 보여주는 좋은 예다.

8.2.6 레이블당 일치도 및 인구통계학적 일치도

데이터셋에 대한 일부 준거 레이블이 있으므로 이러한 레이블을 사용해 혼동 행렬confusion matrix에 오류를 표시할 수 있다. 이 혼동 행렬은 모델 오류가 아닌 인간 오류의 패턴이라는 점만 빼면 머신러닝 모델에 사용하는 것과 동일하다.

또한 일치도에 대한 혼동 행렬을 사용해 어떤 어노테이션이 다른 어노테이션과 발생하는지 표시해볼 수 있다. 그림 8.14는 예시 데이터의 행렬을 보여준다.

예상 실제	보행자	표지판	자전거	동물
보행자	10	0	0	0
표지판	0	6	0	0
자전거	3	0	8	0
동물	0	1	0	7

횟수	보행자	표지판	자전거	동물
보행자	30	0	6	0
표지판	0	12	0	3
자전거	6	0	14	0
동물	0	3	0	12

▲ **그림 8.14** 어노테이션 혼동 행렬: 예제 데이터의 준거 데이터의 비교(좌측)와 모든 쌍 간의 일치 또는 불일치와 비교한 것(우측)

이 두 번째 유형의 혼동 행렬은 오류가 무엇인지 알려주지 않으며, 일치 또는 불일치가 어디에서 나타났는지만 보여준다. 행렬 유형 중 어느 것이 어노테이션에서 가장 큰 쌍 pairwise 간의 혼동이 발생하는지 확인할 수 있으며, 이 정보를 통해 어노테이터에 대한 가이드라인을 구체화하고 모델이 예측하기 가장 어려운 레이블을 표시할 수 있다.

8.2.7 실세계 다양성을 위해 확장된 정확도를 일치도로 사용하기

대규모의 세분화된 인구통계 정보demographics를 추적하려는 경우 정확도의 확장으로 일치도를 사용하는 것이 특히 유용할 수 있다. 인구통계 정보가 겹치는 부분을 추적하려는 경우 충분한 준거 데이터를 수집할 수 있는 인구통계 범주의 조합이 너무 많을 수 있다.

밤에 촬영된 이미지가 낮에 촬영된 이미지보다 어노테이션을 달기가 더 어렵다고 예상되는 상황에 대한 예를 생각해 보자. 이제 1,000개의 위치에서 어노테이션의 정확성도 추적하려고 한다. 여러분이 24,000개의 모든 시간/장소 조합에 대해 대규모 준거 레이블을 갖고 있을 가능성이 많지는 않을 것이다. 준거 데이터를 생성하는 데는 비용이 많이 들기 때문이다.

그러므로 각 24,000개의 시간/장소 조합에 대한 일치도를 살펴보는 것이 각 인구통계적 교차점의 난이도를 확인하는 가장 좋은 방법이다. 일치도와 정확성 사이에 항상 완벽한 상관관계가 있는 것은 아니지만 이 접근 방식을 통해 검토가 가능해지고 더 많은 준거 데이터를 대상으로 삼을 수 있는 높은 일치 영역이 드러날 수 있다.

8.3 학습 데이터를 생성하기 위한 여러 어노테이션의 취합

작업 레벨 신뢰도는 각 어노테이터의 (잠재적으로 충돌할 수 있는) 어노테이션을 취합할 수 있게 하고 학습 및 평가 데이터가 될 레이블을 만들 수 있게 하기 때문에 많은 어노테이션 프로젝트에서 가장 중요한 품질 관리 지표다.

따라서 여러 어노테이션을 결합해 실제 레이블이 될 단일 레이블을 작성하는 방법을 이해하는 것이 중요하다. 이 장에서 살펴본 다른 유형의 품질 관리 지표를 기반으로 여러 개의 어노테이션을 취합한다. 우리는 주어진 작업에 대한 전반적인 일치도를 계산할 때 각 어노테이터에 대한 우리의 신뢰를 고려하기를 원하며, 이상적으로는 이러한 특정 작업이 본질적으로 더 쉬운 작업인지 더 어려운 작업인지를 알고자 한다.

8.3.1 모든 사람의 결과가 일치하는 어노테이션의 집계

일치도를 생각할 때 맞을 가능성보다는 틀릴 가능성에 대해 생각하는 것이 더 쉬울 수 있다. 3명의 어노테이터가 있고 각자 90% 정확하다고 가정하자. 한 어노테이터가 오류를 범할 확률은 10%이다. 두 번째 어노테이터가 동일한 작업에서 오류를 범했을 확률은 10%이므로 2명이 동일한 항목에서 오류를 범했을 확률은 1%$(0.1 \times 0.1 = 0.01)$이다. 3명의 어노테이터가 있는 경우 이 확률은 0.1% 확률$(0.1 \times 0.1 \times 0.1)$이 된다. 즉, 오답일 확률은 1,000분의 1이고 정답일 확률은 0.999이다. 3명의 어노테이터가 90% 정확하고 3명의 어노테이터 모두 일치하면 99.9%의 신뢰로 레이블이 정답이라고 가정할 수 있다. i번째 어노테이터의 정확성을 a_i로 두면 레이블이 정답인지에 대한 전체 신뢰도는 다음과 같다.

$$1 - \prod_{i\,=\,1} (1 - a_i)$$

안타깝게도 이 방법은 오류가 독립적이라는 가정을 한다는 한계가 있다. 첫 번째 어노테이터가 오류를 범하더라도 두 번째 어노테이터의 오류 확률은 여전히 10%에 불과할까, 아니면 오류가 클러스터링되거나 분산되는 경향이 있을까?

무작위 오류 패턴이 아닌 시나리오를 쉽게 상상할 수 있다. 가장 분명한 것은, 어떤 작업은 다른 작업보다 더 어려울 수 있다는 것이다. 모든 작업의 10%에 대해 사람들이 레이블을 잘못 단다면, 그중 한 작업은 3명의 어노테이터 모두가 실수한 것일 수 있다. 레이블 수가 많은 작업의 경우 사람들이 똑같이 잘못된 레이블을 선택할 가능성이 낮기 때문에 이 문제는 덜 발생한다. 작업 효율성을 높이기 위해 어노테이션 수를 가능한 한 줄이려는 경우가 많기 때문에 정확성과 비용 사이에 트레이드 오프가 있다.

준거 데이터를 사용해 다음 사항을 계산할 수 있다. 각 오답 어노테이션에 대해, 해당 작업에 대해 몇 %의 어노테이션이 오답일까? 예를 들어 보겠다. 예제 데이터에서 모든 항목의 실제 레이블은 8장 앞부분의 그림 8.3에 표시된 레이블이라고 가정한다. 다음 표에서 작업 3과 작업 9를 보여준다. 에러는 볼드체로 표시돼 있다.

작업 3	**보행자**	**보행자**	자전거	자전거	**보행자**

작업 9	**표지판**		동물	동물	동물

작업 3에서 오류인 3개의 "보행자" 어노테이션은 각각 서로 다른 두 "보행자" 어노테이션과 일치하므로 오답 레이블에 대해 총 6개의 일치가 됐음을 알 수 있다. 이 숫자는 크리펜도르프 알파로부터 얻은 열의 합^{AW}에 있다. 작업 9에서 "표지판" 오류가 단독으로 발생해 일치 오류가 없다. 정답에 대해서는 작업 3에서 2개의 일치도(2개의 "자전거" 어노테이션이 서로 일치)와 작업 9에서 3개의 "동물" 어노테이션이 각각 서로 일치하고 있다. 그래서 정답의 경우 총 8건의 어노테이터가 서로가 일치하고, 오답의 경우 6건의 어노테이터들이 일치하고 있다. 잘못된 어노테이션이 일치하는 빈도를 계산하기 위해 다음과 같이 계산한다.

$$오류\ 상관관계 = 6\ /\ (8 + 6) = 0.429$$

따라서 전체 오류율이 10%이긴 하지만 오류가 함께 발생할 가능성은 42.9%로 4배 이상 높다! 첫 번째 오답 발생 후 우리는 이 비율로 오답이 발생한다고 가정해야 한다. 3명의 어노테이터의 일치로, 우리 레이블의 전체 신뢰도는 다음과 같이 될 것이다.

$$1 - (0.1 \times 0.429 \times 0.429) = 0.982$$

따라서 99.9%의 신뢰도를 갖는 대신 매 1,000개 항목마다의 오답에서 매 약 55개 오답까지 세 어노테이터가 모두 일치하는 경우, 레이블에 대해 98.2%의 신뢰도를 갖게 된다.

반대의 패턴도 발생할 수 있는데, 오답 패턴이 서로 다를 수 있다. 세 어노테이터가 여전히 개별적으로 90% 정확하지만 서로 다른 오답을 한다고 가정한다. 한 어노테이터는 "표지판"을 식별하는 경우에 대부분의 오류를 범하는 반면, 다른 어노테이터는 "동물"을 식별하는 대부분의 오류를 범할 수 있다. 서로 다른 이미지에서 오답이 발생할 수 있으므로 오답이 발생할 확률은 2%이다.

$$1 - (0.1 \times 0.02 \times 0.02) = 0.99996$$

어노테이션의 보완 기술이 있다면, 이 경우에 대해 어노테이터 간의 일치도가 어노테이션의 정확성을 의미하므로 25,000개 항목마다 한 번씩 오류가 발생한다고 99.996% 신뢰할 수 있다.

8.3.2 다양한 어노테이션과 낮은 일치도에 대한 수학적 사례

8.3.1절의 예에서 보듯이 어노테이터 간의 오류 패턴에는 큰 차이가 있다. 어노테이터로부터 다양한 집합을 얻는 것이 더 정확한 데이터를 얻을 수 있다는 것을 이 예를 확대해 수학적으로 증명할 수 있다.

어노테이션당 전체 오류율이 동일하게 주어진 경우, 오류가 분산돼 불일치의 가능성이 높기 때문에 정확도가 가장 높은 데이터는 일치도가 가장 낮을 것이다. 따라서 이러한 조건에서는 크리펜도르프 알파 점수가 가장 낮으므로, 크리펜도르프 알파 점수에만 의존하지 말아야 하는 이유를 보여준다. 이 결과는 크리펜도르프 알파 점수가 0.803인 예제 데이터에서 확인할 수 있다. 그러나 작업당 1개 이상의 불일치가 없도록 불일치는 분산시키면 크리펜도르프 알파 점수 0.685를 얻게 된다. 그래서 우리의 데이터가 각 레이블에 대해 빈도가 동일하고, 대다수가 훨씬 더 신뢰성이 있음에도 데이터셋의 신뢰성이 낮아 보이게 된다.

일부 사례는 다른 사례보다 어렵거나 어노테이터들이 주관적이지만 유사한 판단을 하는 등 일치도가 클러스터링되는 시나리오를 쉽게 상상할 수 있다. 또한 어노테이터가 다양해서 데이터에 대해 다양하지만 적절한 관점을 제시하는 것과 같이 일치도가 나뉘어 지는 시나리오도 어렵지 않게 상상이 가능하다.

그러나 어노테이터가 완전히 독립적으로 오류를 만드는 실세계의 시나리오는 상상하기가 어렵다(피로감으로 인한 것을 제외하고). 거의 모든 일치도 지표는 독립성을 가정하므로 주의해서 사용해야 한다. 이 절과 8.3.1절에서 알 수 있듯이 준거 데이터를 통해 주어진 데이터셋에 대한 정답의 수를 조정할 수 있다. 9장의 고급 방법에서는 데이터 중심의 일치도 지표에 대해 자세히 설명한다.

8.3.3 어노테이터가 불일치하는 경우의 어노테이션 집계

어노테이터가 불일치를 보이면 기본적으로 모든 잠재 레이블이 확률분포에 수렴한다. 작업 3의 예제를 확장해 모든 사람이 평균적으로 90% 정확하다고 가정해보겠다(그림 8.15).

▲ **그림 8.15** 어노테이터당 정확도를 작업당 일치도 확률로 사용

그림 8.15에서 이 작업의 이미지를 "보행자"로 분류한 3명의 어노테이터와 그것을 "자전거"로 분류한 2명의 어노테이터가 있다. 모든 어노테이터가 일치하지 않을 때 신뢰도를 계산하는 가장 간단한 방법은 신뢰도를 가중 투표로 처리하는 것이다. 작업 3에 대한 신뢰도를 계산하는데 모든 어노테이터에 대해 90%의 신뢰도를 갖는다고 가정한다.

$$보행자 = 3 * 0.9 = 2.7$$
$$자전거 = 2 * 0.9 = 1.8$$

$$보행자에 대한 신뢰도 = 2.7 / (2.7 + 1.8) = 0.6$$
$$자전거에 대한 신뢰도 = 1.8 / (2.7 + 1.8) = 0.4$$

이 계산을 달리 생각해볼 방법은 이 예제에서는 모든 사람을 동일하게 신뢰하기 때문에 어노테이터의 3/5 = 60%가 의견 일치한다는 것이다.

이 방법의 한 가지 문제는 다른 레이블에 대한 신뢰도를 남기지 않는다는 것이다. 완벽한 일치도를 보일 때에도 작지만 오답일 가능성이 여전히 있었고, 이 경우 아무도 정답 레이블로 어노테이션을 달지 않았다는 것을 기억해야 한다. 우리는 신뢰도를 확률분포처럼 다룸으로써 어노테이션이 없는 레이블이 정답일 가능성을 통합하고 그림 8.16과 같이 다른 모든 레이블이 가중치를 그들 사이에서 나눠 갖는다고 가정할 수 있다.

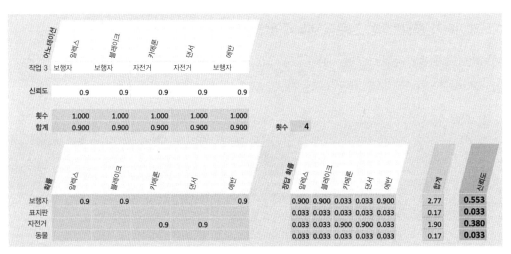

▲ **그림 8.16** 어노테이터의 모든 신뢰도를 확장해 모든 레이블에 가중치를 부여하기. 각 어노테이터에 대한 신뢰도가 0.9 이므로 나머지 0.1은 다른 레이블에 걸쳐 배분한다.

이 예제에서는 아직 보지 않은 정답에 많은 가중치를 부여해 신뢰도에 보수적인 추정치를 제공한다. 참고로 이 방법은 완벽한 일치도를 보일 때 사용했던 방법이 아니다. 어노테이션에 대해 보다 정확한 확률분포를 얻을 수 있는 방법이 몇 가지 있으며, 여기서 사용되는 것과 같은 간단한 휴리스틱으로는 계산할 수 없으므로 대부분 회귀 또는 머신러닝 모델을 사용한다. 9장에서는 이러한 고급 접근법을 다룬다. 이 예제는 8장의 나머지 부분까지는 충분히 사용할 수 있다.

8.3.4 어노테이터가 보고한 신뢰도

어노테이터는 자신의 오류에 대해서 그리고 지금의 작업이 다른 작업보다 본질적으로 어렵다는 것에 대해 좋은 직관을 갖고 있다. 어노테이션 프로세스의 일부로 어노테이터가 특정 작업에 대해 100% 신뢰하는지 물을 수 있다. 그림 8.17의 예제를 참고하라.

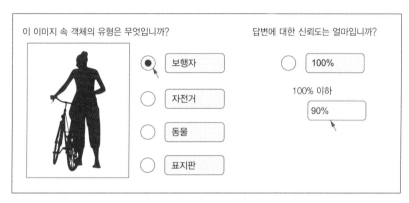

▲ **그림 8.17** 어노테이터에게 명시적으로 신뢰도를 요청하는 것은 정확도나 일치도로부터 응답에 대한 신뢰도를 계산하는 대체 (또는 추가) 방법이다.

전체 확률분포를 그림 8.18에서와 같이 요청할 수도 있다.

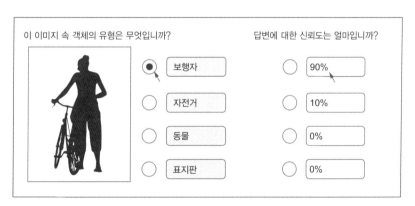

▲ **그림 8.18** 각 모든 레이블에 대한 신뢰도를 어노테이터에게 대안으로 요청해 다른 레이블을 통과하는 나머지 신뢰도를 프로그래밍적으로 나눈다.

그림 8.18의 접근 방식을 사용하면 입력된 숫자를 이 어노테이터에 대한 해당 레이블의 확률로 처리하거나 어노테이터의 신뢰가 100%보다 낮을 때 모든 어노테이션을 무시하

도록 선택할 수 있다. 이러한 종류의 인터페이스는 어노테이터에게 다른 어노테이터가 질문에 어떻게 응답하는지 묻도록 확장될 수 있으며, 이는 특히 주관적인 작업에 대해 정확성과 다양성을 지원하는 좋은 통계 결과를 갖고 있다. 이러한 확장 내용은 9장에서 다룬다.

이렇게 추가 정보를 입력하면 예제처럼 간단한 레이블 지정 작업에 대한 어노테이션도 시간이 크게 늘어날 수 있으므로, 이 정보를 얻어내는 데 드는 비용과 얻어올 가치를 비교해봐야 한다.

8.3.5 어떤 레이블을 신뢰할지 결정하기: 어노테이션의 불확실성

주어진 작업의 레이블에 대한 확률분포를 알고 있는 경우, 언제 레이블을 신뢰하지 않을지에 대한 임곗값을 설정하고 레이블을 신뢰하지 않는다면 무엇을 할지 결정해야 한다. 레이블을 신뢰할 수 없는 경우 다음의 세 가지 옵션이 있다.

- 해당 작업을 추가 어노테이터에 할당하고, 신뢰도가 충분히 높은지 확인하기 위해 신뢰도를 다시 계산한다.
- 해당 작업을 전문 어노테이터에게 할당해 정답 레이블에 대한 판단을 내린다(이 항목에 대해서는 8.4절에 자세한 내용이 있다).
- 잠재 오류로 인해 모델에 오류가 발생하지 않도록 데이터셋에서 이 항목을 제외한다.

일반적으로 세 번째 시나리오는 작업에 쏟는 노력을 낭비하기 때문에 피하는 것이 좋다. 또한 어려운 작업은 무작위일 가능성이 낮기 때문에 데이터 편향의 위험이 있다. 그러나 예산이나 인력 제약으로 인해 동일한 작업을 많은 사람에게 맡기지 못할 수 있다.

레이블을 신뢰할 수 있는지 여부를 결정하기 전에 레이블에 대한 전반적인 신뢰도를 계산하는 방법을 알아내야 한다. 8장에서 사용해온 예제에서는 확률분포를 가정한다.

$$보행자 = 0.553$$
$$표지판 = 0.033$$
$$자전거 = 0.380$$
$$동물 = 0.033$$

"보행자"에 대한 0.553 신뢰도만 보거나 다음으로 가장 신뢰도가 높은 레이블("자전거")을 고려하거나 모든 잠재적 레이블을 고려하는 등 전반적인 신뢰도 불확실성을 계산하는 다양한 방법이 있다.

3장을 기억한다면, 이 시나리오는 우리가 능동학습을 위해 불확실성 샘플링을 했던 것과 동일하다. 어노테이션 일치도에 대한 불확실성을 측정하는 방법에는 여러 가지가 있는데, 각 방법마다 중요한 사항에 대해 서로 다른 가정을 한다. PyTorch를 사용해 tensor로 표현한 예는 다음과 같다.

```
prob = torch.tensor([0.533, 0.033, 0.380, 0.033])
```

3장의 수식을 재현해 그림 8.19와 같이 다양한 불확실성 점수를 계산할 수 있다.

최소 신뢰도: 가장 신뢰도가 높은 예측과 100% 신뢰도의 차이

$$\frac{n\,(1 - P_\theta(y^*_1 \mid x))}{n - 1}$$

```
most_conf = torch.max(prob)
num_labels = prob.numel ()
numerator = (num_labels * (1 - most_conf))
denominator = (num_labels - 1)

least_conf = numerator/denominator
```

신뢰도 마진: 가장 신뢰도가 높은 예측 2개 사이의 차이

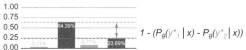

$$1 - (P_\theta(y^*_1 \mid x) - P_\theta(y^*_2 \mid x))$$

```
prob, _ = torch.sort (prob, descending=True)
difference = (prob.data [0] - prob.data[1])

margin_conf = 1 - difference
```

신뢰도 비율: 가장 신뢰도가 높은 예측 2개 사이의 비율

$$\frac{P_\theta(y^*_2 \mid x)}{P_\theta(y^*_1 \mid x)}$$

```
prob, _ = torch.sort (prob, descending=True)

ratio_conf = (prob.data [1] / prob.data [0])
```

엔트로피: 정보 이론의 정의에 따르는 모든 예측값 간의 차이

$$\frac{-\sum_y P_\theta(y \mid x)\,log_2\,P_\theta(y \mid x)}{log_2(n)}$$

```
prbslogs = prob * torch.log2(prob)
numerator = 0 - torch.sum (prbslogs)
denominator = torch.log2(prob.numel())

entropy = numerator / denominator
```

▲ **그림 8.19** 확률분포에 대한 불확실성 점수를 계산하는 다른 방법들. 이러한 방법은 모델의 예측으로부터 불확실성(또는 신뢰도)을 계산하기 위해 능동학습에 사용되는 방법과 동일하며, 여기서 어노테이터 간의 일치도에 대한 불확실성을 계산하는 데 사용된다.

이 예에서는 다음과 같은 불확실성 점수를 얻는다(1.0이 가장 불확실하다는 것을 기억하라).

- 최소 신뢰도 = 0.6227

- 신뢰도 마진 = 0.8470

- 신뢰도 비율 = 0.7129

- 엔트로피 = 0.6696

전반적인 신뢰를 얻기 위해 불확실성 대신 이 지표 값 중 하나를 1에서 뺀다.

불확실성 점수를 얻은 후에는 준거 데이터에 기반한 여러 점수들로 전반적인 어노테이션 정확도를 그려낼 수 있다. 그런 다음 이 그림을 사용해 데이터에 목표로 하는 정확도를 얻을 수 있는 정확도 임곗값을 계산할 수 있다(그림 8.20).

데이터에 가장 적합한 항목을 결정하는 한 가지 방법으로 각 불확실성 지표에 대해 그림 8.20과 같은 곡선을 그린다. 즉, 어떤 불확실성 샘플링 방법이 올바른 임곗값에서 가장 많은 항목을 선택하는가에 관한 것이다.

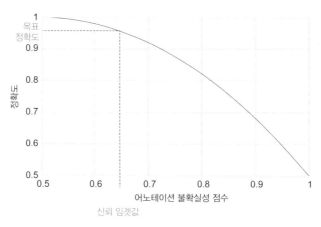

▲ **그림 8.20** 어노테이션을 신뢰할 수 있는 임곗값 계산. 이 예에서 일치 불확실성이 ~0.65 미만인 항목들을 신뢰할 수 경우, 준거 데이터상 계산으로 ~0.96의 목표 어노테이션 정확도를 달성할 수 있다.

서로 다른 불확실성 점수의 순위는 이진 데이터에 대해 동일하므로 작업을 이진 문제로 쪼개면, 데이터에 가장 적합한 지표에 대한 고민 없이 아무 지표 중 하나를 선택할 수 있다.

그림 8.20과 같이 준거 데이터에 대한 임곗값을 계산하는 대신 다양한 임곗값으로 데이터를 학습할 때 머신러닝 모델의 정확도에 대해 최선의 임곗값을 찾을 수 있다. 어떤 항목을 제외할지 여러 임곗값을 시도한 후, 각 임곗값에 대한 모델의 다운스트림 정확도를 관찰한다. 학습 데이터의 오류에 대한 모델의 민감도는 총 학습 항목 수에 따라 달라질 수 있으므로, 학습 데이터를 새로 추가할 때마다 과거의 학습 데이터를 계속 다시 살펴보고 임계점을 다시 평가하는 것이 좋다.

8.4 전문가 검토에 의한 품질 관리

품질 관리의 가장 일반적인 방법 중 하나는 도메인 전문가가 가장 중요한 데이터 포인트에 레이블을 붙이도록 하는 것이다. 일반적으로 전문가는 다른 직원보다 많지 않은 데다 비용이 많이 들기 때문에 보통 전문가에게 다음과 같은 일부 작업만 맡긴다.

- 가이드라인과 품질 관리에 대한 준거 예제가 되도록 항목의 하위 집합을 어노테이션하기
- 비전문 어노테이터 사이에서 일치도가 낮은 예제를 판단하기
- 머신러닝 평가 항목이 될 항목들의 하위 집합(수작업 레이블의 정확도가 훨씬 중요함)을 어노테이션하기
- 외부적인 이유로 중요하다고 여겨지는 항목을 어노테이션할 때. 예를 들어 고객의 데이터에 어노테이션하려는 경우, 전문가 어노테이터를 통해 여러분에게 가장 많은 수익을 창출하는 고객에 초점을 맞추도록 할 수 있다.

그림 8.21은 7장에서 가져온 것으로 전문가를 활용한 검토에 관한 그림이다. 앞의 목록에서 처음 두 가지 예, 즉 가이드라인 및 품질 관리를 위한 준거 예제를 작성하고 일치도가 낮은 예제(혼동되는 항목)에 대해 판단하는 것을 보여준다.

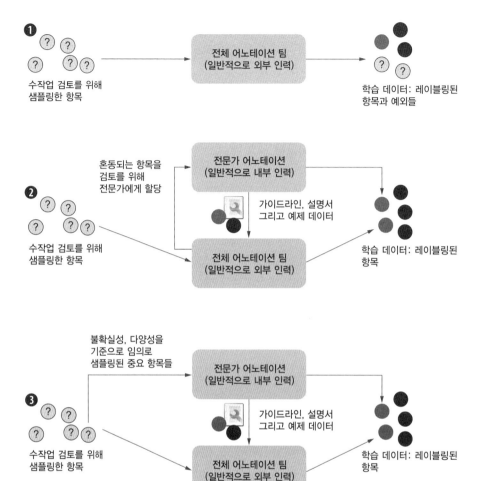

▲ **그림 8.21** 전문가 내부 어노테이션을 위한 세 가지 워크플로우로, 7장에서 언급된 내용이다. 아래 두 워크플로우는 전문가가 통합될 수 있는 방법인 어노테이터에게 어려운 항목 판단과 어노테이터에 대한 가이드라인 작성 방법을 보여준다. 두 워크플로우를 동일한 작업에 적용할 수 있으며, 더 복잡한 워크플로우에서는 더 많은 단계가 있을 수 있다.

전문가 검토 후 어노테이션을 취합하려면 해당 전문가를 하나의 추가 어노테이터로 처리하거나 이전 어노테이션을 무시하고 전문가의 신뢰도라는 면에서 신뢰도를 계산할 수 있다. 대부분의 인력보다 전문가가 훨씬 더 안정적이라면 후자의 옵션을 선택하라.

8.4.1 적합한 인력 모집 및 교육

7장에서 논의한 바와 같이 도메인 전문가를 사내에 두는 것이 일반적이지만 전문 업체에 외주를 줄 수도 있다. 예를 들어 몇 년 동안 자율주행 차량에 대한 어노테이션을 수행해 온 어노테이터는 매우 숙련돼 있을 것이다. 전문가뿐만 아니라 업무에 적합한 인력을 선택하는 방법에 대한 자세한 내용은 7장을 참조하라.

8.4.2 전문가 양성

비전문 어노테이터 풀 내에서 전문가를 식별하기 위해 데이터 중심 접근 방식을 사용할 수 있다. 전체 데이터셋 정확도만 아니라 개별 어노테이터의 정확성을 추적하면 전문가를 발굴해 전문가 역할로 승격시킬 수 있다.

일부 어노테이터를 전문 평가자로 만들기 위한 디딤돌로, 해당 어노테이터가 다른 어노테이터의 작업을 검토하도록 허용할 수 있다(평가가 아닌 검토). 이러한 접근법은 어노테이터에게 사람들이 저지르는 흔한 오류에 대한 통찰력을 갖게 할 것이다.

각 구성원의 다양성 확보를 위해 어노테이터의 구성 정보를 추적하는 것처럼, 전문가의 구성 정보를 (개인정보를 침해하지 않는 선에서) 추적하는 것이 좋다. 어노테이터의 나이, 거주 국가, 교육 수준, 성별, 언어 유창성 및 기타 많은 요소가 어떤 작업에서는 중요할 수 있다. 어노테이터의 구성 정보를 추적하지 않고 일치도 하나만을 최선의 어노테이터를 결정하는 지표로 사용하면 어노테이터 풀의 편향이 전문가 어노테이터 풀까지 전염될 위험이 있다. 이런 이유에서, 이상적으로는 랜덤 샘플이 아니라 대표성 있는 데이터를 사용해 전문가를 식별해야 한다.

8.4.3 머신러닝이 보조하는 전문가

도메인 전문가를 위한 일반적인 사례는 머신러닝을 통해 일상 업무를 확장하는 것이다. 1장에서 인간 참여 머신러닝은 두 가지 뚜렷한 목표를 가질 수 있는데 하나는 사람의 입력으로 더 정확한 머신러닝 애플리케이션을 만드는 것이고, 다른 하나는 머신러닝의 도움을 받아 인간의 업무를 개선하는 것이다.

검색엔진이 좋은 예다. 당신은 특정 연구 논문을 찾는 과학 분야의 도메인 전문가일지도 모른다. 검색엔진은 올바른 검색어를 입력한 후 이 문서를 찾는 데 도움이 되며 더 정확한 검색어를 위해 무엇을 클릭했는지를 학습한다.

또 다른 일반적인 사용 사례는 전자 증거 개시$^{e-discovery}$다. 검색과 마찬가지로 보다 정교한 인터페이스를 갖춘 전자 증거 개시는 전문 분석가들이 많은 양의 텍스트에서 특정 정보를 찾으려고 하는 감사 업무^{audit} 등의 맥락에서 사용된다. 사기를 탐지하기 위한 법적 사건에 대한 감사가 필요하다고 가정해보자. 부정 행위 탐지 전문 분석가는 도구를 사용해 해당 법률 사례의 관련 문서와 의사 소통 내용을 찾을 수 있으며, 해당 도구는 분석가가 발견한 내용에 맞게 조정돼 지금까지 해당 사례에 관련된 것으로 태그가 지정된 모든 유사 문서와 의사 소통 내용을 찾아낼 수 있다. 전자 증거 개시는 2020년에 100억 달러 규모의 산업이었다. 머신러닝 커뮤니티에서는 들어본 적이 없겠지만, 머신러닝에서 가장 큰 단일 활용 사례 중 하나다.

전문가 간의 일치도를 찾고, 상급 전문가의 판단을 수용하고, 정답에 대해 평가하는 등의 경우에도 동일한 품질 관리 방법을 적용할 수 있다. 그러나 전문가는 어노테이션 프로세스 자체가 아니라 그들의 일상적인 작업을 지원하는 인터페이스를 사용할 가능성이 높을 것이다. 이 인터페이스는 학습 데이터 수집에 최적화돼 있지 않을 수 있으며, 그들의 작업 프로세스는 여러분이 제어가 불가능한 우선순위 효과를 주입할 수도 있다. 따라서 이러한 맥락에서 11장의 품질 관리에 대한 사용자 인터페이스의 의미는 중요할 것이다.

8.5 다단계 워크플로우와 검토 작업

고품질의 레이블을 얻는 가장 효과적인 방법 중 하나는 복잡한 작업을 더 작은 하위 작업으로 쪼개는 것이다. 작업을 더욱 간단한 하위 작업으로 분할하면 다음과 같은 여러 가지 이점을 얻을 수 있다.

- 사람들은 일반적으로 더 단순한 일을 더 빠르고 정확하게 한다.
- 단순한 작업에 대해 품질 관리를 수행하는 것이 더 쉽다.
- 여러 하위 작업에 대해 서로 다른 인력을 투입할 수 있다.

가장 큰 단점은 더 복잡한 워크플로우를 관리하는 데 드는 비용이다. 특정 조건에 따라 데이터를 다르게 관리해야 하는 많은 커스텀 코드를 생성하고 말 것이며, 이 코드는 다른 작업에 재사용되지 않을 것이다. 코딩 내지는 그 정도를 구현하기 위한 코딩 비슷한 환경을 요구하는 거의 항상 복잡한 조합이 있기 때문에, 플러그 앤 플레이 또는 드롭다운 옵션으로 이러한 문제를 해결하는 어노테이션 플랫폼은 본 적이 없다.

그림 8.22는 객체 레이블링 작업을 여러 단계로 나누는 방법을 보여준다. 마지막 단계는 이전 단계의 검토 작업이다.

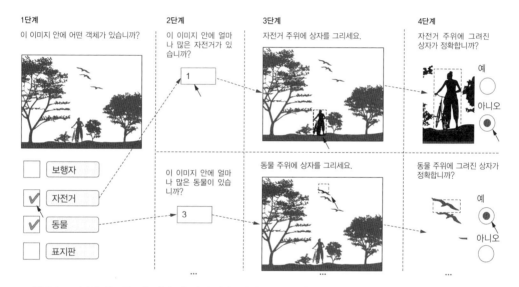

▲ **그림 8.22** 다단계 워크플로우 예제. 네 가지 객체 유형을 2~4단계를 나누면 총 13개의 작업으로 나눠진다. 1단계의 개별 응답과 4단계의 평가는 예/아니오의 이진 작업이다. 따라서 우리의 목표가 9장의 고급 품질 관리 지표를 필요로 하는 경계 상자를 만드는 것이지만, 8장에 대해 더 간단한 레이블 기반 품질 관리 지표를 사용할 수 있다. 모든 경계 상자를 한 번에 포착하는 단일 작업에 비해서, 어노테이터가 한 번에 한 작업에 집중하기 때문에 더 높은 처리량과 정확성을 기대할 수 있다. 게다가 작업당 필요한 시간의 변동성이 적기 때문에 작업당 비용을 부담하는 경우 예산 편성이 용이하며, 가장 복잡한 작업에 대해 일부 어노테이터만 신뢰할 수 있는 경우에는 작업 인력 간에 업무를 나누기 용이하다.

내가 본 워크플로우 중 가장 복잡한 것은 40개 정도의 작업을 갖고 있었다. 이 작업은 자율 주행차량에 대한 컴퓨터 비전 작업을 위한 것으로 의미 분할^{semantic segmentation} 외에도 추적 중인 각 객체 유형에 따라 여러 단계를 수행했다.

단순한 작업은 사용자 경험상의 장단점을 갖고 있다. 일반적으로 사람들은 효율성을 더 좋아하지만 업무에 반복이 많게 돼 피로감을 유발할 수 있다. 또한 일부 사람들, 특히 사내 도메인 전문가는 기존에 수행하던 복잡한 작업을 단순한 작업으로 세분화한 것에 대해 불쾌해할 수 있다. 즉, 그들은 하나의 인터페이스에서 모든 단계를 해결할 만큼 그들이 충분히 세심하지 못하다는 것이라고 이 상황을 해석할 수도 있다. 11장에서 사용자 경험에 대한 주제를 다시 다룰 것이다. 이러한 상황에서 워크플로우의 선택은 어노테이터의 전문성 때문이 아니라 머신러닝을 위한 우수한 학습 데이터를 얻는 것과 관련된 제약으로 인해 이뤄졌다는 점을 명확히 할 수 있다.

8.6 더 읽을 거리

어노테이션을 위한 품질 관리는 빠르게 변화하는 분야이며, 우리가 직면한 많은 문제들은 해결하지 못한 채 남아 있다. 로라 아로요Lora Aroyo와 크리스 웰티Chris Welty의 「진실은 거짓말: 군중 진실과 수작업 어노테이션의 일곱 가지 신화Truth Is a Lie: Crowd Truth and the Seven Myths of Human Annotation」(http://mng.bz/NYQ7)가 개요를 다루고 있다.

일치도와 관련된 문제에 대한 최신 개요를 보려면 알레산드로 체코Alessandro Checco, 케빈 로이테로Kevin Roitero, 에디 마달레나Eddy Maddalena, 스테파노 미자로Stefano Mizzaro, 지안루카 드마르티니Gianluca Demartini가 발표한 「반대에 동의하자: 크라우드 소싱을 위한 일치도 측정Let's Agree to Disagree: Fixing Agreement Measures for Crowdsourcing」(http://mng.bz/DRqa)이라는 문헌을 참고하라.

클라우스 크리펜도르프Klaus Krippendorff는 1970년대에 크리펜도르프 알파가 개발된 이래 여러 논문과 책을 출판했다. 가장 최근인 2011년에 업데이트된 「크리펜도르프 알파 신뢰도 계산Computing Krippendorff's Alpha-Reliability」(http://mng.bz/l1lB)을 추천하지만 이 책처럼 일치도가 아닌 불일치도로 계산한다는 점에 유의하라.

전문가에게 어노테이터가 의사 결정 과정을 효과적으로 설명할 수 있는 방법에 대한 조언과 함께 전문가를 고려한 워크플로우에 대한 좋은 최근 논문은 조셉 창Joseph Chang, 살레마 아메르시Salema Amershi 및 에세 세미하 카마르Ece Semiha Kamar의 「혁신: 머신러닝 데이터셋 레이블을 위한 협업 크라우드소싱Revolt: Collaborative Crowdsourcing for Labeling Machine Learning Datasets(http://mng.bz/BRqr)이다.

어노테이터 편향에 대한 좋은 최근 연구는 모르 게바Mor Geva, 요아브 골드버그Yoav Goldberg 및 조너선 베란트Jonathan Berant의 「작업 모델링인가, 어노테이터 모델링인가? 자연어 이해 데이터셋 내의 어노테이터 편향 조사Are We Modeling the Task or the Annotator? An Investigation of Annotator Bias in Natural Language Understanding Datasets(http://mng.bz/d4Kv)이다.

어노테이터 사이의 다양성이 어떻게 정확도를 향상시키면서 일치도를 낮추는지를 보여주는 논문은 리온 데르친스키Leon Derczynski, 칼리나 본체바Kalina Bontcheva, 이안 로버츠Ian Roberts의 「광범위한 트위터 코퍼스: 다양한 개체명 인식용 리소스Broad Twitter Corpus: A Diverse Named Entity Recognition Resource(http://mng.bz/ry4e)를 참조하라.

낸시 아이디Nancy Ide와 제임스 푸스테요프스키James Pustejovsky가 편집한 「언어 어노테이션 핸드북Handbook of Linguistic Annotation은 무료는 아니지만 다양한 NLP 작업을 다루는 포괄적인 책이며 활용 사례도 다양하다. 책을 구입하고 싶지 않다면, 관심 있는 장의 저자에게 이메일을 보내는 것을 고려해보자. 저자가 자료를 공유해줄 수도 있다.

요약

- 준거 데이터 예제는 알고 있는 정답을 만드는 작업이다. 데이터셋에 대한 준거 예제를 만들어 어노테이터의 정확성을 평가하고, 해당 어노테이터에 대한 가이드라인을 세분화하며, 기타 품질 관리 기법을 더욱 효과적으로 조정할 수 있다.
- 데이터셋에서 전체 일치도, 어노테이터 간의 일치도, 레이블 간의 일치도 및 작업 수준의 일치도를 포함해 일치도를 계산하는 여러 방법이 있다. 각 일치도 유형을 이해하면 학습 및 평가 데이터의 정확성을 계산하고 어노테이터를 더 효과적으로 관리하는 데 도움이 된다.
- 모든 평가 지표의 경우 랜덤 확률로 발생하는 예상 결과를 기준으로 계산해야 한다. 이 접근 방식을 사용하면 정확도/일치도 지표를 랜덤 확률 대비 조정된 점수로 정규화할 수 있으므로 여러 작업에서 점수를 좀 더 쉽게 비교할 수 있다.

- 준거 데이터와 어노테이터 간 일치도 모두를 사용하는 경우 최선의 결과를 얻게 될 것이다. 준거 일치도로 일치도 지표를 더 잘 보정할 수 있고, 일치도 지표를 준거 데이터만으로 실제보다 더 많은 어노테이션에 적용이 가능해지기 때문이다.

- 각 작업에 대해 단일 레이블을 만들기 위해 여러 어노테이션을 집계할 수 있다. 이 방법을 사용하면 머신러닝 모델을 위한 학습 데이터를 생성할 수 있으며, 각 레이블이 정답일 가능성을 계산할 수 있다.

- 전문가 검토에 의한 품질 관리는 어노테이터 간의 불일치를 해결하는 일반적인 방법이다. 전문가는 희소하고 비용이 많이 들기 때문에, 다루기 어려운 특이 케이스나 다른 어노테이터를 위한 가이드라인의 일부가 될 케이스에 주로 초점을 맞추는 것이 좋다.

- 다단계 워크플로우를 적용하면 어노테이션 작업을 서로 연결이 가능한 더 간단한 작업의 흐름으로 나눌 수 있다. 이 접근 방식을 사용하면 어노테이션을 더 빠르고 정확하게 작성할 수 있으며 품질 관리 전략을 더 쉽게 구현할 수 있다.

9

고급 데이터 어노테이션과 증강 기법

9장에서는 다음의 주제를 다룬다.
- 주관적인 작업에 대한 어노테이션 품질 평가하기
- 머신러닝을 통해 어노테이션 품질 제어 최적화하기
- 모델 예측을 어노테이션으로 사용하기
- 임베딩과 문맥적 표현을 어노테이션과 결합하기
- 데이터 어노테이션에 검색 및 규칙 기반 시스템 사용하기
- 가벼운 지도학습으로 모델을 부트스트래핑하기
- 합성 데이터, 데이터 생성 및 데이터 증강을 통해 데이터셋 확장하기
- 어노테이션 정보를 머신러닝 모델에 통합하기

다양한 작업에서는 단순한 품질 관리 지표만으로는 부족하다. "자전거"나 "보행자"와 같은 레이블에 대한 이미지에 어노테이션을 달아야 한다고 상상해보자. 자전거를 밀고 있는 사람과 같은 일부 이미지에 대해서는 사람의 주관에 따라 본질적으로 답을 다르게 할수 있으며, 소수의 해석이라고 해서 어노테이터가 타당함에도 무시돼서는 안 된다. 일부 어노테이터는 사진이 찍힌 장소에 익숙하거나 자신이 직접 자전거를 타는지 여부에 따라 서로 다른 데이터 항목에 다소 더 익숙하거나 그렇지 않을 수 있다. 머신러닝은 주어진 데이터 포인트에서 정확도가 다소 떨어지거나 더 정확할 것으로 예상되는 어노테이터가

누구인지 추정하는 데 도움이 될 수 있다. 또한 머신러닝은 더 빠른 수작업 검토를 위해 후보 어노테이션을 제시함으로써 일부 어노테이션 프로세스를 자동화할 수 있다. 자전거가 소수만 있거나 없는 경우의 상황이라면 이 간극을 메우기 위해 새 데이터 항목을 합성해야 할 수 있다. 전체 데이터셋을 커버하는 완벽한 어노테이션은 드물다는 것을 알기 때문에 해당 데이터에 기반한 모델을 구축하기 전에 데이터에서 일부 항목을 제거하거나 다운스트림 모델[1]에 불확실성을 포함시키는 것이 바람직하다. 다운스트림 모델을 구축할 필요 없이 데이터셋에 대해 탐색적 데이터 분석exploratory data analysis을 수행할 수도 있다. 9장에서는 이러한 모든 문제를 해결하는 고급 기법을 소개한다.

9.1 주관적 작업에 대한 어노테이션 품질

어떤 작업에 대해 단 하나의 정답 어노테이션이 있는 것만은 아니다. 작업 자체의 특성이 주관적일 수밖에 없어서 다양한 응답이 나오는 경우가 있다. 여기 그림 9.1에 재현된 8장의 예제 데이터를 사용해 여러 개의 정답 어노테이션이 있을 수 있는 항목을 표시할 수 있다.

어노테이터/어노테이션	알렉스	블레이크	캐머론	댄서	에반
작업 1	보행자	보행자	보행자		
작업 2		표지판	표지판	표지판	
작업 3	보행자	보행자	자전거	자전거	보행자
작업 4		자전거	자전거	자전거	
작업 5	보행자	보행자	보행자	보행자	
작업 6	자전거	자전거			자전거
작업 7	보행자	보행자		보행자	
작업 8	동물	동물		동물	
작업 9	표지판		동물	동물	동물
작업 10		표지판	표지판		표지판
작업 11		동물			
...					

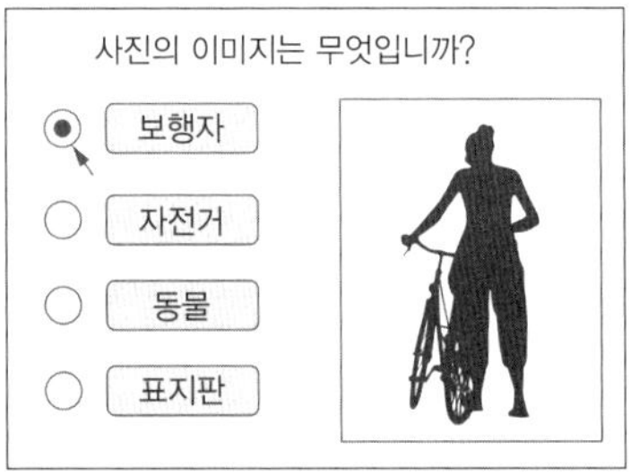

사진의 이미지는 무엇입니까?

- ⦿ 보행자
- ○ 자전거
- ○ 동물
- ○ 표지판

▲ **그림 9.1** 8장의 이미지 복사본이 어떻게 작업 3에서 "보행자"와 "자전거" 사이의 모호성 때문에 여러 개의 유효한 해석을 하게 되는지 보여주는 예다.

---

1   이미 학습된 모델을 재활용해 다시 모델을 생성하는 것 – 옮긴이

위의 이미지에 대해 "보행자"나 "자전거[2]"와 같이 여러 어노테이션이 달리는 이유는 다음과 같다.

- **실제 컨텍스트**: 사람이 현재 도로에 있는 것일 수도 있고, 사람이 자전거를 타거나 내리는 비디오의 일부인 이미지일 수도 있다.
- **암시적 컨텍스트**: 마치 사람이 자전거를 타거나 내리는 것처럼 보일 수 있다.
- **사회적 영향의 다양성**: 세계의 여러 지역에서 자전거에 타야 하거나 내려야 하는 경우가 현지 법률에 명시돼 있을 가능성이 있다. 자전거가 오솔길, 도로, 또는 전용 자전거 도로에 허용되는지 그리고 사람들이 자전거를 타는 대신 자전거를 밀고 갈 수 있는지 아닌지를 각 법에 명시하고 있다. 각 어노테이터가 친숙한 법이나 일반적인 관행에 따라 해석에 영향을 미칠 수 있다.
- **개인의 경험**: 어노테이터 스스로가 자전거를 타느냐 아니냐에 따라 다른 대답을 할 수 있다.
- **개인차**: 사회적 영향과 개인의 경험에 상관없이, 두 사람은 보행자와 자전거의 차이에 대해 다른 의견을 가질 수 있다.
- **언어적 다양성**: 특히 어노테이터의 모국어가 영어가 아니고, (크라우드소싱 및 아웃소싱 어노테이터 사이에서 공통) 자전거에 대한 정의가 영어로 정의된 것과 다른 경우와 같이 자전거는 "현재 자전거를 타고 있는 사람"으로 엄격하게 해석될 수 있다.
- **순서 효과**: 이전의 어노테이션에서 여러 유형을 봐온 탓에 이 이미지를 자전거나 보행자로 해석하도록 프라이밍돼 있을 수도 있다.
- **다수에 순응하려는 바람**: 어떤 사람은 이 이미지가 자전거라고 생각할 수도 있으나 대부분의 다른 사람들이 보행자로 보는 상황일 수도 있다. 그런 경우, 이 사람은 후에 불이익을 받는 것이 두려워 확신하지 않는 답을 선택하는 경우도 있다.
- **힘의 불균형 인식**: 자전거를 타는 사람의 안전을 돕기 위해 이 데이터를 수집한다고 생각하는 사람은 "자전거"라는 답변을 선택해야 한다고 생각할 수 있다. 어노테이터와 과제를 만든 사람 사이에서 이 같은 순응과 힘의 불균형은 감성 분석과

---

2   원문은 cyclist로 '자전거를 타는 사람'이지만 간결함을 위해 '자전거'로 해석했다. – 옮긴이

같이 명백한 부정적인 답변이 있는 과제에 무척 중요하다.

- **진짜 애매모호함**: 사진은 저해상도이거나 초점이 맞지 않고 선명하지 않을 수 있다.

예시 이미지가 어떻게 해석돼야 하는지에 대한 상세한 가이드라인을 가질 수 있다는 것은 하나의 객관적인 정답이 있다는 것을 의미할 것이다. 그러나 이는 모든 데이터셋에 대해 해당되지 않으며, 모든 예외 사례를 처음부터 예상하긴 어렵다. 그래서 우리는 대체로 주관적인 판단을 얻어내기 위해 가능한 한 모든 응답의 다양성을 최선의 방법으로 확보하기 위해 노력한다.

9장의 예에서는 일련의 정답이 있다고 가정하겠다. 개방형 작업의 경우, 이러한 가정을 두는 것은 훨씬 어려우며, 이러한 경우에는 전문가의 검토가 훨씬 더 중요하다. 주관성을 고려하지 않을 경우 발생할 수 있는 문제에 대한 예시는 다음 전문가의 일화를 참조하라.

예제 데이터 집합에서 우리가 예시 이미지를 통해 아는 한 가지는 "동물"과 "표지판"은 정답이 아니므로, 주관에 관한 품질 관리를 하기 위해 "보행자"와 "자전거"를 유효한 정답으로 식별하되 "동물"과 "표지판"은 식별하지 않는 접근법을 사용한다.

어노테이션 편향은 결코 가볍게 볼 일이 아니다.
전문가 일화, 리사 브레이든-하더

데이터 과학자는 대개 고품질의 매우 주관적인 데이터를 수집하는 데 필요한 노력을 과소평가한다. 확실한 준거 데이터 없이 데이터에 어노테이션을 달려고 할 때 관련 작업에 대한 사람들의 합의는 쉽지 않으며, 특히 다양한 언어와 문화에 걸쳐 있는 작업일 때 무척 중요하며 목표, 가이드라인 및 품질 관리에 대해 강력한 의사소통을 구축하는 것만이 어노테이터의 참여를 성공적으로 이끌어낸다.

한국에 진출해 있는 미국의 한 비서 전문 회사로부터 한국식 노크노크 농담[3]들을 만들어달라는 의뢰를 받은 적이 있다. 이 대화는 제품 관리자에게 이것이 왜 작동하지 않는지 설명하고 그들의 애플리케이션에 문화적으로 적합한 콘텐츠를 찾기 위한 것이 아니라, 가정된 지식이 많이 깔려 있다는 것을 드러냈다. 동일한 한국어 사용자들 사이에서도 농담을 만들고 평가하는 어노테이터들은 의도한 고객과 동일한 인구통계에 포함됐어야 했다. 이 사례는 가이드라인부터 시작해 가장 적절한 어노테이션 인력을 대상으로 하는 보상 전략에 이르기까지 데이터 파이프라인의 모든 부분에 편향 완화 전략이 영향을 미치는 이유를 보여주는 한 예다. 어노테이션 편향은 농담이 아니다!

---

3 "똑똑, 누구십니까?" 하는 미국식 농담이다. – 옮긴이

9.1.1 어노테이터 기대치 요청하기

정답이 여러 개 있을 경우, 가능한 답을 가장 쉽게 이해할 수 있는 방법은 어노테이터에게 직접 질문하는 것이며 작업을 프레임화하는 가장 좋은 방법은 어노테이터에게 다른 어노테이터가 어떻게 반응할지를 묻는 것이다. 그림 9.2는 예를 보여준다.

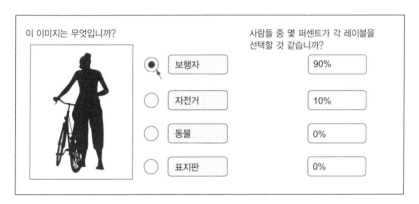

▲ **그림 9.2** 사람들에게 다른 어노테이터들이 어떤 답변을 선택할지 묻는다. 여기서 어노테이터는 이미지가 보행자이며 어노테이터의 90%가 자신과 동의하지만 10%는 자전거라고 생각할 것이라고 표시했다. 이 접근 방식은 사람들이 솔직한 답변을 하도록 동기를 부여하고 여러 응답이 유효한 경우를 결정하는 데 도움이 되는 데이터를 제공한다. 결과적으로 우리는 1명의 어노테이터가 제공하는 것보다 더 다양한 정답을 포착할 수 있다.

이 인터페이스는 8장에서 어노테이터에게 각 레이블에 대한 자체적인 신뢰값을 주도록 요청했던 예와 유사하지만 여기서는 다른 어노테이터에 대해 질문하고 있다. 이와 같은 비교적 간단한 변경을 통해 얻을 수 있는 장점은 다음과 같다.

- 이러한 과제 설계가 다수가 선택하지 않을 것 같은 대답도 선택할 수 있도록 명시적으로 허락해주기 때문에 다양한 응답을 장려하게 되며, 정답에 대한 압박을 줄여준다.

- 어노테이터의 다양성 측면의 한계를 어느 정도 극복할 수 있다. 각각의 모든 항목을 살펴볼 수 있는 모든 인구통계의 어노테이터를 확보하는 것은 불가능할 수도 있다. 이 방법을 사용하면 모든 해석을 공유하지 않더라도 응답의 전체 다양성에 대한 적절한 직관을 가진 어노테이터만 필요하다.

- 다른 어노테이터가 어떻게 생각하는지 물어보기 때문에 힘의 불균형 인지perceived power dynamics 문제가 줄어듦으로 부정적인 반응을 더 쉽게 보고할 수 있다. 이 전략은 힘의 역학 또는 개인 편향이 응답에 영향을 미친다고 가정하면 좋은 선택이 될 수 있다. 어노테이터에게 본인의 생각 대신 다른 사람들이 뭐라고 대답할지 물어보라.

- 유효하지 않은 답변으로부터 유효한 답변을 구분하는 데이터를 만들 수 있다. 모든 사람의 실제 답변을 100%로 하고 그들이 여러 개의 레이블에 대해 예상 숫자를 나눈다고 인지하고 있다면 실제 응답에 대한 예상 응답으로 100% 미만의 점수를 주게 된다. 따라서 레이블의 실제 점수가 예상 점수를 초과하면 해당 레이블을 신뢰할 수 있게 된다. 실제와 예상 사이의 전반적인 백분율이 낮다 하더라도 말이다.

마지막은 베이지안 추론의 덜 알려진 원칙이다. 사람들은 자신의 응답 확률을 낮게 평가하는 경향이 있다. 이러한 이유로 9.4.1절에서 베이지안 진실 자백제BTS, Bayesian Truth Serum라는 유명한 방법을 살펴보겠다.

9.1.2 주관적 작업에 대해 유효 레이블 평가하기

유효 레이블viable label에 대한 분석을 시작하기 위해, 작업에 참여한 어노테이터의 수를 고려할 때 실제 어노테이션 중에서 각 레이블을 볼 가능성을 계산할 수 있다. 이 정보는 어떤 레이블이 유효한지 결정하는 데 도움이 된다. 작업에 대한 어노테이션 중 10%에서만 유효한 레이블이 발생할 것으로 예상되지만 어노테이터가 1~2명뿐이라면 그 레이블의 실제 어노테이션이 존재하는 것을 기대할 수는 없다.

우리는 예상 확률의 곱을 사용해 각 레이블을 봤어야 할 확률을 계산한다. 일치도를 계산할 때와 마찬가지로 예측 어노테이션 백분율의 보수를 사용한다. 예상 백분율의 보수는 주어진 레이블에 아무도 어노테이션을 달지 않은 확률을 계산하는 것이며, 적어도 한 사람이 해당 어노테이션을 선택한 확률의 보수다. 그림 9.3은 예시 데이터에 대한 계산을 보여준다.

그림 9.3은 어노테이터들이 이 작업에 대해 (우리의 예제 데이터처럼) "보행자"와 "자전거"라는 2개의 레이블을 가장 가능성이 높은 것으로 선택했으며, 사람들은 "표지판"과 "동물"이 0% 또는 5%의 사람들에 의해 선택될 것이라고 다양하게 믿는다.

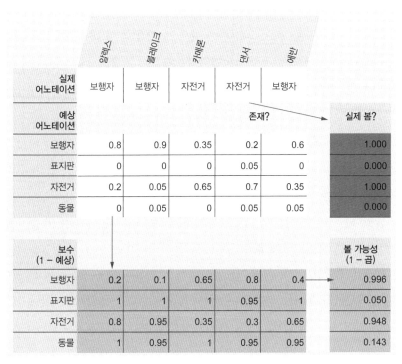

▲ **그림 9.3** 주관적 레이블이 유효 레이블(viable label)이 될지 여부를 시험한다. 여기에서는 다섯 명의 어노테이터가 레이블에 대한 어노테이션과 각 레이블을 선택할 것으로 생각하는 사람들의 비율을 보고했다. 블레이크는 이 레이블이 "보행자"이고, 90%의 사람들이 "보행자"를 선택할 것이며, 5%가 각각 "자전거"와 "동물"을 선택할 것이라고 생각한다. 보수의 곱(product of complement)을 취하면 우리가 이 개수의 어노테이션을 가진 이 레이블을 접했을 확률을 얻을 수 있으며, 이를 레이블을 봤는지 여부와 비교할 수 있다.

그림 9.3에서 스프레드시트의 사본을 확인할 수 있으며, 9장의 다른 모든 예는 다음 웹 사이트(http://mng.bz/Vd4W)에서 확인할 수 있다.

첫째, 아무도 "보행자"를 실제 어노테이션으로 선택하지 않았지만, 사람들은 여전히 "보행자"의 예상 점수에 약간의 비중을 두고 있다고 가정했을 때, 그림 9.3의 계산값은 다음과 같다.

$$예상: [0.8, 0.9, 0.35, 0.2, 0.6]$$
$$예상하지 않음: [0.2, 0.1, 0.65, 0.8, 0.4]$$
$$예상하지 않음의 곱 = 0.004$$
$$불가능성 = 1 - 0.004 = 0.996$$

예상 점수들로 볼 때, 우리는 적어도 한 번은 실제 "보행자"를 봤어야 한다고 99.6% 확신하고 있다. 그래서 우리는 이 결과가 어노테이터들의 인식의 오류라고 꽤 확신할 수 있었다.[4] 예측 어노테이션에 근거해 레이블이 나타날 가능성이 높음에도 아직 사람들이 보지 못한 경우, 유효 레이블로 더 확실하게 걸러낼 수 있다.

이제 그림 9.3에서 덜 예상되는 레이블 중 하나인 "동물"을 살펴보자. 비록 3명의 어노테이터가 다른 사람들이 그 이미지에 "동물"로 어노테이션을 달 것이라고 생각하지만 5명의 어노테이터 중 1명이 "동물"을 선택했을 가능성은 14.3%이다. 아직 아무도 "동물"을 선택하지 않았다는 사실이 반드시 그것을 배제하는 것은 아니다. 우리가 이 숫자들을 신뢰한다면 5명의 어노테이터밖에 없는 상황에서 '동물'을 선택한 사람이 있었을 것이라고 예상하지 못했을 것이고, 20여 명의 어노테이터가 이 항목을 보기 전까지는 한 번이라도 볼 것이라고 예상하지 못했을 것이다. 우리는 "동물"이 유효 레이블인지 아닌지를 발견하기 위해 몇 가지 접근법을 취할 수 있는데, 각각은 좀 더 복잡하다.

- "동물"이 보이거나 보이는 확률이 너무 높아서 유효 레이블로 "동물"을 제외할 수 있을 때까지 어노테이터를 더 투입한다.
- 전문 어노테이터가 개인적인 편향을 배제하는 데 능숙하다고 여겨진다면 "동물"이 유효 레이블인지 결정하기 위해서 전문 어노테이터의 판단을 신뢰하면 된다.

---

4   물론 실제 그렇다는 것이 아니라 어노테이터 중 아무도 보행자를 보지 못했다는 가정하에서 말이다. − 옮긴이

- 어노테이션이 드물지만 정확한 경우 준거 데이터에 "동물"로 올바르게 어노테이션을 단 어노테이터를 찾아 이 작업을 수행하도록 한다(최고의 비전문가를 찾는 체계적 방식).

첫 번째 옵션은 구현하기 가장 쉽지만 어노테이터의 다양성을 신뢰할 수 있는 경우에만 작동한다. '동물'을 올바르게 선택할 사람들이 있을 수 있지만, 여러분의 어노테이터 중에 있지 않기 때문에 그런 결과는 절대 일어나지 않는다. 반대로 '동물'을 선택하는 것이 객관적으로는 틀릴 수도 있지만, 이 문제는 무척 어려운 사례이며, 5%의 사람들만이 틀릴 것으로 예상된다. 이런 경우에는 "동물"을 선택하지 않는 편이 좋다.

따라서 레이블이 주관적인 작업에 적합한지 모호할 경우 가능한 반응의 다양함을 인지하고 있는, 신뢰할 만한 다른 어노테이터(전문가)를 찾게 될 것이다.

9.1.3 다양한 반응을 이해하는 어노테이터 신뢰하기

모든 어노테이터를 통틀어 계산한 예측 어노테이션과 실제 어노테이션 간의 차이를 확인해 개별 어노테이터의 예측 어노테이션에 대한 신뢰를 계산할 수 있다. 기본 개념은 간단하다. 어노테이터가 두 레이블 사이에 50:50 분할된 어노테이션을 예상했는데 50:50 분할이 있는 것이 맞으면 해당 작업에 대해 100%의 점수를 받아야 한다.

어노테이터 수가 홀수이면 50:50 분할이 불가능하기 때문에 한정된 수의 어노테이터에서 가능한 정밀도를 고려해야 한다. 그림 9.4는 조금 더 복잡한 예를 보여준다.

그림 9.4에서, 어노테이터는 어노테이터의 수를 0.25만큼 과대평가했다. 0.15와 0.65 사이의 모든 값은 실제 수 0.4 및 0.65 − 0.15 = 0.5에 더 가깝다. 따라서 가능한 기댓값의 50%는 0.4에 가깝다. 그러나 충분한 어노테이터가 주어지면 실제 값은 0.4보다 크므로 최소 정밀도 0.2로 조정해 0.5 * (1 − 0.2) + 0.2 = 0.6을 얻는다. 따라서 어노테이터의 정확도 점수는 60%다.

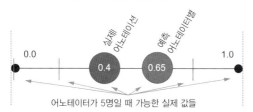

예측 어노테이션 정확도 예제

0.0 ——— 0.4 ——— 0.65 ——— 1.0

어노테이터가 5명일 때 가능한 실제 값들

어노테이터 정확도: 5명의 어노테이터가 있기 때문에 0.2의 증분만 가능함을 어노테이터가 모른다는 것을 고려하면 정확도 값은 0.65보다 0.4에서 멀리 떨어진 값이 된다.

◀ **그림 9.4** 한 어노테이터의 정확도는 모든 어노테이터의 반응 범위를 추정하는 것으로써, 주어진 레이블에 대해 어노테이터가 예측한 어노테이션 백분율을 실제 어노테이션 수와 비교하는 것이다. 예제 데이터의 경우, 해당 작업에서 자전거를 실제 선택한 사람은 40%이고 카메론은 65%의 사람들이 선택할 것이라는 예상에 해당한다.

그림 9.5는 예제 데이터의 모든 어노테이터에 의한 모든 추정치에 대한 계산을 보여준다. 어노테이터에 대한 전반적인 정확도를 얻으려면 데이터셋 내 모든 주관적 작업의 어노테이션의 정확도에서 평균을 취한다.

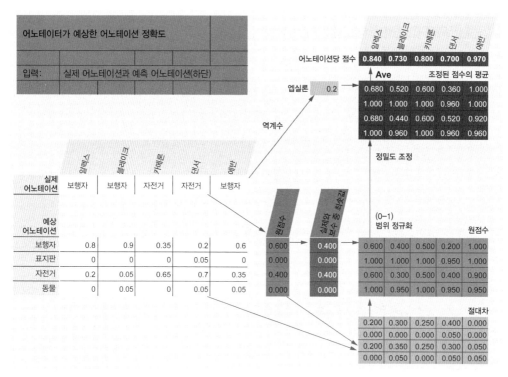

▲ **그림 9.5** 각 어노테이터의 추정치의 정확도를 조정 점수로 계산한 다음 해당 점수를 평균화해 이 작업에 대한 어노테이터별 점수를 얻는다. 카메론은 예상 분포가 실제 분포에 얼마나 가까웠는지 80%의 정확도를 보였다. 에반이 97%로 가장 정확하며, 블레이크가 73%로 가장 정확도가 낮았다.

그림 9.5에서 엡실론은 8장에서 크리펜도르프 알파에 사용된 것과 같다. 크리펜도르프 알파가 데이터셋의 총 어노테이션 수에 대해 엡실론을 계산했기 때문에 그때는 중요하지 않았다. 여기서 엡실론은 단일 작업의 어노테이션에 대해 엡실론을 계산하고 있다. 원점수와 조정점수를 비교해보면 엡실론이 20%의 큰 차이를 보이는 것을 알 수 있다.

어노테이터가 실제 어노테이션 분포를 얼마나 정확하게 추정하는지가 특히 중요한 경우 여러 변형과 확장 방법이 있다. 각 어노테이터의 예측 어노테이션 분포의 합이 최대 1이 돼야 하므로 어떤 작업에서는 0점이 불가능하다. 따라서 모든 레이블에 대해 항상 최악의 추정치를 제공하진 않을 것이다(그림 9.5에서 어노테이터가 "동물" 또는 "표지판"만 선택될 것으로 예상한 경우 최악의 점수는 0.44이다). 8장의 준거 데이터 정확도와 일치도처럼 이 기준선에 대해 정규화할 수 있다.

교차 엔트로피는 기대 분포와 실제 분포 간의 차이를 계산하는 또 다른 방법이다. 교차 엔트로피는 머신러닝에서 확률분포를 비교하는 일반적인 방법이지만, 학습 데이터에 대한 실제 어노테이션과 예측 어노테이션을 비교하는 데 사용되는 것을 본 적이 없다. 이 기술은 흥미로운 연구 분야가 될 것이다.

9.1.4 주관적 판단을 위한 베이지안 진실 자백제

9.1.3절의 방법은 각 어노테이터가 서로 다른 주관적 판단의 빈도를 얼마나 정확하게 예측했는지에 초점을 맞췄지만 각 점수가 각 어노테이터의 실제 어노테이션을 고려한 것은 아니다. 베이지안 진실 자백제는 두 가지 접근법을 결합한 방법이다. 베이지안 진실 자백제는 MIT의 드라젠 프렐렉Drazen Prelec이 만들었으며(9.9.1절의 과학 논문 참조) 실제와 예측 어노테이션을 단일 점수로 결합한 최초의 지표다.

베이지안 진실 자백제, 즉 BTS는 정보론 관점으로 점수를 계산한다. 이 점수로는 어노테이터 또는 레이블의 정확도를 직접 해석할 수는 없다. 그렇기 때문에 BTS는 반드시 가장 빈번한 응답은 아닐지라도 같은 어노테이터들이 선택적으로 예측한 것보다 더 일반적인 응답을 찾아낸다. 그림 9.6은 예를 보여준다.

그림 9.6에서 카메론은 BTS의 관점에서 가장 높은 점수를 받았는데, 주요 이유는 실제 어노테이션으로 '자전거'를 선택한 정보가 많기 때문이다. 즉, "자전거"에 대한 실제 어노테이션 빈도는 "보행자"에 비해 예상 빈도보다 높았다. 블레이크가 가장 낮은 점수를 받은 이유는 어노테이션의 0.9가 "보행자"일 것이라는 예측 때문인데, 실제로는 0.6에 불과했고 이는 모든 예측 중에 가장 큰 오차다. 따라서 이번 절의 데이터셋은 낮은 빈도의 주관적 레이블이 높은 빈도의 레이블보다 더 많은 정보를 제공한 좋은 예다. 그러나 경우에 따라 가장 높은 빈도의 실제 레이블이 가장 많은 정보를 제공할 수도 있다.

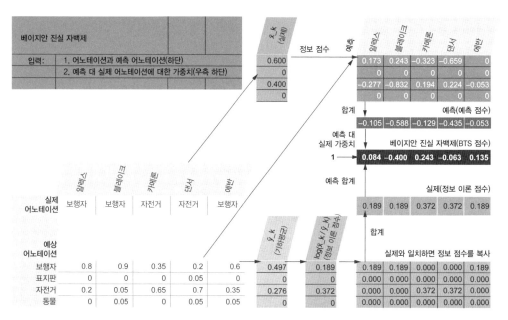

▲ **그림 9.6** BTS로 그 사람의 실제 어노테이션과 예상되는 어노테이션에 대한 예측값을 하나의 점수로 결합. 정보 점수는 정보 이론(Information Theoretic Score) 점수다(예측×log(실제/예측)). 각 어노테이터의 점수에서는 카메론이 가장 높은 점수를 받은 것으로 보여주고 있다. 예측 어노테이션과 실제 어노테이션의 점수는 모두 정보 이론에 기초한다. 이 점수는 각 어노테이터의 정확성뿐만 아니라 각 어노테이터가 제공하는 정보의 양을 나타내는 것이기도 하다.

또한 그림 9.6은 정보가 정확도와 어떻게 다른지 보여주는 좋은 예다. 그림 9.5에서 에반이 가장 높은 점수를 받은 이유는 에반의 예측 어노테이션 빈도가 실제 어노테이션 빈도에 가장 가깝기 때문이다. BTS의 경우 카메론이 에반보다 정확도가 낮았지만 간과하기 쉽고 더 낮은 빈도의 레이블인 '자전거'에 대한 카메론의 예측에 더 큰 가치가 있었기 때문에 카메론이 가장 높은 점수를 받게 됐다.

예측 어노테이션 빈도를 예측하는 데 있어 BTS를 통해 정보 점수가 가장 높은 어노테이터이지만 가장 정확한 어노테이션이 아니라는 것이 계속 발견되는 경우, 어노테이터의 다양성이 부족하다는 뜻일 수도 있다. BTS 점수가 가장 높은 어노테이터가 일반적으로 빈도가 낮은 레이블을 선택하는지 확인해보자. 만약 그렇다면 당신의 어노테이터들이 무작위 또는 대표 모집단보다 더 높은 빈도의 레이블을 많이 선택한다는 뜻이다.

BTS에 대한 재미있는 이야기 중 하나는 이 방법론의 창안자들은 실제 어노테이션의 비율이 레이블에 대해 기대하는 평균 비율을 초과할때, (이러한 발견이 대다수가 아니더라도) 놀랍게도 인기 있는 레이블이 정확한 것으로 간주될 수 있는 좋은 증거라는 것을 관찰했었다는 것이다. 그러나 이 결과는 최소 1명의 어노테이터가 해당 레이블을 선택할 정도로 충분한 어노테이터가 있는 상황에 의존적인데, 이는 작업당 적은 수의 어노테이너만이 가용한 경우, 희소하지만 유효한 레이블에 대해서는 그 가능성이 낮을 것이다.

참고로 우리는 어노테이터가 5명뿐이기 때문에 0.2의 배수만 가능했다는 사실에 대해 그림 9.6의 BTS 점수를 조정하고 있진 않다(그림 9.5의 엡실론). 이번 절의 예제는 BTS에 대한 원래의 계산이기 때문에 여기서는 학습용 목적으로 문헌에 나오는 대로 사용한다. 이렇게 조정하더라도 괜찮겠지만 그럴 경우 BTS의 멋진 대칭성을 잃을 수 있다는 점에 유의해야 한다. 위 예제처럼 예측 점수와 실제 점수의 가중치를 1로 설정하면 BTS 점수는 항상 0이 된다. 정밀도를 위해서 조정을 하게 되는 경우에는 해당하지 않으므로, 대칭성의 장점을 취할 수 없게 될 것이다. BTS를 확장하는 법에 대한 자세한 정보는 9.9절을 참고하길 바란다.

9.1.5 간단한 작업을 더 복잡한 작업에 포함시키기

주관적 데이터에 이전의 기법들이 동작하지 않는 경우, 간단한 해결책 중 하나는 작업에 대한 주관적이지 않은 추가 질문을 만들고 어노테이터가 해당 응답을 올바르게 하는 경우 주관적 레이블도 유효하다고 가정하는 것이다. 그림 9.7에서 이에 대한 예제를 보여준다.

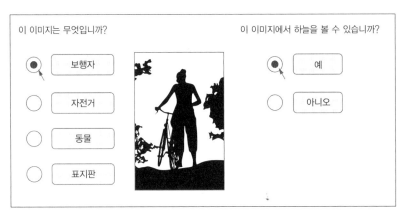

▲ **그림 9.7** 객관적인 질문을 추가한 주관적 작업이다. 이 예제는 객관적인 질문에 대해 정확히 답한 경우, 주관적인 판단도 정확하다고 가정하기 때문에 품질 관리가 쉬워진다.

그림 9.7에서는 메시지에 하늘이 보이는지에 대한 질문을 추가했다. 객체의 유형과 달리 이 질문은 하늘이 보이는지 아닌지 대해 모호하지 않고 객관적이어야 한다. 따라서 몇 개의 알려진 질의응답을 포함하거나 9장에서 소개한 기법을 사용한 어노테이터들의 일치도를 구함으로써, 사람들이 본 질문에 대해 정확히 맞췄는지를 쉽게 테스트할 수 있다. 그런 다음에야 사람들이 주관적 작업에 있어서 동등하게 정확하다고 가정할 수 있다.

이 방법을 사용할 때 우리는 간단한 객관적 작업의 정확성과 주관적 작업의 정확성이 강한 상관관계를 가진다고 가정하며, 이는 데이터에 따라 대체로 맞을 것이다. 일반적으로 질문 내용이 가까울수록 이 상관관계는 강할 것이다. 우리 예제에서는 객체가 속한 맥락에 대해 묻고 있으므로 정확도는 높은 상관관계가 있어야 한다.

이 접근법은 실제 작업에 시간이 많이 걸릴 때 가장 효과적이다. 일반적으로 몇 분이 이상이 소요되는 큰 지문을 요약하는 작업을 다른 사람에게 요청하는 경우, 지문에 대한 객관적 질문을 추가하기 위한 별도의 비용은 매우 작을 것이다.

9.2 어노테이션 품질 관리를 위한 머신러닝

데이터 어노테이션에 대한 대부분의 품질 관리 전략은 통계적으로 주도되는 의사 결정 프로세스이기 때문에 품질 관리 프로세스 자체에 머신러닝을 사용할 수 있다. 사실 9장과 8장의 휴리스틱의 대부분은 보관 데이터에 기반해 학습하는 머신러닝 문제로 모델링할 수 있다. 여기에서는 네 가지 유형의 머신러닝 기반 품질 제어 기법을 소개하며, 모두 실제 준거 데이터나 일치도에 기반한 어노테이터의 성과^{performance}를 학습 데이터로 사용한다.

- 모델 예측을 최적화 작업처럼 처리. 준거 데이터에 대한 어노테이터의 성과를 사용해 손실 함수를 최적화하는 실제 레이블의 확률분포를 찾는다.
- 어노테이터의 단일 어노테이션이 정확한지 여부를 예측하는 모델 개발
- 어노테이터의 단일 어노테이션이 다른 어노테이션과 일치하는지 여부를 예측하는 모델 개발
- 어노테이터가 실제로 봇인지 여부를 예측

이 방법들은 단독 또는 조합해 사용할 수 있다. 다음 절에서는 이러한 방법을 차례로 설명한다.

9.2.1 최적화 작업으로 어노테이션 신뢰도를 계산하기

8장에서 모든 레이블에 대한 평균 신뢰도를 얻을 수 있음을 알게 됐다. 한 어노테이터의 어노테이션 신뢰도가 100% 미만일 경우 나머지 신뢰도는 어노테이터가 선택하지 않은 레이블에 걸쳐 분산된다. 우리는 준거 데이터에 대한 모든 어노테이터의 어노테이션 패턴을 살펴본 다음, 신뢰도를 최적화 문제로 다루는 방식으로 접근할 수 있다. 그림 9.8에서 그 예를 보여준다.

레이블 신뢰도 수렴

입력: 1. 실제 어노테이션
        2. 어노테이션의 준거 데이터내 비율

	알렉스	블레이크	카메론	댄서	예반
실제 어노테이션	보행자	보행자	자전거	자전거	보행자
준거 비율					
보행자	0.91	0.93	0.28	0.72	0.58
표지판	0.01	0	0.04	0.07	0.01
자전거	0.04	0.05	0.67	0.21	0.39
동물	0.04	0.02	0.01	0	0.02

▲ **그림 9.8** 준거 데이터에 대한 성과를 사용해 최적화 작업으로 모델 신뢰도를 계산하기. 준거 데이터에서 알렉스가 항목들에 대해 "보행자"로 어노테이션을 달았을 때, 그것은 실제로는 91%는 "보행자"였고, 1%는 "표지판", 4%는 "자전거", 4%는 "동물"이었다. 알렉스가 어떤 새로운 항목에 "보행자"라고 어노테이션하는 경우에는 아마도 동일한 확률분포를 가정할 수 있다. 마찬가지로 댄서가 어떤 항목을 "자전거"라고 어노테이션하는 경우 실제로 72%는 "보행자"일 것이며, 이러한 유형에 있어서 혼란스러워하고 있음을 알 수 있다.

그림 9.8은 준거 데이터에서 어노테이션의 실제 분포를 보여준다. 적은 양의 준거 데이터 만을 보유한 경우 이 숫자를 매끄럽게 하기 위해 상수 추가(라플라스 평활화Laplace Smoothing) 와 같은 간단한 평활 방법을 고려해볼 수 있다.

8장의 방법과 비교해 이 접근법의 좋은 특징 중 하나는 정확도가 낮은 어노테이터의 모든 어노테이션을 폐기하지 않아도 된다는 것이다. 그림 9.8에서 댄서는 항목에 "자전거" 라고 어노테이션을 달 때 21%만 정확하기 때문에 대부분 틀렸을 것이다. 그러나 "보행 자"는 72%가 정답이었다는 정보는 유용함이 있다. 따라서 낮은 정확도 때문에 댄서의 어 노테이션을 제거하는 대신 어노테이션을 유지하고 정확도를 모델링해 전반적인 신뢰도 에 기여할 수 있다.

전체적인 신뢰도를 계산하기 위해서는 이 숫자에 평균을 취하면 된다. 그러면 "보행자"는 68.4%, "표지판"은 2.6%, "자전거"는 27.2%, "동물"의 경우 1.8%의 신뢰도로 계산된다. 그러나 평균은 전체 신뢰도를 계산하는 한 가지 방법일 뿐이다. 또한 이 작업을 최적화 작업처럼 다루고, 평균 절대 오차^{Mean Absolute Error}, 평균 제곱 오차^{Mean Squared Error} 또는 교차 엔트로피^{Cross Entropy}와 같이 거리 함수를 최소화하는 확률분포를 찾을 수 있다. 여러분이 머신러닝 분야의 경험이 있다면 이러한 방법을 손실 함수처럼 인식하고, 이 문제를 머신러닝 문제로 생각할 수 있다. 즉, 이는 데이터에 가장 적합한 확률분포를 찾아 손실을 최소화하는 최적화 문제인 것이다.

위의 예제 데이터에 다른 손실 함수를 사용해보면 평균과 큰 차이가 없다는 것을 알 수 있다. 하지만 이 문제를 머신러닝 문제로 만들면 어노테이션 자체 이외의 정보도 신뢰도 예측에 활용할 수 있다는 것이 가장 큰 장점이다.

9.2.2 어노테이터들이 일치하지 않을 때 레이블 신뢰도 수렴하기

집계 방식을 하나의 머신러닝 문제로 다룸으로써 우리는 준거 데이터를 학습 자료로 활용할 수 있다. 즉, 준거 데이터에서 추출한 확률분포를 최적화하는 대신 준거 데이터를 레이블로 사용하는 모델을 구축할 수 있다. 그림 9.9는 8장의 준거 데이터 예제를 확장해 각 근거 항목에 대한 특징 표현을 보여주는 방법을 보여준다.

그림 9.9의 데이터로 모델을 구축하면 이 모델은 준거 데이터에 대한 전체 정확도에 연관해 어노테이터를 신뢰하는 법을 배울 것이다. 우리는 모델에 어노테이션이 레이블과 동일한 값을 갖는다는 것을 명시적으로 알려주지 않지만, 모델은 상관관계 자체를 발견한다.

이 방법의 가장 큰 단점은 준거 데이터에 더 많은 어노테이션을 한 사람들의 가중치가 더 높을 것이라는 점인데, 이는 이들의 어노테이션이 학습 데이터에 특징으로 더 많이 출현하기 때문이다. 이러한 결과를 방지하기 위해서는 어노테이션 프로세스 초기에 대부분의 준거 데이터에 어노테이션을 달고(정확성을 결정하고 다른 프로세스를 잘 조정하는 것이 어떤 경우든 좋은 아이디어다), 모델을 만들 때 각 학습 에포크 단계마다 어노테이터당 동일한 수의 어노테이션을 샘플링하면 된다. 그림 9.10과 같이 어노테이션을 누가 했는지 무시하고 레이블의 수를 집계해 이러한 단점을 극복할 수도 있다.

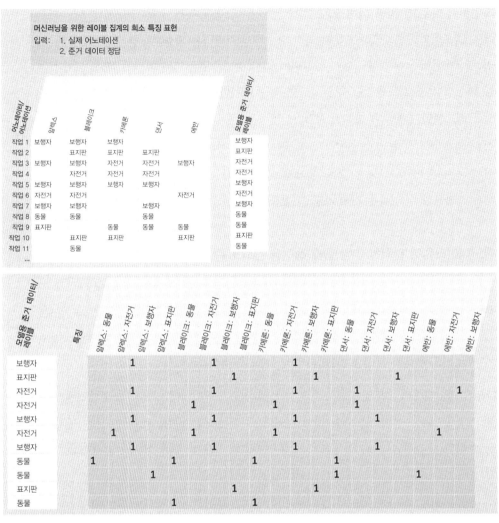

▲ **그림 9.9** 학습 데이터로 준거 데이터를 사용한 펼쳐진 희소 특징 표현. 우리는 준거 데이터셋의 모든 어노테이션을 특징으로 사용하고 준거 데이터 레이블을 머신러닝 모델의 레이블로 사용할 수 있다. 그러면 올바른 레이블을 예측하고 예측과 관련된 신뢰도를 제공할 수 있는 모델을 가질 수 있다.

모델에 특징 값의 범위를 [0-1]로 입력해야 하는 경우라면 그림 9.10의 항목을 정규화해야 한다. 그림 9.9의 희소 표현과 그림 9.10의 집계 정보의 경우, 각 어노테이션을 1로 계산하는 대신 각 예측의 신뢰도 점수를 사용해볼 수도 있다. 이 신뢰도 점수는 8장에서 설명한 어노테이터가 자체 보고한 신뢰도 또는 9.1절의 주관적 판단에서 설명한 예상 분포도 활용 가능하다. 각 어노테이터의 과거 작업에 기반해 생성한 각 어노테이터에 대한 신뢰도 지표가 있을 수도 있다. 어떤 숫자로 실험하든 간에 이 데이터가 학습하려고 하는 준거 데이터로부터 파생된 것을 사용하지 않도록 해야 한다. 그렇지 않으면 품질 예측 모델이 과적합될 것이다.

머신용 준거 데이터/레이블	특징	동물	자전거	보행자	표지판
보행자		0	0	3	0
표지판		0	0	0	3
자전거		0	2	3	0
자전거		0	3	0	0
보행자		0	0	4	0
자전거		0	3	0	0
보행자		0	0	3	0
동물		3	0	0	0
동물		3	0	0	1
표지판		0	0	0	3
동물		1	0	0	0

▲ **그림 9.10** 준거 데이터를 학습 데이터로 사용한 고밀도 (집계) 특징 표현. 여기서 특징은 각 레이블의 개수이므로 어노테이터가 누구인지는 무시한다. 우리는 준거 데이터셋의 모든 어노테이션을 취해서 각 어노테이션을 특징으로 계산하고, 준거 데이터 레이블을 머신러닝 모델의 레이블로 사용할 수 있다. 이 예제는 어노테이터의 수가 많은 데 비해 준거 데이터 레이블이 많지 않은 경우, 그림 9.9에 보이는 예제보다 강건하다.

희소 표현의 예제와 같이, 단일 뉴런 모델 또는 선형 모델은 그림 9.10에 대한 신뢰할 수 있는 결과를 제공하기에 충분하며 밀도 표현$^{dense\ representation}$ 데이터에 과적합되진 않을 것이다. 복잡한 실험을 하기 전에 항상 간단한 모델부터 시작하는 것이 좋다.

이 시점에서 희소 정보와 집계 정보 모두를 특징으로 모델에 포함할 수 없는 이유를 궁금해할지도 모르겠다. 답은 "포함할 수 있다"이다! 이러한 특징과 여러 어노테이션을 얼마나 안정적으로 집계할 수 있는지 계산하는 데 관련된 다른 특징을 사용하는 모델을 만들 수 있다. 그러나 "모델에 뭐든지 다 때려 넣는" 싱크대 하수구 방식을 취하기로 결정한 경우에도 복잡한 모델과 하이퍼파라미터 조정을 시작하기 전에 그림 9.9와 9.10의 특징 표현을 기준으로 사용해야 한다.

이 모델이 얼마나 정확한지 평가하려면 보관 데이터에 대한 신뢰도를 평가할 수 있도록 준거 데이터를 학습 데이터와 평가 데이터로 분할해야 한다. 하이퍼파라미터 튜닝을 한 선형 모델이나 단일 뉴런보다 복잡한 것을 사용하는 경우 튜닝에 사용할 수 있는 검증 세트를 위해 추가로 분할해야 한다. 희소 표현과 집계 표현 모두 모델의 예측을 어노테이션처럼 사용하는 것과 호환된다. 집계 표현을 위해 모델 예측을 인간 어노테이션과 별도로 집계할지 고려해볼 수 있다.

9.2.3 단일 어노테이션이 옳은지 예측하기

어노테이션의 품질 관리를 위해 머신러닝을 사용하는 가장 유연한 방법은 개별 어노테이션이 정확한지 여부를 예측하는 이진 분류기로 사용하는 것이다. 간단한 이진 분류 작업의 장점은 비교적 적은 데이터에 대해 모델을 학습할 수 있다는 것이다. 준거 데이터로 학습하는 경우에는 학습 데이터가 많지 않으므로 이 방법을 사용하면 제한된 데이터를 최대한 활용할 수 있다.

이 방법은 항목당 어노테이터 수가 적은 경우에 특히 유용하다. 항목 대부분을 살펴볼 수 있는 어노테이터 1명분에 대한 예산만을 갖고 있을 수도 있다. 특히 어노테이터가 신뢰도가 높은 도메인 전문가^{SME, Subject Matter Expertise}인 경우에 그러한데, 이러한 상황에서는 도메인 전문가가 틀릴 수도 있는 소수의 사례를 찾아내려 할 것이다. 그러나 대부분은 어노테이터가 1명뿐이어서 이에 도움이 되는 일치도 정보가 없다.

그림 9.9와 같이 어노테이터 식별 정보와 어노테이션을 특징으로 포함해 간단하게 구현을 시작할 수 있다. 따라서 이 모델은 준거 데이터의 특정한 레이블에 대해 어떤 어노테이터가 가장 강하거나 약한지 알려준다.

어노테이터가 오류를 범할 수 있는지에 대한 추가 컨텍스트를 제공할 수 있는 추가적인 특징에 대해 생각해볼 수 있다. 어노테이터 식별 정보와 어노테이션 외에 모델을 통해 다음과 같은 특징을 시도해볼 수 있을 것이다.

- 해당 어노테이션과 일치하는 어노테이션의 수나 백분율(그러한 사람들이 존재하는 경우)
- 어노테이션한 항목(시간, 장소, 기타 범주)과 어노테이터(관련 인구통계, 자격, 이 작업에 대한 경험 등)에 대한 메타데이터
- 예측 모델 또는 다른 모델의 임베딩

메타데이터 특징은 모델이 어노테이션 품질 측면의 편향이나 의미 있는 트렌드가 있을 만한 영역을 식별하는 데 도움이 된다. 만약 메타데이터 특징에 사진을 촬영한 시간을 포함했다면, 모델은 보통 밤에 찍은 사진에 정확하게 어노테이션하기가 더 어렵다는 사실을 알게 될 것이다. 어노테이터에 대해서도 마찬가지다. 어노테이터 자신이 자전거를 타는 사람이라면, 자전거가 포함된 이미지에 대한 편견이 있을 수 있는데 모델이 이 편향에 대해서 학습하게 될 것이다.

이 방식은 주관적 데이터에도 적용된다. 여러 개의 정답이 있는 주관적 데이터의 경우 각각의 정답은 이진 모델에서도 정답이 될 수 있다. 이 기법은 매우 유연하며, 10장에서 설명한 바와 같이 다양한 유형의 머신러닝 문제에도 적용된다.

> **어노테이터에게 올바른 준거 정보를 보여주기**
>
> 어노테이터가 틀렸을 때 정답을 표시할 수 있는 옵션이 있다. 이러한 리뷰는 어노테이터의 성과를 향상시키지만 어노테이터의 정확성을 평가하기는 더 어려워진다. 오류가 발생할 때마다 어노테이터에게 알려줘 어노테이션의 정확성을 높일지 아니면 일부 또는 모든 준거 데이터 항목을 익명으로 유지해 어노테이터의 성과에 대한 품질 관리를 더 잘 수행할지에 대한 설계상 트레이드오프가 있다. 이러한 균형을 잘 잡아야 할 것이다.
>
> 준거 데이터를 기반으로 작성된 모델의 경우 어노테이터가 정답에 대해 학습할 수 있게 되기 때문에 주의해야 한다. 예를 들어 사람이 자전거를 밀고 있는 이미지의 준거 데이터 항목에 어노테이터가 실수할 수도 있다. 그러나 어노테이터에게 해당 실수에 대해 알려주고 정답을 제시하면 나중에 동일한 실수를 범할 가능성이 작아진다. 그러므로 여러분의 품질 관리 모델은 현재는 매우 정확한 항목의 유형에 대해 해당 어노테이터의 오류를 잘못 예측할 수도 있다.

9.2.4 단일 어노테이션의 일치 여부 예측하기

어노테이터가 올바른지를 예측하는 것의 대안으로 어노테이터가 다른 어노테이터와 일치하는지 여부를 예측할 수 있다. 이 방법을 사용하면 준거 데이터뿐만 아니라 여러 사람이 어노테이션한 모든 항목에 대한 일치도를 예측하는 모델을 학습할 수 있으므로 학습 항목 수를 늘릴 수 있으며 이 모델은 더 강력할 가능성이 높다.

일치도 예측은 불일치할 것으로 예상되지만 그렇지 않은 항목을 드러내는 데에도 유용할 수 있다. 어쩌면 소수의 몇몇 어노테이터가 서로 일치하는 것은 우연에 의한 것일 수도 있다. 해당 작업에 참여하지 않은 어노테이터로부터 불일치가 발생할 가능성이 높다고 자신 있게 예측할 수 있다면, 해당 항목에 대해 추가 어노테이션이 필요하다는 판단의 근거가 될 수 있다.

어노테이터가 정확한지 예측하는 하나의 모델을 구축하고, 어노테이터가 다른 어노테이터와 일치하지 예측하는 모델을 별도로 구축하는 방법을 함께 시도해볼 수 있다. 그런 다음 어노테이션이 오류로 예상되거나 다른 어노테이션과 일치하지 않을 것으로 예상되는 경우 작업을 검토하거나 추가 어노테이션을 도출할 수 있다.

9.2.5 어노테이터가 봇인지 예측하기

익명의 어노테이터와 작업하다가 어노테이터 중 한 명이 속임수를 쓰는 봇이었다는 것을 발견하는 경우에는 이진 분류 작업으로 봇을 식별해낼 수 있다. 어노테이션 데이터에서 댄서가 봇이라는 것을 발견한 경우 동일한 봇이 다른 인간 어노테이터로도 가장하고 있다고 의심해봐야 한다.

인간인 것이 확실한 어노테이터 집합이 있다면 이들의 어노테이션을 모델을 위한 인간 학습 데이터로 활용할 수 있다. 이 방법을 사용하면 "우리는 인간인가, 아니면 댄서인가?"라고 질문하는 모델을 효과적으로 학습시킬 수 있다.

때로는 봇은 어노테이션 팀에 꽤나 도움이 되기도 한다. 머신러닝 모델을 이용해 그 자체로 또는 인간과 함께 데이터에 어노테이션하거나 데이터를 생성할 수 있다. 9장의 나머지 부분에서는 데이터 어노테이션을 자동화하거나 반자동화하는 방법을 설명한다.

9.3 어노테이션 예측 모델

반자동 어노테이션에 대한 가장 간단한 방법은 모델의 예측을 마치 어노테이터가 한 것처럼 처리하는 것이다. 이러한 절차를 준지도학습이라고 부르곤 하는데, 지도학습과 비지도학습을 조합해 사용하는 대부분의 경우를 말한다.

모델의 예측을 신뢰하거나 어노테이터 중 하나로 모델의 예측을 포함할 수 있다. 두 가지 접근 방식은 모델 신뢰도를 처리하는 방법과 모델 출력을 검토하기 위해 구현해야 하는 워크플로우에 대해 서로 다른 영향을 미치므로 개별적으로 탐색된다. 또한 9.3.3절과 같이 노이즈가 많은 데이터에서 잠재적 오류를 찾기 위해 모델 예측을 사용하는 것도 가능하다.

앞으로 인간 어노테이터를 대체하게 될까?

1990년대 이후 몇 년마다 누군가가 자동 레이블링을 해결했다고 주장했다. 그러나 30년이 지난 지금도 여전히 지도학습 머신러닝 문제 중 99%이상이 데이터 레이블이 필요하다.

자동 레이블링에 대한 많은 논문에는 모델 신뢰도, 규칙 기반 시스템 또는 기타 방법을 사용하는지 여부에 상관없이 두 가지 일반적인 문제가 있다. 첫째, 대부분 자동 레이블링 방법을 랜덤 샘플링에 비교한다. 2장에서 봤듯이 간단한 능동학습 시스템만으로도 모델의 정확성을 빠르게 향상시킬 수 있기 때문에 능동학습에 비해 이러한 논문의 이점을 평가하기가 어렵다. 둘째, 논문은 일반적으로 평가 데이터가 이미 존재한다고 가정하는데, 이는 학술 목적의 데이터셋에 해당된다. 그러나 실제 환경에서는 평가 데이터 작성, 어노테이션 관리, 어노테이션 지침 작성 및 어노테이션 품질 관리를 위한 어노테이션 프로세스를 설정해야 한다. 평가 데이터를 위해 이 모든 작업을 수행해야 한다면, 학습 데이터 생성을 위한 어노테이션 컴포넌트에도 추가적인 노력을 기울이는 것이 어떨까?

현실적으로 '모 아니면 도'와 같은 솔루션은 거의 없다. 우리는 지도학습 머신러닝 시스템의 대부분에서 인간 어노테이터를 배제할 순 없지만 레이블을 예측, 임베딩 및 맥락 표현, 규칙 기반 시스템, 준지도학습 머신러닝, 가벼운 지도학습 머신러닝, 데이터 합성과 같은 모델을 사용해 우리의 모델과 어노테이션 전략을 향상시킬 수 있는 여러 가지 재미있는 방법을 갖고 있다. 이 모든 기법은 흥미로운 인간 참여에 대한 의미를 내포하고 있는데, 9장에서 이에 대해 소개할 것이다.

9.3.1 높은 신뢰도의 모델 예측에 의한 어노테이션 신뢰하기

모델을 하나의 어노테이터로 활용하는 가장 간단한 방법은 레이블 예측 모델을 신뢰하고 특정 신뢰도 임곗값을 초과하는 예측을 레이블로 신뢰하는 것이다. 그림 9.11에서 이에 대한 예를 보여준다.

그림 9.11은 예측 모델로 이용해 항목을 자동으로 레이블링하는 방법을 보여주고 있다. 우리는 그 시작점에서 우리의 모델을 부트스트랩해 작동하도록 할 수 있다. 이 방법은 기존 모델이 있지만 모델이 학습한 데이터에 접근할 수 없는 경우에 적합하다. 이러한 상황은 기계 번역에서 흔히 볼 수 있다. Google은 최초의 주요 기계 번역 시스템을 출시했고, 그 이후 모든 주요 기계 번역 시스템은 Google 엔진에서 번역된 데이터를 사용했다. 이 방법은 데이터에 직접 어노테이션을 다는 것보다 정확하진 않지만, 빠르게 시작하기엔 효과적이다.

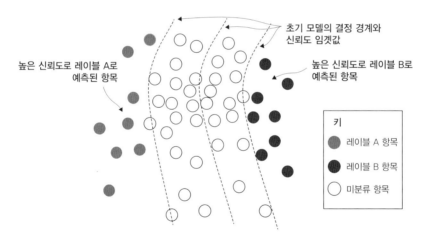

▲ **그림 9.11** 가장 신뢰할 수 있는 예측을 레이블로 취급한다. 모델은 항목을 레이블 A 또는 레이블 B로 예측하고 가장 높은 신뢰도로 예측한 항목을 올바른 레이블로 간주한다. 이 예제의 방법은 빠르게 모델을 만들 수 있지만 단점이 있다. 이는 바로 모델이 결정 경계에서 멀리 떨어져 있는 항목으로부터 만들어지기 때문에, 이 경계 근처에서는 많은 오류를 남겨두게 된다.

부트스트랩 준지도학습^{bootstrapped semi-supervised learning}이라고도 하는 이러한 종류의 준지도학습은 기존 모델을 새로운 형태의 데이터에 적응시킬 때 고립돼 동작하는 경우가 거의 없다. 만약 어떠한 항목을 정확하게 높은 신뢰도로 분류가 가능한 상황이라면 이 모델은 이미 높은 신뢰도로 분류가 가능한 추가적인 항목으로는 아주 조금의 추가적인 정보를 얻을 뿐인데 반해 편향을 증폭시키는 위험을 안게 된다. 만약 어떤 항목이 정말로 새로운 것이라면 그 모델은 아마도 이것을 높은 신뢰도로 분류하지 못하거나 더 나쁜 경우에는 잘못 분류할 수 있다. 그럼에도 충분한 대표 데이터가 있는지 확인하기 위해 이 접근 방식을 능동학습 기법과 함께 사용한다면 효과적이다. 그림 9.12에서는 어노테이션 예측 모델을 신뢰하기 위한 일반적인 워크플로우를 보여준다.

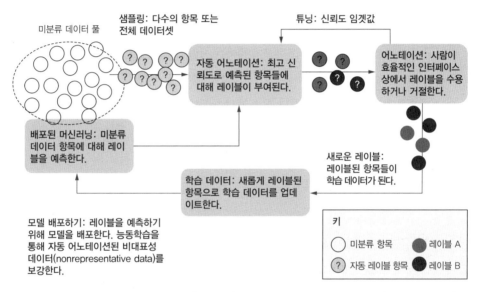

▲ **그림 9.12** 어노테이션의 신뢰도 높은 예측값을 사용하기 위한 워크플로우. 여기서 모델은 대량의 미분류 항목에 대해 레이블을 (잠재적으로는 거의 모든 항목) 예측하는 데 사용된다. 어노테이터는 일부 레이블을 검토하며 승인된 레이블은 학습 데이터를 위한 어노테이션이 된다. 또한 어노테이터는 이 프로세스를 사용해 레이블을 어노테이션으로 전환할 수 있는 신뢰도 임곗값을 조절한다.

다음은 높은 신뢰도의 모델 예측을 사용해 어노테이션을 생성하는 몇 가지 팁이다.

■ 다른 레이블에 비해 상대적으로 최고의 신뢰도를 원하기 때문에 신뢰도 마진 Margin-of-Confidence과 신뢰도 비율Ratio-of-Confidence이 가장 확실한 신뢰도 측정 방법이다. 그래서 이 지표로 시작해보는 것이 좋긴 하지만 데이터에 가장 적합한 지표를 확인하기 위해 다른 불확실성 샘플링 지표를 시험 삼아 사용해볼 수도 있다.

- 모든 레이블에 대해 하나의 신뢰도 임곗값을 설정하려고 시도하는 대신 레이블별로 신뢰도 임곗값을 설정하거나 각 레이블에 대해 상위 N개 예측을 샘플링한다. 그렇지 않으면, 최고 신뢰도의 예측값들은 아마도 쉽게 예측할 수 있는 소수의 레이블에 의해 구성될 가능성이 높다.

- 각 이터레이션에서 2개의 모델, 즉 모든 어노테이션으로 학습한 모델과 오직 사람이 본 어노테이션으로만 학습한 모델을 유지해야 한다. 첫 번째 모델의 신뢰도가 높지만 두 번째의 신뢰도가 낮은 경우에는 예측값을 믿으면 안 된다.

- 모델이 너무 길을 잃지 않도록 사람이 레이블링한 항목과 자동 레이블링된 항목을 추적하고 일정 수의 학습 에포크에서는 사람이 레이블링한 항목만 사용하도록 하라(이 전략을 종종 의사 레이블링pseudo-labeling이라고 한다).

- 새로운 결정 경계에 초점을 맞추기 위해 능동학습의 다음 이터레이션에서 불확실성 샘플링을 사용한다.

- 대표 샘플링을 사용해 이전 모델이 학습한 것과 다른 데이터를 찾는다(인간에 의한 레이블과 자동 레이블을 결합할 때 대표 샘플링을 적용하는 방법에 대한 자세한 내용은 7.5.4절을 참조하라).

어노테이션 작업이 시간이 오래 걸리는 경우, 완전히 신뢰하지 못하더라도 사람이 검토할 후보들을 생성하는 예측 모델을 사용하면 효과적일 수 있다. 수백 개의 레이블이 있는 분류 작업이 있다면 어노테이터가 수백 개의 레이블 중에서 수동으로 선택하는 것보다 예측 레이블 중에서 예/아니오로 받아들이거나 거부하는 편이 훨씬 빠를 것이다. 이 시나리오는 레이블링보다는 시퀀스 레이블링 및 의미 분할semantic segmentation과 같은 다른 유형의 머신러닝에 더 적합한 경향이 있다. 10장에서는 이러한 사용 사례에 대한 모델 예측값 사용에 대해 자세히 설명한다.

그림 9.12와 같은 검토 워크플로우는 인간이 모델을 너무 신뢰해 오류를 지속시키고 때로는 증폭시키는 편향으로 이어질 수 있다. 11장에서 사용자 경험과 어노테이션 인터페이스에 대해 논의할 때 이러한 오류를 완화하는 방법을 다룰 것이다.

9.3.2 모델 예측을 1명의 어노테이터처럼 다루기

머신러닝을 어노테이션 프로세스에 통합하는 두 번째 방법은 다운스트림 모델의 예측을 1명의 사람이 어노테이션한 것처럼 포함하는 것이다. 우리 예제에 있는 어노테이터 에반이 인간이 아니라 다운스트림 머신러닝 모델이라고 가정해보겠다. 그림 9.13을 보면 우리는 에반이 "자전거"를 "보행자"로 잘못 예측한 3번 작업을 제외한 모든 레이블을 올바르게 맞춤으로써 에반이 상당히 정확하다는 것을 알 수 있다. 따라서 모델인 에반의 예측을 인간 어노테이터처럼 포함하면 정확히 같은 방법을 적용해 올바른 일치도로 수렴할 수 있다.

	샘플러	타미르	캐머론	댄서	머신 예측 (에반)
실제 어노테이션	보행자	보행자	자전거	자전거	보행자
준거 데이터 비율					
보행자	0.91	0.93	0.28	0.72	0.58
표지판	0.01	0	0.04	0.07	0.01
자전거	0.04	0.05	0.67	0.21	0.39
동물	0.04	0.02	0.01	0	0.02

▲ **그림 9.13** 모델의 예측을 마치 어노테이션인 것처럼 통합한다. 우리 예제 데이터에서는 에반이 인간 어노테이터가 아닌 예측 모델로 가정하고 있다. 각 어노테이터의 정확성을 고려하는 어떤 방법에서든, 일반적으로 워크플로우의 이 부분에 모델 예측을 수작업 어노테이션처럼 다루고 통합하는 것에 문제가 없다.

다른 사람의 어노테이션과 마찬가지로 모델 예측을 통합할 수 있다. 최종 확률분포를 계산하는 경우 어노테이터의 정확도를 고려하고 있는 9.2.1절의 기법을 적용함으로써 준거 데이터에 기반한 모델 정확도를 적용하고 있다.

어노테이션하기 위해 항목이 샘플링된 방식에 따라 서로 다른 워크플로우를 고려할 수 있다. 만약 에반이 과거 누군가의 상호작용에 기반해 학습됐고 그의 지식에 기반해 행동했다는 것을 고려한다면 에반은 과거의 상호작용과 학습 데이터에 의해 형성될 것이고 에반이 인간에게 적대적으로 되지 않는 한 이러한 인간의 행동을 그대로 따라 할 것이다.

따라서 과거 학습 데이터와 유사한 항목을 샘플링하고 에반이 동일한 항목을 높은 신뢰도로 분류한다면 최소한의 어노테이터 수가 필요한 방법 대신 한 명의 추가적인 어노테이터에게 어노테이션을 확인하도록 요청할 수도 있다. 이 접근 방식은 높은 신뢰도 예측을 믿는 전략과 모델을 한 명의 어노테이터로 다루는 전략의 중간에 위치한다.

9.3.3 잘못 레이블링된 데이터를 찾기 위해 교차 검증하기

어노테이션된 기존 데이터셋이 있지만 모든 레이블이 정확한지 확신할 수 없는 경우 모델을 사용해 검토 대상을 판별해낼 수 있다. 모델이 기존 어노테이션과 다른 레이블을 예측하는 경우 레이블이 잘못됐을 수 있으며 인간 어노테이터가 해당 레이블을 검토해야 한다는 좋은 증거가 된다.

그러나 기존 데이터셋을 조사하고 있는 경우엔 모델이 해당 데이터에 과적합되고 많은 사례를 놓칠 수 있으므로 평가 중인 데이터와 동일한 데이터에 대해 모델을 학습시켜선 안 된다. 데이터를 10등분해 데이터의 90%를 학습 데이터로, 10%를 평가 데이터로 사용하는 것처럼 교차 검증을 한다면 서로 다른 데이터를 학습하고 예측하는 것도 가능하다.

노이즈가 있는 데이터에 대한 모델학습에 관한 많은 문헌이 있지만 대부분 잘못 레이블링된 데이터를 사람이 검토하거나 수정하는 것은 불가능하다고 가정하고 있다. 동시에 문헌에서는 노이즈가 많은 데이터를 자동으로 식별하고 설명하기 위해 많은 시간을 모델의 튜닝에 소비할 수 있다고 가정한다(7장의 '대학원생-경제학' 참조). 거의 모든 실사례에서 더 많은 데이터에 어노테이션을 달 수 있다. 데이터에 노이즈가 많다는 것을 알고 있는 경우 실제 정확도를 알 수 있도록 최소한 평가 데이터에 대한 어노테이션 프로세스를 설정해야 한다.

어쩔 수 없이 노이즈가 있는 데이터를 갖는 데는 타당한 이유가 있다. 데이터가 본질적으로 모호하거나, 많은 양의 공짜 레이블이 있지만 노이즈가 포함된 경우나 훨씬 더 많은 처리량을 얻기 위해 약간의 정확도를 희생하는 어노테이션 인터페이스가 있을 수 있다. 노이즈가 있는 데이터를 다루는 방법은 나중에 다시 설명하겠지만 대부분 정확한 학습 데이터를 갖는 것이 더 낫다는 점에 유의해야 한다.

9.4 임베딩과 맥락 표현

현재 많은 머신러닝 연구는 하나의 작업에서 다른 작업으로 모델을 적응시키는 전이학습에 초점을 맞추고 있다. 이 기술은 어노테이션 전략에 대한 몇 가지 흥미로운 가능성을 열어준다. 의미 분할$^{semantic\ segmentation}$과 같이 어노테이션 작업 시간이 많이 걸리는 경우 어떤 다른 방법으로 상당한 양의 데이터에 어노테이션을 추가한 다음 그 데이터를 의미 분할 작업에 적용된 모델에 해당 데이터를 사용할 수 있다. 이에 대한 구체적인 예제는 이 절의 뒷부분에서 다시 살펴보겠다.

전이학습이 현재 인기 있는 연구 분야이기 때문에 용어의 변화가 잦다. 모델이 새로운 작업에 적합하도록 특별히 제작된 경우에는 보통 사전학습 모델$^{pretrained\ model}$이라고 하며, 해당 모델의 정보를 임베딩 또는 맥락 표현$^{contextual\ representation}$이라고 한다. 그림 9.14는 맥락 임베딩을 사용하기 위한 일반적인 아키텍처를 보여준다.

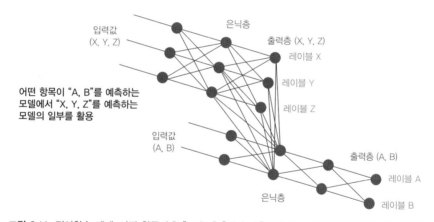

▲ **그림 9.14** 전이학습 예제. 어떤 항목이 "A" 또는 "B"인지 예측해야 하는 작업이 있고 "X", "Y", "Z"를 예측하는 기존 모델은 두 작업의 유사성으로 인해 유용한 정보를 갖고 있을 것이라고 생각할 수 있다. 그래서 "X", "Y", "Z" 모델의 뉴런을 "A" 또는 "B"를 예측하는 특징(표현)으로 활용할 수 있다. 이 예는 은닉층을 클러스터링을 위한 특징으로 활용하고 전이학습을 적용해 기존 모델을 새로운 작업에 적응시키는 이 책 전반부의 예와 유사하다. 어떤 경우에는 사전학습 모델만 새 모델의 표현으로 사용해 입력 "A"와 "B"를 무시할 수 있다.

그림 9.1의 아키텍처를 변형해 실험해볼 수도 있다. 특히 차원이 너무 많아 걱정될 때는 일부 표현 층만 사용하도록 선택할 수도 있다. 또는 예측 레이블만 사용하고 모델 내부 표현은 사용하지 않을 수 있는데, 모델 예측값만 접근 가능한 경우에는 이 방법이 유일한

선택지일 것이다. 문헌에서는 이 접근법이 "표현"이라기보다는 "다른 모델의 예측을 특징으로 사용"하는 것이라고 일컫는다.

또한 기존 모델을 적응시키거나 튜닝할지 혹은 새 모델의 특징으로 기존 모델을 활용할지도 결정할 수 있다. 우리는 5장에서 적응형 전이학습을 위해 기존 모델을 새 모델의 특징으로 사용했는데, 5장에서 강조했듯이 (그림 9.14에서와 같이) 한 모델을 다른 모델에 공급하는 것은 가중치를 동결시키고 모델을 적응시키는 것과 같다. 기존 모델을 활용하지 않고 모든 모델을 학습하는 경우에도 다중 작업 모델을 사용할 수 있다. 즉, 공유층을 가지면서 작업에 따라 다른 출력층을 갖거나 트랜스포머 헤드^{transformer head}를 갖는 단일 모델이 이에 해당한다. 사전학습 모델로 시작해 이를 실제 과제에 적용하기 전에 비슷한 과제에 먼저 적용하는 경우, 이 과정을 중간 작업학습^{intermediate task training}이라고 한다.

12장의 실제 예제 중 하나로 구현되는 최종 모델에 여러 개의 모델 표현을 사용할 수도 있다.

전이학습, 사전학습 모델, 표현 또는 임베딩?

머신러닝 커뮤니티에서는 아직 다양한 전이학습 방법의 이름과 그들이 비지도학습에서 지도학습 사이의 모델 스펙트럼에 해당하는지 결정되지 않았다. 임베딩은 기존에는 비지도학습의 결과물이었지만, 이제는 여러 유형 중 지도학습 버전이 빠르게 떠오르고 있다. 가장 최근에 NLP 연구원들은 문장 내의 생략된 단어를 예측하고 원문에서 두 문장의 앞뒤 여부를 예측하는 것과 같은 "무료" 레이블을 얻는 영리한 방법을 지도학습 모델에 적용하기 시작했다. 이러한 모델은 문맥에서 단어나 문장을 예측하기 때문에 맥락 표현 또는 맥락 임베딩(contextual embedding)이라고 부르며, 모델은 맥락 모델(contextual model)이라고 한다. 이런 모델은 특별히 전이학습을 염두에 두고 학습됐기 때문에 사전학습 모델이라고도 한다.

가장 최근의 지도학습 접근법은 비지도 임베딩의 역사적 전통의 연장선 관점에서 또는 문장에서 제거된 단어를 예측할 때 학습 데이터를 만드는 비용을 지불할 필요가 없기 때문에 비지도학습 접근법으로 언급되기도 한다. 문헌에서 전이학습, 사전학습 모델, 맥락 표현 및 임베딩과 함께 지도, 비지도, 준지도 또는 자가 지도 등으로 명명된 학습 기법을 조합하는 것을 보게 될 것이다. 이러한 방법을 통해 이어진 어노테이션 노력의 감소는 추가 어노테이션의 반복 횟수와 모델이 새로운 사례에 적응하는 데 걸리는 시간에 따라 종종 원샷, 퓨샷(few-shot) 또는 제로샷(zero-shot) 학습이라고 한다.

이 용어들은 의심할 여지없이 이 책이 출판된 후에도 진화하고 추가될 것이므로, 연구원들이 어떤 논문에서 무엇을 이야기하고 있는지 유심히 보길 바란다.

다음은 어노테이션 프로세스에서 임베딩과 맥락 표현을 활용할 수 있는 몇 가지 방법이다.

- 기존 임베딩을 사용하거나 배포된 모델에 대해 사전학습 모델 적응시키기
- 데이터에 고유한 레이블을 사용해 데이터에 대한 사용자 지정 임베딩 셋 학습시키기
- 실제 작업과 유사한 작업으로부터 수작업 어노테이션을 매우 효율적으로 얻은 다음 해당 어노테이션으로 맥락 모델 구축하기

9.4.1절부터 9.4.3절까지 차례로 이에 대한 예제를 다룰 것이다.

9.4.1 기존 모델에서 전이학습 적용하기

신경망 모델을 이용한 전이학습의 전통적인 접근법의 범위에서 전이학습은 한 작업에 대해 설계된 모델을 가져다가 다른 작업에 적응시키는 과정이다. 컴퓨터 비전 분야에서 가장 잘 알려진 작업은 ImageNet 모델을 다른 작업에 적응시키는 것이다. 5장의 능동 전이학습에 사용되는 전이학습의 유형에 대해 실험해봤을 수도 있기 때문에 여기서 다시 자세히 설명하지 않겠다.

여러분이 아직 접하지 못한 변형 버전 중 하나는 ImageNet과 같은 데이터셋을 사용해 의미 분할 같은 이미지 수준의 레이블링보다 복잡한 머신러닝 작업을 수행하는 것이다. 이미지에서 "동물", "자전거", "보행자", "표지판"을 식별하기 위한 의미 분할을 수행한다고 가정하자. 2,000,000개의 이미지가 있고, 의미 분할을 위해 각 이미지에 어노테이션을 다는 데 약 1시간이 소요되며(작업의 대략적인 시간), 전체 어노테이션 작성에 6년에 해당하는 예산이 있다고 가정한다.

의미 분할을 완료하는 데는 12,000개의 이미지 = 40시간 * 50주 * 6명이 소요된다. 즉, 학습 데이터는 약 12,000개의 이미지를 포함(혹은 일부 이미지는 평가 데이터로 활용되기 때문에 약간 더 적음)한다. 12,000개는 학습 목적으로는 용인할 만한 숫자이지만 결코 많은 양

이 아니며, 활용 가능한 데이터의 1% 미만에 불과한 양이다. 적절한 능동학습을 적용하더라도 가장 희소한 레이블의 예는 1,000개밖에 안 될 수도 있다.

하지만 ImageNet에는 수백만 장의 사람, 자전거 그리고 여러 유형의 동물 이미지가 있다. 따라서 이 ImageNet 데이터베이스를 활용해 모델을 학습하면, 해당 모델의 뉴런에 이러한 객체 유형 각각에 대한 표현을 포함할 것임을 알고 있을 것이다. 따라서 단 12,000개의 예제로 학습한 의미 분할 모델에 ImageNet의 수백만 개의 예제로 학습한 모델의 표현을 활용할 수 있다. 이 표현은 모델에 도움이 될 것이고, 이 원리를 다른 유형의 표현에도 적용할 수 있다. 우리는 9.4.2절에서 관찰한 것을 바탕으로 이어 나갈 것이다.

9.4.2 어노테이션하기 쉬운 유사 작업의 표현 활용하기

ImageNet과 같은 기존 모델을 사용할 때의 단점은 다른 레이블에 대해 학습했고 다른 종류의 이미지에 대해 학습했다는 것이다. 의미 분할 작업에서 사용한 것과 동일한 레이블에 해당하는 이미지 레벨 데이터의 레이블링을 위해 어노테이션 예산의 일부를 할당할 수 있다. 의미 분할은 시간이 많이 걸리지만 "이 이미지에 동물이 있나요?"와 같은 질문처럼 간단한 어노테이션 작업을 만들게 되면 이미지당 20초밖에 걸리지 않아 전체를 분할하는 것보다 빠르다.

연간 6명의 예산을 인당 1년에 해당하는 이미지 레벨의 어노테이션으로 환산하면 다양한 개체 유형에 대해 분당 3개 * 60분 * 40시간 * 50주 = 360,000개의 이미지 레벨 레이블을 얻게 된다. 그런 후 이 레이블로 모델을 학습시킬 수 있는데, 이 모델은 각 객체 유형의 표현을 포함할 것이고, 의미 분할 어노테이션(5명 기준 10,000개)보다 훨씬 다양한 항목을 포괄하고 있음을 알게 된다.

이미지에 360,000개의 관련 레이블이 있고, 의미 분할을 2,000개 이하로 줄일 수 있다면 모델에 훨씬 풍부한 정보를 제공할 수 있다. 모델 아키텍처에서 효율적인 임베딩을 허용하는 경우 이 전략을 고려해야 한다.

이 전략은 레이블링 작업에서 품질 관리를 구현하기가 더 쉬우며, 의미 분할 작업을 수행할 필요는 없지만 레이블링 작업을 수행할 수 있는 더 광범위한 인력을 활용할 수 있는 장점이 있다.

예측하기 어려운 부분은 사전학습 모델에 대해 360,000개의 이미지 수준 레이블을 추가하기 위해 2,000개의 의미 분할 학습 데이터 항목을 제거함으로써 순수한 양성 데이터를 얻을 수 있는지 여부다. 그래서 좀 더 작은 숫자로 실험을 시작하는 것이 좋다. 이미지 수준의 레이블링 작업을 사용한 8장의 워크플로우 예를 먼저 떠올리며 "이 이미지에 자전거가 있나요?"라고 물어본다. 유사한 워크플로우가 있는 경우 이미 모델에서 임베딩을 작성하는 데 사용할 수 있는 데이터를 생성하고 있는 것이다. 이 예제는 리소스를 다른 곳으로 돌리기 전에 실험을 시작하기 좋은 예제다.

9.4.3 자가 지도학습: 데이터 고유의 레이블 사용하기

어떤 데이터에는 다른 문맥 모델을 생성하는 데 그대로 사용할 수 있는 고유한 레이블이 있기도 하다. 데이터와 연결된 모든 메타데이터는 모델을 작성할 수 있는 레이블의 잠재적인 소스이며 해당 모델을 위한 실제 작업에 대한 표현으로 사용할 수 있다.

예제 데이터에서는 특정 조명의 조건에서 정확도에 문제가 있다고 가정하지만, 조명 조건에 따라 각 이미지에 수동으로 어노테이션을 다는 것은 비용이 너무 많이 들고 일부 조명 조건은 드물다. 대부분의 이미지에 타임스탬프가 있으므로 이러한 타임스탬프를 사용해 하루 중 시간(시간대 또는 주간/야간 버킷)에 대해 1,000,000개의 이미지를 버킷으로 안전하게 필터링할 수 있다. 그런 다음 모델에 조명에 대한 표현이 포함된다는 것을 고려해 하루 중 시간에 따라 이미지를 분류하도록 모델을 학습할 수 있다. 사람이 데이터를 분석하도록 하지 않아도 다른 작업에 대한 표현으로 사용할 수 있는 조명 조건의 예측에 가까운 모델을 만들 수 있다. 임베딩을 통합하는 방법에 대한 이러한 세 가지 예는 그림 9.15에 나와 있다.

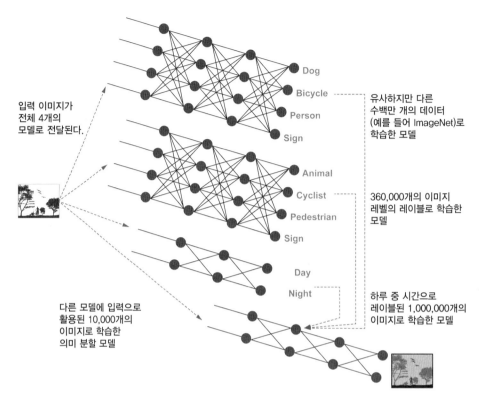

입력 이미지가
전체 4개의
모델로 전달된다.

Dog

Bicycle

Person

Sign

유사하지만 다른
수백만 개의 데이터
(예를 들어 ImageNet)로
학습한 모델

Animal

Cyclist

Pedestrian

Sign

360,000개의 이미지
레벨의 레이블로 학습한
모델

Day

Night

하루 중 시간으로
레이블된 1,000,000개의
이미지로 학습한 모델

다른 모델에 입력으로
활용된 10,000개의
이미지로 학습한
의미 분할 모델

▲ **그림 9.15** 모델을 더 정확하게 만들기 위해 전이학습을 어떻게 적용할 수 있는지 그리고 어노테이션 전략에 어떻게 영향을 미칠 수 있는지를 보여주는 예제다. 여기서, 세 가지 다른 모델을 의미 분할 모델에 넣고 있다. 가장 일반적인 전이학습 유형인 ImageNet에서 학습된 모델을 채택하는 것이 가장 대표적인 예다. 두 번째 모델은 우리가 관심을 갖는 대상에 대한 360,000개의 이미지 레벨 레이블을 학습한다. 세 번째 모델은 이미지의 타임스탬프를 사용해 모델을 학습시켜 하루 중 시간을 예측한다. 위 3개 모델은 10,000개의 학습 항목만을 가진 의미 분할 모델보다 훨씬 더 많은 데이터에 대해 학습을 했으므로 의미 분할 작업에 도움이 될 수 있도록 더 풍부한 이미지의 표현을 가질 것이다.

그대로 가져다 쓸 수 있는 무료 레이블은 매력적이며, 데이터에 대한 몇 가지 옵션을 제공할 수 있다. 게다가 노이즈가 많은 레이블조차 도움이 될 수 있다. 모든 소셜 미디어 회사는 컴퓨터 비전 및 NLP 작업을 위해 해시태그를 학습한 모델을 사용한다. 해시태그는 사람마다 다르지만, 이러한 해시태그를 예측하는 데는 충분한 시그널이 있어서 다운스트림 컴퓨터 비전과 NLP 작업에 도움이 된다. 최종 모델은 문맥 모델을 입력 임베딩으로 다루고 그에 따라 가중치를 부여하므로 오류가 반드시 전파되지 않는다. 다음은 데이터에서 찾을 수 있는 몇 가지 예다.

- 해시태그 및 사용자 정의 토픽과 같은 사용자 생성 태그
- 주간/야간 및 평일/주말과 같은 의미 있는 기간
- 데이터 또는 데이터를 만든 사람에 대한 지리적 정보
- 데이터를 생성한 장치 유형(특히 컴퓨터 비전의 경우)
- 연결된 텍스트의 도메인 또는 URL(특히 웹 텍스트의 경우)
- 많은 사전학습 모델에서 사용된 문맥의 단어 또는 토큰(특히 NLP의 경우)
- 2개의 문장 또는 단락이 서로 이어지는지 여부(특히 NLP의 경우)
- 컨텍스트에서 비디오 프레임의 픽셀 값(특히 컴퓨터 비전의 경우)

간단히 말해 메타데이터 또는 링크된 데이터는 레이블이 될 수 있고, 데이터의 일부를 의미 있게 제거하고 이를 문맥 안에서 예측할 수 있는 경우, 해당 데이터는 표현을 작성하는 데 사용할 수 있는 고유 레이블의 후보가 될 수 있다. 그대로 사용할 수 있는 유사한 레이블을 조합해 모델에 사용하는 이러한 방법은 2000년대 초 검색엔진이 레이블을 처음 사용한 이후 인기를 끌었고, 최근 신경망 모델에서 인기를 누리고 있다.

무료 레이블을 가져다 쓸 수 있지만, 어노테이션 프로세스 초기에 실제 하려는 작업의 어노테이션이 많지 않을 경우 차원dimensionality 문제가 있다. 이러한 문제는 이 책의 범위를 다소 벗어난다. 차원 문제는 머신러닝에서 광범위한 문제이며, 제한된 데이터로 모델을 구축할 때 이를 해결하는 방법에 대해 많은 논문에서 다루고 있다. 그러나 일부 문제는 문맥 모델contextual model을 설계함으로써 완화할 수 있다. 모델에 표현으로 사용할 최종 근처의 층이 있다면, 해당 층을 학습용 데이터 항목 수보다 작은 크기 자릿수order of magnitude 로 설정할 수 있다. 해당 문맥 모델의 정확도는 떨어질 수 있지만 정보가 더 적은 차원으로 정제distill되므로 (뉴런 수가 더 적으므로) 다운스트림 모델의 정확도가 향상될 수 있다. 모델 정제model distillation에 관한 문헌을 보면 정확성을 크게 잃지 않고 모델의 차원성 수준을 낮출 수 있는 추가적인 방법을 알 수 있다. PCA와 같은 고전적인 통계 방법(4장)을 적용하는 방법도 있다.

9.5 검색 기반 및 규칙 기반 시스템

규칙 기반^{rule-based} 시스템은 특히 NLP에서 통계적 머신러닝보다 먼저 시작됐으며 여전히 활발한 연구 분야다. 규칙 기반 시스템의 가장 큰 장점으로는 어노테이터, 특히 도메인 전문가에게 주는 주인 의식이다. 특히 머신러닝 시스템 위에 규칙 기반 시스템을 구축한 경험이 있는데, 그 이유는 시스템을 사용하는 분석가들이 자신의 전문 지식을 시스템에 직접 입력할 수 있는 방법을 원했기 때문이었다. 어노테이션 인터페이스에서 이러한 수준의 사용자 경험을 제공하는 것은 쉽지 않다. 11장에서 이 문제에 대한 인간-컴퓨터 상호작용 측면으로 살펴볼 예정이다.

9.5.1 규칙을 사용해 데이터 필터링하기

손수 만든 규칙 기반 시스템은 데이터 필터링에 널리 사용된다. 이는 계층화 샘플링의 경우에 매우 타당한 접근 방식이다. 9장의 예제를 이어가기 위해 실외 이미지를 분류하고 조명 조건에 관심을 갖는 경우, 데이터를 균형 있게 만들기 위해 하루 중 다양한 시간대의 짝수 개의 이미지를 샘플링하는 규칙 기반 시스템을 작성할 수 있다.

반면 검증되지 않은 직관에 따라 데이터 필터링 규칙을 사용할 경우 편향된 데이터가 생성돼 실제 데이터에 적용 시 성능이 저하될 수 있다. 이러한 상황은 특히 언어 작업에서 발생할 가능성이 높다. 키워드 기반 규칙은 더 희귀한 철자법에 편향돼 있거나 문해력이 낮은 사람은 더 많은 오류를 범하기도 하며, 규칙을 만든 사람이 동의어를 알지 못하는 경우도 있을 것이다.

레이블링 작업에 규칙 기반 시스템을 적용할 수 있고 어노테이션이 (평가 데이터 제외) 필요하지 않은 경우에도 실제 제품에 규칙 기반 시스템을 사용하는 것보다는 규칙 기반 시스템을 활용해 데이터 어노테이션을 자동으로 처리한 다음 이 어노테이션으로 머신러닝 모델을 만드는 것이 더 나을 것이다. 규칙 기반 시스템에 문맥 모델을 추가하는 것은 어렵기 때문에 규칙 기반 시스템의 머신러닝 버전을 만들면 사전학습 모델과 쉽게 통합할 수 있다.

많은 사람이 규칙 기반 시스템에 갇혀서 탈출하지 못하는 것을 여러 번 봐왔다. 한 유명 스마트 디바이스 회사에서 머신러닝을 사용해 음성을 텍스트로 변환하는 과정에서 규칙 기반 시스템을 사용해 텍스트를 다른 명령이나 질문(의도)으로 분류했다. 제한된 문제 범위 내에서 시스템을 처음 테스트할 때에는 규칙 기반 접근 방식이 타당했지만, 제품이 출시됨에 따라 이러한 접근 방식은 점점 더 어려워져 새로운 기능과 더 많은 언어에 대한 지원이 필요하게 됐다. 이 회사는 특정 키워드 조합을 서로 다른 명령에 매핑하기 위한 새로운 규칙을 작성하고자 수백 명의 직원을 동시에 고용했다. 이 회사는 머신러닝 기능을 병렬로 구축하는 데 1년이 넘게 소요되며 모든 규칙과 상호작용하는 방식을 확장하는 데 어려움을 겪으면서 시스템을 거의 유지하지 못했다. 결국 이 회사는 규칙 기반이 주는 빠른 시작은 궁극적으로 가치가 없다고 결론을 내렸다. 단순한 머신러닝 모델이라도 좋은 학습 데이터를 가졌다면 시작이 더 좋았을 것이다.

9.5.2 학습 데이터 검색

검색엔진 인터페이스는 규칙 기반 시스템과 머신러닝 시스템 사이에서 좋은 중간 지대가 돼준다. 도메인 전문가는 특정 범주(레이블)에 속한다고 생각되는 항목을 검색하고 해당 검색에 의해 반환된 항목을 신속하게 수락하거나 거부할 수 있다. 도메인 전문가가 어떤 항목이 모델에 적용되기까지 까다롭거나 혹은 애플리케이션에 본질적으로 중요하다는 것을 알고 있다면 관련 데이터를 상대적으로 신속하게 파악할 수 있다. 이 예는 전문가가 빠른 어노테이션을 검토하는 워크플로우와 유사하지만 이 경우에는 전문가가 전체 프로세스를 주도한다.

학습 데이터 검색은 어노테이터 중심의 다양성 샘플링의 일종으로 생각할 수 있으며, 샘플과 연관된 모든 데이터를 찾는 담당자가 어노테이션을 작성하는 역할을 한다. 해당 담당자가 어노테이션을 달기 위해 데이터를 다른 사용자에게 전달하는 절차는 전문가 검토를 받기 위한 워크플로우를 반대 방향으로 하는 것과 거의 비슷하다. 이 프로세스는 도메인 전문가가 가장 중요한 데이터 포인트를 수동으로 찾는 것에서 시작하고, 그다음 더 많은 시간이 소요되는 어노테이션 작업은 비전문가 어노테이터가 완료하도록 한다.

도메인 전문가가 아니더라도 이해관계자를 위한 검색 기능을 제공하면 이점이 있다. 어노테이터가 데이터를 검색할 수 있게 되면, 자신이 어노테이션을 다는 내용의 데이터 유형을 파악할 수 있다. 머신러닝 과학자는 모델에서 어떤 특징이 중요할 것인가와 같은 가정을 빠르게 테스트해볼 수 있다. 이러한 형태의 탐색적 데이터 분석은 가벼운 지도학습 시스템에서도 유용하다.

9.5.3 마스킹으로 특징 필터링

규칙 기반이나 검색에 의한 학습 데이터로 모델을 구축한다면 모델을 학습시킬 때 학습 데이터를 생성하는 데 사용한 특징에 대한 마스킹을 고려해야 한다. 감정 분석 분류기를 빠르게 구축하면서 "행복"이라는 텍스트와 "분노"라는 텍스트를 검색하거나 필터링해 초기 학습 데이터를 생성하는 경우, 이 특징 공간에서 "행복"과 "분노"라는 단어의 마스킹을 고려해보자. 그렇지 않으면 모델은 "행복"과 "분노"라는 용어에 대해 쉽게 과적합되며, 텍스트의 감정에 기여하는 주변 단어를 학습하지 못할 수 있다.

다양한 마스킹 전략을 고려할 수 있다. 예를 들어 모델이 검색이나 규칙 전략의 일부가 아닌 단어를 학습하는 데 50%의 시간을 할애하도록, 학습 에포크 중 50% 정도를 검색이나 규칙 전략의 단어를 마스킹하는 방법도 있다. 이 접근 방식은 데이터 수집 방법에 의해 전파되는 편향을 완화하기 위한 목적으로 드롭아웃의 일종의 변형으로 생각할 수 있다. 이후 능동학습 이터레이션을 수행한다면 초기 이터레이션에서 이 단어들을 제거해 프로세스 초기 편향을 최소화하고, 이후 이터레이션에서 모델에 해당 단어들을 포함시켜 애플리케이션에 배포할 모델의 정확도를 극대화할 수 있다.

9.6 비지도학습 모델에 기반한 가벼운 지도학습

탐색적 데이터 분석에 가장 널리 사용되는 방법 중 하나는 어노테이터, 특히 도메인 전문가를 비지도학습 모델과 상호작용할 수 있도록 하는 것이다. 12장의 예시 중 하나인 탐색적 데이터 분석의 구현이다. 그림 9.16은 다양성 샘플링을 위한 클러스터링 기법을 간단하게 확장하는 방법을 보여준다(4장).

그림 9.16에는 실험을 할 수 있는 다양한 변형 버전이 있다. 특히 텍스트 데이터의 경우, 클러스터링 뿐만 아니라 관련 주제 모델링^{Topic Modeling} 기법을 사용할 수 있다. 거리 기반

클러스터링 분석 외에도 코사인 거리(4장), KNN^{K-Nearest Neighbors}과 같은 근접 기반 클러스터링 분석 또는 그래프 기반 클러스터링 분석을 사용할 수 있다.

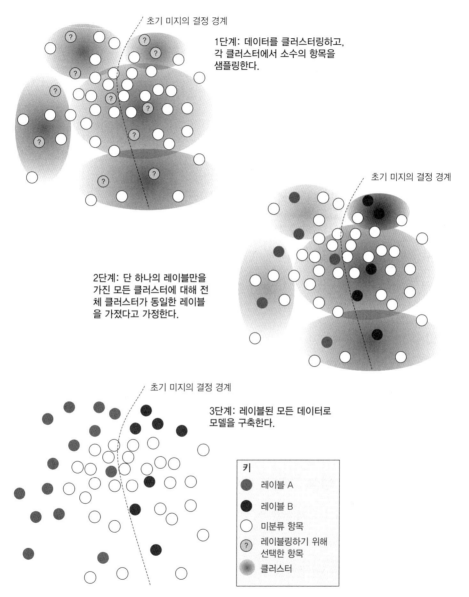

▲ **그림 9.16** 가벼운 지도학습 예제. 데이터가 클러스터링되고 각 클러스터에서 소수의 항목을 샘플링한다. 모든 레이블이 동일한 모든 클러스터에 대해서는 이에 해당하는 전체 클러스터에 해당 레이블을 지정한다. 클러스터 내에서 레이블이 일치하지 않는 항목은 무시하고, 나머지 모든 항목에 대해 지도학습 모델을 구축할 수 있다.

9.6.1 비지도학습 모델을 지도학습 모델에 적응시키기

그림 9.16의 클러스터링 알고리듬은 단 하나의 레이블을 가진 모든 클러스터는 그 안의 모든 항목이 동일한 레이블을 갖고 있다고 가정해 4장의 클러스터링 예를 확장해 보여주고 있다. 이 유형의 모델을 완전한 지도학습 모델로 변환하는 다른 방법은 다음과 같다.

- 하나 이상의 레이블을 가진 항목을 포함하는 클러스터를 재귀적으로 클러스터링 하기
- 그림 9.16의 방법을 먼저 사용한 후, 불확실성 샘플링으로 전환하기
- 시간이 지남에 따라 자동 레이블링 항목의 가중치를 낮추거나 해당 항목 제거하기

9.6.2 사람이 안내하는 탐색 데이터 분석

데이터 과학자의 목표는 지도학습 분류 모델을 구축하는 것이 아닌 순수한 탐색이 목적이 될 수도 있다. 이 경우 어노테이터에 미리 정의된 레이블셋이 없을 수 있다. 데이터 과학자는 클러스터링 또는 기타 비지도학습 기술을 사용해 데이터의 추세를 찾고 이러한 추세를 기반으로 어떤 레이블이 적용될 수 있는지 결정할 수 있다.

검색 및 규칙 기반 시스템은 비지도 방법 및 시계열 트렌드와 함께 사용될 수 있다. 지도 학습 시스템은 데이터에 태그를 지정하고 분석을 분할하는 데 사용할 수 있다. 예를 들어 어떤 사람은 소셜 미디어 메시지가 긍정적인 감정과 부정적인 감정으로 나눠 각각의 감정 내의 추세를 보기 위해 메시지를 클러스터링하고자 할 것이다.

9.7 합성 데이터, 데이터 생성 그리고 데이터 증강

합성 데이터는 원시 데이터를 사용할 수 없고 데이터에 어노테이션을 다는 것보다 데이터를 처음부터 생성하는 것이 더 저렴할 때 유용하다. 음성 인식과 같은 사례에서는 생성된 데이터를 사용하는 것이 일반적이다. 만약 병원을 위한 음성 인식 시스템을 만든다면, 사람들에게 의학 관련 단어나 문장들을 읽도록 할 것이다. 일반적으로 사용 가능한 음성 데이터 말뭉치에서 모든 관련 의료 단어의 오디오 녹음을 모든 억양이나 언어로 찾는 것은 가능하지 않으므로 데이터 생성을 사용한다.

9.7.1 합성 데이터

일반적으로 수동으로 만든 적은 수의 평가 데이터를 보유하는 것이 일반적이다. 구축하려는 각 모델에서 사용하는 알려진 병리학적 특수 사례가 포함된 평가 데이터셋을 생성할 수 있다. 또는 분류하기 쉬운 예제로 소규모 평가 데이터셋을 구축하고 새로운 모델의 사전 배포 조건으로 이 데이터셋을 100% 정확도로 정할 수도 있다(소프트웨어 개발에서 단위 테스트와 동등한 개념의 머신러닝). 때로는 수동으로 만드는 것이 아니라 프로그래밍 방식으로 생성되는 순수 합성 학습 데이터는 다음의 상황 중 여러 경우에 매우 유용하다.

- 정형화된 형식으로 시작했지만 예측 가능한 유형의 노이즈 때문에 데이터 형식을 재구성하는 등 제약적인 문제가 있는 경우
- 충분한 데이터(예: 비용 또는 희소성)를 확보하는 데 장벽이 있는 경우
- 실제 데이터 사용에 대한 개인정보보호 또는 보안 문제가 있는 경우
- 모델이 제대로 동작하지 않았을 때, 사람이 이를 대신할 수 있는 대안이 있는 경우

머신러닝 분야에서 널리 사용되는 순수 합성 데이터의 단 한 가지 사례만 알고 있다. 신용카드 번호 스캔의 경우인데, 아마 전화기의 애플리케이션에 신용카드 번호를 추가하려 할 때 번호를 입력하는 대신, 신용카드 사진을 찍을 수 있는 옵션을 본 적이 있을 것이다. 신용카드 번호를 인식하는 모델은 실제 데이터 없이 순수하게 합성한 데이터에 기반해 구축됐다. 이 사례는 위의 네 가지 경우에 모두 해당된다. 당신의 신용카드 번호는 정형 데이터이지만, 실제 카드에 인쇄돼 있고 그 인쇄된 숫자의 사진이 찍혔는데, 이것은 16개의 숫자를 재구성하는 제한된 문제다. 스캔한 신용카드의 공개된 대규모 데이터 저장소는 따로 없다. 데이터 과학자와 어노테이션 작성자가 실제 카드에서 어노테이션을 달기 위해 스캔한 모든 이미지를 볼 수 있는 경우 개인정보보호 및 보안 문제가 발생할 수 있다. 마지막으로 최종 사용자는 일반적으로 스캔이 작동하지 않을 경우 카드 번호를 수동으로 입력하는 데 문제가 없어야 한다.

합성 데이터를 사용하는 대부분의 애플리케이션에는 여전히 일부 데이터 어노테이션이 포함돼 있으므로 일반적으로 다음의 전략들을 사용해 수작업 어노테이션을 보완한다. 모델에 필요한 모든 데이터를 프로그래밍 방식으로 생성할 수 있다면 애초에 머신러닝이

필요하지 않을 것이다.

9.7.2 데이터 생성

데이터 부족을 해결하는 효과적인 방법 중 하나는 어노테이터에게 데이터를 생성하도록 요청하는 것이다. 이 접근 방식은 음성 데이터를 만드는 데 흔히 사용된다(10장). 텍스트 데이터의 경우 이 접근 방식은 데이터의 격차를 해결하는 데 효과적이다. 실제 텍스트만큼 현실적이진 않지만, 이 접근법은 데이터가 없는 상황보다는 낫다.

> **질병 발생에 대한 데이터**
>
> 내가 이 책을 쓰기 시작했을 때 북미에서 질병 발생에 대한 뉴스가 거의 없다는 관찰을 바탕으로 데이터 생성의 예를 포함시켰다. 안타깝게도 COVID-19의 발병 이후로 더 이상 사실이 아니게 됐다.
>
> 데이터셋 생성 작업을 위해 어노테이터들에게 현재 질병이 발생했으며, 규칙 기반 시스템을 사용해 어노테이터마다 다른 프롬프트를 생성한다고 상상해보라고 했다. 규칙은 발병의 직접적인 경험, 목격 또는 청취 여부, 감염되거나 노출된 사람의 수 등과 같은 요인에 따라 프롬프트를 다양화했다. 이 접근법은 실제 텍스트에 대한 인공 텍스트의 한계를 극복하기 위해 가능한 한 많은 다양성을 얻기 위해 고안됐다.
>
> 이 데이터셋은 이 책에서 제외시키고 대유행이 끝난 후 공개하려고 한다. 누군가의 실제 경험에 따라 당시의 예제 데이터를 얼마나 현실적으로 만들 수 있는 지가 달라지는 것을 보는 일은 흥미로울 수 있다.

자동 데이터 생성을 위한 몇 가지 흥미로운 최신 기술을 보면 이미지의 적대적 생성 신경망GAN, Generative Adversarial Network과 텍스트의 언어 모델을 포함해 데이터 생성과 합성 데이터를 결합한다. 자전거 사진을 원한다면 기존 자전거 사진에 GAN을 학습시켜 새롭고 사실적인 자전거 사진을 만들 수 있다. 마찬가지로 언어 모델을 학습해 특정 구문이나 주제를 포함하는 새로운 문장을 만들 수 있다. 이러한 모델은 종종 맥락 임베딩에 사용되는 사전학습 모델과 동일한 유형으로 볼 수 있다. 두 경우 모두 데이터가 100% 정확한 경우가 드물기 때문에 사람의 리뷰가 실제 생성된 데이터가 실제적인지 필터링하는 데 도움이 될 것이다.

데이터가 인간에 의해 생성되든 자동화된 프로세스로 생성되든 간에 학습 데이터의 민감 정보 문제를 해결하는 데 도움이 될 수 있다. 웹에서 스크랩한 데이터를 기반으로 언어 모델이 구축돼 사용자 주소와 같은 중요한 데이터를 효과적으로 수집할 수 있지만, 이 경우 역공학적으로 모델이 사용자 주소를 노출하는데 취약할 수 있다. 그러나 언어 모델로 모든 시퀀스를 재작성하고, 새 시퀀스가 원본 데이터에 존재하는지 테스트한다면,[5] 이 새로운 데이터에 기반한 두 번째 모델을 구축하는 것이 가능해진다. 이 모델은 민감한 정보를 찾아내기 위해 역엔지니어링하는 것이 훨씬 더 어려울 것이다. 민감 정보 데이터는 이 책의 범위 밖이지만 여기서는 인간 참여형 머신러닝이 도움이 될 수 있는 중요한 영역으로 소개했다.

9.7.3 데이터 증강

컴퓨터 비전 관련 작업을 하는 경우 뒤집기, 자르기, 회전, 어둡게 하기 등의 데이터 확장 기법에 익숙하고 학습용 데이터 항목 중 일부를 수정해 해당 항목 내에서 더 많은 항목 또는 더 많은 다양성을 만들 수 있다. 유사한 기법이 NLP에도 존재하는데, 단어를 동의어 데이터베이스의 동의어로 대체하거나 유사한 임베딩을 통해 유사 단어를 프로그램적으로 바꾼다.

기계 번역과 기타 사례에서 역번역은 대중적인 데이터 확장 방법으로, 문장을 다른 언어로 변환하고 다시 돌려서 잠재적으로 새롭고 동일한 의미의 문장을 만든다. 만약 여러분이 "대단하다"를 프랑스어로 번역하고 다시 영어로 번역한다면, 그 문장은 "매우 좋다"로 돌아올지도 모른다. "매우 좋다" 자체를 다른 유효한 번역으로 다룰 수 있다. 이 접근 방식은 다른 사례에도 적용된다. 감성 분석을 구현하고 있는 경우 "대단하다"가 긍정적인 감정으로 레이블이 지정된 데이터 포인트로 있는 경우, 역번역을 이용해 "매우 좋다"를 긍정적인 감정에 레이블한 또 다른 데이터 항목으로 생성할 수 있다.

사전학습 모델을 사용한 마스킹 언어 모델링도 유사한 기술이다. 일반적으로 사용되는

---

5 언어 모델로 생성한 시퀀스 데이터가 원본 데이터의 시퀀스들과 동일하지 않아 민감 정보 문제를 회피가 가능한지 테스트해보는 것을 의미한다. – 옮긴이

사전학습 모델은 문맥에서 누락된 단어를 예측한다는 것을 기억하라. 이 기술은 비슷한 문장을 만드는 데 사용될 수 있다. "상점까지 알렉스가 운전했다"라는 문장을 선택한 후 시스템에 "상점까지 알렉스가 [MASK]" 문장에서 MASK를 예측하도록 요청할 수 있다. 이 예제에서 "상점까지 알렉스가 갔다", "상점까지 알렉스가 걸어갔다"와 같은 문장과 유사한 의미를 가진 문장을 빠르고 효율적으로 만들 수 있다.

9.8 어노테이션 정보를 머신러닝 모델에 통합하기

데이터의 잘못된 레이블링을 피할 수는 없다. 그러나 일부 레이블이 올바르지 않은 경우 가능한 한 가장 정확한 모델을 다운스트림으로 가져올 수 있는 다음 중 몇 가지 전략을 활용할 수 있다.

9.8.1 레이블에 대한 신뢰도에 따라 항목을 필터링하거나 가중치 부여하기

가장 쉬운 방법은 어노테이션 신뢰도가 낮은 모든 학습용 데이터 항목을 삭제하는 것이다. 보관 평가 데이터를 사용해 삭제할 올바른 개수를 조정할 수 있다. 이 접근 방식은 모델의 정확도를 거의 대부분 향상시키지만 사람들이 가능한 모든 어노테이션을 사용하길 원하기 때문에 너무 자주 간과된다. 일부 항목을 삭제하는 경우 데이터에 편향이 생기지 않도록 최소한 어떤 항목을 삭제하는지 확인해야 한다. 어떤 것은 인구통계상 낮은 대표성을 보이는 항목으로부터 가져왔기 때문에 신뢰도가 낮을 수도 있다. 이 경우 다양성 샘플링을 적용해 데이터의 균형을 재조정해야 한다.

신뢰도가 낮은 항목을 삭제하는 대신 모델에서 가중치를 낮추는 방법도 있다. 어떤 모델은 입력의 일부로 아이템의 가중치를 각각 다르게 지정할 수 있다. 모델로 그게 불가능하다면 레이블에 대한 신뢰도에 따라 학습 에포크에서 아이템을 프로그래밍적으로 선택해 더 신뢰도 있는 레이블을 더 자주 선택하도록 할 수 있다.

9.8.2 입력에 어노테이터 ID 포함하기

어노테이터의 신분을 모델에 특징으로 포함하면 특히 불확실성을 예측하는 데 있어 모델의 예측 능력을 높일 수 있다. 레이블의 작성에 기여한 어노테이터를 보여주는 추가 이진 필드들을 포함할 수 있다. 이 접근 방식은 어노테이터들의 일치가 이루어지지 않을 때 올바른 레이블에 수렴하기 위해 모델에 어노테이터 ID를 포함하는 것과 유사하지만, 여기서는 새 데이터를 가지고 배포하는 다운스트림 모델에 어노테이터 ID를 포함한다.

레이블이 명백히 없는 데이터에는 이와 연결된 어노테이터가 없다. 실제 예측 시에는 어노테이터 필드 없이 모델에서 예측을 얻을 수 있다. 그런 다음 다른 어노테이션 필드셋으로 추가적인 예측을 얻을 수 있다. 서로 다른 필드에 기반해 예측이 바뀌는 경우라면, 서로 다른 어노테이터들이 해당 데이터 포인트를 각기 다르게 어노테이션했음을 모델이 알려주고 있는 것이다. 이 정보는 어노테이터 간의 일치도가 낮을 수 있는 항목을 식별하는 데 유용하다.

어노테이터 ID를 포착하기 위한 필드를 도입하는 경우 전체 모델의 정확도가 떨어질 수 있다. 이 경우 데이터 자체나 일부 학습 에포크에서 마스킹으로 일부 학습 아이템에 대해 모든 어노테이션 필드를 0으로 설정할 수 있다. 최적의 예측 정확도를 얻을 수 있으면서도 어노테이터 ID를 통합하는 모델을 가질 수 있도록 검증 데이터로 이 프로세스를 조정할 수 있어야 한다.

9.8.3 불확실성을 손실 함수에 통합하기

다운스트림 모델에서 레이블 불확실성을 활용하는 가장 직접적인 방법은 손실 함수에 직접적으로 통합하는 것이다. 많은 머신러닝 작업에서 레이블을 '모 아니면 도' 방식으로 인코딩하는 원핫 인코딩을 사용한다.

동물	자전거	보행자	표지판
0	1	0	0

다음 표를 위 어노테이션에서 얻은 실제 레이블 신뢰도라고 가정해보자.

동물	자전거	보행자	표지판
0	0.7	0.3	0

"자전거"를 올바른 레이블로 지정하고 1로 인코딩하는 대신, 모델에서 손실 함수가 최소화하려는 값인 0.7을 목표 함수가 취하도록 사용할 수 있다. 즉, 이 예제에서는 모델에 1.0 대신 0.7로 수렴하도록 요청하고 있다. 신뢰 구간이 있다면 몇 가지 옵션이 더 가질 수 있다. 우리의 신뢰도는 0.7에 더하기 또는 빼기 0.1이라고 가정한다.

동물	자전거	보행자	표지판
0	0.7(±0.1)	0.3(±0.1)	0

이 경우, "자전거"에 대해 0.6과 0.8 사이의 값으로 모델이 수렴된다면 만족스러울 것이다. 따라서 우리는 이 결과를 고려해 학습을 수정할 수 있다. 아키텍처에 따라서 손실 함수 자체의 출력을 변경할 필요가 없을 수도 있다. 즉, 모델이 0.6과 0.8 사이에서 "자전거"를 예측하는 경우 학습 에포크에서 이 항목을 건너뛰도록 할 수 있을 것이다.

레이블 신뢰도에 대해 더 정교한 이해도를 갖고 있다면, 손실 함수 자체의 출력을 수정하는 것도 가능하다. 레이블에서 0.7의 신뢰도이지만, 그 0.7의 양쪽으로 가우시안 신뢰도Gaussian degree of certainty를 가진 경우 예측이 0.7에 더 가까우므로 손실의 전체가 아닌 일부를 허용하면서 불확실성 정도를 모델의 손실 함수로 통합할 수 있다.

이 절의 기법들은 프로그램해 실험할 수 있으므로 모델에서 어노테이터와 어노테이션 불확실성을 통합하는 다양한 방법을 비교적 쉽게 시도할 수 있다.

9.9 고급 어노테이션을 위한 더 읽을 거리

9장에서는 대부분의 예제는 이미지와 문서 수준에서 비교적 간단한 레이블링을 사용했고, 의미 분할과 기계 번역으로 확장했다. 10장에서는 이러한 방법들이 다양한 유형의 머신러닝 문제에 어떻게 적용될 수 있는지에 대해 소개할 것이다. 동일한 원칙이 적용되지만, 어떤 기법은 특정 문제에 있어서 좋을 수도 또는 나쁠 수도 있다.

이 절의 일부 더 읽을 거리에서는 레이블링보다 더 복잡한 상황을 가정하므로, 논문을 먼저 보기 전에 10장을 읽는 것이 좋다.

9.9.1 주관적 데이터에 대한 더 읽을 거리

2017년 드라젠 프렐렉Drazen Prelec, H. 세바스찬 승H. Sebastian Seung, 존 맥코이John McCoy는 「단문형 집단 지성 문제에 대한 해결책A solution to the single-question crowd wisdom problem」(http://mng.bz/xmgg)을 발표했는데, 특히 예측한 반응보다 실제 반응률이 더 높은 응답에 대한 답변을 살펴보고 있다(전체적으로 가장 인기 있는 응답은 아니더라도)(본 논문은 공개되지 않았다). 드라젠 프렐렉의 주관적인 데이터를 위한 BTS의 원본 원고는 https://economics.mit.edu/files/1966이다. 훗날 〈사이언스Science〉에서 출판된 더 짧은 버전은 http://mng.bz/ A0qg이다.

9장에서 제기된 몇 가지 우려를 해결하는 BTS의 흥미로운 확장 방법은 고란 라다노빅Goran Radanovic과 보이 팔링스Boi Falings의 「이진 외 신호에 대한 견고한 베이지안 진실 자백제A Robust Bayesian Truth Serum for Non-Binary Signals」(https://www.aaai.org/ocs/index.php/AAAI/AAAI13/paper/view/6451)를 참조하라.

9.9.2 어노테이션 품질 관리 머신러닝에 대한 더 읽을 거리

기계와 사람의 신뢰도를 결합해 신뢰도를 계산하는 방법은 「정확성 너머: 인간-AI 팀 퍼포먼스의 멘탈 모델의 역할Beyond Accuracy: The Role of Mental Models in Human-AI Team Performance」은 가간 반사Gagan Bansa, 베스미라 누쉬Besmira Nushi, 에이스 카마르Ece Kamar, 월터 라세키Walter Lasecki, 다니엘 웰드Daniel Weld, 에릭 호비츠Eric Hovitz(http://mng.bz/ZPM5)가 작성했다.

NLP 작업에서 어노테이터 편향과 관련된 문제는 「우리는 작업을 모델링하고 있는가? 아니면 어노테이터를 모델링하고 있는가? 자연어 이해 데이터셋의 어노테이터 편향에 대한 조사Are We Modeling the Task or the Annotator? An Investigation of Annotator Bias in Natural Language

Understanding Datasets를 참조하라. 모르 게바^{Mor Geva}, 요아브 골드버그^{Yoav Goldberg}, 조너선 베란트^{Jonathan Berant}는 평가 데이터는 학습 데이터와는 다른 어노테이터에 의해 생성돼야 한다고 제안하고 있다(http://mng.bz/RX6D).

애쉬 케탄^{Ash Khetan}, 재커리 C.^{Zachary C.}, 립톤^{Lipton}과 애니마 아난드쿠마르^{Anima Anandkumar}의 「노이즈가 있는 단일 레이블 데이터로 학습하기^{Learning from Noisy Singly-Labeled Data}」(http://mng .bz/2ed9)는 어노테이터 수행 능력과 모델 예측 모두를 사용해 어노테이션에 대한 신뢰를 추정하는 자세한 방법을 제공한다.

모델 예측을 레이블로 사용하는 것에 대한 가장 초기적이고 영향력 있는 논문 중 하나는 시아오진 주^{Shiaojin Zhu}와 주빈 가라마니^{Zoubin Gahramani}의 「레이블 전파를 통한 레이블 및 비레이블 데이터로부터 학습^{Learning from Labeled and Unlabeled Data with Label Propagation}」(http://mng.bz/1rdy)이다. 두 저자 모두 능동학습과 준지도학습과 관련된 논문을 계속 발표하고 있는데, 이 또한 살펴볼 가치가 있다.

9.9.3 임베딩 또는 문맥 표현에 대한 추가 읽을 거리

전이학습에 관한 문헌은 이 책에서 다루는 어떤 머신러닝 연구보다 더 과거로 거슬러 올라간다. 1990년대와 2000년대에 검색엔진을 지원하기 위해 정보 검색 분야에서 LSI^{Latent Semantic Indexing, 잠재 의미 색인}와 같은 방법으로 시작된 임베딩은 주로 문서 간의 링크와 같은 무료 레이블을 얻는 영리한 방법으로 LSI의 다양한 지도학습 변형 버전이 만들어졌다. 지도학습 임베딩은 2010년대 초 컴퓨터 비전, 특히 ImageNet과 같은 대형 컴퓨터 비전 데이터셋의 전이학습과 2010년대 후반 NLP에서 널리 보급됐다. 그러나 NLP와 컴퓨터 비전 과학자들은 서로를 참조하거나 초기 정보 검색 작업을 거의 하지 않는다. 이 주제에 관심이 있다면 세 가지 분야를 모두 살펴보는 것을 추천한다.

스콧 디어웨스터^{Scott Deerwester}, 수잔 두메이스^{Susan Dumais}, 조지 퍼나스^{George Furnas}, 토마스 란다우어^{Thomas Landauer} 및 리처드 하스먼^{Richard Harshman}이 작성한 1990년의 중요 논문인 「잠재 의미 분석에 의한 색인화^{Indexing by Latent Semantic Analysis}」(http://mng.bz/PPqg)로 시작하기를 권한다.

유사 작업에 대해 더 많은 레이블을 가진 문맥 모델이 어떤 도움을 줄 수 있는지에 대한 최신 연구는 「사전학습 언어 모델을 사용한 중간 작업 전이학습: 언제 어떻게 작동하는가?Intermediate-Task Transfer Learning with Pretrained Language Models: When and Why Does It Work?」를 참조하라. 야다 프룩사차쿤Yada Pruksachatkun, 제이슨 팡Jason Phang, 하오쿤 류Haokun Liu, 푸 몬 흐투Phu Mon Htut, 샤오이 장Xiaoyi Zhang, 리처드 위안제 팡Richard Yuanzhe Pang, 클라라 바니아Clara Vania, 카타리나 칸Katharina Kann, 사무엘 R. 보우만Samuel R. Bowman이 이 문헌을 작성했다(http://mng.bz/JDqP). 제이슨 팡을 리딩 연구원으로 해 동일한 연구진이 동일한 논문을 다국어 환경으로 확장한 논문을 참조하길 바란다. 이 논문은 「영어의 중간 작업 학습은 제로샷 교차 언어의 전이학습도 향상시킨다English Intermediate-Task Training Improves Zero-Shot Cross-Lingual Transfer Too」이다(http://mng.bz/w9aW).

9.9.4 규칙 기반 시스템에 대한 더 읽을 거리

규칙 기반 시스템에 대한 현재 연구는 알렉산더 라트너Alexander Ratner, 스티븐 H. 바흐Stephen H. Bach, 헨리 에렌버그Henry Ehrenberg, 제이슨 프라이스Jason Fries, 센 우Sen Wu, 크리스토퍼 레Christopher Ré(http://mng.bz/q9vE)의 「Snorkel: 약한 지도학습을 통한 빠른 학습 데이터 생성Snorkel: Rapid Training Data Creation with Weak Supervision」을 참조하라.

이러한 기술에 대해 자세히 알아보려면 러셀 저니Russell Jurney의 저서 『약한 지도학습: 적은 데이터로 더 많은 작업Weakly Supervised Learning: Doing More with Less Data』(O'Reilly)을 참조하라.

9.9.5 어노테이션의 불확실성을 다운스트림 모델에 통합하기 위한 더 읽을 거리

다운스트림 모델에서 어노테이션에 대한 불확실성을 모델링하는 방법에 대한 최근 연구의 경우, 「노이즈가 있는 단일 레이블 데이터로 학습하기Learning from noisy singly-labeled data」(9.9.2절)가 좋은 출발점으로, 일치된 정보가 거의 없고 어노테이터에 의한 오류가 많은 경우 발생하는 어려운 작업을 다룬다.

요약

- 주관적 작업에는 올바른 어노테이션이 여러 개 있는 항목이 있다. 사람들이 어노테이터로부터 줄 수 있는 일련의 유효한 응답을 도출한 다음 BTS와 같은 기법을 사용해 모든 유효한 응답을 발견하고 드물지만 올바른 어노테이션에 불이익을 주는 것을 방지할 수 있다.

- 머신러닝을 단일 어노테이션의 신뢰도를 계산하고 어노테이터 간의 불일치를 해결하는 데에도 적용할 수 있다. 다양한 어노테이션 작업에 있어서, 간단한 휴리스틱으로는 어노테이션 품질을 정확하게 계산하거나 여러 사람의 어노테이션을 집계하기에 충분하지 않으며, 머신러닝은 수작업 어노테이션으로부터 가장 정확한 레이블을 만들 수 있는 더욱 강력한 방법을 제공한다.

- 모델의 예측을 어노테이션으로 활용할 수 있다. 모델에서 가장 높은 신뢰도의 예측을 사용하거나 다른 어노테이터 사이에서 하나의 어노테이터로 모델을 다룸으로 필요한 수작업 어노테이션의 전체 수를 줄일 수 있다. 이 기법은 이전 모델의 예측을 가져와 새 모델 아키텍처에서 사용하려는 경우와 모델의 예측을 허용/거부하는 데 시간이 많이 걸리는 작업에 특히 유용하다.

- 임베딩과 문맥 표현을 사용하면 기존 모델의 지식을 특징 임베딩으로 또는 사전 학습 모델을 조정해 대상 모델에 적용할 수 있다. 이 방법을 사용하면 어노테이션 전략에 영향을 미칠 수 있다. 예를 들어 목표 작업보다 10배 또는 100배 빠르게 어노테이션이 가능한 관련 작업을 알게 됐다면, 더 간단한 이 작업에 리소스를 투입하고 이것을 실제 작업에 임베딩으로 활용함으로써 더 정확한 모델을 얻을 수 있게 된다.

- 검색 기반 및 규칙 기반 시스템을 사용하면 데이터를 신속하게 필터링하고 레이블을 지정할 수 있다. 이러한 시스템은 노이즈가 섞인 데이터로 빠르게 어노테이션을 달고, 어노테이션하려는 낮은 빈도의 중요한 데이터를 찾는 데 특히 유용하다.

- 비지도학습 모델에 기반한 가벼운 지도학습은 목적이 지도학습 모델이 아닌 데이터에 대한 인간의 이해를 높이고자 함일 때, 어노테이터(특히 도메인 전문가)가 소수의 레이블에서 모델을 부트스트랩하거나 탐색적 데이터 분석을 수행하기 위한 일

반적인 방법이다.

- 합성 데이터, 데이터 생성, 데이터 증강은 새로운 데이터 항목을 생성하는 전략으로, 미분류된 가용 데이터가 희소하거나 개인정보에 민감해 필요한 다양한 데이터가 포함돼 있지 않을 때 특히 유용하다.

- 어노테이션 불확실성을 다운스트림 모델에 통합하는 몇 가지 방법이 있다. 학습 데이터의 어노테이터 ID를 포함해 레이블 정확도가 불확실한 항목을 필터링하거나 가중치를 낮추는 방법과 학습 중 손실 함수에 불확실성을 통합하는 방법이 그것이다. 이러한 방법을 사용하면 모델에서 어노테이션 오류에 의해 원치 않는 편향이 생기는 것을 방지할 수 있다.

10

여러 가지 머신러닝 작업을 위한 어노테이션 품질 관리

10장에서는 다음의 주제를 다룬다.

- 레이블링에서 연속적인 작업까지 어노테이션 품질 관리 기법 적용하기
- 컴퓨터 비전을 위한 어노테이션 품질 관리하기
- 자연어 처리를 위한 어노테이션 품질 관리하기
- 그 외의 분야와 관련된 어노테이션 품질 이해하기

대부분의 머신러닝 작업은 이미지 또는 문서 전체에 레이블링하는 것보다 더 복잡하다. 창의적인 방식으로 영화의 자막을 생성해야 한다고 상상해보자. 구어와 수화를 글로 옮기는 것은 일종의 언어 생성 작업이다. 굵은 텍스트로 화난 상황을 강조하려는 경우, 추가적인 시퀀스 레이블링 작업이 필요하다. 만화에서 말풍선과 같은 글을 표시하고자 한다면 말풍선이 어떤 사람에 적절한 대한 것인지 확인하기 위해 객체 검출^{object detection}을 이용하고 해당 장면에서 배경 요소 위에 위치한 말풍선을 구분하기 위해 의미 분할을 사용할 수도 있다. 또한 추천 시스템의 일부로써 특정한 사람이 어떤 영화에 대해 무슨 평점을 줄지 예측하거나 동기부여 연설과 같은 추상적인 구문과 일치하는 내용을 찾을 수 있는 검색엔진에 관련 내용을 제공할 수도 있다.

비디오에 자막을 추가하는 단순한 애플리케이션을 위해서 이에 필요한 모델을 학습시키는 것에는 다양한 종류의 어노테이션이 필요할 것이다. 8장과 9장에서는 대부분의 사례에서 예제 작업으로 이용하는 이미지와 문서 수준의 레이블링으로 어노테이션에 대한 입문 및 고급 기법을 다뤘다. 10장에서는 추가 유형의 머신러닝 작업에 대한 어노테이션 품질을 관리하는 방법에 대해서 다룬다.

각 기법을 독립적으로 사용하는 경우에는 해당 주제를 다루는 절로 건너뛰어도 좋다. 그러나 영화의 예제와 같이 더 복잡한 작업을 다루는 경우나 여러 유형의 어노테이션 기법을 적용하는 것에 관심이 있는 경우에는 머신러닝 문제에 대한 모든 기법을 이해하는 것이 중요하다. 준거 데이터, 어노테이터 간 일치도, 머신러닝 주도의 방법론과 합성 데이터 모두가 유용하며, 이들의 효과와 실제 구현을 위한 설계는 머신러닝 작업 유형에 따라 다를 수밖에 없다. 그러므로 10장의 절은 어노테이션 품질 관리 전략의 장단점을 중점으로 소개할 것이다. 우선 단순한 레이블링(연속값 데이터에 대한 어노테이션)을 하는 가장 단순한 작업을 시작해 더 복잡한 머신러닝 시나리오로 확장해나갈 것이다.

10.1 연속값 작업을 위한 어노테이션 품질

어노테이션하려는 데이터가 연속적인 경우, 많은 품질 관리 전략이 이미지/문서 수준의 레이블링과 동일하지만 준거 데이터, 일치도, 주관성과 특히 여러 명의 판단을 집계하는 것에 중요한 차이점이 있다. 다음 절에서 각 주제에 대해 차례대로 다룰 것이다.

10.1.1 연속값 작업을 위한 준거 데이터

연속인 데이터에 대한 준거 데이터는 허용 가능한 범위의 응답으로 구현되는 경우가 가장 많다. 0~100 척도에 대한 감정 분석 작업이 있는 경우, 80~100 범위의 모든 어노테이션을 준거 데이터로 허용하고 80 미만을 오답으로 처리할 수도 있다. 이 접근법은 품질 관리를 레이블링처럼 처리할 수 있기 때문에 9장의 모든 방법을 적용할 수 있다.

허용 가능한 범위는 정확한 작업 유형에 따라 다를 것이다. 시간, 온도, 배터리 충전과 같은 이미지의 숫자를 읽어야 하는 경우, 정확히 일치한 항목만 허용해야 할 수도 있다.

답변의 허용 가능 범위가 설정된 경우 레이블링 작업과 동일한 방식으로 개별 어노테이터의 정확도를 계산할 수 있다. 바로 각 응답을 준거 데이터과 비교해 허용 가능한 범위 내에 포함되는 빈도를 계산하는 것이다.

10.1.2 연속값 작업에 대한 일치도

데이터가 "불량", "중립", "양호"의 3점 척도와 같이 순서형이라면 8장의 크리펜도르프 알파 예제를 살펴보는 것이 좋다. 레이블링 작업에서 연속값 작업으로 적응하려면 레이블 가중 입력값만 변경해야 한다.

준거 데이터와 마찬가지로 허용 가능한 범위 내에 있는 2개의 어노테이션은 서로 일치된 것으로 처리하고, 9장의 방법을 사용해 레이블링 작업에 대한 일치도를 계산할 수 있다. 예상 일치도를 위해서 주어진 범위 내에 얼마나 많은 어노테이션이 임의로 포함되는지 계산할 수 있다. 감성 분석에 대해 80~100의 범위를 허용하고 있다면, 모든 어노테이션을 통틀어 80~100 범위 안의 어노테이션 수를 계산할 수 있다(그림 10.1).

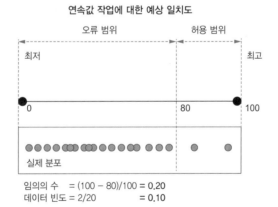

▲ **그림 10.1** 연속값 작업에서 예상 일치도를 계산하는 두 가지 방법. 임의의 수가 범위에 포함될 확률과 전체 데이터에서 범위에 포함될 어노테이션의 백분율

그림 10.1의 80~100 범위의 예와 같이 데이터셋에 대부분이 부정적인 감성으로 구성된 경우에는 예상 일치도는 더 작을 수도 있다. 응답이 많은 10~30 범위의 응답에서는 예상 일치도가 훨씬 더 높을 것이다.

데이터의 분포 특성은 더 상세한 일치도 계산도 가능하게 한다. 데이터가 정규분포를 띄고 있는 경우, 앞선 예제의 범위 대신에 표준 편차를 이용할 수도 있다. 그래서 자신의 통계적 능력을 확신하는 경우 데이터의 분포 특성을 살펴보기 바란다.

10.1.3 연속값 작업의 주관성

연속값 데이터셋은 결정론적이거나 주관적일 수도 있으며 데이터셋은 일부 항목에는 결정적일 수 있지만 다른 항목은 그렇지 않을 수도 있다. 그림 10.2에 예가 나와 있다.

그림 10.2에서 보듯이 하나의 데이터셋에서조차도 결정론적 데이터와 비결정론적 데이터가 함께 있을 수도 있다. 그렇기 때문에 이 책에서는 가능한 모든 데이터셋에 적용할 수 있는 단 하나의 기술을 제공하는 것은 불가능하다. 데이터셋의 주관적 요소가 얼마나 되는지 추정하고 이 추정치를 품질 관리 전략에 반영해야 한다

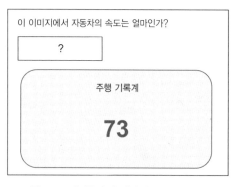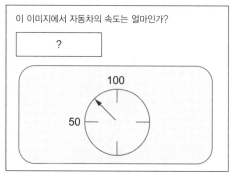

▲ **그림 10.2** 결정론적 및 비결정론적 연속적 데이터를 다루는 작업의 예. 주행 기록계 이미지에서 자동차 속도 추정. 73과 78의 2개의 어노테이션을 갖고 있다고 상상해보자. 좌측 이미지는 디지털이므로 정답이 있음을 알 수 있다. 이미지가 흐릿한 경우 3이 8처럼 보이게 만들 수도 있다. 그래서 올바른 전략은 더 나은 어노테이션을 선택하는 것이다(73 또는 78). 그러나 우측에 있는 아날로그 주행 기록계의 경우 73과 78이 모두 합리적인 추정치이며, 평균 75.5가 더 나을 수 있다. 따라서 어노테이션을 집계하는 것이 올바른 전략이다.

본질적으로 모호하거나 주관적인 항목의 경우, 어노테이터에게 단일한 값 대신 범위를 요청할 수 있다. 9장의 범주형 레이블링에 대한 주관성(9.1절)과 마찬가지로 범위에 대해 적용해볼 수 있다. 어노테이터에게 다른 사람이 어떤 범위로 어노테이션을 달 것이라고 생각하는지 질문함으로써 수용 편향accomodation bias을 줄일 수 있다.

10.1.4 학습 데이터를 생성하기 위해 연속적 판단 집계하기

연속 변수를 위한 집계는 집단 지성을 이용할 수 있다. 전형적인 예는 소의 무게나 항아리 안의 구슬의 수를 추측하는 것이다. 평균 연령 추측은 일반적으로 대부분 사람들의 추측보다 정확한 값에 가깝다. 그림 10.3은 예제 분포를 보여준다.

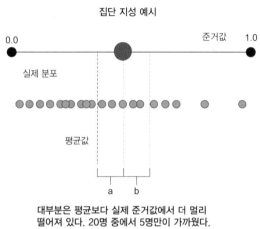

▲ **그림 10.3** 집단 지성 예시. 20명의 어노테이터(점선)의 평균값은 정확하지 않지만, 20명 중 15명의 개별 점수보다는 준거값에 가깝다. 그러므로 평균은 대다수의 어노테이터보다는 더 정확하다.

그림 10.3에서 볼 수 있듯이 평균 어노테이션이 대부분의 개별 어노테이션보다는 좋다고 기대할 수 있다. 다만 다음과 같은 두 가지 유의 사항을 고려해야 한다.

- 비록 평균이 대부분의 사람들보다는 낮지만, 모든 경우에 최선의 어노테이션을 선택하는 것이 항상 최적이거나 더 나은 것은 아니다.
- 특정 작업에서 평균이 대부분의 사람보다 좋지 못한 경우는 대체로 소수의 인력이 각 항목에 대해 어노테이션을 할 때 더 잘 나타나는 경향이 있다.

두 번째 유의 사항은 학습 데이터 측면에서 특히 중요하다. 연속값 작업에 집단 지성을 연구하는 대다수의 논문은 집단 지성 데이터를 가질 수 있다는 가정을 하고 있다. 모든 데이터 포인트를 어노테이션하는 수백 명의 사람을 데리고 있는 것은 지나치게 고비용을 초래할 것이다. 대개는 5명 이하의 사람들을 데리고 있는 것이 일반적일 것이다. 따라서 사람들이 집단 지성을 크라우드소싱과 연관지어 이야기할 때 전형적인 크라우드소싱 어노테이션 시스템에 항상 잘 들어맞는 것은 아닐 것이다.

일반적인 가이드라인으로 어노테이터가 5명 미만인 경우, 가장 좋은 어노테이터를 선택하는 것이 바람직하다. 만약 수백 명의 어노테이터를 보유했다면 평균값을 취하는 것이 좋다. 그 사이의 사람 수에 대해서는 데이터와 직면한 문제에 적합한 전략을 선택해야 한다. 그림 10.4에서는 집단 지성 방법론을 적용하는 시기를 설명한다.

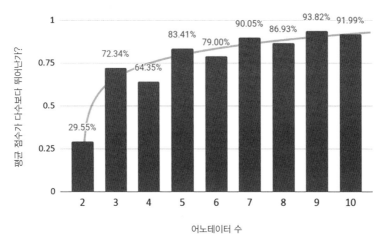

▲ **그림 10.4** 집단 지성을 얻으려면 집단이 필요하다. 이 그래프는 어노테이터의 평균 점수가 대다수의 어노테이터보다 준거 데이터에 얼마나 가까운지 보여준다. 전체 시간의 약 70%의 시간에 3명의 어노테이터가 있는 경우, 해당 어노테이터의 평균 점수는 2명 이상의 어노테이터보다 실제 점수에 더 가깝다. 학습 데이터를 만들 때 항목별로 10명 이상의 어노테이터가 있는 경우는 드물며, 이 그래프는 10명의 어노테이터가 있을 때 약 90%의 시간 동안 어노테이터의 평균이 대부분의 어노테이터보다 낮다는 것을 보여준다.

그림 10.4는 정규분포를 가정한 데이터 집합에서 집단 지성 분포가 어떻게 보이는지 보여준다. 이 예제에서 3명 이상의 어노테이터의 경우에는 어노테이터 중 1명의 점수를 임의로 선택하는 것보다 평균값을 취하는 것이 더 좋다. 이 예제 데이터에서는 올바른 점수가 어노테이터 개별 점수의 평균, 중위값이자 최빈값인 정규분포를 가정하고 있다. 여러분의 자체 데이터의 분포는 실제 점수보다 높거나 낮은 경향을 띄고 있는 비정규분포로부터 추출된 어노테이션 평균값을 갖고 있어서 아마도 신뢰도가 낮을 것이다. 따라서 그림 10.4와 같이 준거 데이터를 사용해 자체 그래프를 계산하고, 연속 데이터에 대해 평균

점수를 얼마나 신뢰성 있게 사용할 수 있는지 확인해야 한다. 특히 어노테이터의 수가 적은 경우에는 한 어노테이터의 점수를 선택하는 것이 평균을 구하는 것보다 더 신뢰성이 있음을 확인할 수도 있을 것이다.

그림 10.4의 정규분포와 다른 대부분의 분포에서는 적어도 1명의 어노테이터는 대부분의 시간 동안 평균보다 준거값에 더 가까울 것인데, 이는 다음과 같은 집계 전략에 대한 상반된 관찰 내용을 수립한다.

- 대부분의 시간에서 어노테이션 평균값은 무작위로 선택된 모든 단일 어노테이션보다 좋을 것이다.
- 대부분의 시간에서 최소 하나의 어노테이션은 어노테이션 평균값보다 좋을 것이다.

보유한 어노테이션 수와 개별 어노테이터에 대한 신뢰도에 따라 전략을 조정할 수 있다. 데이터가 그림 10.4처럼 보이고 어노테이터가 2명뿐이라면 평균을 구하는 대신 둘 중 하나를 랜덤하게 선택해야 한다. 3명의 어노테이터가 있고, 어느 어노테이터가 다른 사람보다 더 정확한지 확신할 수 없다면 평균을 사용해야 한다. 반면 3명의 어노테이터가 있고 그중 1명이 다른 어노테이터보다 더 정확하다고 73.34% 이상 확신한다면, 평균 대신 그 어노테이션을 선택해야 한다.

데이터가 본질적으로 비결정론적이라면 집계하는 대신 신뢰할 수 있는 모든 어노테이션을 학습 데이터 항목에 포함시킬 수도 있다. 학습 데이터에 유효한 범위의 반응이 있으면 모델이 과적합되는 것을 방지하는 데 도움이 된다.

10.1.5 연속값 데이터를 집계해 학습 데이터를 만들기 위한 머신러닝

연속값 작업은 머신러닝 기반의 품질 관리에 잘 들어맞는다. 9장에서 다룬 레이블링 작업에 대한 품질 관리 부분의 머신러닝 기법의 대부분을 적용할 수 있지만, 레이블을 예측하는 것 대신 머신러닝 모델에 연속값을 예측하기 위한 회귀^{regression} 방법을 적용할 수 있다.

희소 특징^{sparse feature} 벡터를 사용해 정확한 어노테이션을 예측하기 위해서는 실제 어노테이션을 직접 인코딩할 수 있어야 한다. 특징 공간^{feature space}은 레이블된 데이터와 거의 동일하게 보이지만, 1 또는 0 값 대신 각 어노테이터가 어노테이션한 실제 숫자가 나타난다. 어떤 어노테이터가 주기적으로 준거 데이터에 대해 너무 높은 값으로 어노테이션을 한다면, 모델은 정확한 어노테이션을 예측할 때 해당 사실을 고려할 것이다. 아키텍처에 따라 어노테이션의 스케일을 0-1 범위로 조정해야 할 수도 있지만, 그렇지 않다면 이러한 희소 특징을 별도의 처리 없이 포함해야 한다. 대규모의 어노테이터가 있는 상황이라면 데이터는 상당히 희소해질 수 있다. 그런 경우에는 레이블 작업과 마찬가지로 더 밀도 높게 표현하기 위해 어노테이션의 일부를 집계할 수도 있다.

가능한 범위 내에 걸쳐 균일한 데이터가 있는 경우 평균 점수에 대해 어노테이션을 상대적으로 인코딩relative encoding하면 더 좋은 결과를 얻을 수도 있다. 그림 10.5는 이에 대한 예를 보여준다.

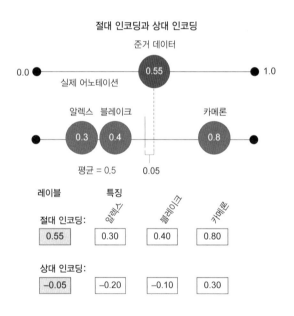

▲ **그림 10.5** 머신러닝을 이용해 어노테이션으로부터 정확한 숫자를 예측할 때의 절대 및 상대 인코딩의 비교. 여기서 알렉스, 블레이크와 카메론은 실제 값이 0.55인 준거 항목에 대해 0.3, 0.4 및 0.8로 어노테이션을 달았다. 이 학습 데이터 항목에 대해서 준거 데이터와 함께 어노테이션의 절댓값을 레이블(목푯값)로 인코딩할 수 있다. 또는 어노테이션의 평균인 0.5를 가지고, 이 값이 0.05 더 높아야 한다는 사실을 인코딩할 수도 있다. 이와 같은 방식으로 평균으로부터 얼마나 떨어져 있는지 각 어노테이션을 인코딩할 수 있다. 상대 인코딩 방식으로 고려할 수 있는 또 다른 방법은 값 대신 평균의 오차를 인코딩하는 것이다.

데이터가 균일한 경우, 예를 들어 데이터의 모든 부분에서 오차 0.05가 발생할 가능성이 같을 경우 그림 10.5의 상대 인코딩이 품질 관리를 돕기 위한 머신러닝에 대해서 더 정확하게 표현할 가능성이 높다. 또한 절대 특징absolute features, 상대 특징relative features, 집계(밀도) 특징aggregate features, 메타데이터, 모델 예측, 모델 임베딩 등 모든 특징을 하나의 모델로 결합할 수 있다.[1] 범주형 데이터 예제와 마찬가지로 학습 데이터에 대한 준거 데이터가 제한적일 가능성이 있기 때문에 결과적으로 얼마나 많은 차원을 얻게 되는지에 대해 주의해야 한다. 비교적 단순한 모델과 적은 수의 집계 특징으로 시작해 기준선을 설정하고 거기서부터 구축하기 시작해야 한다.

10.2 객체 검출에서의 어노테이션 품질

객체 검출은 보통 객체 레이블링(객체의 레이블 식별)과 객체 위치 지정(해당 객체의 경계 식별)으로 나뉜다. 6장에서 다룬 객체 검출을 위한 능동학습과 같은 예에서는 경계 상자가 객체 위치 지정에 사용되지만, 중심을 표시하는 다각형이나 점과 같은 다른 유형도 가능하다고 가정했다.

객체 레이블링은 이미지 레이블링과 동일한 품질 관리 방법(8장과 9장)을 따른다. 객체 위치 지정을 위한 어노테이션의 품질 관리는 따로 두지 않고 실무적인 업무 진행에 따라 완료되는 경우가 대부분이다. 그리는 데 몇 분이 소요될 수도 있는 경계 상자의 품질을 평가하는 데는 단지 몇 초밖에 필요하지 않기 때문이다. 따라서 경계 상자의 어노테이션에 대한 검토 단계를 어노테이션 작업의 시간과 비용 대비 10% 미만 정도로 해 워크플로우에 추가하는 것이 일반적이다. 때로는 이 방법은 품질 관리 자동화를 구현하는 것보다 더 효율적이기도 하다. 그림 10.6에 반복해 보여주고 있는 8장의 워크플로우 예제가 그러한 사례 중 하나다.

---

1 여기서의 특징은 모델을 위한 데이터의 표현 방식을 일컫는 말로 일반적으로 벡터나 텐서를 의미한다. – 옮긴이

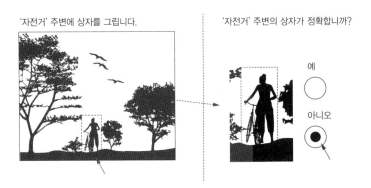

'자전거' 주변에 상자를 그립니다.

'자전거' 주변의 상자가 정확합니까?

예

아니오

▲ **그림 10.6** 검토 작업은 어노테이터가 경계 상자(일반적으로 다른 어노테이터에 의해 생성된)가 정확한지 부정확한지를 평가하는 것이다. 자동화된 품질 관리가 어렵거나 더 많은 자원이 필요한 경우에는 이와 같은 검토 작업이 다양한 품질 관리 전략의 근간을 이룬다.

그림 10.6과 같은 검토 작업을 포함하는 것은 많은 사람에게 경계 상자를 그리는 작업을 할당해야 하는 필요성을 줄이므로 전체 비용을 절감할 수 있다. 그러나 검토 작업을 승인/거부와 같이 간단하게 수행하는 것은 오류가 얼마나 큰지 알기 어렵게 만들기 때문에, 경우에 따라서는 경계 상자를 경계 상자 준거 데이터와 비교하는 것이 유용할 것이다. 특히 잠재적으로 모호한 항목을 식별하려는 경우라면 어노테이터 간의 일치도^{agreement}를 살펴보는 것도 유용할 것이다. 워크플로우상 검토 작업을 진행하는 것에 객체 검출 어노테이션에 대해 약간의 통계적 품질 관리를 더하는 것은 좋은 방법이다.

다음으로, 6장에서 소개한 모델 불확실성에 대한 지표를 인적 품질$^{human\ quality}$ 및 불확실성에 적용하며 다시 살펴볼 것이다. 인적 품질 측면의 불확실성 지표는 모델 불확실성에 대한 지표와 동일하기 때문에 이 절의 일부는 6장의 객체 검출을 위한 능동학습에 대한 절과 중복된 내용을 가진다. 각 장들을 순서와 관계없이 읽거나 시간이 조금 지난 후 읽을 수도 있기 때문에 10장에서는 몇 가지 중요한 지표에 대해서는 다시 소개하겠다.

10.2.1 객체 검출을 위한 준거 데이터

객체 검출을 위한 준거 예제는 소수의 전문 어노테이터에 의해 작성되는 경우가 가장 많다. 가장 정확한 경계 상자를 원하는 경우 이에 대한 장려책으로 시간당 급여를 지급하는 것이 좋다. 상자를 최대한 정확하게 얻는 것은 시간이 많이 걸리는 과정이 될 수 있고, 이에 대해 작업당 급여를 지불하는 것은 훌륭한 데이터를 요구하기 위한 효과적인 보상책이 되진 못하기 때문이다.

워크플로우의 일부로써 준거 데이터를 작성하는 것도 역시 가능하다. 그림 10.7은 전문 어노테이터가 비전문 인력에 의한 어노테이션을 준거 예제로 변환(필요에 따라 실제 상자 정보를 편집하기 등)하기 위해 그림 10.6을 어떻게 확장할 수 있는지 보여준다.

경계선은 픽셀 수준으로 보면 분명하지 않을 수 있기 때문에 준거 데이터 예제와 어노테이션을 비교하는 경우 오차 한계^{margin of error}를 인정하는 것이 일반적이다. 전문가를 통해 데이터에 대한 오차 한계를 조정할 수 있다. 전문 어노테이터들이 상대적으로 3픽셀 정도까지 불일치를 자주 보인다면 3픽셀 이하의 오류는 허용해도 무방할 것이다. 또한 사람들이 완전히 보이지 않거나(다른 객체 뒤에 숨어 있는 등) 프레임 밖에 있는 객체의 경계선을 추정할 때 오차 한계를 넓힐 수도 있다.

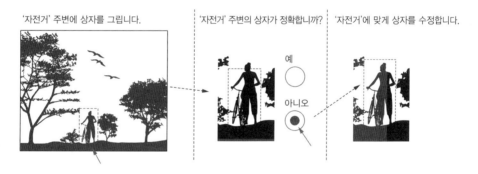

▲ **그림 10.7** 전문 어노테이터가 비전문 어노테이터에 의해 작성된 경계 상자를 편집하기 위해 그림 10.6의 검토 작업을 확장한 것. 이 접근법은 준거 데이터를 작성하는 방법 중 하나다.

레이블링 작업과 마찬가지로 다양성 확보를 위해 준거 데이터 항목을 구체적으로 샘플링해야 할 수도 있다. 레이블과 실제 다양성 외에도 샘플에는 객체 크기, 객체 면적, 이미지 내 사물의 위치가 포함될 수 있다.

IoU^{Intersection over Union, 전체 면적 대비 교차 영역}는 준거 데이터와 비교하며 어노테이터의 정확도를 산출하기 위한 가장 일반적인 지표다. 그림 10.8은 IoU의 예제다. 정확도는 예측 경계 상자와 실제 경계 상자가 교차하는 면적을 두 상자의 총 면적으로 나눠서 산출한다.

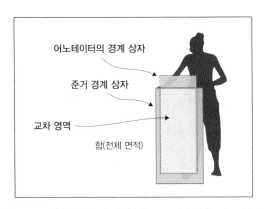

▲ **그림 10.8** 경계 상자(위치 정확도)의 정확도 측정에 관한 IoU 예제. 정확도는 예측 경계 상자와 실제 경계 상자가 교차하는 면적을 두 상자의 총 면적으로 나눠서 산출한다.

객체 검출에서 무작위 확률$^{Random\ Chance}$ 추정을 위해 IoU를 수정하는 것은 드물다. 만약 객체가 이미지 크기에 비해 작다면 유의미하게 겹치는 상자를 추측할 수 있는 무작위 확률은 매우 낮기 때문에 그 차이는 문제가 되지 않을 수 있다. 그러나 객체가 이미지에서 많은 부분을 차지하는 사례가 있을 수도 있는데, 특히 확대한 이미지에 상자를 추가하거나 수정하도록 요청하는 단계가 워크플로우에 포함돼 있는 경우 그런 사례가 발생할 수 있다.

무작위 확률로 인해 조정해야 경우, 상자 내에 있는 이미지의 백분율을 기준으로 삼을 수 있다. 어노테이션의 IoU가 0.8이고 객체가 이미지의 10%를 차지한다고 가정해보자.

$$조정\ IoU = 0.8 - (0.1\ /\ (1 - 0.1)) = 0.6889$$

이 조정된 계산식에서는 이미지 전체에 비해 이미지의 10% 부분(즉 객체)에 대한 IoU는 곧 10%라고 하고 있기 때문에 전체 이미지가 곧 그 객체라고 취급하고 있는 것과 동일하다.

IoU는 동일한 데이터에 대해 더 낮은 값을 보이는 경향이 있다는 점에서 정밀도^{precision}, 재현율^{recall} 및 F-점수보다 엄격하다. IoU는 정답 또는 오답으로 예측된 영역(또는 픽셀)의 양으로 생각해야 한다.

$$정밀도(precision) = \frac{진양성}{진양성 + 위양성}$$

$$재현율(recall) = \frac{진양성}{진양성 + 위음성}$$

$$IoU = \frac{진양성}{진양성 + 위양성 + 위음성}$$

IoU는 컴퓨터 비전에 더 자주 사용되는데 이 분야는 정밀도, 재현율 또는 둘의 조합(이를테면 정밀도와 호출의 조화 평균인 F-점수) 등의 지표를 사용하는 분야와 정확도를 직접 비교하는 것이 적절하지 않다. IoU 대신 정밀도, 재현율 및 F-점수를 사용하는 경우에는 무작위 확률을 조정하기 위한 기준으로 이미지 객체 전체를 사용해야 함에 주의해야 한다. 그렇지만 이런 경우 숫자가 달라질 것임을 명심해야 한다. 이미지의 10%를 차지하는 동일한 객체에 대해 어노테이션의 F-점수가 0.9라고 가정해보자.

예상 정밀도 = 0.1

예상 재현율 = 1.0

예상 F-점수 = (2 * 0.1 * 1.0) / (0.1 + 1.0) = 0.1818

조정 F-점수 = 0.9 - (0.1818)/(1 - 0.1818) = 0.6778

IoU와 F-점수에 대해 10%의 다른 정확도로 시작했지만(0.8과 0.9) 확률에 대해 조정하고 난 후에는 1%의 차이(0.6889와 0.6778)로 훨씬 가까워졌다는 것을 알 수 있다. 데이터셋을 실험해 정확도에 대한 두 접근 방식 간에 중대한 차이가 있는지 확인할 수 있다.

10.2.2 객체 검출을 위한 일치도

객체 검출을 위한 레이블의 일치도는 이미지 레이블 일치도와 동일하다. 각 레이블에 대한 일치도의 수준을 계산하고 난 후, 레이블 중 하나에 대한 무작위 확률 추정의 기준점에 따라 일치도 수준을 조정할 수 있다. 이미지 레이블링과 마찬가지로 랜덤 레이블, 데이터 빈도 또는 최빈도 중에서 데이터에 가장 적합한 기준점 계산 방법을 결정해야 한다(8.1절의 정의를 참고하기 바란다).

두 어노테이터 사이의 위치 지정에 대한 일치도는 그 2개 상자의 IoU로 계산한다. 전체 객체에 대한 일치도는 모든 쌍에 대한 IoU의 평균이다. 그림 10.9는 하나의 이미지에 여러 개의 경계 상자 어노테이션이 달린 예제를 보여준다.

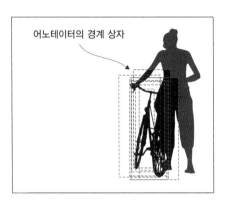

▲ **그림 10.9** 여러 어노테이터가 작성한 경계 상자 예제. 전체 일치도는 모든 상자의 IoU의 평균으로 계산한다.

준거 데이터에 사용한 무작위 확률에 대해 동일한 조정 방법을 사용할 수 있지만, 이런 방법은 실제로는 매우 드물게 사용된다. 대부분의 사람들이 조정되지 않은 IoU만을 사용한 객체 검출 일치도를 보기 때문이다.

10.2.3 객체 검출에서 차원 수와 정확도

객체 검출은 차원 수의 문제로 인해 다른 머신러닝 작업보다 낮은 점수를 생성할 수도 있다. 어노테이터의 상자가 각 면의 준거치보다 20%씩 크면 차원당 40% 커진다. 2차원의 경우 $140\%^2 = 196\%$로 오차가 거의 두 배가 되므로 어노테이션상의 20% 오차로 인해 약 51%의 IoU 점수가 될 수 있다. 이 숫자는 차원에 따라 올라간다. 모든 차원에서 20% 더 큰 3D 경계 상자는 약 36%의 IOU를 생성한다.

이 예는 객체 검출에 대한 어노테이션 정확도가 어떤 이유로 인해 매우 어려운지를 잘 보여준다. 그것은 비교를 위해서 사용하는 지표가 오차를 악화시키기 때문이다. 이 오차 한계가 일부 작업에서는 중요할 수 있다. 물류 배송 또는 슈퍼마켓 선반에 적재를 위한 판지 상자의 양을 예측하려고 한다고 가정해보자. 합리적인 것처럼 보이는 5%의 오차 한계로 어노테이터 오류를 허용하고 모든 차원에서 어노테이션이 5% 오차를 초과하는 경우라면 전체 볼륨에 33%($110\%^3 = 133.1\%$)의 오차가 추가되고 만다! 33%의 오차가 있는 데이터에 대해 모델이 학습돼 있는 경우라면 배치 후 더 정확하게 예측할 수 있을 것으로 기대하기는 어렵다. 따라서 작업을 설계하고 허용 가능한 어노테이션 정확도 수준을 결정하는 경우 무척 세심해야 한다. 이미지 수준 레이블링과 같은 여러 작업 유형에 걸쳐 어노테이터들의 포괄적 정확도를 추적하는 경우, 저수준의 객체 검출 결과로 인해 전체 정확도 점수를 낮추기보다는 다른 작업으로부터 독립적으로 객체 검출에 대한 정확도를 추적하는 것이 가장 간단한 방법일 것이다.

10.2.4 객체 검출에 대한 주관성

연속값 작업에서 주관성을 다루는 동일한 방식으로 객체 검출에서의 주관성을 다룰 수 있다. 어떤 객체에 대해 선택 가능한 상자가 여러 개인지 어노테이터에게 확인한 후 그 상자들을 어노테이션해달라고 요청해야 한다. 이럴 경우 각 상자를 선택 가능한 어노테이션으로 취급하고, 잠재적으로 객체당 여러 개의 유효한 상자로 결론지을 수도 있다.

또한 어노테이터들에게 더 다양한 범위의 반응을 이끌어내고 어노테이터들이 소수의 판단임에도 유효한 해석을 더 편하게 어노테이션할 수 있도록 하기 위해 다른 사람들의 어노테이션에 대한 의견을 요청할 수도 있을 것이다.

10.2.5 학습 데이터 생성을 위해 객체 어노테이션 집계하기

여러 어노테이션을 단일 경계 상자로 집계하는 문제는 연속값의 집계 문제와 유사하다. 평균 경계 상자가 정확한 상자이거나 단일 어노테이터가 올바르게 어노테이션했다는 보장은 없다. 예를 들어 배낭을 멘 '보행자' 주변에 경계 상자를 그리는 경우 백팩을 포함하거나 제외하는 것 모두 정답으로 볼 수 있지만, 이에 대한 평균인 배낭의 반쪽을 경계로 잡는 것은 올바른 어노테이션이 아니다.

여러 전략을 사용해 경계 상자들을 집계할 수 있다. 다음 목록은 가장 효과적인 전략부터 덜 효과적인 전략의 순서를 대략적으로 정렬한 것이다.

- 전문가에게 각 상자에 대한 리뷰 또는 판정하도록 작업 단계 추가하기

- 경계 상자의 평균 사용하기(단, 제약이 있음에 주의)

- 가장 정확한 어노테이터의 상자 사용하기

- N명의 어노테이터가 어노테이션한 상자 전체를 감싸는 가장 작은 상자 생성하기

- 최선의 상자를 예측할 수 있는 머신러닝 모델 사용하기(10.2.6절 참고)

가장 효과적인 전략이라고 하더라도 특정 데이터셋에 한해서는 가장 좋은 전략이 아닐 수도 있다. 하나의 전략 대신 여러 전략의 조합이 필요할 수 있다. 네 번째 전략에서도 숫자 N을 정해야 한다. 만약 4명의 어노테이터가 있는 경우, 2 또는 3명의 어노테이터의 어노테이션을 감싸는 가장 작은 상자로 집계해야만 할까? 정답이 없을 수도 있다.

또한 겹쳐져 있는 객체들은 경계 상자의 집계 측면에서 어려움이 있다. 그림 10.10은 두 어노테이터가 여러 상자를 그려서 겹치게 된 경계 상자 예를 보여준다.

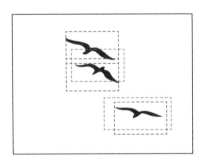

▲ **그림 10.10** 겹쳐져 있는 경계 상자 예제. 여러 어노테이터가 그린 여러 상자 중 어떤 것이 동일한 객체에 대한 것인지 구분하기 어렵다. 한 어노테이터(긴 점선)은 2개의 객체에 대해 어노테이션한 반면, 다른 어노테이터(짧은 점선)은 3개의 객체를 어노테이션하고 있다.

이미지의 한 영역 내에 있는 객체 수를 확인하기 위해 여러 방법을 사용할 수 있고 이들을 결합할 수 있다.

- 표시되는 객체 수를 확인하는 별도의 작업을 생성한다.

- 전문가들이 겹친 상자들을 리뷰하고 판정할 수 있는 작업을 추가한다.

- 여러 어노테이터의 상자를 결합하기 위해 탐욕적 탐색greedy search 기법을 사용한다.

세 번째 전략에서는 집계 방식에 대한 다양한 선택 사항이 있다. 간단한 방식은 최대 IoU 를 다음 두 상자를 결합하는 기준으로 사용하는 것이다. 어노테이터 1명이 담당한 객체 당 하나의 상자(오차가 있다 하더라도)와 결합 시 제외 기준이 되는 IoU 임곗값을 정한다.

탐욕적 탐색은 반드시 최적인 것은 아니기 때문에 이론적으로는 이 전략을 데이터에 대한 더 철저한 완전 탐색exhaustive search으로 확장할 수 있다. 실제로 간단한 탐욕적 탐색을 겹쳐진 객체 문제를 해결할 수 없다면 별도의 리뷰 및 판정 작업을 진행해야 한다.

10.2.6 객체 어노테이션을 위한 머신러닝

경계 상자 어노테이션에 머신러닝을 적용하는 가장 강력한 방법은 어노테이션이 달린 모든 상자의 IoU를 예측하는 것이다. 이 접근 방식을 사용하면 각 어노테이션에 대한 신뢰도 점수가 각 어노테이터의 평균 IoU를 취하는 것보다 더 정확할 것이다.

어노테이터가 준거 데이터에 기반해 생성한 모든 경계 상자의 IoU는 모델이 예측해야 하는 대상이 된다. 이미지 자체 외에도 다음을 포함해 각 어노테이션과 관련된 기능을 인코딩한다.

- 각 어노테이터의 경계 상자
- 각 어노테이터의 ID(이름 등)
- 어노테이터가 자신의 어노테이션에 대해 제공한 레이블

이러한 특징은 모델이 여러 유형의 이미지에 대해 다소 정확할 수 있다는 사실을 고려하면서 어노테이터의 상대적 정확도에 대한 가중치를 생성하는 데 도움이 될 것이다. 학습 데이터를 인코딩한 후에는 모델이 연속값을 출력하는 기능을 갖도록 학습해 IoU를 예측할 수 있다. 해당 모델을 어노테이터에 의해 새로 생성된 경계 상자의 IoU를 예측하는 데 적용해 해당 어노테이터에 대한 IoU를 추정할 수 있다.

또한 하나의 모델로 앙상블하거나 몬테 카를로 샘플링(또는 둘 다 적용)을 실험해 경계 상자당 여러 개의 예측값을 얻는 것도 가능하다. 이 방법을 적용하면 해당 이미지에 대한 어노테이터의 IoU 가능 범위를 더 명확하게 알 수 있다. 이 이미지들을 모델의 일부로 사용하려는 것이기 때문에, 준거 데이터에 대한 샘플링 전략에 확신이 있어야 한다. 준거

데이터 내의 편향은 각 어노테이터의 신뢰도를 예측하려는 기법에 대한 편향으로 이어질 수 있다.

어노테이터들에 대한 예측 IoU와 이들의 일치도를 확인하면서 전체 워크플로우를 조정할 수 있다. 예를 들어 95% 이상의 예측 IoU인 모든 어노테이션을 신뢰하고, 70%에서 85% 사이의 예측 IoU인 모든 어노테이션에 대해서는 전문가의 리뷰를 요청하며, 70% 이하인 모든 어노테이션은 무시하는 방식과 같이 조정이 가능할 것이다. 데이터에 기반해 정확한 숫자와 범위를 조정해야 한다.

머신러닝을 사용해 여러 어노테이터의 경계 상자를 단일 상자로 집계하는 방법도 있다. 이 방법이 경계 상자를 집계하는 가장 정확한 방법이지만, 집계 프로세스를 자동화하기 매우 어려운 경우가 종종 있으므로, 오류를 방지하기 위해 전문가들이 검토하는 워크플로우를 여전히 포함해야 할 수 있다.

연속값 데이터와 마찬가지로 절대 또는 상대 인코딩을 사용해 경계 상자 위치를 인코딩한다. 그림 10.11에서 상대 인코딩의 예를 보여준다.

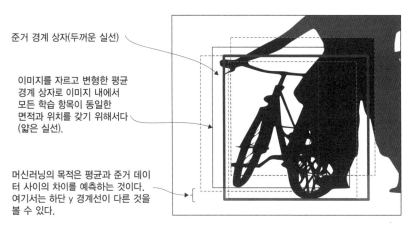

준거 경계 상자(두꺼운 실선)

이미지를 자르고 변형한 평균 경계 상자로 이미지 내에서 모든 학습 항목이 동일한 면적과 위치를 갖기 위해서다 (얇은 실선).

머신러닝의 목적은 평균과 준거 데이터 사이의 차이를 예측하는 것이다. 여기서는 하단 y 경계선이 다른 것을 볼 수 있다.

▲ **그림 10.11** 경계 상자에 대한 상대 인코딩. 모든 학습 항목이 동일한 면적과 위치를 갖도록 이미지가 잘리거나 늘어난다. 상대 인코딩은 '이미지 내의 각기 다른 위치에 있는 객체들' 문제를 해결하고, 모델이 예측하는 경우 더 적은 수의 특징에 집중할 수 있도록 한다.

그림 10.11의 상대 인코딩은 10.1.5절의 연속값 작업에 대한 절대 및 상대 인코딩과 동일한 원칙에 따라 구축된다. 데이터가 균일한 경우, 예를 들어 5픽셀의 오차가 이미지 내

의 모든 부분에서 발생할 가능성이 동일하다면, 상대 인코딩이 품질 관리를 보조하는 머신러닝에 더 적합한 표현법일 것이다.

많은 증강 기법augmentation techniques을 사용해 경계 상자를 집계하기 위한 머신러닝 모델을 개선할 수 있다. 이러한 기법에는 뒤집기, 회전, 크기 조정, 흐리기, 색상 조정, 밝기와 대비가 있다. 컴퓨터 비전 분야의 경험을 있다면 머신러닝 모델을 개선하기 위한 이러한 기법에 이미 익숙할 것이다. 컴퓨터 비전 관련 경험이 없다면 알고리듬에 초점을 맞춘 컴퓨터 비전 문헌을 통해 이러한 기술을 학습하는 것이 좋을 것이다.

10.3 의미 분할을 위한 어노테이션 품질

픽셀 레이블링pixel labeling이라고도 알려진 의미 분할에서 어노테이터는 이미지의 모든 픽셀에 레이블을 지정한다. 그림 10.12는 의미 분할에 대한 능동학습을 다룬 6장(6.2절)에서 소개했던 예를 다시 보여주고 있다. 객체 검출과 의미 분할의 구별에 대한 자세한 내용은 6장을 참조하기 바란다.

▲ **그림 10.12** 모든 픽셀이 "사람", "식물", "땅", "자전거", "새" 또는 "하늘"인 레이블로 지정된 의미 분할의 예제. 이런 종류의 컬러 사진은 의미 분할 도구가 무언가를 많이 닮아 보이도록 하는데 바로 "색칠 연습"이다. 그 도구들은 11장에서 구체적으로 다루겠다. 만약 이 이미지를 흑백으로 보고 있다면, 컬러 사진이 회색 음영으로 어떻게 보일지 알 수 있을 것이다. 동일한 클래스의 서로 다른 객체에 대해 레이블을 지정하는 작업을 인스턴스 분할이라고 한다(예를 들어 4개의 나무에는 개별 레이블을 지정).

의미 분할에 필요한 대부분의 품질 관리를 위해 이미지 수준 레이블링 방법을 조정하는 것으로도 충분하다. 하지만 이 경우에는 전체에 대한 레이블의 정확도 대신 모든 픽셀에 대한 정확도를 보게 될 것이다. 일반적으로 이미지에 대한 전체 어노테이션의 정확도를 얻기 위해서는 픽셀당 어노테이션의 정확도를 평균화해야 한다.

10.3.1 의미 분할 어노테이션을 위한 준거 데이터

의미 분할의 어노테이션을 준거 데이터와 비교하는 것은 픽셀 수준에서 레이블링하는 것과 같다. 즉, 무작위 확률에 비해 상대적으로 정확하게 레이블링한 픽셀의 백분율이 된다. 부정확하게 레이블된 픽셀이 정확한 레이블의 픽셀에서 특정 거리 내에 있는 경우라면 작은 버퍼(예를 들어 몇 개의 픽셀)를 허용할 수도 있다. 정확도 계산 시에는 이러한 오차를 올바른 것으로 다루거나 해당 픽셀들을 무시할 수 있다.

몇 픽셀 내에서 정확한 정답과 발생하는 오차를 허용할 경우, 모든 어노테이터가 경계 상자 부근에서 범하는 동일한 픽셀에 대한 오차를 주의 깊게 살펴봐야 한다. 이러한 오류는 어노테이션 도구의 결과 때문일 수도 있다. 다른 머신러닝 작업과는 달리, 의미 분할은 영역을 선택하기 위해 마법 지팡이magic wand나 올가미 선택 도구lasso tool와 같은 스마트 툴을 사용해 프로세스 속도를 높이곤 한다. 이러한 도구는 일반적으로 인접 픽셀의 대비contrast와 같은 단순한 휴리스틱에 기초하고 있다. 어노테이터가 이러한 도구를 사용하면서 오차를 발견하지 못한다면, 레이블 사이의 정확한 경계선 대신 이들 도구에 대한 간단한 휴리스틱을 모델에 알려줘야 한다.[2] 도구의 사용으로 인한 이 같은 오차는 모든 머신러닝 작업에서 발생할 수 있으며, 11장은 이러한 문제에 대해 더 깊이 설명할 것이지만, 이 문제는 의미 분할에서 매우 일반적으로 발생하므로 여기에서 먼저 언급하게 됐다.

이미지 레이블링에서 레이블 간 오차의 패턴을 살펴보고 난 후에는 픽셀 레이블 간 오차의 패턴도 살펴봐야 한다. 일부 레이블이 다른 레이블보다 더 중요하다면 가중치를 더 크게 해야 한다. 예를 들어 "하늘"보다 "자전거"에 더 관심이 있다면, "자전거"의 가중치를 더 크게 해야 한다. 매크로 평균macro average을 사용하게 되면 모든 레이블의 가중치를 동일하게 매기게 된다. 그러나 어떤 경우, 특히 다른 레이블과 혼동되는 경우를 제외하고

---

2 예를 들어 특정한 픽셀 단위로 반복적으로 동일한 오류가 어노테이션에서 보인다면 이는 도구의 문제로 판단하고 이를 모델의 학습 시에 반영해 학습시켜야 한다는 의미다. – 옮긴이

관심의 대상이 아닌 일반적인 배경도 레이블이 있는 경우, 정확도 계산에서 그러한 일부 레이블을 무시해야 할 수도 있다.

10.3.2 의미 분할에서 일치도

이미지 레이블링에 대한 일치도와 마찬가지로 각 픽셀의 일치도를 측정해야 한다. 즉, 해당 픽셀의 레이블에 대한 어노테이터 간의 일치도를 측정한다. 모든 데이터에 걸쳐 해당 레이블의 빈도, 가장 보편적인 레이블의 빈도 또는 전체 레이블 수의 역수와 같은 세 가지 방법으로 예상 일치도를 계산할 수 있다. 데이터셋에 대해 가장 적절한 예상 빈도를 선택해야 한다. 일반 배경에 대한 레이블이 있는 경우, 이 레이블의 전체 빈도가 예상 일치도의 좋은 후보가 된다.

10.3.3 의미 분할 어노테이션의 주관성

실제로 의미 분할에서의 모호성을 해결하기 위한 가장 일반적인 방법은 리뷰 또는 판정을 통하는 것이다. 어떤 영역에 대해 불확실하게 어노테이션됐거나 어노테이터 간 불일치하고 있는 경우, 추가 어노테이터가 이에 대해 판정하게 된다.

의미 분할 작업에서는 모든 픽셀에 대해 레이블을 할당하도록 요구하는 것이 일반적이어서 어노테이터가 일부 영역에 대해 불확실하거나 여러 해석이 유효한 경우 문제가 될 수 있다. 의미 분할에서의 주관성을 도출하는 가장 간단한 방법은 어노테이터가 해당 영역에 대한 올바른 레이블을 모른다는 것을 명시하도록 "불확실"이라는 추가 레이블을 다는 것이다. "불확실" 영역은 별도의 영역으로 표시할 수도 있고, 혼란스럽더라도 가장 가능성이 높은 레이블이 무엇인지 알 수 있도록 어노테이터에게 완료된 분할 영역 위에 "불확실" 영역을 적층 표시하도록 요청할 수도 있다.

베이지안 진실 자백제로 레이블링 작업을 넘어 그 이상 확장할 수 있는 방법을 보여주는 예제가 10.7절에 있다. 베이지안 진실 자백제를 주관적 의미 분할 작업에 대해 확장한 작업은 아직 들어보지 못했으나, 10.7절에 나열된 논문을 이와 관련된 최선의 출발점으로 생각한다.

10.3.4 학습 데이터를 생성하기 위한 의미 분할 집계하기

여러 개의 어노테이션으로 학습 데이터를 집계하는 것은 레이블링 작업과 동일하지만 픽셀 단위 수준에서 이뤄진다는 점이 다르다. 동일한 전략 모두를 적용할 수 있지만 단지 소수의 불일치만 존재하는 경우라면, 추가 어노테이터에게 전체 이미지를 제공하는 것은 많은 비용이 드는 일일 것이다. 그래서 다음과 같은 사례에서는 워크플로우를 통해 이미지의 특정 영역을 판정하는 것이 더 나은 선택이다.

- 전체 이미지에 대한 일치도가 낮은 이미지를 추가 어노테이터에게 제공한다.
- 전문가에게 요청해 이미지 내 위치가 지정된 영역 안에서 일치도가 낮은 이미지를 판정하도록 한다.

그림 10.13은 판정 프로세스의 예를 보여주고 있다.

▲ **그림 10.13** 워크플로우를 통한 의미 분할 집계 예제. 두 어노테이터가 동일한 영역에 대해 불일치하고 있어서 해당 영역을 세 번째 어노테이터에게 전달해 검토 및 판정을 진행한다. 두 가지 인터페이스 선택 사항이 있다. 하나는 판정하는 어노테이터가 앞선 두 어노테이터의 각 영역 중 하나를 선택하는 것이고, 다른 하나는 불일치돼 어노테이션되지 않은 영역에 어노테이터가 직접 어노테이션을 다는 것이다.

그림 10.13에서 볼 수 있듯이 불일치 영역을 어노테이터 사이의 "일치도가 낮은 연속적인 픽셀의 집합"이라고 정의할 수 있다. 레이블과 같은 방식으로 픽셀 수준에서 일치도를 정의할 수 있다. 어노테이터 간 일치도의 백분율은 잠재적으로는 어노테이터의 정확성에 대한 신뢰도로 볼 수 있다. 실제로 의미 분할은 많은 시간이 걸리는 작업이기 때문에 이미지당 어노테이터가 2~3명 이상 있을 가능성은 낮다. 준거 데이터에 기반해 임곗값을 설정하는 대신 판정이 필요한 영역으로서 불일치도를 단순하게 다루는 것이 나을 수도 있다.

불일치를 판정하기 위한 예산이 한정돼 있다고 가정하면 데이터셋의 크기에 따라 불일치도의 순위를 매기고 가장 큰 것부터 가장 작은 것 순으로 판정하는 것도 좋다. 또한 불일치의 수준도 고려해야 할 것이다.

일부 레이블에 대해 다른 레이블보다 더 관심을 갖는 경우에는 각 레이블에 대한 관심의 정도에 따라 판정을 계층화한다. 만약 "하늘"보다 "자전거"에 대해 10배 더 관심이 있다면, "하늘"일 수도 있는 1개의 불일치 대비 "자전거"일 수도 있는 10개의 불일치를 판정해야 한다. 영역의 크기에 대한 가중치로 10:1과 같은 비율을 적용하는 것은 피해야 한다. 이러한 종류의 휴리스틱은 수동으로 조정하기가 무척 어렵기 때문이다.

10.3.5 학습 데이터 생성을 위한 의미 분할 작업 집계에 머신러닝 적용하기

개별 픽셀 수준을 위한 레이블링에 적용했던 동일한 머신러닝 기법을 의미 분할에도 적용할 수 있다. 한 가지 추가적인 문제는 픽셀들의 비현실적 조각보patchworks 안의 불일치들을 해소해야만 한다는 점이다. 그림 10.13의 새의 날개가 "하늘"과 "새" 픽셀들의 체스판checkerboard이 된다면, 그 결과는 날개 전체를 "하늘"이라고 잘못 부르는 것보다 더 악화될 수 있는데, 이는 다운스트림 모델에 체스판 패턴이 가능하다고 잘못 가르치는 것이기 때문이다.

머신러닝의 적용을 단순화하기 위해 각 픽셀당 "정답" 또는 "오답" 이진 구분을 예측하는 모델을 구현할 수 있다. 보관 준거hold-out ground truth 데이터를 사용해 어노테이터가 오답으로 레이블을 지정한 픽셀을 예측하는 모델을 구축해서 새로 레이블된 모든 데이터에 적용하고, 전문가 검토를 위한 "오답" 후보 영역을 만들어낸다.

이 머신러닝 기반 방법은 스마트 선택 도구와 같은 도구로 인해 발생하는 오차를 발견하는 데 특히 효과적이다. 경우에 따라 도구로 인해 2명 이상의 어노테이터가 동일한 오차를 발생시킬 수 있으며, 일치도로도 이러한 영역의 잠재적인 오차를 발견하지 못할 가능성이 있다. 그러나 준거 데이터는 도구 사용에 따라 예상되는 오차의 종류를 구분한다(예를 들어 "하늘"을 너무 자주 "나무"라고 함). 이로 인해 모델이 다른 이미지의 유사한 부분의 오류를 예측할 수 있게 될 것이다.

10.4 시퀀스 레이블링을 위한 어노테이션 품질

실제로 시퀀스 레이블링은 어노테이션 시에 인간 참여 방법론을 적용하는 경우가 더 빈번하다. 가장 일반적인 사례는 긴 문서에서 지역명과 같이 희귀한 시퀀스 텍스트를 식별하는 것이다. 그러므로 시퀀스 레이블링을 위한 어노테이션 인터페이스는 일반적으로 리뷰를 위한 후보 시퀀스 텍스트를 표시하거나 어노테이터에게 원본 텍스트를 어노테이션하도록 요청하기보다는 자동 완성으로 시퀀스 텍스트를 생성하는 방식으로 동작한다.

순서 레이블링에서 이러한 종류의 리뷰 작업에 다양한 종류의 인터페이스를 사용할 수 있는데, 11장에서는 이러한 인터페이스를 다룰 것이다. 리뷰 작업의 경우 품질 관리는 레이블링 작업과 같은 방식으로 수행할 수 있는데, 이런 접근법은 시퀀스 레이블링 작업에서 추가적인 장점을 가진다. 이는 바로 시퀀스 레이블링 작업보다 이진 또는 카테고리 레이블링 작업이 품질 관리 측면에서 수월하다는 점이다.

그러나 리뷰 작업을 통해 시퀀스 데이터를 어노테이션하는 것이 항상 가능하진 않다. 특히 프로젝트를 이제 막 시작하는 경우와 같이 미분류 데이터에 시퀀스 후보를 예측하기 위해 사용될 수 있는 모델이 아직 없는 경우는 더욱 그럴 것이다. 또한 현재의 모델로 어노테이션 후보만을 표면화하는 것은 모델의 편향을 영속시킬 위험도 뒤따르게 된다. 따라서 레이블링되지 않은 원본 데이터에 대해 일부 어노테이션을 지정하는 것은 여전히 유용하다고 보인다.

시퀀스 레이블링에 대한 품질 관리 방법은 시퀀스 레이블링을 위한 능동학습을 다룬 6장의 여러 방법의 뒤를 잇는 것이다. 이 절에서는 시퀀스 레이블링의 능동학습에 대한 부분을 읽지 않은 것으로 가정하면서 이들 내용을 조정한다. 해당 절의 예제를 다시 살펴보자.

"The E-Coli outbreak was first seen in a San Francisco supermarket"

보고서로부터 발병을 추적하기 위해 모델을 구현하는 경우, 각 단어의 품사("명사", "고유명사", "한정사", "동사", "부사" 등으로 POS라고도 부름), 질병명, 지명을 비롯해 핵심 단어 keywords 등의 정보를 문장에서 추출할 수 있다.

▼ 표 10.1 시퀀스 레이블 유형: 품사(POS, Part Of Speech), 키워드 검출 및 두 가지 유형의 개체명(named entity)(질병과 지명). POS 레이블은 토큰당 하나이며 품질 관리를 위한 레이블링 작업과 유사하게 취급할 수 있다. "B"(Beginning)는 범위의 시작 부분에 사용되고, "I"(Inside)는 범위 내의 다른 단어들에 사용된다. 시작 부분을 명시적으로 표시하면 "San Francisco"와 "supermarket"처럼 서로 옆에 있는 범위를 명확하게 구분할 수 있다. 이 인코딩 기술을 IOB[3] 태깅이라고 하는데, 여기서 "O"(Outside)는 레이블 제외를 의미한다("O"는 가독성을 위해 이 테이블에서 생략했다). 핵심 단어 및 개체명 같은 다중 범위 작업(multispan task)의 경우, 레이블링 작업보다 품질 관리가 더 복잡하다.

	The	E-Coli	outbreak	was	first	seen	in	a	San	Francisco	supermarket
POS	한정사	고유명사	명사	동사	부사	동사	전치사	한정사	고유명사	고유명사	명사
핵심 단어		B	I						B	I	B
질병명		B									
지명									B	I	

문헌에서는 표 10.1과 같은 범위에 대한 IOB 태그를 가장 빈번하게 볼 수 있다. 여러 유형의 레이블에 대해 여러 방법으로 다중 토큰 범위를 정의할 수도 있다. 예를 들어 "E-Coli"는 개체명으로서 하나의 단어이지만 핵심어 구문인 "E-Coli outbreak"는 두 단어다. 엄밀히 말해서 테이블 10.1의 어노테이션 방법은 IOB2 태깅이라고 부르며, 순수 IOB는 단일 범위 내에 여러 개의 토큰이 있을 때만 "B"를 사용한다.

문서를 여러 문장으로 분할하거나 여러 사람이 돌아가면서 말하는 것과 같은 긴 시퀀스 데이터의 경우, 어노테이터의 효율성을 위해 시퀀스 데이터 전체가 아니라 각 시퀀스 데

---

3   또는 BIO 태깅이라고도 한다. – 옮긴이

이터의 시작 또는 끝에만 어노테이션을 달 수도 있다.

10.4.1 시퀀스 레이블링을 위한 준거 데이터

복수의 토큰 범위에 대한 시퀀스 라벨링 작업의 대부분은 전체 범위의 정확성에 대해 품질 관리가 평가된다. 어노테이터가 "San"을 개체명으로 식별했지만 동일한 개체의 일부로 "Francisco"를 식별하지 않은 경우에는 어노테이터에 대해 부분 정확도가 부여되지 않는다. 컴퓨터 비전에서의 객체 검출과 달리 텍스트의 시퀀스에 IoU와 같이 널리 사용되는 규칙은 없다.

위의 개체명 예제와 같이 인접 작업^{contiguous task}이 있는 경우, 전체 범위 정확도 외에 토큰 단위의 정확도를 보는 것이 통찰력을 제공할 수 있다. 어노테이터의 정확도를 평가할 때는 다음과 같이 레이블 작업과 범위 작업^{span task}을 분리할 것을 권장한다.

- 토큰 단위로 레이블의 정확도를 계산한다. 지명으로 "San"만을 레이블로 지정했다면, 그 레이블에 대해서는 정확하지만 "Francisco"라는 지명에 대해서는 위음성이며, 그 외의 레이블이 지정됐다면 이는 위양성이 된다.
- 전체 범위에 대한 범위 정확도^{span accuracy}를 계산한다. 누군가가 "San"만 지명으로 레이블링한 경우, 해당 범위에 대해 0%로 계산한다.[4]

이 구별을 통해 지문 안에서 어떤 단어가 어떤 레이블에 속해 있는지에 대한 어노테이터의 화용론^{pragmatics}(맥락에 따른 단어의 의미를 연구하는 학문)적 이해와 복수의 토큰 구문을 구성하는 구문에 대한 어노테이터의 통사적 이해^{syntactics}(단어가 문장을 이루는 방법을 연구하는 학문)를 구분할 수 있도록 해준다.

레이블당 정확도를 마이크로 또는 매크로 평균과 결합해 해당 어노테이터에 대한 전체 정확도를 계산할 수 있다. 희소 데이터가 있는 경우, 특히 마이크로 평균으로 계산하고 있는 경우, 이 계산에서 "O"(범위 외)를 무시해야 한다. 그렇지 않으면 "O" 토큰으로 인해 전체 정확도에 영향을 줄 수 있다. 다운스트림 모델을 평가하는 방식에 따라 이 같은 결

---

4 San과 Francisco 두 범위 모두 지명으로 레이블링돼야 정확한 것이고 그 외에는 0%로 계산한다. – 옮긴이

정을 내려야 할 수도 있다. 예를 들어 모델의 정확도를 계산할 때 "O" 토큰을 무시하려고 한다면(다른 레이블에 대한 위음성과 위양성을 제외하고), 어노테이터를 평가하려고 할 때도 "O" 레이블을 무시해야 한다.

이 작업에서의 어노테이터의 정확성과 다른 작업에서의 정확도를 비교하려면 "O" 레이블을 포함하고 무작위 확률에 대해서도 조정해야 한다. "O" 작업을 무시하는 것은 무작위 확률에 대해 조정하는 것과 유사하지만 "O" 작업을 무시하는 것은 실제 빈도를 반영하지 못하기 때문에 최종 정확도 점수를 동일하게 생성하지 못할 것이다.

> **지침을 올바르게 이해하자!**
>
> 나는 거의 모든 주요 기술 기업을 비롯해 공공 의료, 자동차 및 금융을 포함한 특정한 사례에 대한 적용을 위한 개체명(named entity) 데이터셋을 구축한 경험이 있다. 모든 사례에서 우리는 작업의 다른 어떤 부분보다 범위 내에 무엇이 들어가는지에 대한 정의를 가다듬는 데 더 많은 시간을 할애했고, 어노테이터들과 긴밀히 협력해 그들의 전문 지식을 의사 결정 프로세스에 포함시켰다. 예를 들어 "San Francisco"가 "San Francisco city"로 쓰여 있는 경우, "city"가 이 지명의 일부로 포함돼야 하는 것일까? 만약 그게 "New York city"라면 어떨까? 우리는 종종 "New York City" 또는 약자인 "NYC"를 보고는 하지만 "SFC"는 그렇지 않기 때문에 이 두 도시의 사례는 다를 수밖에 없다. 또한 San Francisco Bay area에서는 San Francisco가 "The City"로 부르곤 한다. 어떤 경우에 이 명칭을 지명으로 사용해야 할까? 만약 대문자로 표기해야 하는 경우뿐이라면, 소셜 미디어에서 상당수 대문자를 사용하지 않는 표기에 대해서는 어떻게 해야 할까? 개체명에 대문자를 거의 사용하지 않거나 전혀 사용하지 않는 다른 언어의 경우에는 어떻게 해야 할까?
>
> 이 같은 유형의 사례는 대부분의 시퀀스 작업에서 어노테이션과 머신러닝 모델 모두에 대해 대부분의 오류가 발생한다. 어노테이터와 긴밀히 협력해 어려운 사례를 찾아내고 지침에 추가하는 것이 중요하다. 또한 이러한 사례 중 일부를 준거 데이터 중 대표성이 없는 부분에 포함해야 할 수도 있다.

10.4.2 연속 데이터의 시퀀스 레이블링을 위한 준거 데이터

인접한 시퀀스 데이터인 텍스트 예제와 달리, 어떤 시퀀스 작업은 진짜로 연속적이다. 구어와 수화가 진정한 연속 데이터의 좋은 예다. 텍스트와 달리 구어는 대부분의 단어 사이에 간격을 두지 않으며, 수화자는 수화를 할 때 단어 사이에 멈칫거리지 않는다. 두 경우모두, 우리의 뇌는 연속적인 입력을 받아들인 후 단어 사이의 대부분의 간격을 나중에 추가한다. 그래서 한 단어가 끝나고 다음 단어가 시작하는 것과 같이 명백한 공백이나 구분점이 항상 존재하는 것은 아니다.

이 예는 10.2절의 컴퓨터 비전의 경계 상자 예시와 유사하며, 여기서 준거 정확도를 측정하기 위해 IoU를 사용했다. 그러나 대부분의 시퀀스 작업에서 품질 관리를 위한 관례는 준거 데이터 예제에서 오차 한계를 허용하는 반면, IoU를 사용하지 않는다는 것이다.

그러나 IoU가 언어 데이터에서 관례적으로 사용되진 않았다고 하더라도 특정 시퀀스 작업에 IoU가 적합한 경우라면 IoU를 사용하지 않을 이유는 없다. 이 경우 10.2절에서 소개한 준거 정확도와 일치도에 관한 기법을 적용할 수 있다. 이를 통해 한 가지 장점을 얻을 수 있을 것이다. 시퀀스 데이터도 1D이기 때문에 오차 한계의 영향은 컴퓨터 비전에서는 보편적인 2D나 3D 어노테이션만큼 나쁘지 않을 것이다.

10.4.3 시퀀스 레이블링에 대한 일치도

POS 태깅과 같이 모든 토큰 또는 사전 분할된 시퀀스 데이터에 대해 레이블을 붙이는 작업의 경우, 각 토큰 또는 각 분할된 부분을 단일 레이블링 작업처럼 취급해 8장과 9장에서 적용한 레이블링 기법을 적용할 수 있다.

키워드 추출이나 개체명 인식의 예와 같이 희소한 레이블이 있는 시퀀스 텍스트 작업의 경우, 일치도를 토큰 단위나 범위 전체에 걸쳐 계산할 수 있다. 준거 데이터와 동일한 방식을 적용해, 레이블로부터 범위 자체에 대한 예측을 다음과 같이 분리할 것을 권장한다.

- 토큰 단위의 레이블 일치도를 계산한다. 한 어노테이터가 "San"만을 지명으로 레이블링하고 다른 어노테이터가 "San Francisco" 전체를 레이블링했다면, 이 레이블에 대해서 50%의 일치도로 계산한다.
- 전체 범위에 대해 범위 일치도를 계산한다. 한 어노테이터가 "San"만을 지명으로 레이블링하고 다른 어노테이터가 "San Francisco" 전체를 레이블링했다면, 이 레이블의 범위에 대한 일치도는 0%로 계산한다.

불일치를 해결하기 위해서는 리뷰와 판정 작업을 해야 한다. 2개의 겹치는 범위의 경계에 대해 어노테이터가 일치하지 않으면 다른 어노테이터가 해당 불일치를 해결하도록 해야 한다. 하나의 불일치를 해결하기 위해서 문서 전체에 대해 다수의 어노테이터가 어노테이션을 다는 것은 일반적으로 엄두 내기 어려울 정도로 비용이 많이 들기 때문에, 단순한 판정 시스템이 보통은 최선의 선택이 될 것이다.

10.4.4 시퀀스 레이블링을 위한 머신러닝과 전이학습

모든 최신의 시퀀스 분류기는 사전학습된 문맥 모델을 이용한다. 학습 데이터를 더 많이 얻게 되면서 어떤 모델들은 다른 모델에 비해 다소 유용할 수 있음에 유의하면서 보유한 시퀀스 작업에 대해 이러한 모델들을 실험해봐야 한다. 사전학습 모델pretrained model이 도움이 되는 이유는 어렵지 않게 이해할 수 있다. 앞서 다룬 지명에 대한 예를 들면 수십억 개의 문장으로 사전학습된 모델은 "City", "Village", "Town"이나 다른 지명이 의미적으로 유사하며, 그 앞에 있는 단어가 지명일 가능성이 더 높다는 것을 이해하게 될 것이다. 그러나 사전학습된 모델이 일반화를 달성할 정도의 충분한 문맥에서 충분한 수의 "City", "Village", "Town"와 같은 예제를 보려면 아마도 수백만 개의 문서가 필요할 것이지만, 여러분은 시퀀스 레이블링 작업을 위해 수백만 개의 문서를 어노테이션하길 바라진 않을 것이다.

사전학습된 모델이 있고 해당 모델의 학습 데이터에 접근할 수 있는 경우, 대상 도메인과 가장 유사한 항목을 샘플링하기 위한 능동학습 전략 중 하나인 대표 샘플링 기법을 적용해야 한다. 대상 도메인에 레이블되지 않은 데이터가 많은 경우, 도메인에 맞게 사전학습된 모델의 튜닝을 시도해볼 수도 있을 것이다.

10.4절에서 설명한 바와 같이 시퀀스 레이블링을 위한 실제 어노테이션 전략 대부분은 모델의 예측값을 수작업 리뷰를 위한 후보 시퀀스를 레이블링하는 데 적용할 수 있다. 이 모델은 후보 시퀀스 어노테이션을 예측하는 데 사용되며, 어노테이터는 손쉬운 품질 관리가 가능한 이진 작업 방식처럼 이러한 어노테이션을 수용 또는 거부할 수 있다. 일치도를 확인하는 것 외에 이진 검토 작업 결과를 준거 데이터와 비교해 어노테이터를 평가할 수 있도록 정답인 예와 오답인 예의 몇 가지 준거 예제를 명확히 작성해둬야 한다.

후보를 생성하기 위해 모델 예측값을 사용함으로써 편향이 발생할 위험이 있다. 모델이 부정확하더라도 어노테이터는 모델의 예측값을 신뢰하는 소위 프라이밍될 수도 있다. 이러한 유형의 편향은 11장에서 다룰 것이다.

모델의 예측값을 사용함으로써 발생할 수 있는 또 다른 잠재적인 편향은 모델이 신뢰도와 관계없이 예측하지 못한 시퀀스 데이터가 누락될 수 있다는 점이다. 충분히 주의하지 않으면 이 편향은 모델의 편향을 증폭시킬 수도 있다. 임베딩으로 도움이 될 수 있는 좋은 해결책은 모든 텍스트들이 시퀀스 레이블을 포함하는지 여부를 평가하는 간단한 작업을 수행하는 것이다. 그림 10.14는 이와 관련해 지명에 대한 예제다.

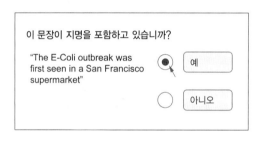

▲ **그림 10.14** 어노테이터에게 해당 시퀀스에 레이블링을 하도록 요청하지 않고, 텍스트에 시퀀스 레이블이 존재하는지 여부를 묻는 레이블링 작업의 예. 이 접근 방식은 특히 잠재적 개체명에 대한 텍스트가 누락되지 않도록 신속히 보장하는 데 유용하며, 개체명의 경계를 식별할 때 부정확할 수도 있는 광범위한 인력을 활용할 수도 있다.

그림 10.14와 같은 워크플로우를 적용하고 실제 시퀀스 범위를 얻기 위해 작업을 분리하면 시퀀스 레이블이 모델의 후보가 아니기 때문에 누락될 가능성이 줄어든다.

편향을 줄이고 더 많은 인력을 참여시키는 작업을 적용하는 것의 한 가지 부산물은 시퀀스 레이블이 존재하는지 여부를 예측하기 위한 특정 모델을 구축할 수 있다는 것이다. 이 모델은 그림 10.15와 같이 실제 시퀀스 모델을 위한 임베딩으로 활용할 수 있다.

시퀀스를 포함하던 그렇지 않던 대량의 레이블된 데이터가 있는 경우, 그림 10.15와 같은 아키텍처를 사용하면 다운스트림 모델의 정확도를 향상시킬 수 있다. 전이학습용 표현을 만들기 위해 이어지는 작업의 데이터를 어노테이션하는 전략은 9.4절을 참조하길 바란다.

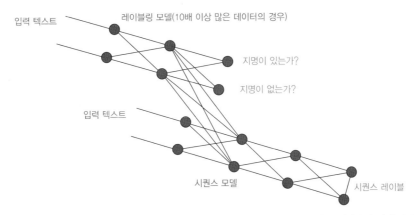

입력 텍스트

레이블링 모델(10배 이상 많은 데이터의 경우)

지명이 있는가?

지명이 없는가?

입력 텍스트

시퀀스 모델

시퀀스 레이블

▲ **그림 10.15** 텍스트에 시퀀스가 존재하는지 여부를 묻는 레이블링 작업의 예. 시퀀스 레이블링 작업 내에 임베딩으로 활용할 수 있는 모델을 생성한다. 이 접근법은 어노테이션된 데이터가 훨씬 많은 경우(대략 10배 이상)에 시퀀스 작업보다는 레이블링 작업에서 특히 유용하다. 이는 워크플로우에 의해서 만들어질 수 있으며, 편향을 줄이고 비전문 어노테이터의 참여를 목표로 한다.

10.4.5 시퀀스 레이블링을 위한 규칙 기반, 검색 기반 및 합성 데이터

규칙 기반, 검색 기반 및 합성 데이터 생성 방법은 희소 데이터 내에서 후보를 생성하는 데 특히 유용하다. "San Francisco"와 같은 시퀀스를 식별하는 지명 예제를 보면 시퀀스 후보를 빠르게 생성하기 위해 자동 생성한 어노테이션을 적용하는 여러 가지 방법이 있다. 예를 들어 유명 장소나 지명의 목록을 규칙 기반의 시스템에 적용하거나 동일한 목록을 합성 문장을 구성할 수 있다.

나는 시퀀스 어노테이션 작업을 위해 이런 모든 방법을 사용해봤으며, 2:1에 가까운 초기 비율로 임의 추출했을 때 100:1 정도의 연관 어노테이션 비율을 취했다. 이러한 방법을 사용하면 초기 데이터가 거의 없을 때 모델을 신속하게 부트스트랩할 수 있다.

합성 데이터를 사용하면 커버리지도 향상된다. 예를 들어 내가 어떤 기업에서 개체명 시스템을 구축했을 때, 보통 그 기업에 중요한 모든 제품명, 사람, 지명 등의 개체가 포함하는 학습 데이터 예제를 최소한 약간은 포함되도록 했다.

10.5 언어 생성을 위한 어노테이션 품질

대부분의 언어 생성 작업에서 품질 관리는 자동화가 아닌 전문 인력에 의해 이뤄진다. 예를 들어 사람이 한 언어로 쓰인 문장을 다른 언어로 번역하는 경우, 일반적으로 번역 결과를 검토하고 번역 품질을 평가하는 전문 번역가에 의해 품질 관리가 이뤄진다.

이러한 상황은 모델 개발에서도 마찬가지다. 언어 생성에 대한 품질 관리 대부분의 문헌들은 전문가들의 주관적인 판단을 어떻게 신뢰하느냐에 대한 내용을 담고 있다. 1-5의 척도(각 1~5의 판단이 주관적인 작업이 될 수 있다는 것을 인지한 상태로)로 기계 번역 결과의 품질을 판단하는 방법에 관한 수많은 논문이 있다. 이와 같은 사례에서도 이는 자동 분석을 위해 보관 데이터를 사용하는 대신, 고비용인 수작업 결과의 평가에 수행하는 시간을 소비해야 하기 때문에, 평가 데이터를 위한 데이터의 샘플링이 중요하다. 따라서 임의 샘플링한 데이터와 모델을 배포하려는 도메인의 데이터 다양성을 대표하는 데이터를 결합한 것에 기반해 평가하는 것이 특히 중요하다.

적절한 인력은 언어 생성 작업에 필요한 양질의 학습 데이터를 생성하는 데 가장 중요한 요소다. 7장에서 설명한 바와 같이 어노테이터 간에 필요한 언어의 유창함과 다양성을 갖추기 위해서는 매우 세심한 계획이 필요할 수 있다. 알맞은 사람을 찾는 데 필요한 시간에 관한 흥미로운 이야기를 다루는 다음 관련 기사를 읽어보길 바란다.

> **언어를 구매하는 것에 관한 고해 성사**
> 전문가 일화, 다니엘라 브라가
>
> 우리 회사에서는 최고의 데이터를 얻기 위해 최선을 다하는 것을 자랑스럽게 생각한다. 이로 인해 때로는 재미있는 상황이 벌어지기도 한다. 텍스트와 음성 데이터의 경우 가장 어려운 문제는 해당 언어의 유창한 사용자를 찾는 것이다. 적절한 자격을 갖추고 적합한 언어를 구사하는 사람을 찾는 것은 머신러닝에서 가장 어려우면서도 간과되는 문제 중 하나다.
>
> 최근에는 특정 언어에 관한 요구 사항을 가진 고객을 위해 대규모로 수집하는 프로젝트를 진행하고 있었다.
>
> 희귀 언어를 위해 적합한 사람을 찾는 시도가 몇 번 실패하고 난 후, 프로젝트 참여자 중 어떤 사람은 그 요구 사항을 충족시킬 누군가를 찾을 수 있다고 생각하고 성당으로 갔다. 그가 우리 의뢰인에게 필요한 사람들을 찾긴 했다. 사실 찾을 수 있었던 건, 신부가 그런 이유로 그가 그곳에 있을 것이라고 눈치채는 바람에 그는 언어 소싱에 관한 것을 포함해 완전히 고해성사를 했기 때문이다.

10.5.1 언어 생성을 위한 준거 데이터

준거 데이터로 자동 분석이 가능한 경우 여러 개의 수용 가능한 준거 데이터가 있는 경우도 있는데, 가장 잘 일치하는 것을 사용한다. 예를 들어 기계 번역 데이터셋에는 같은 문장의 번역이 여러 개 포함돼 있는 경우가 종종 있다. 기계로 번역된 문장을 각 준거 번역문과 비교하고 가장 잘 일치한 문장을 정밀도 계산에 적절한 것으로 고려한다.

기계 번역에서는 여러 가지 방법으로 일치도를 계산할 수 있는데, 가장 간단하고 널리 사용되는 것은 기계 번역 결과와 준거 데이터에서 일치한 시퀀스의 부분^{subsequence}의 비율을 계산하는 BLEU$^{BiLingual\ Evaluation\ Understudy}$ 점수다. 대부분의 시퀀스 작업의 자동 품질 관리 지표는 결괏값과 준거 데이터 사이의 중복 비율을 고려하는 BLEU와 같은 간단한 방법을 사용한다.

어노테이션 품질 측면에서는 평가 데이터용 여러 개의 준거 데이터를 작성해야 한다. 작업의 종류에 따라 준거 데이터 샘플은 한 문장에 대해 여러 개의 유효한 번역문(번역 작업의 경우), 하나의 긴 텍스트에 대해 여러 개의 요약문(요약 작업의 경우), 챗봇이 할 수 있는 여러 개의 대답(챗봇 작업의 경우)으로 구성할 수 있다.

여러 어노테이터에게 동시에 작업을 하도록 해서 여러 개의 솔루션(준거 데이터)을 작성하도록 해야 한다. 더 정교한 품질 관리를 위해 전문가가 준거 데이터의 품질에 따라 순위를 매긴 후, 이 순위에 따라 평가 지표에 포함시킬 수 있다.

10.5.2 언어 생성에서의 어노테이터의 일치도와 집계

어노테이터 간의 일치도는 생성된 텍스트의 품질을 판단하는 사람들이 사용할 수 있지만, 언어 생성 작업 자체에는 거의 사용되지 않는다. 이론적으로는 BLEU, 코사인 거리 또는 기타 지표를 사용해 한 어노테이터의 텍스트와 다른 어노테이터 간의 차이를 확인해 어노테이터 사이에서 불일치가 발생하더라도 추적이 가능하다. 그러나 실제로는 품질 관리를 위해 어노테이터의 결과물을 전문가가 신속하게 검토하도록 하는 것이 훨씬 간편하다.

여러 언어 생성 결과를 하나의 학습 데이터 항목으로 집계하는 것은 거의 의미가 없다. 모델에 단일 텍스트가 필요한 경우, 대부분은 예제에서 가장 적합한 후보를 선택해 작업을 수행한다. 이 작업은 프로그램을 통해 수행할 수 있긴 하지만 실무에서는 거의 적용되지 않는다. 동일한 작업에 대한 텍스트를 생성하는 어노테이터가 여러 명인 경우, 전문가 1명에게 최적의 작업을 선택하도록 하면 추가 시간이 거의 걸리지 않기 때문이다.

10.5.3 자연어 생성을 위한 머신러닝과 전이학습

자연어 생성에 필요한 데이터를 수동으로 작성하는 데는 많은 시간이 걸리기 때문에 머신러닝 적용을 통해 속도를 크게 향상시킬 수 있다. 실제로, 여러분은 이러한 종류의 기술을 매일 사용하고 있다. 전화 또는 이메일 클라이언트 앱이 다음 단어 예측이나 문장 자동 완성 기능을 제공하는 경우, 당신이 바로 자연어 생성을 위한 인간 참여 머신러닝 시스템 속의 사람이 된다. 기술에 따라 애플리케이션에는 일반적인 문장 자동 완성 알고리듬에서 시작해 도메인의 텍스트에 모델을 서서히 적응시킴으로써 전이학습을 적용하고 있을 수도 있다.

이러한 아키텍처는 여러 가지 방법으로 구현할 수 있는데, 문장 자동 완성 기술처럼 실시간 상호작용이 필요하진 않다. 시퀀스 생성 모델이 다수의 잠재적 결괏값을 생성할 수 있다면, 전문가 검토 작업을 통해 최적의 결괏값을 선택할 수 있으므로 작업 속도를 크게 향상시킬 수 있다.

10.5.4 자연어 생성을 위한 합성 데이터

합성 데이터는 다양한 언어 생성 작업에서 널리 사용되는데, 특히 사용 가능한 원본 데이터의 다양성에 차이가 있을 때 많이 사용된다. 번역 작업에서 해결책 중 하나는 어노테이터에게 단어를 주고 해당 단어를 포함하는 원문과 번역문을 모두 작성하도록 요청하는 것이다. 그런 후, 다른 어노테이터에게 이 예문이 얼마나 사실적인지 평가하도록 할 수 있다. 전사transcription 작업의 경우, 어노테이터에게 특정 단어로 문장을 말하고 그것을 옮겨 쓰도록 요청할 수 있다. 마찬가지로 질의 응답 작업의 경우에도 어노테이터에게 질문과 대답을 모두 제공하도록 요청한다. 모든 사례에서 생성된 예문의 품질을 평가하기 위한 레이블링 작업은 곧 품질 관리가 되며, 8장과 9장의 품질 제어 방법을 적용할 수 있다.

그림 10.16은 언어 생성을 위한 워크플로우를 보여준다. 어노테이터에게는 두 유형의 데이터가 주어지는데, 이는 예제를 합성하는 데 생성해야 하는 데이터와 이를 사용하는 데이터다. 기계 번역을 예로 들면, 이 두 유형의 데이터는 현재 학습 데이터에는 존재하지 않는 2개의 단어일 것이다(두 언어에 대응되는 단어 각 1개씩). 그리고 어노테이터에게는 이 두 단어를 사용해 여러 개의 문장을 생성하고 번역문을 만들 것을 요청해야 한다.

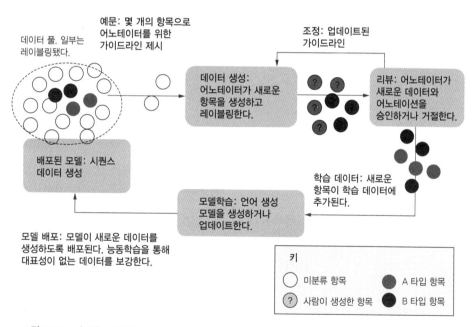

▲ **그림 10.16** 미분류 데이터가 없는 상황에서 데이터를 생성하는 워크플로우. 이 워크플로우에서는 다른 인간 참여형 워크플로우와 비슷하지만 데이터 생성 측면의 자동화는 없다. 어노테이터에게는 기존의 예문을 보고 작성해야 할 예제의 유형(여기서는 A 타입과 B 타입)에 대한 지침이 주어진다. 이렇게 작성된 예문은 학습 데이터에 추가된다.

합성 데이터 생성에서 가장 어려운 부분은 다양성이다. 사람들에게 특정 단어를 사용하거나 특정 사건에 대해 말하도록 하는 것은 비교적 어렵지 않은 일이다. 그러나 사람들이 곤란한 상황에 처하게 되면[5] 스스로 의식하지 못하겠지만 보통의 자연스러운 언어에 비해 좀 더 격식을 갖춘 언어나 훨씬 짧은 문장을 구사하는 경향이 있다. 11장에서는 가능한 한 자연스러운 데이터를 얻기 위한 몇 가지 기술을 다룰 것이다.

10.6 다른 종류의 머신러닝 작업을 위한 어노테이션 품질

준거 데이터, 어노테이터 간 일치도 및 머신러닝 중심의 어노테이션을 이용하는 것과 동일한 품질 관리 기법을 다양한 종류의 머신러닝 작업에 적용이 가능하다. 이 절에서는 중요한 유사점과 차이점을 강조하기 위해 몇 가지 개요를 소개하겠다.

10.6.1 정보 검색을 위한 어노테이션

정보 검색은 검색엔진과 추천 시스템을 구동하는 시스템에 관한 머신러닝의 한 분야다. 검색엔진의 결과를 향상시키기 위해서는 수많은 어노테이터가 필요하다. 이 시스템은 가장 오래되고 정교한 인간 참여 머신러닝 시스템이다.

검색엔진의 경우, 모델 정확도는 일반적으로 어떤 쿼리에 대한 연관된 결과가 반환됐는지 여부에 따라 평가된다. 정보 검색에서는 일반적으로 첫 번째 결과의 가중치를 후속 결과보다 높게 부여하기 위한 할인 누계 이익[DCG, Discounted Cumulative Gain]과 같은 방법을 사용해 평가한다. 다음에 나오는 공식에서 rel_i는 순위 p번째 검색 결과의 등급별 관련성이다.

$$\mathrm{DCG_p} = \sum_{i=1}^{p} \frac{2^{rel_i} - 1}{\log_2(i+1)}$$

위 공식에서 로그 함수는 하위 검색 결과의 가중치를 줄이는 데 사용된다. 첫 번째 검색 결과가 가장 정확해야 하고, 두 번째 검색 결과에 대해서는 가중치를 약간 덜 부여하며,

---

5   예문을 만들기 위해 특정 단어나 구절을 말하는 하는 것과 같은 상황 – 옮긴이

세 번째 검색 결과는 여기에서 가중치를 조금 덜 부여하는 식이다. 준거 데이터에 대해 어노테이터는 DCG를 최대화하는 응답 후보의 순위를 생성해 평가한다. 즉, 최적의 순위는 가장 관련성이 높은 결과를 1위로, 두 번째로 관련성이 높은 결과를 2위로 하는 방식일 것이다. 이 순위를 실제 예시와 가장 가깝게 작성하는 사람이 좋은 어노테이터일 것이다.

일반적으로 무작위 확률이 낮은 "짚더미에서 바늘 찾기$^{needle-in-the-haystack}$" 식의 검색과 추천 시스템에 대한 너무나도 많은 잠재적 응답이 존재한다. 때문에 정보 검색에서 DCG를 무작위 확률로 조율하는 것은 흔치 않은 일이다. 즉, 데이터는 희소하며 무작위 확률이 종종 0에 가깝다.

희소성은 사실상의 무작위 샘플링도 막는다. 어노테이터가 웹 검색엔진에서 "농구공"을 검색해 무작위로 선택된 페이지에서 결과를 선택해야 하는 경우, 모든 결과가 무관할 가능성이 있다. 웹 검색엔진뿐만 아니라 쇼핑 사이트에서 "농구공"을 검색해 무작위 상품이 나오는 경우도 마찬가지다. 어노테이션 인터페이스에는 무작위 샘플 대신 연관된 결과를 반환하기 위해서 현재의 모델을 적용해야 한다.

0–1 점수를 얻기 위해서는 정규화된 할인 누계 이익$^{NDCG, Normalized Discounted Cumulative}$ ^{Gain}을 계산한다. NDCG는 어노테이터의 실제 점수를 가장 높은 점수로 나눈 것으로 어노테이터에게 제공된 준거 데이터를 통해 얻은 완전한 순위를 가지고 계산한다. 이 점수는 전체 후보가 아닌 대략 10~15개의 정도의 후보를 어노테이터가 본 것에 기반해 정규화하는 것으로, 정보 검색에서 무작위 확률로 조정된 정확도에 대한 가장 일반적인 대안이다.

정보 검색 시스템은 가능성이 높은 후보를 과대 샘플링하기 때문에, 높은 가능성을 가진 항목만을 후보로 반환하므로 편향을 증폭시킬 가능성이 있다. 잠재적 선택의 다양성을 증가시키기 위해 소수의 낮은 확률 결과를 추가함으로써, 잠재적으로 이러한 편향에서 균형을 가져올 수 있다. 이러한 경우 NDCG를 사용해야 한다. 그렇지 않으면 어노테이터의 점수가 인위적으로 낮아지게 될 것이다.

정보 검색 시스템은 최종 사용자의 선택에 의해 튜닝이 되더라도 여전히 편향이 일어날 수 있다. 대부분의 검색 질의는 빈도는 높지만 개수는 적은 문구일 가능성이 높기 때문이다. 모델을 튜닝하기 위해서 고용된 어노테이터들은 평가해야 할 문구를 불균형적으로 다양하게 제공함으로써 학습 데이터의 균형을 맞추도록 할 수 있다. 학습 데이터의 양이 어노테이터나 최종 사용자로부터 얼마나 오는지 알게 되면 능동학습 전략에도 활용할 수 있다.

연관성에 대해 최적화하지 않을 것이기 때문에 때로는 정보 검색을 통해 어노테이터에게 연관성을 판정하도록 요청하는 즉, 누군가를 시뮬레이션하는 것은 불가능할 것이다. 이러한 경우는 머신러닝 모델을 비즈니스 기반 지표에 따라 최적화해야 하는 경우가 많다. 즉, 1인당 구매 횟수, 검색이나 구매 사이의 클릭 수나 시간, 향후 6개월 동안의 고객 가치 등이다. 이러한 지표들은 모델의 실제 사용에 관한 것으로 오프라인 지표인 F-점수나 IoU와 다르게 온라인 지표라고 부르기도 한다.

정보 검색 시스템은 정보 검색 시스템에 도움이 되는 추가 특징이나 메타 데이터를 제공하기 위해 다른 유형의 머신러닝을 사용하기도 한다. 예를 들어 영화에 대해서 영화의 장르가 태깅될 가능성이 높으며, 추천 시스템은 당신이 좋아할 것이라고 생각하는 장르의 영화를 제안할 것이다. 정보 시스템에 투입되는 작업의 예는 다음과 같다.

- 검색 결과를 좁히기 위해 "농구" 검색을 "스포츠 장비" 유형으로 분류하는 등 주제별 질의 문구를 레이블링
- 사용자가 특정 제품의 사진을 업로드하는 방식으로 해당 제품을 검색할 수 있도록 하는 객체 검출 수행
- 사용자의 취향에 맞는 음악 추천을 하기 위해 음악을 '행복감uplifting'이나 '어두움'과 같은 범주로 분류하는 등 콘텐츠 장르에 대한 레이블링
- 지리 검색을 개선하기 위해 상점이 식료품점인지 소매점인지 분류하는 등 지도에서 위치 유형에 대한 레이블링
- 고급 검색 시스템을 지원하기 위해 제품의 이름, 크기, 색상, 브랜드 및 유사한 품질 제품을 추출하는 등 콘텐츠 내 시퀀스 데이터 추출

어떤 경우든 레이블링, 객체 검출, 시퀀스 레이블링 등의 작업은 정보 검색 자체보다는 단순하다. 그러나 정보 시스템에 의해서 사용되는 이런 구성 요소들은 사용자가 얼마나

자주 해당 기업의 웹 사이트에 접속하는지 등과 같은 사용자 행동에 최적화된다. 이러한 경우, 실제 정보 시스템을 만드는 사람들은 이러한 구성 요소의 중요성을 추적한다.

정보 검색에서 또 다른 유용한 기술은 질의의 재구성^{reform}이다. 질의 재구성은 대부분의 검색엔진에 의해 사용되는 증강 기술 전략이다. 만약 어떤 사람이 "BBALL"을 검색하고, 아무 결과도 클릭하지 않고 즉시 "Basketball"을 검색한다면, 이는 "BBALL"과 "Basketball"이 밀접한 관련이 있다는 것을 말해주고 "Basketball"의 검색 결과는 "BBALL"의 검색 결과와 비슷해야 한다. 이 단순하면서도 영리한 기술을 통해 노력 없이 추가 학습 데이터를 생성할 수 있으며, 최종 사용자가 선호하는 상호작용 방식에 더욱 가깝게 모델을 적응시킬 수도 있다.

10.6.2 다중 필드 작업을 위한 어노테이션

어노테이션 작업에 여러 필드가 있는 경우 하위 작업으로 쪼개고, 워크플로우에서 각 하위 작업들을 연결하도록 고려해야 한다. 어느 방법이건 작업 전체를 비롯해 추가적인 개별 필드에 대해서도 품질을 평가해야 한다. 다음과 같은 문장에서 발생한 발병 추적의 예를 떠올려보자.

"The E-Coli outbreak was first seen in a San Francisco supermarket"

이 사건에서 구체적으로 정보를 추출해야 한다면 아마도 다음과 같이 어노테이션을 작성해야 할 것이다.

질병: E-Coli, 지명: San Francisco

따라서 "질병"과 "지명"에 대한 정확도를 개별적으로 평가하고 전체 이벤트에 대한 정확도를 평가할 수 있다. 이 예제는 간단하지만 모든 텍스트가 이처럼 명백하진 않다는 것을 유념하길 바란다. 다음 두 가지 예를 생각해보겠다.

"The E-Coli outbreak was first seen in a supermarket far from San Francisco"

"E-Coli and Listeria were detected in San Francisco and Oakland respectively"

첫 번째 예제에서는 지명을 포함하고 싶지 않다. 두 번째 예제에는 개별적으로 수집하려는 두 가지 사건이 함께 있다. 이 작업은 단순히 문장의 모든 지명을 모든 질병과 일치시키는 문제가 아니고, 좀 더 복잡한 어노테이션과 머신러닝 문제다. 이 작업을 하위 작업으로 나눠, 다음과 같은 3개의 개별적인 레이블링 작업이 되도록 머신러닝을 이용해 반자동화해야 한다.

- 이들이 질병의 발병에 대해 이야기하고 있는지 "예/아니오" 형식으로 문장을 레이블링하기
- 후보 지명과 후보 질병 레이블링하기
- 동일한 사건으로 지명과 질병의 조합 후보 레이블링하기

올바른 워크플로우, 인터페이스, 검토 및 판단 과정을 통해 복잡한 사건에 어노테이션을 다는 시스템은 전체 사건에 대한 것보다 품질 관리 측면에서 훨씬 쉬운 일련의 레이블링 작업이 될 수 있다.

이 예제와 같은 대부분의 복잡한 어노테이션 작업은 더 간단한 작업으로 나눌 수 있다. 정확한 인터페이스, 품질 관리와 머신러닝이라는 구성 요소들은 작업을 나누는 방법, 가용한 인력의 크기 및 작업 자체의 특성에 따라 달라질 수 있다. 그러나 대다수에게는 머신러닝 예측에 기반해 복잡한 작업을 단순한 리뷰 작업으로 나누는 방식이 수월할 것이다.

10.6.3 비디오를 위한 어노테이션

이미지에 대한 품질 제어 방법의 대부분을 비디오의 객체 검출이나 의미 분할에도 동일하게 적용 가능하다. 동영상에서 시점이나 분할 영역^{segment}을 식별하려는 경우, 연속값 데이터나 시퀀스 레이블링에 적용한 방법도 적용할 수 있다.

객체 추적의 경우 위치 지정(경계 상자), 시퀀스 레이블링(객체가 출현하는 프레임), 레이블링(객체에 적용되는 레이블) 방법을 결합해야 한다. 이러한 예제와 같이 단일 어노테이터의 정확도 점수로 결합하기보다는 이러한 지표를 개별적으로 추적하는 것이 더 수월하다.

어떤 비디오 어노테이션 작업에 대해서는 순수하게 시퀀스 레이블링 작업처럼 다룰 수도 있다. 예를 들어 자동차를 운전하는 사람을 기록하는 카메라가 도로를 보고 있지 않은 것처럼 보일 때, 그 시퀀스를 어노테이션하도록 할 수 있다. 그리고 이 작업에는 시퀀스 레이블링 방법을 적용 가능할 것이다.

비디오의 객체 검출이나 의미 분할에 대한 준거 데이터는 일반적으로 개별 프레임 단위로 산출한다. 비디오의 길이가 매우 다양하다면 모든 비디오에 걸쳐 프레임을 무작위로 샘플링하는 대신(더 긴 비디오에 대한 편향이 주입될 가능성이 높음), 각 비디오 데이터에서 동일한 수의 프레임을 샘플링하는 것이 바람직하다.

비디오 작업에 대한 어노테이터 간 일치도는 레이블링, 객체 검출, 시퀀스 식별 등 평가되는 하위 작업에 따라 산출된다. 이러한 방법은 비디오의 어노테이션에도 적용되는 것이 바람직하다. 준거 데이터와 마찬가지로 단일 일치도로 산출하고 결합하기보다는 각 일치도를 개별적으로 추적하는 것을 추천한다.

비디오 어노테이션은 머신러닝을 이용한 자동화에 잘 들어맞는다. 예를 들어 어떤 머신러닝 모델은 객체의 움직임을 추적할 수 있으며, 어노테이터는 예측이 잘못된 경우에만 프레임을 수정하면 된다. 이 방법은 상당한 속도 향상을 제공할 수 있지만 모델의 편향이 이어질 수 있는 점도 유의해야 한다.

합성 데이터는 비디오 어노테이션에도 효과적일 수 있지만 다양성 측면에서는 제한적이다. 3D 시뮬레이션 환경에서 직접 객체를 생성한다면, 이 객체가 이동하는 위치에 대한 완벽한 어노테이션을 이미 보유하는 것이므로 동일한 예산의 수작업 어노테이션보다 다른 훨씬 많은 데이터를 만들 수 있을 것이다. 그러나 합성 데이터는 다양성이 부족할 가능성이 높으며, 데이터에 병리학적 오류pathological errors[6]를 주입해 실제 데이터에서의 모델의 성능을 악화시킬 수도 있다. 일반적으로 이 방법을 적용 시 주의하면서 실제 데이터와 결합해 사용해야 하며, 대표 샘플링을 사용해 어노테이터가 합성 데이터와 가장 다른 실제 데이터에 대해 작업할 수 있도록 해야 한다.

---

6   시스템에 재앙을 일으킬 수도 있는 오류 - 옮긴이

10.6.4 오디오 데이터를 위한 어노테이션

음성 어노테이션 전문가들은 고도로 전문화된 어노테이션 도구를 보유하고 있다. 이를테면 전문가용 전사기^{transcriber}는 녹음 기록을 앞뒤로 빠르게 이동할 수 있는 풋 페달을 사용한다. 음성 분할^{speech segmentation}과 전사 인터페이스^{transcription interface}는 컴퓨터보다 앞서 있으며, 이 분야의 전문화된 기술 중 상당수가 거의 1세기 전의 테이프 녹음기용으로 개발돼왔다. 11장에서 품질 관리 및 오디오 인터페이스 공통 부분에 대해 다룰 것이다.

오디오는 어노테이션 요구 사항에 따라 레이블링 작업, 시퀀스 작업 또는 생성 작업으로 어노테이션을 처리할 수 있다. 사람의 발화가 발생하는지 여부를 식별하는 것이 레이블링 작업이고, 특정인이 말할 때에 대해 어노테이션하는 것이 시퀀스 작업이며, 발화를 전사하는 것은 생성 작업이다. 각 기술은 각 작업에 적용이 가능하다.

합성 데이터는 일반적으로 음성 데이터에서는 흔하며, 특정인에게 특정 구절을 말하도록 하는 것이 일반적이다. 공개된 자료 중에서 다양한 언어로 말하는 사람들의 기록이 많진 않다. 녹음에 의한 음성 데이터는 대체로 민감한 경우가 많다. 그렇기 때문에 휴대폰 회사와 같이 음성 데이터를 많이 기록할 수 있는 기업이라 할지라도 그러한 음성 데이터를 기록해서는 안 되며, 어노테이션하는 사람이 해당 데이터를 들어도 문제가 없는지 유의해야만 한다. 그래서 보통은 누군가에게 텍스트를 소리 내 읽도록 하고 이를 녹음하는 것이 대부분의 음성 인식 데이터셋을 만드는 주된 방법이다.

또한 합성 데이터는 언어의 다양성을 보장하기 위해서도 사용되곤 한다. 예를 들어 특정한 음소 조합(음성의 최소단위)은 대부분의 언어에서는 희귀한 편이다. 학습 데이터에 더 희귀한 조합이 존재하는지 확인하기 위해 사람들에게 종종 무의미한 스크립트를 주고 소리 내 읽도록 한다. 이런 경우 더 희귀한 음소 조합을 포함하기 위해 단어들을 신중하게 선택한다. 다른 억양을 가진 사람들에게도 이 방식을 반복하기도 한다.

보안에 대한 민감성으로 인해 스마트 기기를 만드는 회사들은 데이터를 수집하기 위해 만들어진 가짜 거실, 침실, 부엌 전체를 보유하고 있다. 배우들을 고용해 "기기를 마주보고 떨어져 소파에 앉으세요"와 같은 지침을 따르게 하는 동시에, 여러 가지 명령어를 말하면서 기기들과 상호작용하는 데이터의 수집을 목적으로 활용하기도 한다. 만약 당신이 이미 이러한 영역에서 일하고 있다면, 어떠한 상황도 미리 언급하지 않고 친구들과 가족들을 스튜디오 중 하나를 방문하도록 초대할 것을 추천한다. 무의미한 말을 하는 사람들로 가득한 중앙의 가짜 거실이 있는 크고 어두운 창고 같은 곳에 들어가는 일은 정말 이상한 일일 것이다. 이런 경험은 마치 모습을 바꾸는 외계인이 지구에 침입할 준비를 하는 것 같은 느낌이 든다.

10.7 다양한 머신러닝 작업을 위한 어노테이션 품질에 대한 더 읽을 거리

다양한 종류의 작업을 위한 품질 관리에 관한 논문은 이 책의 다른 주제에 비해 드물긴 하지만 어떤 논문에서는 10장에서 다뤘던 거의 모든 것과 동일하게 다루고 있다.

10.7.1 컴퓨터 비전 분야에 대해 더 읽을 거리

일치도에 대한 좋은 최신 논문은 조셉 나사르^{Joseph Nassar}, 비베카 파본하르^{Viveca Pavon-Harr}, 마크 보쉬^{Marc Bosch}, 이언 맥쿨러^{Ian McCulloh}의 「컴퓨터 비전 애플리케이션을 위한 크리펜도르프 알파를 사용한 어노테이션의 데이터 품질 평가^{Assessing Data Quality of Annotations with Krippendorff Alpha for Applications in Computer Vision}」(http://mng.bz/7Vqg)이다.

모든 종류 컴퓨터 비전 작업에 적합한 단 하나의 인터페이스는 없다는 것을 보여주는 심층 연구에 대해서는 쟝 Y. 송^{Jean Y. Song}, 레이먼드 포크^{Raymond Fok}, 앨런 룬드가르드^{Alan Lundgard}, 판 양^{Fan Yang}, 김주호^{Juho Kim}, 월터 라세키^{Walter S. Lasecki}의 「2개의 도구가 하나보다 좋다: 크라우드의 효율을 집계를 향상하기 위한 방법으로써 도구 다양성^{Two Tools Are Better Than One: Tool Diversity As a means of Improving Aggregate Crowd Performance}」(http://mng.bz/mg5M)이다. 또한 이 논문은 컴퓨터 비전에서 최신의 다른 어노테이션 작업을 참고하기 위한 자료로도 좋다.

모델뿐만 아니라 어노테이션에도 응용할 수 있는 컴퓨터 비전의 데이터 증강 기법을 다루는 리차드 셀리스키^{Richard Szeliski}의 저서 『컴퓨터 비전: 알고리듬과 응용 2판^{Computer Vision: Algorithms and Applications, 2nd edition}」(http://szeliski.org/Book)을 적극적으로 추천한다.

경계 상자 그리기와 리뷰 작업이 특정 이미지에 최적인지 여부를 자동화하는 흥미로운 예제는 크세니아 코니쉬코바[Ksenia Konyushkova], 재스퍼 위즐링스[Jasper Uijlings], 크리스토프 H. 램퍼트[Christoph H. Lampert], 비토리오 파라리[Vittorio Farrari]의 「경계 상자 어노테이션을 위한 지능형 대화학습[Learning Intelligent Dialogs for Bounding Box Annotation]」(http://mng.bz/5jqD)을 참고하길 바란다.

10.7.2 자연어 처리 어노테이션을 위한 더 읽을 거리

자연어 처리와 관련해, 론 아르스테인[Ron Artstein], 마시모 포에시오[Massimo Poesio]의 『계산 언어학을 위한 코더 간 일치도[Inter-Coder Agreement for Computational Linguistics]』(http://mng.bz/6gq6)는 시퀀스 레이블링과 중복되는 범위와 토큰이나 분할 영역을 식별하는 복잡성에 대한 논의에 대해 특별한 강점이 있는 좋은 기본서다.

언어 생성에 있어서 최근의 좋은 논문 중 하나는 야코포 아미데이[Jacopo Amidei], 폴 피웍[Paul Piwek], 앨리스테어 윌리스[Alistair Willis]의 「일치도는 과대평가됐다. 수작업 평가의 신뢰도를 평가하기 위한 상관관계에 관한 사유[Agreement is overrated: A plea for correlation to assess human evaluation reliability]」(http://mng.bz/opov)이다. 이 논문에서 머신러닝 모델의 출력값을 평가하는 것에 대해 이야기하고 있어서, 이 방법은 평가 데이터에 초점을 맞추고 있긴 하지만 학습 데이터에도 적용이 가능하다.

사전 훈련된 모델을 활용하는 머신러닝 방법을 통해 텍스트 생성을 평가하기 위한 자동화 기법을 살펴보는 최신 논문은 티볼트 셀람[Thibault Sellam], 디판잔 다스[Dipanjan Das], 안쿠르 P. 파리크[Ankur P. Parikh]의 「BLEURT: 텍스트 생성을 위한 강건한 지표학습[BLEURT: Learning Robust Metrics for Text Generation]」(http://mng.bz/nM64)이다. 텍스트 생성 시스템의 품질을 평가하기 위한 자동화된 접근 방식에 대한 최신 연구는 이 논문 내의 참조 항목을 살펴보길 바란다.

10.7.3 정보 검색에 대한 어노테이션 관련 더 읽을 거리

이타이 에이브러햄Ittai Abraham, 오마르 알론소Omar Alonso, 바실레이오스 칸딜라스Vasileios Kandylas, 라제쉬 파텔Rajesh Patel, 스티븐 쉘포드Steven Shelford, 알렉산드르 슬리브킨스 Aleksandrs Slivkins의 「얼마나 많은 어노테이터를 요청해야 하나?: 고품질 레이블 수집을 위한 적응형 탐색How Many Workers to Ask?: Adaptive Exploration for Collecting High Quality Labels」(http://mng.bz/vzQr)을 참고하길 바란다.

요약

- 모든 머신러닝 작업은 준거 데이터, 어노테이터 간 일치도, 작업의 하위 작업 분할, 전문가 리뷰와 판정 작업, 합성 데이터, 머신러닝을 통한 (준)자동화 등과 같은 어노테이션 전략을 활용할 수 있다. 각 접근법은 작업, 데이터 및 해결하려는 문제에 따라 장단점이 다르다.

- 연속값 데이터에 대한 작업은 허용 가능한 답변의 범위를 수용할 수 있으며, 경우에 따라서는 특정 항목에 대한 어노테이션의 평균값 대신 최상의 어노테이터의 어노테이션을 받아들이는 것이 더 나은지 여부를 결정하기 위해 집단 지성을 사용해야 할 수도 있다.

- 객체 검출 작업은 위치 지정의 정확도와 레이블 정확도를 개별적으로 추적해야 한다. IoU는 비슷한 수준의 어노테이터를 평가할 때 더 큰 면적에 대해 상대적으로 낮은 점수를 생성하므로 주의해야 한다.

- 의미 분할 작업에서는 전문 어노테이터가 전체 이미지에 대해 다시 어노테이션을 하는 대신, 불일치 영역을 판정할 수 있는 리뷰 작업의 장점을 누릴 수 있다.

- 시퀀스 레이블링 작업은 일반적으로 인간 참여 시스템을 적용해 후보를 생성하는데, 중요한 시퀀스가 상대적으로 희귀한 경우에 특히 유용하다.

## Part 4

머신러닝을 위한 인간-컴퓨터 상호작용

마지막 두 장은 효과적인 어노테이션을 위한 인터페이스에 대한 심도 있는 분석과 인간 참여 머신러닝 애플리케이션의 세 가지 예를 소개한다. 이 2개의 장에서는 지금까지 이 책에서 배운 모든 내용을 종합해 데이터 샘플링 및 어노테이션 전략이 어떻게 인터페이스 설계 전략에 영향을 주는지도 설명한다. 가장 최적의 시스템은 모든 요소를 염두에 두고 전체론적 관점으로 설계될 것이다.

11장에서는 어노테이션 인터페이스에 인간-컴퓨터 상호작용의 원리를 적용하는 법과 어노테이션 프로세스를 자동화하는 다양한 유형의 인터페이스를 소개할 것이다. 11장에서는 각 유형의 인터페이스를 구현하는 데 필요한 어노테이션의 효율, 품질, 어노테이터의 주체성, 엔지니어링 활동(구현량) 사이의 주요한 트레이드 오프에 대해서도 다룬다.

12장에서는 인간 참여 머신러닝 애플리케이션 제품을 어떻게 정의할 수 있을지 간략히 논의하고, 3개의 예제 애플리케이션 구현을 위해 차례대로 훑을 것이다. 이들 시스템은 각각 짧은 텍스트에 대한 탐험적 데이터 분석용 시스템, 텍스트에서 정보를 추출하는 시스템, 이미지 레이블 작업의 정확도를 극대화하려는 시스템이다. 각 예제에서는 이 책에 망라된 여러 전략에 대한 잠재적인 확장 방법을 열거할 것이며, 이는 여러분이 첫 번째 애플리케이션을 배포한 후 어떻게 인간 참여 머신러닝 시스템을 확장해야 하는지 비판적으로 평가하는 데 도움이 될 것이다.

11

데이터 어노테이션을 위한 인터페이스

11장에서는 다음의 주제를 다룬다.
- 인간-컴퓨터 상호작용의 기본 원리 이해하기
- 어노테이션 인터페이스에 인간-컴퓨터 상호작용 원리 적용하기
- 인간과 인공지능의 장점을 극대화하기 위해 이 둘을 결합하기
- 다양한 수준의 머신러닝을 통합해 인터페이스 구현하기
- 기존 작업 관행의 중단 없이 애플리케이션에 머신러닝 추가하기

이전 10개의 장을 통해서 인간-컴퓨터 인터페이스의 중요한 요소를 제외한 인간 참여 머신러닝에 대한 전반적인 내용을 다뤘다. 11장에서는 어노테이션의 효율성과 정확도를 극대화하는 인터페이스를 구축하는 방법에 대해 다룰 것이며, 인터페이스 선택에 따른 트레이드 오프에 대해서도 다룬다. 모든 종류의 작업에 적용할 수 있는 유일한 인터페이스 규칙은 존재하지 않기 때문에 작업과 어노테이터에 따라 최선의 사용자 경험이 무엇인지 인지하고 결정을 내려야 한다.

텍스트에서 발병^{outbreak}에 대한 정보를 추출해야 한다고 가정해보자. 이미 이 작업을 수동으로 완료하고 있는 도메인 전문가를 보유한 경우, 기존 작업 방식을 중단하지 않고 해당 전문가가 사용하고 있는 애플리케이션을 몇 가지 간단한 머신러닝 기반으로 확장할

수 있다. 비전문 어노테이터와 함께 수행하는 경우, 대부분의 어노테이터가 모델의 예측을 단순히 수락하거나 거부할 수 있는 새 인터페이스를 만들 수 있다. 이런 인터페이스는 품질 관리를 더 쉽게 하면서 효율성을 극대화할 수 있기 때문이다. 두 유형의 인력을 모두 보유한 경우, 각 인력에 적합한 인터페이스를 사용하는 식으로 2개의 인터페이스를 모두 적용할 수 있다.

어떤 종류의 인터페이스이든 간에 잘못된 설계는 어노테이션 프로세스 전체의 품질과 효율성에 영향을 미칠 수 있다. 그러므로 적절한 사람에게 적합한 인터페이스를 구축하는 것은 머신러닝과 기존 방식을 섞기 전에 고민해야 할 복잡한 문제다. 11장에서는 어노테이션 작업에 적합한 인터페이스를 설계하는 기본 도구를 제공한다.

11.1 인간-컴퓨터 상호작용의 기본 원리

우선 어노테이션용 도구 구축을 위한 몇 가지 인터페이스 규칙을 살펴보자. 이러한 애플리케이션 개발을 위한 규칙과 라이브러리는 사용자 경험과 인간-컴퓨터 상호작용 분야의 전문가 의해 발전되고 최적화돼왔기 때문에 개선하기가 까다로울 수 있다. 경우에 따라서는 여러 규칙을 다중 선택해야 할 수도 있다. 이 절은 이런 선택 사이의 장단점을 이해하는 데 도움이 될 것이다.

11.1.1 행동유도성, 피드백과 주체성

행동유도성affordance은 사물이 우리가 동작하기를 인식하는 방식으로 기능해야 한다는 것을 견지하는 디자인 개념이다. 예를 들어 물리적인 세계에서 문 손잡이는 여러분이 돌릴 수 있을 것 같아 보여야 하고, 문은 활짝 열려야 할 것 같아 보여야 한다. 온라인 세계에서 애플리케이션의 버튼은 클릭할 수 있는 것처럼 보여야 한다. 온라인 시스템에서의 예로는 페이지 상단의 메뉴 시스템을 가리키면 탐색 옵션이 표시되고 +를 클릭해 숨겨진 콘텐츠를 확장하며 ?를 클릭해 도움말에 접근할 수 있다.

피드백은 사용자 경험의 행동유도성을 보완하는 것이다. 어떤 버튼을 클릭하면 일부 애니메이션, 메시지나 기타 이벤트로 어노테이터에게 자신의 작업이 기록됐음을 알려야 한다. 피드백은 사용자에게 그들이 인지한 행동유도성이 실제이거나 그들의 인식이 부정확(사용자가 취한 행동이 없거나 행동이 적절하지 않음을 나타내는 징후)하다고 구분지어 줌으로써 행동유도성을 검증한다.

좋은 행동유도성과 피드백을 지닌 인터페이스는 직관적으로 사용하기 쉽다고 느끼기 때문에 규칙들이 지켜지지 않는 경우 아주 쉽게 알아차릴 수 있다. 클릭해도 아무 동작도 하지 않는 버튼은 무언가 잘못된 느낌이 들고, 만약 버튼이 그냥 테두리 상자처럼 보이면 버튼의 존재를 알아차리지 못할 수도 있다. 잘못 만들어진 웹 사이트에서 이러한 유형의 버튼을 발견할 수도 찾을 수도 있는데, 어노테이션 인터페이스에서 해서는 안 되는 실수다(숨겨진 책장 출입구는 이러한 규칙을 어기기 때문에 재미있긴 하지만 이러한 규칙을 어기는 것은 어노테이션 작업을 할 때에는 전혀 즐겁지 않을 것이다).

UI 프레임워크 내에서 기존 요소를 사용하는 것은 일반적으로 좋은 설계와 행동유도성을 내재하는 데 도움이 된다. 웹 기반 인터페이스를 사용하는 경우 단일 선택을 위한 라디오 버튼, 다중 선택을 위한 체크 상자check box 등 권장 컨텍스트에서 현존 HTML 양식 요소를 사용하는 것이 좋다.

현존 UI 구성 요소를 사용하면 접근성도 향상된다. 버튼을 위해 자체적으로 만드는 대신 기본 HTML 요소를 사용하는 경우, 해당 요소를 번역하거나 텍스트에서 음성을 만드는 누군가를 지원하는 것이 좋다.

주체성agency은 사용자가 갖는 힘과 주인 의식에 대한 느낌이라고 할 수 있다. 잘 설계된 행동유도성과 피드백은 어노테이터들에게 개별적 행위에 대한 주체성을 제공한다. 또한 주체성은 어노테이터 경험을 더 전체적으로 나타내기도 한다. 다음은 어노테이터가 자신의 업무에서 주체성을 느끼는지 확인하기 위해 물어볼 만한 질문이다.

- 어노테이터들은 인터페이스로 자신들이 중요하다고 생각하는 모든 정보에 어노테이션을 하거나 표현할 수 있다고 느끼고 있는가?

- 어노테이터는 자신의 일이 그들이 수행하고 있는 프로젝트에 어떤 도움을 주고 있는지 느낄 수 있는가?
- 머신러닝의 도움을 받는 인터페이스를 사용하고 있는 경우 머신러닝이 자신들의 업무를 향상시키는 것으로 인식하고 있는가?

11장에서는 다양한 종류의 행동유도성과 피드백의 예시를 제공하고 각 예제가 어노테이터의 주체성과 어떻게 연관돼 있는지 살펴볼 것이다.

어노테이션 인터페이스에 대해 사람들이 저지르는 가장 큰 실수 중 하나는 게임에서 사용되는 규칙을 차용하는 것이다. 7장에서 언급한 바와 같이 유급 업무를 게임화하는 것을 추천하지 않는다. 게임과 같은 환경에서 유급 업무를 어노테이터에게 강요하는 경우, 이 방법이 어노테이션할 수 있는 가장 효율적인 방법처럼 느껴지지 않는다면 이 업무는 금세 짜증을 유발하게 될 것이다. 어노테이션 작업을 게임화하지 않는 이유에 대한 상세한 내용은 다음 관련 기사를 참조하길 바란다.

훌륭한 인터페이스는 양적으로도, 질적으로도 좋은 결과를 낳는다.
전문가 일화. 아이네스 몬타니

내가 사람들에게 어노테이션에 적합한 인터페이스에 대해 말할 때마다 주된 반응은 바로 "왜 그런 부분에 신경을 쓰시나요? 어노테이션을 수집하는 데는 큰 비용이 들지 않기 때문에 도구가 2배나 빠르더라도 여전히 별 가치가 있는 것은 아닙니다"이다. 이 관점은 다소 문제가 있다. 먼저 많은 프로젝트가 어노테이션의 상당량을 담당할 변호사, 의사, 엔지니어와 같은 전문가의 참여를 필요로 한다. 더 근본적으로 비록 여러분이 사람들에게 많은 돈을 지불하지 않더라도 여러분은 여전히 그들의 일에 관심을 가져야 한다. 그리고 작업이 실패하기 쉽게 설정돼 있다면, 사람들은 좋은 작업 결과를 가져다줄 수 없다. 잘못된 어노테이션 프로세스는 종종 어노테이터에게 예제, 어노테이션 체계, 인터페이스 사이에서 초점을 왔다 갔다하도록 만드는데, 이로 인해 능동적으로 집중력을 유지해야 하고, 빠르게 지치게 만들기도 한다.

나는 AI 분야에서 일하기 전에 웹 프로그래밍 분야에서 일했다. 그래서 어노테이션과 시각화 도구는 내가 처음으로 생각하기 시작한 AI 소프트웨어다. 특히 게임 속 보이지 않는 인터페이스로부터 영감을 받았다. 어떻게 해야 할지가 아니라 무엇을 해야 할지 생각하게 만드는 것 말이다. 그러나 업무를 게임처럼 재미있게 만드는 것이 게임화는 아니다. 그것은 어노테이터들에게 작업을 잘 진행할 수 있도록 최선의 기회를 주기 위해 인터페이스를 가급적 매끄럽고 몰입감이 있도록 만드는 것이다. 이러한 접근 방식은 더 나은 데이터를 제공하고 데이터를 만드는 사람들을 더 존중하는 결과를 만들어낸다.

아이네스 몬타니(Ines Montani)는 익스플로전(Explosion)의 공동 설립자이고, 스파이시(spaCy)의 핵심 개발자이면서 프로디지(Prodigy)의 수석 개발자기도 하다.

11.1.2 어노테이션을 위한 인터페이스 설계

단순 레이블링 작업의 경우, 좋은 행동유도성과 피드백은 권장 목적에 따라 현존 구성 요소를 적용하는 것이 필수적이다. 사용 중인 프레임워크에는 단일 또는 다중 선택, 텍스트 입력, 드롭다운 메뉴 등의 요소가 있어야 한다.

어떤 프레임워크는 더 정교한 폼 요소를 제공하기도 한다. 예를 들어 리액트 네이티브 React Native 자바스크립트 프레임워크는 일반적인 폼 입력 외에도 자동 완성 구성 요소를 제공하고 있다. 사용자와 어노테이터가 다른 웹 애플리케이션에서 이런 자동 완성 기능을 사용해봤을 수도 있고, 리액트 네이티브 인터페이스의 설계 규칙에 익숙해지게 됐다면, 자체적으로 자동 완성 기능을 만드는 대신 현존하는 프레임워크를 선택함으로써 사용 편의성을 증대시킬 수도 있을 것이다.

관습은 변화하므로 인터페이스를 구현하려는 경우 최신의 것을 계속해서 추적해야 한다. 예를 들어 자동 완성은 최근에야 인기를 얻게 됐는데 5년 전에는 대형 메뉴 시스템이나 라디오 버튼을 사용하던 수많은 웹 사이트가 이제는 자동 완성을 적용하고 있다. 그러한 규칙들이 어떤 것이든 간에 어노테이션 인터페이스는 최신의 규칙에 기반해 만들어야 한다.

시퀀스 레이블링 작업의 경우, 키보드나 마우스 또는 둘 다 이용하는 어노테이션 방법을 선택할 가능성이 높다. 키보드 기반의 어노테이션 작업은 화살표 키를 사용해 어노테이터가 앞뒤 영역으로 이동할 수 있어야 한다. 마우스 기반 어노테이션은 어노테이터가 영역을 가리키거나 클릭할 수 있어야 한다. 두 경우 모두 행동유도성은 어노테이션의 범위가 명확하도록 어떤 방식으로든 초점을 둘 영역이 강조 표시되도록 해야 한다.

객체 검출과 의미 분할 작업의 경우, 가장 널리 사용되는 UI 프레임워크로는 충분하지 않다. HTML용 표준 UI 라이브러리로는 의미 분할 작업을 위한 픽셀 레이블링의 구현이 불가능하다. 이러한 작업에서는 이미지 편집 소프트웨어의 규칙을 차용해야 한다. 비슷한 픽셀의 영역을 포착하는 상자, 폴리곤, 스마트 도구를 통해 영역을 선택할 수 있는 기능 등을 통해서 행동유도성을 기대할 수 있을 것이다.

사람들이 태블릿이나 전화기로 어노테이션을 달아야 하는 경우, 행동유도성에 이미지를 확대하기 위한 핀치 동작[1]과 탐색을 위한 스크린 스와이프 동작[2]을 포함해야 한다. 어떤 웹 프레임워크는 태블릿과 전화기에서 잘 작동하지만 그렇지 않은 프레임워크도 존재한다. Android 및 iOS 운영체제의 전화기 및 태블릿의 네이티브 인터페이스로 구축하는 것을 고려할 수도 있지만, 이러한 종류의 어노테이션 인터페이스는 거의 사용되지 않는다. 대개 장시간 작업의 경우 컴퓨터에서 작업하는 것을 선호하기 때문이다.

11.1.3 안구 움직임과 스크롤링 최소화하기

어노테이터가 스크롤할 필요가 없도록 어노테이션 작업의 모든 구성 요소를 한 화면에 유지해야 한다. 또한 모든 요소(지시 사항, 입력 필드, 어노테이션해야 할 항목 등)를 어노테이션과 동일한 위치에 둬야 한다. 항목의 크기가 다른 경우가 있다면 다른 크기의 항목이 화면에 표시될 때 테이블, 열과 그밖의 레이아웃을 사용해 입력 필드와 항목이 움직이지 않도록 하거나 화면에서 안 보이는 일이 없도록 해야 한다.

온라인 콘텐츠를 읽을 때 스크롤로 인한 피로감을 경험한 적이 있을 것이다. 사람들은 화면을 처음 봤을 때 원래는 한 화면에 들어가는 것이 가능할 법한 콘텐츠에서 무언가를 찾기 위해 스크롤해야 한다면 집중하기 어렵고 혼란스러워하게 된다. 이와 비슷한 개념으로 신문을 접었을 때 가장 중요한 내용이 한 번에 보이도록 우선순위화하는 것이 "1면 상단부에*above the fold*"라는 말로 알려져 있다. 이 말은 어노테이션에도 동일하게 적용된다. 모든 콘텐츠가 한 화면에 들어갈 수도 있는 것이었다면, 어노테이터는 스크롤로 인해 더

---

1   엄지와 검지를 모았다가 퍼지며 확대하도록 유도하는 동작으로 아이폰에서 이미지를 확대하는 동작을 일컫는다. - 옮긴이
2   검지 등의 손가락으로 스크린을 한쪽에서 다른 한쪽으로 쓸어내는 동작을 일컫는다. - 옮긴이

느리고 더 답답한 경험을 하게 될 것이다.

어노테이션에 대한 지시 사항과 가이드라인으로 인해 화면 위에 모든 정보를 맞추는 데 문제가 발생할 수 있다. 어노테이터를 위한 자세한 지시 사항을 표시하는 것이 바람직하지만 그렇게 하면 지시 사항들이 화면의 많은 부분을 차지하게 될 것이다. 또한 어노테이터가 지시 사항을 기억할 정도로 작업을 충분히 진행한 후에도 이 지시 사항들이 반복적으로 나타날 수 있어서, 더 이상 필요치 않은 이전의 지시 사항을 계속해서 스크롤하는 것은 불만을 유발할 수도 있다. 가장 간단한 해결책은 필요할 때 확장될 수 있도록 지시 사항을 접을 수 있도록 하는 것이다. 다른 방안은 일부 또는 모든 지시 사항을 관련 필드로 이동해 해당 필드에 대해 포커스가 있을 때만 지시 사항을 표시하는 것이다. 세 번째 옵션은 지시 사항을 별도의 페이지에 두고 어노테이터가 브라우저 창을 조정해 별도의 어노테이션과 지시 사항 창을 볼 수 있도록 하는 것이다. 세 번째 옵션을 선택하는 경우, 설계 시 어노테이션 창이 더 작아지도록 고려해야 한다.

효과적인 설계를 고려할 때 하지 말아야 할 것을 예시로 시작하는 것이 가장 손쉬운 방법이다. 그림 11.1은 훌륭한 UI 설계의 대부분의 규칙을 위반하는 인터페이스의 예를 보여준다.

이제 그림 11.1과 어노테이터 친화적인 레이아웃을 가진 그림 11.2를 비교해보자. 그림 11.2의 인터페이스는 그림 11.1의 인터페이스보다 구현하기가 다소 어렵지만 소스 텍스트를 입력 필드 옆에 놓는 것과 같은 간단한 변경 사항의 일부만으로도 그림 11.1의 여러 문제를 해결하고 있다.

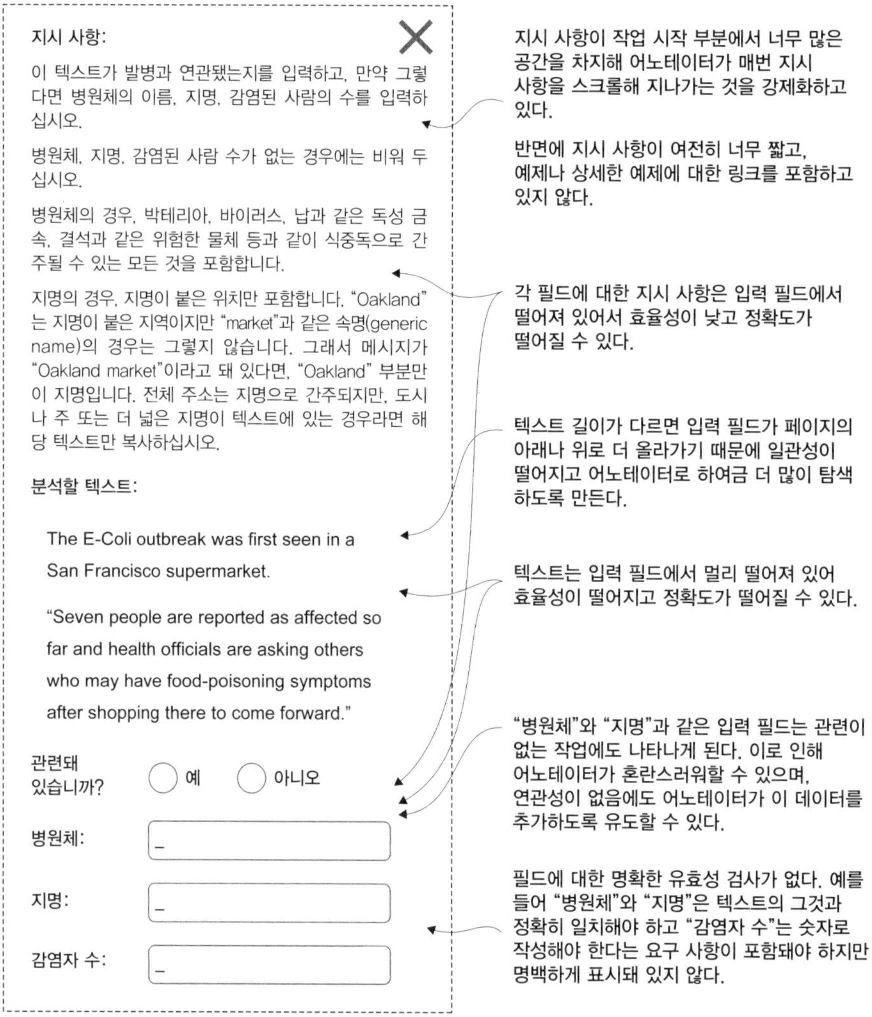

지시 사항:

이 텍스트가 발병과 연관됐는지를 입력하고, 만약 그렇다면 병원체의 이름, 지명, 감염된 사람의 수를 입력하십시오.

병원체, 지명, 감염된 사람 수가 없는 경우에는 비워 두십시오.

병원체의 경우, 박테리아, 바이러스, 납과 같은 독성 금속, 결석과 같은 위험한 물체 등과 같이 식중독으로 간주될 수 있는 모든 것을 포함합니다.

지명의 경우, 지명이 붙은 위치만 포함합니다. "Oakland"는 지명이 붙은 지역이지만 "market"과 같은 속명(generic name)의 경우는 그렇지 않습니다. 그래서 메시지가 "Oakland market"이라고 돼 있다면, "Oakland" 부분만이 지명입니다. 전체 주소는 지명으로 간주되지만, 도시나 주 또는 더 넓은 지명이 텍스트에 있는 경우라면 해당 텍스트만 복사하십시오.

분석할 텍스트:

The E-Coli outbreak was first seen in a San Francisco supermarket.

"Seven people are reported as affected so far and health officials are asking others who may have food-poisoning symptoms after shopping there to come forward."

관련돼 있습니까? ◯ 예   ◯ 아니오

병원체: _____

지명: _____

감염자 수: _____

지시 사항이 작업 시작 부분에서 너무 많은 공간을 차지해 어노테이터가 매번 지시 사항을 스크롤해 지나가는 것을 강제화하고 있다.

반면에 지시 사항이 여전히 너무 짧고, 예제나 상세한 예제에 대한 링크를 포함하고 있지 않다.

각 필드에 대한 지시 사항은 입력 필드에서 떨어져 있어서 효율성이 낮고 정확도가 떨어질 수 있다.

텍스트 길이가 다르면 입력 필드가 페이지의 아래나 위로 더 올라가기 때문에 일관성이 떨어지고 어노테이터로 하여금 더 많이 탐색하도록 만든다.

텍스트는 입력 필드에서 멀리 떨어져 있어 효율성이 떨어지고 정확도가 떨어질 수 있다.

"병원체"와 "지명"과 같은 입력 필드는 관련이 없는 작업에도 나타나게 된다. 이로 인해 어노테이터가 혼란스러워할 수 있으며, 연관성이 없음에도 어노테이터가 이 데이터를 추가하도록 유도할 수 있다.

필드에 대한 명확한 유효성 검사가 없다. 예를 들어 "병원체"와 "지명"은 텍스트의 그것과 정확히 일치해야 하고 "감염자 수"는 숫자로 작성해야 한다는 요구 사항이 포함돼야 하지만 명백하게 표시돼 있지 않다.

▲ **그림 11.1** 어노테이션용으로 잘못된 인터페이스의 예제. 이 인터페이스는 어노테이터가 화면 주위로 초점을 지속적으로 움직여야 하며, 입력 데이터의 길이가 화면 위의 객체들의 레이아웃을 변경할 수 있는데, 이로 인해 일관성이 떨어지게 된다. 이 인터페이스는 어노테이션 시 효율성과 정확성을 감소시킬 가능성이 있다.

그림 11.2의 장점 외에도 2열 레이아웃은 그림 11.1의 1열 레이아웃보다 수평 모니터에 더 적합할 가능성이 높다. 그러나 어노테이터가 사용하는 컴퓨터의 화면 크기와 해상도, 브라우저 등을 고려해야 할 필요가 있다.

어노테이터의 인력 유형과 작업 기간에 따라 이들을 위한 기기나 모니터의 구매를 고려해봐야 한다. 이는 처리량 및 정확성을 향상시키므로 구매할 값어치가 있으며, 엔지니어가 모든 브라우저와 화면 구성에 대한 호환성을 확인하는 데 소요되는 시간을 단축할 수 있다.

페이지 레이아웃에 대한 가정들을 이 절에서 다루지는 않을 것이다. 예를 들어 그림 11.1과 그림 11.2는 정도는 좀 덜하지만 좌측에서 우측 방향으로 레이아웃이 치우쳐 있다. 우측에서 좌측으로 언어를 사용하는 어노테이터에게 이러한 레이아웃이 직관적이지 않다. 이 주제에 대해 더 깊이 연구하기를 원한다면, 좋은 웹 디자인(특히 HTML 양식에 관한 좋은 디자인)에 관한 책을 읽어보길 추천한다.

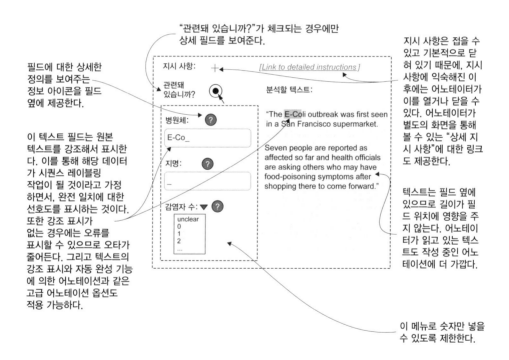

▲ **그림 11.2** 좋은 어노테이션 인터페이스 예시. 이 인터페이스에서는 어노테이션을 입력하는 필드 가까이에 원본 텍스트를 붙였다. 또한 어노테이터가 지시 사항을 볼 수 있도록 여러 옵션을 제공해 작업 디자인이나 레이아웃으로 인해 방해받지 않는다. 이 레이아웃이 더 효율적이고 사용하기 좋으며, 그림 11.1의 인터페이스보다 더 정확한 데이터를 얻을 수 있을 것으로 예상한다(인터페이스에는 분명한 제출(submit) 버튼과 어노테이터의 피드백을 위한 필드가 있어야 한다. 이 예제에서는 좀 더 깔끔하게 보이기 위해 이 버튼들을 생략했다).

11.1.4 단축키와 입력 기기

단축키는 거의 모든 어노테이션 프로젝트의 중심을 이루는 것이나 간과하기 쉽다. 단축키는 탐색과 입력을 도와준다.

마우스를 사용해 탐색하는 것은 키보드를 사용하는 것보다 훨씬 느리기 때문에 입력의 탭 순서(또는 탭 색인)에 관심을 갖는 것이 좋다. 대부분의 애플리케이션에서 탭을 누르면 포커스가 한 요소에서 다음 요소로 이동한다. 입력 양식은 일반적으로 한 양식에서 다음 양식으로 입력 포커스로 움직인다. 탭은 효율적인 어노테이션을 위한 가장 중요한 단축키이므로 사용자가 탭을 누를 때 입력 포커스의 순서가 직관적이어야 한다. 그림 11.3은 그림 11.2의 예제 인터페이스에 대한 기본 탭 순서를 보여준다.

이 인터페이스를 작동시키려면 탭 순서를 명시적으로 정의해야 한다. 예를 들어 그림 11.3에서 "병원체" 필드 뒤에 예상되는 탭 순서는 "지명" 필드이지만 기본 HTML 탭 순서는 "지명"에 대한 정보 아이콘(? 아이콘)을 다음 포커스로 지정할 수도 있다. tabindex= 를 사용해 HTML 내에서 오름차순으로 탭 순서를 정의하거나 JavaScript를 사용해 일부 요소에 대한 키 입력 결과를 명시적으로 정의할 수도 있다.

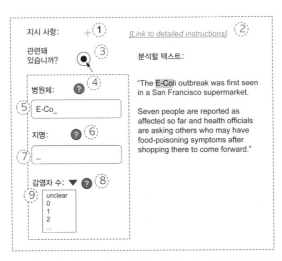

▲ **그림 11.3** 탭을 누름으로써 초점이 한 요소에서 다음 요소로 바뀌는 순서를 보여주는 탭 순서의 예. 이 인터페이스에는 웹 기반 인터페이스의 기본 포커스 순서가 될 수 있는 9개의 클릭 가능한 요소가 있지만, 이들 중 4개만이 어노테이션 작업을 위한 입력 필드이기 때문에 기본 순서와는 다른 순서를 정의해 작업을 개선할 수 있다.

화살표 키를 통한 탐색에서도 마찬가지다. 사용자가 키를 눌러 탐색할 때 초점을 맞추는 기본 순서(우측 화살표 키는 일반적으로 Tab 키와 동일)가 있지만, 해당 순서를 인터페이스에 가장 직관적인 순서로 명시적으로 변경하는 것이 좋다.

특정 키보드 기본 기능을 적용하지 않을지를 결정해야 할 수도 있다. 웹 양식을 사용하는 경우 Enter 키를 누르면 해당 양식을 제출한다. 새로운 줄을 포함하거나 자동 완성을 위한 Enter 키를 허용하는 텍스트 입력 필드가 있는 경우에는 제출^{submit} 버튼이 포커스돼 있지 않은 상태에서 Enter 키에 의한 작업 제출을 방지하도록 해야 한다. 마찬가지로 양식이 주로 자동 완성 필드로 구성돼 있고, 사용자가 탭을 사용해 필드를 완료하기를 원한다면 화살표 키나 Ctrl+Tab을 누를 때만 탭 기반 네비게이션을 허용해야 한다. 포커스를 올바르게 탐색하려면 몇 번의 테스트를 반복해봐야 한다.

모든 어노테이션 작업을 키보드 단축키로 만들 수 없다면, 어노테이터에게 작업에 가장 적합한 마우스나 트랙패드 입력을 제공하는 것을 고려해야 한다. 마이크, 카메라, 전문 녹취록 작성자^{transcriptor}를 위한 페달(오디오와 비디오 레코드를 타이핑할 수 있도록 손을 자유자재로 해주면서 시간을 앞뒤로 움직이기 위해 사용하는 도구)과 같은 특수 도구도 마찬가지다. 어노테이션 작업당 평균 시간이 15분 또는 몇 분 이상 걸리는 작업이 적절한 작업 시간으로 만들기 위해서는 적용할 수 있는 어떤 것이든 시도해봐야 한다.

11.2 설계 규칙 깨기

관례에 충실한 인터페이스를 구현하는 데 익숙하다면 설계 규칙을 벗어나보는 것도 좋다. 이 절은 어노테이션에 적합한 비관례적인 인터페이스 예제 세 가지를 제공한다. 일괄 어노테이션을 위한 스크롤, 페달을 적용한 입력 그리고 오디오 입력이다. 접근성에 대한 고려 사항을 포함해 상호작용 시나리오를 직접 구현해야 할 가능성이 높기 때문에 구현 비용을 이익과 비교해봐야 한다.

11.2.1 일괄 어노테이션을 위한 스크롤

데이터에 불균형이 존재하는 경우 스크롤을 사용해 레이블링을 위한 어노테이션 작업을 개선할 수 있다. 대부분은 자전거가 아닌 수천 장의 이미지 중에서 자전거의 사진을 찾으려 한다고 가정해보자. 스크롤해서 대규모로 이미지 선택하는 것이 이미지를 하나씩 보는 것보다 더 효율적이며 11.3.1절에서 소개할 반복적 프라이밍 문제의 일부를 제거해준다. 랜덤 샘플링이나 본질적으로 불균형인 대표 데이터에 기반해 평가 데이터 생성하기 그리고 불균형 데이터에 적용하는 모델의 예측값을 검사하기 등을 포함해 때때로 불균형 데이터가 좋은 몇 가지 이유가 있다. 불균형 데이터를 피할 수 없고 이진 결정^{binary decision}으로 작업 내용을 축소할 수 있는 경우에는 스크롤을 사용하는 것이 좋다.

11.2.2 페달

페달은 교통수단과 악기를 다루는 데 광범위하게 이용되는 반면 컴퓨터 분야에서는 잘 사용되지 않는 편이며, 이는 어노테이션의 개선을 위한 일종의 놓치고 있는 기회로 볼 수도 있다. 10장에서 언급한 바와 같이 페달은 오픈릴^{reel-to-reel} 방식의 오디오 녹음에서 앞뒤로 움직이기 위해 오디오에 처음 사용됐으며, 오늘날까지 녹취록 작성을 하는 사람들 사이에서 여전히 많이 사용되고 있다. 반면에 녹취록 작성 이외에 어노테이션 작업에서는 널리 사용되지 않고 있다. 비디오나 오디오 작업의 경우, 페달을 사용해 어노테이터가 앞뒤로 빠르게 스캔하는 것이 가능하다. 오디오, 비디오 또는 기타 스트리밍 데이터에 어노테이션을 달고 앞뒤로 탐색해야 하는 사례라면, 어노테이터용 페달을 마련하는 것을 고려해봐야 한다. USB 페달은 쉽게 구할 수 있고 상대적으로 저렴하다. 또한 학습 곡선은 며칠이나 몇 주가 아닌 단 몇 시간에 불과하다.

앞뒤로 탐색하는 기능 이외에도, 페달을 특정 키로 프로그래밍할 수 있다. 예를 들어 페달 밟기 동작은 Ctrl 키를 누르는 것을 시뮬레이션하거나 메뉴 항목들을 순환하도록 할 수도 있다. 기능 변경은 피아노 페달을 밟아 음색을 변경하는 것과 유사하고, 메뉴 항목을 순환하는 것은 기타 연주자가 셀렉터 페달을 이용해 음향 효과를 순환하는 것과 유사하다. 또한 이러한 종류의 페달은 버튼 간격과 (물리적) 행동유도성 등과 같은 사용자 경험 요소에 널리 적용되며 최적화됐기 때문에, 음악 산업에서 시도했고 검증된 규칙을 적용해 새롭고 흥미로운 어노테이션 인터페이스를 만들 수 있다. 어떤 종류의 데이터에 어노테이션을 하든 간에 발을 움직이게 함으로써 프로세스의 속도를 높이고 반복적인 손과 손목의 움직임으로 인한 긴장을 줄이는 데 도움이 되는 페달을 고려해볼 만하다.

11.2.3 오디오 입력

만약 여러분이 키보드와 마우스 조작하기 위해 손을 사용하고 있고, 발에 페달이 있다면 여러분의 입은 남게 된다. 오디오 입력은 음성 인식 데이터를 만드는 데 일반적으로 사용되지만 다른 곳에서는 널리 사용되지는 않는다.

오디오는 많은 어노테이션 작업의 레이블링 구성 요소를 증대시킬 수 있다. 약 100개의 객체 카테고리에 대한 경계 상자를 그려야 한다고 가정해보자. 어노테이터가 100개의 카테고리 중 하나를 손쉽게 선택하도록 탐색이 가능한 메뉴 시스템은 존재하지 않으며, 자동 완성 기능은 항목 자체에 대한 집중력을 저하시키게 된다. 어노테이터가 말로써 레이블링을 할 수 있다면 어노테이션 프로세스에서 집중력을 다른 곳으로 잃어버리지 않을 것이다. 레이블링 외에도 오디오로 '다음', '이전', '확대'나 '화질 개선'과 같은 명령을 통해 탐색하는 데 사용할 수 있다.

> |팁| 음성 기반 어노테이션을 적용하는 경우, 짧은 단어에서는 음성 인식이 덜 정확하기 때문에 더 긴 레이블 이름을 사용하는 것을 고려해야 한다. 어노테이션만을 위해 맞춤형 음성 인식 모델을 만드는 것은 아마도 자원의 낭비가 될 것이며, 이것이 많은 음성 인터페이스 시스템을 위한 음성 인터페이스가 숫자 메뉴 시스템에 의존하는 이유이기도 하다.

11.3 어노테이션 인터페이스 내의 프라이밍

적절한 인터페이션을 결정하는 것 이외에도 어떻게 순서와 다른 맥락적 요소가 어노테이션에 영향을 줄 수 있는지 고려해야 한다. 7, 8, 9장에서는 적절한 인력 형태를 찾고 품질을 평가하는 방법에 대해서 살펴봤다. 주요 시사점을 요약해보면 인력은 적절히 훈련돼 있어야 하고, 작업과 연관된 어노테이터의 인구통계적 정보가 개인정보가 침해되지 않는 수준에서 유지돼야 하며, 준거 데이터와 어노테이터 간 일치도의 편향이 최소화되도록 품질 관리 기법을 사용해야 한다.

1장에서 설명한 바와 같이 프라이밍은 작업 설계나 작업 순서 같은 상황에 따라 어노테이션이 영향을 받게 되며 발생한다. 어노테이션이 작업 자체에 의해 영향받는 것이 바람직하지는 않기 때문에 프라이밍은 일반적으로 좋지 않은 현상으로 비춰지곤 한다. 11.3.2절에서 다룰 몇 가지 예외적인 상황을 제외하고는 어노테이션은 가능한 한 객관적인 것이 좋다. 프라이밍은 어노테이터의 개인적인 배경에 따라 독립적으로 동작하기도 해서 어떤 어노테이터에게는 다른 어노테이터보다 더 강하게 작용할 수도 있다. 그래서 어떻게 프라이밍과 어노테이터의 개인적 배경이 어노테이션에 편향을 불어넣게 되는지 조심스레 고민해보는 것이 중요하다.

11.3.1 반복적 프라이밍

어노테이션에 있어서 대부분 눈에 띄는 프라이밍 문제는 반복적이라는 것이다. 어노테이터는 이전에 봐 온 항목에 따라 지금보는 항목에 대한 해석을 바꿀 수도 있다. 반복적 프라이밍은 특히 감성 분석과 같은 주관적인 작업에서 흔하게 일어난다. 대부분의 어노테이터는 가장 최근의 본 항목에 기반해 해석을 재조정하기 때문에 '부정'이나 '강한 부정'과 같은 인접한 카테고리 사이의 경계에 위치한 의견은 변화하기 마련이다.

엄청난 양의 반복은 집중력과 피로도 문제도 야기한다. 데이터 내의 다양성 부족은 똑같은 어노테이션 내용이 심지어 틀릴 수도 있는 경우에도 무분별하게 클릭하도록 만들기도 한다. 정돈된 데이터셋 내 가까이 있는 항목들은 동일한 원천이나 시간대로부터 온 것이어서 항목의 순서를 무작위로 섞는 것은 이러한 부작용을 최소화하는 간단한 방법이기도 하다.

어노테이터들에게 충분한 연습과 훈련 기간을 갖도록 하면 자신들의 어노테이션이 학습 데이터와 평가 데이터에 기여하기 시작하기 전부터 데이터 전반에 걸친 이해도를 형성할 수 있도록 데이터에 친숙해지는 데 도움이 된다. 감성 분석과 같은 작업에서는 어노테이터에게 첫 번째 평가(긍정/부정에 대한)를 조정할 수 있도록 어노테이션을 시작하기 전에 수천 개의 예제를 사전에 관찰할 것을 요청하는 것이 바람직하다.

불균형 데이터를 보유하고 있는 경우에는 데이터의 무작위화와 연습 기간의 연장만으로도 충분하지 않을 수 있다. 이런 경우에는 각 항목이 이전 항목과 가능한 다를 수 있도록 다양성 샘플링 기법의 일부를 구현하는 것이 좋다. 레이블링 작업의 경우에는 예측한 레이블을 사용해서 계층화 샘플링을 수행할 수도 있다. 또한 데이터를 10개의 클러스터로 분리하고, 각 클러스터에서 순서대로 샘플링하는 클러스터링 기반의 샘플링도 도움이 될 수 있다.

어노테이션 이후에는 반복적 프라이밍 여부를 추적 관찰해야 한다. 어노테이션의 불일치도가 높은 경우에는 어노테이터의 일치도가 정돈에 의한 효과로 인한 것인지 이전의 어노테이션의 순서를 면밀히 살펴봐야 한다.

11.3.2 프라이밍이 도움이 안 되는 상황

어노테이션 시 주관성이나 연속적인 판단을 해야 하는 경우 대부분 프라이밍이 발생하곤 한다. 감성 분석에서 긍정-부정의 스케일로 점수를 매기는 것과 같이 내재된 순위가 존재하는 경우, 반복적 프라이밍에 의해 사람의 해석이 영향을 받기도 한다. 11.4.3절에서 점수 매기기 문제 대신 어떻게 이런 작업을 순위 문제로 전환해서 이런 유형의 프라이밍을 최소화하는지 설명할 것이다. 사람들은 시간이 흐름에 따라 감성 점수가 바뀌기도 하지만 긍정-부정 감성의 우선순위를 판단하는 것은 비교적 더 안정적인 경향이 있다.

또한 프라이밍은 범주형 작업categorical tasks에서 두 범주가 근접한 경우 작업을 망가트리기도 한다. 이 책 전체에서 소개하는 "사람이 자전거를 끄는 예제"가 이런 유형일 것 같다. 그 예제를 보면 어노테이터가 가장 최근에 어노테이션한 것이 무엇인지에 따라 "보행자" 또는 "자전거"로 레이블링하는, 반복에 따른 프라이밍을 생각해볼 수 있다. 1장에서는 연상 프라이밍associative priming의 좋은 예를 보여줬다. 캥거루나 키위새 장난감이 방 안에 있으면, 심지어 그 작업 자체에서 이 장난감에 대한 언급이 없었더라도 사람들은 호주나 뉴질랜드 억양으로 해석하는 경향이 더 강했다는 것이었다.

11.3.3 프라이밍이 도움이 되는 상황

어떤 상황에서는 프라이밍이 도움이 되기도 한다. 어노테이터가 데이터에 대한 친숙도가 증가하기 때문에 속도가 갈수록 증가하게 되는 경우, 긍정적 프라이밍^{positive priming}으로 알려진 효과가 나타나는데, 이는 거의 항상 유익하다.

또한 상황(상황 또는 연상 프라이밍)에 의해 프라이밍되는 것도 일부의 경우 유익하기도 하다. 어노테이터가 건강과 관련된 오디오의 녹취록을 작성하는 중 환자^{patients} 또는 인내 ^{patience}라는 단어를 듣게 된다면, 환자^{patients}일 가능성이 높음을 당면한 상황과 작업의 주제로 인해 인식하게 된다. 이런 상황에서는 프라이밍이 작업에 도움이 될 수 있다.

프라이밍이 누군가의 감정 상태를 변화하는 경우, 이를 정서적 프라이밍^{affective priming} 효과라고 부른다. 어노테이터가 자신의 업무에 대해 더 긍정적으로 느낀다면 작업 속도가 올라갈 가능성과 더 정확할 가능성이 높아지므로, 모두에게 이득이 된다. 감성 분석과 같이 감정적인 요소를 포함하는 주관적 작업을 하는 경우 정서적 프라이밍이 언제나 바람직한 것은 아니지만 동기 유발에 관해서는 가치가 있을 수도 있다. 여러분은 혹시 업무에 집중하고자 음악을 듣지 않는가? 만약 그렇다면 여러분은 자신이 생산성 향상을 위해 자의 정서 프라이밍^{self-affect priming}에 긍정적이라고 사람들에게 말할 수 있을 것이다. 프라이밍을 언제나 부정적인 것으로 취급하기보다는 어노테이션이나 인터페이스 설계 측면에서 염두에 두고 관리해야 하는 비객관적 행위의 집합으로 생각하는 것이 나을 것이다.

11.4 사람과 인공지능 결합하기

사람과 기계는 고유의 강점과 약점을 지니고 있다. 각자의 장점을 개발해 모두의 효율을 극대화할 수 있어야 한다. 차이점 중 어떤 것은 명백한 편이다. 예를 들어 사람은 우리가 3, 4, 5, 6장에서 다뤘던 어떤 불확실성이나 다양성 기법보다도 훨씬 정교한 방식으로 작업 중에 느낀 자신들의 혼동에 대해 짧은 평문으로 응답할 수 있다. 다른 차이점은 훨씬 미묘하기도 하고 인간-컴퓨터의 상호작용에 대한 더 깊은 이해가 필요하다. 앞서 말한 것처럼 기계는 연속값 작업의 예측을 수행하는 경우 일관된 반면 사람은 프라이밍으로 인해 일관성이 떨어지고 작업을 반복하는 경우에는 값의 변화가 발생하기도 한다.

어노테이터는 자신들이 작업하고 있는 데이터에 대해 재빠르게 전문가가 된다. 연구자들은 장기적 프라이밍^{long-term priming}이 존재하는지 여부에 대해 의견이 분분한데, 어떤 사람은 존재하지 않는다고 주장하기도 한다. 장기적 프라이밍이 존재하더라도 아마 경미할 것이다. 프라이밍이 낮은 수준으로 장기적 영향을 주는 것은 어노테이션 측면에서는 긍정적이다. 어노테이터들이 전체적인 항목의 다양성을 인지하고 있는 한 자신들이 봐 온 특정한 데이터 항목과는 무관하게 높은 수준의 객관성을 유지하면서 자신들의 전문성을 개발하고 있는 의미일 것이기 때문이다.

11.4.1 어노테이터와 피드백

여러분은 어노테이터가 수행하고 있는 특정 작업에 대해 피드백을 받을 수 있는 장치를 언제나 마련해두고 있어야 한다. 어노테이터는 인터페이스의 직관성이나 지시 사항의 명료성과 완성도, 일부 데이터의 모호성, 특정 항목에 관한 자신들의 지식적 제약 그리고 여러분이 알아채지 못한 데이터의 패턴이나 경향 등 다양한 측면의 피드백을 주려고 할 것이다.

이상적으로는 단순 자유 양식의 필드와 같이 수행 중인 작업에 대해 어노테이터가 피드백을 줄 수 있는 옵션을 제공해야 한다. 또는 이메일, 포럼, 실시간 채팅 등을 통해 피드백을 요청할 수도 있다. 어떤 작업에 대한 피드백을 포함하는 것은 어노테이션을 달고 있는 항목에 피드백 연결고리를 만들어 남기는 가장 손쉬운 방법이다. 반면에 다른 장치들은 각각의 상황에 따라 적합도가 다를 수 있다. 예를 들어 포럼은 비슷한 질문에 대한 응답을 여러 어노테이터들이 함께 볼 수 있는 기회이기도 하다. 실시간 채팅은 어노테이션하기 어려운 항목에 대해 어노테이터들이 협력할 수 있도록 해주지만, 어노테이터들이 독립적으로 수행하지 않는 경우 품질의 관리가 좀 더 까다로워진다는 유일한 단점이 존재한다(이 주제에 대한 상세한 내용은 8~10장을 참조하길 바란다).

피드백은 양쪽 모두에게 전달된다. 어노테이션이 어떻게 쓰이고 있는지 어노테이터들에게 피드백을 주는 것이 좋다. 어떤 사람이든 자신의 업무가 효과를 발휘하고 있음을 알게 될 때, 자신들의 일을 더 즐기게 된다. 그러나 만약 어노테이션이 완성된 일정 시간 후에도 모델이 유보돼 있거나 활용 사례나 모델의 정확도가 예민한 상황이라면 피드백을 주는 것이 어려울 수 있다. 그런 경우에도 여전히 어노테이션이 제공하는 일반적인 가치에 대해서도 이야기할 수 있을 것이다.

어떤 경우에는 효과가 명백하기도 하다. 특히 머신러닝 모델이 도움을 주는 작업의 경우에 그렇다. 텍스트에서 발병에 관한 정보를 추출하는 예제에서 만약 추출된 데이터가 그 자체로 유용하며 머신러닝 모델을 학습하는 것 이상으로 활용되는 경우, 이 유용함이 어노테이터들에게 알려지는 것이 좋다.

머신러닝 모델이 다운스트림 작업에서 수행할 작업에 더 잘 알게 된다면 어노테이터들의 정확도가 향상될 것이다. 야외에서 찍은 사진들에 대해 의미 분할 작업을 수행하는 경우, 목표가 나뭇잎 수를 세는 것인지, 풍경의 객체에 초점을 맞추는 애플리케이션에서 나무가 배경인지 판단하기 위함인지 정확한 작업 내용을 어노테이터들이 이해하는 것이 도움이 될 것이다. 투명성이 제고되면 모두에게 이득이 된다.

어노테이션 작업에 피드백을 포함시킬 수도 있다. 긍정, 부정을 어노테이션하려고 한다면 긍정이나 부정의 감성을 해석하는 데 어떤 단어들이 영향을 줬는지 강조하도록 어노테이터에게 요청할 수도 있다. 한 가지 흥미로운 이야기를 하자면 어노테이터에게 그 단어들을 반대의 감정으로 편집해달라고 요청하는 것이다. 가능한 한 적은 편집을 통해 레이블을 바꾸는 이 과정을 적대적 어노테이션^{adversarial annotation}이라고 부른다. 편집한 항목들은 추가적인 학습 데이터가 되며, 이는 모델이 가장 중요한 단어와 함께 출현한 레이블에 너무 많은 비중을 두는 대신 레이블에 대해 가장 중요한 단어를 학습하는 데 도움이 된다.

11.4.2 다른 사람이 어노테이션하려는 내용을 확인해 객관성 극대화하기

9장에서 어노테이터가 어떻게 다른 사람이 어노테이션하려는지 생각하는 것을 이끌어내는 방법을 소개했다. 이 방법은 베이지안 진실 자백제와 같은 분석 기법에서 대중화된 것으로 다수의 판정이 아닐 수 있음에도 불구하고 정확한 어노테이션을 식별하는 데 도움이 된다.

이 방법의 장점 한 가지는 다른 어노테이터가 어떻게 생각하는지 확인함으로써 역학 관계에 의한 문제를 감소시킨다는 것이며, 이를 통해 어노테이터가 부정적인 응답을 보고하는 데 한결 수월하도록 만든다는 것이다. 역학관계나 개인적인 편향이 응답에 영향을 준다고 생각하는 경우 이 방법은 좋은 전략이 될 수 있다. 따라서 어노테이터가 어떻게 생각하는지 대신 대부분의 사람들이 어떻게 반응할 것인지 물어봐야 한다.

감성 분석과 같은 작업에서는 어노테이터가 자신이 일하는 회사에 대한 부정적인 감정을 어노테이션하는 데 주저하기 마련이다. 이것이 힘의 불균형 인식 문제에서 비롯된 경우 (예를 들어 어노테이터가 학습 데이터를 생성한 대가로 보수를 지급받는 사례처럼) 이를 순응 accomodation 또는 존중deference 효과라고 부른다. 다른 사람들이 감정을 어떤 식으로 해석할 것인지 묻는 것은 어노테이터에게 데이터에 대한 자신의 해석과 거리를 두도록 하고, 따라서 자신의 판정에 대한 더 정확한 응답을 제공할 수 있게 된다.

이 예시는 9장의 주관적인 데이터에 대한 전략에 대해서 제약이 있음을 유의하기 바란다. 거기에서 우리는 반드시 다수는 아니지만 유효 레이블viable label을 식별하기 위해 실제 어노테이션이 예측 어노테이션보다 더 높은 점수를 얻을 것으로 기대했다. 일부 어노테이터가 힘의 불균형을 인지하고 있다면 어떤 유효 레이블은 실제 점수보다 더 높은 예측 점수를 갖기도 할 것이다. 따라서 예측 점수가 높은 모든 레이블은 실제 점수보다 높든 아니든 이러한 맥락에서 잠재적으로 유효 레이블이 될 수 있는 것으로 간주해야 한다.

11.4.3 연속값 문제를 순위 문제로 재변환하기

사람은 연속적인 수치에 대해 판정하는 경우 신뢰성이 떨어진다. 어떤 사람의 70%는 다른 사람의 90%일 수 있다. 심지어 사람은 자신의 판정에 대해서도 불안정하다. 감정 분석의 경우, 사람들이 처음 어떤 것은 처음 마주했을 때 "매우 긍정"으로 평가할 수 있지만, 더 긍정적인 예제를 훨씬 더 많이 보고 난 후에는 프라이밍이나 개인적인 기분의 변화로 인해 "긍정"으로 변경하기도 한다.

그러나 사람들이 자신의 절대 점수가 일정하지 않은 경우에도 두 항목의 순위를 매기라는 요청을 받았을 때 일관성을 유지하는 편이다. 2명의 어노테이터가 두 메시지의 감성에 대해 각기 다른 점수를 줄 수 있지만, 어떤 메시지를 다른 것에 비해 더 긍정적인 것으로 일관성 있게 순위를 매길 것이다. 그림 11.4에서 이에 대한 예제를 보여준다.

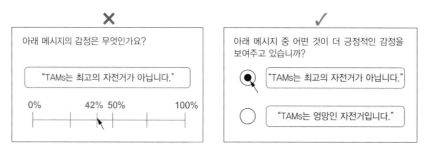

▲ **그림 11.4** 연속값을 어노테이션하는 작업을 절댓값으로 대체하는 방식으로 순위화를 적용하는 예제. 사람들은 일반적으로 절댓값 대신에 항목들의 순위를 매길 때 시간이 지남에도 훨씬 더 일관성을 보인다.

그림 11.4에서 본 것과 같이 단순히 인터페이스로 연속값 작업을 순위 작업으로 전환할 수 있으며, 일반적으로 더 일관성 있는 어노테이션을 만들어낼 수 있다. 절댓값 대신 순위를 적용하는 방식에는 장단점이 따른다. 장점을 종합하면 다음과 같다.

- 결과물이 더 일관성이 있다. 결과는 데이터와 작업에 따라 다를 수 있지만 테스트하기 수월하다. 양쪽 기법 모두를 구현하고 비교해볼 수 있다.
- 작업 시간이 더 빠르다. 상자를 체크하는 것이 연속값 스케일상에서 타이핑, 슬라이딩 또는 선택하는 것보다 더 빠르다.
- 베이지안 진실 자백제를 활용해 객관적 작업이든 주관적 작업이든 연속값 작업보다 이진 분류 작업의 품질 관리가 더 쉽다.

그러나 다음과 같은 단점도 존재한다.

- 여러분이 얻게 되는 것은 순위이지 실제 점수가 아니다. 그래서 절댓값을 가진 항목이 필요하다. 항목에 대한 가이드라인에 90%, 50%, 75% 등의 예시를 포함시키는 것이 좋다. 어노테이터에게 이 예제에 대한 상대적인 각 항목의 순위를 매기도록 요청한 뒤 그 정보를 활용해 나머지 항목의 점수를 보간해야 한다.
- 항목 A가 B보다 높은 순위이고 B는 C보다 높은 순위이지만 C는 A보다 높게 순위가 매겨지는 순환 순위 circular rankings 문제를 해결해야 한다.

- 모든 항목을 순위화하는 것은 더 많은 작업을 필요로 한다. N개의 항목으로 이뤄진 데이터셋에서 모든 항목의 순위를 매기는 데에는 $N \log(N)$번의 판정이 필요하다. 이 알고리듬은 기본 판정이 비교의 방법을 사용하는 기본적인 정렬 알고리듬으로 각 항목 하나에 점수를 부여하기 위해서는 N번의 어노테이션만이 필요하다.

마지막 단점인 $N \log(N)$번의 판정은 평가만을 제공해야 하는 경우 N번의 작업이 아닌 $N \log(N)$ 작업을 해야 하기 때문에, 적용해야 할 단위에 따라 걸림돌처럼 보인다. 그러나 이진 분류 작업에서는 더 빠르고 일관성이 있다. 또한 10장에서 배운 것과 같이 연속값 작업보다 이진 분류 작업에서의 품질 관리를 시행하는 것이 더 수월하다. 이는 어노테이터 간 일치도를 계산하기 위해 평균적으로 더 적은 어노테이터가 필요하기 때문이다. 그래서 전체 비용은 비슷하게 될 수도 있다.

100,000개의 항목을 어노테이션한다고 상상해보자. 연속값 점수를 매기는 인터페이스로 작업당 4명의 작업의 평균값을 산출하려고 하고 각 작업당 평균적으로 15초가 걸린다고 가정한다.

$$100{,}000작업 \times 4명의\ 어노테이터 \times 15초 = 1{,}667시간$$

쌍별 순위를 위해 평균적으로 2명의 어노테이터와 5초가 소요된다고 가정한다.

$$100{,}000 \times \log(100{,}000)작업 \times 2명의\ 어노테이터 \times 5초 = 1{,}389시간$$

그래서 대략 비슷한 정도의 예산으로 순위 기법을 적용하는 경우에는 훨씬 더 많은 전체 어노테이션 수에도 불구하고 훨씬 더 정확한 데이터셋을 얻을 가능성이 높다.

많은 논문에서 전체 시간이 아닌 전체 동작 횟수를 중요시하며, 알고리듬에 대한 빅오$^{Big\ O}$ 접근법을 공부했다면 같은 관점으로 바라볼 것이다. 그러므로 작업당 시간과 품질 관리의 수월함을 포함해 모든 요소에 걸친 비용을 계산하기 전까지는 다양한 유형의 인터페이스를 깎아내릴 필요가 없다.

머신러닝을 활용해 2개의 어노테이션 인터페이스 모두를 반자동화할 수 있지만, 순위 인터페이스는 편향을 줄여주는 경향이라는 장점 또한 갖고 있다. 머신러닝 모델의 예측값 점수가 0.40이라면, 빠른 어노테이션을 위해 인터페이스에 0.40을 미리 덧붙일 수 있다.

그러나 0.40으로 덧붙인 답은 어노테이터가 0.40 부근이 정확한 것임을 생각하도록 프라이밍(기준점anchoring으로 부르는)할 수도 있다. 반대로 순위 인터페이스를 적용한다면, 0.40 부근의 항목과 평가해 전체 어노테이션 수를 줄일 수도 있으며, 어노테이터가 쌍별 결정에 있어서 편향에 빠지지 않도록 할 것이다. 즉, 그들은 자신들이 순위상 0.40에 가깝다는 것을 알지 못할 것이며, 실제 작업에서는 어떤 순위가 선호돼야 하는지도 볼 수 없다. 그러므로 인터페이스 결정은 레이블링이나 연속값 작업뿐만 아니라 모든 유형의 머신러닝 문제 측면에서 머신러닝을 어노테이션 작업과 효과적으로 통합할 수 있는 방법에 대해서도 고려해야 함을 시사한다. 다음 절에서는 다양한 유형의 어노테이션 작업에서 머신러닝을 통합하는 방법을 더 자세히 설명할 것이다.

11.5 인간의 능력을 극대화하는 스마트 인터페이스

어노테이션을 지원하는 머신러닝은 다소간에 효율성이 정확성과 상충되지만 예외가 존재한다. 이를테면 머신러닝은 사람이 놓칠 수 있는 오류를 발견할 수 있는데 이는 효율성과 정확성 양쪽 모두에 도움이 될 수 있다.

효율성과 정확성 외에 인터페이스의 선택은 어노테이터가 인식하고 있는 힘의 크기(주체성)를 변화시키고, 어떤 유형의 인터페이스는 다른 유형보다 구현하는 데 더 많은 엔지니어링 자원을 필요로 할 것이다. 그래서 여러분의 작업 유형에 맞는 적절한 인터페이스를 선택하기 위해서 다양한 종류의 인터페이스의 장점과 단점을 알아야 한다.

표 11.1은 머신러닝 입력이 없는 수작업 어노테이션에서 시작해 판정을 내리는 것(어노테이터가 모델의 예측값을 수용하거나 거부하는 리뷰 작업)으로 끝나는 작업에 대해 머신러닝의 참여 수준이 증가하고 있음을 보여준다.

또한 표 11.1에서는 작업 유형에 적절한 인터페이스를 결정할 수 있는 네 가지 요소를 설명하고 있다. 예측 어노테이션 인터페이스는 최신 머신러닝 접근법 이전에 출현했고, 예측 코딩predictive coding이라 부르는 규칙 기반의 자연어 처리 시스템에서 광범위하게 사용됐다. 여전히 대규모 산업에서의 사례는 전자 증거 개시로 분석가가 규칙 기반 모델에 의해 생성된 후보들을 확인해 잠재적인 부정 행위에 대한 기업의 디지털 커뮤니케이션 감사와 같은 작업을 수행한다.

▼ **표 11.1** 어노테이션 작업에서 머신러닝 참여 수준이 증가하는 척도. 효율성은 어노테이터가 일하는 속도다. 품질은 어노테이션의 정확도다(높은 품질은 더 적은 오류와 같다). 주체성은 어노테이터가 인식하는 힘과 소유의식에 대한 느낌이다. 구현량은 인터페이스를 구현하는 데 필요한 엔지니어링 작업량이다. 머신러닝을 통한 자동화가 많아질수록 효율은 높아지지만, 각 열의 순위는 이와는 다르며, 각 접근 방식에는 트레이드 오프가 존재한다. 인터페이스의 적절성 여부는 최적화 대상에 따라 달라진다.

유형	정의	효율성	품질	주체성	구현량
미보조 어노테이션	머신러닝의 도움 없이 원본 데이터로 상호작용	최악	최선	좋음	최선
보조 어노테이션	머신러닝의 도움과 함께 원본 데이터로 상호작용	중립	좋음	최선	최악
예측 어노테이션	머신러닝이 생성한 후보에 수정	좋음	최악	중립	중립
판정	어노테이터는 후보에 대해 수용 또는 거절만 수행	최선	중립	최악	좋음

여러 유형의 인터페이스에 관한 더 잘 이해하기 위해 이 절의 나머지 부분에서 머신러닝 작업 예제를 살펴보려고 한다. 각 인터페이스에 대해 가장 잘 알고 있는 예제인 의미 분할부터 시작할 것이다. 하나의 머신러닝 어노테이션 작업을 통해 얻은 통찰력은 다른 작업에 도움이 될 수 있기 때문에 한 가지 유형의 문제에만 관심이 있더라도 이 절의 모든 세부 절을 읽어볼 것을 추천한다.

11.5.1 의미 분할을 위한 스마트 인터페이스

어도비 포토샵과 같은 이미지 편집 도구를 사용해본 경험이 있다면 대부분의 의미 분할용 어노테이션 도구의 사용자 경험에도 익숙할 것이다. 이미지의 영역은 페인트 붓이나 다각형, 프리핸드에 의한 외곽선을 사용해 직접적으로 어노테이션할 수 있다.

대부분의 이미지 편집 소프트웨어는 스마트 도구들도 갖고 있는데, 이 도구로 비슷한 색상이나 외곽선 탐지 기법을 사용해 전체 외곽선을 선택할 수 있다. 머신러닝의 관점에서는 일부 특정 모델은 정확한 영역을 예측하려 할 것이므로 특정 작업에 적용할 수 있는 스마트 도구로 사용될 수도 있다.

그림 11.5는 의미 분할 인터페이스에 대한 예제를 보여준다. 이 예제들은 전체 이미지를 사용함에도 (6장과 10장에서 설명한 것처럼) 이미지의 일부에만 초점을 맞출 수도 있는데, 특히 혼란스러운 부분을 판정하는 경우 더욱 그렇다. 어노테이션 인터페이스 옵션의 전체 범위는 두 사례 모두에 여전히 적용된다.

그림 11.5의 4개의 예제에 대한 어노테이터의 사용자 경험은 엄청나게 다를 것이다. '미보조 어노테이션'의 경우, 어노테이터는 완전하게 제어하는 느낌을 가질 것이다. 그러나 어떤 큰 영역이 명백히 동일한 객체의 부분인 경우, 그 영역에 천천히 어노테이션을 하는 것은 무척 지루하게 느껴질 것이다. 어노테이터는 아마도 이미지 편집 소프트웨어에 친숙한 상태일 수 있기 때문에 더 나은 어노테이션 도구가 있음을 알고 있을 것이지만 이 도구를 활용하진 못한다. 어노테이터는 완전한 제어가 가능하더라도 더 좋은 툴의 사용이 불가하기 때문에 최고의 주체성을 갖진 못할 것이다.

반대로 '보조 어노테이션'의 경우에는 어노테이터가 이미지를 수동적으로 어노테이션하는 기능 외에도 스마트 도구를 사용할 수 있다. 그러므로 어노테이터의 주체성은 '미보조 어노테이션'의 경우보다는 높을 것이다. 어노테이터가 스마트 도구로 어노테이션 영역의 외곽선을 예측하기 전에 이에 대해 결정할 수 있기 때문에 편향 역시도 상당히 적을 것이다.

그러나 스마트 도구의 구현에는 더 많은 노력이 필요하며, 특히 현재의 모델을 적용해 한 번의 클릭에 반응하는 실시간 영역 예측이 가능하기 위해서는 매우 많은 노력이 필요할 것이다. 어노테이터가 클릭하는 부분을 고려한 영역을 예측하도록 하는 특별한 모델을 학습시켜야 할 수도 있다. 인터페이스를 위한 모델을 학습시키는 것에 관한 더 상세한 내용은 11.5.2절을 참고하길 바란다.

그림 11.6에서 3번째 옵션인 '예측 어노테이션'을 구현하는 것은 좀 더 쉽다. 가급적 오프라인으로 미리 모든 영역을 예측할 수 있고, 어노테이터는 예측한 것이 잘못됐는지 수정할 수 있도록 하면 된다. 그러나 이 접근 방식은 편향을 주입할 수도 있는데 어노테이터는 머신러닝 모델의 오답 예측값을 신뢰하는 경향이 있어서, 이런 오류를 영속시키거나 이미 잘못 예측한 영역에 대해 모델의 성능을 더욱 악화시키기 때문이다. 그렇기 때문에

이 인터페이스는 다른 방식보다 품질 측면에서 좋지 않은 결과를 초래할 수 있다.

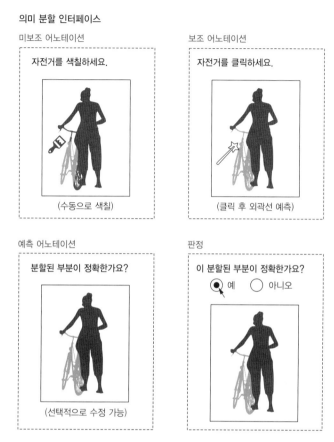

▲ **그림 11.5** 의미 분할 인터페이스 예제. 의미 분할을 위한 '미보조 어노테이션 인터페이스'는 간단한 이미지 편집 소프트웨어와 유사하다. 어노테이터는 붓, 연필과 프리핸드를 이용해 레이블해야 하는 특정 영역을 색칠한다 (이 예제에서는 자전거). 대다수의 이미지 편집 소프트웨어와 의미 분할 어노테이션 도구들은 '보조 어노테이션'을 제공한다.

머신러닝 모델 출력값을 교정하는 것은 일반적으로 어노테이터에게는 흥미가 떨어지는 작업이다. '예측 어노테이션'에 대한 사용자 경험은 머신러닝 모델이 쉬운 부분을 맞힘으로써 신뢰의 대부분을 가져가게 되고, 어노테이터는 모델의 오류를 정리하기 위해 뒤에 남겨진 것이다. 때로는 부정확한 외곽선을 교정하는 것이 밑바닥부터 외곽선을 만드는 것보다 더 시간이 많이 들게 되며, 이로 인해 어노테이터는 좌절감을 더 느끼기도 한다.

어떤 도구는 의미 분할 작업 측면에서 '보조'와 '예측' 사이에 놓이기도 한다. 그 예 중 하나는 슈퍼픽셀로 그림 11.6에서 보듯이 어노테이션 속도를 가속할 수 있도록 여러 픽셀을 그룹핑하는 것이다.

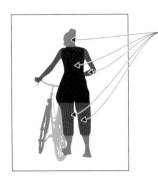

슈퍼픽셀: 더 빠른 어노테이션을 위한
이미지의 사전 분할

▲ **그림 11.6** 슈퍼픽셀 예제. 이미지는 픽셀보다는 더 큰 영역으로 분할됐지만 레이블링되진 않았다(그래서 슈퍼픽셀이라고 부른다). 슈퍼픽셀은 어노테이션돼야 하는 영역 사이에서 상당한 정도의 외곽선 침범이 없을 정도로 작다. 대부분의 어노테이션 도구에서 어노테이터는 어노테이션 효율성을 최대화하기 위해서 슈퍼픽셀의 세분화 정도(granularity)를 제어할 수 있다.

슈퍼픽셀로 어노테이터는 재빠르게 어느 픽셀들이 어떤 객체에 포함되는지 선택할 수 있고 레이블링에도 적용할 수 있다. 슈퍼픽셀은 과분할oversegment하기 때문에 이 기법은 부정확한 영역을 수정하기 위한 시간 소모적인 프로세스를 줄여주며, 어노테이터에 더 높은 주체성과 사용자 경험을 제공한다.

그러나 슈퍼픽셀은 머신러닝의 도움으로 경계선을 제안해 보여주기 이전에는 어노테이터가 경계선 부근에서의 오류가 다발하는 경향이 있기 때문에 정확성을 대가로 해 효율성을 증대시킨 것으로 볼 수 있다.

11.5.2 객체 검출을 위한 스마트 인터페이스

의미 분할에 적용할 수 있는 다양한 방법들은 객체 검출에도 적용이 가능하다. 일반적인 머신러닝 보조 인터페이스는 단 한 번의 클릭으로 경계 상자를 생성한다. 그림 11.7의 두 번째 인터페이스가 바로 '보조 어노테이션'이다.

그림 11.7의 '보조 어노테이션' 예제에서 어노테이터가 이미지의 중심을 클릭하면, 그 후 경계 상자가 자동 생성된다. 이런 유형의 선택 도구는 의미 분할에서 사용된 스마트 도구와 흡사하며 다각형으로 객체를 식별하는 것과 동일하다.

경계 상자를 미리 계산한 후 어노테이터가 클릭하는 경우에만 나타나도록 함으로써 '보조 어노테이션'의 사용자 경험을 시뮬레이션할 수 있다. 이 접근 방식은 어노테이터에게 예측 경계 상자보다 더 높은 주체성을 부여하지만 어노테이터들의 클릭을 진짜로 고려하는 것은 아니기 때문에 실제 '보조' 경계 상자 검출 방식보다 다소 부정확하다. 그 결과는 어노테이터는 클릭한 후에 적절한 상자가 표시되지 않은 경우 자신의 클릭이 제대로 동작하고 있는지 알 수 없게 된다는 점이다. 또한 객체의 중심에 관한 어노테이터의 직감이라는 중요한 정보의 원천을 낭비하는 것일 수도 있다.

이미 경계 상자로 어노테이션이 돼 있다면 상자의 중간 부근에서 클릭 지점을 합성하는 방식으로 생성할 수도 있다. 합성 방식의 유일한 단점은 인식되는 중간 부근이 상자의 실제 중간과는 다를 수도 있다는 것이다. 자전거 예제에서 상자의 중간은 자전거의 일부가 아니라 프레임 내의 공백인 경우도 있다. 데이터 내 객체의 정규성(공백이나 끊어짐 없이 이어지는 특성)에 기반해 어노테이터가 실제 클릭하기 전에 합성한 클릭 지점이 시작하기에 충분한지를 결정할 수 있다.

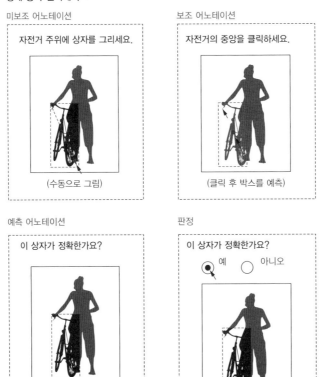

경계 상자 인터페이스

미보조 어노테이션

자전거 주위에 상자를 그리세요.

(수동으로 그림)

보조 어노테이션

자전거의 중앙을 클릭하세요.

(클릭 후 박스를 예측)

예측 어노테이션

이 상자가 정확한가요?

(선택적으로 수정 가능)

판정

이 상자가 정확한가요?

⦿ 예　　○ 아니오

▲ **그림 11.7** 여러 유형의 경계 상자 어노테이션 인터페이스. '미보조 어노테이션' 인터페이스에서는 어노테이터
가 상자나 다각형을 수동으로 그린다. 여러 사례에서 사람이 수정하거나 판정할 수 있는 '예측 어노테이션' 인터페
이스(하단 부분)용 상자를 예측할 수 있다. '보조 어노테이션' 인터페이스에서는 어노테이터가 객체의 중간을 클릭
할 수 있고, 인터페이스는 그 클릭 지점을 위해 가장 가능성이 높은 경계 상자를 예측한다.

객체 중앙을 클릭해도 여러 개의 후보 객체를 표시해야 하는 경우에는 오류를 발생시킬
수 있기 때문에 상자를 제공하지 않는다. 그래서 이러한 상황에서는 이 방법을 약간 변경
해 어노테이터에게 2개 이상의 객체의 가장자리를 클릭하도록 요청하기도 한다. 가장자
리가 많아질수록 다각형 경계선에 큰 도움이 된다. 어노테이터가 상자를 생성하려고
3~4개 가장자리를 클릭해야 한다면 '미보조 어노테이션' 방식으로 상자를 생성하는 것보
다 그다지 빠르진 않을 것이다.

두 옵션 사이의 선택지는 클릭-앤-드래그 인터페이스이며, 이 방식에서 어노테이터는 상자의 중앙을 클릭하고 마우스를 누른 채 드래그해서 성공적으로 더 큰 상자를 스내핑한다. 계속 진행하며 인터페이스를 위한 데이터를 생성하거나 상자 자체만을 가진 데이터에서 생성한 합성 예제를 위한 모델에 사용할 수 있다. 편향을 최소화하기 위한 한 가지 방법은 스마트 스냅을 활성화하기 위해 단축키가 있는 '미보조' 경계 도구를 갖는 것이다. Shift 키를 누른 채로 있지 않는 한, 상자를 드래그하면서 커서를 따라 특정 픽셀로 이동할 수 있으며, 이 경우 도구는 커서 근처에 경계가 존재할 가능성이 가장 높은 상자로 스내핑된다.

11.5.3 자연어 생성을 위한 스마트 인터페이스

자연어 생성 기술은 '자동 완성'이라고 알려진 '보조 인터페이스'를 갖고 있다. 전화기나 이메일 클라이언트에서 타이핑을 시작하면 단어나 문장의 나머지 부분을 제안하며, 여러분은 언어 생성을 활용한 '보조 어노테이션' 유형의 기술을 사용해왔다. 이런 유형의 자동 완성 기능은 수년간 사용해왔으며, 여전히 빠른 속도로 발전하고 있다(아래 참고 기사를 살펴보길 바란다).

> **텍스트 예측의 40년**
>
> 중국어로 테스트를 작성한다면 여러분은 아마도 텍스트 예측 기술을 사용하고 있는 것이다. 중국어에 10,000자 정도의 문자가 존재한다는 것은 잘 알려져 있으며 일반적으로 그중 2,000에서 3,000자를 사용하고 있는데, 키보드에 넣기에는 너무 많다.
>
> 그러므로 중국어에서 텍스트 예측 기술은 1980년대 개인용 컴퓨팅 시대의 시작과 함께 도래했다. 그 당시 중국의 과학자들은 사람들이 라틴 문자의 쿼티(QWERTY) 키보드를 이용해 중국어 문자에 매핑되는 라틴 문자 조합을 타이핑할 수 있도록 고안했다. 초창기 방법은 오필자형입력법(五笔字型輸入法)이라 부르는 방법으로 오늘날의 모든 언어 중 가장 빠른 타이핑 방법 중 하나다.
>
> 일본의 핸드폰 제조사는 1990년대 히라가나, 가타카나, 한자, 라틴 문자 등 네 가지 문자를 텍스트 예측과 조합하는 입력과 표시 방식을 고안했다. 일본어 예측 방법은 각 0~9의 숫자를 여러 개의 라틴 문자와 매핑한 T9 입력 시스템에 영향을 줬다. 이 전화기는 수열을 조합이 가능한 문자열 중에서 가장 가능성이 높은 단어로 변환한다. 또한 T9이나 이와 비슷한 시스템은 키보드에서는 흔하지 않은 문자나 강세 부호(accent marks) 등을 사용하는 라틴 문자 계열의 언어에도 도움이 됐다.

2000년대 초기에는 100개가 넘는 언어와 12개의 문자가 텍스트 예측의 지원을 받았고, 간단한 사전 기반의 검색을 통해 개별 사용자에게 적응하는 시스템에도 포함됐다. 또한 다음 단어의 예측 기능은 핸드폰과 워드 프로세스 애플리케이션에서도 광범위하게 적용됐다.

2010년대 초, 전체 문장 예측 기능은 고객 서비스 담당자가 입력해야 하는 내용의 대부분을 몇 개의 응답으로 구성하고 지식 기반(knowledge base)에 저장할 수 있는 고객 서비스와 같은 애플리케이션에서 널리 사용됐다.

2020년대 초반에 자연어 생성 기술의 진보는 머신러닝에서 수십 년간 간과했던 분야인 언어 생성을 모든 자연어 처리 콘퍼런스에서 가장 인기 있는 주제 중 하나로 바꿔놓았다. 언어 생성 기술은 오랫동안 진행해온 인간 참여 기술이지만 여전히 빠르게 발전하고 있다.

텍스트 예측 인터페이스는 현재 요약이나 번역과 같은 언어 생성을 위한 학습 데이터를 생성하는 데 널리 사용되고 있다. 그림 11.8은 기계 번역의 예를 보여주고 있다.

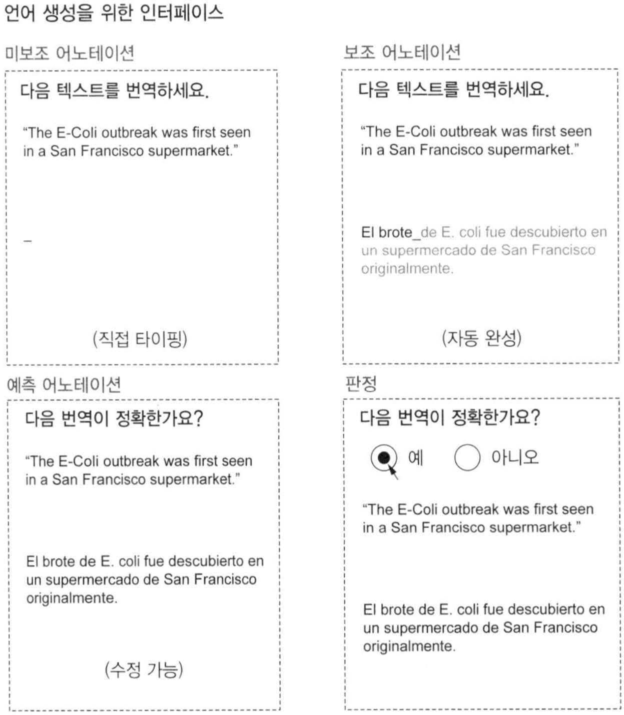

▲ **그림 11.8** 언어 간 번역 예를 이용하는 언어 생성 인터페이스. '미보조 인터페이스'의 직접 타이핑 외에 '보조 인터페이스'에서는 자동 완성 기능을 제공하고, '예측 인터페이스'는 수정이 가능하도록 텍스트를 예측해 보여준다. '판정 인터페이스'는 어노테이터가 어노테이션을 수용하거나 거부할 수 있다.

어노테이터가 자동 완성 제안을 보기 전에 완전한 구절이 무엇인지 결정하지 않았을 수도 있기 때문에 '보조 어노테이션'은 다른 작업의 사례보다 언어 생성 작업에 대해 편향이 존재할 잠재성이 높다. 이 기능은 하나의 응답만이 가능하거나 한 번에 너무 많은 단어가 자동 완성될 수 있는 경우에만 다음 단어의 순서를 표시하도록 개선할 수 있다. 이에 대한 단점으로는 효율성의 감소인데, 여러 자동 완성 예측을 표시하지 않고, 어노테이터가 동일한 텍스트를 생성하는지 확인함으로써 테스트해 볼 수 있다.

'예측 어노테이션' 인터페이스는 사례에 따라 효과가 다를 수 있다. 고객 서비스에 대한 응답의 경우, 정확한 정보를 담은 메시지만으로 충분할 수도 있으며, 다양한 옵션이 존재할 수 있어서 충분히 좋은 응답이 효율적으로 선택될 수 있을 것이다. 그러나 번역의 경우는 그림 11.8과 같이 하나의 유일한 정확한 번역만이 적절한 것일 수도 있다. 때로는 예측된 문장에 대해 한두 번의 수정을 하기 위한 시간이 '미보조 인터페이스'에서 전체 문장을 입력하는 것보다 더 오래 걸리기도 한다. 번역 커뮤니티에서는 기계 번역의 결과물을 편집하는 것을 사후 편집^{postediting}으로 부르고 있으며, 내가 아는 한 ISO 표준(ISO 18587:2017)으로 등록된 유일한 인간 참여 어노테이션 인터페이스다. 전문 번역가들이 토론하는 온라인 포럼 등을 살펴본다면 이에 대한 사용자 경험이 얼마나 나쁜지 바로 알 수 있을 것이다. 전문 번역가 대부분은 '미보조'나 '보조' 어노테이션 인터페이스를 선호한다.

구현량을 줄이기 위해서 다음 텍스트는 미리 예측되지만 타이핑을 시작하는 시점에서야 표시되는 형태의 '보조 인터페이스'처럼 보이는 인터페이스를 생성할 수도 있다. 자동 완성이 불가능한 경우, 사람들은 '미보조'된 채로 자신의 워크플로우를 깨뜨리지 않고 타이핑을 계속할 수 있기 때문에 사용자 경험이 부정적이지 않을 것이다.

그림 11.8에서 판정 인터페이스는 일반적으로 다른 어노테이션의 어노테이터를 평가하기 위해 사용한다. 10장에서 다룬 것과 같이 언어 생성 작업에 대한 자동화된 품질 관리는 어렵기 때문에 실측 예제를 사용하거나 어노테이터 간 일치도보다 작업에 대한 판정을 위한 검토 작업이 보편적이다. 언어 생성에서는 모델의 정확도를 평가하기 위해 사람에 의한 검토나 판정을 이용하는 것이 일반적이기 때문에, 사람과 모델의 결과를 평가하기 위해 수작업 어노테이션과 모델의 예측값 모두를 동일한 프로세스에 넣고 고려할 수 있어야 한다.

11.5.4 시퀀스 레이블링을 위한 스마트 인터페이스

시퀀스 레이블링의 경우, 인터페이스 옵션은 경계 상자의 옵션과 유사하다. 이 옵션의 한쪽 끝인 '미보조 인터페이스'에서는 어노테이터가 시퀀스 레이블을 강조 표시하고, 다른쪽 끝에서는 어노테이터가 모델이 예측한 시퀀스 레이블을 판정하는 것이다. 그 사이의 '보조 인터페이스'에서는 어노테이터가 한 시퀀스의 중간 부분을 선택하면, 모델이 범위를 예측해 보여준다. 반면 '예측 인터페이스'에서는 시퀀스를 예측하고, 어노테이터는 이를 수용하거나 편집한다. 그림 11.9에서 이에 대한 예제를 보여준다.

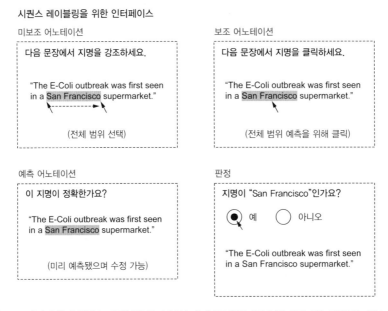

▲ **그림 11.9** 여러 유형의 시퀀스 레이블링 인터페이스. '미보조 인터페이스'의 경우 어노테이터는 텍스트의 시작 부분에서 끝부분을 강조 표시한다. '보조 인터페이스'에서는 어노테이터가 범위의 중간 부분을 클릭하면 모델이 경계를 예측해준다. '예측 어노테이션'의 경우에는 어노테이터에게 모델의 예측 범위를 보여주고, 이를 수용하거나 편집할 수 있도록 한다. '판정 인터페이스'에서는 어노테이터가 모델이 제안한 범위를 수용하거나 거절한다.

많은 시퀀스 레이블링 작업에서 '무관한 시퀀스'의 수가 시퀀스 레이블보다 압도적으로 많아서 '건초더미에서 바늘 찾기' 문제와 같다. 그림 11.9처럼 발병과 연관된 뉴스 기사를 필터링하더라도 1%도 안 되는 단어들만이 발병한 지명일 가능성이 있어서, 머신러닝을 결합함으로써 효율성의 큰 증대를 가져올 수 있다.

'예측 어노테이션'에 관한 한 가지 접근법은 후보 시퀀스를 강조하거나 밑줄을 표시만 하고, 미리 어노테이션을 하지 않는 것이다. 예를 들어 어노테이터는 잠재적인 지명에 밑줄이 그어져 있음을 보게 되지만, 이에 대해 어노테이션을 달려면 해당 시퀀스를 클릭하거나 강조 표시해야 한다. 이러한 접근 방식의 인터페이스 설계는 어노테이터가 더 이상 머신러닝 예측값을 레이블로 수동적으로 받아들일 수 없고, 데이터와 상호작용할 수밖에 없기 때문에 편향을 줄일 것이다. 추가적인 장점 한 가지는 어노테이터가 사전 선택된 어노테이션이 아니라 제안으로 받아들일 경우, 모델의 오류에 대해 더 관대해질 수 있다는 것이다(그림 11.10).

그림 11.10처럼 낮은 신뢰도의 어노테이션에 대해 밑줄을 그음으로써 얼마나 자주 밑줄이 그어지는지 계량해보면 어노테이터의 편향을 감소시킬 수도 있다. 밑줄 그어진 텍스트가 전체 중 50% 정도만 정확하다고 가정하면 어노테이터는 예측 어노테이션에 대해 수용하거나 거절하도록 프라이밍되지 않을 것이고 자신의 관점에 따라 예측 어노테이션을 평가할 것이다. 이는 예측 어노테이션에서는 매우 큰 작업인데, 어노테이션의 50% 정도를 수정하는 것은 시간이 꽤나 걸리는 작업일 뿐만 아니라 사용자 경험에도 부정적으로 작용할 것이기 때문이다.

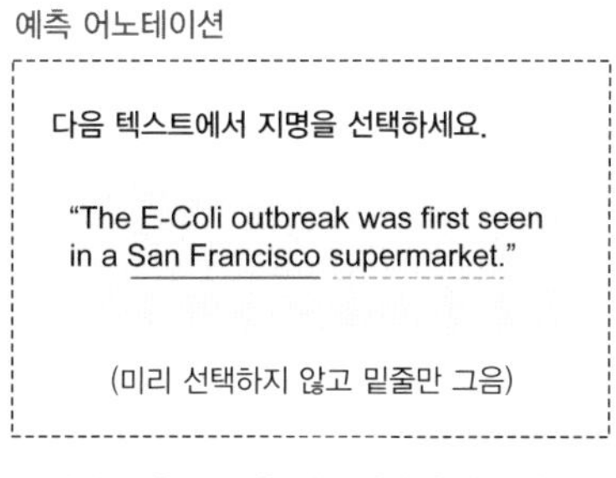

예측 어노테이션

다음 텍스트에서 지명을 선택하세요.

"The E-Coli outbreak was first seen
in a San Francisco supermarket."

(미리 선택하지 않고 밑줄만 그음)

▲ **그림 11.10** 그림 11.9의 예제에 대안이 적용된 예측 어노테이션 인터페이스. 이 인터페이스에서는 모델이 지명을 예측하지만 미리 선택하는 대신 밑줄을 긋는다. 그리고 어노테이터는 어노테이션하기 위해 이 지명을 강조하거나 클릭해야 한다. 이 인터페이스는 범위를 선택하는 방식에 비해 어노테이션 프로세스를 다소 느리게 만들 수도 있지만, 어노테이터가 수동적으로 예측값을 수용하지 않기 때문에 편향을 감소시킨다. 또한 이 인터페이스는 낮은 신뢰도의 예측 어노테이션을 지칭하는 점선과 같은 정보를 제공함으로써 풍부한 사용자 경험을 제공하기도 한다.

어노테이터가 그림 11.10과 같은 인터페이스에서 밑줄이 그어진 후보 레이블만을 본다면, 밑줄이 그어지지 않은 시퀀스 레이블을 놓칠 가능성이 높을 것이다. 그래서 이 전략은 재현율recall이 100%이지만, 정밀도가 다소 낮아 예측값을 신뢰하지 않는 경우에 최선이다.

그림 11.10의 인터페이스에 다른 모든 유형의 인터페이스를 결합해 변화를 줄 수 있다. 우선 판정 인터페이스로 후보 시퀀스 레이블에서 다음으로 점프해 낮은 정확성의 후보 레이블에 밑줄을 그은 후, 이를 오류로 판정하는 경우, '보조'나 '미보조' 인터페이스 형태로 되돌아가는 시스템을 고려해볼 수도 있다.

11.6 수작업 프로세스를 보조하는 머신러닝

1장에서 사람의 작업을 보조하는 머신러닝과 머신러닝의 작업을 보조하는 사람 사이의 차이를 소개했다. 능동학습을 통한 샘플링과 품질 관리 기법 등 이 책의 거의 모든 것을 두 사용 사례 모두에 대해 동일하게 적용할 수 있다. 가장 큰 차이점은 인간과 컴퓨터의 상호작용이다. 머신러닝의 보조를 받은 사람에 대해서는 한 가지 원칙을 적용한다.

> 머신러닝의 보조를 받는 사람은 자신의 작업이 머신러닝에 의해 향상되고 있음을 인식 가능
> 해야만 한다.

이 절의 나머지 부분에서는 이 원칙을 더 자세히 살펴보고, 이 원칙을 유지하면서 어노테이션을 최적화하는 몇 가지 솔루션에 대해 살펴본다.

11.6.1 효율성 향상에 대한 인식

작업이 개선되고 있다는 인식은 두 가지 측면에서 중요하다. 낮은 효율성이 인식되지 않는 동안에는 머신러닝을 바탕으로 낮은 효율성에서 벗어날 수도 있다. 이와 반대로 한 사람의 효율성이 개선됐지만 그 개선이 인식되지 않는다면 그 사람은 기존의 일상 업무에 통합된 머신러닝에 대해서 긍정적인 경험을 가질 가능성이 낮을 것이다.

나는 이 첫 번째 효과를 여러 차례 봐왔다. 나는 의료 종사자들이 메시지를 더 효과적으로 관리할 수 있도록 도움을 주는 시스템을 배포했는데, 의료 종사자들이 효율성 개선을 인식하지 못했고, 그 애플리케이션은 결국 채택되지 못했다. 반대로 객체 추적^{object tracking}용 '보조 인터페이스'를 탑재한 시스템을 배포했을 때는 심지어 그 인터페이스가 명백히 무언가 잘못됐을 때 도움을 주려고 했기 때문에 제어 그룹보다 느린 경우에도 더 긍정적인 사용자 경험을 보고했다. 이런 경험은 사람과 기계의 지능을 결합한 시스템의 성능을 측정한 것과 인식한 것 사이의 차이에 관한 중요한 교훈이 됐다.

일반적으로 사람의 일상 업무에 변화를 가하는 것은 쉽지 않으며 머신러닝의 도움이 더해진다 해도 마찬가지다. 현재의 작업을 도와주는 새로운 애플리케이션을 구축한 경우 변화 관리가 어려움을 인식해야 한다. 대다수의 사람들은 이미 사용하는 것에 안주하려는 경향이 있다. 이메일 클라이언트나 소셜 미디어의 인터페이스가 업데이트된 경우 이런 경험을 겪어봤을 것이다. 짐작컨대 이들 기업은 새로운 인터페이스가 더 좋은 경험을 제공한다는 굳건한 증거를 갖고 있겠지만, 그 사실이 갑작스러운 변화에 대한 여러분의 불편에 도움이 되지 않는다. 인터페이스가 변하고, 기계에 의해서 대체되는 위험 속에 자신의 일자리에 대한 두려움을 느끼는 방식으로 머신러닝에 의해 프로세스의 일부가 자동화된다고 가정해보자. 아마도 여러분은 이런 변화가 왜 환영받지 못하는지 알게 될 것이다.

그러므로 '보조 인터페이스'는 현재의 업무에 머신러닝을 추가하는 좋은 출발점이 된다. 초기 인터페이스가 변하지 않고, 어노테이터가 자신의 행동을 개시하고 기계가 이 행동을 가속화하는 방식으로 자신의 주체성을 유지하게 된다. 11장의 앞부분에서 논의된 '보조 인터페이스'는 머신러닝의 예측값을 기존 애플리케이션에 통합하기 위한 출발점이라고 생각하길 바란다.

11.6.2 효율성 증가를 위한 능동학습

능동학습을 통해서 인터페이스의 변화 없이 업무 효율을 향상시킬 수 있다. 머신러닝 모델을 개선할 가능성이 높은 여러 항목을 샘플링할 수 있다면 어노테이터의 경험을 어떤 식으로든 바꾸지 않아도 된다. 다양성 샘플링을 적용한다면 항목이 더 반복적이므로 어노테이터의 사용자 경험을 개선할 수도 있으며, 이는 반복 프라이밍을 감소해 정확성의 향상으로 이끌 것이다. 그럼에도 어노테이터의 변화에 대한 인지는 미미할 것이다. 능동학습 덕분에 무대 뒤에서는 모델이 더 똑똑해질 것이지만, 샘플링 전략만으로 어노테이터는 필연적으로 자신들의 작업 속도가 더 빨라진다고 인지하진 않을 것이다. 게다가 이전에는 어노테이터가 업무 순서를 결정할 수 있었으나 지금처럼 능동학습이 이 순서를 결정하는 경우에는 주체성을 잃어버린다고 느낄 가능성이 높다. 그러므로 능동학습을 도입하는 경우 기능들을 제거하는 것에 유의해야 한다.

11.6.3 완전성을 극대화하기 위한 부재보다 오류가 나을 수도 있다

필드들이 선택 사항인 경우 완전성은 문제가 되기도 한다. 어노테이터가 편의를 위해서 유효한 응답이 있는 경우 일부 필드를 공백으로 남겨두기도 한다. 이런 상황이 머신러닝용 데이터를 생성하려는 프로세스가 아닌 경우에는 그다지 문제가 되진 않을 것이다. 그러나 학습용 데이터를 생성하려는 프로세스라면 모델을 어떻게 구축할지 주의를 기울이지 않는다면 이 비어 있는 필드는 오류성의 부정적인 사례가 되므로 문제가 될 것이다.

이 문제는 어노테이션을 최종 사용자에 의존하는 경우 일반적으로 발생한다. 사람들이 이커머스 사이트에서 옷을 판매하려는 경우, 그 사이트는 옷의 종류, 색상, 크기, 스타일, 브랜드 등과 같이 최대한 상세한 정보를 원할 것이다. 이 필드들을 사용자가 채우도록 동기를 부여하는 것이 좋겠지만, 그럴 수 있는 옵션은 제한돼 있기 마련이다. 이 문제를 해결하기 위해 사람들이 누락된 데이터보다 잘못된 데이터를 더 싫어한다는 사실을 고려하면, '예측 인터페이스'를 사용해 필드를 미리 채울 수도 있을 것이다.

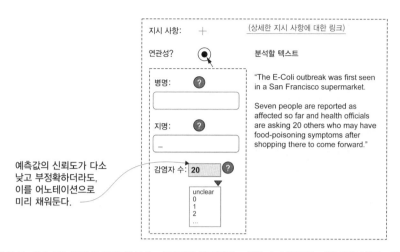

▲ **그림 11.11** 예측 어노테이션 인터페이스는 데이터의 완전성을 고취한다. 사람들은 빠진 값을 채우는 것보다 오류를 수정하기를 좋아하므로, 어노테이션하지 않은 채 두는 것보다 미리 오답 값을 채워 놓음으로써 어노테이션을 더 하도록 유도할 수 있다.

커닝햄의 법칙^{Cunningham's Law}을 아마도 들어봤을 것이다. 어떤 질문에 대한 정답을 얻을 수 있는 최선의 방법이 인터넷상에 오답을 작성하는 것이란 법칙을 말한다. 커닝햄의 법칙은 어노테이션에도 적용된다. 어노테이터가 선택 사항 필드에 정확한 답을 달기를 원한다면 빈칸으로 남겨두는 것보다 오답으로 미리 채워두는 것이 더 성공적일 것이다. 이 과정은 일종의 갈등 조정이다. 사람들이 모델의 예측값에 신뢰를 잃었거나 너무 많은 오류를 수정하느라 지체되고 있다고 느낀다면, 불필요한 데이터로 인해 부정적인 사용자 경험을 생성할 수도 있다. 이런 이유로 인해 이 방법은 정규직 어노테이터로 근무하는 사람이 아닌, 최종 사용자가 데이터를 간헐적으로 추가하는 경우에 가장 효과적이다.

11.6.4 어노테이션 인터페이스를 일상 업무 인터페이스와 구분하기

일상 업무 속에서 사람들로부터 적절할 양이나 균형 잡힌 데이터를 얻을 수 없으면 업무에 새로운 인터페이스를 도입해야 할 수도 있다. 다만 기존 워크플로우에 대해 너무 많은 변화를 시도하지 않아야 한다. 기존 인터페이스에 새로운 인터페이스를 추가해 작업 일정에 맞는 방식으로 사용할 수 있는지 확인해야 한다.

어노테이터 간의 불일치를 해소하거나 대량의 머신러닝 예측값에 효율적으로 어노테이션을 달기 위해서 '판정 인터페이스'가 필요할 수도 있다. 어노테이터의 효과적인 '미보조 인터페이스 기능'을 교체하고, 다른 작업을 검토하도록 업무를 제한할 경우 어노테이터들의 주체성이 줄어들게 된다. 인터페이스를 다른 것으로 교체하는 대신 인터페이스를 추가하도록 한다. 그 사람은 자신이 친숙한 인터페이스를 여전히 사용할 수 있으며, 작업을 완료하며 완전한 주체성을 가질 수 있으면서도, 이제 빠르게 어노테이션을 달 수 있는 추가 인터페이스 옵션을 갖게 되는 것이다.

적절한 방식으로 자리잡은 '판정 인터페이스'는 이를 사용하는 사람들의 주체성을 향상시킬 수 있는데, 이는 그들은 도메인 전문가라고 불리는 사람들로서 그들의 어노테이션 역량을 적절히 이용해 다른 사람이나 기계가 혼란스러워하는 영역의 문제를 해결할 수 있기 때문이다. 어떻게 이 인터페이스가 워크플로우에 잘 맞는지는 조직에 따라 다를 수 있다. 어노테이터는 원하는 때에 '판정 인터페이스'로 전환할 수 있는 옵션이 주어질 수도 있고, 여러 어노테이션 인터페이스에 대한 전용 시간이나 전담 인력이 주어질 수도 있다. 투명성이 확보돼 있고, 어노테이터의 주체성이 유지되는 한, 권한을 느낄 수 있는 방식으로 일상 업무에 대한 머신러닝의 통합을 시작할 수 있을 것이다.

11.7 더 읽을 거리

살리마 아메르쉬[Saleema Amershi], 댄 웰드[Dan Weld], 미하일라 보르보리아누[Mihaela Vorvoreanu], 아담 포니[Adam Fourney], 베스미라 누쉬[Besmira Nushi], 페니 콜리슨[Penny Collisson], 지나 수[Jina Suh], 샴시 이크발[Shamsi Iqbal], 폴 베넷[Paul Bennett], 코리 잉펜[Kori Inkpen], 제이미 티번[Jaime Teevan], 루스 키킨길[Ruth Kikin-Gil], 에릭 호르비츠[Eric Horvitz]가 작성한 「사람과 인공지능 사이의 상호작용을 위한 가이드라인[Guidelines for Human-AI Interaction](http://mng.bz/4ZVv)은 사람과 인공지능 사이의 상호작용 측면에서 일반적인 상황에 적용 가능한 18개의 설계 가이드라인을 제안한다. 이 설계 가이드라인은 모두 데이터 어노테이션이나 머신러닝의 보조를 받는 사람의 작업에 적용 가능하다. 또한 이 논문은 다른 최신 논문을 참조하기 위한 좋은 자료이기도 하다. 대부분의 저자는 Microsoft사에서 적응형 시스템 및 상호작용 그룹에서 근무하는데, 이 부서는 이 분야의 연구에 있어서 세계에서 가장 앞서 있다.

로버트 모리스[Robert R. Morris], 미라 돈체바[Mira Dontcheva], 엘리자베스 저버[Elizabeth Gerber]의 「소규모 작업의 크라우드소싱 환경에서 성능 향상을 위한 프라이밍[Priming for Better Performance in Microtask Crowdsourcing Environments]」(http://mng.bz/QmlQ)에서는 음악을 트는 것과 같은 정서적으로 긍정적인 프라이밍으로 어떻게 크라우드소싱 어노테이터들이 창의적인 작업에서 성과를 향상할 수 있는지 소개하고 있다.

딤 파파도파울로스[Dim Papadopoulos], 재스퍼 위즐링스[Jasper Uijlings], 프랭크 켈러[Frank Keller], 비토리오 페라리[Vittorio Ferrari]의 「효율적 객체 어노테이션을 위한 극단적 클릭하기[Extreme clicking for efficient object annotation]」(http://mng.bz/w9w5)에서는 이 책의 12장에서 사용한 데이터셋 중 하나를 생성하기 위해 경계 상자를 생성할 때 효율적인 인터페이스가 어떤 것인지 설명한다. 이 저자들의 다른 연구에서는 다른 어노테이션 전략과 함께 실험을 하기도 했다.

요약

- 행동유도성이나 스크롤을 최소화하는 등과 같은 인간-컴퓨터 상호작용의 기본 원리는 어노테이션 인터페이스에도 적용된다. 이 원리에 대한 이해를 통해 어노테이션 작업의 효율성을 증가하는데 도움을 줄 수 있다.
- 좋은 행동유도성은 어떤 요소가 그들이 동작할 것 같은 모습대로 동작해야 함을 의미하며, 어노테이션에서는 일반적으로 의도된 데이터 유형에 대해 기존의 HTML 양식 요소를 사용하는 것을 의미한다.
- 키보드는 대부분의 작업에 대해 가장 빠른 어노테이션 장치이기 때문에, 어노테이션 도구들은 단축키를 지원해야 하며 가급적 키 기반의 경로 이동을 지원하는 것이 좋다.
- 프라이밍은 작업의 맥락에 따라 어노테이터의 항목에 대한 해석이 어떻게 달라질 수 있는지를 말한다. 어노테이션에 있어서 프라이밍으로 인한 가장 일반적인 문제는 항목의 순서로 인해 인식의 변화가 생기는 경우, 특히 감성 분석과 같이 주

관적인 작업을 하는 경우에 발생한다.

- 언제 규칙을 버려야 하는지 알아야 한다. 대량의 배치 레이블링의 경우 스크롤 회피와 균형 데이터에 관한 관습을 깨야 한다. 그러나 균형 잡힌 데이터를 화면에 표시할 수 없는 경우, 스크롤은 프라이밍에 의한 편향을 감소시키고 어노테이션 속도를 향상시킨다.

- 수작업을 위한 '미보조 인터페이스' 외에도 '보조', '예측', '판정'의 세 가지 유형의 인터페이스에 머신러닝을 적용할 수 있다. 각 유형은 어노테이션 효율성, 작업의 주체성, 어노테이션 품질 측면에서 각각의 장점과 단점을 갖고 있고, 각기 다른 구현 노력이 필요하다.

- '보조 인터페이스'는 어노테이터에게 머신러닝 예측값을 보여주지 않고 어노테이션할 항목을 노출하며, 단지 어노테이터의 초기 행동 속도만 향상시키기 위해 머신러닝을 이용한다.

- '예측 인터페이스'는 머신러닝 모델이 사전에 어노테이션한 항목을 노출시키고, 어노테이터가 이를 편집할 수 있도록 한다.

- '판정 인터페이스'는 머신러닝 모델이 사전에 어노테이션한 항목을 노출시키고, 어노테이터가 이를 수용할지 거부할지 판정하도록 한다.

- 머신러닝 모델이 사람의 일상 업무를 도와주는 작업의 경우에는 어노테이터에게 가장 큰 주체성을 부여하는 '보조 인터페이스'가 가장 성공할 가능성이 높다.

- 머신러닝 모델을 현재의 애플리케이션에 통합하려는 경우에는 현재 인터페이스와 워크플로우의 변화를 최소화해야 한다.

12

인간 참여 머신러닝 제품

12장에서는 다음의 주제를 다룬다.
- 인간 참여 머신러닝 애플리케이션을 위한 제품의 정의
- 짧은 텍스트에 대한 탐색적 데이터 분석을 위한 시스템 구축
- 인적 프로세스를 지원하는 정보 추출 시스템 구축
- 모델 정확도를 최대화하기 위한 이미지 레이블링 시스템 구축
- 단순한 시스템을 확장하기 위한 옵션 평가

마지막 12장에서는 인간 참여 머신러닝 제품에 대한 세 가지 예제를 포함하고 있다. 앞선 11개의 장을 통해 배운 모든 내용을 적용해 세 가지 예제를 구현할 것이다. 뉴스 헤드라인에 대한 탐색적 데이터 분석Exploratory Data Analysis, 텍스트에서 식품 안전에 대한 정보 추출, 자전거가 포함된 이미지 레이블링 등 이러한 예제를 며칠 안에 만들어 1차 시스템으로 적용할 수 있다. 이 예제들은 2장의 인간 참여 머신러닝 시스템과 유사하지만 이후의 장에서 배운 내용을 추가 구축해 가므로 약간 더 정교하다고 할 수 있다.

2장의 예처럼, 이 예제들은 여러분이 프로토타이핑하려는 완전한 동작 시스템의 출발점이 될 수 있다. 어떤 경우든 당신은 다음 단계의 다양한 잠재적 구성 요소를 이 시스템 위에 만들 수 있을 것이다.

12.1 인간 참여 머신러닝 애플리케이션 제품 정의하기

인간 참여 머신러닝 애플리케이션 개발을 위한 우수한 제품 관리 방법은 여러분이 누군가를 위해 해결하려는 실제 문제, 즉 여러분이 지원하고 있는 일상 업무에서 시작된다. 해결하려는 과제에 대해 이해를 하는 것은 인터페이스, 어노테이션과 머신러닝 아키텍처 등과 같은 제품 설계의 모든 측면에 도움이 될 것이다. 이 절에서는 12장에서 사용할 몇 가지의 좋은 제품 관리 기법을 간략히 소개하고자 하며, 이는 기술적 설계의 의사 결정에 도움이 될 것이다.

12.1.1 직면한 문제부터 시작하라

좋은 제품 설계는 해결하고자 하는 문제를 정의하는 것부터 시작한다. 제품에 대해 이야기하기 할 때 흔히 저지르는 실수는 해결하려는 문제 대신 자신이 만들고 있는 기술의 관점에서 시작하는 것이다. 이메일 클라이언트에 대한 자동 완성 기능을 만드는 경우, "사람들은 이메일에서 자신의 문장이 자동 완성되기를 원한다"와 같이 문제를 정의하기 마련이다. 문제를 정의하는 더 좋은 방법은 "사람들은 최대한 효율적으로 소통하기를 원한다"일 것이다. 해결하려는 문제에 초점을 맞추는 것은 어노테이션에 대한 지침을 작성하는 것에서부터 다음에 어떤 제품 기능을 구축하거나 확장할 것인지 결정하는 데 이르기까지 모든 것에 도움이 된다.

이는 문제 정의를 위한 구체화에도 도움이 된다. 이메일 자동 완성 제품에 대해 마케팅 담당자를 대상으로 소통하는 경우 "마케팅 담당자들은 잠재 고객과 최대한 효율적으로 소통하기를 원한다"라고 말하는 것이 더 수월할 것이다. 만약 여러분이 소비자용 제품을 개발하려고 한다면 이렇게 말하는 게 나을 것이다. "사람들은 최대한 효율적으로 친구나 가족과 소통하기를 원한다." 이런 접근 방식은 제품을 설계할 때 적절한 가정을 형성하는 데 도움이 될 것이다.

해결하려는 문제를 정의했다면 일반적인 문제를 사람들이 수행할 구체적인 작업으로 나눠야 한다. 이메일 자동 완성 제품의 예시에서는 "잠재 고객에게 매일 보내는 이메일의 양을 두 배로 늘리고 싶다" 또는 "이메일 회신의 길이를 줄이지 않고 매일 업무의 종료 시까지 받은 편지함을 정리하고 싶다" 등이 될 수도 있다. 구체화 작업은 이렇게 제품 성공을 측정하기 위한 지표의 일부가 될 것이다. 12장에서는 이러한 제품 관리 지침을 염두에 두고 인간 참여 머신러닝 시스템의 예제를 바탕으로 우리가 해결하고자 하는 세 가지 문제를 소개한다.

- 데이터 분석가는 뉴스 헤드라인 데이터에서 다음과 같은 정보의 분포를 파악하려고 한다.
  □ "얼마나 많은 뉴스 헤드라인들이 특정 주제와 관련돼 있는지 보고 싶다."
  □ "시간 변화에 따른 뉴스 헤드라인 주제의 변화를 추적하고 싶다."
  □ "추가 분석을 위해 특정 주제와 관련된 모든 뉴스 기사를 수집하고 싶다."
- 식품 안전 전문가들은 식품에서 병원체 또는 이물질이 검출된 사건에 대한 데이터를 수집하려고 한다.
  □ "EU에서 기록된 모든 식품 안전 사건에 대한 완전한 기록을 유지하고 싶다."
  □ "언제 동일한 원인^{source}에 의해 서로 다른 개별적 식품 안전 사건들이 발생했는지 추적하고 싶다."
  □ "아직 감지되거나 보고되지 않은 식품 안전 사건이 있을 가능성이 있을 때 특정 국가에 경고를 보내고 싶다."
- 교통 연구자들은 특정 도로에서 자전거를 이용하는 사람들의 수를 추정하고자 한다.
  □ "사람들이 자전거를 타고 거리에 나가는 주기에 대한 정보를 수집하고 싶다."
  □ "수천 대의 카메라에서 이 정보를 수집하고 싶지만, 수동으로 이 정보를 수집할 예산이 없다."
  □ "자전거 식별 모델이 가능한 한 정확했으면 한다."

12.1.2 문제 해결을 위한 시스템 설계

세 가지 사례에 대해 문제 정의부터 시작해 이러한 문제를 해결할 수 있는 시스템을 설계할 것이다. 2장과 마찬가지로, 각 예제별로 완전한 인간 참여 머신러닝 시스템을 구축할 것이다. 각 예제는 나중에 더욱 확장적이고 견고하게 만들어질 시스템에 대한 PoC$^{Proof of}$

^{Concept}라고 생각하면 된다.

> ### 어노테이터 간 일치도를 통한 품질 관리
>
> 대부분의 사람들이 이 책을 혼자 읽고 있다고 가정하면, 이 책의 각 예제는 한 사람이 작업할 수 있는 독립형 시스템이어야 하기 때문에 12장에서 어노테이터가 일치도와 같은 실용적인 예시를 제공하는 것이 쉬운 것은 아니다. 그래서 12장에서는 어노테이터 간 일치도를 제외하고 앞선 11개의 장에서 중시했던 내용의 대부분을 다루고자 한다.
>
> 어노테이터 간 일치도에 대한 예제를 설명하기 위해 2장에서 소개했던 예제를 이용해 어노테이터 간 일치도에 관한 기사를 가지고 이 책을 이어나갈 것이다. 이 예제에는 재해 관련 여부에 따라 짧은 텍스트에 어노테이션하는 것을 포함하고 있으며 그 장에서 구현한 오픈소스를 이용한다. 그 장의 코드는 사람들이 만든 어노테이션과 (그들이 선택적으로 작성한) 신원 정보를 수집해 구성돼 있어, 다른 사람들 간의 어노테이션 비교가 가능하다.
>
> 그래서 비록 내가 이 책을 쓰는 동안 어노테이터 간 일치도의 예제를 제공할 수는 없지만, 여러분의 어노테이션들은 앞으로 몇 년 동안 사람들을 도울 어노테이터 간 일치도에 관한 연구에 기여할 것이다!

개발하려는 시스템 중 2개의 시스템은 머신러닝 문제 측면에서 유사하다는 점에 주목하길 바란다. 하나는 뉴스 헤드라인에 레이블을 붙이는 것이고, 다른 하나는 이미지에 레이블을 붙이는 것이다. 그러나 이들은 탐색적 데이터 분석과 객체수 산출과 같이 서로 다른 사례에 활용되므로 최종 시스템은 달라질 것이다.

식품 안전 사례는 기존의 사람의 프로세스를 자동화하는 것이기 때문에, 이 일을 하는 사람의 주체성^{Agency}을 유지하는 것은 중요하다. 특히 일상 업무 외에 추가로 머신러닝 알고리듬을 동작시켜야 하는 상황으로 인해 현재의 업무 속도가 느려진다고 느껴서는 안 된다. '보조 텍스트'가 적절하지 않은 경우 사람은 자신들의 원래 업무인 필드값을 간단히 타이핑해서 채워 넣을 수 있기 때문에, 이러한 경우 모델 정확도의 중요성을 가장 낮게 둬야 한다. 표 12.1에서 이러한 시스템에서 가장 중요한 요소에 대해 요약했다.

예제 시스템	주체성	모델 정확도	어노테이션 정확도
뉴스 헤드라인	중간	중간	낮음
식품 안전	높음	낮음	높음
자전거 검출	낮음	높음	중간

세 가지 모두의 경우, 일부 요소는 더 다양한 능동학습 샘플링 방법, 더 복잡한 머신러닝 모델, 더 효율적인 인터페이스 등과 같은 더 정교한 요소로 대체할 수 있다. 세 가지 예제 모두를 다뤄 가면서 각 사례마다 가장 유용한 다음 단계가 무엇인지 고민해봐야 한다. 시스템, 데이터, 작업 자체의 목표는 각기 다르므로 각 사례마다 어떤 요소를 확장 또는 추가해야 할지에 관한 아이디어는 아마도 다를 것이다.

12.1.3 Python과 HTML의 연결

우리는 예제를 위해 웹 인터페이스를 구축하려고 하기 때문에 HTML/JavaScript를 Python과 연결해야 한다. Python 애플리케이션 개발을 위해 로컬 HTML 인터페이스를 구축할 수 있는 eel이라고 부르는 Python 라이브러리를 사용할 것이다. HTML과 Python을 연결하기 위한 다양한 라이브러리들이 존재한다. 어렵지 않게 HTML 애플리케이션이나 Python API 개발이 가능한 flask, kivy, pyqt, tkinter 같은 라이브러리가 그것이다. 이들 라이브러리에 이미 익숙하다면 프로토타입 개발을 위해 익숙한 라이브러리를 선택하는 것이 좋다.

여기서는 eel을 사용할 것이다. 가볍고 JavaScript에 대한 지식이 최소한만을 필요로 하기 때문이다. JavaScript로 코딩한 경험이 없더라도 Python과 HTML을 알고 있다면 12장의 모든 예를 따라 갈 수 있을 것이다. 우리는 대부분의 작업을 Python으로 수행하기 때문에 같은 이유로 eel을 사용하려는 하며, 이는 바로 사용자가 Python에 더 익숙하다고 가정하는 것이다. JavaScript에 대해 더 익숙하다면 12장의 어떤 구성 요소를 JavaScript에서 구현할 수 있는지도 고려해보길 바란다.

12장의 각 예에서는 Python(.py), JavaScript(.js), HTML(.html)로 이뤄진 3개의 파일이 있다. 이 책의 목적에 맞게 가급적 단순하게 이 형식을 유지할 것이다. 실제 코드 배포는 여러분의 회사나 조직의 모범 사례를 반영하는 것이 좋다. 다음 pip 명령어를 통해 eel을 설치할 수 있다.

```
pip install eel
```

eel을 임포트한 후, 함수 앞에 @eel.expose 명령을 사용해 HTML 파일 안의 JavaScript 부분에 Python 함수를 노출시킬 수 있다.

```
import eel

@eel.expose
def hello(message):
    return "Hello "+message
```

다음 코드를 사용해 JavaScript 내에서 다음 hello 함수를 호출할 수 있다.

```
<script type='text/JavaScript'>

    async function hello(message){

    let message = await eel.hello(message)();     # Call Python function
    console.log(message)
    }
</script>
```

JavaScript 함수 hello("World")를 호출하면, Python 함수가 "Hello" 앞에 붙기 때문에 JavaScript 콘솔에 "Hello World"를 출력할 것이다. Python 파일 안의 코드 두 줄이 Python 스크립트가 JavaScript로 HTML 파일과 통신할 수 있도록 해준다.

```
eel.init('./')     # Tell eel where to look for your HTML files
...
eel.start('helloworld.html')
```

앞의 코드 조각에서는 HTML 파일의 이름을 helloworld.html로 하고, Python 파일과 동일한 디렉터리, 즉, 로컬 경로 init('./')에 있다고 가정하겠다. start() 함수가 호출되면 애플리케이션을 실행하기 위한 브라우저 창이 열리기 때문에 일반적으로는 Python 스크립트의 끝부분에 이런 호출을 해야 한다.

Python과 JavaScript 둘 다 함수 이름을 hello()로 지정했지만, JavaScript는 Python에서 노출된 함수 이름으로 호출할 수 있기 때문에 명명 규칙에 대한 제약이 있는 것은 아니다. 12장에서는 코드를 읽기 쉽도록 동일한 함수 이름을 사용하는 규칙을 따를 것이다. 마찬가지로 eel에 대한 파일 이름 제약도 존재하지 않기 때문에, 각 예제에서 Python, JavaScript, HTML 파일에 동일한 이름을 사용하고 확장명만 변경하는 단순성을 유지할 것이다.

유일하게 일반 Python 코드에 대한 추가 변경 사항으로는 스레드 관리를 위해 eel을 사용해야 하는 것이며, 이는 eel 라이브러리가 HTML과 상호작용하는 방식의 부작용이다. 그래서 eel.spawn(some_function())을 이용해 some_function()를 새로운 Python 스레드로 호출하고, Python의 내장 sleep() 함수 대신 eel.sleep()을 사용할 것이다. 이 함수들은 여러분이 익숙한 내장 스레딩 함수 및 sleep 함수와 동일한 방식으로 동작한다. 복잡한 방식으로 스레딩을 사용하지는 않겠지만, 세 가지 예제 모두 하나의 스레드가 HTML 인터페이스와 상호작용하는 동안 별도의 스레드가 모델을 재학습시킬 것이다.

eel 라이브러리는 이 데모의 기능보다 더 많은 것을 지원한다. 예를 들어 Python 내에서 JavaScript 함수를 호출할 수도 있다. 우리는 아키텍처를 단순하게 유지하고 모든 작업을 사용자에 의해 작동이 되도록 할 것이다.

12.2 예제 1: 뉴스 헤드라인을 위한 탐색적 데이터 분석

탐색적 데이터 분석[EDA, Exploratory Data Analysis]은 머신러닝 시스템을 재빠르게 개발하려는 경우 가장 널리 사용되는 기법 중 하나다. 그러나 EDA에 대한 연구는 머신러닝 정확성에 중점을 두고 있지 않기 때문에, 머신러닝 분야에서는 EDA에 대한 소수의 연구만이 인용, 언급돼왔다. 산업계에서 데이터 과학자는 일반적으로 어떤 모델과 제품을 구축할지 결정하기 전에 데이터에 대해 더 자세히 이해하고자 한다. 이 경우 EDA를 통해 데이터 과학자는 신속하게 데이터를 탐색하고 필터링할 수 있다. 이 절에서 다루는 특정 EDA 예제는 다음과 같다. 문제 설명과 해결하려는 세 가지 세부 문제를 소개한다.

- 데이터 분석가는 뉴스 헤드라인 데이터 내 정보의 분포를 파악하고자 한다.
  - "얼마나 많은 뉴스 헤드라인들이 특정 주제와 관련돼 있는지 보고 싶다."
  - "시간 변화에 따른 뉴스 헤드라인 주제의 변화를 추적하고 싶다."
  - "추가 분석을 위해 특정 주제와 관련된 모든 뉴스 기사를 수집하고 싶다."

12.2.1 몇 가지 가정

이 제품을 설계하기 위한 가정은 다음과 같다.

- 헤드라인은 영어로만 돼 있다.
- 미리 훈련된 언어 모델이 도움이 될 것이다.
- 분석가는 부트스트랩할 수 있는 좋은 키워드에 대한 아이디어를 갖고 있을 것이다.

어째서 데이터가 아키텍처 의사 결정에 영향을 줄까?

데이터 자체가 아키텍처의 모든 부분에 대한 결정에 영향을 미칠 수 있다. 우리는 사전학습된 DistillBERT를 사용하고 있는데, 이 모델은 위키피디아와 공공 도메인 책의 모음의 영어로만 돼 있는 데이터로만 학습이 돼 있다. 위키피디아는 뉴스 헤드라인과 유사한 제목을 포함하고 있으며 실제 뉴스 기사의 헤드라인도 포함한다. 따라서 이 사전학습된 모델은 우리의 작업에 적합하다.

그러나 그 결정은 약간 다른 데이터에서는 달라질 수 있다. 내가 이 책을 쓰는 동안, 내가 도와주고 있는 단체인 Turn.io은 WHO의 COVID-19 정보 서비스로 보내온 단문 메시지에 대한 탐색적 데이터 분석을 수행하고자 했다. 이 메시지들은 다양한 언어로 작성돼 있고, 이 같은 직접적인 메시지를 작성하는 방식은 대다수의 사전학습 모델의 기반이 되는 웹 데이터와 유형이 다르다. 그러한 경우에는 DistillBERT보다 더 많은 처리 시간이 필요하더라도 XML-R과 같은 더 다양한 도메인 데이터에 기반한 다국어 모델을 적용하는 것이 더 적절할 것이다.

이 점을 염두에 두고, 12장의 어떤 내용도 반드시 현재 진행 중인 문제에 대한 최선의 첫 단계라고 생각하지 말기를 바란다. 유사한 작업으로 여겨지더라도 다른 아키텍처와 다른 사전학습 모델을 사용하는 것이 더 나을 수 있다.

중요한 고려 사항은 다음과 같다.

- **주체성**: 시스템을 사용하는 분석가는 키워드와 연도에 의해 데이터를 검색할 수 있도록 권한이 주어져야 한다.
- **투명성**: 시스템의 정확성은 전체 데이터셋에 걸쳐서는 물론 연도에 따라서도 명확해야 한다.
- **고밀도/풍부한 레이아웃**: 분석가는 화면에서 가능한 한 많은 정보를 얻을 수 있어야 하므로 정보 밀도가 높도록 레이아웃이 만들어져야 한다.
- **신속성**: 인터페이스는 분석가 데이터를 이해하도록 즉각적으로 쓸모가 있어야 한다. 그래서 평가 데이터의 생성은 학습 데이터의 생성과 병렬적으로 이뤄져야 한다.
- **계층화**: 분석가가 연간^{per-year} 정확도에 관심이 있으며, 전체 이외에 연간 정확도도 추적하려고 한다.
- **유연성**: 분석가는 서로 다른 시간대의 다른 레이블을 살펴보길 원할 수도 있다.
- **확장성**: 분석가는 나중에 이 작업을 대규모 작업으로 전환할 수 있으므로 향후 가이드라인에 추가할 흥미로운 헤드라인 예제를 추적하고자 한다.

12.2.2 설계와 구현

이 작업은 이진 레이블링 작업이기 때문에 불확실성 샘플링 알고리듬의 선택은 문제가 되지 않을 것이다. 우리는 최소 신뢰도 기법을 적용하고, 특정 연도의 헤드라인을 목표로 해 실세계 다양성을 위한 계층화 샘플링을 적용할 것이다. 분석가가 키워드를 사용해 어노테이션된 데이터를 필터링할 수 있도록 할 것이다.

어노테이션의 경우, 어노테이터가 각 헤드라인에 대해 신속하게 이진 선택을 하도록 해 속도를 최적화할 수 있다. 키워드별로 샘플링된 항목은 균형을 갖춘 샘플들을 생성하지 않기 때문에 평가 데이터에 포함하지 않을 것이다.

우리는 두 가지 머신러닝 모델을 사용할 것이다. 한 모델은 새로운 어노테이션에 따라 점진적으로 업데이트되므로 분석가가 모델과 예측 결과에 기반해 어노테이션의 결과를 재빠르게 볼 수 있게 됨으로써 분석가의 주체성을 향상시킬 수 있다.

그러나 점진적 모델은 최근성 편향^{recency bias}을 갖고 있고, 국소 최적^{local optimums}에 수렴하는 것으로 알려져 있다. 특히 키워드에 의해 샘플링된 경우 가장 최근의 아이템은 무작위로 샘플링되지 않기 때문에, 능동학습 시나리오 내에서 최근성 편향은 증폭될 수 있다. 따라서 두 번째 모델은 모든 학습 데이터에 대해 일정한 간격으로 처음부터 다시 학습시킬 것이다. 이 모델이 보관 데이터상에서 더 높은 정확도가 확인되는 경우에 첫 번째 모델을 대체할 것이다.

두 머신러닝 모델을 구축하기 위해서 사전학습한 DistillBERT를 적응시킬 것이다. DistillBERT는 BERT보다 훨씬 작은 크기이지만 비슷한 정확도를 갖고 있다. 처리 속도가 더 빠르고 메모리 사용량이 작아 정확도가 약간 떨어짐에도 여전히 좋은 결과를 얻으리라 생각한다. 아키텍처는 그림 12.1과 같다.

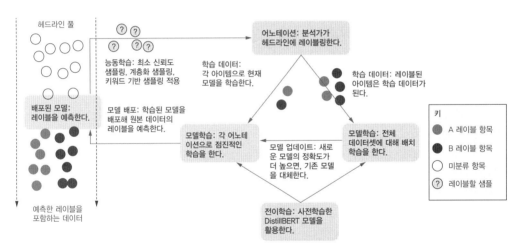

▲ **그림 12.1** 뉴스 헤드라인을 분류하는 예제 시스템의 아키텍처

그림 12.1에서는 이 책 전반에 설명한 아키텍처와 거의 동일하지만 정확성의 극대화를 목표로 하는 학습에 더해 실시간 학습에 대해서도 최적화가 가능한 두 가지 모델을 보여주고 있다. 코드는 다음 GitHub(https://github.com/rmunro/headlines)에서 확인할 수 있다. 구현에 대한 세부 사항과 실험 방법에 대한 자세한 내용은 저장소의 readme 파일을 참조하길 바란다.

12.2.3 확장 가능성

잠시 시스템에 익숙해지는 시간을 가진 후, 당신이 어떤 변화를 줄 수 있을지 생각해보길 바란다. 표 12.2에서 잠재적인 개선의 사례를 보여준다.

표 12.2의 모든 예제는 50줄 미만의 코드로 구현될 수 있기 때문에, 이들 중 하나 또는 둘 모두를 구현하는 데 어려움이 별로 없을 것이다. 하지만 모든 변경 사항을 구현하고 어떤 것이 가장 효과적이었는지 평가하려면 많은 작업이 필요하다. 따라서 시스템과 상호작용을 해봄으로써 우선 가장 가치 있는 변경에 대한 아이디어를 얻을 수 있을 것이다. 이 예에는 사람을 돕는 머신러닝 요소가 포함돼 있으며, 다음 예제에서 이에 대해 전념하도록 하겠다.

▼ **표 12.2** 이 책을 통해 전반적으로 다뤘던 예제들의 확장 가능성

어노테이션 인터페이스	
배치 어노테이션(11.2.1절)	동시에 여러 어노테이션을 수용하거나 거부한다. 연도별로 미리 그룹화된 메시지셋이 좋은 출발점이 될 것이다.
더 강력한 필터링(9.5절)	수동 필터링은 문자열 매칭을 위해 사용되며, 여러 키워드들을 정규 표현식으로 매칭하거나 조합이 가능하도록 더 정교하게 만들어준다.
어노테이션 품질 관리	
모델을 어노테이터로 활용(9.3절)	예측한 어노테이션과 실제 어노테이션 사이의 불일치를 잠재적인 어노테이션 오류로 찾아 분석가에게 보여주기 위해 학습 데이터를 교차 검증한다.
어노테이션 집계(8.1~8.3절)	여러 사람이 이를 적용하고 있다면 해당 데이터를 집계할 수 있도록 정답 데이터와 어노테이터 간 일치도 기법을 전략화한다. 실시간으로 모든 어노테이션에 대해 점진적인 모델 업데이트하거나 반복적으로 어노테이션돼 높은 신뢰도로 레이블링된 아이템만으로 배치 재학습을 수행하는 방식으로 전략을 분할할 수도 있다.
머신러닝 아키텍처	
자가 지도학습 방식의 머신러닝 모델(9.4절)	URL 서브도메인의 연도와 같은 메타데이터를 레이블로 활용하고, 전체 데이터셋에 대한 모델을 구축해 이러한 레이블을 예측한다. 이러한 레이블은 결국 이 모델의 특징(representation)으로 활용할 수 있다.
미분류 데이터로 모델 조정하기	우선 전체 헤드라인 데이터셋으로 DistilBERT를 조정한다. 이 방식은 사전 학습된 모델을 이 특정한 도메인에 맞게 적응시키고, 더 정확한 결과를 더 빨리 얻을 수 있게 해준다.

능동학습	
앙상블 기반 샘플링(3.4절)	여러 모델을 보유하고 있고, 보유한 모든 모델에 걸쳐 예측값의 불확실성을 추적한다. 이 경우 평균 불확실성이 가장 높은 항목이나 예측값의 변동성이 가장 큰 아이템을 샘플링하는 방법을 적용한다.
다양성 샘플링(4.2~4.4절)	과대 샘플링(oversample)되거나 완전히 무시되는 특징 공간이 존재하지 않도록 클러스터와 모델 기반 아웃라이어를 탐색한다.

12.3 예제 2: 식품 안전 사건에 대한 데이터 수집하기

많은 사람들의 일상 업무는 비정형 데이터로부터 정형화된 데이터로 구축하는 것이다. 여기에는 온라인이나 리뷰에서 제품의 특정 측면에 대해 소비자가 표현한 감정을 조사하는 마케팅 전문가, 전자 의료 기록에서 중요한 정보를 추출하는 의료 전문가 그리고 우리 예제의 식품 안전 전문가가 포함된다. 문제에 대한 설명과 해결하려는 세 가지 세부 문제를 소개한다.

- 식품 안전 전문가들은 식품에서 병원체나 이물질이 검출된 사건에 대한 데이터를 수집하려고 한다.
  - "EU에서 기록된 모든 식품 안전 사건에 대한 완전한 기록을 유지하고 싶다."
  - "언제 동일한 원인에 의해 서로 다른 개별적 식품 안전 사건들이 발생했는지 추적하고 싶다."
  - "아직 감지되거나 보고되지 않은 식품 안전 사건이 있을 가능성이 있을 때 특정 국가에 경고를 보내고 싶다."

12.3.1 가정

이 제품을 설계하기 위한 가정은 다음과 같다.

- 보고서는 영어로만 작성돼 있다.
- 사전학습한 언어 모델이 도움이 될 것이다.
- 식품 안전 전문가는 정보를 추출하는 데 필요한 도메인의 전문 지식을 갖추고 있다.

- 식품 안전 전문가는 이미 업무의 일부로 이 일을 수행하고 있다.

중요한 고려 사항은 다음과 같다.

- **주체성**: 식품 안전 전문가는 머신러닝 통합으로 인해 작업 처리 속도가 느려지는 것을 원하지 않는다.
- **투명성**: 식품 안전 전문가들이 모든 보고서를 보길 원한다고 가정한다면, 얼마나 많은 보고서가 남아 있는지 알 수 있어야 한다.
- **일관성과 간결성**: 식품 안전 전문가는 스크롤을 하거나, 마우스를 사용해서는 안 되며, 화면의 요소를 놓쳐서도 안 된다.
- **동향을 추적하는 능력**: 분석가는 국가별 동향에 관심이 많아서, 추출한 정보가 어떻게 국가 간 동향의 변화를 보여주는지 추적하고자 한다.

12.3.2 설계와 구현

능동학습 적용에 있어서 두 레이블 사이의 혼동이 모든 레이블에 걸친 혼동만큼 나쁜 경험이라고 가정하고 있기 때문에, 불확실성에 대한 신뢰도 비율을 적용할 것이다. 불확실성 점수는 모델을 이용해 자동 완성을 제안할지 여부를 결정하는 임곗값으로 사용될 것이다.

모델의 예측값이 없는 경우, 인터페이스에는 현재 보고서의 텍스트 중 매칭되는 모든 문자열을 어노테이션을 위한 자동 완성으로 제공할 것이다. 매칭된 문자열의 텍스트를 사용함으로써 모델의 예측값이 없는 경우에도 자동 완성을 위한 예측 레이블을 사용하는 것과 유사한 사용자 환경을 제공할 수 있다.

우리는 정기적으로 재학습되는 DistillBERT 모델로 적응시킨 머신러닝 모델 하나를 사용할 것이다. 12장의 첫 번째 예에서처럼 두 가지 모델을 사용할 수 있다. 그중 하나는 점진적으로 업데이트되는 모델이다. 그러나 현재 문자열을 매칭하는 대비 동작은 식품 안전 전문가에게는 이미 좋은 사용자 경험으로 보일 수 있기 때문에 아키텍처를 최대한 단순하게 유지하고 실제 동작하는 프로토타입이 나온 후에 이 확장을 고려하는 것이 좋다. 이 아키텍처는 그림 12.2와 같다.

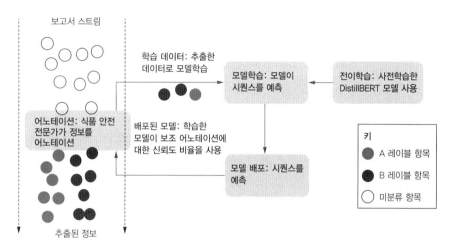

▲ **그림 12.2** 텍스트에서 식품 안전 사건에 관련 정보를 추출하는 예제 시스템 아키텍처

그림 12.2은 정보 스트림 내에 어노테이션이 있으므로 머신러닝이 보조하는 작업에 더 적합하다. 그렇지 않으면 루프loop는 동일하되, 해당 데이터는 학습한 모델을 강화해 어노테이션에 도움을 줄 수 있다. 코드는 다음 GitHub(https://github.com/rmunro/food_safety)에서 확인할 수 있다. 구현에 대한 세부 사항과 실험 방법에 대한 자세한 내용은 저장소의 readme 파일을 참조하라.

12.3.3 확장 가능성

잠시 시스템에 익숙해지는 시간을 가진 뒤 시스템을 더 효율적으로 만들기 위해 어떤 변화를 줄 수 있는지 고민해보자. 확장 가능성을 표 12.3에 정리했다.

이전 예제와 같이 표 12.3의 모든 변경 사항은 50줄 미만의 코드로 구현이 가능하다. 시스템 사용 경험에 따라 올바른 다음 단계로 변경할 수 있다.

어노테이션 인터페이스	
예측 어노테이션(11.5.4절)	모델이 해당 예측을 신뢰할 수 있는 경우 예측값으로 필드를 미리 채워둔다. 이 접근 방식은 어노테이션 처리 속도를 높일 수 있지만, 전문가들이 잘못된 예측값에 프라이밍돼 있는 경우에는 오히려 더 많은 오류를 초래할 수도 있다.
판정(8.4절과 11.5.4절)	전문가가 모델에 대해 높은 가치의 예제를 신속하게 판정할 수 있는 별도의 인터페이스를 만든다. 이 접근 방식은 전문가를 위한 선택적인 추가 전략으로써 구현돼야 하며, 일상적인 워크플로우를 대체해서는 안 된다.
어노테이션 품질 관리	
어노테이터 간 일치도 (8.2절)	도메인 전문가는 자신의 일관성을 과소평가하는 경우가 많기 때문에 어노테이터에게 일관성을 측정할 수 있도록 동일한 작업을 서로 다른 시간에 주는 것이 도움이 될 수 있다.
오류 예측하기(9.2.3)	전문가가 정답 데이터, 어노테이터 간 또는 어노테이터 내 일치도 및 개별 보고에 소요되는 시간(더 복잡한 작업에 더 많은 시간이 소요된다고 가정할 때)을 기반으로 오류를 범할 가능성이 가장 경우를 명시적으로 예측하는 모델을 구축한다. 오류가 발생할 수 있는 곳에 이 모델을 사용해 플래그를 지정하고, 더 많은 주의를 기울이거나 해당 아이템을 더 많은 사람에게 제공하도록 전문가에게 요청해야 한다.
머신러닝 아키텍처	
음성 예제 데이터 합성 (9.7절)	이 데이터셋은 식품 안전 사건과 관련된 템플릿 텍스트만으로 생성한다. 이 접근법은 식품 안전 사건에 관한 텍스트가 아닌 경우에는 모델을 불안정하게 만들 것이다. 예를 들어 감지된 단어의 다음 단어를 병원체라고 예측하는 것과 비슷하다. 검출된 텍스트와 같이 기존에 이미 존재하는 문맥으로 음성 예제를 만들기 위한 최소한의 편집을 전문가에게 요청함으로써 모델이 맥락을 잘못 학습할 가능성이 줄어든다.
중간 작업 학습(9.4절)	"관련됨"과 "관련 없음"을 예측하기 위해 별도의 문서 레이블 모델을 만들 수 있다면, 이 모델을 주요 모델 내의 특징으로 활용할 수 있다. 전문가가 관련 없는 보고에서 관련된 보고를 구분하는 첫 번째 단계를 이미 수행하고 있다면, 그 단계는 그 자체로 예측 모델이 될 수 있다. 이 같은 모델은 병원체와 지명 같은 검출 작업의 특징(벡터) 상에서 수렴할 가능성이 높을 것이고, 그로 인해 전체적인 정확도의 향상을 가져올 수 있다.
능동학습	
불확실성 기반으로 재정렬하기(3.2~3.4절)	시스템은 날짜별로 정렬한다. 하지만 가장 불확실한 아이템을 먼저 정렬하면 머신러닝 모델이 더 빨리 개선되고 전체적으로 더 빠른 속도로 이어질 수 있다. 그러나 이러한 정렬은 전문가의 방식에 추가적인 변화를 만들 것이고, 처음에 어려운 예제들을 다루게 되므로 더 느리게 느껴질 수도 있다.
다른 불확실성 지표(3.2절)	이 문제에 신뢰도 비율이 가장 적합한 것으로 보이기 때문에, 신뢰도 임곗값의 기준으로 신뢰도 비율을 적용한다. 우리는 신뢰도 비율이 이 데이터에 대한 최고의 불확실성 샘플링 알고리듬인지 여부를 경험적으로 테스트할 수 있다.

12.4 예제 3: 이미지에서 자전거 식별하기

트래픽 관리, 생산 라인 모니터링이나 선반의 아이템 수 세기 등 컴퓨터 비전에서는 이미지에서 객체의 수를 세는 것이 가장 보편적인 응용 사례 중 하나다. 이번에는 특정 거리에서 자전거 이용자의 수를 예측하려는 교통 연구원의 활용 사례라고 가정해보겠다. 문제 설명과 해결하려는 세 가지 세부 문제를 소개한다.

- 교통 연구원들은 특정 도로에서 자전거를 이용하는 사람들의 수를 예측하려고 한다.
  - "사람들이 자전거를 타고 거리에 나가는 주기에 대한 정보를 수집하고 싶다."
  - "수천 대의 카메라에서 이 정보를 수집하고 싶지만, 수동으로 이 정보를 수집할 예산이 없다."
  - "자전거 식별 모델이 가능한 정확했으면 한다."

"자전거"는 가장 널리 사용되는 이미지 분류 데이터셋인 ImageNet에서 가장 일반적인 레이블 1,000개 중 하나가 아니기 때문에, 이 작업에서는 보편적으로 적용 가능한 모델의 간극을 메워야 한다(ImageNet에 "2인용 자전거"와 "산악 자전거"가 존재하긴 한다). 사람은 자전거를 어렵지 않게 식별할 수 있지만 머신러닝 알고리듬의 경우, 다른 각도의 자전거의 식별을 위해서는 다른 특징 프로파일이 필요할 수 있다는 점에서 자전거 식별은 흥미로운 문제다. 나는 개인적으로 제멋대로 자전거를 타고 어느 곳이든 다니기 때문에 이 기술이 최대한 정확했으면 좋겠다. 이 작업을 다른 레이블에도 적용할 수 있을 것이다.

12.4.1 가정

이 제품을 설계하기 위한 우리의 가정은 다음과 같다.

- 이미지는 모든 각도에서 촬영할 수 있다.
- 기존 데이터셋(ImageNet, Open Images 및 MS COCO 등)들이 유용할 수 있지만, 모든 범위 각도와 설정의 사진은 포함돼 있지 않을 수도 있다.
- 모델의 정확도가 가장 중요한 결과물이다.

중요한 고려 사항은 다음과 같다.

- **주체성**: 교통 연구원은 어노테이션 과정에서는 주체성에 대해서는 관심이 없으며, 단지 가급적 빨리 가장 정확하고 강건한 모델을 구축하고 싶어한다.
- **투명성**: 시스템의 정확도에 대한 실시간 모니터링이 가장 중요한 지표다.
- **다양성**: 교통 연구원은 다양한 조명, 다양한 각도와 다양한 사물로부터의 거리 등에 대해 모델이 동일하게 (가능한 범위까지) 잘 동작하기를 원한다.

12.4.2 설계와 구현

ImageNet과 COCO 데이터셋으로 사전학습한 모델 2개에 기반한 머신러닝 모델을 사용할 것이다. 이 두 데이터셋은 자전거와 연관된 이미지를 포함하고 있어서 정확한 모델을 만드는 데 좋은 출발점이 될 것이다.

능동학습의 경우, 이 작업은 첫 번째 예제와 같이 이진 분류 작업이다. 불확실성 샘플링 알고리듬의 선택은 중요하지 않으므로 최소 신뢰도를 사용할 것이다. 우리는 신뢰성 있는 예측값을 얻게 될 것이지만, 그 신뢰성에 대한 강력한 증거가 부족할 수도 있으므로 모델 기반 아웃라이어를 활용해 특이 사례들을 살펴볼 것이다. 어노테이션 작업에서는 어노테이터의 작업 속도를 최적화하기 위해 각 이미지에 대해 빠르게 이진 선택을 하도록 할 수 있다. 이 아키텍처는 그림 12.3과 같다.

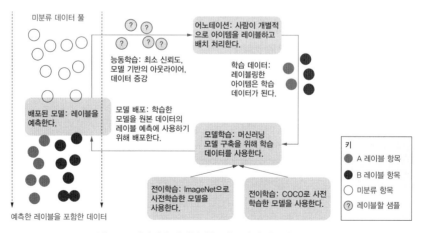

▲ **그림 12.3** 자전거에 레이블링을 하는 예제 시스템의 아키텍처다.

12장의 세 예제 중에서 그림 12.3은 이 책 전반에 걸쳐 살펴본 아키텍처와 가장 유사하다. 유일한 차이점은 모델 정확도에 중점을 두고 있기 때문에 여러 사전학습 모델을 사용하고 있다는 점이다. 코드는 다음 GitHub(https://github.com/rmunro/bicycle_detection)에서 확인할 수 있다. 구현에 대한 세부 정보와 실험 방법에 대한 자세한 내용은 저장소의 readme 파일을 참조하길 바란다.

12.4.3 확장 가능성

잠시 시스템에 익숙해지는 시간을 가진 후, 어떤 변화를 줄 수 있을지 생각해보길 바란다. 표 12.4에 몇 가지 제안 사항이 있다.

이전의 예제와 같이 표 12.4의 모든 변경 사항은 50줄 미만의 코드로 구현할 수 있다. 시스템에 대한 경험에 기반해 어떤 변경 사항이든 다음 단계로 취할 수 있을 것이다.

▼ **표 12.4** 이 책에서 다루는 예제와 이와 연계된 각 장 및 절의 확장 가능성 방안

어노테이션 인터페이스	
배치 어노테이션(11.2.1절)	스크롤 방식 대신 배치 어노테이션 인터페이스를 적용해 어노테이션 속도를 높일 수 있다. 10개 정도의 이미지가 나타나는 인터페이스에서는 어노테이터가 이미지 중에서 자전거가 있는 이미지만을 선택할 수 있어 스크롤 인터페이스보다 빠르다.
경계 상자 어노테이션(11.5.2절)	모델이 자전거를 정확히 예측할 수 없을 때, 자전거가 포함된 이미지에 대해서는 어노테이터가 자전거에 어노테이션을 달 수 있다. 그 이미지는 잘라낸(crop) 학습 데이터 예제로 사용돼 유사한 예제에 대해 모델을 안내해줄 것이다.
어노테이션 품질 관리	
주관적 판정 유도하기(9.1절)	외발 자전거, 프레임만 있는 자전거, 전기 모터가 달린 자전거와 같이 어려운 예외 케이스가 존재한다. 이러한 이미지를 주관적 작업으로 취급하고 베이지안 진실 자백제와 같은 방법을 적용해 소수지만 유효한 해석을 찾는 것이 유용하다.
합성 데이터(9.7절)	자전거를 복사해 이미지에 붙이면 어떻게 될까? 그렇게 하면 맥락의 다양성을 개선할 수도 있다. 긍정적인 예제와 부정적인 예제를 모두 포함한다면 모델이 배경이 아닌 자전거에 집중할 수 있도록 도울 수 있다.

머신러닝 아키텍처	
객체 검출	자전거가 위치할 것으로 예상되는 이미지 부분을 자동으로 잘라내거나 확대/축소할 수 있다면 어노테이션 프로세스의 속도와 정확도를 향상시킬 수 있을 것이다. 이 기법은 학습 중에 일부 이미지를 뒤집는 것과 같은 보편적인 데이터 증강 기법과 함께 적용할 수 있다.
연속값/인접 작업	이 작업에서는 교통 연구원 관리자가 자전거의 수가 하나 이상 발견되는 것이 아닌 숫자 자체에 관심이 있음을 의미한다. 그러므로 정확한 수를 예측하는 연속값 작업의 경우에 모델이 더욱 유용할 것이다. 이 경우 어노테이션의 속도는 느려지고 품질 관리의 구현이 더 어려워짐에 유의해야 한다.
능동학습	
앙상블 기반 샘플링(3.4절)	여러 모델을 보유하고 있고, 보유한 모든 모델에 걸쳐 예측값의 불확실성을 추적한다. 이 경우 평균 불확실성이 가장 높은 항목이나 예측값의 변동성이 가장 큰 아이템들을 샘플링하는 방법을 적용한다.
대표 샘플링(4.4절)	ImageNet과 COCO 데이터셋으로 사전학습한 모델을 사용하고 있지만, 우리는 모델을 Open Images에 적용하려고 한다. 이런 경우 오류가 발생할 가능성이 높기 때문에 대표 샘플링을 적용해 다른 소스에 비해 Open Images와 상대적으로 더 유사한 이미지를 찾을 수 있다

12.5 인간 참여 머신러닝 제품 구축을 위한 더 읽을 거리

무료는 아니지만 에마뉘엘 아메장Emanuel Ameisen의 최근 저서인 『머신러닝 파워드 애플리케이션』(한빛미디어, 2021)은 제품의 목표 정의, 머신러닝 문제 설정, 빠르게 완전한 파이프라인 구축 등 머신러닝 애플리케이션을 구축할 때 고려해야 할 요소를 개괄적으로 잘 제시하고 있다. 이 책의 거의 모든 정보가 인간 참여 시스템에 적용이 가능하다.

요약

- 인간 참여 머신러닝 애플리케이션 제품을 정의할 때, 해결하려는 문제부터 시작해 역방향으로 작업하는 것이 도움이 된다. 이러한 접근 방식을 통해서 기술적인 설계부터 인터페이스 설계와 어노테이션용 지침에 이르기까지 모든 것을 일정한 틀에 맞추는 게 가능해진다.

- 짧은 텍스트에 대한 탐색적 데이터 분석 시스템을 구축했다. 이 시스템은 분석가가 시간에 따른 변화를 추적할 수 있도록 다양한 레이블마다 빠르게 뉴스 헤드라인의 필터링이 가능하도록 했다.

- 텍스트에서 정보를 추출할 수 있는 시스템을 구축했다. 이 시스템은 식품 안전 전문가가 식품에서 발견된 병원체와 이물질에 대한 정보를 기본 보고에서 추적할 수 있도록 도와준다.

- 이미지 레이블링 작업의 정확도를 극대화하기 위한 시스템을 구축했다. 이 시스템은 최대한 정확하게 자전거를 식별하는 모델을 개발하는 데이터 과학자를 도와줄 것이다.

부록 A

머신러닝 기초
복습하기

부록에서는 머신러닝 모델의 출력 해석하기, 소프트맥스와 그 한계 이해하기 그리고 재현율, 정밀도, F-점수, ROC 곡선 면적[AUC, Area Under the ROC Curve], 기회 보정 정확도[chance-adjusted accuracy]를 포함해 인간 참여 머신러닝과 가장 연관성이 높은 머신러닝의 기초를 다룬다. 또한 사람의 관점에서 머신러닝의 성능을 측정하는 방법도 다룬다. 이 책은 독자가 기본적인 머신러닝 지식을 갖고 있다고 가정하고 있다. 경험이 풍부한 사용자라고 하더라도 부록을 다시 읽어보는 것이 도움이 될 것이다. 특히 이 책에서는 소프트맥스와 정확도와 관련된 부분이 무척 중요한데, 때로는 알고리듬만 바라보는 사람들이 간과하기도 하는 부분이다.

A.1 모델의 예측값 해석하기

거의 대부분의 지도학습 방식의 모델은 두 결괏값을 출력한다.

- 예측 레이블 (또는 예측값 집합)
- 각 예측한 레이블과 연관된 숫자 (또는 숫자의 집합)

단순한 "자전거", "보행자", "표지판"과 "동물"과 같이 4개 유형의 객체를 구분하려 하는 객체 검출 모델이 있다고 가정해보자. 이 모델은 다음 리스트와 같은 예측값을 출력할 것이다.

리스트 A.1 JSON으로 인코딩된 모델 예측값 예제

```
{
    "Object": {
        "Label": "Cyclist",
        "Scores": {
            "Cyclist": 0.9192784428596497,         이 예측값에서 객체는 91.9%의 정확도로
            "Pedestrian": 0.01409964170306921,      "자전거"로 예측됐다. 이 전체 점수를 더하면
            "Sign": 0.049725741147994995,           100%가 되는데, 이 점수는 항목에 대한 확률
            "Animal": 0.016896208748221397          분포이다.
        }
    }
}
```

위 예제에서 "자전거"은 0.919의 점수로 예측됐음을 알 수 있다. "보행자", "표지판", "동물"도 각각 0.014, 0.050, 0.0168의 점수로 출력됐다. 이 4개 점수의 합은 1.0이 되며, 각 점수를 확률값이나 신뢰도처럼 만들어준다. 예를 들어 "자전거" 객체에 해당하는 0.919는 91.9%의 신뢰도로 해석할 수 있다. 이와 더불어 이 점수들은 확률분포로 부르기도 한다.

A.1.1 확률분포

머신러닝 관련 논문에서 확률분포라는 용어는 합산했을 때 100%가 되는 예측 레이블의 수만을 의미한다. 각 숫자는 예측 결과가 정확할 것이라는 모델 실제 신뢰도를 항상 보여준다는 의미는 아니다. 신경망, 로지스틱 회귀나 다른 유형의 관련 분별 지도학습 알고리듬discriminative supervised learning의 경우, 예측 결과를 얼마나 신뢰할 수 있는지를 아는 것은 알고리듬의 일이 아니다. 이러한 알고리듬이 하려는 일은 특징에 기반해 레이블 사이를 분별하는 것이다(그래서 분별 지도학습이라는 이름으로 부른다). 신경망의 마지막 계층에서 얻은 원본 점수는 네트워크가 만들어낸 예측값들 사이를 구분하려고 하는 것이다. 모델의 매개변수에 따라 최종 계층의 원본 점수는 어떤 실수real number도 될 수 있다. 신경망 모델이 왜 좋은 확률분포를 만들지 않는지에 대한 부분은 이 책의 범위를 벗어나지만, 일반

적으로 대부분의 모델은 가장 가능성이 높은 레이블을 실제 확률보다 높은 점수로 예측함으로 인해 과신하는 경향이 있다. 그러나 데이터가 희소한 경우 모델은 반대로 과소 신뢰하기도 한다. 따라서 이러한 알고리듬에서 출력하는 점수는 때로는 실제 신뢰도에 더 가깝도록 변환돼야 한다.

확률분포는 여러분이 선호하는 라이브러리마다 서로 다른 이름으로 부를 수도 있다. 차이점에 대한 자세한 내용은 다음의 관련 기사를 참조하길 바란다.

점수, 신뢰도, 확률: 이름에 속지 말자!

오픈소스건 상업용이건 머신러닝 라이브러리는 점수(score), 신뢰도(confidence), 확률(probability)라는 용어를 종종 혼용하기도 한다. 아마 동일한 라이브러리에서조차 일관성이 없을 수도 있다.

나도 이 상황을 마주한 적이 있다. 내가 Amazon의 자연어 처리 서비스인 Amazon Comprehend라는 제품을 운영하고 있을 때, 각 예측값과 연관된 숫자를 어떻게 불러야 할지 결정해야 했다. 긴 의논 끝에 신뢰도는 오해의 여지가 있다고 생각했고, 확률에 관한 엄밀한 통계적 정의에 따르면 시스템의 출력값은 신뢰도가 아니었기 때문에, 점수라는 용어를 대신 사용하기로 했다. AWS의 비전 서비스인 Amazon Rekognition에서는 이미지의 레이블을 예측할 때, 동일한 점수라는 용어에 대해 이미 신뢰도라고 부르고 있었다(지금도 그렇다). 대부분의 머신러닝 라이브러리는 대규모 클라우드 기업보다도 명명 규칙에 대해 덜 고려하고 있기 때문에, 이름만 가지고 예측값과 관련된 숫자에 대한 의미를 믿어서는 안 된다. 머신러닝 라이브러리나 서비스에 문서를 읽고 각 예측값과 연관된 숫자들이 무엇을 의미하는지 직접 이해해야 한다.

대부분의 베이지안 알고리듬과 마찬가지로 생성 지도학습generative supervised learning 알고리듬의 경우에는 알고리듬이 각 레이블을 명시적으로 모델링하려 하기 때문에 신뢰도를 모델에서 직접 읽을 수 있다. 그러나 이 신뢰도는 기반하고 있는 데이터의 분포(예를 들어 정규분포)와 각 레이블의 사전 확률prior probability에 대한 가정을 하고 있다.

좀 더 까다롭기는 하지만 모델에서 진정한 통계적 "확률"을 직접 얻기 위해 생성 지도학습 방식으로 분별 지도학습 알고리듬을 확장이 가능하다. 오늘날 가장 일반적으로 사용되는 머신러닝 라이브러리를 통해서는 분별 모델discriminative model에서 정확한 확률을 얻기 위한 생성적 방법generative method의 사용이 불가능하다. 여러분은 소프트맥스 알고리듬에 의해 생성된 확률분포를 얻을 가능성이 압도적으로 높으므로 이것으로 시작하겠다.

A.2 소프트맥스 파고들기

가장 일반적인 모델은 신경망^{neural networks}이며, 신경망 예측값은 거의 항상 소프트맥스를 통해 0-1 범위의 점수로 변환된다. 소프트맥스 함수는 다음과 같이 정의된다.

$$\sigma(z_i) = \frac{e^{z_i}}{\sum_j e^{z_j}}$$

신경망의 출력값은 그림 A.1과 같은 형태다.

그림 A.1에서 보듯이 소프트맥스는 예측된 레이블과 연관된 점수의 집합으로써 확률분포를 생성하기 위해 모델의 최종 계층에서 활성화 함수로 사용된다. 또한 소프트맥스를 사용해 선형 활성화 함수^{logit}의 출력값으로부터 확률분포를 생성할 수 있다.

마지막 층에서 소프트맥스를 사용하거나 로짓에 적용된 소프트맥스의 결과만 보는 것이 일반적이다. 소프트맥스는 손실을 만들게 되는데, 강력한 경쟁적 정보로 인한 불확실성과 정보 부족으로 인한 불확실성에 대한 구별을 불가능하게 만든다. 우리는 우리가 그림 A.1의 두 번째 유형의 아키텍처를 사용하고 있다고 가정하지만 그 효과는 소프트맥스가 활성화 함수인지 아니면 모델 점수에 적용되는지 여부에 관계없이 적용될 것이다.

그림 A.1의 두 번째 유형의 아키텍처를 사용하는 경우, 최종 층에서 Leaky ReLU와 같은 음의 값을 가진 활성화 함수가 ReLU와 같이 하한이 0인 함수보다 인간 참여 아키텍처를 위해서는 더 나은 경우가 많다. 이 책에서 다루고 있는 능동학습 전략 중 일부의 경우, 하나의 출력값에 대해 음의 정보량을 정량화하는 것이 도움이 될 것이다. 다른 활성화 함수가 레이블을 예측하는 데 더 정확하다는 것을 알고 있는 경우라면 능동학습 전략으로 마지막 층을 재학습시키는 것을 고려해볼 만하다. 이 전략(특히 인간 참여 적용을 위해 모델을 재학습하는 부분)은 이 책 전체에 걸쳐 다루고 있다.

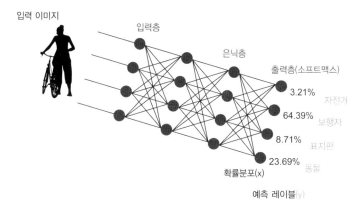

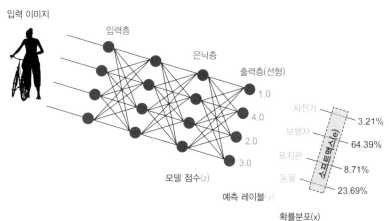

▲ **그림 A.1** 소프트맥스가 두 유형의 아키텍처에서 확률분포를 생성하는 방법. 상단 예제에서 소프트맥스는 출력(최종)층의 활성화 함수이며, 확률분포를 직접 출력한다. 하단 예제에서는 출력 층에 선형 활성화 함수를 사용해 소프트맥스를 통해 확률분포로 변환하는 모델의 점수(로짓)를 생성한다. 하단 예제는 조금 더 복잡하지만 더 많은 정보를 제공하기 때문에 능동학습 시 선호하는 아키텍처.

사용 중인 아키텍처와 소프트맥스의 입력값의 범위와는 무관하게 소프트맥스는 손실(잘 알려져 있음)을 만들고, 예측값 신뢰도의 우선순위를 변경할 수도 있는 임의의 입력값에 대한 가정(잘 알려져 있지 않음)을 하기 때문에 이 소프트맥스 함수를 이해하는 것이 중요하다.

A.2.1 소프트맥스로 모델의 출력값을 신뢰도로 변환하기

다음 코드는 Python에서 PyTorch 라이브러리를 사용해 소프트맥스를 구현하는 예제다.[1]

```python
def softmax(self, scores, base=math.e):
    """Returns softmax array for array of scores

    Converts a set of raw scores from a model (logits) into a
    probability distribution via softmax.

    The probability distribution will be a set of real numbers
    such that each is in the range 0-1.0 and the sum is 1.0.

    Assumes input is a pytorch tensor: tensor([1.0, 4.0, 2.0, 3.0])

    Keyword arguments:
        prediction -- pytorch tensor of any real numbers.
        base -- the base for the exponential (default e)
    """

    exps = (base**scores.to(dtype=torch.float)) # exponents of input
    sum_exps = torch.sum(exps) # sum of all exponentials

    prob_dist = exps / sum_exps # normalize exponentials
    return prob_dist
```

엄밀하게 말하면 이 함수는 소프트아그맥스softargmax라고 불러야 하지만 머신러닝 분야에서는 거의 항상 소프트맥스로 줄여 부르고 있다. 또는 볼츠만 분포Boltzmann distribution나 깁스 분포Gibbs distribution라고 부르기도 한다.

이전 공식에서 소프트맥스 변환이 무엇을 하고 있는지 이해하기 위해 잘게 나눠 보도록 하겠다. 이미지에서 객체를 예측해 모델이 1, 4, 2, 3의 원점수를 출력했다고 가정하자. 가장 높은 숫자인 4가 가장 신뢰할 수 있는 예측이 될 것이다(표 A.1).

---

1 12장의 이전 버전은 PyTorch 대신 NumPy 라이브러리를 사용했다. 이전 버전을 보려면 다음 웹 사이트(http://mng.bz/Xd4p)를 방문하길 바란다.

예측 레이블	자전거	보행자	표지판	동물
점수(z_1...z_4)	1.0	4.0	2.0	3.0
e^z	2.72	54.60	7.39	20.09
소프트맥스	0.0321	0.6439	0.0871	0.2369

마지막 행인 소프트맥스는 각 e^z를 e^z 행의 모든 수의 합으로 나눈 수다. 이 절 전체에 걸쳐 예제의 일관성을 유지하고, 직관적으로 합이 10이 되기 때문에 원점수 예제인 1, 4, 2, 3을 사용할 것이다. 실제 숫자 범위는 활성화 함수에 따라 달라질 것이다. 소프트맥스를 최종 활성화 함수로 사용한다면, 정확한 숫자는 활성화 함수와 이전 층의 출력값에 대한 가중치의 조합이 될 것이다. 정확한 정수는 아닐 수 있지만, 1~4의 범위는 여러 아키텍처에서 일반적이다.

표 A.1에서 볼 수 있듯이 "보행자"는 이 예에서 가장 높은 신뢰도를 보이는 예측값이며, 신뢰도는 원점수보다 커지게 된다. 원점수에서는 10.0에서 4.0이었고, 소프트맥스를 통해서는 64%가 된다. "보행자"에 대한 예측값은 e^z 단계($e^{4.0}$ = 54.60)를 거치면서 훨씬 더 커졌기 때문에 가장 확실한 레이블이 가장 큰 수로써 소프트맥스를 지배하게 된다.

소프트맥스 함수 해석의 장점은 명확하다. 숫자를 지수로 변화하고 정규화함으로써, 무한한 범위의 양수와 음수를 0~1 범위이면서 이를 모두 더하면 1이 되는 확률 추정치로 변환이 가능해지는 것이다. 또한 원점수를 정규화하는 것보다 지수로 실제 확률에 더 가깝게 변환할 수 있다. 신경망 모델을 학습시키는 가장 대중적인 방법인 최대우도추정^{MLE,} _{Maximum Likelihood Estimation}을 사용해 모델을 훈련하는 경우, 이것은 로그우도^{Log Likelihood}를 최적화하는 것이다. 따라서 로그우도에 지수를 사용하게 되면 실제로는 우도를 사용하게 되는 것이다.

A.2.2 소프트맥스 기저 또는 온도 선택

e를 다른 기저로 바꾸는 것 대신, 분자와 분모를 상수로 나눌 수 있다. 이 기술을 소프트맥스의 온도[temperature] 변화라고 부르고, 일반적으로 T로 표시되며, 논문 등에서 온도에 대한 숫자가 별도로 언급되지 않는 경우 일반적으로 1을 가리킨다.

$$\sigma(z_i) = \frac{e^{z_i/T}}{\left(\sum_j e^{z_j/T}\right)}$$

수학적으로 소프트맥스의 기저값 변경과 온도 변경 사이에는 차이가 없다. 즉, 동일한 확률분포 집합을 얻을 수 있다(비록 동일한 비율은 아니지만). 3장의 설명 일부에 대한 이해가 수월해지기 때문에 이 책에서는 소프트맥스 기저를 사용한다. 기저의 변경이 불가능한 소프트맥스 함수[2]를 사용한다면 온도로 실험하는 것이 더 수월할 수 있다.

기저를 e(또는 온도를 1)로 설정해 사용하는 이유는 무엇일까? 솔직히 우리가 데이터 정규화를 위해 사용하는 숫자가 e인 이유는 다소 불분명하다. 머신러닝의 많은 영역에서 e는 특별한 속성을 갖고 있지만 이 영역은 그중 하나는 아니다. 오일러의 수(e)는 약 2.71828이다. 고등학교 수학 수업을 회상해보면 e^x는 그 자체로 도함수(derivative, e^x는 미분해도 e^x가 되기 때문에)이고, 그로 인해 다양한 흥미로운 성질을 지니고 있다. 머신러닝 분야에서는 e^x가 그 자체로 도함수라는 사실을 특히 흥미로워하고 있다(그림 A.2).

$f(x)$에서의 기울기는 임의의 주어진 x에 대해 $f(x)$이고, $f'(1)$에서의 e^x 곡선의 기울기는 1, $f'(2)$에서의 곡선의 기울기는 2다. 여러분의 고등학교 수학책에 $f'(1) = 1$과 $f'(2) = 2$로 쓰여진 이 기울기를 기억할지 모르겠다. 어포스트로피는 도함수를 의미하며 f 프라임이라고 읽는다. 또는 기울기가 dy/dx 또는 $\dot{y}$로 표시되는 것을 기억할 것이다. 이 세 가지 표기법(f', dy/dx, $\dot{y}$)은 각각 다른 수학자들(라그랑주, 라이프니츠, 뉴턴)에서 나왔지만, 모두 동일한 의미다. 고등학교 때는 아마도 라그랑주 표기법을 사용했을 것이다. 라이프니츠의 표기법은 머신러닝 수업에서 사용했을 테고, 물리학을 전공했다면 뉴턴 표기법에 익숙할 것이다.

---

2   여기서는 코드로 구현된 소프트맥스 함수를 의미한다. - 옮긴이

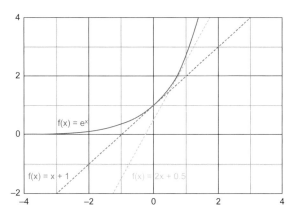

▲ **그림 A.2** 자체 적분으로 e를 보여주는 그래프. $f(1) = 1$에서의 기울기는 1이고, $f(2) = 2$에서는 2가 되는 식이다.

e^x가 그 자신의 도함수라고 말하는 것은 $f'(x) = f(x)$인 성질을 의미하는 것이다. 지수 곡선에 e가 아닌 다른 기저를 사용하면 이 속성을 얻을 수 없을 것이다. 머신러닝에서 함수가 수렴하기 위해서는 함수에 대해 미분을 취해야 한다. 머신러닝에서 학습은 주로 함수가 수렴하는 것이므로 함수의 도함수가 그 자체와 동일하다는 것은 엄청나게 많은 계산을 절약할 수 있음을 의미한다.

그러나 최상의 신뢰도 측정값을 찾으려는 경우에는 반드시 e가 특정 데이터셋에 최선의 숫자라는 의미는 아니다. 동일한 입력에 대해 그림 A.3에서는 두 그래프를 비교해보겠다. 그림 A.3에서는 좌측의 지수의 기저로 e(2.71828)을 사용하고 우측의 지수의 기저로 10을 사용할 것이다.

보다시피 지수의 선택은 매우 중요하다. 10을 사용하는 경우 우리 데이터에서 "보행자"에 대한 신뢰도는 90%이며 다음으로 신뢰도가 높은 레이블은 10% 미만이다. 표 A.2는 예제 데이터에 대한 소프트맥스의 지수 기저로 10을 사용한 경우의 점수를 보여준다.

▼ **표 A.2** 동일한 점수(z, logits)에 e 대신 10을 기저로 사용해 소프트맥스 알고리듬을 반복한 결과

예측 레이블	자전거	보행자	표지판	동물
점수($z_1,...z_4$)	1.0	4.0	2.0	3.0
10^z	10.00	10000.00	100.00	1000.00
소프트맥스(10)	0.09%	90.01%	0.90%	9.00%

이 표는 가장 큰 숫자가 얼마나 중요한지 더 선명히 보여주고 있다. 10을 지수의 기저로 하면 1에 4개의 0을 얻게 되는데(즉, 10,000), 이는 결과적으로 최종 소프트맥스 등식을 통해 밀어 내린 다른 어떤 수보다 명백히 훨씬 큰 수다.

소프트맥스의 기저가 커질수록 확률분포의 차이가 더 벌어지게 된다.

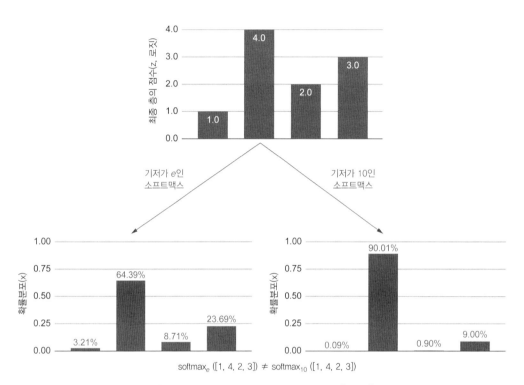

▲ **그림 A.3** 모델의 동일한 원본 출력 데이터에 대해 소프트맥스의 지수의 기저(e와 10)에 대한 비교. 그래프는 기저가 클수록 최고 점수의 추정 확률이 커지며, 더 큰 기저의 최고 점수가 훨씬 더 큰 정도로 소프트맥스 함수를 지배하고 있음을 확인할 수 있다.

기저에 대한 선택은 단일 항목에 대해 어떤 예측값이 가장 신뢰할 수 있는지 바꾸지 않기 때문에, 사람들이 머신러닝 작업에서 레이블에 대한 예측 정확도에만 관심을 갖는 경우 종종 중요성이 간과되곤 한다. 그러나 기저의 선택으로 인해 신뢰도의 순위가 바뀔 수도 있다. 즉, 항목 A는 항목 B보다 기저가 e인 경우 신뢰도가 높지만 기저가 10인 경우에는 신뢰도가 낮을 수 있다. 표 A.3에서 이에 대한 예시를 보여준다.

예측 레이블	자전거	보행자	표지판	동물
입력값 A	3.22	2.88	3.03	3.09
입력값 B	3.25	3.24	3.23	1.45

A와 B 모두 "자전거"가 가장 가능성이 높은 레이블로 예측했다. 그러나 어떤 입력값이 정답 레이블에 대한 신뢰도가 높은가? 그 답은 그림 A.4에서 보듯이 기저와 온도에 따라 다르다.

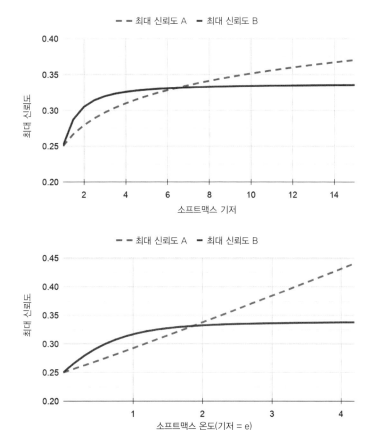

▲ **그림 A.4** 표 A.3(A = [3.22, 2.88, 3.03, 3.09] 및 B = [3.25, 3.24, 3.23, 1.45])의 입력값을 소프트맥스 기저와 온도 차이로 비교해 두 입력셋 모두 기저나 온도에 따라 최고 신뢰도 결과가 다르게 얻을 수 있음을 보여준다. 엄밀히 말하면 맨 하단 그래프의 x축은 역온도(inverse temperature)이며, 이는 일반적인 척도는 아니지만 유효한 균등 스케일링 지표(equally scaling metrics)이다. 여기서는 2개의 그래프 모두 동일한 방식으로 위로 올라가고, 우측으로 커지도록 보이기 위해 역온도를 적용했다.

이 책의 리뷰어, 저명한 ICML 콘퍼런스의 리뷰어, 튜링상 수상자를 포함해 많은 사람들이 그림 A.4의 그래프가 가능하다는 사실을 놀라워하고 있어 이 책을 쓰면서 뒤늦게 이 수치를 추가한 것이다. 임의의 입력셋이 주어진 경우, 그림 A.4의 입력쌍 중 약 1%에 대해서만 이 같은 효과가 발생할 것이다(수행했던 실험에 한해). 그러나 능동학습 적용을 위해 샘플링할 때, 최소 신뢰도 예측값의 경우 샘플들이 최대 50%까지 달라질 수도 있다! 최소 신뢰도 항목을 샘플링하는 것은 능동학습을 위한 가장 보편적인 전략으로 3장에서 다룬다. 그래서 이 널리 퍼진 오해는 인간 참여 머신러닝 분야의 사람들이 크게 인식하지 못한 상태였다. 소프트맥스의 기저나 온도를 변경함으로써 이전에 사람들이 불변이라고 가정했던 변수를 수정해 더 정확한 시스템을 만들 수 있는 잠재성이 있다.

여기서는 별도의 명시적인 언급이 있는 경우를 제외하고 기저가 e이고 온도가 1인 소프트맥스를 적용한다고 가정하겠다. 이제는 소프트맥스가 입력값을 어떻게 확률분포로 변환시키는지 이해하는 것이 중요하다.

A.2.3 지수 나누기의 결과

소프트맥스는 입력의 지수를 정규화한다는 것과 고등학교 수학에서 배운 다음 등식을 떠올려보자. $c^{(a-b)} = c^a/c^b$. 그러므로 소프트맥스에서 지수를 모든 지수의 합으로 나눠 정규화할 때, 지수를 나누는 것은 본질적으로 점수의 절댓값을 빼는 것이다. 즉, 모델에서 얻은 점수들 사이의 상대적인 차이만 소프트맥스로 계산되는 것이며, 실제 값이 계산되는 것은 아니다.

점수 (1.0, 4.0, 2.0, 3.0)으로 각각 10, 100, −3을 추가하는 시나리오를 만들어보겠다. 그럼으로써, 점수 합계는 변경되지만 점수 간의 차이는 동일하게 유지될 것이다. 그림 A.5에서 보듯이 4개의 원시 점수 간의 차이가 동일하기 때문에 4개의 예측값 셋 각각에서 원점수가 상당히 다르더라도 확률분포는 동일한 것이다. 즉, 4와 3의 차이는 104와 103의 차이와 동일하다. 이 제약은 이해하고 있어야 하는 중요한 사항 중 하나다.

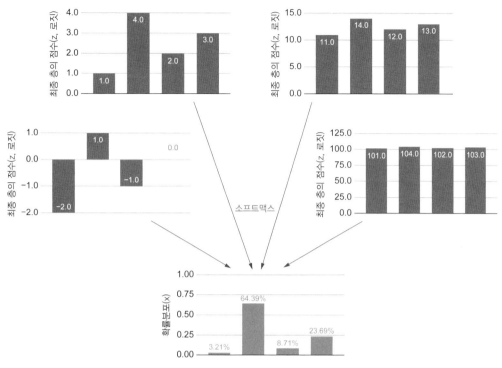

softmax([1, 4, 2, 3]) = softmax([11, 14, 12, 13]) = softmax([-2, 1, -1, 0]) = softmax([101, 104, 102, 103]) =
[0.032, 0.6439, 0.0871, 0.2369]

▲ **그림 A.5** 소프트맥스 동등성(equivalency). 소프트맥스하에서 동일한 확률분포를 제공하는 4개의 모델 점수. 4개의 소프트맥스 확률분포는 서로 다른 모델의 점수에서 나왔음에도 불구하고 동일하므로 점수 간의 차이만이 중요하다는 것을 보여주는 사례다. 예를 들어 (1, 4, 2, 3)의 점수는 소프트맥스에서 (101, 104, 102, 103)와 동일한 확률분포를 제공한다.

다른 관점에서 이 개념을 이해하려면 그림 A.5와 같이 상수를 더하는 것 대신 각 (1.0, 4.0, 2.0, 3.0)에 상수를 곱해보길 바란다. 그림 A.6은 곱셈 연산의 결과를 보여준다.

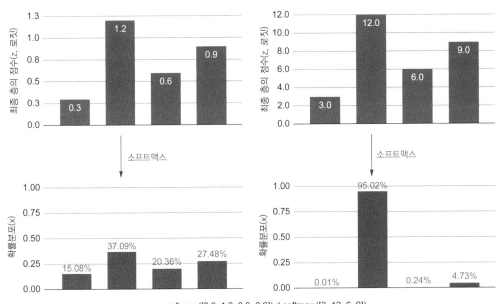

softmax ([0.3, 1.2, 0.6, 0.9]) ≠ softmax ([3, 12, 6, 9])

▲ **그림 A.6** 단위를 제외하면 두 점수 분포는 동일하다. 우측 점수는 좌측 점수의 10배다. 소프트맥스에서 이러한 점수는 다른 확률분포를 초래하게 된다. 또한 이 그림은 기저가 아닌 온도를 변화시킨 결과를 보여주고 있다. 좌측의 값으로 온도를 0.1로 낮추면(실질적으로는 로짓에 10을 곱하는 효과), 가장 신뢰도 높은 예측값의 가중치는 더욱 커지게 된다.

그림 A.6에서 최종 층의 점수는 y축의 단위 차이만이 존재하지만 소프트맥스를 통하게 되면서 전혀 다른 확률분포를 생성한다는 것을 알 수 있다. 점수가 작은 분포의 경우 소프트맥스를 통해 로짓보다 더 촘촘한 분포를 생성하지만 점수가 큰 경우에는 더 넓은 분포를 생성했다.

> **소프트맥스에 큰 입력값에 주의할 것!**
>
> 큰 입력값에 소프트맥스를 사용할 경우, 지수 연산으로 큰 값을 생성하기 때문에 하드웨어 오버플로우(overflow) 오류가 발생할 위험이 있다. 컴퓨터에서 e를 1,000의 거듭제곱으로 계산하면 시스템 오류나 무한대의 값(inf)이 출력될 수 있으며, 이 결과는 이어지는 프로세스에 영향을 주게 된다. 이러한 오버플로우를 방지하려면 두 가지 방법이 있는데, 소프트맥스로 실험을 시작하기로 결정한 경우 그중 하나를 사용하는 것이 좋다.

첫 번째 방법은 입력 중 최댓값이 0이 되도록 하기 위해 입력값에서 어떤 상수를 빼는 것이다. 이 방법은 그림 A.5의 현상을 이용하는 것이다. 즉, 특정 상수 값을 뺌으로써 지수 연산을 하는 동안 오버플로우를 피하면서 동일한 확률분포를 얻을 수 있다. 두 번째 방법은 소프트맥스에 로그를 적용(PyTorch의 기본 동작 방식)해 숫자의 범위를 유지하는 것이다.

지금까지의 예제를 통해 우리는 소프트맥스를 출력층의 점수에 대한 정규화 방법으로 다뤘다. 여기에 더해 소프트맥스를 출력층 자체의 활성화 함수로 활용할 수도 있다. 기저나 온도의 선택에 따른 데이터가 어떻게 다르게 분산되는지 우리가 관찰한 것 모두를 적용 가능할 것이다.

이 절과 이 절에 관련된 그래프는 여러분이 접할 수 있는 소프트맥스에 대한 가장 긴 설명일지도 모르지만, 인간 참여 머신러닝에 있어서 무척 중요한 정보다. 소프트맥스는 머신러닝 예측값에 대한 확률분포를 생성하기 위해 사용되는 가장 보편적인 알고리듬이며, 많은 사람들은 기저로 e를 선택하는 것이 신뢰도 생성을 위한 특별한 속성을 갖거나(실제로는 그렇지 않음), 기저의 선택으로 인해 불확실성의 우선순위가 바뀌지 않을 것이라고 믿고 있다. 따라서 소프트맥스가 어떤 속성을 갖고 있는지 진정으로 이해하는 능력은 올바른 불확실성 샘플링 전략을 선택하는 데 도움이 될 것이다.

A.3 인간 참여 머신러닝 시스템 평가하기

인간 참여 머신러닝 시스템의 성공 여부를 측정하기 위한 방식은 여러 가지가 있으며, 이를 위한 지표는 작업 유형에 따라 다르다. 이 절에서는 가장 중요한 지표 중 일부를 다룰 것이다.

A.3.1 정밀도, 재현율, F-점수

머신러닝 알고리듬에서는 잘 알려진 지표인 정밀도[Precision], 재현율[recall], F-점수를 보편적으로 사용하고 있다. F-점수는 정밀도와 재현율의 조화 평균[harmonic mean]으로, 진양성은 레이블에 대해 정확한 예측한 것이고, 위양성은 해당 레이블에 대해 부정확하게 예측한 항목이며, 위음성은 레이블이 있으나 다른 것으로 예측한 항목을 말한다.

$$정밀도 = \frac{진양성}{진양성 + 위양성}$$

$$재현율 = \frac{진양성}{진양성 + 위음성}$$

$$F\text{-}점수 = \frac{2 \cdot 정밀도 \cdot 재현율}{정밀도 + 재현율}$$

단순 정확도^{accuracy}를 사용하고 레이블이 희소한 경우 대부분의 정확도는 많은 수의 진음성에 의해 결정된다. 이러한 불균형을 조정하는 한 가지 방법은 기회 보정 일치도$^{chance\text{-}adjusted\ agreement}$라고 알려진 방법으로 다음 절에서 다룰 것이다.

A.3.2 마이크로/매크로 정밀도, 재현율, F-점수

정밀도, 재현율, F-점수를 계산은 일반적으로 데이터의 여러 레이블 중 하나에 대한 것이다. 각 레이블의 정확도를 단일 정확도 점수로 결합하는 방식에는 두 가지 일반적인 방법이 있다. 마이크로 점수$^{micro\ score}$는 개별 항목에 대해 계산하므로 항목별 수준에서 정확도를 집계한다. 매크로 점수$^{macro\ score}$는 각 레이블에 대한 정확도를 개별적으로 계산한다.

한 레이블이 다른 레이블보다 훨씬 높은 빈도수를 보이는 경우, 그 빈도수가 마이크로 정밀도, 마이크로 재현율, 마이크로 F-점수에 가장 큰 영향을 미친다. 이는 검증 데이터 내의 레이블들에 의한 가중된 정확도가 산출되므로, 이런 결과는 경우에 따라 여러분이 의도하는 것일 수도 있다. 그러나 모델이 배치되고 난 후 마주할 검증 데이터에 대해 레이블 간 불균형을 인지하고 있거나 빈도에 관계없이 모델이 모든 레이블을 예측하는 데 동일한 수준으로 정확하길 원한다면 매크로 정확도 점수가 더 적절하다.

A.3.3 무작위 기회를 고려하기: 기회 보정 정확도

2개의 레이블이 있고 이 두 레이블은 같은 빈도를 갖고 있다고 가정해보겠다. 모형이 무작위로 레이블을 예측하더라도 여전히 50% 정확도일 것이다. 분명히 그 결과는 부당하게 긍정적이어서 더 많은 레이블로 불균형 상황에 있는 다른 모델과 정확도를 비교하는 것이 어렵다. 기회 보정 정확도$^{\text{chance-adjusted accuracy}}$는 무작위 확률$^{\text{random chance}}$ 수를 0으로 만들고 그에 따라 점수를 조정한다.

$$\text{기회 보정 정확도} = \frac{\text{정확도} - \text{무작위 확률 정확도}}{1 - \text{무작위 확률 정확도}}$$

따라서 동일 빈도로 2개의 레이블이 있는 작업에서 60% 정확도를 보였다면, 기회 보정 정확도는 (60% − 50%) / (1 − 50%) = 20%이다. 기회 보정 정확도는 모델 예측의 정확도를 평가하는 데 보편적으로 사용되는 것은 아니지만, 수작업 레이블링의 정확도를 평가하는 데 널리 사용된다. 기회 보정 정확도는 서로 다른 레이블의 빈도 차이가 큰 경우 더 유용하다. 무작위 확률을 계산하는 방법에는 여러 방식이 있다. 어노테이션 작성에 중점을 두는 경우에는 8장에서 이와 관련된 기법을 다룬다.

A.3.4 신뢰도를 고려하기: ROC 곡선의 면적

모델이 예측한 레이블에 대한 정확도 외에 신뢰도가 정확도와 상관관계가 있는지 여부에 관심이 있다면 ROC 곡선하의 면적을 산출한다. ROC 곡선은 신뢰도에 따라 데이터셋의 순위를 매기고 진양성 대 위양성의 비율을 계산한다.

그림 A.7에서 이에 대한 예제를 설명한다. ROC 곡선은 모델 신뢰도에 의해 결정된 순서에 따라 위양성률^{FPR} 대비 진양성률^{TPR}을 표시해 생성한다.

ROC 곡선은 모델의 결정을 신뢰할 수 있는 지점과 인간의 판정으로 회귀해야 하는 지점을 결정하는 데 도움이 된다. AUC는 곡선 아래의 공간을 전체 공간에 대비해 계산하는 것이다. 그림 A.7에서 AUC를 약 0.80으로 볼 수 있다.

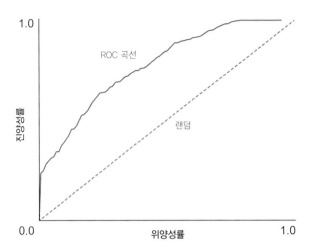

▲ **그림 A.7** 모델 신뢰도에 따라 결정되는 순서로 TPR 대 FPR을 표시하는 ROC 곡선 예제. 이 예제에서는 처음 20% 부분의 ROC 곡선의 선이 수직에 가깝게 보인다. 이 선은 20%의 가장 높은 신뢰도의 예측이 거의 100% 정확하다는 것을 의미한다. ROC 곡선의 마지막 30% 부분에서는 1.0으로 거의 수평으로 보인다. 이 선은 어떤 레이블에 대해 30%의 최저 신뢰도의 예측값에 도달할 때까지 해당 레이블에 남아 있는 항목이 극소수임을 의미한다.

AUC는 ROC에 의해 생성된 곡선 아래의 면적을 전체 면적에 대한 백분율로 나타낸다. 또한 AUC는 레이블이 다른 임의로 선택한 두 항목 중 정확한 레이블을 더 높은 신뢰도로 예측한 확률을 의미한다.

그래서 레이블 r인 모든 항목에 대한 신뢰도를 해당 레이블 외의 모든 항목(u)과 비교해 AUC를 계산한다.

$$\text{AUC} = \frac{\sum_{i}^{\text{size}(r)} \sum_{j}^{\text{size}(r)} \{1 \text{ if } i > j, \text{ otherwise}, 0\}}{\text{size}(r) \cdot \text{size}(u)}$$

이 알고리듬은 각 집합의 모든 항목을 서로 비교하기 때문에 $O(N^2)$ 복잡도를 가진다. 평가할 항목 수가 많아 계산 속도를 높여야 하는 경우에는 먼저 항목들을 우선순위화한 뒤 순위의 위치를 재귀적으로 찾음으로써 $O(N \log(N))$ 복잡도로 낮출 수 있다.

마이크로와 매크로 정밀도, 재현율, F-점수를 계산하고 난 후 마이크로 및 매크로 AUC를 계산할 수 있다.

- **마이크로 AUC**: 한 레이블 내에서 항목들에 대한 AUC를 계산하는 것 대신에, 전체 레이블에 걸친 모든 항목에 대해 AUC를 계산한다.
- **매크로 AUC**: 각 레이블에 대해 개별적으로 AUC를 계산하고 모든 레이블에 대한 AUC의 평균을 취한다.

A.3.5 발견된 모델 오류 수

오류가 있는 경우에 머신러닝 모델을 사람으로 대신하는 시스템을 갖고 있다면, 발견한 오류의 수를 세어야 한다. 예를 들어 50% 미만의 신뢰도는 오류일 수 있다고 판단하고 이러한 모든 예측값을 사람에게 노출하고 허용하거나 수정하도록 할 수 있다.

$$오류율 = \frac{실제\ 오류\ 수}{샘플링한\ 수}$$

이 등식은 수정이 필요한 사람의 리뷰 여부에 대한 표시된 항목의 백분율을 알려준다. 한 가지 변이는 모든 오류에 대해 백분율을 계산하는 것으로, 이는 사람과 모델의 예측값에 대한 전체 정확도를 제공한다. 또 다른 변이는 시간당 또는 분당 노출된 오류 수를 계산하는 것인데, 이는 인력에 대해 시간이 고정돼 있는 경우 더 적절한 방법일 수 있다.

A.3.6 인건비 줄이기

인건비를 계산하는 또 다른 방법은 시간과 노력을 얼마나 절약됐는지를 측정하는 것이다. 어떤 항목에 레이블링을 하거나(3~6장) 또는 어노테이션에 대한 품질 관리와 인터페이스를 개선(8~11장)하는 데 현명하게 능동학습을 적용하든 아니든, 인간 참여 시스템에서 사람이라는 요소의 효율성, 정확도, 사용자 경험을 개선하는 것은 아마도 모델의 정확도에 약간의 변화를 주는 것보다 훨씬 중요할 것이다. 그림 A.8은 이에 대한 예제를 보여준다.

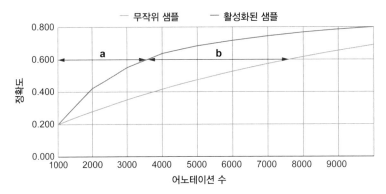

▲ **그림 A.8** 레이블 수의 감소가 필요하다. 이 예에서 능동학습을 적용하는 전략(3~6장)은 무작위 샘플링의 절반 미만의 레이블 수로도 동일한 정확도에 도달했다. 즉, b / (a + b) = 53%가량의 레이블 감소가 필요하다.

그림 A.8에서 알 수 있듯이, 능동학습은 x축을 볼 때 필요한 레이블 수를 53% 줄일 수 있지만, y축을 볼 때 그 지점의 정확도 차이는 약 20%이다. 알고리듬에 익숙하다면 일반적으로 동일한 데이터에 대한 두 알고리듬을 비교하기 때문에 Y축을 보는 데 더 익숙할 것이다. 반대로 2개의 다른 데이터셋에서 동일한 알고리듬을 비교할 경우 x축이 더 중요하다.

A.3.7 이 책에서 다루는 그 외의 정확도 계산 방법

이 부록에서는 정확도를 계산하는 가장 표준적인 방법을 다루지만 언어 생성을 위한 이중 언어 평가[BLEU], IoU, 인구통계학적 정확도, 사람의 어노테이션에 대한 기회 보정 일치도 등과 같이 다른 머신러닝에 특화된 정확도 지표는 여기서 다루지 않았다. 이 지표들은 각 필요한 지점에서 소개하고 있으므로 이 부록을 통해서 이해하지 않아도 괜찮다.

찾아보기

머신러닝을 위한 효율적 데이터 레이블링

인간 중심 AI를 위한 능동학습과 어노테이션

발 행 | 2024년 1월 2일

옮긴이 | 김택구 · 제갈호준
지은이 | 로버트 (먼로) 모나크

펴낸이 | 권 성 준
편집장 | 황 영 주
편 집 | 김 진 아
         임 지 원
         김 은 비
디자인 | 윤 서 빈

에이콘출판주식회사
서울특별시 양천구 국회대로 287 (목동)
전화 02-2653-7600, 팩스 02-2653-0433
www.acornpub.co.kr / editor@acornpub.co.kr

한국어판 ⓒ 에이콘출판주식회사, 2024, Printed in Korea.
ISBN 979-11-6175-808-4
http://www.acornpub.co.kr/book/HITL-ML